直隶赵州大石桥（清代 存世最早的赵州桥照片）

区位图

赵州桥全景（民国）

赵州桥全景（民国）

赵州桥全景（民国8年，公元1919年）

河北赵县安济桥

赵州桥全景（民国22年，公元1933年）梁思成摄

赵州桥全景（民国26年，公元1937年）

赵州桥全景（民国）

赵州桥南端关帝阁（民国）

赵州桥全景（东侧）

赵州桥全景（西侧）

赵州桥侧景（东）

赵州桥侧景（西）

平坦的桥面

赵州桥夜景（东南侧）

赵州桥东侧栏板

赵州桥西侧栏板

饕餮栏板一

饕餮栏板二

绞龙栏板

云龙栏板

蛟龙栏板

龙喷水花栏板

绞龙栏板（隋　正面　现存国家博物馆）

绞龙栏板（隋　背面　现存国家博物馆）

龙托花珠栏板

斗子卷叶栏板一

斗子卷叶栏板二

斗子卷叶栏板三

盘龙竹节望柱一

盘龙竹节望柱二

竹节宝珠望柱

保护标志碑

美国土木工程师学会赠送的铜牌

中国土木工程师学会树立纪念碑碑文

李春像

省级爱国主义教育基地标志碑

八角攒尖顶布瓦重檐亭

文物陈列室

关帝阁

关帝像

景区大门

龙泉亭

重檐玉石亭

栖霞山望江亭

廊桥

康桥

仙迹1（张果老的驴蹄印）

仙迹2（柴王膝盖印和车道沟）

神话传说图（清代）

赵州桥的神话传说
胡桂林绘

赵州桥国际土木工程历史古迹纪念碑揭幕仪式

美国土木工程师学会名誉主席本・格威尔博士（左一）等外国专家在铜牌前留念

全国政协副主席茅以升考察赵州桥（前排右起茅于美、茅以升、 蒋兆和 、肖琼 、李晋垒）

县委书记王建海陪同省长张庆伟视察赵州桥景区建设

县长张敏周、副县长刘东辉视察古桥展览馆

县老干部协会主席郑焕果陪同原全国人大副主任布赫视察赵州桥

2013 年 9 月 23 日县文物旅游局领导班子研究赵州桥保护规划

县委书记罗二虎、县长张军卫视察赵州桥景区建设

2014 年 12 月 10 日省文物局局长张立方，县文物旅游局局长冯才钧和副局长郑永军、李西林陪同国家文物局副局长宋新潮视察赵州桥栏板修复工程

县文物旅游局局长冯才钧、副局长郑永军陪同桥梁专家夏树林考察赵州桥

习近平（时任正定县委书记）、高虎顺（时任赵县县委书记）陪同河北省委副书记高占祥视察赵州桥公园建设工程

县文物旅游局副局长郑永军、顾问李晋栓陪同梁思成的女儿梁再冰考察赵州桥

新西兰客人参观赵州桥

西班牙客人参观赵州桥

坦桑尼亚客人参观赵州桥

南非客人参观赵州桥

日本客人参观赵州桥

比利时客人参观赵州桥

县委书记刘屏东陪同坦桑尼亚等十二国驻华大使参观赵州桥

赵州桥修缮委员会全体人员合影（1955 年）

赵县文物旅游局局长冯才钧、副局长郑永军、顾问李晋栓拜访原赵州桥修缮委员会副主任、古建筑专家余鸣谦（91 岁高龄）和桥梁专家夏树林

Zhaozhou Qiao Zhi

赵州桥志

冯才钧　主编

人民交通出版社股份有限公司
China Communications Press Co.,Ltd.

图书在版编目(CIP)数据

赵州桥志／冯才钧主编．—北京：人民交通出版社股份有限公司，2015.12

ISBN 978-7-114-12458-7

Ⅰ.①赵… Ⅱ.①冯… Ⅲ.①赵州桥-史料
Ⅳ.①K928.78

中国版本图书馆 CIP 数据核字(2015)第 197240 号

书　　名：**赵州桥志**
著 作 者：冯才钧
责任编辑：张征宇　赵瑞琴
出版发行：人民交通出版社股份有限公司
地　　址：(100011)北京市朝阳区安定门外外馆斜街 3 号
网　　址：http://www.ccpress.com.cn
销售电话：(010)59757973
总 经 销：人民交通出版社股份有限公司发行部
经　　销：各地新华书店
印　　刷：北京盛通印刷股份有限公司
开　　本：880×1230　1/16
插　　页：16
印　　张：25.25
字　　数：732 千字
版　　次：2015 年 12 月　第 1 版
印　　次：2015 年 12 月　第 1 次印刷
书　　号：ISBN 978-7-114-12458-7
定　　价：98.00 元

《赵州桥志》编纂委员会成员

主　　　任　冯才钧
常务副主任　郑永军
副　主　任　姚宏志　周力扬　李西林
委　　　员　（按姓氏笔画排序）
于　龙　王　健　王锐英　李晋栓　赵振伟
赵婷婷　胡达和　倪　越　夏树林　顾　军
董伟芳　梁书台　穆佳宁
主　　　编　冯才钧
执行主编　李晋栓
副　主　编　郑永军　赵振伟
编　　　委　（按姓氏笔画排序）
于　龙　王　健　王锐英　赵婷婷　胡达和
夏树林　顾　军　董伟芳　梁书台
测　　　图　古代建筑修整所
北京建筑大学
天津大学
摄　　　影　郑永军　李晋栓　赵振伟　刘东峰　张　思
穆佳宁
图片美化　周　峰
文字打印　李坤红　任晓霞　李少佳
参　　　与　龙佩恒　王　玮　王毅娟　吴学增　韩文学
石若明　焦池宇　董静贤　杜文清　白英杰
郝存瑞
编　　　审　胡达和　夏树林　王锐英　王　健
终　　　审　李晋栓　赵振伟
封面题字　佘鸣谦

序

斯序温故，故知有天下赵州故事，道是“平常心是道，本分事接人。”赵州桥就有个特点，坦拱。人从远处来，走到近前甚至过桥而去，如果不从侧面看的话，桥梁不张不显，不觉得其伟岸，很是平常。赵州桥还有个特点，敞肩，或说是空撞券。即使水漫金山，到了桥头穿流而过，桥与洪水不顶不争，自自然然靠本事化解了一次次危机，这就是赵州桥的大慈悲与大智慧。如今盛世修志，只为这大慈悲与大智慧。

赵州，一指地名，即现今的河北赵县，二指赵州和尚，德号“从谂”，其语录中记载，有僧问赵州：“如何是佛法?”赵州和尚回复三个字：“赵州桥。”僧人再问：“如何是赵州桥?”赵州和尚答曰：“度驴度马。”一座桥的可贵之处也是其最为平常之道即是“度”，或曰“渡”。在老和尚眼里，真正的禅者，犹如城外那座赵州桥，默默无语地为南来北往的车马行人服务。没有戚戚怨声，也没有烁烁炫言，负道而伏，让大地上的众生经由自己这座桥走过去，从此岸到达彼岸。历史上赵州桥正当中国华北地区南北通衢和东西水陆之要冲，一千四百多年来正是凭借平常之心，使这座大石桥成为慈悲之桥：渡之以过去，登桥俯视可鉴水如镜，过舟仰观则历历在目；渡之以将来，展望平畴沃野，引思进退之忧，常怀浩然寥廓。君不见赵州桥的古今碑铭石刻与朝野诗文中，泠然去而复来的兴观群怨“莫知始终，常自湛然”吗？此其志趣，亦本志旨趣也。

赵州桥更是智慧之桥，隋匠李春等集古代石构建造技术之大成，创设敞肩坦拱的大跨结构，以其超绝旷古的本分事，千百年来不馁不堕地接人、接物、接水、接风，直至近代以来方因梁思成等建筑家的考证才传扬世界。至今，关于赵州桥的建造起始情况和建造人物的历史资料寥寥无几，对其修建过程以及桥台基础等结构的认知还处于朦胧状态，还有许多奥秘有待探索。如此巨构，以平常之桥成就非常之业，以本分之桥造就旷世之功，丰功伟绩昭然可书。本《赵州桥志》共十五章，全面系统汇集了赵州桥的古今文献信息与最新研究成果，虽挂一漏万，但可尽窥全豹。这里有千年故事，有正野春秋，有凿空绝技，有雕工美图，有绝配之隐秘，有天机之不泄，罄其平常本事和度禅智慧，此谓天下赵州也。

自20世纪50年代以来，关于赵州桥的文章书籍叠次不休，尤其近20年有关赵州桥的旧事重研、新事深究更是不绝如缕，实有待全面汇编以反映近20年间取得的进展和最新成果，所以《赵州桥志》之编修当为古桥保护之大事，意义厚重深远。首先，新志古桥，明鉴赵州桥之本末源流，以承续中华桥梁文化之道统，此乃众多志士之心愿。何方志士能有如此心志、勇于担当呢？

赵县李晋栓，大专文化，任文博馆员，燕赵真志士也。自1973年起，李晋栓即供职于赵县文物旅游局，凡四十余年痴心赵州桥保护研究事业，且细水长流、锱铢积累了许多珍贵资料，尤其近十几年的成果颇为丰硕。曾发表《赵州桥的科学价值》、《赵州桥基础勘探获新成果》、《试谈赵州桥的建造年代》、《中国古代敞肩拱桥初探》等论文，与黄梦平合著《中国赵州桥》一书，由上海科技出版社出版发行。在赵县文物旅游局冯才钧局长和郑永军副局长的领导和支持下，于2014年底终于嵬集初稿，复经多次修改，编纂出这一部集大成之《赵州桥志》，值此盛世，修史恢宏，真是志心可嘉，令人感佩！

斯序知新，故知有真名士者，其平常心和本分事当为兴废继绝之志，志在大慈悲，志在大智慧。所以，其次，古桥新志，志在疏史证义，求真求实，渡过去之伟绩，还历史之本来面目，使赵州桥不仅立于世间还要立于人心，即为大慈悲；而能以史为鉴，与时俱进，使赵州桥不仅立于现在还要立于未来，故而相递膻之新机，渡未来之宏图，敷杰构以重光，增华夏以自信，即为大智慧。桥梁者，慈悲为广，智慧通长，这里有文图并茂，有情操奋斗，这里有皓首穷经，有彩虹追月，这里有赓扬道义，有志在悠远，此谓桥梁赵州也。

兹受《赵州桥志》编纂委员会所嘱，不揣冒昧以为《赵州桥志》序，并《题新编赵州桥志》一诗以为纪念：

题海跋山道是桥，凿空博望赋凌霄。坦然龙脊书行马，安济虹梁笔占鳌。
隋创敞肩空撞券，神工弯月玉妖娆。二十八道星辰曲，曲曲丰碑立千朝。

王锐英

二〇一五年五月二十四日

凡　例

一、坚持实事求是原则，力争资料选取、体例结构、语言表述具有真实性、科学性。

二、本志采用志书体例，以志、记、述为主，图、表、录、照片、拓片辅之，多种题材并用。力求体例完整、文表结合、图文并茂。

三、结构形式采用章、节、目三级立篇，除序言、概述、大事记外，立概况、建筑结构特点、重要价值、建桥史上的不朽业绩、历代修缮、科学研究、金石、诗文、书画、民间故事传说、管理机构 、赵州桥景区、人物 、文存、实测图十五章。

四、上限自隋代开皇十一年(公元591年)建桥始，下限讫于成稿之日。

五、坚持史志编纂惯例，人物生不立传。历史传记主要记述造桥、修缮、保护、宣传石桥有贡献者。以本县籍为主，兼收客籍人物。

六、书中历代纪元年号后加注公元年号，中华人民共和国成立后采用公元纪年。

七、书中引文(资料、文章)，一般于文内注明作者或出处；拟或于文后标明参考书目，根据需要灵活掌握运用。

八、资料来源主要取自文物档案、地方史志、史籍文献以及作者多年考察、发现、科研、积累的资料。

九、金石部分的内容以碑刻或拓片为准，文字采用简体字。

十、文存部分均按作者原文刊登，以尊重原著。

目　　录

第一章　概　况

赵州桥，正名安济桥，位于河北省石家庄市赵县城南2.5公里处的大石桥村，南北横跨洨河之上。由隋代著名匠师李春设计建造，距今已有1400多年的历史(李春画像见图1-0-1)。

图1-0-1　李春　孟琐辛绘

赵州桥首创世界上空腹(敞肩)式单孔圆弧石拱桥，自古即为“天下之雄胜”、“奇巧固护，甲于天下”，被誉为“天下第一桥”、“桥梁鼻祖”。桥全长64.4米(明代重修后桥长50.82米)，主拱由28道拱券纵向并列砌筑而成，净跨37.02米，拱脚宽9.6米，拱顶宽9米，拱腹线半径27.31米，拱中心夹角85°20′33″，净拱矢7.23米，桥高8.65米，占地618.24平方米。

1961年3月4日，国务院公布赵县安济桥(大石桥)为第一批全国重点文物保护单位。1991年9月4日，美国土木工程师学会命名赵州桥为“国际土木工程历史古迹”，并赠送铜牌和竖立纪念碑。同日，中国土木工程师学会在赵州桥树立石碑，碑文称：世界著名古石桥赵州桥隋朝匠人李春建于隋开皇十五年至大业元年(公元595—605年)，世界现存最早跨度最大的空腹式单孔敞肩圆弧石拱桥。

第一节　地理区位和自然环境

一、地理区位

赵州桥位于河北省石家庄市赵县县城南2.5公里的大石桥村，南、北横跨洨河之上，北距308国道(安济大道)1.2公里。地理坐标为东经115°10′，北纬37°40′，海拔约40米。

赵县位于河北省中南部，县城距省会石家庄市42公里。东与晋州市交界，南与宁晋、柏乡、高邑县相连，西与元氏县毗邻，北与石家庄市栾城区、藁城市接壤。总面积675平方公里。赵县具有良好的区位优势，西临京广铁路，北靠石德铁路，距石家庄民航机场60公里；G4(京港澳高速公路)、G20(青银高速公路)、308国道贯穿全境，交通十分便捷。

二、自然环境

赵州桥所在地赵县地貌属太行山中段山前洪积、冲积扇平原，地形西北高东南低，地势开阔平坦。属东部大陆性季风型气候区温暖带半湿润地区，一年四季分明：春季干燥多风，夏季炎热多雨，秋季温和凉爽，冬季寒冷干枯。春秋两季时间短，夏冬两季时间长，年平均气温12.7℃，最高日气温42.0℃(1963年6月26日)，最低日气温-25.4℃(1962年2月22日)。

赵县位于中纬度地区，晴朗天气多，光照充足。历年平均日照时数2800.8小时，日照率为58%~59%，太阳总辐射量129.825千卡/平方厘米。四季(春、夏、秋、冬)的辐射量分别为41.351千卡/平方厘米、39.863千卡/平方厘米、27.756千卡/平方厘米、20.856千卡/平方厘米，分别占总辐射量的31.9%、30.7%、21.4%、16%。

赵县降水具有年际变化大，年内分配不均匀的特点，据1951—2002年降水资料统计，平均年降雨量为449.7毫米，最大年降雨量为907.8毫米(1963年)，最小年降雨量为243.1毫米(1972年)，降雨量主要集中在七、八月份，占全年降雨总量的55%(详见表1-1-1)。

各月降水分配(毫米)　　表1-1-1

月份	1	2	3	4	5	6	7	8	9	10	11	12
降水量	2.1	5.2	9.0	41.1	34.9	77.2	185.4	180.5	54.2	26.8	9.0	3.2

三、自然灾害

据史料记载，赵州桥建成之后，历经一千四百余载，对赵州桥本桥体安全造成较大影响的自然灾害主要为地震和水灾。

1.自隋代建成赵州桥以来，有记录影响到赵县的地震多达23次。

唐代大历六年(公元771年)，赵州地震。

北宋大中祥符二年(公元1009年)，真定地震，赵州房屋有损(《赵县科技震灾资料》)。

北宋大中祥符四年(公元1011年)，真定发生4.8级6度地震，赵州有震感(《赵县科技震灾资料》)。

北宋庆历六年(公元1046年)，河北地震，赵州有震感(《大明府志》)。

北宋皇祐二年(公元1050年)四月，河北数次地震，赵州有震感(《大明府志》)。

北宋皇祐三年(公元1051年)，河北地震，赵州有震感(《大明府志》)。

北宋熙宁三年(公元1070年)八月，河北地震，有声如雷，赵州有震感(《大明府志》)。

北宋元祐四年(公元1089年)，河北地震，赵州有震感(《宋史》)。

南宋绍兴十四年(公元1144年)，河朔诸郡地震，赵州有震感(《宋史》)。

元至顺二年(公元1331年)四月，一日三震或五震，月余乃止。

元至正十一年(公元1351年)，晋县发生5.4级地震，赵州有震感(《赵县科委资料》)。

明正德七年(公元1512年)，栾城县发生5级6度地震，赵州有震感(《赵县科委资料》)。

明嘉靖七年(公元1528年)，栾城县发生5级6度地震，赵州有震感(《赵县科委资料》)。

明万历十一年(公元1583年)冬十一月，正定府地震，赵州有震感(《正定府志》)。

清康熙七年(公元1668年)夏六月赵州地震。

清康熙十八年(公元1679年)，河北三河、北京间发生8级11度地震，赵州隆隆有声(《赵县科委资料》)。

清康熙三十四年(公元1695年)，山西省临汾发生8级10度地震，赵州有震感(《赵县科委资料》)。

清康熙五十九年(公元1720年)，沙城发生6.5级9度地震，赵州有震感(《赵县科委资料》)。

清道光十年(公元1830年)，磁县7.6级10度地震，赵州有震感。

清光绪八年(公元1882年)，深县、束鹿间发生6.5级8度地震，赵州有震感(《赵县科委资料》)。

民国九年(公元1920年)十一月，赵州地震，人头昏，欲吐(《赵县科委资料》)。

1966年3月8日5时20分和3月22日16时15分，在河北省邢台发生两次强烈地震，分别为6.8级与7.2级，地震烈度9度，震中隆尧县距赵州桥不足40公里，这次地震对赵州桥北桥塆北部(三分之一处)造成一道宽约0.5厘米、长约60厘米的竖裂缝，这是赵州桥从1958年大修后自然灾害造成的首道裂缝(赵县文保所资料)。

1976年7月28日，唐山发生7.8级地震，赵州有震感(《赵县科委资料》)。

2.赵州桥建成之后至今，据史料可查的较大洪水灾害达59次以上

唐神龙元年(公元705年)七月，赵州大水(《中国历代天灾人祸表》)。

唐开元十四年(公元726年)秋天，赵州水灾(《唐书》)。

唐开元十五年(公元727年)，赵州水灾(《唐书》)。

唐开元二十九年(公元741年)，赵州水灾(《唐书》)。

唐贞元八年(公元792年)七月，赵州大水，“方割陷於梁北之左趾下，墳岸以崩落，上排篴又嵌欹，则修之可为”(刘超然《新修石桥记》)。

后晋天福八年(公元943年)秋，赵州水灾。

北宋元丰七年(公元1084年)八月，赵州大水(《宋史》)。

北宋元祐元年(公元1086年)八月，赵州大水泛滥，环城廓。

元至元三十一年(公元1294年)，赵州大水。

元大德十年(公元1306年)，赵州大水。

元至顺二年(公元1331年)六月,赵州大水。

明弘治十四年(公元1501年)七月,大水,赵州诸河泛滥,围流城郭,通衢水深丈余,毁坏民居,淹没人畜不可胜数。

明正德十四年(公元1519年)十二月,赵州大水(《旱涝史料》)。

明嘉靖十一年(公元1532年),赵州水涝成灾(《旱涝史料》)。

明嘉靖十七年(公元1538年)九月,赵州水灾(《旱涝史料》)。

明嘉靖二十四年(公元1545年)秋七月,赵州等处水灾。

明嘉靖二十七年(公元1548年),赵州水灾(《旱涝史料》)。

明万历三十五年(公元1607年),赵州大水。

清康熙七年(公元1668年)七月初八,大水,禾稼尽没,城郭损坏,四乡房屋漂泊甚多。

清乾隆三年(公元1738年),赵州洪涝成灾(《洪涝档案》)。

清乾隆十五年(公元1750年),赵州发生洪涝灾害(《洪涝档案》)。

清乾隆十九年(公元1754年),赵州范庄等村被洪水淹(《历代自然灾害史料》)。

清乾隆二十四年(公元1795年),七月初七至初八日,十二至十四日,赵州连降大雨(《旱涝史料》)。

清乾隆二十六年(公元1761年),赵州水灾(《旱涝史料》)。

清乾隆二十八年(公元1763年),赵州洪涝灾害(《洪涝档案》)。

清乾隆三十三年(公元1768年),赵州发生洪涝灾害(《洪涝档案》)。

清乾隆三十六年(公元1771年),赵州洪涝成灾(《洪涝档案》)。

清乾隆三十七年(公元1772年),滹沱河决口,赵州受灾甚重(《旱涝史料》)。

清乾隆四十年(公元1775年),赵州水灾(《历代自然灾害史料》)。

清乾隆四十六年(公元1781年),赵州洪涝成灾(《洪涝档案》)。

清乾隆五十年(公元1785年),赵州发生洪涝灾害(《洪涝档案》)。

清乾隆五十一年(公元1786年),赵州发生洪涝灾害(《洪涝档案》)。

清乾隆五十九年(公元1794年),赵州洪涝成灾(《洪涝档案》)。

清嘉庆六年(公元1801年),赵州大水(《历代自然灾害史料》)。

清嘉庆二十三年(公元1818年),赵州发生洪涝灾害(《洪涝档案》)。

清嘉庆二十四年(公元1819年),赵州大水,禾稼被淹(《旱涝史料》)。

清嘉庆二十五年(公元1820年),赵州洪涝成灾(《洪涝档案》)。

清道光二年(公元1822年),赵州大水。

清道光三年(公元1823年),赵州大水。

清道光十年(公元1830年)四月二十八日,赵州大雨三日,大水。

清道光十二年(公元1832年),赵州洪涝成灾(《洪涝档案》)。

清道光十四年(公元1834年),赵州水,歉收(《旱涝史料》)。

清道光二十一年(公元1841年),赵州洪涝成灾(《洪涝档案》)。

清同治八年(公元1869年),赵州大水。

清同治十一年(公元1872年),赵州洪涝成灾(《洪涝档案》)。

清同治十二年(公元1873年),赵州洪涝成灾(《洪涝档案》)。

清光绪九年(公元1883年)七月二十五日,大风雨伤稼。

清光绪二十年(公元1894年),七月七日,大雨凡四昼夜,河水泛滥。七月十二日大水,村舍几为淹没。

清光绪二十一年(公元1895年),四月初三,大风雨,凡两昼夜,屋圮无算。

清光绪二十三年(公元1897年),赵州发生洪涝灾害(《洪涝档案》)。

清光绪三十二年(公元1906年),赵州洪涝成灾(《洪涝档案》)。

民国元年(公元 1912 年),赵县大水(《李大防诗集》)。

民国六年(公元 1917 年)六月八日,赵县连降暴雨七昼夜,河水泛滥。造成特大洪灾。收成几无,乡民大饥,逃荒四野(《赵县志》)。

民国二十七年(公元 1938 年),赵县先旱后涝(《旱涝史料》)。

民国二十八年(公元 1939 年),赵县先旱后涝(《旱涝史料》)。

1950 年 8 月 2—4 日,连降暴雨,河水猛涨,部分村庄遭水灾(《赵县历史档案》)。

1956 年 7 月 29 日—8 月 5 日,连降大雨,雨量 381.5 毫米,发生水灾(见图 1-1-1)。洨河中游 4 处决口,503206 亩庄稼受灾,59607 间房倾倒(《赵县历史档案》)。

1963 年 8 月 3—9 日,赵县连降暴雨,加之山洪暴发,造成特大洪水灾害。赵县县城被水围困,被淹庄稼 716200 亩,占总耕地 787505 亩的 91%,倒塌房屋 160557 间(《赵县历史档案》)。

1996 年 7 月 20 日—8 月 10 日,赵县出现连续 13 天降雨过程,总降雨量 421.9 毫米(见图 1-1-2)。洨河 8 月 4 日 20 时左右水位起涨,流量达 480 立方米/秒。由于 1963 年在洨河上游兴建了水库,1964 年、1968 年进行了两次河道治理,基本掌控了洨河水患。

图 1-1-1　1956 年洪水流经赵州桥

图 1-1-2　1996 年洪水流经赵州桥

第二节　水陆通衢

前来参观的人们对赵州桥的高超技艺、奇巧固护无不表示钦佩,同时不禁也会提出这样的一个问题:赵州桥为什么能于隋代在赵郡(赵县)建成呢?

关于赵州桥建造的起因,由于史籍记载的缺憾,故现存研究论文很少。赵州桥自建成后直至 1984 年建成赵州桥景区前,1400 多年来从未停止过使用,在历史上所起的作用是巨大的。由此看来,在当时投入巨大人力、物力建造赵州桥,是有着多方面原因的。

纵观赵县历史沿革,这里始终是侯国、府、郡、州、县之治所。从古遗址来看,赵县的历史文明肇兴于商代。现存于赵县境内这一时期主要的文化遗址有双庙、宋村、王西章、董村、四德、北李家疃等商周遗址。这几处遗址出土石器、青铜器、陶器、刀币、布币、兵器、铜簇、骨制品等众多文物。据此推断,这一时期,赵县境内已经形成了较为密集的人群聚落,有的地方已出现城邑(城市的萌芽)。

进入春秋战国时期,赵县历史已经有了文献记载。据《左传·哀公元年》记载:晋定公十八年(公元前 494 年)四月,鲜虞参与鲁、齐、卫国联军,攻占晋国城邑棘蒲(今赵县城),这是见于史书上赵县最早的城邑,距今有 2500 多年的历史。

赵孝成王十五年(公元前 251 年),燕国发二军攻赵(见《史记·赵世家》),燕王喜自领偏军至宋子(今赵县宋城)。至此,赵县又有了见于史书记载的第二座城邑——宋子,亦属赵国。

秦国一统天下后,废除了分封制,推行郡县制,赵县故地属巨鹿郡。

汉王朝成立后的行政建制,一方面沿用秦代的郡县制,另一方面分封王侯,设立诸多侯国,“郡”、

“国”并立。当时，赵县境内就有棘蒲、宋子、平棘、封斯、敬武 5 个侯国。汉元帝年间“废除侯国”，赵县境内的 5 个侯国均被废除，设置了平棘、宋子、封斯、敬武 4 县。到东汉时期省去了宋子、封斯、敬武 3 县，其 3 县辖地归入平棘县（今赵县境域）。平棘县成为这一区域的政治、经济中心。

魏晋南北朝时期，北魏太武帝统一北方，这一时期平棘在建制上发生了巨大变化。东晋十六国时称赵郡，治所由房子迁到平棘城，管辖平棘、房子、高邑、元氏、栾城 5 县。后来改称殷州。北齐避太子讳改殷州为赵州，赵州之名始于此，辖平棘、高邑、瘿遥、广阿。

隋代，置赵郡，治所于平棘，管辖平棘、高邑、赞皇、元氏、瘿遥、栾城、大陆（今宁晋县部分）、柏乡、房子、藁城、鼓城（今晋县）共 11 个县。这是赵郡（赵州）历史上管辖范围最广的时期，也是赵郡成为今石家庄地区东南部政治、经济、军事、文化中心的开始，此后，一直延续 1500 多年。

隋朝的建立，结束了南北兵家割据和长期战乱，在我国历史上具有重大和积极的意义。人民渴望安定，国家急需建设的历史趋势，促进了自然科学和各项工艺技术的发展，使百业俱兴的社会局面随之到来。在此条件下，建筑与水利工程亦有较大发展。

开皇七年（公元 587 年），在今河南、河北、山东和淮北以及江苏的东部，发动了巨大的通济渠疏浚工程，使贯穿南北的纵横水系连为一体，互能通航，大大促进了航运事业的发展。

到了隋代的第二个皇帝杨广登位以后，更是大兴土木，组织了多项役使数百万人的浩大工程，包括开挖中外历史上最长的运河（以河南洛阳为中心，北自涿郡，南到杭州，长达 5000 里的南北大运河）。据《隋书·炀帝记》载：先后征集二三百万人，在春秋时邗沟，汉时的汴渠，南朝时的丹徒水道基础上开凿大运河。此外，按周礼《考工记》的城市规划原则，建造了规模巨大的长安城（隋称大兴城），依“九经九纬”要求，每条干道可并行车辆九部，路面宽达 30 米以上，最宽的竟有 150 米，气势非常磅礴。炀帝还派夫百万，增筑万里长城，完成了自山海关到甘肃安西，全长 4600 余里的巨大工程。又以每月 200 万人从事东都洛阳建设。劳工众多，在建筑历史上实属罕见。

当时，赵郡（今赵县）围绕京杭大运河支流——洨河的治理，兴修了诸多水利工程：平棘县东二里有广润陂，引太白渠以注之，以蓄泄水利；宁晋县地旱卤，西南有新渠，引洨水入城以灌田；昭庆县（今隆尧县）城下有沣水渠，以灌田通漕（见图 1-2-1）。

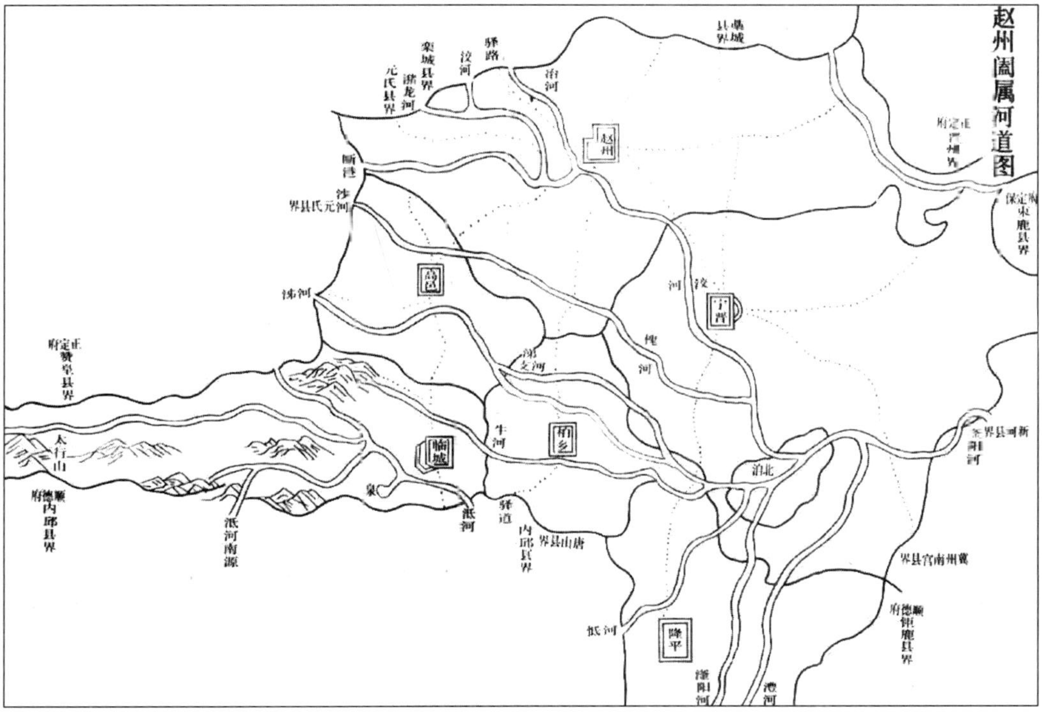

图 1-2-1 赵州古河道图（见清光绪《赵州志》）

在隋代,拓展了隋都大兴城经赵郡直达冀北幽燕十六州的南北交通干道;又重修了巨鹿郡经赵郡达太原郡的东西驿道。从而,使赵郡处在东西南北交通干线之上,“盖赵为畿辅要区,雄于河朔,其在辅员,所称四通之域也”(见张居敬《重修大石桥记》)。其地理位置更加显要,并成为河北中南部的几个政治、经济、文化中心城市之一,这里经济发达,不仅陆路车旅络绎不绝,而且水运也十分繁忙,乃要津之渡。因此,在有巨川之称的洨河之重镇要口上建造一座大桥,以利南北往来,既是当时国家形势的需要,也是广大民众发展生产的迫切呼声,而赵郡洨河的地理位置之显要,亦是在此建桥的重要因素之一。

正是这种大兴土木工程的历史氛围,促使各业匠师的创造思想得到了空前解放,创新的热情也大大提高。冀中劳动群众和匠师在建成河北省元氏县封龙山、峰峰南、北响堂山,山西省太原天龙山,河南巩县等处石窟寺的基础上,进一步研究石拱券结构,成功地创建了赵州桥。赵州桥的建成,“北通京师,南接楚梁,驿传旁午,悉由其闻,诚胜迹也”(翟汝孝《重修大石桥记》)。正如宋代杜德源《安济桥》诗云:“坦平箭直千人过,驿使驰驱万国通。”赵州桥的工程浩大,设计匀称合理,精美华仑,不难看出,其用工和资金费用巨大。由此可以推断,赵州桥的建造,在当时应该是国家和当地的一项重大工程。而从赵州桥下已出土的修桥主题名石上所刻诸多捐资人名分析,其建桥资金不仅来源于国库,而且相当一部分来源于衰钱(当地广大民众的赞助和捐献)。

综上所述,分析隋时土木工程生机勃勃的形势,有助于认识赵州桥创建的历史背景,因为时代特征与桥的设计思想、组织规模和建筑风格往往是息息相关的。

第三节　赵州桥桥名的由来

赵州桥有原名、俗名、改名等多个名称。

赵州桥于隋代建成之后,始名(原名)称为:赵郡洨河石桥。据唐代中书令张嘉贞于开元十三年(公元725年)撰文的《石桥铭序》曰:“赵郡洨河石桥,隋匠李春之迹也”。这是建桥后最早的碑记,当属确信无疑。它用当时的地名、水名命名,初名始见于此。

赵州大石桥,为当地人的俗称。因为隋末越王杨侗皇泰初年(公元618年)在赵州城西门外冶河(清水河)上建成了永通桥,它晚于赵郡洨河石桥19年,建筑结构形式、艺术风格与其十分相似,只是形体较小,且与赵郡洨河石桥相距仅2.5公里,为区别南北二桥,冠以大小,故称赵郡洨河石桥为赵州大石桥,永通桥则俗称小石桥。明代王之翰《重修永通桥记》曰:“吾郡出西门五十步,穹窿莽状……尔为一方雄观者非桥乎?桥名永通,俗名小石。盖郡南五里隋李春所造大石有仙迹焉……缔造之工,形势之巧,直是颉颃大石,称二雄于天下。”

赵州桥之名,是根据地名命名的。据《清光绪赵州志》载,北齐天宝二年(公元551年)因避太子殷的名讳,改殷州为赵州,赵州之名始于此。40年以后的隋代(赵州隋代称赵郡)建成赵郡洨河石桥,至民国二年(公元1913年)赵州更名赵县,1100多年来,历尽隋、唐、宋、元、明、清等朝代,期间曾设置赵郡、栾州、庆源府(军)、沃州、永安州等,历史上只存在290年;而赵州之名则经历了近千年,历史最久远。在悠久漫长的历史长河中,赵州人爱赵州这块养人育人的故土,更以李春营造的石拱桥名震中外而自豪,故以地名为桥名,俗呼赵州桥,或曰赵州石桥,自然成理。2001年11月5日,时任中共中央总书记、国家主席、中央军委主席江泽民视察赵州桥,挥笔题写“赵州桥”。

安济桥是以后的改名。赵郡洨河石桥建成590年后,由北宋哲宗皇帝赵煦赐名:“安济桥”。并以此为正名。据考,北宋周煇《北辕录》:“未至城(赵州)五里渡洨河石桥,石桥从空架起,工极坚致,南北长十三丈,阔四之一,实隋人李春所造。元祐间赐名安济,有张果老骑驴。”乃取“利贯金石,强济天下,通济利涉,安全渡过,万民以福”之意。

附:茅以升给林树涵的复信

林树涵先生:

尊文两篇已拜读。张嘉贞《石桥铭并序》(林按:应作《石桥铭序》,后人改称《安济桥铭》。石桥之名,历代文献仍在沿用。安济桥名始于宋代。虽然改名的原因不详,但《文苑英华》系宋太宗时奉敕编纂之书。为宋"四大书"之一。此书将张嘉贞、张彧两文,均改用"安济桥铭",必有所本。徐铉编纂的《唐文粹》,与《文苑英华》同时或稍后(徐为太平兴国年间进士)。他用的题目是《石桥铭并序》。1956年挖出的张文刻石,即系根据《唐文粹》文本上刻石,或者自是宋以后人。选文不是《文苑英华》而是《唐文粹》。其原因亦不可考。我国古代名桥,有些有原名、改名、俗名等称号。安济桥是后世改名,自无疑义。现在国务院公布的国家重点文物保护单位用的即是"安济桥"。因此,大石桥即安济桥的提法(梁思成先生文章的题目)应该统一。

当然,这并不排除对石桥原名的考证和张文题目应用原名的主张。

即颂

时绥!

茅以升

一九八四年四月十五日

第四节 赵州桥建桥年代考

赵州桥始建于隋代,这是中国封建历史上最短的两个朝代之一,仅经历了杨坚和杨广两代皇帝(公元581年—619年)。

至于赵州桥确切的建造年代,在目前已出版的《辞海》、《辞源》、《现代汉语词典》、《中国石桥》、《汉语大词典》、《河北地名词典》、《河北名胜志》和诸多桥梁专著、教科书、旅游手册等著述中众说纷纭,其中以隋代后期即"605—618年"和"605—616年"之说最为普遍。其重要的考据是在游客题名石中曾发现宋人石刻,上有"桥作于隋大业年间……"字样。因此,"赵州桥隋大业年间建"之说就成了历来很多文献的根据。应该认为,仅以隋亡后400多年的宋元祐四年(公元1089年9月间)游人一语就做此结论,显然未必足信。笔者现综合有关文献资料❶和各项考证,认为可将赵州桥建造时间推进至公元591—599年间。

第一,据在《金石汇目分编》卷三补遗第二十五页上所见的一条记录称(《畿辅通志》首次记载):安济桥下曾发现隋唐山石工李通的题名石,刻有"开皇十□年"字样。查考旧唐山(亦名尧山)在今河北隆尧县东北紧邻赵县,较赵州桥西部采石区的获鹿县,更近于大石桥址。隆尧县境内的尧山(又名唐山),历来出产石料,技艺高超的石匠屡屡涌现,故李通等作为唐山匠师亲身参加大石桥工程是很自然的。而这一石刻即为当时当地的石工留题,所指年代比宋人可信。据此以开皇十□年论,赵州桥应建于公元591—599年之间。

第二,新中国成立后修缮赵州桥时,在桥址河床处挖出大块积石1200余块,其中有6块刻字的修桥主题名石,系修造时所刻。

在题名石上,记有修桥主官职名称,如"云骑尉""骁骑尉"等等。查此种种官职,均为开皇六年(公元586年)始,隋廷任职所用。《隋书》记"开皇六年,尚书著二十四司各置员外郎一人,以司其曹之籍账……吏部又别置朝仪、通仪、朝清、朝散、给事、承奉、儒林、文林等八郎,武骑、屯骑、骁骑、游骑、飞骑、旅骑、云骑、羽骑八尉,其品则正六品以下,从九品以上……。"

❶ 俞同奎《安济桥补充文献》《文物参考资料》1957年第3期。

文帝时的百官职名，自开皇六年至二十年延至仁寿四年（公元586—604年），改称不多。而到炀帝登位后则变动甚大。《隋书》曰：“炀帝即位，多所改革，三年定令，品自第一至第九，唯置正从而除上下阶。”“旧都督以上，至上柱国，凡十一等，及八郎、八尉、四十三号将军皆罢之。”可见，修桥主题名石上所刻的官位职称，仅系隋开皇六年至隋大业前（公元586—604年）这一时期所用。进而从侧面证实了赵州桥非建于炀帝大业年间（公元605—618年）。此考据与前项相符。

第三，在桥东南河床中打捞出的八角石柱刻有刘超然的《新修石桥记》，其上云：“隋人建石梁几二百祀，壬申岁（即公元792年）七月，大水方割陷于梁北之左趾，下坟岸□崩落，上排簉又嵌欹，则修之为可，……贞元九年四月十九日。”这是首次修理的记录。它说明了公元792年被大水冲坏的赵州桥，已建成近200年，因此可以推定桥建成在公元592年左右。

第四，在桥北洞下，曾获“赵下非”题名石一块。石为水所冲，字多湮灭，仅20字依稀可辨，石刻上标志“乙丑”二字，即大业元年（公元605年）所刻。析为石桥建成后游客铭留。这一情况，与《宝刻丛编》中“隋栾州使君江夏徐公碑”之文类似。其上云：“郝士威撰侯彦直分书，大业二年丙寅七月十五日立在汶（洨）川石桥前。”说明石碑树立时（公元606年），赵州桥业已告竣使用了。

第五，山东东平县，建有“清水石桥，在县西三里，隋仁寿元年（公元601年）造，石作华巧，与赵州石桥相埒……。”此文表明两种可能，之一是：在公元601年造清水石桥时，赵州桥不仅建造成功，且已名扬远近，成为各地争相效仿的代表作了。

第六，在赵州桥桥址掘出的修桥主题名石上，见有“大女赵聃妃”，“大女马”等女子之称，反映了妇女在当时的社会地位与经济能力之优。这种情况，正是文帝在位时所多见。而以暴君著称的隋炀帝执政期间（即大业年间）是难以设想的。

开皇年间，隋文帝倡导对百姓轻刑、减税、抚爱庶民。他还尊重女子，礼待民妇奴婢。例如维护实行北齐均田法（普通民众一夫受露田80亩，一妇受40亩，奴婢受田与良人同等）。使广大妇女成了开皇中后期全国各业繁荣的一支重要力量。

隋文帝重视女性，除认识妇女民众的创造能力外，尚可究察的内因是，他所以轻而易举灭周建隋，正与其女为周宣帝正后这一皇亲的特殊地位分不开。立国之后，因文帝之妻——皇后独孤氏是鲜卑人，隋文帝要借独孤氏获鲜卑贵族对新政权的支持，便让皇后直接参政，宫中尊称“二圣”。又开皇中后期的597年文帝为利用邻邦突厥国，命隋安义公主许配突利可汗为妻。凡此诸例，均说明隋文帝重视妇女在促进经济和政治斗争中的作用。因此，联系到赵州桥石刻上妇女题名这一社会历史背景，似可作为赵州桥建于开皇年间的佐证。

第七，修建赵州桥时大胆创新，设计“敞肩、坦拱”的结构形式，其跨度也为当时中外石拱桥的最大者。在建筑艺术与施工技巧等方面均有独创。而像这样代表阶段性科学技术的典型作品绝非偶然一举，乃是集历史之大成所产生的“飞跃”表现。沿其足迹考察，必会找到其他同期所建的桥梁，作为当时工匠探索经验的先行实例或表现其成就影响的陪衬。

查考各地方志和史籍记载，隋时主要桥梁，多建于开皇中期（即公元590年前后）。各省中著名的如山东胜县城南四十里外官桥，跨薛河，是高一丈的九孔石桥，建于开皇八年（公元588年）。为唐李白诗所赞“双桥落飞虹”的济川桥，也系开皇时造，桥址位于安徽宣城德门之外，横越宛溪。湖南元江县西十八里，有古横桥，也建于开皇九年（公元589年）。其余像隋越公杨素所筑江西太和县武溪桥及《畿辅通志》所载跨方顺河的石拱桥等，建筑年代亦皆于此时段。从这些史实中也可以旁证赵州桥建于开皇年间的可能性是比较大的。同时根据史册记载隋代的其他名桥也大都建于开皇年间。

最后，也许还要对赵州桥的建造是否较隋开皇中期为更早，即于文帝初年所修，补作疑问。对此除上述七项作答外，续列考据一项：

在掘得修桥主题名石上，有“瘿陶县……”字样。考瘿陶县，位于宁晋县西南二十五公里。洨水自“石邑县井陉山出，东南至瘿陶八泜。”其县名及归属，屡经变更。“本春秋时晋阳氏，邑汉以为瘿陶县，属钜鹿郡。晋省后，魏于此置瘿遥县，属南钜鹿郡，隋开皇六年改为瘿陶，复汉旧名，大业二年（公元606年）

改属赵州……”,《赵州志》上也有此沿革记载。可以说明赵州桥当建于廮遥县更名廮陶县,即开皇六年后。此据并前七项考析,可作桥非造于开皇六年(即公元586年)前之定论。

综上考据和历史文献资料,赵州桥不应记作“隋炀帝大业年间(公元605—618年)所建”,可认为是隋文帝开皇中期(公元591—599年)的一项杰出工程。将历来标明的赵州桥建造年代推进到公元6世纪末年。

第二章　赵州桥的建筑结构特点

赵州桥的设计建造者李春，在总结历代建造拱桥经验的基础上，于修建赵州桥时，勇于革新，大胆创造，采用天然地基；一改笨重的半圆形实腹拱，创造了单孔割圆式（即小于半圆的一段圆弧）敞肩石拱桥，这是世界桥梁史上之首创、始祖。在桥梁施工、建筑特点、艺术风格诸方面为后人树立了光辉典范。

第一节　选址科学

任何一座建筑必须具有坚固的基础才能经久耐用。赵州桥也是如此，它能屹立1400余年而且从未停止过使用，这与它科学选址、采用天然地基是息息相关的。

一、"铜塄铁底"老洨河

赵州桥横跨于自西向东流向的洨河之上。据《赵县水利志》载，洨河是海河流域子牙河系滏阳河上游的一条支流，流经赵县西南部，距离县城2.5公里（大石桥段）。自栾城县龙门村南入赵县境内，经沟岸、贾吕、北轮城、南轮城、轮城庄、南三相、西正村、宋村、尉家庄、付家湾、大石桥、焦家庄、候召、西洨洋、东洨洋等22个村庄，境内长20.3公里，流域面积223平方公里，现在排洪能力665立方米/秒。

洨河古称洨水，又名肥水，讹为孝河。《辞源》曰斯洨水、井陉水、童水、鹿泉水、古绵蔓水。

旧志记述，其源众说不一，据《赵州志》旧志云："凡有四泉，一在莲花营，一在洚北村，皆获鹿南境。其另二泉在窦妪村西北石牛港。"

张孝时《洨河考》云："洨河发源于封龙山北之南寨村，两壁峰峦峻削，瀑布悬崖，水皆从石罅中流出。二十里至甘子村入平地，至平通汇桥金河、普良河，由栾城之彭家庄以达于通济桥。此洨河之正脈也。"《水经注》云："洨水不出山，而假力于近山之泉，今考洨河，实受西山诸水，每大雨时行，伏水迅发，建瓴而下，势不可遏。自获鹿之寺家庄，至栾城之王家庄，泛滥为害者皆此水也。一云达于大陆；一云达于赵州大石桥，东南流，归滏阳河"。《汉书·地理志》云："石邑县井陉山，洨水所出，东南至瘿陶入泜。"

考《栾邑志》，道光年知县桂超万遣人寻源云："获鹿城南五十里，有五峰山，五指排空，森然屹立，洨水出焉。山麓有梁家庄，洨水绕出村南，西南流，迳获鹿，栾城界至龙门南贾吕村，为赵州境，入州境后，东南经轮城、三相、西正村、宋村至大石桥，折而东，经焦家庄、西洨洋、胡家营至宁晋边村、及桥、楼底、武家桥，迤逦达县城，东南归北泊。（按）洨水自梁家庄导流至平同村，有普莲河来入之；至栾城梅家村，西有沙河来入之；至郭家庄西有金水入之；至宋村西有潴龙河入之；至大石桥有冶河入之。当时颇称巨川。今仅有涓涓细流。惟夏秋霖潦，挟众山泉来注，然不久复为细流矣。"

今考其源，于获鹿县南部与井陉县接壤处五峰山，山下有泉出自石窦，久旱不涸，名曰宝泉，为洨河之正源。据《获鹿县志》：两水相交谓之洨。今河在平同村与金河、蒲莲合流，三河有交汇之意，故名洨河。

经勘察发现，洨河行洪的河床均为黏土或轻亚黏土构成，黏土是一种重要的矿物原料。由多种水合硅酸盐和一定量的氧化铝、碱金属氧化物和碱土金属氧化物组成，并含有石英、长石、云母及硫酸盐、硫化物、碳酸盐等杂质。黏土矿物的颗粒细小，常在胶体尺寸范围内，呈晶体或非晶体，大多数是片状，少数为管状、棒状。

黏土矿物用水湿润后具有可塑性，在较小压力下可以变形并能长久保持原状，而且比表面积大，颗粒上带有负电性，因此有很好的物理吸附性和表面化学活性，具有与其他阳离子交换的能力。

黏土的化学组成、矿物组成和颗粒组成决定着黏土的工艺性能。黏土与适量的水混合后形成泥团，在外力的作用下，泥团发生变形但不开裂，外力散去后，仍能保持原有形状不变，黏土的这种性质称为可塑性。一般来讲，可塑性强的黏土，其结合力也大。

赵州桥下洨河段的河床均为这种可塑性强的黏土，虽然历经上千年的洪水冲刷，从未发生过决堤，河床变化很小,人们习惯上称洨河为“铜塝铁底”老洨河。这是赵州桥千年不坠的重要原因之一。

二、天然地基

建造拱桥,有一个伴随而来的技术问题,桥体在自重和荷载作用下对桥台产生很大的水平推力,因此对桥台结构和地基的要求也相应提高。中国的先代桥工对此并不陌生。甚有趣的是:现代工程界的人士原都猜测赵州桥的桥台必然既大且长,无疑是长后座形式。基础结构也应该比较复杂。人们还疑有桩基……然而,1979 年的大型钻探和人工探坑的结果表明,赵州桥采用低拱脚、浅基础、短桥台,其桥台是既浅又小的普通矩形,长 5.8 米,宽 9.6 米,基础厚度仅为 1.549 米,由五层排石垒成(见第十三章 图13-1-4 主拱脚),当然既谈不上“长后座”也不存在桩基形式了。更使参加这次钻探工作的人们惊讶不已的是,原来赵州桥桥基处的地基土并非过去文献所说的粗砂,而是基本承载力为 3.4 公斤/平方厘米的褐黄式硬型的轻亚黏土(亚黏土的承载力小于粗砂)。经验算:其基础底压应力最大为 4.4 公斤/平方厘米,最小为 3.1 公斤/平方厘米,与桥台处轻亚黏土的容许压力相近,桥台的抗滑稳定性为 0.7,当有 3 毫米左右的水平位移时才能稳定。此外,低拱脚、短桥台增强了桥台的抗倾覆能力。拱脚之上有矩形桥台,高 340 厘米深 400~500 厘米,通体以条石砌成,垒砌工整,雕刻方齐,以与拱券传来的巨大推力相抵。在 1955 年的修复工作中,曾对安济桥的桥台进行测量,发现基础并无大的走动迹象。

在桥台顶端起拱线处的高程,北端东西相差 17 厘米,南端东西相差 3 厘米,东侧南北相差 12 厘米,西侧南北相差 32 厘米。西侧相差较大的原因是北台西侧曾崩塌过。安济桥千余年不坠的原因不仅仅由于对上部构造考虑的周到,而下部构造,即桥台、基础的设计合理,恐怕也是关键之一。

这种土壤虽属第四纪冲积层,地层稳定,土质均匀,是良好的天然地基。但在这样的地基上建造如此大跨度的石拱桥,仅用这样小的桥台,这在中外建桥史上是实属罕见的。这不仅充分体现了中国古代匠师合理的全局性设计思想,而且也反映了他们对土壤和结构力学有一定的认识。无怪乎桥建成百余年后唐代张嘉贞说:“……制造奇特人不知之所以为”,以至于熟知现代工程力学的后人都难以设想到全部情况,只有通过实地勘测分析后才恍然大悟(赵州桥地质情况见图 2-1-1)。

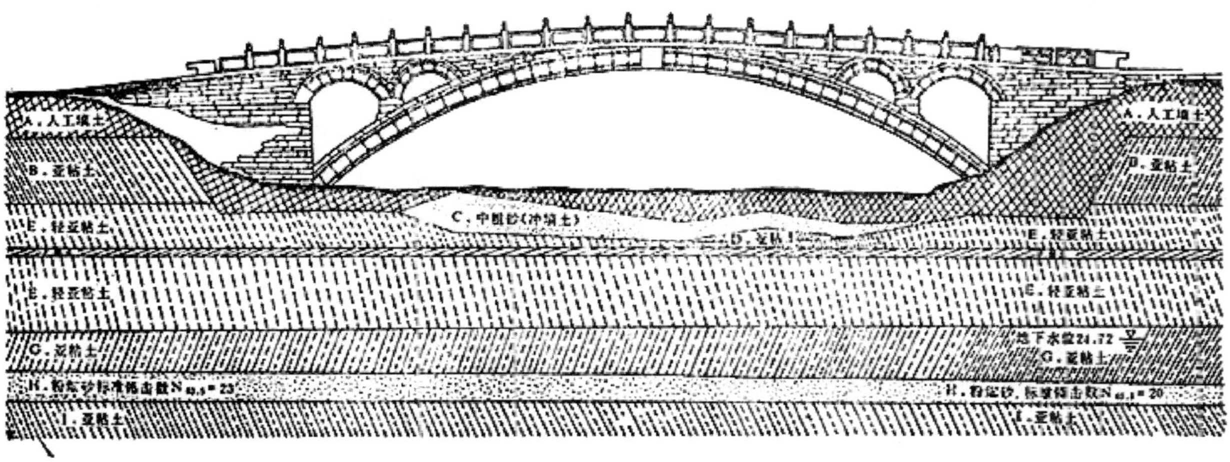

地层编号	岩性	色味	密度	湿度	断面状态及稠度	含有物	地层编号	岩性	色味	密度	湿度	断面状态及稠度	含有物
A	人工填土	褐黄—黑灰		湿—饱和	软塑 硬塑 断面混杂	砖块 江石	F	粘土	棕黄		湿	硬塑 稠粘	
B	亚粘土(冲填土)	褐黄—黄褐		湿—饱和	软塑 硬塑	砖块江石贝壳混砂性土	G	亚粘土	褐黄		饱和	硬塑 稠粘	江石
C	中粗砂(冲填土)	褐黄	中下密	湿—饱和	颗粒不均匀	砖块江石贝壳混粘性土	H	粉细砂	褐黄	中密	饱和	1#孔为中砂	云母
D	亚粘土	褐黄		湿	硬塑 稠粘	江石 氧化铁	I	亚粘土	褐黄		饱和	硬塑	江石
E	轻亚粘土	褐黄		湿—饱和	硬塑	江石 氧化铁							

图 2-1-1 赵州桥地质剖面图

附:北京建筑大学高工胡达和验算结果

1.地基土应力验算:

根据1983年勘察报告(见文存《安济桥水文地质报告》):地基土为轻亚黏土:塑性指数 $I_p=6.8$,颗粒组成0.25~0.1mm占15%,0.1~0.05mm占45%,0.05~0.005mm占40%,土的天然孔隙比 $e=0.63$($e_{max}=0.69$),饱和土塑性指数 $I_L=0.41$.根据《公路桥涵地基与基础设计规范》的3.3.3表查得地基承载力基本容许值为360kPa。规范规定黏性土不进行宽度修正,又由于地基较浅按规范规定不能提高。

2.地基应力验算:$\sigma=2369.3/6.4\pm93.4/6.83=370.2\pm13.6=383.8(356.6)$kPa略大于规范容许值(由于施工工期较长,桥台完成后才砌筑主拱,桥台地基经过较长时间的预压,其地基承载力会有提高)。

3.桥台稳定性验算:抗倾覆安全系数为82.1,远远大于规范规定,抗滑动安全系数为0.7,小于规范规定。

由于不考虑台后土的抗力,抗滑稳定不满足规范规定,故需要计入台后的弹性土抗力,采用空间模型对桥台的计算,利用ALGOR程序进行,用块单元模拟桥台以及基底,用土弹簧模拟地基土及台侧土抗力;输入外力,大、小拱脚传来的 M、N、Q;台后的主动土压力;地基土的抗滑力(取竖向力的0.25倍);基础襟边的竖向力,计入桥台自重。计算结果为:基底产生水平位移(向桥台方向)为3.391mm位移,最小竖向位移为(在基底填土侧)3.45mm(其地基应力为64kPa),最大位移(在基底桥跨侧)为向桥向值为6.62mm(其地基应力为780kPa),此时的抗倾覆安全系数为1.5,大于规范规定,抗滑安全系数为1.0,与台后土抗力平衡。此计算结果还有问题,显然应当将台身与两侧桥台一起进行计算。由于目前没有两侧翼墙的尺寸,需要进一步探测,以进一步了解其桥台的奥秘。

三、桥位得当

由于赵县境内洨河河道断面窄小,而且多处弯曲不直,U形和S形弯达十几处。所以在历史上洨河泄洪排涝能力差。常年泛滥成灾,危害民众禾稼。

众所周知,河流的凸岸淤积、凹岸冲刷问题,是造成河流改道的重要因素。而对于桥梁来说,若选址不当,一方面会造成一侧桥台冲刷过大,桥台基础底部掏空甚至桥梁被毁;另一方面,很可能河流改道后,使桥梁丧失使用功能。而赵州桥的设计建造者李春经过详细勘察洨河的地形地貌和流向,极其巧妙地利用了洨河S形的转弯,将赵州桥放在了一个科学合理的位置。赵州桥上游的洨河是长约1.5公里的直行河道,再往上长约1.5公里是S形的转弯河道,正是因为这段S形的转弯河道,自然地迫使洨河之水的流速减缓趋稳,冲击力大大降低。水流进入赵州桥下的直行河道后,流速更加平缓,冲击力相对减小,正如明代张居敬《重修大石桥记》云:"河水上流波湍,至桥下则湛然渊停,风景自殊……"。明显减弱了水流对赵州桥的平推力,避免了洪水对桥台过度冲刷问题,提高了桥梁的安全系数,增加了桥梁的稳定性(见图2-1-2)。

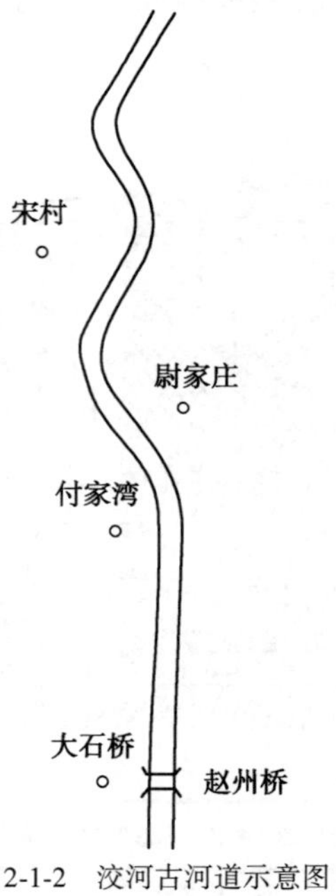

图2-1-2　洨河古河道示意图

第二节　结构独特

一、敞肩拱

赵州桥是一座单孔的割圆式(指小于半圆的一段圆弧)敞肩石拱桥。最突出的特点是"敞肩"结构。什么是"敞肩"呢?这需要从桥梁的基本结构讲起。

桥梁有梁桥、拱桥与吊桥三大类，古时称为平桥、券桥和索桥。它们的上部承重构件的受力情况是：梁桥主要受弯，拱桥主要受压，吊桥主要受拉。从受力分析，用耐压而不耐拉的石料来砌筑拱桥是十分合理的。我们的祖先很早就从实践中懂得这一道理了。

最早建造石拱桥的是意大利人。欧洲今存有罗马帝国在公元138年间建造的圣安叶石拱桥（Saint Ange），这是一座三孔跨度为18米的石拱桥。除古罗马首先将拱式结构用于运水桥（即渡槽）外，中国也是较早采用拱券结构的国家。

从河南省新野县北安寨村出土的东汉裸体画像砖来看，我国建造拱桥不晚于东汉。北魏地理学家郦道元所著的《水经注・谷水》里就记载了西晋太康三年（公元282年），在洛阳附近曾建造的一座石拱桥——旅人桥。旅人桥横跨七里涧，史册载："桥去洛阳六、七里。悉用大石。下圆以通水可受大舫过也。……十一月初就功。日用七万五千人，到四月末止……"。足见工程浩大，投入了大量人力、物力和财力。可惜这座桥今已无存。因此，纵观桥梁技术发展史，中国是继罗马之后在东方最早修建石拱桥的国家。而欧洲其他地区直至12世纪后，由法国修建跨度34米的亚维浓石拱桥开始，才逐渐掌握了拱桥建筑艺术。

不过，古罗马所建的拱桥形式都是比较笨重的半圆形实腹拱。在主拱肋与桥面之间，即拱肩（或称拱腹）部分，填满了砂石。而中国李春建造的赵州桥，却在主拱肋与桥面之间设计了并列的4个小孔，两端第一小券半径约2.3米，净跨3.81米，第二小券半径约1.50米，净跨2.8米；挖去部分填肩材料，从而开创了"敞肩拱"的桥型。

拱肩结构的改革是石拱建筑史上富有划时代意义的创造。这充分说明中国古代匠师，不墨守成规，勇于革新，善于创造，他们在建造赵州桥时不仅采用割圆式，而且大胆地挖空了拱肩。通过对工程的实践和摸索，终于认识了这样做不仅不会减低桥的承载能力以至危及桥的寿命，相反，却获得了一系列良好的效果。

李春首创的"敞肩拱"结构形式（见图2-2-1），既可节约建桥材料，减轻桥身自重，亦削弱对桥台的垂直压力和水平推力；还可宣泄洪水、增大溢洪量，减轻水流对桥体的冲击力；又符合现代结构力学的原理，增加小拱对大拱的"被动压力"，提高桥梁的稳定性和承载能力，大大增加了安全系数。

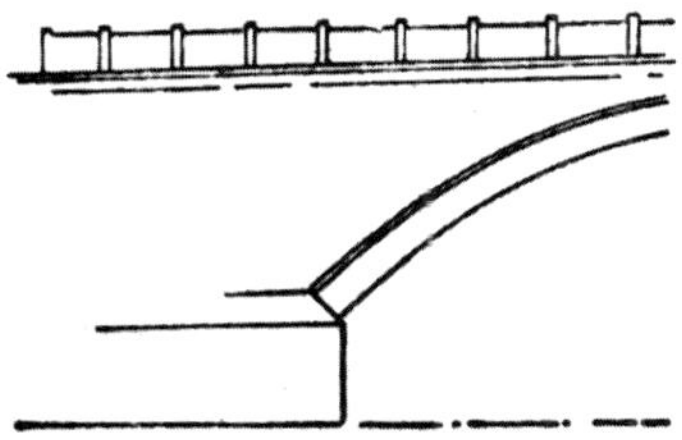

满肩拱示意图

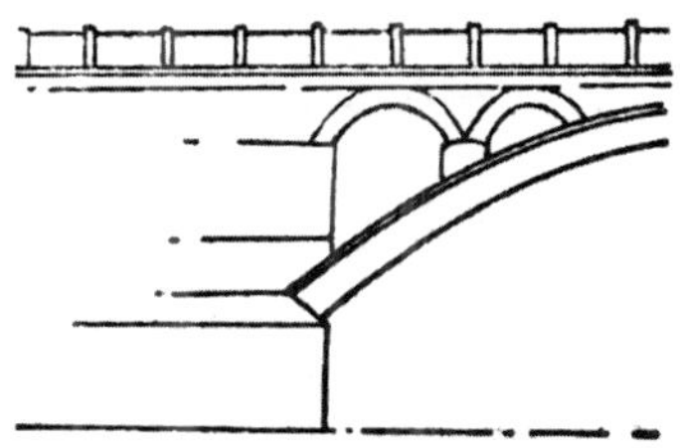

敞肩拱示意图

图　2-2-1

二、跨度大而弧形平

赵州桥不仅以首创"敞肩"著称，而且由于因地制宜，设计了坦拱形式而赢得赞赏。

根据赵州桥的水文地质状况，我们知道洨河水源距桥址不远，一遇山洪暴发，立即倾泻而下，波涛汹涌，势不可遏，建桥于此，必须尽量设法加大桥孔宣泄能力，若宣泄不畅，不但桥梁本身有被冲毁之危险，而上游一带也可能泛滥成灾。因此，安济桥采取了单孔长跨径的桥梁。

在赵州桥以前，多采用半圆拱，例如洛阳的旅人桥就是这样，但桥身却太高了，给交通带来了不便。赵州桥若采用高耸拱券、桥面陡坡的方案，虽有利桥下航运，却妨碍桥上车辆通行。尤其是赵州桥处于华北平原的交通枢纽，当时物资运输又多赖以骡马大车和大型人力板车。如果采用半圆拱并使桥面坡度不至于太大，也可以用小跨多墩拱桥，由于河中多个桥墩势必增加了阻水面积，造成水流不畅，加大了壅水与冲刷。李春放弃以往的传统做法，根据实地需要，大胆创新，设计了"割圆拱"、"坦拱"。

大家知道,半圆拱的拱矢(拱顶到两拱脚连线的垂直高度)即为圆的半径,因而其矢高与跨径(拱脚连线)之比为 1/2。如果把赵州桥桥券修成半圆形,那桥洞就要高(拱矢)18.52 米。这样车马行人过桥,就好比越过一座小山,非常费劲。桥梁的净跨度与桥下净高度决定桥梁的大轮廓。桥梁净跨度应当依据河床的断面而定,这里有几个选择,压缩河底宽度、恰好跨过河床以及跨过洪水位(或通航水位)。赵州桥选择了适中的方案,这一个方案对于河流有所压缩但影响不大,桥跨也不至于太大给设计与施工带来太大困难。桥下净高是指主拱拱顶底至河床的距离,它决定于洪水水位,一般而言应当高于洪水水位,否则在洪水作用下(此时往往夹带漂浮物,增加了桥梁的横向力)对于桥梁的横向稳定不利。赵州桥选择距离洪水水位有 2 米左右的高度,洪水水位的确定在古代还没有按统计学方法进行推算,但是它依据附近村庄的地面高度(这个水位是经过长期洪水考验的)给予考虑,进而确定了桥下净高为 7.23 米。在确定桥下净高度时,还要考虑抬高后车辆通行的可能性,按照上述洪水水位以及拱券的厚度、护拱石与桥面推算得到的桥面高度与两岸高度形成的纵坡度为 6.5%,赵州桥的矢跨比得当,现在桥坡约为 6.5%,大大降低了桥面坡度,便于车辆通行。这样,就兼顾了水陆两项要求,解决了车船之争,满足了当时手推车与马车的行驶要求。但是由于采用圆弧拱拱变得平坦了其水平推力大大增加,这就要求有较好的桥台与基础的设计,李春在总结先人建桥经验的基础上很好地解决了这一个难题。

北京建筑大学胡达和(教授级高工)认为,关于矢跨比:圆弧拱的拱轴线的矢跨比有如下几种选择,如将半径分成 4 等份时,其矢跨比为:1/2(矢高为半径)、1/2.5(矢高为 0.75 倍的半径)、1/3.46(矢高为 0.5 倍的半径)、1/5.32(矢高为 0.25 倍的半径)几种可能,设计者采用了矢跨比为 1/5.32(图中最下面的一个)附近的值此时弦长/直径=0.66 接近与黄金分割比值,各种矢跨比的图形如图 2-2-2 所示,可见矢跨比为 1/5.32 时看起来比较美观、舒展。

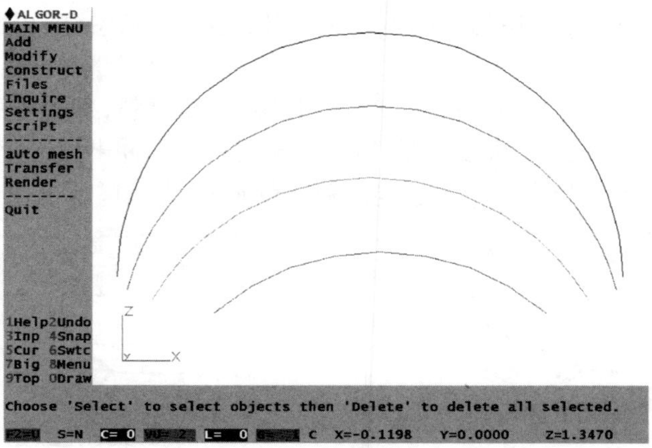

图 2-2-2 矢跨比图形

在罗英、唐寰澄所著的《中国石拱桥研究》一书中统计了我国古代石拱桥的拱厚/拱跨(其跨度多在 19~8 米),其值一般在 0.04~0.10 之间,而赵州桥为 0.027 远远小于其值。罗英指出赵州桥的大券石的高是 1.03 公尺(1 公尺=1 米)(见方),每块石重约一吨。按清式规定应高至 2.5 公尺,而此桥券石的高还不到清式的一半。按照近代桥梁设计规范"按公路桥涵规范(试行)"中规定石拱桥(中、小跨度)的厚度的经验公式计算拱厚度为 0.018~0.025,赵州桥的拱厚/拱跨略大于上限值,接近现代桥梁的尺寸。近代修建的桥梁的拱券的尺寸也不过如此,如 1961 年建成的广东五华水寨桥(公路桥梁),是等截面圆弧拱其跨度为 40 米、矢跨比为 1/5、拱厚/拱跨=0.03 还略大于赵州桥的主拱券厚度。

在我国现行的《公路圬工桥涵设计规范》中规定拱桥矢跨比宜采用 1/4~1/8,赵州桥拱矢只有 7.23 米,它与 37.02 米的跨径比值为 1∶5.12,恰好在其间,符合现代桥梁设计规范标准,这绝非是偶然的巧合,而不得不承认这是一个奇迹。这一实例充分说明,早在 1400 年前以李春为代表的我国古代造桥技术在当时达到堪与现代造桥技术相比美的水准。

赵州桥的单孔跨度达37.02米,在当时已有的石拱桥中首屈一指。甚至在1300年后,直到1958年之前,赵州桥的跨度仍然在全国同类石拱桥中称冠,与世界的近代拱桥比较,也毫不逊色。在19世纪前期欧洲铁路业兴起时,所建的拱桥跨度都不超过15米。19世纪中叶后,由于材料力学的弹性理论成熟了,才由法国勃兰斯首建四孔的诺若大拱桥(Viaduc de Nogent Sur Marne),其中四孔中只有50米的一孔超过赵州桥,而且诺若大桥仍是普通的满肩拱。及至1883年,即赵州桥建成后的1300年,法国在亚哥河上建安顿尼特铁路石拱桥(Pont Antionnette sur Lagout)和卢森堡建造的大石桥(Pont de Luxembourg)才是真正的敞肩拱桥,揭开了欧洲修造大跨度敞肩石拱桥的序幕。诚然,作为继古罗马人之后,在欧洲建造石拱桥方面领先的法国人,曾在1187年造过跨度为34米亚维浓拱桥(Pont de Arignon),1336年建成跨度为45米的塞雷桥(Pont de Ceret),1454年又修成了跨度为54米的维埃勒勃里荷特桥(Pont de Vieille Brionde)。但皆非敞肩石拱。其中貌似敞肩的塞雷桥,也不过是在两大拱之间的墩上加设小孔而已,其位不在主拱肩上。更何况这几座桥不仅晚于赵州桥所建,且业已毁坏无遗,而中国的赵州桥,却千载如一日,至今仍然巍巍挺立。

此外,人们对拱桥结构的认识,总以为水下有潜在的半圆。而欧洲所建的拱桥多是如此布局,在我国江南软土地区也有类似建筑。如江苏吴县的东美桥即为一例。这样做虽能减少软土地区的桥台对两岸的水平推力和沉陷现象,但却是不得已的办法。因为半圆入水绝非易事,所增加的水下工程更加艰难,小跨度的半圆孔尚可办到,巨跨坦拱则不可能了。试想以赵州桥半径之长,重量之巨,岂可深挖埋置水下半圆?新中国成立后,为修缮赵州桥,通过挖掘和清理河床,“下无埋置半圆”的说法得到了最后证实。当年赵州桥的聪明匠师弃除了这种消极的传统做法,让平坦的割圆拱券代替它是完全合理的。

清代张士俊有咏赵州桥诗一首:

谁掷瑶环不记年,
半沉河底半高悬。
从来兴废如河水,
只有长虹上碧天。

诗中“半沉河底半高悬”虽然是不存在的事实,但“长虹上碧天”却与“石桥碧影架长虹”“流水无心夕照中”等许多美诗佳句共同描述了它的丰采多姿。

三、纵向并列砌筑法

赵州桥吸引人之处,除了主拱券上伏设小拱的敞肩布局和“坦平箭直千人过”的巨跨桥型之外。如果你有机会亲临实地,细察大桥的话,眼前还将展现一幅“非夫深智远虑,莫能创是”的巧夺天工图。

从几何方位上看,一座桥梁有纵横二向。赵州桥采用了纵向并列砌筑的施工方法,纵向并列的每一道拱券自成整孔体系。同时针对应用这种方法所造成的横向联系薄弱的问题,采取了多种补救措施(见图2-2-3)。

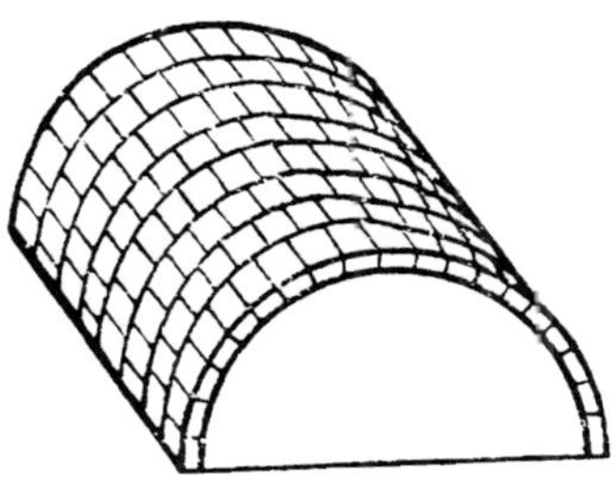
纵向并列式

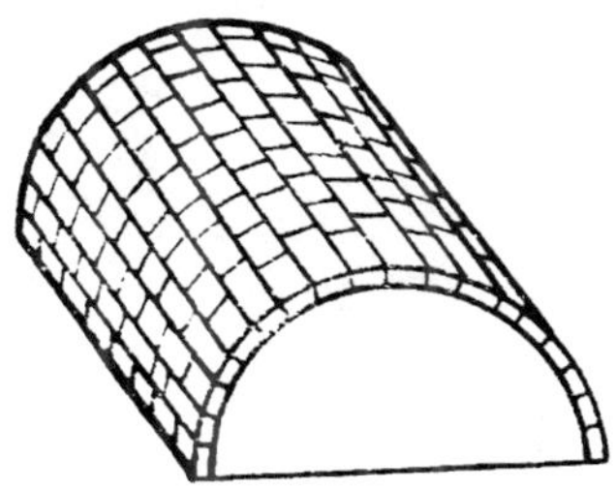
横向并列式

图 2-2-3

对于并列式石拱桥的产生与发展,是一个值得研究的问题。从历史上考查,远在汉代的墓葬中,如望都汉墓,就可见到用条石砌为并列拱顶,证明石砌并列拱技术已经相当成熟。推测这一技术成就在建赵州桥之前就得到广泛应用。

赵州桥主拱券由28道拱肋并列组成,每道拱肋厚度为1.03米,均用块石垒成。拱石长度从0.7米到1.09米不等,适于砌成拱券的弧状(见图2-2-4)。拱石厚度为0.2米至0.4米,组成了整体变截面拱券,拱脚宽9.6米,拱顶稍窄,宽约9米,形成工艺上称作宽度"收分"的桥面,目的在于加强桥身横向的稳定性。这种道理,我们从生活经验中很容易得到体验的,这和台座制成下粗上细以增加稳定的做法是一致的。纵向并列式砌筑主拱券,有利于协调两侧桥台的不均匀沉降。

图2-2-4 主拱拱腹

正是科学的施工技术和精湛的石雕艺术,确保了赵州桥设计方案的实现。并为这项建筑作品锦上添花,达到结构与建筑统一的完美程度。

每道拱券由43块拱石纵联组成,再并成整体拱券,计用拱石1000余块。拱背上采用厚度不同的一层护拱石(拱脚处厚30厘米,到拱顶逐渐减薄到16厘米)覆盖,组成了类似现代结构原理的变截面拱券(拱脚处的截面应比拱顶厚)。这种布局显示了造桥匠师的杰出技巧。然后,在主拱券双肩上各伏踞两个小孔,成为拱上建筑。再以巨石板铺筑宽达9米的桥面,中间行车,两旁走人,以保证桥梁安全。

桥的整个上部结构,道道工序严密精细,绝无粗制滥造之处。

由于每道拱券并列砌筑,使每一榀拱券自成体系,相互影响较小。日久损坏时不至于彼此株连,并给施工带来简便和节省鹰架(为架拱而搭设的脚手架)的好处。砌筑主拱券时,也利于裸拱时的稳定(在未砌拱上建筑时先架立的孤立拱肋称为裸拱)。施工时由中拱肋立架始,排架由里向外逐步外移,以此砌筑至全部完成。每道拱肋皆可借偎旁靠,架桥期间遇有水患也安然无恙。

不过,纵向并列砌拱,由于彼此可以"分家",使横向的联系被削弱了,建造者在设计时对此已意识到,因而采用了5项横向加固办法和3个措施(见图2-2-5):

图2-2-5 护拱石、钩石、腰铁等位置图

第一,用9根两端带帽头的铁拉杆(即铁梁)横穿拱背(主拱用5根,4个小拱各1根)以锁牢整体拱券,对大桥对称变形起到约束作用。

第二，相邻的拱石之间，均用双银锭型腰铁嵌入、卡牢，以加强各纵向拱券之间的横向联系。

第三，在桥两侧各设置长 1.80 米，外头向下延伸 5 厘米的钩联石 6 块，勾住主拱石，防止边缘拱券外倾。

第四，将主拱背上覆盖的护拱石交错铺成，跨于肋间。显然对 28 道拱肋也起了横向的加固作用。

第五，利用小腹拱墩产生对主拱的横向约束作用。

除了这 5 项办法外，另 3 项施工措施是在细部构件和黏合材料方面下功夫。

一是对各块毗邻拱石，琢平磨细，刻出精细的对称斜纹，使接触面增大摩擦，利于抵抗剪力。

二是拱石由宽而狭地向上垒接，形成少量"收分"的局面，使拱的两侧产生向内的压力，获得了防止拱券外倾变形的效果，提高了整个拱券的稳定性。

三是拱石在满足串联为弧形的前提下，尽可能加大立体尺寸，并在拱石之间用白灰糯米砂浆黏结砌筑，使整体性能得到加强。

赵州桥建造所用石料，取于邻近的元氏，赞皇，获鹿三县。五马山、封龙山等处盛产青白色石灰岩，石质强度很高，经十次冻融试验不呈裂纹。古代桥工如此精明算计，熟悉各种材料性能，表现了卓越的科学见识。

赵州桥千余年来的使用实践，已完全证明了施工工艺上的成功。尽管"洨河之水清且弥，来往征人急于蚁……任渠车马纷于织，往过来续无病涉"，每天过桥的人行车马践踏不息，不仅伤及路面，而且桥上重车路线往往偏行（靠左右行），下桥由南往北时，冲向西北方；由北往南则冲向东南方，面对这样的长期使用，赵州桥却屹立无恙。更有甚者，桥因地处交通枢纽，成了历代兵家必争之地。据赵州志载：自唐代以来，仅争夺赵州的较大战役就有 9 次。作为城南门必经之路的赵州桥更是首当其冲。加上桥所在地为华北震区，建成后已先后经历了 8 次大地震。而且，洨河每年"夏秋霖潦、伏水讯发、建瓴而下、势不可遏"。汹猛疾流构成了对大桥的威胁，风雪冰霜的侵蚀袭击，又是另一种摧残破坏。古今中外，多少桥梁被自然灾害渐渐蚕食而毁。赵州桥却在重载、战争、地震、水患等严重考验面前，以毫不动摇的气魄镇守在洨河之上，直至 1955 年全面修缮前，仍可通过现代的重载车，这是多么了不起的人间奇迹。

在施工技术方面，尚可提及一件饶有趣味之事：那就是关于神话传说中"驴蹄印""车道沟"和"手印"的真相。修缮赵州桥时发现它们布置在桥面东侧的 1/3 处，实则恰好是车道的外控线。标志车辆应在线内的桥面道上行驶。而桥下的鲁班手印则告诉人们：万一桥发生裂缝之危时，手印之处正是木撑的最好位置。

神话中的最后一个疑问谜底也被弄清楚了。想当年建桥的匠师们如此深思远虑，面面俱到，实在令人赞叹不已。

第三节　艺术珍品

赵州桥首创桥梁工程史上的新型结构，也表现了匠心良苦的施工技术。不仅如此，这项建筑史上的伟大工程，还是闪烁着中华民族古代建筑艺术成就的一件精湛的艺术珍品。

人所共知，中国艺术是一个辉煌灿烂的艺术宝库，它借直观的形象塑造，生动地展现了中华民族悠久的历史文化。早自原始时代至先秦时期，中国人民就创造了以几何图案为题的装饰作风和模仿自然的描述艺术，并形成了青铜器时代第一次中国艺术创造的鼎盛时期。此后，艺术与文学、宗教、哲学思潮相结合，沿着自然主义写实倾向和浪漫主义两条线索错综交织地发展。即使在早期埃及、巴比伦、希腊和印度艺术的强烈影响下，也始终保持着中华民族传统的特殊风格。赵州桥的造型建筑艺术和点缀性石雕正是这种风格的再现。

中国的古建筑多有笔直的中轴线，左右均齐的对称造型，给人以古朴苍劲的艺术美感。从赵州桥总体轮廓看，在曲梁如波，弧形平坦的主拱线上，对称地轻伏着 4 个小拱，巨身空灵，线条明快，在大跨的雄伟建筑中透出秀逸、轻盈的美感。历代无数诗文，吟其为"新月"、"玉环"、"长虹"、"苍龙"。元代刘百熙步过赵州桥时，曾徘徊于桥头，久久不忍离去，遂作诗曰：

谁知千古娲皇石，解补人间地不平。
半夜移来山鬼泣，一虹横绝海神惊。
水从碧玉环中过，人在苍龙背上行。
日暮凭栏望河朔，不须击楫壮心生。

传诵至今，成为佳话。

在总体建筑形象上，建造匠师精心勾勒了外形线条。从主拱外侧（即横向）观望，见高低各有起波线3条，小拱稍作收回，上下各起线两条；腰铁、钩石、铁梁头点布其间，为横向建筑形象增添姿色。在主拱顶部是雕有龙头（表示吸水兽蚣蝮）的龙门石一块，八瓣莲花的仰天石（帽石）分别镶于桥两侧，彰显了人们美好愿望"平安吉祥"的雕刻艺术主题，体现了天人合一的传统理念。

李春在修桥时对地质情况、结构形式、构建尺寸、力学计算、排水能力、运输条件等诸多因素综合考虑的同时，将神化的传统构想与科学的工程造型完美地结合在一起，从而建成一座宏伟壮丽、坚固实用、巧夺天工的大跨度"敞肩拱"石拱桥。

《易·系辞上》载："易有太极，是生两仪，两仪生四象，四象生八卦。"又据传说天上的神有二十八宿，九曜星君，六丁六甲，一百单八将，七十二地煞，三十六天罡。李春在这一思想基础上，大胆设想，巧妙构思，把传统的内容融合到古桥整体造型中去。如以桥身象征太极，桥面的两端象征两仪，四个小拱则为四象，而四象又派生出象征八卦的天、地、雷、风、水、火、土、泽八种自然现象。组成桥体的二十八道纵列拱券象征二十八星宿，每到拱券的七十二块拱石象征七十二地煞，在桥下拯托桥体。桥上三十六根望柱象征三十六天罡，把守桥面。九根铁拉杆为九曜星君，六块勾石为六丁六甲，起着保护桥身的作用。一百零八块仰天石为一百单八将，镇守石桥两边，行人走在桥上饶有天上人间"步步生莲"之感。而饕餮九太子位于桥正中两边，虎视眈眈，怒目河水，随时准备吞掉危害百姓的洨河洪水，保护石桥的永久安全。这样，各天神构件在太极、两仪、四象、八卦的布局内分兵把守，各司其职，紧密合作，各尽其力，以保障石桥坚不可摧，固若金汤。

栏板的雕饰图案纹样选取了人们生活中熟悉的农作物禾叶，粮食容器斗子，寓意"五谷丰登"，又把佛教"八宝图"中的宝珠及竹节雕刻在望柱上，取其谐音"竹报平安"，修桥者还把人们最崇拜的蛟龙以及佛教"八吉祥"中的莲花，"八宝"中的银锭（元宝）形象装饰在桥上，都有"求福免灾"、"平安吉祥"之意。建造者无愧是卓越的艺术家，在构思中即仿自然，汲取自然界中植物、动物等题材，创造了逼真的石雕群象；又运用浪漫手法，塑造出想象中的吸水兽，寄托了石桥不受水害，长存无疆的良好愿望。这正是中国艺术写实倾向与浪漫主义创作思想交织的生动表现。

同样，这一点从石桥上的栏板、望柱的精美雕刻也得到了鲜明的表现。石雕图像有各式蛟龙、面兽、花饰、竹节等，尤以蛟龙为最，桥栏中部有10块蛟龙栏板共雕龙32条，12根蟠龙竹节望柱雕龙24条，连同拱顶外侧的两个蚣蝮，共计58条龙，形成一个群龙阵图。

赵州桥上的龙雕与汉代瓦当图案龙的形象很接近，雕龙体态粗短矫健，或盘踞戏游，或登陆入水，多幻多端，形象栩栩如生，神态极为动人。雕作刀法遒劲有力，线条流畅潇洒俊美，艺术风格新颖豪放，具有汉晋风韵、南北朝特点，别具其殊。

全桥之上大致可分为5类栏板和3种望柱。

年代最早的是隋时的雕龙栏板。在半圆形寻杖和方形地栿之间刻饕餮或行龙。以后者为多，或单现或成双。有的鳞甲披身，有的以花叶宝珠衬托，雕技圆润纯熟，细部丰富多变。古人誉其"蟠绕拏踞""若飞若动"。其次是斗子卷叶类栏板。栏板尺寸与上相似，异在地栿与寻杖间加盆唇一道。盆唇之上铭刻斗子卷叶，叶数为二、三、四不等。盆唇之下做交错钻纹。从斗子卷叶样式看，与赵县附近的天龙山、响堂山等石窟中的雕刻风格相似，可同为南北朝作品。

再则金代栏板，高度仅40厘米至50厘米，取人物山水为题。此外有9块描述故事的栏板和龙虎与卷叶荷叶等题材的石雕栏板。

在望柱中，最精致的是蟠龙望柱，长柱身，底为地栿，在地栿与盆唇之间浮雕蟠龙。技法近于早期龙栏板，盆唇之上连续采用斗形撮项和覆钵，再上加有竹节4节。

其次是宝珠竹节式望柱。雕刻工整，形式自地栿之上采用竹节，然后连续刻画盆唇，斗形撮项，覆钵，顶端是轮廓柔和的单宝珠。

其余望柱，柱头多用双宝珠，柱脚做成方凸榫，尺寸略小。

新中国成立后修缮时，维持原位和图案，复制了新栏板、望柱。每侧栏板21块，望柱22根。桥中央部分的东西10块栏板仿刻蛟龙形式，两侧部分的32块采用斗子卷叶石刻，题为全刻四瓣、中间三瓣、顶部两瓣的式样。在栏板群中仍然以饕餮居中，求构图对称。

至于望柱，中间6根仿刻蟠龙形式，其余为宝珠竹节式。

这些石雕均保持了原有风貌，造型淋漓尽致。正如前英中了解协会会长李约瑟教授指出："中国文化的特色在不小程度上是一个合理与浪漫的巧妙结合，从而在建筑工程上产生了良好的效果。中国的桥梁没有不美观的，而且不少是非常美观的"。

中国古代桥梁的建筑艺术充分证实了这一点。不仅赵州桥是典型一例，而许多石桥也是如此。如江苏吴江的垂虹桥，就以拱如半月，身似垂虹得名。著名的苏州宝带桥呈"长虹卧波，鳌背连云"之姿，形若宝带。被誉为当时拱桥之冠的北京颐和园"玉带桥"，桥身拱若驼峰，有引游客步步登高，变换视界之妙趣，桥面又配置精美栏板，赢得了名副其实的玉带美称。在山水甲天下的广西桂林市东门外，有座九孔三亭的石桥，与周围景色交映如画，异常别致，荣获"烟雨花桥"之号。江苏扬州瘦西湖上五亭桥，桥上建立敞亭五个，桥下十五洞，满月之夜每洞各衔一月，令人赏心悦目。河南新乡县的百泉桥浮露水上，形态纤细婀娜，行履过桥，犹似水上漫步。诸如此类，不胜枚举。同时，中国石桥的精美雕刻也是驰名中外的。几凡大中型石桥，不无石雕装饰。除赵州桥外，如北京卢沟桥、福建洛阳桥，安平桥等也不待说；另像洨河上的济美桥，颐和园的十七孔桥等，也都是优秀作品。16世纪葡萄牙旅行家伽列脱·佩雷拉由此认为再也没有比中国更好的建筑师了。

点缀性建筑是民族艺术风格的又一体现。如果说古希腊被誉为泛女神的国土，它有每条河流的水泽女神、有森林女神……，罗马则有点缀和象征用的凯旋门；那么，牌坊、华表、亭阁及匾额就是中国风格的点缀性建筑了。在赵州桥南岸有明代建筑的关帝阁，分为城台、正殿和前殿3部分。城台结构是砖墙身，条石墙基，墙基下线在桥台下3米处。由于关帝阁耸立桥头，为大桥倍增风姿，可惜后来遭战火洗劫，今已无存。唯见当时照片和实测图了。另外，关帝阁城台北部桥上，东有柴王庙，西是鲁班庙，均系清道光元年增修，除为神话添加色彩外，也成了代表中国风格的点缀性建筑装饰。

第三章　赵州桥的重要价值

文化遗产的存在是因为有它的特殊价值，其价值分别为历史价值、艺术价值、科学价值和社会价值。中国文化遗产赵州桥的价值正如文物专家罗哲文所说：“其它有些文物只是历史价值，或者只是艺术价值，而赵州桥几个价值都具备，都是顶尖的，都是最高的价值，它不仅在中国，就是在世界上也是属于一流的。”

第一节　历史价值

赵州桥由隋代匠人李春设计建造，为当时世界上最长单孔跨度最大的石拱桥，建成至今已超过 1400 年历史，是我国乃至世界现存历史最为久远的割圆坦弧敞肩式石拱桥。

桥体拱上加拱的结构形式，开创了“敞肩拱”形式的先河，为世界桥梁史首创，比欧洲同类型桥梁早一千多年，是现在许多钢筋混凝土桥梁的祖先。

赵州桥历经多次修缮，现存桥体构件体现了多层次的时代特征，展现出文物古迹自身的发展变化，并为不同历史时期人与文物古迹的关系提供了独特佐证。

赵州桥优美独特的造型特点，不仅体现出隋代劳动人民高超的物质生产水平，而且作为石拱桥的杰出代表，对后世桥梁的设计建造产生深远影响。

赵州桥栏板雕刻生动丰富，真实反映出当时的社会生活和风俗场景，作为珍贵的历史画卷，为研究我国古代文化、社会生活提供了珍贵资料。

赵州桥所留历代题记、碑文是研究赵州桥历史，乃至我国桥梁技术发展史的重要资料。在研究交通史、科技史、建筑史、民俗学、地域学等方面均具有重大历史价值。尤其在对世界桥梁建筑史的研究上占有特殊的十分重要的地位，具有无与伦比的价值，是一件不可多得的珍贵实物资料，它标志着中国古代桥梁建筑技术所达到的高超科学技术水准，是中国古代劳动人民聪明智慧结晶的重要实证。

作为古代赵县对外联系的重要交通性桥梁，为研究赵县政治、经济、文化的发展历程提供了不可多得的实物资料。

第二节　艺术价值

赵州桥在选址上构思巧妙，作为连接大石桥村和古代赵县的交通纽带，频繁的交通联系构成了赵州古韵的生动写照，艺术性地实现了拱桥、村落、城镇彼此呼应的整体关系。

桥体设计继承、发展了我国古典建筑的艺术传统，整体造型体现出浑厚、严整、矫健、俊逸的时代风貌；是艺术性与实用性完美结合的成功典范。

桥梁砌筑严谨精细，各构件间联系紧密、排列规整，正如唐代中书令张嘉贞描写的那样“甃百象一”，突出了桥体质朴、轻巧的结构之美。

赵州桥均衡、对称的结构形式，使整个桥体在富于变化的同时，又不失为一个有机整体，体现出桥体的韵律之美。

栏板及望柱雕刻精美，刀法苍劲有力，风格古朴典雅，渗透着浓郁的东方审美情趣，并表达出“平安吉祥”的艺术主体。现陈列室内还存在有隋、五代、宋、明、清等不同时代的文物遗存，如“饕餮、蛟龙、天马、象树、狮虎、麒麟、卷叶、游龙戏凤”等栏板雕饰，堪称艺术珍品。

赵州桥的雕龙栏板作为整个桥体的艺术精华，显示隋代浑厚、严整、矫健、俊逸的石雕艺术风格。其雕龙艺术作为隋代绘画艺术的缩影，是研究我国绘画、雕刻艺术发展历史极为重要的参考依据。

赵州桥巨大的跨度，平缓的坦拱形和敞肩式的布局结构，极为雄伟壮观，它巨身灵空，轮廓清晰，匀称秀逸，远眺如苍龙飞架、初月出云，又似长虹饮涧、玉环半沉。它是建筑技术和建筑艺术巧妙结合的杰出典范。

第三节　科学价值

一、赵州桥的桥台基础

赵州桥的桥台为低拱脚，短桥台，浅基础。作为在天然地基上建造的大跨度坦拱石桥，为中外建桥罕见。但现代科学研究表明，赵州桥没有采用人工地基，桥台基础直接砌置在天然地层上。桥台基础的持力层为轻亚黏土，并非粗砂，其地基的基本承载力为 34 吨/平方米，其下卧层为亚黏土，若用塑性理论计算安全系数还很大，这种地基的许可承载力还可以提高。其优质的天然地基，完全可以承受桥体庞大的自重。由此可见赵州桥的设计建造者李春等人对水文、地质、结构力学有着相当高的认知和研究。

二、赵州桥所用石料

赵州桥所用的石料由距桥址 30~60 公里处的赞皇、获鹿等县开采获得，并利用严冬季节，用浇水法建起一条冰道，将石料沿冰道滑动运输到桥头。石质为青白色石灰岩密度为 2.85 吨/立方米，冰融 10 次无裂纹，质地优良。可见，为满足安济桥坚固稳定、久用不坏的目的，造桥所用石料在选材和运输方面亦经过精心安排，充分展现了古代建桥匠师卓越的科学见识。

三、赵州桥圆弧敞肩拱的结构形式的科学特性

1.拱肩敞开减轻了桥的自重。

这样既节省了建桥材料，又能减轻桥基负担，也利于使下部结构构造的简化。从计算知，赵州桥因此比满肩式节省石料 260 立方米，减轻主拱自重 15%（约 651 吨）❶。由于桥梁自重的大大减轻，从而大大减少了对桥台与地基的垂直压力和水平推力，使桥台可造的轻巧，并直接建在天然地基上；亦可使桥台走动很少，地基下沉甚微。这样，由于桥台走动而造成拱券内部应力的增加就不大，这是赵州桥千年不坠的重要原因。最近的实地钻探表明：它的桥台结构形式确实相当简单，两岸桥台虽经千年使用却仅有极微小的走动和沉陷现象，说明了“敞肩”设计是起了很大作用的。

2.受压均匀。

经用现代力学原理对赵州桥进行计算和验核，发现由于在拱肩上加了四个小拱和采用 16~30 厘米厚的拱顶薄填石（护拱石）后，使拱轴线（一般就是拱券的中心线）和恒载压力线❷与其甚为接近，造成拱券各个横截面上均受压力。众所周知，拱石抗压强度极高，赵州桥用的拱石，抗压强度每平方厘米均达一千公斤（100MPa），单单受压是压不坏的。这是造成拱券千年不坠的又一重要原因。由赵州桥结构本身提出的二线要“重合”这一重大课题，直到现在（近代）才得到解决，而我国早在 1400 多年前已在实践中得到运用，由此可见，我国古代桥工的聪明才智是何等的高超。

关于拱轴线与恒载压力线问题，北京建筑大学胡达和（教授级高工）认为：结构构件的尺寸可以分为杆（其两维尺寸远远小于第三维）、板（其两维尺寸远远大于第三维）以及块（三维尺寸相当）；结构的力学特性可分为静定结构（能够采用力在水平轴与竖直轴投影之和为零以及对于任一点力矩为零三个方程求解的结构）与超静定结构（除上述三个方程外还需要位移协调方程方能求解的结构）。赵州桥属于三次超静定杆系结构，要解决这种结构的计算需要微积分与超静定结构力学，而上述科学直到 19 世纪中期才利用微积分与超静定结构的知识解决了许多结构力学的计算理论和方法，法国的纳维于 1826 年提出了求解静不定结构问题的一般方法。近代拱桥的设计者知道了拱的重任务是如何选择拱轴线使其与荷载产生的压力线尽量重合，当两者重合时拱的各个截面为均匀受压（无弯矩、无剪力）。近代力学证明当拱

❶ 据北京建筑大学胡达和高工的研究成果；罗英先生计算可减轻桥梁重量 15.3%（约 700 吨）。

❷ 一根绳子悬在空中，其形状就是该绳子的拉力线，若把它反转 180°，就是恒载压力线。引自《桥梁史话》。

的各个截面弯矩为零时应当满足：$y=M_x^0/H$（其中 M_x^0——简支梁的任意截面弯矩，H——拱脚处的水平推力），将其微分两次得到；$y''=q_x/H$（q_x——简支梁任意的剪力）。从上述方程可知拱轴线与拱上荷载密切相关，也就是不同的荷载工况有不同的拱轴线，对于石拱桥由于活载所占的比重较小，即使是现代的设计也是将恒载压力线作为选择拱轴线的依据，这一认知始于19世纪中期。两者完全重合是不可能，但应当在使轴向力在截面的核心距之内，矩形截面的核心距是距截面中心轴的（下）的 $h/6$ 处（h 是截面高度），当轴向力位于核心距之内时截面不会出现拉应力，当轴向力位于截面中心时在截面上压应力均匀分布，当轴向力位于核心距处一侧时荷载侧边的压应力最大另一边为零，当轴向力位于核心距之外时荷载侧边应力最大另一侧边拉应力最大，对于石材由于砌缝存在其抗拉能力很低。由上述分析得知压力线越靠近拱轴线越好，不应当使轴向力跑出核心距。

采用计算机的通用ALGOR程序，对赵州桥在静载作用下的几个主要截面进行了计算，其结果是拱脚截面的偏心距为0.138米（最大压应力为25.6兆帕）、空与实腹交接处为0.094米（最大压应力为18.7兆帕）、拱顶截面处为0.068米（最大压应力为15.7兆帕），轴向压力均位于截面核心距（$h/6=0.17$ 米）之内，说明各个截面均受压，不会出现拉应力。由于赵州桥采用纵向干砌的砌筑法（横向砌筑法没有灰缝不行，而灰缝存在使其强度大大降低）可以大大地提高连接面的容许压应力，如果赵州桥的石材采用安全系数为3，则其允许应力为33.3兆帕，由于计算得到拱券中的最大应力25.6兆帕，此时应力远远大于计算值，这就是采用纵向干砌筑法的一个重要原因。纵向干砌法其纵向接触面的加工要求高较横向砌筑法要求高得多，但对于其它几个石材加工面要求较横向砌筑法要求低，赵州桥的主拱的弧长约40.4米按每块石料长度1.0米计算，全桥共需要1148块（且为楔形，当拱腹玄长1.0米时，拱背玄长应为1.038米），特别是纵向接触面要求细凿，但综合考虑还是采用了纵向砌筑法。赵州桥的伟大之处不仅仅在于圆弧拱、空腹、并列砌筑、拱券之间的横向约束等。更在于对于拱的受力的分析与认识以及施工组织。桥梁建造者的认知较超静定结构理论的出现提前近了1300多年。依据现代的理论得知，主拱券的尺寸与压力线的偏离程度、材料的抗压强度、截面高度密切相关，赵州桥的建造者在1400多年前确如此正确地处理好其间的关系，这是人类拱桥建造史上的一大奇迹。从主拱石的构造上也可以看出赵州桥的设计与建造者也知道拱的截面上存在弯矩，故在纵向拱石之间设有两个腰铁，以约束之间的转动，达到调整应力的作用，同时也增加了拱券的美观效果。

3.敞肩形结构巧妙利用了主拱对小拱拱脚所产生的“被动压力”，提高了荷载能力，增加了安全系数。

关于赵州桥的“被动压力”问题，我国著名桥梁专家茅以升先生用墙与堆土互受力的形象比喻做出解释，他写道：“一道墙，后面堆着高填土，墙在‘挡’土时，墙与土之间，就有‘土对墙’和‘墙对土’的相互压力。如果土多，墙被迫而使墙头‘向外倾侧’，这时墙与土间的压力，叫做‘自动压力’。如果墙外有推力，迫使墙头‘向内倾侧’，这时墙与土间的压力，叫做‘被动压力’。同样一座墙，同样一堆土，‘被动压力’比‘自动压力’大得多。大石桥的小拱，伏在大拱上面，大小拱之间所产生的‘自动压力’和‘被动压力’，和墙与土间产生压力的情况，大体相似。

“赵州桥的大拱，在一半长度范围内有竖向车辆荷载的直接作用，另一半长度上无车重的情况下，无车重的那一半长度的拱券，就会被迫‘隆起’（即向上弯），破坏全桥的‘稳定性’。现在，大拱上有小拱，在小拱与大拱的接触处（小拱脚），由于大拱的隆起，而产生‘被动压力’，这个‘被动压力’就抵抗住这个隆起的趋势，而保持了全桥的平衡。如若大拱上没有小拱，而完全是填土，桥的形式成为“实心拱”，那么，填土对大拱的隆起部分，虽然也有‘被动压力’的作用，但不如小拱拱脚处的力量集中，而且填土往往松紧不一，不够坚实，影响所能发挥的作用。”

我国著名桥梁专家罗英经过多年对赵州桥的考察和研究，在其论文中写道：“赵州桥充分利用静载和填料的被动压力以平衡活载的变位 。这座桥采用了圆弧拱形，其矢跨比约1：5，试用索线平衡券解法来验算石拱券的稳定性和安全性，得出静载的抗压力线概在三等分中部；复用汽—8活载验算其抗压力线，虽有数点稍微溢出三等分中部，但与静载合并计算仍属稳定和安全；最后以汽—8活载只载在桥一端至桥中，即拱桥半孔受载，则抗压力线差不多完全溢出三等分中部之外，表示全部拱券向上弯起，拱券全部产生负挠矩。此时就显出拱券上小拱的作用了。当拱券刚要向上弯起变位时，上面几个小拱的墩脚立即发生被动压力的作用，因此维持了拱券原状而抵抗力负挠矩所产生的应力，仍能保持石拱券原来的稳定性和安全性。主拱上不加建小拱，在拱桥半孔受活载时，其填料也可能发生被动压力的同样作用，但是这项被动压力的作用有多大，还得视施工时工作情况和填料坚实的程度而定，不能如敞肩拱那样自然而然即刻发生作用，而予以稳定安全的保证。这一点显示出敞肩拱的优越性，决非实腹拱所能及。”

4.小孔增加桥身安全系数。

早在唐朝，张嘉贞（唐中书令）在所作《石桥铭序》一文中就已指出：“两涯嵌四穴，盖以杀怒水之荡突。”说的正是遇洪汛时，4 个小孔可以辅助宣泄洪水（大约可增加过水面积 16.5%），大大减弱了洪水对桥体的水平推力，增加了安全系数。

新中国成立后，在 1963 年的特大洪汛中，水情十分严重，洪峰确需要从敞肩上 4 个小孔中通过。不难想见，在赵州桥建成后的 1400 年中，像 1963 年的特大洪水应该说是存在不止一次的，甚至多次。

增加桥梁安全系数约 11.4%，因此大大增加了桥梁的服务寿命。

5.空腹拱段设计合理。

北京建筑大学高工胡达和认为，关于空腹拱段的长度：空与实腹段的配置应当从美观、受力、排洪几个方面考虑。从排洪（增加排洪量）与受力（减小拱脚的负弯矩），从美观上考虑两个不等跨小拱比两个等跨小拱好，小拱采用斜拱可以加大腹拱的挖空量，对拱脚受力以及美观都好。经过多方面的分析确定了腹拱的布置，此时挖空段长度为桥跨长度的 48%。

无铰拱桥主要的控制（应力最大）截面一般为拱脚、拱顶以及 1/4 跨度的几个截面，其中拱脚处的负弯矩常常起控制作用。由于石拱桥的静荷载大是主要荷载，现代的设计一般还是使静荷载的压力线与拱轴线尽量相重合为选择拱轴线的依据。一般的设计往往是采用空腹段长度来调整压力线。图 3-3-1 为采用 ALGOR 程序用有限元法通过计算机得到的赵州桥在单位对称竖向荷载作用下，左拱脚的弯矩图。其中拱轴线上的值代表负弯矩值，拱轴线以下部分代表正弯矩值，即是当拱上静荷载值乘以对应的弯矩图的竖坐标值就可以得到左拱脚的弯矩。从图中可以知道，在距离左右拱脚 9.5 米以内的荷载为负弯矩反之为正弯矩，由此可知挖空段应当在 9.6 米为宜，而赵州的挖空段 w8.9 米两者很是相近，这又是很神奇的“巧遇”。

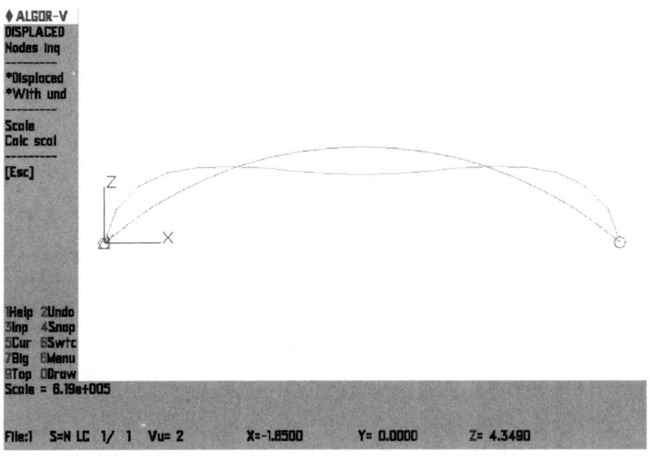

图 3-3-1　赵州桥左拱脚弯矩图

6.轮廓美观。

桥梁是野外的三维空间结构人工结构物，外观形象应力求符合造型匀称、线条优美的艺术标准，同时应与周围的自然环境相协调。比较“敞肩”与“满肩”两种拱桥形式，显而易见，前者给人的轮廓优美、简洁、轻盈，富有透视感，达到了建筑形式与结构内容的统一。

四、赵州桥的跨度

赵州桥为古代圆弧坦拱大跨度之首，李春等匠师为了满足陆路交通需要，打破了以前半圆拱的惯例，大胆地采用了拱形平缓的坦拱，使桥面坡度6.5%，即便于桥上车辆通行，又不碍桥下船只行驶，这是拱桥发展的一个飞跃。

五、赵州桥的砌筑方法

赵州桥的砌筑方法采用巴比伦式并列砌筑法，这种纵向并列的砌筑方式，不仅有利于各拱券分期施工，而且建好的拱券可为临近拱券在施工中提供便利，以节约搭设支架所需的大量木材。由于各拱券相对独立并能独自站稳，这就确保了在较长的施工过程中，受洪水影响较小。而且各拱券自成一体，在日后出现损坏时，不致影响全桥，便于维修。

相较于罗马式横联砌券法，巴比伦式并列砌券法存在两侧拱券出现向外倾倒的弊端，为了加强横向连接，设计者采取了拱背平铺一层护拱石，用铁梁横穿拱背，锁住所有28道拱券；每块拱石都用双银锭形腰铁嵌联，对拱石各面凿出精细的对称斜纹，使接触面平而不滑，以增加抗剪力等科学技术措施，确保桥体的稳定性。图3-3-2为赵州桥的拱背铁梁。

图3-3-2　拱背铁梁

六、赵州桥的通行能力

设计者将赵州桥桥面分为3段，中间走车、两侧行人，从而有效降低了行人和车辆的相互干扰，达到提高通行能力的目的。

赵州桥的建成，标志着当时我国建桥技术已达到了相当精湛的水平，具有极重大的科学价值，其影响是十分巨大和深远的，赵州桥首创的敞肩拱结构在世界桥梁建筑史上占有极其重要的地位。在国内，其后相继出现了大量的仿造品，但在规模和设计上均未能超越赵州桥。在国外，其影响同样也是很大的。英国的李约瑟，日本的佑岛岱、成濑泰雄、山口佑造等一些对桥梁建筑有精深研究的专家、学者，都给予赵州桥极高的评价："中国弓形敞肩拱桥确实优先达千年以上，因为至铁路时代（19世纪70年代），西方才出现了一些可以与之相比的桥梁"。并认为"赵州桥创造的敞肩拱学派，对古今世界的桥梁工程界产生了巨大和深远的影响，李春的敞肩拱桥建筑成了现代许多钢筋混凝土桥的祖先。"

第四节　社会价值

历史上赵州桥作为该区域社会活动的重要场所，包含了丰富的历史文化内涵。因此，作为承载该区域历史记忆的物质载体，在当地具有极高的社会价值。隋唐时期，邺城至涿郡的南北交通要道从赵州横穿而过，地处子午要冲，交通繁密，赵州桥的建成既连通了陆路，桥下洨河又可水运，从而使赵州的地位愈显重要，经济繁荣，商业发达，促进了当地的经济发展，成为华北交通的咽喉。历代歌颂赵州桥的诗文中对此都有高度评价：

唐代张彧的《赵州大石桥铭》曰："郡国书传，三边檄奏。邮亭控引，事物殷富。夕发蒯墺，朝趋禁溜。"宋代杜德源《安济桥》诗曰："坦途箭直千人过，驿使风驰万国通。"元代杨焕《安济桥》诗曰："五丁凿石极坚顽，陌上行人得往还"。明代张居敬《重修大石桥记》："赵为畿辅要区，雄于河朔，其在幅员，所称四通之域也。往来肩摩轱击，而洨水汇四泉之流，夏秋间雨潦霖霪，众流俱赴，泛滥汪洋渚涯间，座沓特甚，假令津梁不通，则邮传檄奏之驰驱，货殖车舆之辐辏，将不胜争渡之喧。"故此，赵州成为"地居午道，北为京辇屏蔽，南为河朔咽喉，轮蹄交错，英荡频经，巍然雄郡矣。"可见赵州桥成为历代南北交通之要冲，其交通价值极大。

作为我国重要的文化遗产，赵州桥对于体现民族文化、提升民族自信心和凝聚力具有重要的历史意义和现实意义，并有益于宣传文物保护知识，提高公众文物保护意识和艺术鉴赏水平。

赵州桥是河北地区不可替代的珍贵文化资源，为该地区的产业结构调整，特别是现代旅游业发展提供了良好契机，具有重要的社会经济价值。

赵州桥是我国唯一一座被美国土木工程师学会评为"国际土木工程历史古迹"的古代桥梁，可见其在国际桥梁古迹中占有重要地位，对于促进国际、国内相关领域的学术交流具有重要的现实意义。

作为河北省爱国主义教育基地之一的赵州桥，是对人民进行爱国主义教育，激发民族自豪感的实物资料。

第四章　赵州桥在桥梁建筑史上的影响

石拱桥是人类利用非整体自然物实现跨越江河沟壑，使陆路交通运输通畅的伟大创举。赵州桥开创的敞肩拱桥型，在石拱桥发展史上具有里程碑的意义，其高度的科学价值和精美的艺术价值逐渐被人们所普遍认识，形成了敞肩拱学派，成为建造拱桥的定制，它的影响是深远的。不仅在四邻出现了敞肩拱桥，而且远离河北赵县之地甚至在遥远地区也受其影响，纷纷仿建这类石桥。

第一节　古代敞肩石拱桥的伟大代表

一、各地的典型代表

1.河南临颍县小商桥

小商桥位于河南省临颍县黄帝庙乡的小商河（颍河故道）上。桥为敞肩单孔石拱桥，始建于隋开皇四年（公元584年），但现桥主体结构属北宋建筑风格，元、明、清历代均有修葺。最大的一次修筑是元大德年间（公元1297—1307年）。桥长20.87米，宽6.67米。大拱净跨11.6米，矢高2.13米，小拱净跨2.13米，矢高1.2米，两岸小拱脚间距20.2米，主拱和小拱均由20道拱石并列砌筑而成，主孔每块拱石间均有腰铁连接。券面石浮雕有天马、狮子、莲花和几何图案，拱之上端置有石兽，伸出桥身。桥墩下部四角有高浮雕金刚力士像，双肩扛拱，双手上托，大小一尺左右。小商桥是一座时代较早的古石桥，是研究建筑和交通史的重要资料，现为第五批全国重点文物保护单位（见图4-1-1）。

2.山东东平县清水石桥

据《太平寰宇记・卷十三・郓州・风俗》载："清水桥在县西三里，隋仁寿元年（公元601年）造，石作华巧，与赵州石桥相埒，长四百五十尺……"桥长132.81米。

此文表明，有可能在公元601年建造清水石桥时，赵州桥不仅建造成功，且已名扬远近，成为各地争相效仿的代表作了。

3.河北井陉县苍岩山桥楼殿

桥楼殿在河北省井陉县东北苍岩山，这里群峦叠翠，削壁危崖，在对峙的双峰山腰之间，南北飞架石拱桥二座，将两边的峭壁连接起来，桥楼殿就建在其中一座石桥之上。桥为单孔敞肩圆弧拱桥，净跨12.8米，矢高3.2米，由22道拱券纵向并列砌筑而成。桥上建重檐歇山琉璃瓦顶楼阁式殿宇，桥与殿同建于金大定年间。桥楼殿翼角高翘，流苏彩绘，高架于云天雾海之上，有高不可攀之威、腾空欲飞之势。殿内有释迦牟尼佛、阿弥陀佛、药师琉璃光王佛三尊佛像，正中背面塑观音像，殿内两侧塑十八罗汉像。

此桥坐西向东，上接青天，下临深谷，如彩虹高挂，形成"桥殿飞虹"的天下奇观，为苍岩山"三绝"之一（见图4-1-2）。

图4-1-1　河南临颍县小商桥

图4-1-2　河北井陉县苍岩山桥楼殿

4.河北赵县永通桥

永通桥坐落在赵县县城原西门外的清水河上。建于隋末越王杨侗皇泰初年(公元618年)。其建筑风格和结构形式与赵州桥十分相似,因体形小,故又称小石桥。1961年3月4日,国务院公布其为全国第一批重点文物保护单位。

永通桥是一座单孔敞肩弧形坦拱石桥。主拱券由20道独立的单券并列砌筑而成,桥面长34.53米,桥中部宽7.26米,东西两端宽度分别为8.03米和7.97米。主拱跨长26米,拱矢约5.2米,矢跨之比与大石桥同为1∶5。两端伏设4个小拱,小拱与大拱幅度之比大于赵州桥。桥面弧度很小,近于水平,便于车辆通行。

永通桥不仅在造型、结构等方面设计巧妙,而且在桥梁的装饰方面也有很深的艺术造诣。雕刻手法独特,具有浓厚的民族艺术风格,有"大石桥看功劳,小石桥看花草"之说。桥面栏板雕刻有人物故事、奇花异草、珍禽异兽等,图案刻工精细,人物神态栩栩如生,禽兽若飞若动,巧夺天工。人物图案则为历史故事。如高山流水遇知音、俞伯牙舟中鼓琴、钟子期在山上挑柴驻足恭听等,画面生动细腻。还有一幅三国故事关羽灞陵桥挑袍图,画面上曹操率众将送别关羽,关羽立马灞陵桥上,挥舞青龙偃月刀挑起曹操的赠袍。将关羽的矜持、高傲与戒备同曹操的无可奈何,表现得淋漓尽致。桥面望柱有4种雕刻形式,即狮子望柱、双宝珠望柱、单宝珠望柱和莲花盆望柱。值得一提的是这种莲花盆望柱,柱头雕有方形莲花盆,盆的平面上浮雕着"牡丹花枝"、"鲤鱼戏水"、"小猫戏绣球"等图案,这种望柱在我国桥梁建筑中实属一奇。桥面两侧的帽石雕有团莲,极富装饰性。桥身上雕有吸水兽、游鱼、河神头像、麒麟、飞马等图案。桥基南北两面的金刚墙上,各浮雕一幅神话故事图案,共4幅,其中有"太阳神"、"仙人骑鱼"、"麒麟"、"飞天"等,这在我国桥梁建筑史上也是不多见的。

历代文人墨客都把赵州桥和永通桥并称"奇胜"、"伯仲"和"姊妹桥"。民间流传鲁班修赵州桥(大石桥),妹妹鲁姜修永通桥(小石桥),兄妹二人争胜,上帝派"天工"、"神丁"暗中相助,一夜之间两桥同时告竣的神话故事,更使两桥美名传天下。

经与赵州桥比较,永通桥更优于赵州桥。

第一,永通桥的小拱与大拱幅度之比大于赵州桥,这样不但节省更多石料,而且还更能减轻桥基负担,且有利于排泄洪水。

第二,永通桥桥面近于水平,便于车辆通行,且把桥面石雕刻出间距均等的平行钻纹,具有防滑功效。

第三,栏板的两端都承于方型垫石上,既增强了栏板轻巧俊美的效果,又有利于排除桥面积水。

图4-1-3为河北赵县永通桥。

5.河北赵县沙河店石桥

沙河店石桥坐落赵县沙河店村村中,南北横跨于沙河故道上,距赵州桥南7.5公里,一同位居隋唐时期开辟的从镇州(今正定)经赵州、邢州(今邢台)而达邺城的南北皇道上。该桥是一座较小的敞肩石拱桥,全长37米,宽5米,主拱由16道拱券纵向并列砌筑而成,在拱跨1/4处设有横贯全桥的铁拉杆,净跨7.5米,拱矢2.5米,主拱券厚0.6米,拱石厚0.12米。主拱两端各有一小拱,净跨1.62米。桥面平坦,桥上石栏板雕有花卉蔓草等。

图4-1-3 河北赵县永通桥

6.河北省永年县弘济桥

永年弘济桥建于明万历十年(公元1582年),桥长48.9米,宽6.82米,主券跨度31.88米,矢高6.02米,小券跨度分别为2.73米和1.75米。桥拱由18道纵向单券排列组成,券石之间用铁束腰连接。外侧浮雕龙、凤、花草等,桥面两边各有18根方形望柱,柱头雕有狮、猴、桃等,两侧栏板浮雕动物、花草等。正中栏板外侧刻"弘济桥",落款为"推官公家臣通判周萍同知董选广平府贾应壁创建,万历十年(公元1582

年)岁次壬午四月吉日立。”

弘济桥结构设计科学,具有很强的坚固性,其最大的特点是整体性、稳固性和抗震性良好。另外精湛的雕刻艺术也是弘济桥的另一显著特征(见图4-1-4)。

7.山西省晋城县景德桥

景德桥,又名沁阳桥、西关大桥,位于山西省晋城县,是古泽州通往阳城、沁水的交通要道,是继赵州桥之后我国现存历史悠久的古代珍贵桥梁之一。始建于金大定二十九年(公元1189年),明昌二年(公元1191年)落成,前后施工3年。主拱净跨21米,拱高9米,拱厚1米,桥身连同东西桥堍共长33米,桥面宽5.9米,两肩小拱净跨3.08米,全桥用15道立券石并排砌成,大券两肩各有一小券,既可在洪水季节分流水量,又能减轻桥身券脚的荷重,还增添了桥自身的美感。东西两岸设有金刚墙保护桥基。清乾隆四十八年(公元1783年)改名为景德桥。并在桥北两侧金刚墙埋设有铁柱两根,以预报水情。桥的主拱上有清晰可辨的兽面、海马、龙形、海水以及螭首等精美的浮雕,用心细密,独具匠心,使人看后具有“长桥卧波,坦道凌空”的美感。在800余年的漫长历史中,大桥经历了无数次的兵燹地震,惊涛骇浪,迄今仍巍然挺立,坚不可摧(见图4-1-5)。

图4-1-4　河北永年县弘济桥

图4-1-5　山西晋城县景德桥

8.山西淳县迎恩桥

淳县南关外的迎恩桥,原名南石桥,于金泰和三年(公元1203年)建成。中间小拱完全支于大拱券上,而靠近桥墙较大的小拱,一边支于大拱券,一边建在桥墙上,小拱好像是从大拱边墙上挖出的一样,目的在于减轻桥的自重。

9.河北栾城县凌空桥

栾城县东门外,有凌空桥,又名东关桥,也建于金代。为单孔弓形拱桥,宽一丈六尺。观其整体,桥身精巧单薄,用料惊人节省是最显著特点。

10.河北行唐县升仙桥

升仙桥位于行唐县西关护城河上,始建于唐代,北宋元祐五年(公元1090年)重修,是一座并列砌筑的单孔弧敞肩石拱桥。桥长15.3米,宽6米,桥面到河底高4.7米,主拱券用20道单券并列砌筑,现存跨径11.3米,中间高2.7米。主拱两端各负小券,用18道单券砌筑,跨径2.45米,拱矢0.5米。大券和小券的券脸石上均有雕刻。升仙桥与赵州桥、永通桥结构基本相似,被誉为赵州桥的姊妹桥。现为省级重点保护文物。

传说当年鲁班爷一夜之间修了一座赵州桥,还剩下了两块石料,就把它装进捎马子里,到山西浑源州去看他妹妹修的悬空寺。走到行唐城,他觉得又饥又饿,见城西门儿那有个客店,就进了客店,要了一壶酒、两盘菜,自斟自饮起来。那时候,正是初冬时节,护城河上都结上了一层薄薄的冰凌。鲁班爷正喝酒哩,就看见行唐城那边过来一个大汉,背着一个老婆儿走到护城河边上,脱下鞋袜挽起裤腿下了水,那冻凌碴子把腿都划破了,可那大汉也不怕疼,背着老婆儿过河进了西门。鲁班爷叫过店掌柜一问,才知道这个人是行唐城西关的人,叫杨戬,排行老二,人们叫他杨二郎。这个人是个大孝子,老母亲有了病，二郎就每天背着老母亲到城里去看病。那时候，西门外的护城河上没有桥，人们进城都是蹚着水过去。二郎夏不嫌热，东不嫌冷，每天背着老母亲进城挺受罪，可一句怨言也没有，人们见了没有不夸他孝顺的。鲁班爷一听，心里挺敬重他，也就不到悬空寺了。趁着天黑没人，叮叮当当一宿造了一座石头桥。后来二郎背着老母亲到城里看病，再也不用趟着冻凌碴子水过河了。

后来二郎得道成仙，玉皇大帝召他上天庭位列仙班。头上天，二郎神想起鲁班爷为他造桥的事，不忘旧恩，特意到那座桥上拜了三拜，答谢鲁班爷的相助之恩，接着就踩着一朵祥云上了天。人们见二郎在桥上升天成仙就给这座桥起了个名字叫“升仙桥”。

11.河北省宁晋县古丁桥

古丁桥位于宁晋县凤凰镇南关村原洨河之上，建于宋代，明代重修，主拱肩部各有一小拱，桥上有3尺多高的石栏，浮雕二十四孝图案（见图4-1-6）。

12.广西梧州市锁龙桥

锁龙桥（升腾桥），位于广西壮族自治区梧州市竹安路（大南路）和大东路之间的现中山路上，桥的东北边原是蕹菜塘。桥在明万历三十七年（公元1609年）建造，又名迴龙桥，主拱肩部各有一小拱，康熙二十年（公元1681年）重建，乾隆十九年（公元1754年），改用石砌重修，由于锁龙桥较有名气，所以大东路也曾称之为锁龙街、镇龙街（见图4-1-7）。

图4-1-6 河北宁晋县古丁桥

图4-1-7 广西梧州市锁龙桥

13.河北赵县迎恩铺石桥

迎恩铺石桥位于赵县迎恩铺村东，南距永通桥约4公里，一同东西横跨清水河（冶河）。该桥建于清代，也是敞肩石拱桥。主拱采用纵向并列砌筑法，南北两面撞券石各浮雕吸水兽。主拱两端各有一小拱，小拱跨度仅有0.28米，高才0.41米，小拱顶为底面雕成弧形的整块石料。

14.河南汝南县弘济桥

位于河南省汝南县城北的弘济桥，跨汝河，明代称宏济桥、博爱桥，清代称迎恩桥，因靠近天中山又称天中桥。原为木桥，明弘治十八年（公元1505年）改建成石桥。该桥全部用石块砌成，与赵州桥结构相似。在大券两边附两个小券，美丽大方，雄伟壮观。桥面全长44.6米，宽6.5米，大券跨度为24.8米。两边两个小券跨度约2.73米，高4米，尽端两个小券跨度1.75米，高1.02米，全桥由18道单券组成，券与券之间用0.37~0.43米宽的铁束腰相连，桥面两边各有18根方形望柱，17块栏板，刻有狮子、桃、猴、石榴、鹿、麒麟和武松打虎等图案。大券和小券两面中间刻有龙头，大券两边对刻的二龙戏珠、飞凤、飞龙及两边尽端小券刻的缠枝花，精工细雕，有很高的艺术价值。弘济桥建于何时无可考，明万历十年（公元1582年）重修（见图4-1-8）。

15.普济桥

普济桥位于山西省原平市，为石砌拱桥，创建于金泰和三年（公元1203年），后历代重修。主桥全长30米，宽8米，高7米，南北有引桥。桥整体呈马鞍型，由单孔长券和4个小券组成，大券跨度19米，高

6.5米。大小券均为石料横旋,桥面通铺石板。普济桥的建筑结构与赵州桥相仿(见图 4-1-9)。

图 4-1-8 河南汝南县弘济桥

16.惠政桥

位于福建省仙游县游洋镇,南宋隆兴二年(公元 1164 年)由兴化(今莆田仙游)知县陆楠倡建,距今也有 800 多个春秋了。桥东岸建有一座太平社亭,落成时,正逢朝廷派来的巡抚到兴化县巡视,在亭中休息。知县请他为桥题名,他当即书写"惠政桥"三字,以示惠政治理之意。惠政桥几年前被洪水冲垮,镇领导带领群众,战胜台风、洪水,重建家园,经一年多时间,按原貌扩大一倍重建的新惠政桥如今屹立在游洋溪上。

重建的惠政桥是以花岗岩砌成的单孔拱桥,桥面铺有石级,两侧设石栏杆,拱桥的拱度极大,站在桥头看不到桥尾。它造型奇特,构工精巧,像一轮明月高悬在清澈明澄的游洋溪面,文人雅士称为"弯月出水",壮观美丽,是一道风景线(见图 4-1-10)。

图 4-1-9 山西原平市普济桥

图 4-1-10 福建仙游县惠政桥

17.通济桥

位于河北省井陉县天长镇,建于宋代,此桥为单孔敞肩石拱桥,大拱两肩部各伏设一小拱,主拱拱石间用铁质卯榫链接,外侧看面浮雕狮子、麒麟、大象、天马等图案,形象逼真,栩栩如生。后人可能怕桥上过车时压塌大桥,把大拱改造成两个小孔,以防不测。为省级重点文物保护单位(见图 4-1-11)。

各地在汲取赵州桥的敞肩结构特点的同时,常有创新和发展。如赵县境内的济美桥、邯郸学步桥和河北省献县的单桥,风格迥然不同。

18.济美桥

在河北省赵县宋村东北处洨河之上,为多孔敞肩式石拱桥。此桥共有大、小五孔,分为两大弧形拱,两端两小拱,中间一小拱落于两大拱之上的肩部,拱券为纵向并列砌筑式。全长 33 米,桥面宽 5 米,高 4.4米(含望柱),两大拱跨度均 8 米,拱矢 2 米,矢跨比为 1 : 4;中间小拱跨度 1.7 米,两端二小拱跨度均为 2 米。桥面平坦,桥檐小出,栏板底部两端均以地栿石支撑,增加了镂空和体量变化的效果。此桥的建筑艺术处理非常成功,大小拱之间交错有致,异常优美,给人以"飞虹"、"圆月"、似玉环半沉之景感。

桥之石雕艺术别具一格,正中小拱上部的河神头像为戴方巾的儒雅文人,下半身为龙身龙尾,双肩披云带彩练,颇具浪漫色彩。栏板上部镂空,以荷叶墩承托寻杖,华板雕刻“仙人骑鱼”、“三顾茅庐”等人物故事和牛、马、羊等动物图案,具有较浓厚的民族传统文化色彩。

此桥始建年代不详,光绪《赵州志》载:“万历二十二年(公元1594年)花马营贞孀亢王氏捐资重修,名‘济美’者,所以成先夫之志也。”梁思成先生于1933年考察此桥时,发现桥券如意石底面有“嘉靖二十八年”(公元1549年)刻字,疑是创于明嘉靖,重修于明万历(见图4-1-12)。

图4-1-11 河北井陉县通济桥

图4-1-12 河北赵县济美桥

19.学步桥

学步桥位于邯郸市区北关街,沁河公园西段,是著名成语邯郸学步的发生地。原为木桥结构,因常遭水冲,于明代万历四十五年(公元1617年)改建为敞肩拱型石桥。桥身长32米,面宽9米,高8米,两旁各有18块栏板和19根望柱,均雕有历史人物故事和精美的狮子、猴子等动物。桥下设有3个大桥孔,桥孔两侧附设4个小孔,3个大桥孔中心处雕有向下俯视的狮头。桥的规模虽不大,但结构坚固,造型美观,具有民族桥梁建筑的艺术风格(见图4-1-13)。

图4-1-13 河北邯郸市学步桥

20.单桥

位于河北省献县城南,始建于明崇祯二年(公元1629年),清顺治年间补建。单桥为五孔石拱桥,故又称五节桥。单桥长69米,宽9.5米,中孔高8.5米(桥面至河床高)。单桥采用不对称的结构设计,南侧桥墩高,桥孔大,桥面高,坡陡;北侧桥墩矮,桥孔小,桥面低,坡缓,以适应河道至此转弯的需要。大孔之间设置四个水门,以减轻桥的自重,增加泄洪量。南北引桥呈八字形,桥面两侧设栏板、望柱,栏板浮雕有花草、人物故事组画等。桥两端雕有仙人骑兽各一尊。

单桥是古代交通要冲和商埠,它保留了明代石拱桥建筑特点及明代雕刻艺术的成就。单桥造型设计独特,是中国现存多孔敞肩拱桥的代表(见图4-1-14)。

21.杜林桥

又名登瀛桥,是一座著名的大石桥,它位于河北省沧县的杜林村。据文献记载,此桥始建于明万历二十二年(1594年),天启五年(1625年)重修,距今已近400年,仍然坚实稳固。此桥全部由料石砌成,三孔圆拱券,拱间有两小孔。桥全长66米,宽7米,高9米,东西横跨于滹沱河故道上。桥的两侧置石栏,栏板内外有浮雕,雕刻各式人像及禽兽,柱头雕有狮子、猴子等,刻工细腻,形态生动。在建筑及雕刻艺术上别具风格,对于研究我国古代桥梁建设具有重要意义。杜林桥已被国务院公布为第七批全国重点文物保护单位(见图4-1-15)。

22.兖州南大桥

位于山东省兖州市城南5里,又称泗河桥,于明万历三十七年(公元1609年)夏竣工。桥梁全长240米,宽8.65米,共15孔,最大跨径8.35米。全桥为石砌,琢镂精细,砌筑无罅。桥成之后游人不绝,文人墨客在桥上吟诗作对,成为当时兖州十景之一。

图4-1-14　河北献县单桥

图4-1-15　河北沧县杜林桥

南大桥造型美观,气势宏伟,两端顺接长长的引道。石梁离水3丈有余,72个石栏杆,每个都镂琢出精彩美观的图案花纹。扶手和栏板之间,有镂空的灵芝花瓶作为支柱,雕工玲珑细致。大桥初建时有15孔,仿佛15个巨形花环,使桥体显得既轻盈矫健,又便于排水泄灌。为了加固桥基,桥墩下预先打进许多根柏木桩,缝隙中衬以麻纸,浇灌桐油,进行科学的防腐加固,以防桥基沉陷。桥墩基石都砌成船形,突出于桥身两边,以免迎水撞击和回水冲刷。若晴空万里,微风兴浪,大桥像条彩虹。崛起凌空,长桥卧波,陆水之间,平分秋色,它既点醒了兖州的静穆,又烘托了四时景致。清朝高宗弘历离京视察路过此桥,赞不绝口,久久不愿离去。不少文人置身桥头诗兴大发,写下了脍炙人口的名篇佳句。

新中国成立后,人民政府非常重视保护这座古代建筑珍品。在综合治理泗河的同时,整修了南大桥,并由原来的15孔增至23孔,桥面铺设了沥青。中间是行车主道,可以并行两辆汽车,两侧是非机动车辆和人行道,边沿有钢筋水泥栏杆。桥面平坦宽阔,往来方便,每天桥上车水马龙,行人川流不息,为城乡物资交流做出了贡献(见图4-1-16)。

图4-1-16　山东兖州南大桥

23.恩波桥

位于浙江省富阳城区苋浦河上,原为木桥,建于何时不详。明嘉靖四十四年(公元1565年),县令施阳得改建为石桥。清顺治、康熙年间曾两度重修。全长57米,宽6米,结构为三孔敞肩石拱桥。中孔跨度为18.4米,两边次孔跨度15.3米。桥面施石栏杆,望柱雕刻垂莲、莲蓬、芙蓉及狮子等。该桥保存完整,构造独特,它既能减轻桥的自重,又可增大泄洪能力。是浙江省明代中晚期颇具特色的石拱桥(见图4-1-17)。

24.天津桥

位于河南省洛阳市,初建于隋大业三年,原是一座浮桥,是洛阳南北交通的要冲。唐时改为石桥,又称洛阳桥。宋政和四年（公元 1114 年），河南府在重修洛阳天津桥时，上奏宋朝皇帝要仿赵州桥修砌，并得到了皇帝的批准。天津桥北与皇城南门端门相应，南与定鼎门大街相接，桥上原有四角亭、栏杆、表柱，两端有酒楼、市集，行人车马熙熙攘攘，络绎不绝。拂晓时分，漫步桥上，举首可见一轮弯月垂挂天幕，俯首河面波光粼粼，偶尔又传来洪亮悠扬的钟声。清雅幽静的意境使"天津晓月"成为著名景观（见图 4-1-18）。

图 4-1-17　浙江富阳恩波桥

图 4-1-18　河南洛阳天津桥

25.通济桥

本名北溪桥，俗呼大桥，位于杭州市余杭区余杭镇西北，南北向跨于南苕溪上。该桥为三孔石拱桥，拱券采用纵联并列分节砌置法，西边迎水面，桥墩外筑有两堵分水角，上方各开一个溢洪券洞，以备天目山水猛涨时泄洪之用，设计科学。桥长 50 米，通高 9.6 米，矢高 7.84 米，宽 8.8 米，分水角宽 2 米，长 6 米。

据清嘉庆《余杭县志》载："汉熹平年间（公元 172—178 年）建，名隆兴。五代钱武肃王重建，改名安镇"。又载："宋绍兴十二年（公元 1142 年）桥以木为梁，元至正十八年（公元 1358 年）山寇纵火焚之。明洪武元年（公元 1368 年）重建，通易以石，正统间（公元 1436—1449 年）县丞邱熙岳加石栏于两旁"。又"清乾隆二十二年（公元 1757 年）邑人宋文瑞重修"。建市屋于桥面两侧，以租赁收入捐资兴学。清嘉庆初，抢水石（分水角）圮，重甃巩固。教谕任昌运作通济桥诗："通济桥跨大溪上，小店多开桥上头。一路篮舆行地稳，不知鳌背架层楼"。1937 年 12 月 24 日，桥上市屋被日寇焚毁，并在桥头修筑碉堡。

图 4-1-19　浙江余杭通济桥

通济桥 1983 年被列为市级文物保护单位（见图 4-1-19）。

明清时，远离赵县的一些地区也都建造了敞肩拱桥，泰顺县澎溪桥，余杭的苕溪桥以及贵州兴义县的木卡桥等等。

二、赵州桥以后敞肩拱型桥梁的发展特点

主拱均采用纵向并列砌筑法，为了解决横向拉力不足问题，均采用横联式护拱石、勾石、腰铁、铁拉杆等补救措施。除此几项措施外，有的桥梁在拱石间加设铁榫卯以便增加拱石间的横向联系。

从单孔独跨河流到多孔联拱，在拱与拱间增设腹拱，不但镂空效果明显，而且分外美观别致。

主拱与腹拱之间的矢跨比逐渐加大，腹拱由最初的一两个增加到四五个甚至更多，大大增加了排洪能力，同时更节约建桥材料，减轻桥身自重对桥台的垂直压力和水平推力，增加了安全系数。

通过调整主拱的矢跨比，逐渐降低桥面坡度，便于桥上车辆通行，又有利于桥下船舶航运。

主拱、腹拱和桥面栏板望柱的浮雕图案大量出现了龙兽、花草及人物故事图案，艺术表现形式更加丰富多彩。

桥面增加了防滑措施。

桥面增建殿宇、亭阁、廊子、大型雕塑等。

第二节　对现代桥梁的深远影响

新中国成立后,为了适应工农业发展的需要,新型的现代化石拱桥、混凝土拱桥大量涌现,其中不少是敞肩式的。1959 年单孔 60 米的湖南黄虎港大桥在湘西山区中的悬崖绝壁上建成后,它与陕西省阳平关桥一起,首次超过了赵州桥的跨径,接着又建成了跨径为 60+90+60 的三跨洛阳龙门大桥,为建造巨跨敞肩石拱桥迈出了可喜的一步。

1961 年,在云南省开远南盘江上建成了单跨 112.5 米的长虹石拱桥,把我国的敞肩石拱桥的设计与施工技术推到了新水平(见图 4-2-1)。

当时还利用陶粒混凝土等轻质材料建造拱桥。1960 年底建成通车的河南平顶山湛河桥,桥净跨径 50 米,桥宽 24 米,拱肋便是用陶粒混凝土材料制成,为当时全国最宽的桥梁(见图 4-2-2)。

图 4-2-1　云南开远南盘江长虹石拱桥

图 4-2-2　河南平顶山湛河桥

四川省丰都县九溪沟桥位于重庆市丰都县九溪沟,是一座大型石拱桥,其主跨径为 116 米,建成时是世界上跨径最大的石拱桥,被业内人士誉为桥梁界的神话,保持纪录 18 年之久。

大桥桥长 140 米,桥面为净 7+2×0.25(米),桥高 20 米。桥面为双向纵坡,拱券采用的是小石子混凝土砌片块石技术,拱上左右腹对称各 7 孔,主拱券为变截面悬链线,拱顶厚 1.6 米,拱脚厚 2.25 米,拱矢度 1/8,桥台采用混凝土砌块石工艺,石料前后错缝达 10 厘米以上。施工方法是在脚手架上分券砌筑。时年我国著名的桥梁专家茅以升曾在他的书中盛称该桥“四川省丰都县(今重庆市丰都县)九溪沟石拱桥跨度达 116 米,成为当时的世界第一。”1992 年九溪沟大桥被中国邮票协会印制成邮票在全国发行。该桥于 1971 年 7 月 1 日开始修建,第二年 7 月 1 日竣工通车(见图 4-2-3)。

七股溪桥位于台湾台南县七股乡,跨越七股溪,是一座预应力混凝土加劲拱公路桥,于 2007 年 11 月建成通车。该桥全长 440 米,采用大跨径拱桥设计,最大拱跨 150 米。这座桥梁特别花心思设计成拱形,横跨七股溪可见赏七股泻湖特色美景,还可见许多渔民驾驶胶筏出海作业,搭配茂盛红树林、候鸟飞舞、蚵架林立,美不胜收(见图 4-2-4)。

1964 年江苏无锡建桥职工创造了一种具有民族特色的新型拱桥结构——双曲拱桥。它的主拱券由拱肋、拱波、拱板和横向联系构件几个部分组成,外形在纵横两个方向均成弧形曲线,因之称为双曲拱。主拱券的形式有单波,多波,多波高低肋等。拱肋截面有矩形,倒 T 形,I 形,L 形,薄壁箱形等。它继承了赵州桥的传统,结合钢筋混凝土预制的特点和装配工艺的长处。具有造价低、节省钢材和造型美观、施工简便的特点。受到了群众的欢迎,跨径迅速由小到大,在农桥、公路、水利渡槽及港口栈桥工程上广泛应用(见图 4-2-5)。

此外,如著名的湖南韶山铁路桥,湘潭公路大桥,长沙橘子洲大桥(见图 4-2-6),贵州松柏大桥,山东溜川大桥,广西梧州大桥以及南京长江大桥的引桥(见图 4-2-7)等等,均继承了赵州桥的传统,取得古为今用、推陈出新的丰硕成果。

图 4-2-3　四川丰都九溪沟大桥

图 4-2-4　台湾台南县七股溪桥

图 4-2-5　江苏无锡双曲拱桥

图 4-2-6　长沙橘子洲大桥

目前现在世界上最大跨度的石拱桥是我国山西的丹河大桥。丹河大桥位于山西省晋城市太行山西麓,大桥于 1996 年开始设计,1997 年 11 月开工建设,2000 年 7 月建成。大桥为全空腹式变截面石板拱桥,主孔净跨径 146 米的桥梁,为全空腹式变截面石板拱桥。在 146 米净跨径主孔拱桥的两端,还有两个和 5 个跨径为 30 米辅拱分列南北两端。这座全长 413.7 米、桥面宽度 24.8 米的桥梁,主拱距地面高度 80.6 米。桥梁栏杆由 200 多幅表现晋城市历史文化的石雕图画与近 300 个传统的石狮子组成。经专家鉴定,其设计及施工技术达到国际领先水平。已被正式列入吉尼斯世界纪录(见图 4-2-8)。

图 4-2-7　南京长江大桥引桥

图 4-2-8　山西省丹河大桥

当今世界上的大跨度石拱桥名列头三名者(丹河大桥、乌巢大桥、九溪沟桥)均在我国。我国不仅是最早的大跨度敞肩空腹石拱桥的创造者,也是当今世界上的纪录保持者。

以赵州桥为代表的敞肩拱桥在国外的影响也是很大的。国外对桥梁史有研究的学者认为“赵州桥创造的敞肩拱学派,对古今世界的桥梁工程界产生了巨大的深远影响。李春的敞肩拱桥建筑成了现代许多钢筋混凝土桥的祖先。它们废除了拱券和桥面之间的所有填料,而仅以一些直柱式或一个网状的混凝土杆件结构连接起来。”

第五章 赵州桥的历代修缮

1400多年来，赵州桥历尽车辆重压，风剥雨蚀，洪水冲击，地震摇撼，兵燹之祸，现仍然屹立于洨河之上，这与历朝历代对这座古桥的保护、修缮是分不开的。根据史料记载，历史上较大规模的修缮有10次，而新中国成立后，对赵州桥进行的修缮最为完整彻底。

第一节 民国以前的修缮

第一次修缮是公元793年刘超然新修石桥。桥下出土的石柱，其上刻文云："隋人建石梁几二百祀，壬申岁（公元792年）七月，大水方割陷于梁北之左趾，下坟岸□崩落，上排簉又嵌攲，则修之为可……速攻其石膂，复仍累土以负，兹补栏楯柱，靡不永固，俾壮名不坠于远近。……贞元九年（公元793年）四月十九日。"这一段记述指赵州桥建成后约200年，即唐贞元八年（公元792年），北桥台西边被大水冲坏，金刚墙及桥台下沉，牵动了上"排簉"（指小拱），上部开裂，故补石重砌，恢复原状，复添栏板望柱，以复旧观。

第二次修缮是宋治平三年（公元1066年），由于凿铁腐蚀脱落与被盗，使外侧拱券有倾斜现象。于是扶正复原。关于这次维修，《宋史·方技传》有一则佳话，称"僧怀丙（见第十三章2），真定人，巧思出天性……赵州洨河凿石为桥，熔铁贯其中。自唐以来，相传数百年大水不能坏。岁久乡民多盗凿铁，桥遂攲倒。计千夫不能正，怀丙不役众工。以术正之，使复故。"此指腰铁腐蚀脱落，致拱石凌乱，攲侧倾倒，怀丙和尚说，往桥下石头中灌铁，可以扶正。乡民们踊跃捐助石块，怀丙和尚在石头上凿洞，溶化铁水横贯其中，果然扶正了石桥。当然，传说里又把修桥的宋僧怀丙神化了，但修缮活动却是事实，说明宋僧怀丙利用先进的修桥技术，才使赵州桥依然如故。

第三次修缮，据明代孙大学《重修大石桥记》载："桥之上辙迹深处，积三十余年为一易石，以利驰驱……生员……乡人……僧……重为修饰，以永其胜……嘉靖四十二年岁次癸亥（1563年）四月朔旦。"于明嘉靖四十一年（公元1562年），因桥面石经车辆长期碾轧辙迹很深，不便行车，于是生员田锦、张时泰、乡人魏宾、冯苍等使僧人悟成募捐集资，新铺了桥面，始于壬戌（公元1562年）之夏，落成于癸亥（公元1563年）之春。

第四次修缮，据明代翟汝孝《重修大石桥记》云："……嘉靖四十一岁次（公元1562年）冬十二月兴工，至次年癸亥（公元1563年）四月十五日告成。所修南北码头及栏槛柱脚、锥斫龙兽，复如旧制，且增崇故事形象，备极工巧，焕然维新，境内改观矣。……嘉靖甲子（公元1564年）岁孟夏之吉。"这段记述几与唐时修理工作差不多，但比第一次的工作量大，因为包括南北码头在内。工程经费主要由赵县籍太监赵芬资助。

第五次修缮，据明代张居敬《重修大石桥记》载，"……世庙初，有鬻薪者，以航运置桥下，火逸延焚，致桥石微隙，而腰铁因之剥销，且上为辎重穿敝，先大夫目击而危之曰弗葺将就颓也。以癸亥岁（公元1563年）率里中杜锐等肩其役，垂若而年，石敝如前。"这一段记述自1563年张时泰带领乡亲杜锐等担负了修桥任务，将这座石桥修妥，也是自宋代修复以后第一次记录修理石拱券工作，原因是"火逸延焚，致桥石微隙，而腰铁因之剥销，"虽则是修补微裂的拱石和整理腰铁，而工程也不算小。

第六次修缮从明代万历二十五年（公元1597年）秋天动工，冬天完成，这次修缮是上次工程的继续。张居敬《重修大石桥记》碑记："余兄弟复谋请李县等规工而董之，令僧人明进缘募得若千缗，而郡守王公实先为督敕，经始丁酉秋，而冬告竣，胜地飞梁，依然如故。……记兹桥已一于逸火，两敝于积辙，则桑土先计信存乎人也……"本次修缮针对由于多年车辙加深，导致桥面石破损而修复，修缮后胜地飞梁，依然如故。

第七次修缮于清代乾隆(公元1723—1795年)年间。由于明嘉靖初,桥下运木船“火逸延焚”,致使桥拱券石元气大伤,明代虽有几次修缮,但并未修缮主拱券,因此桥西侧部分主拱券终于明末坍塌,至清乾隆年间修补了西侧五道主拱券。

第八次修缮在清代道光元年(公元1821年)。据《赵州志》记载:“王元治,西章吕村庠生。赋性慷慨,乐善好施。乡里有所乞假,率倾囊以助,无吝色。每岁荒,必开仓赈济。远近有义举,不待敦劝,必输重资以襄厥事。道光元年,城南修大石桥,州守李景梅,命其董役。元治先捐钱数千缗为倡。工竣,州守赐‘急公好义’匾额。”这次修缮是王元治捐资,主要修补了桥面、栏板、望柱。

第九次修缮于民国二十至二十一年(公元1931—1932年)初冬。20世纪初,桥之中路车行道受车辆铁轮碾轧,日益破碎,加上东侧栏板、望柱早于乾隆年间已随桥东侧三道主拱券塌落河底,百余年来因缺少栏杆,导致发生多起行人坠落桥下的伤亡事故。大石桥村民纷纷呼吁修缮赵州桥,村长张均陞顺应民意,于民国二十年开始筹集资金,率领村民仿照西侧栏杆样式,用青砖雕刻砌筑、水泥罩面美化的方法,修造了东侧栏杆;并用厚15厘米的大块矩形红石板铺砌了桥面,使之平整如初,此项工程次年冬初告成。

自嘉靖之后,赵州桥曾塌去外侧计八道拱券(西五券,东三券),幸因采用纵向并列砌筑法,外券损坏不危及全桥使用,复加修缮,而延寿至今。

第二节　当代的修缮

中华人民共和国成立后,党和人民政府十分重视文物保护、修复工作,于1953年组成了赵州桥修缮专门机构。由国家拨款,从1955年至1958年11月进行了全面修缮,共补齐东侧拱券五道,小拱四个以及栏板、望柱等,在不影响外形原则下,做了必要的结构加固工作,成了建桥近1400年来最大的一次修复工程。

为了掌握赵州桥修缮工程的第一手资料,弄清赵州桥的原始结构,在正式施工前,进行了全面勘察。自1952年至1955年,国家文物局等单位先后派出专家、学者刘致平、卢绳、罗哲文、祁英涛、余鸣谦、李良校、孔德埁、周俊贤、酒冠五、孔祥针、李全庆、郭瑞恒等人,先后挖掘四次,范围自桥上游至下游15米以内,面积达1200平方米,深度由3米至4米的淤泥直挖至河床的硬土层,并做了精密测量和地质探查(成为1979年继续对下部结构组织钻探和坑探工作的先导)。

通过勘察、发掘工作,取得了意想不到的巨大收获。出土栏板、望柱、仰天石以及大、小桥石1500余件。这些珍贵文物的出土和发现,对于研究、设计、修复赵州桥提供了宝贵的实物资料。同时通过详细调研,进一步掌握了赵州桥所处的洨河水文、地质资料,石拱桥上部变形和下部基础、墩台走动,石料风化、松弛等情况,为制定修缮方案提供了可靠依据。

为确保修缮工程按时保质保量完成,1956年6月3日正式成立了赵县安济桥修缮委员会。选举赵县人民政府副县长曹拔萃为主任委员,河北省公路局工程公司郭瑞恒为副主任委员(1956年11月5日增选古代建筑修整所余鸣谦为修委会副主任,负责安济桥栏板设计,雕刻安装工程)。赵县文化科长张同昌为秘书,文化部文物局、文化部社管局、交通部公路总局、河北省公路局、石家庄地区行署、赵县公安局、大石桥乡等单位、部门均设委员。

1955年8月,赵县安济桥修缮委员会,根据文化部专家调查意见,制定了详细的《赵县安济桥修缮计划》。修缮计划分4部分:①安济桥概述;②修缮意义;③修缮计划纲要;④施工方法和步骤。在施工方法和步骤部分,详述了准备工作,砌筑拱架砖墩,主拱下部勾缝,制造与安装主拱膺架,预制石料,制造与安装4个小拱膺架,拱桥上部拆除,修复东侧5道拱券,主拱拱券上部压力灌浆,铺砌桥面及帽石,安装栏板、望柱等22项具体工作。

根据《赵县安济桥修缮计划》所述有关情况,可知1955年6月至1958年11月曾对赵州桥进行了全面、彻底修缮。

一、主拱券

东面现存两道拱券外倾，拆除重砌，东侧已坍三道原貌无存，拟参照捞起旧石和西侧现状设计全券及分补样图，依图琢凿修复（施工前在主拱下已搭设“满堂红”木膺架）。石料尽量利用旧拱石，用80号水泥砂浆砌筑，不足之石料按原色泽质地开采运来补足，但新旧石料分开使用，以免影响观瞻。

图5-2-1至图5-2-5为主拱券修缮的情况。

图5-2-1　东立面主拱拱架侧面

图5-2-2　主拱安装拱石

图5-2-3　东立面主拱“勾石”

图5-2-4　主拱拱低勾缝

西边23道现存拱券用压力灌注水泥砂浆加固。首先用水冲洗，使各缝前的泥土由拱腹两端出水孔流出，然后用特制刀件把较大缝隙间附于石料上的白灰杂物刮干净，并再用清水冲洗。为使冲洗干净，使用适当压力至出水口流出清水为止。再以一至二个气压力的压缩空气吹风10～15分钟，把缝中存水压出，用80号水泥砂浆和小石子填满各道并列拱拱券间之大缝，然后在拱券上面勾缝填塞细缝并留出注浆孔。注浆孔设于纵横缝相交之处，使每条横缝有一侧没有注浆孔。横缝细缝用纯水泥浆进行压注。水泥浆稠度可用水泥为水的50%～100%，压力不得超过6个大气压，以免下部勾缝挤脱。每条横缝压注工作在相邻纵缝灌浆后至少32小时以后进行。

图5-2-6至图5-2-8为主拱拱缝施工时的情况。

如施用压力不大而注入的水泥浆消耗甚大时，停止压注，并仔细检查。查明水泥浆消耗的原因和漏浆的所在，俟漏浆填塞后，再行继续压注，如漏浆处难于查出，暂时停止灌浆工作。俟漏浆的通路凝结堵塞后,再以较低的压力继续压注。

图 5-2-5　西立面主拱"龙门石"(修缮前)

图 5-2-6　主拱拱缝清除杂质

当注浆孔上部,或周围孔眼上的木塞和缝隙中所填嵌之麻刀呈现潮湿现象,或注浆孔于最大压力下停止吸收水泥浆时,可认为水泥浆已经填满。从此时起,宜保持一至一个半大气压力约 2 小时,以便孔中多余水分压出并使水泥浆更加坚实,然后用 1∶1∶0.67(水泥、砂、水)的水泥砂填塞各注浆孔。

另外,在拱背与护拱石中间,改置 140 号钢筋混凝土盖板。主拱的钢筋混凝土盖板使用纵横钢筋。纵钢筋直径 12 毫米,横钢筋直径 19 毫米,纵横钢筋间距约 30 厘米。4 个小拱除背上用 12 毫米的外,其余都和主拱券上的盖板一样。由于拱背高低不平,表面粗糙,使护拱钢筋混凝土盖板与拱石紧密黏合,不易滑动。促使拱券胶结为整体,不再向外倾倒。盖板与护拱石的联结采用锯齿咬接方法,把护拱石内侧(约 1 米)凿一倒齿与盖板咬接。

图 5-2-7　主拱压力灌浆

图 5-2-8　主拱背钢筋网

二、护拱石及盖板

原桥仅西侧及两岸小拱上有护拱石,均拆除重砌,东侧坍塌部分,依照西侧恢复。中部护拱石之间用 140 号钢筋混凝土浇筑与护拱石同厚的护拱盖板,以加强横向联系。

三、小拱券

全部拆除,能使用的旧拱石尽量利用,大部分拱石已疏松破裂,不堪使用,须另开采或改制新拱石,以 80 号水泥砂浆照原样重新砌筑,两侧护拱石之间也用 140 号钢筋混凝土盖板加强横向联结。

四、侧墙两侧

全部拆除,尽量利用旧料石,以 80 号水泥砂浆重新照原样砌筑,东侧侧墙亦利用旧料石照西侧式样重建。

五、拱腔填料及防水设备

拱腔填料用 1∶1∶5∶10 之水泥碎石混凝土，加 20%块石填充，表面抹平与部分护拱盖板一同作为防水层的垫层。在垫层上加铺油毛毡及沥青防水层。

防水层为两层油毛毡中间和其上下各涂以薄层 3 号沥青。防水层在横断面上由两侧中心汇水，坡度为 1%，在纵的方向防水层随桥面曲度向两端排水至路面铺砌层以外之处，即用 70 厘米方形盲沟排入河中，防水层上筑有 4 厘米厚的混凝土保护层(见图 5-2-9)。

图 5-2-9　桥面防水层

六、桥面

全部拆除，利用旧有石料以 80 号水泥砂浆重新铺砌，原行车道高出部分取消，改为平面，今后石桥仅准行人，车辆可由下游便桥通行。

七、桥台

桥台上部石料的疏松倾裂部分拆除重砌，其基础部分在拱架搭好后进行挖掘检查及加固。

八、栏板

参照桥底发掘出的石栏板式样重新设计。安济桥东西两侧的勾栏一律依对称排列，每侧都是 21 间，相应部位的栏板、望柱一律采取同一尺寸、同一图案。

在每侧 21 间当中又分为中央雕龙区和南北端斗子卷叶区。中央雕龙区共五间。券顶中央一间栏板参照饕餮式栏板遗物制作，长度是 228 厘米。中央区两端一间栏板参照一龙独行的栏板遗物制作，为的是把这块栏板后部卷叶图案和斗子卷叶区的图案联系起来，其长度是 230 厘米。中央还余剩的两间栏板，分别参照蛟龙栏板制作安放在南、北，长度 227 厘米。

南北端斗子卷叶，每端(21－5)÷2＝8 间。为了稍有变化，把栏板卷叶数做了增减，自端部开始第一、二间栏板采用了中三叶、边二叶的图案，第三、四间栏板采用了中四叶、边三叶的图案，余剩四间栏板全部采用四叶图案。

至于望柱的排列问题，几经研究，把全桥 44 根望柱，分为两组：

第一组：蟠龙望柱，共 12 根。柱身前后看面雕龙，覆盆以上刻三道竹节，总高 137 厘米(柱脚榫不在内)，用在中央雕龙区。

第二组：竹节式望柱，共 32 根。柱身刻竹节，覆盆以上做单宝珠柱头，总高 122 厘米，用在两端斗子卷叶区。

图 5-2-10，图 5-2-11 为栏板上饕餮雕刻。

图 5-2-12 至图 5-2-22 为栏板上的各种龙纹雕刻图。

图 5-2-10　饕餮

图 5-2-11 饕餮

图 5-2-12 二龙相缠

图 5-2-13 二龙钻孔

图 5-2-14 二龙托獣

图 5-2-15 二龙戏珠

图 5-2-16　二龙相绞

图 5-2-17　二龙相缠

图 5-2-18　二龙戏水

图 5-2-19　龙托花珠

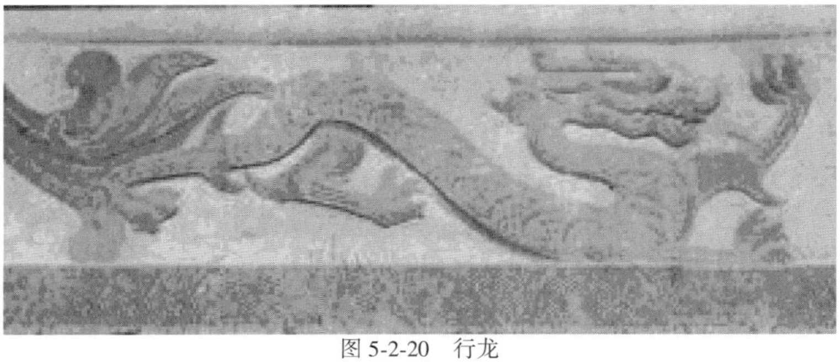

图 5-2-20　行龙

图 5-2-21　行龙

图 5-2-22　二龙相绞

九、其他修缮项目

两桥头加做驳岸。西南端驳岸可延伸至西侧第一道拱券脚下，把风化的拱脚石包围加固。

为保持隋代原貌，基本上仍采用了原来的护拱石、钩石、腰铁，铁拉杆和收分五种做法。除情况完好的 23 道主拱券和两端小拱的一部分墩壁之外，其余全部拆除重砌。

在原采用腰铁处，除外侧露现的拱券石仍旧采用，以示原状外，其余各处以钢筋混凝土盖板代替。所有旧石料尽量收集利用，另从原建桥时的赞皇、元氏、获鹿三县采石场，取各种青白色石灰岩补充，石料强度试验表明，抗压强度为 100 兆帕，容量为每立方米 2.85 吨。水泥砂浆用 80 号。

修补西侧主拱券脸石。主拱西南端的拱脚部分有一块券脸石因年久风化得很严重，风化的深度达 4～6厘米。替换这块券脸石，需拆除整道主拱券，显然不太现实。为解决这一问题，经研究采用了修补的方法：这一方法是用另外的与它色泽相同的石料，照这块券脸石所要求的式样加工后再利用黏结材料贴补。为达到修旧如旧的效果，采用高锰酸钾做旧处理，使其恢复原貌。

仰天石部分，也和勾栏一样有复原的必要。结合桥面的修复，把仰天石设计为长 130 厘米×宽 60 厘米和长 90 厘米×宽 60 厘米两种尺寸，交互铺放，依 90 厘米中距在前看面和外上皮看面做出八瓣花饰（见图 5-2-23）。

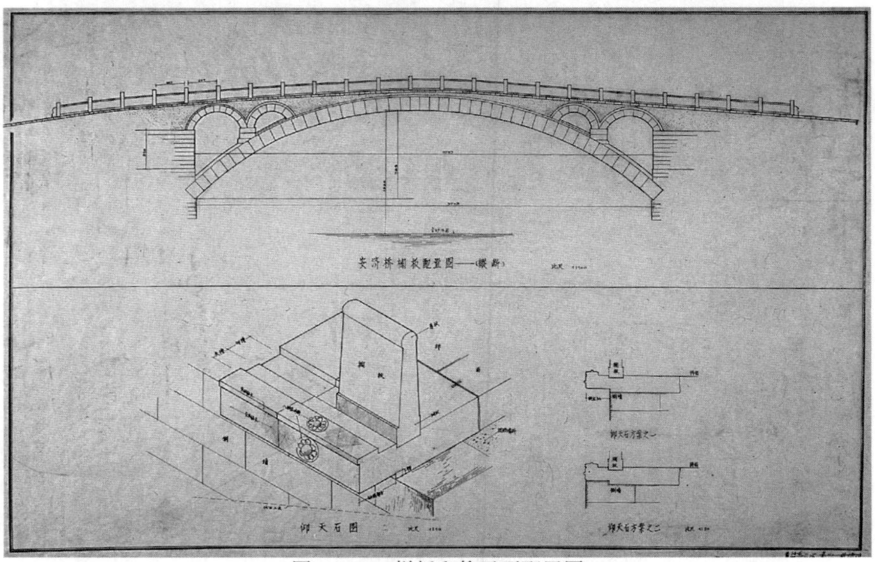

图 5-2-23　栏板和仰天石配置图

关帝阁及城台。关帝阁早毁,城台也残破不堪,阁之建筑式样无一遗存,复原实无根据,其建造年代较晚,并非与桥同时期遗物,故不拟复建。

经过新中国成立后的这次修缮,赵州桥基本保持了原来的壮丽风貌。1961年3月4日国务院公布赵州桥为第一批全国重点文物保护单位。并设立了文物保管所,专门负责赵州桥的保护管理工作。

第六章　赵州桥的科学研究

第一节　梁思成考察赵州桥

华北有四宝"沧州狮子应州塔，正定菩萨赵州桥"。这句歌谣将华北四大胜迹串在一起，流传甚广。20世纪30年代在中国营造学社工作的梁思成诸君循着歌谣先后寻访调查测绘了正定古建筑和应州塔。

图6-1-1　1933年11月梁思成（左）、莫宗江（右）调查测绘赵州桥

1933年11月，梁思成、林徽因夫妇和莫宗江等中国营造学社数人重访正定后，林徽因提前返京，梁思成偕莫宗江等第一次来到赵县，调查他们心仪已久的赵州桥（见图6-1-1）。

首次见到赵州桥，梁思成便称"实在赞叹景仰不能自已。"在其后来整理发表的《赵县大石桥即安济桥》❶一文中写道："这一次考察赵州，不意不单是得见伟丽惊人的隋朝建筑原物，并且得认识研究这千数百年前的结构所取的方式，对于工程力学方面，竟有非常的了解，及极经济极聪明的控制。"

调查赵州桥是梁思成此行的主要目的，所以来之前梁先生就查阅资料做了充分准备。经过在赵州桥的详细测绘，结合清光绪版《赵州志》，他首先对文献中关于赵州桥的建造者李春做了肯定。

关于赵州桥的建造者最重要的资料为唐中书令张嘉贞的《安济桥铭》。铭文中记载"赵州洨河石桥，隋匠李春之迹也；制造奇特，人不知其所以为。"对于这段文献，梁思成认为"正可表明这桥的造法及式样，乃是一个天才的独创，并不是普通匠人沿袭一个时代固有的规矩的作品；这真正作者问题，自当格外严重些。《安济桥铭》当时距隋亡仅百年，既说隋匠李春，当属可靠。"

这《安济桥铭》石与梁思成还有一段有趣的故事。

梁思成在赵州桥调查时曾多方查寻《安济桥铭》石但苦觅无果。他感慨道："可惜这铭的原石今已不存。"实际上这铭石距梁思成近在咫尺。梁思成调查期间白天住在赵州桥南端的关帝阁内数十天，而这铭石就在阁内，只是谁也不知道。后来关帝阁在1946年时毁于战火，直到新中国成立后，赵县文保所工作人员根据群众提供的线索，在关帝阁的废墟内发现两个大型柱基石，经鉴定这竟然是由桥铭石雕凿而成。30年后梁思成重访赵州桥时终于见到了当年未寻到的桥铭石，当然这已是后话。

梁思成经过仔细测绘发现赵州桥的建筑结构形式具有高度的科学性，它在建造上有着独特的造诣：

第一，赵州桥跨度大弧形平，桥全长64.40米，大券单孔跨度达37.02米。"这样大的单孔券，在以楣式为主要建筑方法的中国，尤其是在一千三百余年以前，实在是一桩值得惊异的事情。"

第二，赵州桥为敞肩拱，即拱上加拱。这即节省了石料又减少了桥身自重而且增加了桥下河水的泄流量。梁思成称赞它："真是可惊异的表现出一种极近代的进步的工程精神。"并指出："这种将小券伏在大券上，以减少材料，减轻荷载的空撞券法，在欧洲直至近代工程中，才是一种极通用的做法。""真正的

❶　梁思成：《赵县大石桥即安济桥》见1934年《中国营造学社汇刊》第五卷第一期。

空撞券桥，至 19 世纪中叶以后，才盛行于欧洲。”通过与欧洲空撞券桥的比较，梁思成得出结论“这些桥计算起来，较安济桥竟是晚七百年，乃至千二百余年。”

第三，桥的砌筑方法特别，采用纵向并列砌筑法。梁思成说：“安济桥大券小券的砌法，出我意外的，乃是巴比伦式的并列砌券法。”这种方法的好处是：每道拱券都能独立站稳，自成一体，倘若一道拱券损坏不影响全桥，修复也容易。不足之处是“券与券间没有重要的联络构材”容易向外倾向。通过对桥进一步的观察梁思成又发现三种预防或挽救的方法来加强拱券横向间的联系。

①护拱石。“在券面上，小券的券脚处，有特别伸出的石条，外端刻作曲尺形，希冀用它们钩住势要向外倒出的大券。”②铁拉杆。“在小券脚与正中如意石之间，又有圆形的钉头表示里面有长大的铁条，以供给石与石间所缺乏的黏着力。”③收分，即赵州桥拱券中间窄两头宽，像个“）（”。梁思成指出：“最可注意的乃是最后一种，这桥的建造是故意使两端阔而中间较狭的。现在桥面分为三股，中间走车，两旁行人，如此做法的理由、固无疑的为设计者预先见到各个单券有向外倾倒的危险，故将中部阔度特意减小，使各道有向内的倾向，来抵制它”。这种做法让梁思成感叹道“其用心可谓周密，施工亦可谓谨慎了。”

第四，赵州桥桥台基址的特殊设置，成为至今没有破解的千古之谜。

赵州桥的地基没有经过夯筑，而是建在天然的地基上，这是 1979 年 5 月的科学探测后得出的最终结论。而民国二十二年（公元 1933 年）梁思成考察赵州桥时，当地的乡民告诉他赵州桥是一个整圆形券洞直通水底的石桥，他听后不以为然。当时石桥所跨的洨水，现在只剩下干涸的河床。大券的两端，都已被千余年的淤泥掩埋，券的长度是无由得知。

梁思成在县乡有关人员协助下，动用数十名民工对赵州桥的根基进行挖掘探测。“为要实测券基，我们在北面券脚下发掘，但在现在河床下约 70～80 厘米，即发现承载券下平置的石壁。石共五层，共高1.58米，每层较上一层稍出台，下面并无坚实的基础。”后来证实梁思成当时挖到的就是赵州桥的根基石，它没有采用人工地基而是直接砌筑在天然地层上。这大大出乎梁思成“大券两端下的券基，为免水流的冲击必须深深埋入，绝不只在现在所见的券尽处”的预料。赵州桥根基浅，短桥台，天然地基，这一切让梁思成心里始终不敢相信自己已经挖掘出的是桥基，他喃喃地说道：“这么大的桥，这么小的根？”最终梁思成认为他见到的“分明只是防水流冲刷而用的金刚墙，而非承纳桥券全部荷载的基础。”于是他让大家再向下挖掘“因再下 30～40 厘米便即见水，所以除非大规模的发掘，实无法进达我们据学理推测的大座桥基的位置。”这次发掘最终因为缺少排水机械被迫停工。由于梁思成不相信找到了桥基，他在后来的调查报告里写道：“我因不得知道桥基造法而失望，也正如乡下人，因不能证实桥券为整圆而大失望一样。”（图 6-1-2，图 6-1-3 为当年梁思成考察时拍的照片）

其实后人比梁思成更失望，虽然证实了当年梁思成见到的就是赵州桥的桥根基，但是 1400 多年前的李春们，在没有精密仪器设备和先进科学技术下，是通过什么样的计算方法竟敢如此大胆地采用超常规的“浅基础”、“短桥台”、“天然地基”上建造赵州桥的？这个更大的谜团一直困扰着后人。

赵县古称赵州，文物建筑古迹众多。梁思成在赵州调查期间，蒙县立中学校长耿平允先生及诸教员多方帮忙，并许假住校中；县政府，建设局，保卫团亦处处保护，给予便利。除大石桥外，梁思成称“在赵州更得到许多宝贝，其中有两座桥，一座是县城西门外的永通桥，即所谓小石桥；一座是县西南八里宋村的济美桥。”梁思成高兴地说永通桥是他“意外的得识小石桥，其式样简直是大石桥缩小的雏形。”他赞美永通桥“除去工程方面的价值外，在雕刻方面，保存下来不少的精品。”

济美桥是梁思成去宋村调查石佛寺的路上发现的，他描述济美桥“布局甚为奇特，共四孔，两大两小，大者居中，小者在两端”券面上“都是雕刻中的上品，桥上栏杆板内的浮雕，也颇有趣。”

此外梁思成还调查摄影了赵县城国内最大的宋代陀罗尼石经幢和柏林寺砖塔❶。新中国成立后，除宋村石佛寺和济美桥在 1966 冬被毁外，梁思成当年测绘的赵州桥，永通桥和陀罗尼石经幢，在 1961 年 3

❶ 《中国营造学社汇刊》第四卷第三，四合期：本社纪事（甲）实物之调查（五）。

月4日即被国务院列为第一批全国重点文物保护单位。柏林寺砖塔也已列入全国重点文物保护单位，先后都得到了维修和保护，这是与梁思成当年的调查研究分不开的。

图6-1-2 1933年中国营造学社拍的陀罗尼经幢照片

图6-1-3 1933年中国营造学社拍的赵州桥照片

1933年11月，梁思成率中国营造学社数人，调查测绘完赵州桥要离开时，他“又不放心，唯恐同这座已经度过了1300多个寒暑的古桥，一别即成永诀❶。”面对残损的赵州桥，梁思成对桥乡的村民们说：“这是国宝，要修的，一定要修的。”“落下的石块，还成列的卧在河床下。现在若想拾起重修，还不是一件很难的事。”“若不及早修葺，则损坏将更进步了。”

返京后的数年里梁思成多方奔走，竭力上书报告，国民政府终于下达了保护修缮赵州桥的告示。根据上级指示，桥乡把赵州桥南端关帝阁门洞垒小，只许人行，一切车辆绕行大石桥村东。可惜在筹集资金准备修葺赵州桥时，1937年7月7日日本发动了侵华战争，梁思成的修桥计划被战火焚毁化为泡影。

新中国成立后为了掌握一些重点地区的重要古建筑情况，以便安排维修。作为重点古建筑地区之一的河北，国家文物局特派了得力的工程技术专家组组长祁英涛和罗哲文到河北考察。当时的赵县古建筑大多破败，其中赵州桥由于年久失修残坏倒塌已十分严重，如不抢修将有全部塌毁的可能。城内柏林寺中有壁画的明代大殿被棉花打包厂占用，十分危险，南街全国最大的宋代陀罗尼石经幢下面围绕着烧饼铺，花生店等，对经幢危害甚大。由于赵州桥的价值重大，国家给予了高度重视，将维修赵州桥作为国家文物局的直管工程，国务院拨款30万元专项维修金。同时国家文物局于1953年邀请了梁思成等古建、桥梁、工程方面的专家来制定实施维修的方案。随后赵州桥进行了长达6年的大修.维修期间成立了赵县文物保护管理所，到1958年赵州桥大修告竣。1961年3月4日国务院将赵州桥列入首批全国重点文物保护单位。

1963年3月，著名的古建筑专家梁思成和桥梁专家茅以升在文化部、国家文物局领导的陪同下，来视察和验收赵州桥的保护维修工程。

梁思成这次重访他阔别近30年的赵州桥，出发那天，他一大早便从清华园乘汽车来到老北京火车站，在贵宾候车室与同行的部长、局长以及茅以升等人会合，然后登上南去的列车下午4点多钟到达石家庄，下榻石家庄的河北省招待所。第二天乘省里安排的汽车前往赵州，他一路上谈笑风生，真是人逢喜事精神爽。30年的巨大变化令他浮想联翩。他说：“对这些历史胜地、千年文物来说，30年仅似白驹过隙；但对我们这一代人来说，这却是变化多么大——天翻地覆的30年呀，这些文物建筑在这30年的前半遭

❶ 顾迈男：《访建筑史学宗师梁思成，回顾我的记者生涯(二)》见《新闻爱好者》2007年第3期。

受到令人痛心的摧残、破坏,但在这30年的后半遭,更准确地说,在这30年的后10年,也和祖国大地和人民一道翻了身,获得了新的生命。其中有许多已经更加健康、壮实,而且也显得'年轻'了。他们都将延年益寿,作为中华民族历史文化的最辉煌的典范继续发出光芒,受到我们子子孙孙的敬仰。"

来到赵州桥,一座完整的文物建筑展现在梁思成和视察组面前。梁思成兴奋不已,他看到这次的整修不仅在桥本身,而且对于桥下的河道进行了彻底的清理,最令他高兴的是从河道中发掘出了历代跌落下去的桥栏杆的石栏板,其中不但有元、明之物,而且有始建隋代时期的栏板,梁思成还见到了当年自己没有找到的那块有重要历史价值的桥铭石,所以梁思成异常兴奋,视察工作结束后,梁思成与修桥的工程师、技术员便在桥头合影留念。

面对赵州桥,梁思成感慨万千,他庆幸赵州桥躲过了战火得到了重修,但兴奋之余,梁思成陷入了沉思。回北京后不久,梁思成写了一篇《闲话文物建筑的重修与维护》刊登在这一年(1963年)《文物》第7期上。文中他对赵州桥文物建筑保护工作的得失作了分析,认为过多采用新的石料代替旧的,尽管桥更"健康"、坚固了,但却在形象上不像1300岁的高龄,形与神不相称。这不能不说是美中不足。同时,重申了对文物建筑保护的带有理论价值的观念。这篇文章集中地反映了梁思成晚年的文物保护思想。

他说:"古来无数建筑物的重修碑记都以焕然一新这样的形容词来描绘重修的效果",但"把一座文物建筑修得焕然一新,犹如把一些周鼎汉镜用擦铜油擦得油光晶亮一样,将严重损害到它的历史、艺术价值。"在像赵州桥这样的石构建筑上,必然会留有手工砌筑,石块大小不一,砌缝参差的品格,经过一千多年的风雨侵蚀,必然会带有岁月留下的痕迹,它将会有一种高龄的面貌,在文物建筑的修缮中,重要的是保持其原有的"品格和个性,给人以老当益壮,而不是还童的印象。"文物建筑修复应该遵循"整旧如旧"的修缮原则,保存其历史面貌。

他还认为有些文物建筑犹如一位老人,已经"风烛残年",危在旦夕,修缮文物建筑首要的是针对其病情,采取有效措施,解决它的危及安全的问题。要及时抢救,打强心针、输血。各地文物保管部门的重要工作之一就是及时发现这一类急需要抢救的建筑和它们的病症,及时地修,防止其继续破坏下去,去把它稳定下来,如同输血、打强心针一样,而不应该涂脂抹粉,做表面文章。他把文物建筑比喻成"红花",仅仅看到红花还不行,红花不能独善其身,而要想保护好这朵花,还应当保护好它周围的环境。他指出:"一切建筑都不是脱离了环境而孤立存在的东西,对人们的生活、对城乡的面貌,它们莫不对环境发生一定影响;同时,也莫不受到环境的影响。在文物建筑的保管、维护工作中,这是一个必须予以考虑的方面。"

他同时提出:"我们爱护文物建筑,不仅应该爱护个别的一殿、一堂、一塔,且必须爱护它的周围整体和临近的环境。我们不能坐视,也不能忍受一座或一组壮丽的建筑物遭受到各种直接或间接的破坏,使它们委屈在不调和的周围里,受到不应有的宰割。"

最后梁思成提出保护文物建筑的目的,无例外地是为了古为今用。

梁思成当年在学术界首次提出的这些古建筑维修保护原则,具体如文物建筑的"整旧如旧",划定文物建筑的保护范围和建设控制地带的规定等等。成为20世纪60年代以后,我国文物保护工作共同遵守的指导性原则。他的这些重要观点,在《威尼斯宪章》被介绍到我国之后的今天,仍闪烁着夺目的光彩。

通过赵州桥,梁思成对中国建筑在世界上的地位做出了评价。还是通过这座桥他对中国的文物建筑提出了许多重要地、科学地具有前瞻性的保护利用思想,这些学术思想如今已成为中国乃至世界文化遗产保护的理论基础,具有深远的历史影响和现实的指导意义。梁思成把自己的一生献给了中国的文物建筑事业,他是值得后人永远尊重和敬仰的著名建筑学家和建筑教育家。

第二节　茅以升视察赵州桥

历经1400年风雨的赵州桥,在它的身上寓满故事,且与众多古今名人结下不解之缘。被誉为"中国桥梁之父”的茅以升先生便是其中一位。茅老长期研究、热心宣传赵州桥。早在1962年3月4日就曾在《人民日报》发表散文《中国石拱桥》,将赵州桥盛赞为世界上最伟大的石拱桥。之后,文章又被选入小学三年级和初中语文课本。自20世纪60年代起,教科书几经更迭,《中国石拱桥》却以其精准优美、平白如话,成为说明文的典范,至今仍为一代又一代的莘莘学子所传诵。

1963年3月,梁思成先生和茅以升先生来到赵州桥考察和验收赵州桥的保护维修工程。茅以升先生来到赵州桥考察后,他被党和人民政府在建国初期就拨巨款抢修赵州桥所感动,同时,他对文物修缮工作也提出了建议。他认为,文物修缮工程应在保证文物安全的基础上贯彻执行“修旧如旧”的原则,尽量恢复原貌。赵州桥的修缮使其更加坚固耐用,可从其外观上看却“返老还童”了。

1980年夏,北京科教电影制片厂接到当时国务院谷牧副总理的批示,要求立即拍摄一批介绍国画大师艺术成就的专题影片,其中有李可染、李苦禅、叶浅予、蒋兆和等。摄制组为了表现蒋兆和先生的高超技法,在影片中设计了蒋兆和先生为茅以升现场写生的情节。

在纪录片拍摄过程中,茅老向摄制人员吐露了他内心的愿望,那就是他研究和撰写《中国桥梁史》,希望再次亲临河北赵县,到现场参观和考察赵州桥。听到此事,摄制组就决定让科学家茅以升和画家蒋兆和一起同游赵州桥。

当时茅、蒋二老均已是古稀之年,年迈体弱,但听到摄制组安排他们到赵县看古桥,都表现出极大的热情和兴趣。

1980年6月8日,杨恩璞导演、赵县文物保管所副所长李晋栓先生陪同茅、蒋二老考察了赵州桥。一到赵州桥,茅、蒋二老就漫步在河岸上,兴致勃勃地仔细欣赏赵州桥每个细节,赞叹着古代劳动人民的伟大创造。茅老兴奋地说:“从赵州桥身上,我们不仅看到了至今仍没有过期的造桥技术,而且还感受到中华民族勇于攀登科学高峰的创造精神。”蒋兆和先生听到茅老这一席话,当下就有了想法,他决定,以恢宏的赵州桥为背景来构思创作茅以升的肖像画,以景写情刻画当代中国科学家再创世界科技奇迹的决心。1981年,蒋兆和完成画作,此画曾在中国美术馆展览。

当日与蒋、茅两位大师一起来赵县的还有蒋兆和的夫人、书法家肖琼;茅以升先生的女儿茅于美等。茅于美在一段回忆中说:“1980年夏天,我陪同父亲一起前往赵州桥。父亲对桥的研究,除了查阅《永乐大典》、《古今图书集成》这些工具书以外,对实地考察也很注意。父亲当时已是84岁高龄,但仍不辞辛苦地来到赵县,他细心地观察,对桥上每块栏板上的雕刻都能详细给我们讲解一番。”

蒋、茅两位大师在展览室参观桥史展览后,当场挥毫题词留念。茅老的题词是:“历经沧桑一千三百余载,李春的安济桥依然为中华民族文化大放光芒!”蒋老的题词是:“千古神桥”;其夫人肖琼的题词是:“巧匠神工”。

图6-2-1　1984年10月茅以升在其题词前留影

大约4年之后,也就是1984年10月,时任全国政协副主席的茅老到邢台市参加郭守敬纪念馆奠基仪式,又特意考察了赵州桥,他再被这一千年古桥所震撼,他说:“先不管桥的内部结构,仅就它能够存在1400多年就说明了一切”。“赵州桥的结构很特殊,石拱桥做得那么好,1400多年前的东西能够保存得这么好,这是个奇迹。”茅老不住地赞叹:“这座桥,不仅是中国人民的骄傲,也是世界桥梁建筑中的瑰宝。”茅以升老人参观展览室后在自己的题词前留了影(见图6-2-1)。此后直到1989年去世,茅老再没来过赵州桥。

为了编写《赵州桥志》,在调研期间我们专门拜访了祖籍赵县的文史专家贾国锁先生,他给我们看了茅以升先生给苏明义先生关于赵州桥的几封信，讲述了茅以升先生与赵州桥的一段往事。

1969年，当时任赵县文物保管所所长的离休老干部苏明义，义务护桥，为了更好地保护古桥、宣传古桥，就自己编写了一本介绍赵州桥的小册子。因书中涉及一些桥梁专业知识，他一时拿不准，但为编好这本小册子，苏明义便萌生了向著名桥梁专家茅以升请教的念头。但他与茅以升既无一面之交，又非同行同道，而且连通信地址也不知道，只听人说好像在铁道部工作，于是便在8月12日冒昧地把给茅以升的信寄往铁道部。一个多月后，这封信才辗转到了当时还在铁道科学院工作的茅以升手中。尽管当时茅以升处境困难，但凭着一位老科学家的良知和敬业精神，他还是在不到50天的时间里，亲笔给苏明义回了4封信，共计3000多字，耐心地回答了有关问题，对赵州桥的保护和开发提出了很中肯的建议，并附寄去一篇亲笔撰写的约2000字的关于赵州桥《问题解释》的手稿（因为贾国锁先生与苏明义先生世交很深，苏明义先生把茅以升的复信交给了贾国锁先生保管），对于赵州桥较为深奥的科学技术问题进行了专业性的权威解释。

茅以升的第一封信写于1969年9月25日，共计2页400余字。信的主要内容是对介绍赵州桥小册子的四条修改意见：对各专门名词，“似可附加解释”；几“孔”，“似可改为某几道拱券石”；“跨大弧平”，“似可改为跨度大而弧形平扁较易明了”；“可以说这座桥等于没有桥墩一句，似可删去”等。这几条建议既简明易懂，又十分确切。所提的意见都是商量口气，用的都是“似可”语句，字里行间展示出大科学家谦虚谨慎平易近人的优良品德。

第二封信写于同年10月12日，共计2页600余字（见图6-2-2、图6-2-3）。信的主要内容是对唐代中书令张嘉贞《安济桥铭》的注解。茅以升“经查对古书”，做了较为精辟的解释和修改。如他指出“缄穹窿崇”的“缄”字应为“緘”字；“引弓系水”中的“系”字应为“击”字；“大通济利涉”中的“大”字应为“夫”字。他的这些看法，现在已被绝大多数文史学家所认同。

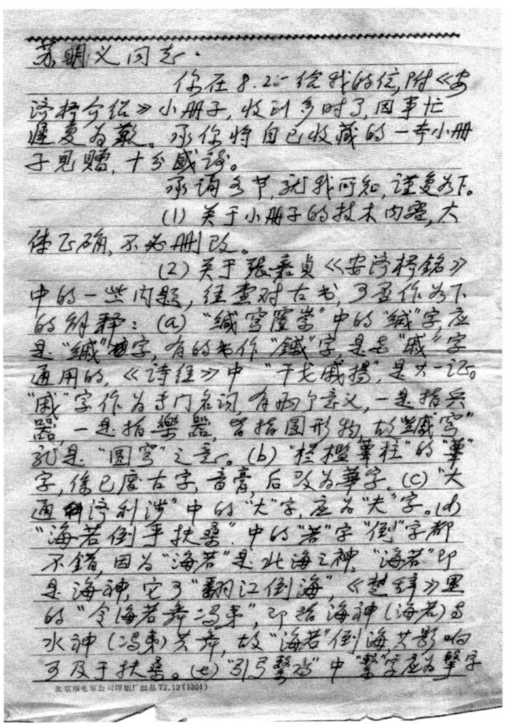
苏明义同志：
你在8.25给我的信，附《安济桥介绍》小册子，收到多时了，因事忙迟复为歉。承你将自己收藏的一本小册子见赠，十分感谢。
承询各节，就我所知，谨复如下。
(1) 关于小册子的技术内容，大体正确，不必删改。
(2) 关于张嘉贞《安济桥铭》中的一些问题，经查对古书，可否作如下的解释：(a)“緘穹隆崇”中的“緘”字应是“緘”字，有的书作“鍼”字，是与“戚”字通用的，《诗经》中“干戈戚扬”是其一证。“戚”字作为专门名词，有两个意义，一是指兵器，一是指乐器，皆指圆形物，故“緘穹”就是“圆穹”之意。(b)“栏槛蕐柱”的“蕐”字，係已废古字，音膏，后改为華字。(c)“大通济利涉”中的“大”字，应为“夫”字。(d)“海若倒乎扶桑”中的“若”字“倒”字都不错，因为“海若”是北海之神，“海若”即是海神，它可“翻江倒海”，《楚辞》里的“令海若舞冯夷”，即指海神（海若）与水神（冯夷）共舞，故“海若”倒海，其影响可及于扶桑。(e)“引弓繫水”中“繫”字应为擊字
北京市电车公司印刷厂出品72.12(1301)

图6-2-2　茅以升第二封复信1

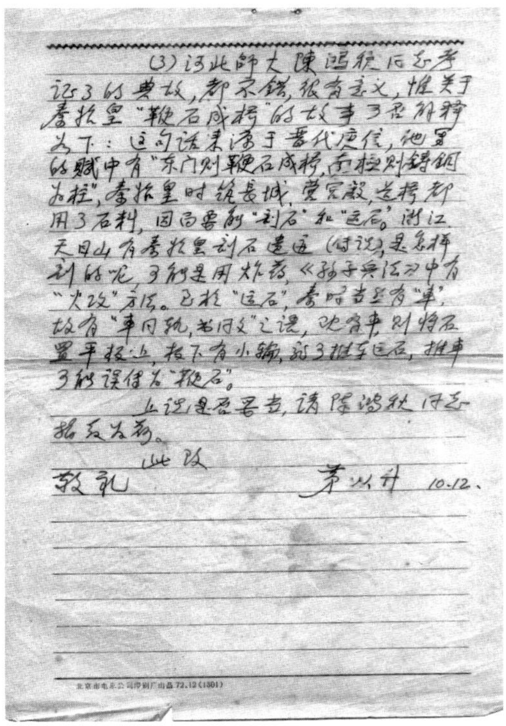
(3) 河北师大陈昭积同志考证了的典故，都不错，很有意义，惟关于秦始皇“鞭石成桥”的故事可否解释如下：这句话来源于晋代庾信，他写的赋中有“东门则鞭石成桥，南极则铸铜为柱”，秦始皇时筑长城，建宫殿，造桥都用了石料，因而要有“采石”和“运石”。浙江天目山有秦始皇采石遗迹（传说），是怎样采的呢，可能是用炸药，《孙子兵法》中有“火攻”方法。至于“运石”，秦时当已有“车”，故有“车同轨，书同文”之说，既有车，则将石置平板上，板下有小轮，就可推车运石，推车可能误传为“鞭石”。
上说是否妥当，请陈昭积同志指教为荷。
此致
敬礼
茅以升　10.12.
北京市电车公司印刷厂出品72.12(1301)

图6-2-3　茅以升第二封复信2

第三封信写于同年10月18日,共计4页约1500字。应苏明义的请求,随信寄去自己珍藏30多年的刊登在《中国营造学社汇刊》上梁思成写的《赵县大石桥即安济桥》一文,并写明"不必急于寄还",体现了这位老科学家的诚恳热情和无私奉献精神。来信中重点解答了"桥台的反应力"、"桥的载重量"、"如何看待关于古桥的民间传说"等问题。他认为:"这里的耐压力是每平方公分4.5~6公斤,而桥台反应力每平方公分约5~6公斤,最大反应力小于最大耐压力,所以说这地基是可以胜任无疑的"。"8吨重的汽车在桥上行走时拱券是安全的,但为了保存文物的关系,我认为大石桥上行车不宜过重(最多5吨),也不宜太快(最快每小时5公里)以免意外出事"。对于古桥的民间传说,茅以升大胆地指出:"既能流传多年,引起广泛兴趣,也可见它是人民喜爱的一种谈助,还是可以介绍的。这些神话的精神,无非是强调这桥的坚固和造桥者的智慧,来证明我民族的优秀"。"我相信,任何听众都不会迷信那些'仙迹'的"。这充分显示出一位老科学家的胆识。

第四封信写于同年11月14日,计1页约300字。茅以升提出在赵州桥的"陈列馆内,可展览一个大石桥模型,尺寸比例十分之一,所有拱券及每块'石块'都可拆散,在说明桥的构造时,观众就容易了解了"。

茅以升关于赵州桥《问题解释》的手稿(见图6-2-4~图6-2-8),写于同年9月25日。这篇《问题解释》是对苏明义8月12日去信所提问题的解答,共计5页2000余字,并加有插图。这篇手稿用通俗的语言,深入浅出地解释了关于"被动压力"、"敞肩拱"、"拱脚石"、"桥宽收分"等几个方面的问题,对赵州桥较为深奥的科学技术问题进行了专业性的权威解释,具有相当的可读性和较高的科研价值。现将原文及影印件辑录于下:

1.关于"被动压力"问题

一道墙,后面堆着高填土,墙在"挡"土时,墙与土之间,就有"土对墙"和"墙对土"的相互压力。如果土多,墙被迫而使墙头"向外倾侧",这时墙与土间的压力,叫做"自动压力"。如果墙外有推力,迫使墙头

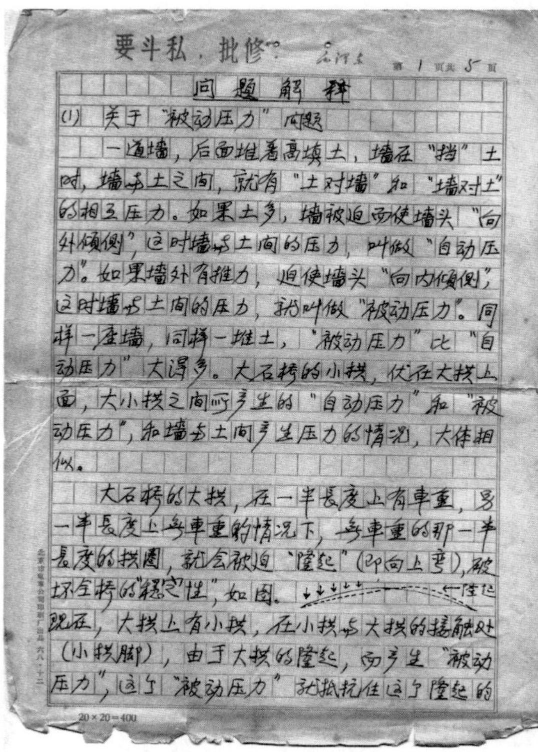
要斗私,批修 第1页共5页

问题解释

(1) 关于"被动压力"问题

一道墙,后面堆着高填土,墙在"挡"土时,墙与土之间,就有"土对墙"和"墙对土"的相互压力。如果土多,墙被迫而使墙头"向外倾侧",这时墙与土间的压力,叫做"自动压力"。如果墙外有推力,迫使墙头"向内倾侧",这时墙与土间的压力,就叫做"被动压力"。同样一座墙,同样一堆土,"被动压力"比"自动压力"大得多。大石桥的小拱,伏在大拱上面,大小拱之间所产生的"自动压力"和"被动压力",和墙与土间产生压力的情况,大体相似。

大石桥的大拱,在一半长度上有车重,另一半长度上无车重的情况下,无车重的那一半长度的拱圈,就会被迫"隆起"(即向上弯),破坏全桥的"稳定性",如图。

现在,大拱上有小拱,在小拱与大拱的接触处(小拱脚),由于大拱的隆起,而产生"被动压力",这个"被动压力"就抵抗住这个隆起的

20×20=400

图6-2-4　问题解释1

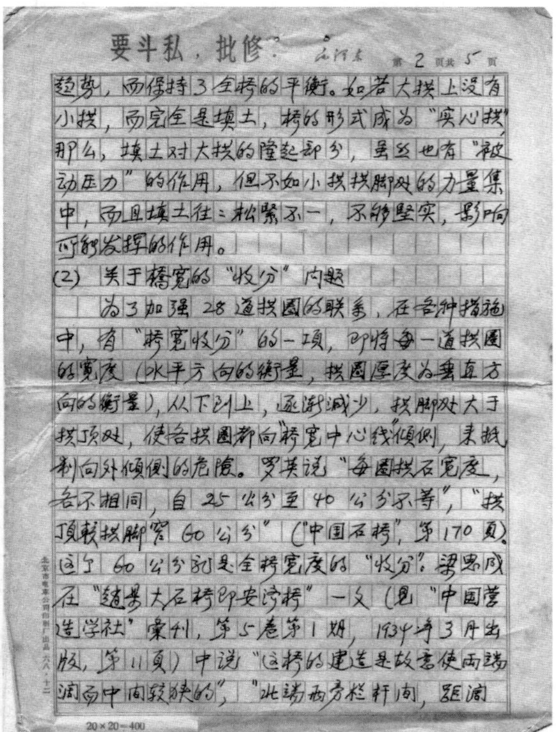
要斗私,批修 第2页共5页

趋势,而保持了全桥的平衡。如若大拱上没有小拱,而完全是填土,桥的形式成为"实心拱",那么,填土对大拱的隆起部分,虽然也有"被动压力"的作用,但不如小拱拱脚处的力量集中,而且填土往往松紧不一,不够坚实,影响所能发挥的作用。

(2) 关于桥宽的"收分"问题

为了加强28道拱圈的联系,在各种措施中,有"桥宽收分"的一项,即将每一道拱圈的宽度(水平方向的衡量,拱圈厚度为垂直方向的衡量),从下到上,逐渐减少,拱脚处大于拱顶处,使各拱圈都向"桥宽中心线"倾侧,来抵制向外倾侧的危险。罗英说"每圈拱石宽度,各不相同,自25公分至40公分不等","拱顶较拱脚窄60公分"("中国石桥",第170页)。这个60公分就是全桥宽度的"收分"。梁思成在"赵县大石桥即安济桥"一文(见"中国营造学社"汇刊,第5卷第1期,1934年3月出版,第11页)中说"这桥的建造是故意使两端阔而中间较狭的","此端两旁栏杆间,距阔

20×20=400

图6-2-5　问题解释2

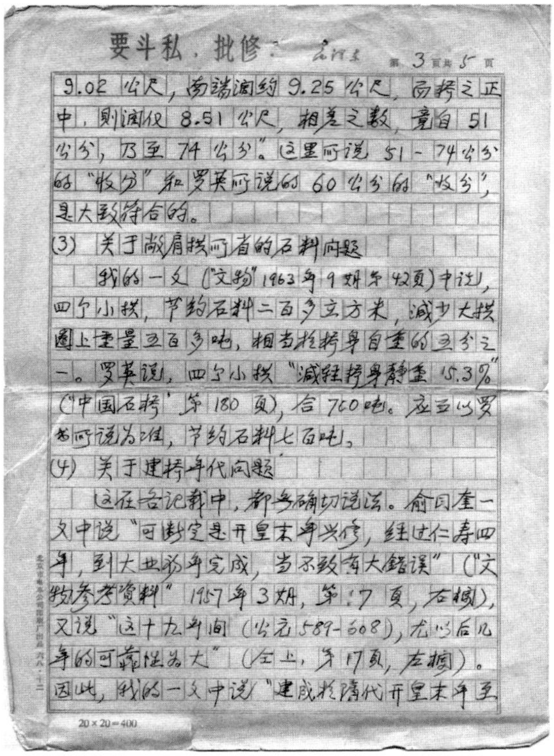

要斗私，批修。 毛泽东　第3页共5页

9.02公尺，两端阔约9.25公尺，而桥之正中，则阔仅8.51公尺，相差之数，竟自51公分，乃至74公分"。这里所说51－74公分的"收分"和罗英所说的60公分的"收分"，是大致符合的。

(3) 关于敞肩拱所省的石料问题

我的一文（"文物"1963年9期第42页）中说，四个小拱，节约石料二百多立方米，减少大拱圈上重量五百多吨，相当于桥身自重的五分之一。罗英说，四个小拱"减轻桥身静重15.3%"（"中国石桥"第180页），合700吨。应当以罗英所说为准，节约石料七百吨。

(4) 关于建桥年代问题

这在各记载中，都无确切说法。俞同奎一文中说"可断定是开皇末年兴修，经过仁寿四年，到大业初年完成，当不致有大错误"（"文物参考资料"1957年3期，第17页，右栏），又说"这十九年间（公元589-608），尤以后几年的可能性为大"（仝上，第17页，左栏）。因此，我的一文中说"建成于隋代开皇末年至

20×20=400

图 6-2-6　问题解释 3

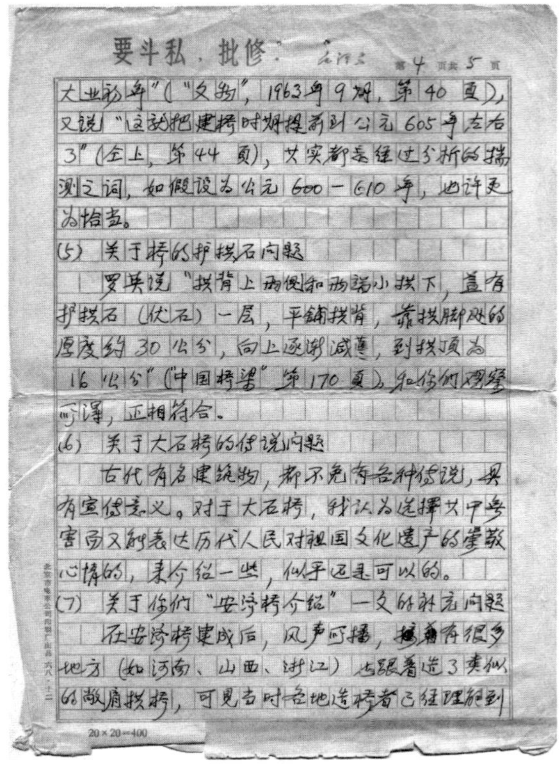

要斗私，批修。 毛泽东　第4页共5页

大业初年"（"文物"，1963年9期，第40页），又说"这就把建桥时期提前到公元605年左右"（仝上，第44页），其实都是经过分析的揣测之词，如假设为公元600－610年，也许更为恰当。

(5) 关于桥的护拱石问题

罗英说"拱背上两侧和两端小拱下，置有护拱石（伏石）一层，平铺拱背，靠拱脚处的厚度约30公分，向上逐渐减薄，到拱顶为16公分"（"中国桥梁"第170页），和你们观察所得，正相符合。

(6) 关于大石桥的传说问题

古代有名建筑物，都不免有各种传说，且有宣传意义。对于大石桥，我认为选择其中无害而又能表达历代人民对祖国文化遗产的崇敬心情的，来介绍一些，似乎还是可以的。

(7) 关于你们"安济桥介绍"一文的补充问题

在安济桥建成后，风声所播，有很多地方（如河南、山西、浙江）也跟着造了类似的敞肩拱桥，可见当时各地造桥者已经理解到

20×20=400

图 6-2-7　问题解释 4

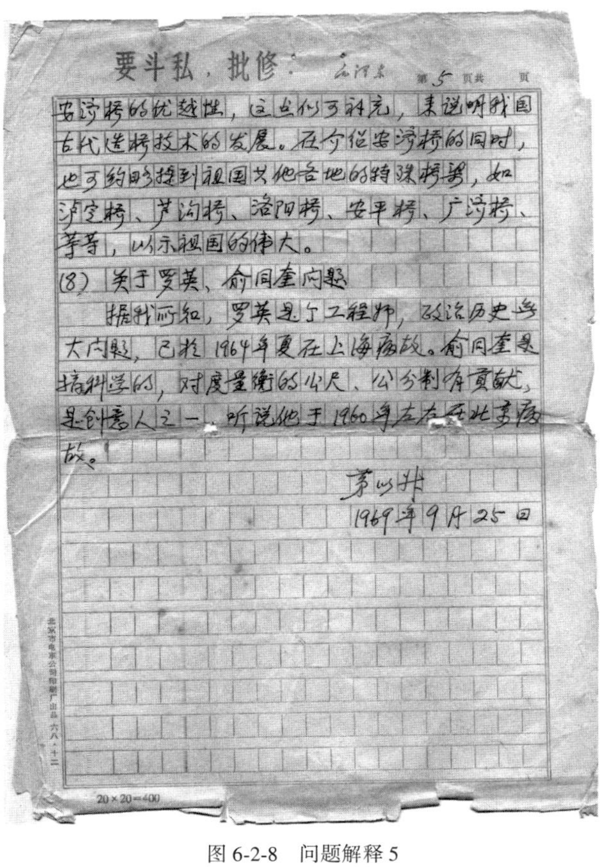

要斗私，批修。 毛泽东　第5页共　页

安济桥的优越性，这点似可补充，来说明我国古代造桥技术的发展。在介绍安济桥的同时，也可约略提到祖国其他各地的特殊桥梁，如泸定桥、芦沟桥、洛阳桥、安平桥、广济桥、等等，以示祖国的伟大。

(8) 关于罗英、俞同奎问题

据我所知，罗英是个工程师，政治历史无大问题，已于1964年夏在上海病故。俞同奎是搞科学的，对度量衡的公尺、公分制有贡献，是创意人之一，听说他于1960年左右在北京病故。

茅以升

1969年9月25日

20×20=400

图 6-2-8　问题解释 5

“向内倾侧”,这时墙与土间的压力,叫做“被动压力”。同样一座墙,同样一堆土,“被动压力”比“自动压力”大得多。大石桥的小拱,伏在大拱上面,大小拱之间所产生的“自动压力”和“被动压力”,和墙与土间产生压力的情况,大体相似。

大石桥的大拱,在一半长度上有车重,另一半长度上无车重的情况下,无车重的那一半长度的拱圈(券),就会被迫“隆起”(即向上弯),破坏全桥的“稳定性”,如图

。现在,大拱上有小拱,在小拱与大拱的接触处(小拱脚),由于大拱的隆起,而产生“被动压力”,这个“被动压力”就抵抗住这个隆起的趋势,而保持了全桥的平衡。如若大拱上没有小拱,而完全是填土,桥的形式成为“实心拱”,那么,填土对大拱的隆起部分,虽然也有“被动压力”的作用,但不如小拱拱脚处的力量集中,而且填土往往松紧不一,不够坚实,影响所能发挥的作用。

2.关于桥宽的“收分”问题

为了加强28道拱券的联系,在各种措施中,有“桥宽收分”的一项,即将每一道拱券的宽度(水平方向的衡量,拱券厚度为垂直方向的衡量),从下到上,逐渐减少,拱脚处大于拱顶处,使各拱券都向“桥宽中心线”倾侧,来抵制向外倾侧的危险。罗英说:“每圈拱石宽度,各不相同,自25公分至40公分不等,拱顶较拱脚窄60公分(《中国石桥》第170页)”。这个60公分就是全桥宽度的“收分”。梁思成在《赵县大石桥即安济桥》一文(见《中国营造学社汇刊》第5卷第1期, 1934年3月出版,第11页)中说:“这桥的建造是故意使两端阔而中间较狭的”,“北端;两旁栏杆间,距阔9.02公尺,南端阔约9.25公尺,而桥之正中,则阔仅8.51公尺,相差之数,竟自51公分,乃至74公分”。这里所说51~74公分的“收分”和罗英所说的60公分的“收分”,是大致符合的。

3.关于敞肩拱所省的石料问题

我的一文(《文物》1963年9期第42页)中说,4个小拱,节约石料200多立方米,减少大拱券上重量500多吨,相当于桥身自重的五分之一。罗英说,四个小拱“减轻桥身净重15.3%(《中国石桥》第180页),合700吨”。应当以罗英所说为准,节约石料700吨。

4.关于建桥年代问题

这在各记载中,都无确切说法。俞同奎一文中说“可断定是开皇末年兴修,经仁寿四年,到大业初年完成,当不致有大错误”(《文物参考资料》1957年3期,第17页,右栏),又说“这十九年间(公元589—608年),尤以后几年的可靠性为大”(同上,第17页,左栏)。因此,我的一文中说“建成于隋代开皇末年至大业初年”(《文物》1963年9期第40页),又说“这就把建桥时期提前到公元605年左右了”(同上,第44页),其实都是经过分析的揣测之词,如假设为公元600—610年,也许更为恰当。

5.关于桥的护拱石问题

罗英说“拱背上两侧和两端小拱下,盖有护拱石(伏石)一层,平铺拱背,靠拱脚处的厚度约30公分,向上逐渐减薄,到拱顶为16公分(《中国石桥》第170页)”,和你们观察所得,正相符合。

6.关于大石桥的传说问题

古代有名建筑物,都不免有各种传说,具有宣传意义。对于大石桥,我认为选择其中无害而又能表达历代人民对祖国文化遗产的崇高心情的,来介绍一些,似乎还是可以的。

7.关于你们《安济桥介绍》一文的补充问题

在安济桥建成后,风声所播,有很多地方(如河南、山西、浙江)也跟着造了类似的敞肩拱桥,可见当时各地造桥者已经理解安济桥的优越性,这点似可补充,来说明我国古代造桥技术的发展。在介绍安济桥的同时,也可约略提到祖国其他各地的特殊桥梁,如泸定桥、卢沟桥、洛阳桥、安平桥、广济桥等等,以示祖国的伟大。

第三节　1979 年赵州桥桥台勘察

1979 年 5 月,经国家文物局批准,由北京建筑工程学院夏树林、胡达和教授,赵县文物保管所李晋栓共同主持,由北京市勘测处(现北京市勘察院)派出 20 名技术人员、工人及汽车钻探机械,对安济桥基础进行了为期半个月的大规模勘察工作。现场取得的资料、土样带回北京进行了认真的分析和大量的实验,取得了丰硕的成果。中央电视台在"新闻联播"中做了及时报道。

取得的主要成果为:首次探明了安济桥桥台基本尺寸、基础厚度。桥台长 5.8 米,宽 9.6 米,基础厚度为 1.57 米。可以说安济桥桥台是典型的低拱脚、浅基础、短桥台。第一次通过严格的勘探科学试验,证实桥台基础的持力层为轻亚黏土,而并非是广为流传的粗砂。这种土层为第四纪冲积层,底层稳定,是良好的天然地基。通过验算基底压应力与轻亚黏土的容许压力相近。凭经验得出的基础尺寸,能充分利用基底的承载力,这是非常不容易的。另一方面,若只计算基础底面抗滑力时是不安全的,而计入台后土抗力,才能满足抗滑要求。桥台很短,这是一个很经济的设计。中国传统的石桥的台后填土,常费很大功力,选料、填实,和近代相比,似胜一筹。

这些新的发现和研究,进一步说明安济桥(赵州桥)在技术上的伟大成就,绝非仅仅上部结构。这样大跨度的石拱桥其桥台如此之短,基础置于天然地基上,在古今中外桥梁史上都是罕见的。这次勘察成果为研究我国古建筑,发展我国及世界桥梁技术提供了可靠的资料。正如茅以升先生在勘察成果鉴定会书面发言中所说的:"这次北京建工学院对安济桥的基础进行了实地考察,为前所未有的壮举,在我国桥梁史上是值得纪念的"。

第四节　赵州桥保护规划

赵州桥(安济桥)作为全国重点文物保护单位,20 世纪 70 年代初辟为旅游景点,80 年代初建成公园,深受全国人民喜爱,现为国家 4A 级景区。近年来,赵州桥周边环境污染、村镇无序发展、历史环境改变等问题日益突出,为了科学有效地保护赵州桥,完善文物保护与旅游开发的协作模式,确保我国优秀历史文化遗产的可持续发展,并最终为赵州桥申报世界文化遗产做好充分准备,由赵县文物旅游局委托北京建筑大学编制赵州桥保护规划。

规划于 2011 年 8 月立项,2013 年 10 月完成初稿,2014 年 10 月完成终稿。

规划分为 17 章,123 条,分为规划总则、项目概况、价值评估、现状评估、规划原则和目标、保护区划、保护措施、环境规划、市政及服务设施规划、安全防护设施规划、展示利用规划、防灾规划、管理规划、研究规划、规划实施、管理与监督、规划分期与工作重点、附则等部分。

一、规划指导思想

遵照"保护为主、抢救第一、合理利用、加强管理"的文物保护方针,通过规划制定保护安济桥文物本体及其环境的有效方法,促进文物本体的保护、利用和传承。

处理好文物保护和发展利用的关系,针对现状特点制定保护目标和发展措施,使保护工作更趋规范化、标准化。

树立科研指导保护的基本思想,坚持文物保护与生态保护相结合,使文化遗产保护更趋科学化。

完善并细化管理,实施法制化、规范化和科学化建设,使赵州桥这一具有重要文物价值的文化遗产能够被保护、保存、展示和延续。

依托赵州桥文化特色,积极打造历史文化公园,促进历史文化保护与传承。

发挥文物的社会教育作用,历史借鉴作用和科学研究作用。以文物保护为前提,坚持把社会效益放在首位,共同实现文物保护。

二、规划期限

根据全国重点文物保护单位保护规划要求,规划期限为:2012—2030 年。其中:

近期:2012—2015 年;

中期:2016—2020 年;

远期:2021—2030 年。

三、规划范围

东至安济大道道路红线及规划绿地范围线,南至洨南路规划道路红线,西至文昌街规划道路红线,北至荟萃街规划道路红线。规划面积约 208.91 公顷(赵州桥保护范围见图 6-4-1)。

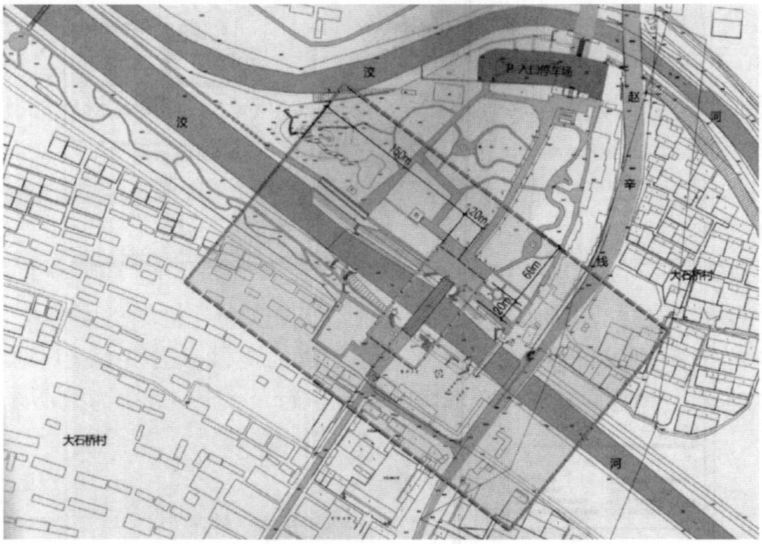

图 6-4-1　赵州桥保护范围

四、主要工作内容

勘测与分析文物及其环境现状;

考察文物历史沿革及相关信息;

描述文物现状、明确保护对象;

进行价值评估、真实性、完整性评估等专项评估;

明确保护原则与策略;

划定保护区划,制定管理规定及建议;

制定与评估结论对应的文物保护要求、保护措施及环境整治措施;

制定文物展示利用、管理规划等工作建议与要求;

编制规划分期,制定实施计划;

编制投资估算。

五、参加编制人员

北京建筑大学建工建筑设计研究院:倪吉昌、倪越、黄小映、张晓燕、赵彩梅、孙彦婷、李莹、陶志华。

赵县文物旅游局主要协编人员:冯才钧、郑永军、赵振伟、李晋栓、董伟芳、贾良义。

第五节　赵州桥石刻文物保护修复工程

赵州桥石栏板保护修复工程 2012 年经国家文物局批准,2013 年开始施工。由河北省文物保护中心承担,参加编制方案和施工人员有:任亚珊、王景勇、梁书台、雷金明、胡铭、马云霄。

这批不同时代的栏板,是在 1953 年至 1956 年赵州桥维修施工前期,在两侧河道的 4 次挖掘中出土的，挖掘范围在安济桥上下游各15米内，面积达1200平方米，挖掘深度由3米至4米的淤泥至河床硬土层。挖掘出了历代坍落到河内的1200多块桥石及极珍贵的隋代原始栏板和宋代的栏板、望柱、碑刻等，全部用青石雕刻。这次修复保护的石质文物有隋、宋、明、清时代的17块栏板；修桥主题铭、仙迹、圭恢刻石、驴蹄印、新修石桥记等9件，共计26件套。

一、价值评估

石栏板及其他石构件是研究赵州桥的重要材料物证。赵州桥的栏板石雕艺术，在主拱顶部浮雕大龙头（吸水兽），八瓣莲花点缀于桥檐之上，栏板望柱上精雕龙兽和花卉图案，尤其是浮雕的各具神态的蛟龙或相互缠绕，或游玩嬉戏，若飞若动，活灵活现，惟妙惟肖。这些龙雕造型生动，跌宕多姿，风格古朴豪放，意境深厚，刻工精细，刀法苍劲显示了隋代深厚严整、矫健俊逸的石雕艺术风格，堪称精湛的石雕艺术珍品，代表了隋唐石雕艺术的精华，在艺术美学方面占有重要地位。另外还有宋、明、清朝代在赵州桥的历次修缮中，工匠们又增加的一些新的故事形象图案。这些雕刻栏板为研究不同时代的雕刻艺术、方法、人文风情提供了实物资料，都具有较高的历史、艺术价值。

二、石质文物修复保护中拟解决的难题与工作目标

一是对文物表面风化原因进行研究，清理石质文物表层的污染物后，对文物进行脱盐、表层渗透加固处理，并针对破损严重部位予以必要的黏接、锚固和修复，同时改造保存环境、添置环境控制系统，解决无处不在的水和水汽对文物侵害的难题。二是进行更详细的保护研究，找出更适合保护它们的材料和方法。通过这次全面系统科学的保护，各种病害得到有效治理或延缓其损害速度，起到延长石质文物寿命的目的。

三、基本情况调查

1.石质文物的材质鉴定及一般情况调查

选取典型文物进行分析，其矿物成分为：石英33%，长石12%，火成岩36%，变质岩18%，泥质胶结物8%。主要由碳酸钙、碳酸镁、氧化钙、氧化锰及二氧化硅等组成，由此可以初步判定该批石质文物的材质为青石，岩石定名，石灰岩。

2.保存环境情况调查

这些栏板和构件是在一平房改建的陈列室中陈列展览，为防止游客触摸文物，石桥栏板用玻璃封闭。由于条件简陋，到雨季展室内湿度较大，又由于展室紧邻河道，地下水的渗出，也增加了室内的水分，长时间处于湿度较大的环境中，造成这批文物部分有粉化、表层脱落、残缺等病害。另外部分文物在1999年遭到火灾，这也是造成断裂、缺失，表面粉化的重要原因。

3.病害统计调查结果

通过上述大量调查工作，我们对赵州桥石质文物的病害状况有了一个整体的认识，发现该石质文物病害主要分16种类型：其中表面粉化现象占76%、残缺现象占56%、空鼓病害占18%、裂隙病害占46%、蜘蛛网病害占8%、残断现象占46%、表面酥粉脱落病害占52%、苔藓病害占14%、动物病害占6%、污染现象占60%、结晶现象占8%、开裂现象占30%、人为污染占12%、溶蚀现象占5%、人为修补现象占12%。

4.病害现状评估

根据文物病害的现场调查，部分裂隙病害较严重，部分裂隙贯穿整件器物，影响文物外观和稳定性，使文物处于失稳状态，造成石质文物整体断裂或局部脱落；自然和人为污染使文物表面被灰尘、结壳、钙质物等覆盖，使文物表面发生色泽改变，呈暗黑色和暗红色，影响文物外观；文物受风化的侵害有的已呈片状剥落，并造成空鼓病害，致使文物表面、纹饰的缺失给文物造成了严重的损害；自然和人为原因，文物出现了不同程度的残缺，有的大面积缺失，失去了整体的完整性；石质文物表面粉化现象极为普遍，轻微触摸就会呈粉状脱落，有的文物粉化严重已使纹饰模糊；动物损害、机械损伤、结晶、断裂等病害也较严重，对文物已造成严重的破坏。根据察看的资料、图片分析，各种病害还在不断发展之中。

5.石质文物病害、石质成分取样分析检测

为了解石质文物病害产生的原因，对石质成分、粉化、结壳等成分含量进行分析，准确判断病害产生的原因,为制定科学的保护方案提供可靠的科学数据,并为进行石质文物保护实验做准备。

6.石质文物病害成因分析

采样时对文物进行认真观察确定采样点,采样点尽可能选在石器破损部位或不重要的部位,采样时要采集足够的量,满足分析、检测的要求,以达到采样的目的,又不会对石质文物造成新的损害。

为了便于快速找到取样点位置,对取样位置进行位置背景和取样点位置拍照,并制定了取样工作表和样品送检表,详细记录样品的具体位置、样品名称、样品编号、化验分析目的等。进行照相记录时,先拍取样位置远景照片,再拍取取样点照片,并将样品编号一同拍入照片,以便采样点和样品编号相对应,避免出现差错。

7.分析结果

石栏板病害的标样通过采用 X 衍射、激光拉曼、离子色谱等科学分析,得知了栏板石质的成分含量,主要由方解石、石灰石、蛇纹石和白云石组成。其主要成分以碳酸钙为主,约占 50%以上。其他还有碳酸镁、氧化钙、氧化锰及二氧化硅等。黑红色覆盖物主要因常年的尘土飘落并产生硫酸钙结壳所形成。

石质粉化病害经采用离子色谱分析测定,4 号、5 号、10 号、11 号这几个样本中硫酸根离子、硝酸根离子和氯离子很高,说明此栏板的粉化现象与二氧化硫等有害物质有直接关系。在潮湿环境下水和硫酸钙会对石器造成侵蚀,温度的增高硫酸盐的溶解性就会增大,水解程度增高腐蚀性增大。温度降低溶解度下降,可溶盐析出,失水成为粉末状。

以上各种技术分析的结果,对石质文物保护修复的选用材料、技术方法提供了参考依据,使修复保护时采用的材料更具科学性。根据不同覆盖物采取不同的清洗剂进行有效的处理;粉化病害根据含有的有害物质进行有针对性的清除,选取更好的加固材料,对其进行有效的科学保护。

四、石质文物产生各种病害的因素

通过各类分析检测与现场调查,除有岩石自身特性外,影响石栏板文物风化、残缺、断裂等病害的因素,通常分为自然因素和人为因素。人为因素主要是工厂、村民冬季取暖、排放污水,汽车排放的有害气体,刻画与外力磕碰等。自然因素主要为自然界的温度、湿度、风速、有害气体、紫外线、降雨、可溶盐等。赵州桥建成距今已 1400 多年,经历了 59 次水灾,23 次地震,特别是 1966 年邢台发生的 7.6 级地震,自然与人为因素和环境污染的共同作用,已使石质文物受到了机械损伤、断裂、粉化、污染等病害。主要因素有以下几方面。

1.热力作用对石质文物的影响

由于赵县地区太阳光照射强度大,日照时间长,太阳辐射总量和日照时数均在全年辐射量和日照时数的 80%以上。太阳光线中紫外线长时间的照射会与空气和水共同作用,造成石质黏结成分作用散失,导致石质表面出现粉化现象。劣化气体二氧化氮(NO_2)在紫外光的照射下,源源不断生成臭氧(O_3),而 O_3 强氧化作用于石材表面,也会使石材表面出现粉化现象。

2.雨水对石质文物的影响

赵县降雨大多集中在 6、7、8 三个月,此时气温在 25.4℃上下。水有溶解作用,在石材接触到液态水后,由于水是强极性溶剂,能与极性型和离子型分子相互吸引,而大部分岩石矿物都是离子型化合物,因此它们都能溶于水,溶解作用的结果使岩石中易溶矿物(胶结物)被溶解而随水流失,难溶物质则残留于原地。岩石中可溶物质被溶解后,致使岩石的空隙度增大,降低了岩石颗粒之间的结合力,因而也就降低了岩石的坚硬程度,力学强度大幅下降,导致风化。并且大量水分进入石材内部会加剧可溶盐与冬季融冻作用对石质造成更大的破坏,还会造成石材表面产生生物霉变。

另外一些矿物水化作用时,随着外界空气温湿度的变化而频繁吸水、失水,随之产生的结果是矿物体积频繁膨胀收缩 ,最后导致岩石疏松瓦解。在饱水状态下容易发生水化作用,砂岩的体积膨胀。反之,在干燥状态下,随着砂岩中的水分蒸发,造成砂岩体积收缩。这种干湿交替产生的应力使得砂岩质石材产生微小裂隙和沙化或片状脱落。

3.冻融和冰劈作用对石质文物的影响

由于赵县冬季气温最低达零下15度左右,展室是建在河边的平房内门窗密封性差,展室内没有取暖设施,使室内温度很低异常寒冷。在石刻含水量较大的情况下会出现冻融和冰劈现象。这是因为浸入石材空隙中的水在低温结冰时体积膨胀,产生强大的涨力从而扩大原有空隙,在石材表面造成冻裂现象。冰融化成水后,水填充裂隙,并继续向石刻内部浸入。如此反复冻融,冰就像楔子一样使石材出现了由小到大的裂纹及表面剥落,加剧了石材受损害的速度。

4.可溶盐对石刻文物的影响

经石质粉化物分析证明,栏板中富集有大量的可溶盐,其中存在的硫酸盐、硝酸盐、碳酸盐等,会对石质文物造成持续的损害,还会影响保护的效果。

5.风对石刻文物的影响

风力剥蚀是对石质文物产生破坏的一个重要因素。风力可使石质文物表层已经疏松的颗粒剥蚀掉,暴露出新的表面,使风化作用向深层发展。风力也是水向石头内部更深方向渗透的动力,使水的渗透更加厉害。

6.人为与自然破坏因素

这些展出的石质文物大多来源于发掘的栏板、望柱等珍贵文物,大部分遭到人为和自然损害。自然损害主要是大水冲毁、多次地震、地基沉降;人为如碰撞、磕砸、不当保护等致使石刻发生断裂、残缺等病害。

五、病害的保护修复试验研究及材料的选择

为了更好地对石质文物进行有效的保护,针对石质文物所处的环境、损坏程度和检测结果,进行去除可溶盐等各方面的保护方法、材料等实验,以便选择出更适合石质文物的保护方法及保护材料。

1.保护材料抗老化试验

为了检测材料保护效果特委托国文科保公司做了材料的物化性能、材料的抗老化性能、耐水性能、耐酸碱性能、渗透性能、加固性能、封护性能等试验。经过以上试验,保护后的试样保存状况良好,说明试验的保护方法及材料是可行的。

2.病害试验及保护效果评估

以上保护修复试验主要是针对较特殊病害和保护材料做的有选择性的试验,较常用的比较成熟的技术和保护材料,没有进行保护前的实验,如采用各种刀具和超声波等机械去除方法等。在这次保护试验中,总结了一些经验,如在文物清洗试验中采用第一种清洗剂效果不理想时,并不证明这种清洗剂不可用,再用另一种清洗剂清洗时效果很好且时间短,这在实验中得到证实,难去除的覆盖物就要用去除能力较强的清洗剂,去除能力强难免会对文物有所损害,清洗剂在文物表面停留时间越短对文物的损伤越小。这证明采用两种清洗剂交替进行清洗比采用一种效果要好。

3.文物断裂黏接试验

环氧树脂胶有较高的黏接强度是理想的黏接材料,但在裂缝、缺失等修补上硬性石灰、云石胶要好。环氧树脂胶流动性好且固化时间长,在修补裂缝时容易出现流挂现象,而云石胶固化时间短不会出现流挂现象且利于操作;天然水硬性石灰的透气性、可操作性优于云石胶,黏接力、强度要低于云石修补剂。

4.文物表面风化加固试验

在相同条件下REMMERS300、RIOR17渗透性要高于REMMERS500E,但加固强度REMMERS500E要高于另外两种加固材料。REMMERS300、RIOR17有很好的渗透能力,并和孔隙中的水分和潮气发生反应,形成无定形的二氧化硅胶泥,使疏松的、风化的岩石内部得到黏结增强,并使石器的耐候性、耐碱腐蚀的能力得到加强。而REMMERS500E除有以上特性外,它的弹性模量有很大提高(应力、应变性能),使岩石内部紧密巩固的程度加强。根据实验效果和加固材料的特性,石器表面风化较轻的采用REMMERS300、RIOR17加固增强,器物表面粉化较重或表面疏松、呈片状剥落的石刻采用REMMERS500E加固增强。

六、赵州桥石质文物保护原则

设计依据《中华人民共和国文物保护法》,《中华人民共和国文物保护法实施条例》,《国际古迹保护与修复宪章》(威尼斯宪章),《中国文物古迹保护准则》。

依据“抢救为主,保护第一,合理利用,加强管理”的原则。

完整的档案记录原则。文物的修复保护应从实地的现状、病害调查,制作材料的化验分析,保护材料的实验,修复保护过程等每一阶段都要进行拍摄、文字记录,保留完整的档案资料,作为再修复保护的依据。

不改变文物原状原则。文物修复不能凭主观想象而随意添加、创造或改变文物的外观和图案。任何添加性的修复都必须有充分的依据,以确保修复保护后的效果能体现该文物的原始风貌。真实全面的保留和延续文物的历史信息。

最小干预原则。在满足抢救保护原则的基础上,要尽可能多的保留文物现状和原有结构,保护措施只用在最为必要的部分,以免对文物造成新的破坏和影响。

可辨识性。保护修复部位所采用的材料与工艺,要与原材料、原工艺相同,但应做到修复保护部位要和文物整体既相互协调,又可以识别,以便人们正确识别文物的信息,并且做好相关的影像和数据记录。

可再次保护性。在进行保护修复保护时,无论是处理方法还是材料的选择,都应具有可再次保护性。

兼容性。选用的修复保护材料同石质文物的原材料及其病变程度相适应,原材料与被选材料在物理、化学等性能上必须是相接近的,不能改变或破坏文物的原材质,不能对文物造成新的破坏。

安全耐久性。修复保护所选用的材料应具有良好的耐光、耐热和化学稳定性,以保证修复效果的长久性。

七、石质文物修复保护的步骤及技术方法

赵县安济桥栏板等文物保护修复,是在保护试验和以往修复保护经验的基础上,选择了科学的保护方法和保护材料,对这批石质文物进行有针对性的科学保护与修复。对覆盖纹饰的覆盖物主要以机械方法去除为主,化学去除为辅的方针,万不得已使用后,一定要彻底把化学清洗剂清洗干净。

1.石质文物污染物的清洗

石器表面灰尘、蜘蛛网的清洗:表面的灰尘用软毛刷轻扫,较难清扫的采用蒸馏水冲洗,纹饰缝隙中的污物边扫边冲洗,直至清洗干净,蒸馏水冲洗还可清洗掉文物表面的硫酸盐、硝酸盐、碳酸盐等有害物;表面有裂隙和较宽缝隙的采用专用吸尘器进行除尘;坚硬的泥斑采用试验选定的蒸馏水、无水乙醇、丙酮混合液,配制的复合清洗剂清洗。

石器表面水锈的清洗:石器表面水锈的清洗,采用经试验选择的4%碳酸铵水溶液进行清洗。可采用纸浆贴敷和药棉贴敷两种工艺进行,一是把药棉制成长条状,贴附于要清洗的部位,用小排刷涂刷配制好的清洗剂,涂刷清洗剂时要使药棉平展,要与石质文物表面贴实;二是把棉纸捣碎加入清洗剂制成浆状,敷在石质文物表面,贴敷60分钟后,轻轻揭取棉纸或去除纸浆。最后用清水彻底清洗干净。

石器表面凝结物清除:对覆盖文物纹饰的凝结物采用超声波洁牙机和其他机械方法去除。

对不宜采用机械方法去除的,可少量采用经试验选取碳酸铵和EDTA配制的复合方调pH值到7.5,把脱脂棉裁成长条状,贴附于要清洗的部位,用小排刷涂刷配制好的清洗剂,涂刷清洗剂时要使脱脂棉平展,要与石器表面贴实,去除过程中为防止清洗剂挥发影响清洗效果,视情况再进行涂刷补充清洗剂,也可用塑料薄膜覆盖防止清洗剂挥发,待表面结壳去除干净后,用清水反复清洗直至把残存清洗剂彻底清除干净,以防止残存药液对文物的损害。

2.微生物病害的处理

苔藓病害的处理,采用机械方法和清洗剂相结合地方法,先用超声波清洗机进行清除;大面积的采用清洗剂进行清洗。

3.石质文物的脱盐处理

石质文物的脱盐处理,采用纸浆法和局部蒸馏水交替置换脱盐。方法是:把毛纸撕碎,用蒸馏水浸泡,制成纸浆贴敷在器物表面,使蒸馏水渗透到使其内部,把可溶盐置换出来,反复多次,直至盐分被充分处理干净为止。脱盐效果用电导计(盐分测量仪)测量置换溶液中盐分的含量。石质文物的清洗对象是石质表面的一切有害物质,包括微生物、可溶盐、难溶性硬壳、灰尘污垢等。

(1)水清洗法。这种清洗方法对清除石质文物中的可溶盐很有效,其处理效果的好坏取决于操作方法。

①雾化水淋洗法。水通过很窄的喷嘴喷出,形成雾化的水。雾化水在空中慢慢地落在石质文物的表面。这种淋洗作用很轻柔,不会产生任何冲击作用。而且清洗也比较快,因为雾化水覆盖地面积大。

②水蒸气清洗法。这种方法可用于已损坏的多孔石质品表面、文物雕刻品,这种方法效果很好。

(2)化学清洗法。

①吸附脱盐法。能延长水与石质表面接触的时间,同时降低水的渗透深度。其方法是用一些纤维材料作吸附剂,如纸浆、纸巾、脱脂棉、木浆、海泡石和活性白土等黏土矿物。先用去离子水润湿吸附材料,将纸浆等敷于要清洗部位,为了防止水的快速蒸发可用塑料薄膜将吸附材料覆盖起来。经过一定的时间揭开薄膜,随着吸附材料内水分的蒸发,所吸附的结晶盐析出。多次重复操作,通过测吸附材料的电导率恒定时,就说明清洗到位了。

②暗红色污物的去除。用水调制草酸钾成糊状;饱和磷酸氢二铵。10% 的 EDTA 钠盐水溶液。处理后用去离子水彻底清理。

4.石器表面风化层的加固增强

加固增强保护的目的是提高风化文物强度。其基本原理是通过加固剂渗透到石质文物中替代由于风化引起损失的天然胶结物。加固主要针对的是已经风化的、有解体危险、砂化的多孔文物。

对加固材料的要求:①能形成一种新的、抗风化的矿物质岩石胶结物;②不形成任何破坏岩石的含盐副产物;③对岩石的一些主要特性,如水蒸气透气性等无不良影响。④在岩石中有良好的渗透力,至少应能渗透到未风化部位,而且加固后的力学剖面应平稳,在表面附近不产生力学强度过大现象。⑤不会引起岩石表面颜色的变化。

(1)表面粉化较轻石器的加固增强。表面粉化较轻的石器,选择岩石增强剂 300,技术要求及施工工艺:进行增强加固前要对石器进行各种性能检测(吸收能力、吸水率、多孔率、石器的黏结成分、矿物组成、污染物成分、风化及盐蚀情况等,),施工温度控制在 5~25℃。把污物清理干净后,用喷壶喷涂加固,喷涂时要均匀,不要出现流挂现象,如出现流挂现象,随时用丙酮进行擦除。

(2)表面粉化较重且呈片状剥落的石器加固增强。经试验表面粉化较重且呈片状剥落的石器,表面增强选择弹性岩石增强剂 500E,它有很好的渗透能力,并和孔隙中的水分和潮气发生反应,形成无定形的二氧化硅胶泥,使疏松的、风化的岩石内部得到黏结增强,并使石器的耐候性、耐碱腐蚀的能力得到加强,它的弹性模量有很大提高(应力、应变性能),使岩石内部紧密巩固的程度加强。

(3)技术要求及施工工艺。弹性岩石增强剂 500E 与岩石增强剂 300 的技术要求相同,施工温度控制在 10~20℃。把污物清理干净后,用喷壶喷涂加固,喷涂时要均匀,不要出现流挂现象,如出现流挂现象,随时用丙酮进行擦除。

5.断裂石质文物的黏接修复

对需要黏接的石质文物,采用直接黏接和锚固黏接的方法。较小的文物采用环氧树脂胶进行黏接。对于个体较大的文物采用锚固的技术方法黏接,技术方法是:采用特制的吊装设备把栏板起吊原位,在两断截面做好锚固的位置,在两侧画好的位置处打相同大小、深度的孔,截取一定长度的不锈钢,做打毛处理以增强胶结面牢固结合力,使石器黏接的更牢固。黏接时先用易去除的材料进行渗透加固被黏接面,作用是:第一是增加断裂面的强度,二是使断裂面形成一隔离层,以利于再修复时黏接材料的去除。之后再用环氧树脂胶黏接。

6.石器缺失、裂缝病害的灌缝与修补

(1)文物缺失部位的补缺。根据对缺失部位的修补试验,摸清硬性石灰和云石胶的性能差异。硬性石灰的透气性好、固化时间长、施工方便、易修改,欠缺的是修复周期长、对温湿度要求高、黏接强度低。云石修补剂强度高、固化时间短、低温施工、可打磨等,缺点是透气性差、易收缩、可操作时间短。根据两种修补剂的特性,决定对文物表面缺失及缺失面积不太严重,对黏结强度要求不高的采用水硬性石灰修补剂。这需视文物的具体情况决定。

(2)水硬性石灰修补。根据实验结果和施工经验,文物表面的缺失及缺失面积不太严重的采用水硬性石灰修补剂修补,根据文物缺失部位大小情况,缺损位置的厚度不同,选择不同的修复材料和修补方法,缺失过厚时可分多次多层修补。修复时表面的清洁很重要,一定要清洁干净,天然水硬性材料在每次施工前都需要喷水湿润。为增加硬性石灰的黏接强度,在底层修补料中加入胶粉,以增高黏结强度,但加入量尽量减少,以防透气性降低。具体施工工艺:①用机械方法和去离子水相结合的方法,把修补面清理干净。②尽量把修补面打毛,用去离子水湿润,调制配制好的底层修补剂,用特制刀具涂抹填充至厚度为1.5厘米左右即可。③养护3天,这期间要经常喷水保持湿润。④把修补上一层的表面用钢丝刷打毛,用去离子水湿润,调制下一层修补材料,涂抹填充1.5厘米厚,和上一层一样养护3天。⑤这样重复上一次的修补工艺直至和文物表面修平为止。

(3)云石修补剂修补。根据实验结果和施工经验,文物表面的缺失及缺失面积严重,对黏结强度要求高的采用云石修补材料。修复时表面一定要清洁干净,为了降低收缩率可在修补料中加入适量的石粉。采用云石修补剂工艺较简便,采用一次修补到位的方法。施工工艺:①用机械方法和去离子水相结合的方法把修补面彻底清理干净。②调制修补材料。③用工具快速进行修补。④固化后用打磨工具打磨即可。

(4)文物裂缝的灌缝修复

进口水硬性石灰修补剂灌缝修复。

对黏结强度要求不高的裂缝采用水硬性石灰修补,灌缝修补要用封堵材料封堵,修复时表面一定要清洁干净,天然水硬性材料在施工前都需要喷水湿润,以增强和灌缝面的连接强度。

灌注材料:水硬性石灰500克、骨料100克、去离子水50%。

封堵材料:封口料500克、去离子水30%。

施工工艺:把浇注面清理干净,湿润保护面;按比例调制封口材料,用工具把调制好的封口材料小心涂抹于要灌注的裂缝处,作用是防止灌注修补剂外流;按比例调制灌注材料,用特制浇注工具把调制好的灌注材料注入裂缝中,保湿养护7天。

云石修补剂的灌缝修复。石器裂缝的灌缝修补采用大力士云石胶,将两组胶分按试验的比例彻底混合,缓慢注入裂缝中;对于渗透性差的石材,应反复注胶;对于较大的裂缝在胶液中加入适量的石粉进行填补,以增强石材结构,降低固化收缩率。

大力士云石胶为无色透明中黏度液体状双组分树脂胶粘剂,适于细缝黏接和低温施工,具有光滑细腻易调和、透明胶固化物透明度高、石线黏接打磨不易脱落、不流挂、不渗油等优点。此树脂胶耐腐蚀,耐老化性能很高,适用于各类石材间的黏接或修补石材表面的裂缝和断痕。具有高强度及储存稳定的特性,打磨后具有天然石材的光泽。

7.修补部位的做旧处理

通过修补的部位采用传统的做旧技术进行做旧处理,使之和原器物协调统一。

需要特别注意的是,由于文物的个体的差异和病害程度的千差万别,病害反应不尽相同,所以在实施修复保护时,要根据文物的具体情况,保护材料、配比、工艺要适当调整,以确保文物的修复保护效果。

8.展陈保护措施的改善

文物保护修复工程完成后,如还需陈列展出,为文物保存安全,应采取以下措施:展室地面做防水处理;门窗加密封条,以减少潮气进入;室内安放温湿度自动记录仪和抽湿机等仪器,随时观测展室内温湿度的变化,相对湿度过高时及时采取抽湿措施;栏板不要直接固定在水泥底托上,在水泥上底托制作硬木或航空版隔离板，把栏板和需展陈的石质文物嵌在底托中，它不但可以固定文物，还可以起到隔离地下水的作用；去除套在栏板上的玻璃罩，以利于水分的挥发和空气流通，为防止观众的触摸给文物造成损坏，在离栏板两侧各15~20厘米的距离，制作通体玻璃墙，以高出栏板适当的高度为宜，既不影响观瞻又便于空气流通，更利于潮气的挥发。

9.石质文物保存环境控制建议

石质文物的保存环境对石质文物保护效果有很大的影响，建议改善石质文物保存的小环境。文物库房要经常通风，建议安装通风设备，以便及时排出有害气体；库房内建议安装温湿度仪，温湿度大时及时采取措施调整相对湿度；散落存放的石质文物尽量存放在文物库中，还要对文物定期观察。尤其是石桥上的石刻栏板，要经常观察，冬天有积雪是要及时清除，避免融雪时水渗入到使其内部，发生冻融病害；对处理后的石质文物状况定期监测，如采用定期拍照对比的方式进行监测，发现问题及时报告，针对出现的问题及时处理。

八、保护修复工作进度安排

根据这批文物的损坏程度、保护修复难度、程序等情况，预计利用3年时间完成。

工作现场、工具制作、前期准备：约45天。

分析检测与方法评估实验：约200天。

各项保护修复实施：约800天。

保护后清理现场：约30天。

评估验收：约30天。

第六节 赵州桥三维激光扫描测绘

2014年3月23日，北京建筑大学古桥研究院、赵县文物旅游局对赵州桥进行了现状勘察、测量、测试。

北京建筑大学古桥研究院参加人员：夏树林、胡达和、王建、王锐英、龙佩恒、石英明（七人团队）、王毅娟、焦驰宇、金珊珊、侯苏伟、王蓓、徐将、翁伟、高金桥。

赵县文物旅游局参加人员：冯才钧、郑永军、李晋栓、董伟芳、杜文清、吴宏儒、贾良宜、李少佳。

此次勘察目的：①细化细构尺寸。②核实桥梁结构状况。③考察桥梁病害。④初步确定对赵州桥的加固修缮方案。详细本章第六、七、八、九节。

2014年3月23日对赵州桥的勘测，是历史上首次应用先进的三维激光扫描技术，完整记录赵州桥的三维空间数据，并形成赵州桥点云数据库，同时记录了赵州桥残损、形变现状。基于三维激光扫描数据制作赵州桥各位置的点云剖面，亦可作为修缮和记录的原始资料，同时以后可以根据此数据制作赵州桥三维信息管理和展示系统。

一、三维激光扫描数据采集

三维激光扫描技术是20世纪90年代中期开始出现的一项高新技术，是继GPS空间定位系统之后又一项测绘技术新突破。激光扫描测量技术逐步由点对点的激光扫描测量装置，发展到采用非接触主动测量方式，快速获取物体表面采样点三维空间坐标的三维激光扫描测量装置。三维激光扫描测量技术的出现和发展，克服了传统建筑测量的局限性，它不再是只量取建筑物的长宽高的几何要素测量模式，而是能够对立体实物进行无接触扫描，同时将立体世界的信息快速转换成计算机可以处理的数据的全新测量方法，解决了建筑数据人为采集时所带来不必要的损失。它快速、无接触、实时性强、精度高、主动性强、全数字特征等等优点，不但可以极大地降低成本，节约时间，而且使用方便，其输出格式可直接与CAD、三维动画等工具软件接口。它通过高速激光扫描测量的方法，以点云形式获取物体或地形表面的阵列式几何图像数据，可以快速、大量的采集空间点位信息，为快速建立物体的三维影像模型提供了一种全新的技术手段。

赵州桥测绘项目三维激光扫描使用Riegl VZ-400扫描仪，最大扫描距离为500米，测距精度为2毫米(100米)处。由于此次数据采集现场较为复杂,待扫物体处于景区之内,周围行人较多,桥下有洨水穿过,数据采集有一定的难度。此次扫描主要进行赵州桥三维数据存档,为修缮提供基础数据资料,数据采集点间距控制在2~5毫米之间,站间距离为5米左右(或者更小),同时根据扫描现场地势特征布设扫描站及反光片标靶,保证满足项目需要的扫描点间距。并把各单站扫描数据配准在一起,最终形成完整的建筑物整体点云。

此外,在数据采集完成后,可对相应不完整的地方有针对性地补扫,如:遮挡较严重的地方、主体区域漏扫的地方等。

二、激光扫描数据配准

在进行配准之前,首先要进行数据预处理,因为在扫描物体时,由于遮挡等原因的影响,采集到的数据不只有我们需要的数据,还包括很多我们不感兴趣的数据,例如:物体周围的花草树木、车流、人群等。这样就必须在配准之前利用数据的预处理把我们感兴趣的数据提取出来,把不需要的数据删除。预处理的方法很多,可以利用激光强度把同一类物体同时选中后删除、人工选取等方法。

赵州桥测绘项目由于环境较为复杂,采用控制点进行配准的方法,同时还利用周围环境特征点配准方法作辅助。这种方法就是把很多对控制点标靶作为特征来进行数据配准,在待扫物体的周围布设很多控制点——控制标靶,这种标靶在测量时,扫描仪会自动识别标靶,并计算出标靶中心的测站坐标。而扫描仪在每一个视点上都必须测到4个以上的标靶,因为在求旋转矩阵和三维平移向量时需3对三维坐标,而另外一对标靶数据作为多余观测来校正配准的精度。这样就可以把每一测站点云数据配准到一个坐标系,形成其整体点云模型。

在布设标靶时,要使标靶均匀分布在待扫物体的周围,这样能有效地增加配准的精度。

三、转换建筑坐标系

在配准完成形成点云模型之后,坐标系为扫描仪测站自定义坐标系,不适宜进行赵州桥平立面点云剖面的绘制,需根据赵州桥特征转换成建筑坐标系之后才可进行制作。

四、创建三角网模型

数据配准所得到的点云数据库,是空间不规则的离散的点构成的,这些点云之间并没有构成赵州桥的实际的表面,没有办法形成其表面特征,所以要得到赵州桥有拓扑关系的真实表面,还要通过特殊的算法来恢复其表面的这种拓扑关系,构建赵州桥表面三角网模型就是其中一种比较简单而实用的方法。

五、点云剖面的制作

根据配准后的点云数据和影像数据,根据实际需要使用相应的专业软件即可制作赵州桥点云剖面图。主要步骤如下:

1.根据数据情况进行点云抽稀,在满足建模精度的条件下减小数据量,并加载整体数据。

2.在专业软件内基于赵州桥本身特征和扫描仪坐标系,转换建筑坐标系。

3.在专业软件中根据需求在赵州桥特定位置制作点云剖切,形成点云剖面。

4.最终把点云剖面转换成CAD格式正式提交。

第七节　赵州桥现况分析报告

一、病害描述

根据历年病害统计报告及2014年3月现场勘察情况,对当前赵州桥的主要病害进行了分析归纳。

1.桥面系

(1)桥面铺装石

桥面铺石局部出现裂缝,如图6-7-1所示。在北端桥头与路堤连接部桥梁中心位置,有两块铺石下陷,如图6-7-2、图6-7-3所示。

图 6-7-1　桥面铺石局部出现裂缝

图 6-7-2　桥面铺石下陷

图 6-7-3　桥面铺石下陷大样图

(2)栏板及望柱

对赵州桥 2006 年至 2013 年的裂缝病害统计数据进行处理,得出每块栏板出现裂缝的总长度,如图 6-7-4、图 6-7-5 所示。栏板与望柱的接榫处出现几处开裂,且自 1994 年至 2013 年,裂缝的增加宽度最大值达 5.3 毫米。典型病害见图 6-7-6、图 6-7-7 所示。

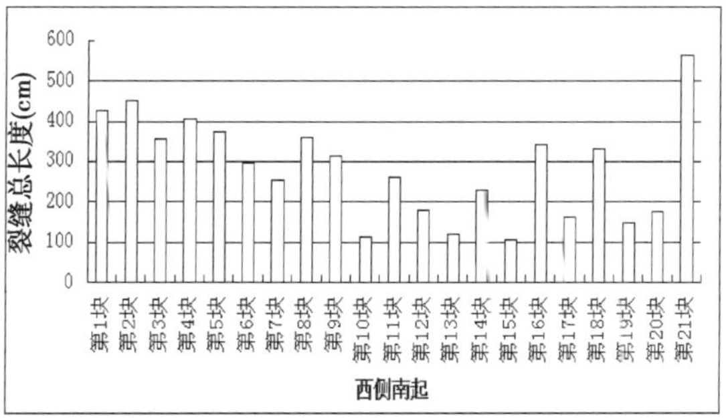

图 6-7-4　栏板裂缝(一)

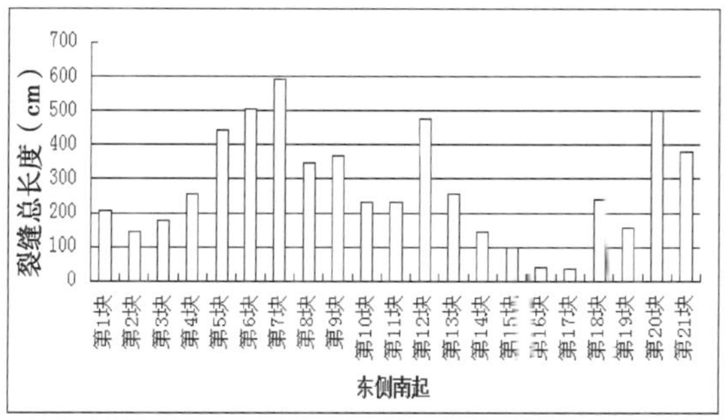

图 6-7-5　栏板裂缝(二)

图 6-7-6　栏板与望柱之间出现裂缝

图 6-7-7　栏板出现贯通裂缝

(3)帽石(仰天石)

东北桥台上部帽石(仰天石)砌石间出现裂缝,并延伸至望柱与栏板的接榫处,见图 6-7-8。

2.主拱及腹拱

桥梁东侧 5 道拱券,西侧 4 道拱券以及跨中位置的拱底均有渗水泛碱现象,拱券底部存在不同程度的风化和剥落现象,如图 6-7-9。拱券上腰铁四角出现角裂缝,见图 6-7-10。西北侧拱脚处出现拱石棱角的缺失,如图 6-7-11、图 6-7-12 所示。四个腹拱未见明显的病害现象。桥梁东西两侧位于帽石(仰天

图 6-7-8　帽石砌石间出现裂缝

石）下方，主拱及腹拱顶部的侧墙均出现沿砌缝延伸的水平裂缝。

3.北桥台

（1）西北侧

病害特征：沿砌缝出现指向桥跨方向的斜上裂缝，并延伸至帽石（仰天石），如图 6-7-13、图 6-7-14所示。桥台末端出现宽约 2 厘米的竖向裂缝，并向下延伸至锥坡内，长度未探明，如图 6-7-15。腹拱拱脚处桥台砌石出现不同程度的破损和风化现象，如图 6-7-16 所示。

图 6-7-9　拱券严重渗水泛碱

图 6-7-10　拱券腰铁角裂缝

图 6-7-11　拱肋拱石棱角缺失

图 6-7-12　棱角缺失大样图

图 6-7-13　西北桥台斜裂缝

图 6-7-14　斜裂缝底部毛裂缝

图 6-7-15　北桥台西侧端部侧墙裂缝

图 6-7-16　砌石破损风化

(2)东北侧

病害描述:上部墩台向外(东)突出 1.5 厘米厚,长约 203 厘米,裂缝上下宽度均匀,沿砌缝和跨中方向延伸至顶部,如图 6-7-17、图 6-7-18 所示。砌石有不同程度的风化现象,如图 6-7-19。桥台侧墙渗水明显,如图 6-7-20 所示。

图 6-7-17　侧墙斜裂缝

图 6-7-18　斜裂缝局部大样图

图 6-7-19　砌石风化

图 6-7-20　侧墙水渍

4.南桥台

(1)西南侧

病害描述:西南侧墙出现沿砌缝延伸的倒人字斜裂缝,裂缝上部分为两支,右支向桥头方向延伸至帽石(仰天石),左支向桥跨方向延伸至腹拱顶部,如图 6-7-21。裂缝下部延至腹拱拱脚侧下方,如图 6-7-22 所示。

图 6-7-21　侧墙沿砌缝的斜裂缝

图 6-7-22　侧墙沿砌缝的斜裂缝

(2)东南侧

桥台东南砌石未见明显病害,其桥台底部原有砌石风化严重,如图 6-7-23。个别块石自身出现水平、竖直方向的细裂缝,如图 6-7-24、图 6-7-25。整个侧墙渗水泛碱明显,如图 6-7-26 所示。

图 6-7-23　原砌石风化严重

图 6-7-24　水平裂缝

图 6-7-25　竖向裂缝

图 6-7-26　侧墙渗水泛碱

二、病害分析

1.桥面、栏板、主拱及腹拱

北桥台东侧桥面铺装石下沉,疑似由于防水材料老化,桥面渗水所致。桥梁东西两侧面帽石(仰天石)下方的水平裂缝,应与防水层处理不当有关。栏板出现的裂缝,有风化的原因,也有石料本身的原因,大部分未影响到栏板的使用功能,但栏板与望柱接榫处部分裂缝过大,危及栏板的安全使用。主、腹拱上裂缝、破损等局部病害面积小、对整体影响不大,多数属于桥梁石质和风化问题。本次勘查桥梁中,尚未发现严重影响主拱券受力的显著结构性病害。

2.北桥台

(1)西北侧

局部观察,桥台西北侧侧墙上部呈现斜裂缝,其原因似为原桥台基础不均匀下沉所致;但进一步整体观察,拱圈与拱座接触紧密,西北拱脚未出现张口现象,虽拱脚砌石棱角缺失,似应力集中所致,如图6-7-11、图6-7-12所示。(因其处于上游,也不排除水面漂流物撞击可能),但并未发现基础不均匀沉降的明显特征。上述斜裂缝形状上宽下窄,沿裂缝方向无明显剪切位移特征,非剪切破坏,在下部三层石料发现顺斜裂缝方向的向下延伸毛裂缝(图6-7-14),呈现出明显的受弯(拉)破坏特征。

根据已知资料,桥台基础在6米以内,而实际侧墙长9米,推测侧墙基础应长于桥台基础,长出的部分类似桥台的耳墙结构部分,长出侧墙基础部分与桥台基础衔接处理不好,是导致侧墙靠桥头一侧其基础纵向沉降不均匀,进而造成上述侧墙斜裂缝发生的主要原因,图6-7-15所示亦具有不均匀沉降产生裂缝的明显特征。

腹拱拱脚处外侧砌石,虽然局部有不同程度的破碎、裂缝现象,应与石料材质及风化有关,腹拱未出现明显病害,暂未危及腹拱的工作状态。

(2)东北侧

桥台东北侧侧墙出现沿砌缝的顺桥向斜裂缝,砌石间出现横向错动现象(见图6-7-18);且北侧桥面铺装石出现局部小面积下沉现象(见图6-7-2、图6-7-3)。据此分析,裂缝原因疑似与桥面下防渗水层年久失效,局部浸水冻胀及填土密实度不够有关。当然不排除地震影响,致使侧墙局部出现横向位移的可能性。

(3)综合北端东西两侧侧墙进行对比分析

对于桥台东、西两侧侧墙裂缝向上只发展到栏杆位置,两侧栏杆之间的桥面并未出现横向贯通桥面的长裂缝,说明裂缝影响只发生在侧墙结构局部范围内,故应属侧墙病害。在桥台处桥面及以下结构,因尺寸、材料、施工及施工时间的不同,侧墙与桥台内部材料整体结构性不好,刚度有差别,又由于长于桥台基础长度的侧墙基础未处理好。因此,侧墙基础不均匀沉降,应是导致北桥台侧墙裂缝病害产生的主要原因。

其他因桥面渗水等致填料冻胀、膨胀,桥梁主体结构、侧墙、桥面及以下材料各部分整体工作性差、地震时作用在各部分结构上的惯性力不同等,都可能是桥台侧墙砌石出现裂缝、错动的原因。

3.南桥台

桥台西南侧斜裂缝分为两支,对于左支裂缝,其发展方向与右支不同(图6-7-21),砌石间有错动(特别是横向错动),且其与腹拱拱顶横向裂缝相接,是桥跨侧墙裂缝的延续,最大可能是由于防水材料老化导致桥面渗水,进而造成拱腹填料膨胀或冻胀,致使侧墙局部范围内出现横桥向位移。

桥台西南侧拱座处基本为旧石料,而侧墙砌筑多为新石料(见图6-7-22)。根据已有资料记载,上次维修加固时主要翻修了上部结构,并未重新砌筑桥台。故推断上次加固时,保留了原有的主体结构即主要传力体系,而对侧墙只是重新砌筑,并填筑新材料。目前拱座整体性较好,其上部结构没有明显病害,鉴于裂缝多发生在新老填料衔接处,故推断新旧结构材料未形成整体工作状态,加之渗水、冻胀等,可能是造成开裂的主要原因之一。此外,虽裂缝方向与西北桥台呈现出的裂缝方向不同,但裂缝呈上宽下窄的现象,非剪切裂缝,故靠桥头一侧侧墙基础下沉亦是部分原因。虽然裂缝主要位于新、旧结构结合处侧墙影响范围内,对主体受力结构还未造成严重影响,但裂缝的出现间接对桥梁的整体性及耐久性造成影响,安全度降低。

4.小结

(1)对于桥梁栏板和望柱出现的裂缝等非结构性病害,可考虑采用聚合物砂浆进行裂缝封闭;对宽度较大的贯通性裂缝,可采用低压注浆,然后再进行封缝处理。

《中国石拱桥》(罗英著)一书中记载:"1955年修缮时主拱券已稍有扭曲,北端东倾,南端西倚,各约1公尺。"根据桥梁实际工作状况判断,其尚未造成桥梁结构受力方面的影响,但建议进行变形病害监控,以保证桥梁安全和耐久性。

(2)桥梁东西两侧均出现沿桥跨方向的水平裂缝,且多有错动,应与桥面渗水冻胀、地震有关。建议如有可能对桥面进行一定的防水处理,并对桥梁病害进行监测记录,若病害加剧较快,应提出相应合理的维修方案。

(3)从桥梁裂缝与桥梁结构关系来看,主(腹)拱受力结构基本完好,北部桥台东西两侧侧墙裂缝延伸至栏杆基座处戛然而止,桥面未有明显反应,即两侧侧墙裂缝范围内桥台(面)完好(见图6-7-27、图6-7-28、图6-7-29、图6-7-30)。而位于两侧墙裂缝连线外侧的桥面位置,虽出现石板局部下沉现象,但横桥向桥面完好,病害仅限于局部范围内。据此判断,上述桥跨结构病害,均未对桥梁主拱及腹拱结构造成直接破坏,南北两侧侧墙裂缝及桥面局部石板下沉,都不构成危及主体结构安全的直接证据。

图6-7-27　东南桥台侧墙裂缝

图6-7-28　裂缝延伸至栏板

图6-7-29　栏杆竖向裂缝

图6-7-30　桥面完整

由于桥梁年代久远,又因上次大修时未处理好桥台侧墙基础、墙后填料与桥梁主体结构的联系,两者未形成结构整体,致使侧墙基础出现局部沉降,造成桥台斜裂缝沿砌缝发展。根据此次勘察,出现的病害虽然对主体结构安全未造成关键影响,但从桥梁的长期安全稳定性来考虑,建议适时对其进行维修和养护。

(4)其他局部裂缝、掉块等与桥梁砌石年代久远、局部受力调整、材料风化有关,目前当不构成对桥梁整体安全性影响,但从保证桥梁结构长期的稳定性考虑,建议对风化、破碎严重的砌石进行维护加固,以防病害的进一步扩大。

鉴于因气象、季节变化和地震等阶段性、突发性影响,对于桥梁的关键位置及变形情况,应设置永久连续监测点,定期进行精密观测,建立动态管理空间和结构数据档案,以便做出趋势分析和准确判断。

第八节　赵州桥外观维修与监测方案

一、外观维护方案

赵州桥作为我国珍贵的历史文化遗产,须对其进行经常性的维护和保养。作为文物保护,尽量不破坏或改变其历史的外观,须维护其历史原生态原貌。根据我国《文物法》、《威尼斯宪章》以及“修旧如旧”的原则及要求,保护和修复古建筑,既要当作历史见证物,也要当作艺术品来保护。对于修复工作,应看作是一件高度专门化的技术，必须尊重原始资料和确凿的文献，不能有丝毫的臆测。任何一点不可避免的增添部分，都必须与原来建筑外观有明显的区别。当传统的技术不能解决问题时，可引用新技术，但必须经实验证明是有效的。

由于酸雨、大气碳化及风化作用，造成石材表面出现裂缝、开裂，严重降低了石材的使用寿命。因此2013年这次维护工程，重点在于对石材的保护，主要起到"益寿延年"的作用。

这次保护工程，所使用材料主要采用无机材料，以有机材料为辅，采用透明材料，不影响石材的外观。

二、基本方案及工序

1.桥面

(1)桥面部分石材受到的磨损或风化是最严重的，主要是对石材的裂纹及风化损害的处理。

①对裂纹或缺边掉角部分，采用仿石材的聚合物仿石修补腻子进行修补。

②桥面滚涂QX-2200渗透型无机防水剂(A工艺)。该防水剂为无机硅酸盐材料，且不含碱(K、Na离子)，主要通过在石材表面进行渗透，通过与石材表面的反应，增强石材表面的强度和硬度，提高耐磨性。不影响石材表面的外观和光泽。

③桥面刷涂PU251弹性透明耐磨胶，起到封闭石材表面裂缝的作用，进一步提高石材的耐磨作用(B工艺)。或者采用QX-1050有机硅防水剂，在石材表面起到较好的憎水防水作用(C工艺)。

修补后的桥面见图6-8-1。

图6-8-1　赵州桥桥面

(2)蟠龙栏板、望柱。

①蟠龙栏板及望柱表面宽度大于0.3毫米的裂缝，采用聚合物仿石修补腻子进行修补。

②表面滚涂QX-2200渗透型无机防水剂(A工艺)。

③采用QX-1050有机硅防水剂(C工艺)。

修补后的栏板和望柱见图6-8-2。

图6-8-2　赵州桥栏板和望柱

(3)桥面外侧及底部(拱券外侧)。

①表面滚涂QX-2200渗透型无机防水剂(A工艺)。

②采用 QX-1050 有机硅防水剂(C 工艺)。

修补后的桥侧面见图 6-8-3。

(4)主拱券上的铁拉杆和腰铁杆。

拱券上的腰铁及铁拉杆部分,表面已生锈。一般而言,铁表面进行涂料防腐时需要除锈,打磨出白色基底部分,既为了提高黏接力,同时防止铁锈膨胀造成涂料开裂。但如果采用此种办法,会影响外观,降低其沧桑古老的历史感,因此推荐采用 PU251 弹性透明耐磨胶,不打磨浮锈,直接在表面进行刷涂,保留其原始外观。通过 PU251 本身良好的附着力和弹性,适应浮锈的膨胀。

修补后的主拱券腰铁和铁拉杆见图 6-8-4。

图 6-8-3 赵州桥东侧

图 6-8-4 主拱券腰铁和铁拉杆

2.基本施工方法

在施工中不采用任何打磨工艺,避免对石材表面的破坏。对表面浮尘采用高压空气进行清除,对于霉藻之类使用高压水枪进行冲洗。

聚合物仿石修补腻子进行修补时,采用相同颜色石材的粉状填料,对原裂缝使用自来水进行清洗,然后进行抹光及修饰,对原石材不进行处理。

在防水剂等材料施工时采用刷涂或辊工艺。

3.材料简介

(1)聚合物修补腻子:以石粉、石屑、聚合物、白水泥等配置的仿石材料,具有良好的耐久性和防水性能,尽量做到“做旧如旧”。

主要技术指标:黏结强度大于 1.5MPa,具有良好的耐磨性、抗冻融性能。

(2)QX-2200 渗透型无机防水剂:无机硅酸盐类透明液体材料,增强石材的致密性,同时不会在雨水作用时出现析碱现象,污染石材表面。具有良好的抗酸雨、防风化及防霉变性能。(传统的含钾或钠的硅酸盐防水剂,遇雨水就出现钾或钠的析出,石材表面流出白色的碱。)

主要技术指标:碱含量小于 2%(K、Na 离子),吸水率小于 60%,抗碳化性能降低 50%。

(3)PU251 弹性透明耐磨胶:为脂肪族聚天冬氨酸树脂,同时具有耐候性、耐水及耐污性,同时具有良好的弹性及很高的强度。具有良好的封闭裂缝能力。

主要技术指标:拉伸强度大于 15 兆帕,延伸率大于 200%,附着力大于 2.0 兆帕。

(4)QX-1050 有机硅防水剂:具有良好的憎水性能,减少水进入石材里面,同时不影响石材的透气性能。

主要技术指标:碱含量小于 2%(K、Na 离子),吸水率小于 30%。

4.维修工程造价估算

赵州桥外观维修工程方案造价见表 6-8-1。

赵州桥外观维修方案工程造价估算　　表 6-8-1

序号	工程部位	材料名称	单价（元/千克）	用量（千克/平方米）	造价（元/平方米）	预估面积（平方米）	金额（元）	备注
1	桥面	聚合物修补腻子（双组分）	12	0.8	9.6	600	5760	粉剂及液料综合价格。仅局部使用
		QX-2200 渗透型无机防水剂	65	0.3	19.5	600	11700	无碱（不含钾、钠等离子），无机材料、透明无色
		QX-1050 有机硅防水剂	120	0.3	36	600	21600	硅烷防水剂，有机硅材料，透明无色
2	蟠龙栏板、望柱	聚合物修补腻子（双组分）	12	0.8	9.6	120	1152	
		QX-2200 渗透型无机防水剂	65	0.3	19.5	240	4680	
		QX-1050 有机硅防水剂	120	0.3	36	240	8640	
3	桥外侧及底部（拱券外侧）	QX-2200 渗透型无机防水剂	55	0.2	11	1000	11000	
		QX-1050 有机硅防水剂	120	0.2	24	1000	24000	
4	腰铁及铁拉杆	PU251 胶界面剂	300	0.05	15	5	75	弹性界面剂，浅红色，提高 PU251 与锈蚀基材黏结
		PU251 弹性透明耐磨胶	210	1	210	5	1050	拉伸强度 20MPa 延伸率 200%以上透明耐磨
5	合计						89657	

备注：1.面积参数：预估桥面面积 600 平方米；栏板望族桥侧面面积 240 平方米（四面）；桥底部 600 平方米，桥侧面 400 平方米。

2.参考参数：连带引道，南北桥面总长 64.4 米，跨度为 37.02 米，高 7.23 米，桥两头宽 9.6 米，中间宽 9 米。

3.由于部分材料使用过少，可能使用不了产品销售的最小包装，实际价格会略高。

4.以上报价仅为材料报价，根据施工（工期、工艺、设备、安全等）的实际情况，施工费用为 224143 元。材料及施工总费用为 313800 元。

三、赵州桥定期监测初步方案

1.指导思想

鉴于气象、季节变化和地震等阶段性、突发性影响，对于桥梁的关键位置及变形情况，应设置永久连续监测点，定期进行精密观测，建立动态管理的桥梁数据档案，以便做出趋势分析和准确判断。

2.监测目的

（1）建立桥梁健康技术档案，保证其安全性和耐久性，长期处于安全稳定状态。

（2）掌握桥梁各整体结构及各部分结构变形特征的发生、发展变化情况，分析和总结桥梁病害的变化规律、发展趋势，使之可控。总结各种因素对桥梁安全及稳定性的影响，防止新的病害发生。

（3）针对桥梁的病害特征，提供可靠的监测数据，为桥梁维修加固设计与施工、养护提供必要的技术依据。

（4）为赵县其他类似结构古桥梁的监测、养护和加固提供经验和技术支持。

3.依据标准规范

《工程测量规范》GB 50026—93，1993-03-26 施行

《建筑变形测量规程》JGJ/T 8—97，1998-6-1 施行

《精密工程测量技术及应用》南京河海大学出版社

《公路桥涵养护规范》JTG H11—2004

《公路圬工桥涵设计规范》JTG D61—2005

《公路桥涵设计通用规范》JTG D60—2004

《公路桥涵地基与基础设计规范》JTJ 024—85

《公路砖石及混凝土桥涵设计规范》JTJ 022—85

4.监测内容

（1）位移监测：拱圈线形变化，拱脚位移，桥台位移等。

（2）倾斜检测：桥台倾斜及扭转，侧墙倾斜。

（3）裂缝检测：裂缝开合、错动。

（4）其他缺陷部位。

5.所用仪器设备

（1）精密水准仪

精密水准仪是用来建立水平视线测定地面两点间高差的仪器，主要部件有望远镜、管水准器（或补偿器）、垂直轴、基座、脚螺旋。精密水准仪与一般水准仪比较，其特点是能够精密地整平视线和精确地读取读数，在结构上它有以下特点：

水准器具有较高的灵敏度，管水准器 τ 值为 10″/2 毫米。

望远镜具有良好的光学性能，望远镜的放大倍数为 38 倍，望远镜的有效孔径 47mm，视场亮度较高，十字丝的中丝刻成楔形，能较精确地瞄准水准尺的分划。

具有光学测微器装置，可直接读取水准尺一个分格（1cm 或 0.5cm）的 1/100 单位（0.1mm 或 0.05mm），提高读数精度。

视准轴与水准轴之间的联系相对稳定。精密水准仪均采用钢构件，并且密封起来，受温度变化影响小。

此次监测主要是用来进行高程测量，可以检查桥面纵坡是否平顺、桥台是否下沉，也可间接检查主拱券有无严重变形。

（2）全站仪

全站仪是一种集光、机、电为一体的高技术测量仪器，是集水平角、垂直角、距离（斜距、平距）、高差测量功能于一体的测绘仪器系统。

此次主要是用来测量桥梁线形，包括测量观测点的坐标和基准点角度。

6.监测点布置

（1）桥梁立面监测点布置

桥梁立面图的监测点主要布置在主拱券和腹拱券上，并在桥梁东西两侧分别布置，共 58 个监测点，此处仅将桥梁单侧监测点示意，其布设点如图 6-8-5 所示。

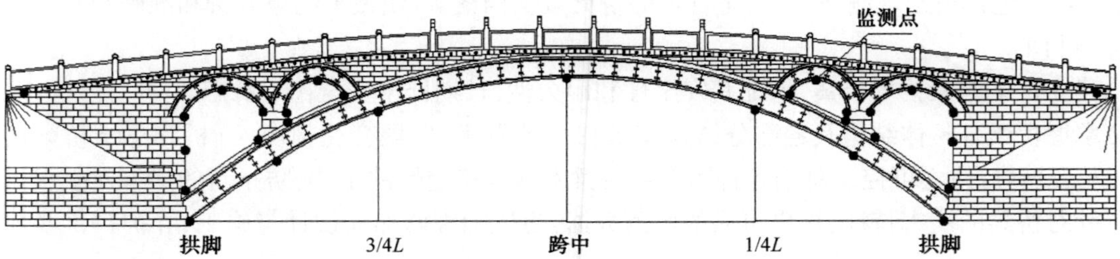

图 6-8-5　桥梁立面位移监测点布置示意图

（2）桥面监测点布置

为了保证监测点长期稳定，桥面监测点设置在靠栏板的桥面铺装石上，并于桥面中轴线布置 3 个监

测点，以测其高程的变化。局部铺装石下沉的位置，在石块范围内，于最高点和最低点布设 2 个监测点。

桥面共 15 个监测点，其布设点如图 6-8-6 所示。

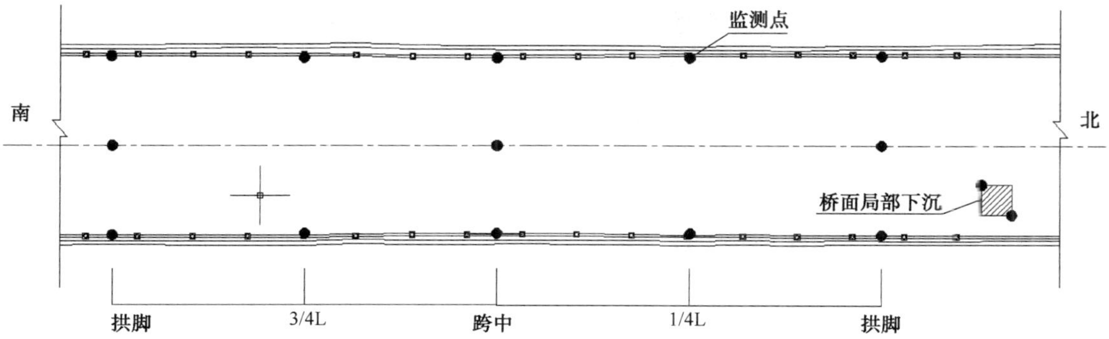

图 6-8-6　桥面位移监测点布置

(3)裂缝监测点布置

桥梁出现多处裂缝，栏板、帽石(仰天石)、主腹拱上檐，桥台侧墙上都有出现，桥台侧墙处裂缝比较严重。裂缝有新石料、老石料和新旧石料间的裂缝。

裂缝开合监测点须布置在裂缝出现位置，并应在同一裂缝两侧成对布置。新旧石料的结合缝位置监测点应分别布置在新旧石料上。

测点具体位置以裂缝实际位置来确定布置，共 98 个监测点，其布设点如图 6-8-7、图 6-8-8、图 6-8-9、图 6-8-10 所示。图中的每个点表示一对监测点，黑色粗线表示现有裂缝。

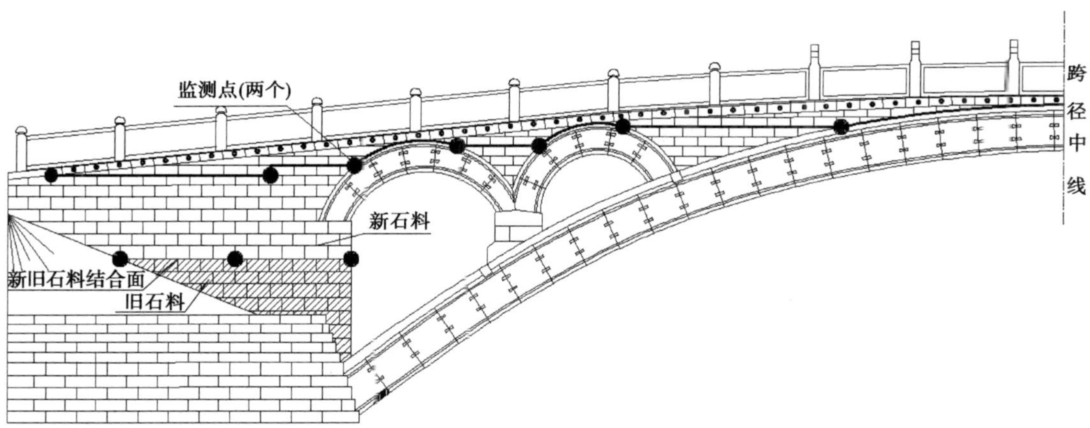

图 6-8-7　东南侧监测点布置

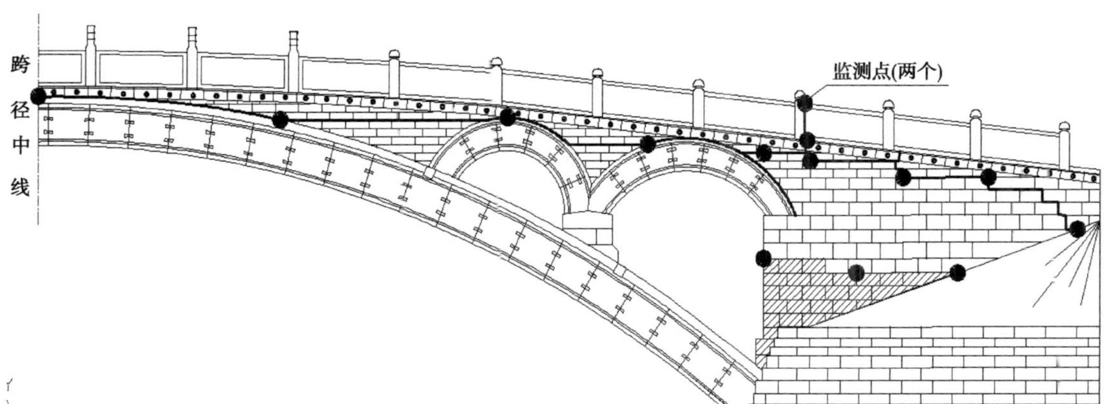

图 6-8-8　东北侧监测点布置

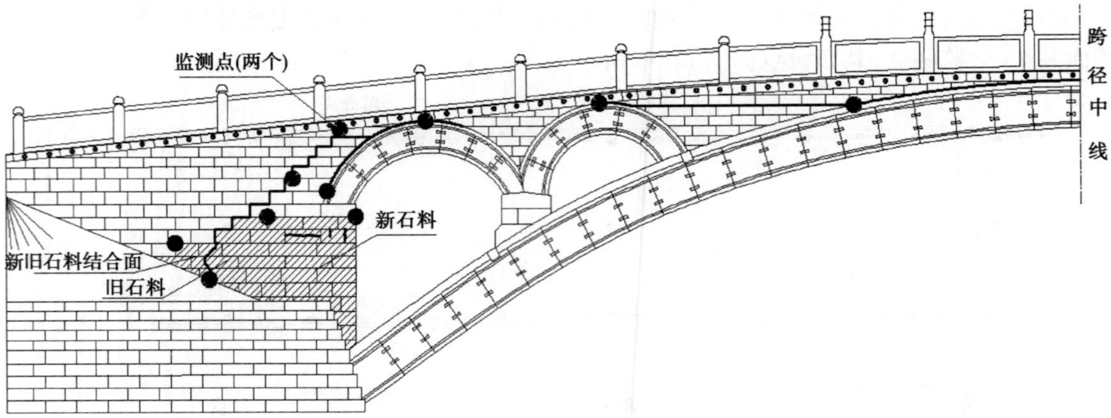

图 6-8-9 西北侧检查点布置

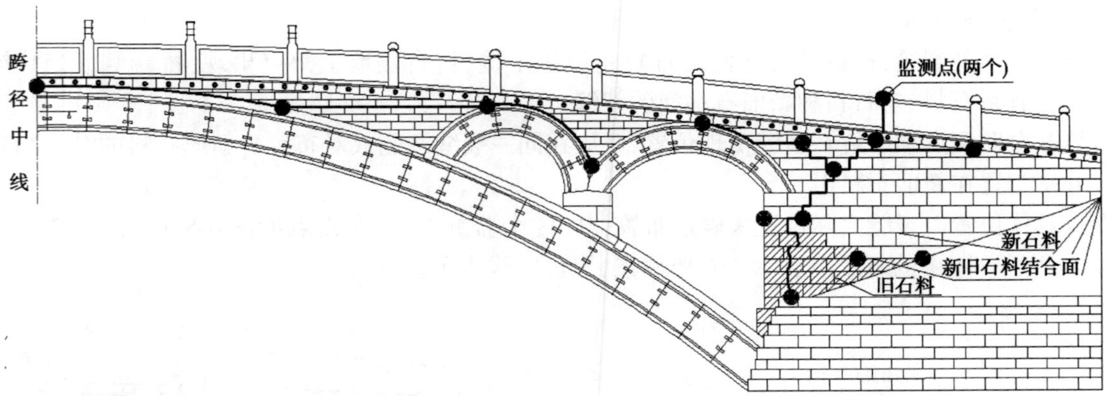

图 6-8-10 西南侧监测点布置

7.作业方法

(1)一般监测。根据桥梁目前出现的病害情况,第一年每个月监测不少于一次;第二、三年,每季度监测一次,持续监测3年。每个季度给出阶段性成果。如第一年或之后出现异常,可待商议后适当调整监测频率。如遇新病害发生,视情况增加新监测点。

(2)特殊监测。考虑季节(雨旱季、冬夏)、阳光照射和温度的影响,每月选择一天,进行早中晚3个时间段监测,选择时段分别为早7:00~8:00,下午13:00~14:30,凌晨1:00~2:00,可与一般监测结合实施。

8.工作量及费用估算(见表6-8-2)

表 6-8-2

单次监测费用	人工费(元)	设备费(元)	桥梁立面监测点(元)	桥面监测点(元)	裂缝监测点(元)	小计(元)
	5000	5000	13600	3500	22900	50000
第一年(12次)	60(万元)					
第二年(4次)	20(万元)					
第三年(4次)	20(万元)					
总计	100(万元)					

第九节　赵州桥管理监测系统的建立

一、对赵州桥的进一步研究方案

2014 年 3 月勘察后，对桥梁上部结构维修方案资料进行了搜集和整理，并对其可能的断面形式进行了相应的推测，但仍需进一步调查桥梁内部及基础的结构与构造、施工方法、具体细部尺寸等，彻底摸清赵州桥的上、下部和基础结构形式。

根据目前的分析结果，推测桥台裂缝产生的主要原因疑似为新老石料整体工作性差，侧墙基础沉降导致裂缝出现。故需要对桥梁建成后的维修加固历史资料进行更全面地收集、整理和建模研究，如水患、火灾、地震等影响，从而了解桥梁的破损、修缮、局部新建过程，从而为正确分析病害成因提供更充分的背景依据。

根据《中国古桥技术史》中对桥台尺寸的记载以及本次全站仪的测量数据，我们对桥台进行了静力承载力验算，包括基底应力验算和抗滑移验算，结果与《中国科技技术史》中所记载的计算结论一致，即基底最大应力略大于基底承载力，抗滑系数 0.7 左右。鉴于桥梁主拱与腹拱尚未发现由桥台位移导致的病害现象，因此推测桥台两侧侧墙可能提供了一定的抗滑能力，应在计算中予以考虑。但由于侧墙的基础形式，基本尺寸，与桥台的连接方式均未知，所以希望能够进一步探测侧墙的具体形式，弥补此处的资料空白，完善计算依据。同时也为裂缝成因分析、病害危害性探究提供更完整的、必要的理论依据。

本次勘察发现桥梁水渍明显，排水系统老化，应采取相应的保护措施，以提高其耐久性、延长其寿命。

赵州桥建成后历经多次洪水、地震而不倒，但应进行破坏性模拟分析。如通过地震模拟分析，研究地震对桥梁结构造成的损伤和破坏情况与趋势，对其抗震能力进行评价，提出防护措施，以保证日后在地震作用下的安全性。

根据本次勘察分析结果，赵州桥尚未出现影响桥梁使用功能的明显结构性病害，但鉴于裂缝多有贯通，且两侧桥台均有分布，故建议建立动态管理和监测系统。如对重要裂缝的位置、方向、大小、分布现状、发展趋势等进行详细的记录；同时对主要结构构件埋设预埋件进行精细的观测，如拱圈、桥台、桥面的位移与变形情况，以便对桥梁的健康状况有更详细的、定量的了解。

二、赵州桥桥梁管理系统

1.建立赵州桥管理系统的必要性

赵州桥作为国家一级保护文物，建成距今已 1400 余年，属世界性物质文化遗产。赵州桥暴露在自然环境中，由于受到自然环境条件变化、水文地质条件变化及使用条件变化的影响，桥梁不可避免地产生结构性损伤和耐久性损伤，对赵州桥的保护是一项经常性的、长期不断的工作。针对赵州桥的一切有效保护措施的制定与实施，都离不开科学的桥梁维护策略的制定。而制定科学的桥梁维护策略的依据，关键要明确桥梁管理内容并建立桥梁管理系统。

2.桥梁管理内容

桥梁管理内容包括：信息管理、检测评估和养护维修等。

(1)桥梁信息管理

桥梁管理首先是桥梁信息的管理，要求管理部门收集、存储、更新和提取桥梁管理的必要文档和信息。这些文档和信息的目标是，确保桥梁的相关信息记录足够精确和完整，如特别注意时间、位置和涉及因果关系的详细内容，以便能够安排有效的检测、养护、维修、加固等程序。这些信息在整个桥梁寿命期间是极其重要的。

桥梁信息包括：

①桥梁的所有静态资料。包括设计计算、施工图纸(竣工图)、施工日记、照片、材料试验报告和全部施工记录。对于历史资料不全者，应制定计划实地调查和测量获得。所有静态资料应符合管理规范的要求。

对于赵州桥这样的珍贵历史文物,还应该建立文献库,并将其数字化为数据库。

②检测报告。每次检测活动的计划与实施情况,包括桥梁的定期检测和特殊检测报告。报告应总结每个结构单元状态,描述缺陷并按统一尺度评定,采用照片显示缺陷。

③养护、维修和加固的细节。养护应按每年和其他偶然安排的批次加以报告。维修和加固工作完成时,应准备一份资料来更新桥梁静态数据内容,以记录采取维修和加固措施的结构。这份报告性质上类似于施工总结报告。监测工作进展和完成情况以及跟踪检测的设施也应该加以提供。

桥梁文档管理可采用的存储记录形式包括:手工存档记录和数据库系统。数据库信息化管理文档资料是目前成熟和流行的技术,但书面的档案形式也是很重要的备份和补充。

(2)桥梁检测评估

检测是由具有丰富经验的桥梁专业检测人员,针对桥梁进行的一个现场收集桥梁结构和物理状态信息的过程。在检测期间内收集的信息,可以用于评定桥梁状态,确定与计划养护、维修、加固和替换措施。检测分为经常性检查、常规定期检测、结构定期检测和特殊检测几类。

评定是一个根据检测的结果来计算桥梁技术状况的过程,评定的准确性依赖于检测操作的规范、检测信息的准确合理的描述、评定理论的正确性及评定人员的可靠性。

(3)桥梁维护

桥梁维护的目的是尽可能地保护桥梁以保证其技术状况。桥梁维护在性质上是保护性的。有效的养护能减缓退化速度,减少未来维修的成本,并能延长桥梁寿命,到位的养护工作能及时发现潜在的病害。

桥梁维护是对桥梁的一般性损坏进行修理,或对较大的损坏进行综合治理的过程,目的是尽可能的维持桥梁技术状况。维修是不定期的、有针对性进行的,主要是修补已发生退化的构件,减少未来养护成本以及延长桥梁服务寿命。

桥梁维护通常应由检测和评定的结论来确定,所要求的工作深度是由结构检测与评定后确定的。

3.桥梁管理系统

桥梁管理系统是关于桥梁基本数据、桥梁检测、状态评估、结构退化预测、维护对策和计划以及经济分析的计算机信息系统,其要素见图6-9-1。桥梁数据库中存储主要来自桥梁检测的桥梁信息,管理系统通过系统分析的方法,对检测结果进行评估,得出桥梁的当前状况,并对结构的将来状况、维修对策及相关费用进行预测分析,提出相应的维护计划方案供决策者参考。

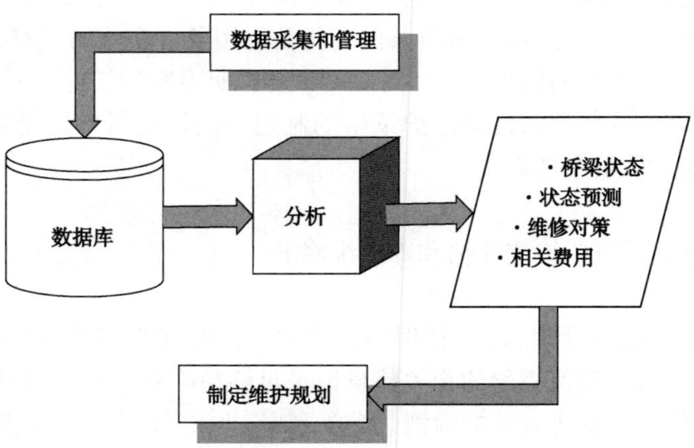

图6-9-1 桥梁管理系统(BMS)

4.典型桥梁管理系统的系统功能

作为桥梁管理者的决策依据,典型的桥梁管理系统包括桥梁档案库、桥梁状态等级评估、桥梁承载力评估、桥梁维护对策分析、退化预测、桥梁维护的制定等主要功能。

(1)桥梁档案库

桥梁档案库是管理系统的最基本组成,主要储存管理系统内各桥梁的基本信息:桥梁属性、结构信息、检测信息、维修历史、交通信息、评估标准、维修对策及费用等。

(2)桥梁状态等级评估

桥梁状态等级评估也称为桥梁技术状况评价,它包括安全性、适用性和耐久性评估3个方面。状态评估建立在对桥梁各部件检测的基础上,一般都是由有经验的桥梁技术人员对桥梁进行全面检测,根据规范规定用文字描述的定性和定量检测表,对桥梁各个不同构件的质量进行分类、评分,然后通过专家系统的计算模型给出桥梁各部件的得分,并根据构件的不同影响程度即权重计算总体得分,并由此划分桥梁的等级。桥梁状态评估的结果是维护决策、费用分析和优化模型的依据,其主要目的是发现桥梁早期的退化过程,并调查退化起因,以便在合适时机采取适当的维修对策。

(3)桥梁承载力评估

桥梁管理系统中,对桥梁进行实际承载力的评估。评估结果是安排维护措施的重要依据。

(4)桥梁维护对策分析

桥梁维护对策分析是指根据桥梁检测和状态评估分析的结果,综合考虑技术、经济和社会等综合因素,选择技术可行、经济合理的方案,包括养护、维修、加固等。

(5)桥梁退化预测

桥梁退化预测是通过桥梁的工作状态的变化趋势,预测处于某种状态下的桥梁将来的退化情况。其描述可以是确定性的或是概率性的。通过掌握桥梁工作状态的变化趋势,提醒桥梁管理者及时制定养护维修计划,以降低维护成本和出现重大事故的概率。

(6)GIS 空间功能

由于地理信息管理系统(GIS)具有强大的数据管理和空间分析能力,新一代的桥梁管理系统开始采用 GIS 管理界面,以桥梁地理空间数据为基础,对空间相关数据进行采集、管理、操作、分析、模拟和显示,并采用地理模型方法,发挥了其空间分析和决策功能。基于 GIS 的桥梁管理系统具有较好的发展前景。

上述管理系统可以根据赵州桥的具体情况,一次或分期建立,对于赵州桥这样的历史文化遗产,是开创性的也是非常有意义的。

第七章　金　石

赵州桥的建桥铭文、修缮碑记，游客游览的刻石、题记、留言等很多。由于历史久远，有的湮没，有的被损坏残缺。本章据明清《赵州志》、《赵州石刻全录》等历史文献记载，以及桥下发掘出土的栏板、望柱、碑刻等实物资料，整理如次。

第一节　铭　文

石桥铭序①

（唐中书令　张嘉贞②）

赵郡洨河石桥，隋匠李春之迹也③。制造奇特，人不知其所为。

试观乎用石之妙：楞平砧斫④，方版促郁⑤，缄穹窿崇⑥，豁然无楹⑦。吁，可怪也！又详乎乂插骈坒⑧，磨砻致密⑨，甃百象一，仍鋦灰璺⑩，腰铁栓蹙。两涯嵌四穴，盖以杀怒水之荡突。虽怀山而固护焉⑪。非夫深智远虑，莫能创是。其栏槛蕈柱，锤斫⑫龙兽之状，蟠绕拏踞⑬，睢盱翕欻⑭，若飞若动，又足畏乎⑮！

夫通济利涉⑯，三才一致。故辰象昭回，天河临乎析木⑰。鬼神幽助，海石倒乎扶桑⑱；亦有停杯渡河⑲，羽毛填塞⑳，引弓击水，鳞甲攒会者㉑。徒闻于耳，不睹于目。目所睹者，工所难者，比于是者，莫之与京。

图 7-1-1　《赵州大石桥铭》拓片

注：

①铭序原石已不存在，1956 年拆除赵州桥南关帝阁遗迹时发现石柱础两块，文字刻在柱础面上。碑文称《赵州大石桥铭》，前一部分为序，即《石桥铭序》，录自《唐文粹》卷 67，作者张嘉贞。后一部分为两篇铭文，前一篇铭文的作者是柳涣，后一篇铭文的作者是张彧。《赵州大石桥铭》拓片最后一段头几个字有“予曩阅唐文粹”字样，可断定此碑是后人根据唐文粹所刻。

《石桥铭序》全文只有 200 多字。它的重要性在于最早记录了赵州桥工程的主持者李春的姓名。同时，序文对赵州桥概况作了形象的描述，可以帮助我们窥见赵州桥早期的面貌。

②张嘉贞，生于唐高宗乾封元年，死于唐玄宗开元十七年（公元 666—729 年），是唐代前期的一个高级官僚，曾经任中书令（相当于宰相）的职位，《旧唐书》和《新唐书》都有他的传记。

③迹：前代或前人所留叫迹。

④楞平砧斫：楞平：木方似的平正。砧（zhēn）：俗称捶板石。斫（zhuó）：砍削。砧斫：象砍的捶板石一样。

⑤方版促郁：方版：即方策、方册。古代用以书写的木板，此指桥的石构件。促郁：对缝紧密无空隙。

⑥缄穹窿崇：指桥拱的约束砌垒说的。缄穹：盖指此而言。穹：隆起、穹窿，指天的穹高隆起。

⑦豁然无楹：豁然：开大的意思。楹：柱子。指桥拱开朗，中间无桥墩。

⑧乂插骈坒：乂（yì）插：治理安插。骈（pián）坒：连接。前边说的是用石之妙，这里指对缝安插。

⑨磨砻致密：磨得非常精致细密。砻（lóng）：旧时磨稻谷的一种磨子。

⑩仍糊灰璺：仍然糊石灰、腻缝。璺（wèn）：裂缝。

⑪虽怀山而固护焉：虽是包围山岭的大水也能确保桥身的安全。

⑫锤斫：雕刻装饰。

⑬蟠绕拏踞：拏（ná）：指龙爪抓挠的样子。踞：蹲下来。

⑭睢盱翕欻：睢（huī）皱眉狠视。盱（xū）：张目。翕：合，收敛。欻（xū）：吹。翕欻：呼吸。

⑮又足畏乎：具有足以使人畏惧的态势。

⑯夫通济利涉：有了桥就不用渡河和蹚水了。

⑰故辰象昭回，天河临乎析木：天上的星辰竟而反转过来了。即西方的天河星移到东方的析木座位上去了。形容工程伟大妙造，巧夺天工。

⑱海石倒乎扶桑：这个典故出自《太平预览》、《述异记》。大意是：秦始皇在海上造石桥，想要渡河观看太阳升起的地方——扶桑。有神仙为他驱石，山石稍怠慢，神仙用鞭打它们，打得出了血。

⑲停杯渡河：梁慧皎《高僧传》说：南朝宋有个不知名的和尚，可以乘坐一个木杯渡河。所以，当时有人称他为“杯渡”。

⑳羽毛填塞：古代神话传说，每年七月七织女渡过鹊桥与牛郎相会。乌鹊经过人们践踏，所以羽毛都脱落了。

㉑引弓击水，鳞甲攒会者：《论衡·吉验篇》云，古代橐离国王的婢女生子叫东明，东明长于射箭，国王怕他夺取天下，要杀死他。东明南逃到掩虎水，不能渡过，他用弓拍击水面，于是鱼鳖浮聚成桥，才得以渡过。

译文：

赵郡洨河石桥，是隋代匠师李春留下的伟大奇迹。这座桥建造得很奇特，人们竟不知道它是怎样建成的。

我们试看它运用石料的技巧是何等的精妙：边棱平直，一块块象砧石似地砌筑在一起，方方地排列得既严密，又整齐。构成一个又大又高的主拱，开朗敞亮，连一根桥柱都没有。嗬，可真够奇怪的！让我们再来仔细看看主拱券石和一道道交错并列的拱券吧！它们都被磨琢得非常精密细致。数以百计的石块竟垒砌得像一整块巨石一样，还调了灰浆把缝子勾抹好，用银锭式的“腰铁”嵌塞到券石里，把它们紧紧地连结在一起。桥的两边嵌着四个小拱，这是用来减弱洪水的激荡和冲击，即使遭遇泛滥到山陵的特大洪水也能保住桥的巩固安全。要不是有高度的智慧和深思熟虑，是不可能创造出这样好的桥来的。桥上的栏杆、栏板和华美的望柱，雕刻出龙兽的形状，有的回盘，有的缠绕，有的蹲坐，有的张目怒视，有的呼吸吞吐。它们好像在飞舞，好像在游动，看了这样高超的技术，真叫人叹服！

架设桥梁，以便利渡河涉水，是天上人间都要解决的问题。日月星辰在不停地运转着。传说银河到了析木星的地方才可以通渡。秦始皇造桥，得到神仙帮助，驱石下海，把桥一直架设到日出的扶桑。在南朝宋还有一个和尚乘木杯渡河的故事，神话中织女会牛郎是乌鹊填河搭成的桥，古代橐离国王之子东明出逃，用弓拍击河水，鱼鳖浮聚成桥，他得以渡河免难。不过这都是听说的，谁也没有见过，亲眼看到的工程又极为艰巨，有哪一座桥梁比得上这座石桥的宏伟呢！

（引自《文物》1976年第3期《安济桥》一文，作者闻悟，略有删改）

赵州大石桥铭

(唐参军[1]　刘涣)

铭曰:于绎[2]工妙,冲讯灵若[3]。架海维河[4],浮鼋役鹊[5]。伊制或微[6],兹模盖略[7]。析坚合异[8],趋涯载壑[9]。弢堂忽动,观龙石跃[10]。信梁而奇[11],右启为博[12]。北走燕冀[13],南驰温洛[14]。騑騑壮辕[15],殷殷雷薄[16]。携斧拖绣[17],骞驄视鹤[18]。艺人侔天[19],财丰颂阁[20]。斫轮见嗟[21],错石惟作[22]。并同良球[23],人斯瞿聊[24]。

注:

①参军:汉末有参军官职,参谋军事,多由地方官兼管。隋、唐始设专官,兼任郡的长官。

②于绎:发语词、有赞叹之意。

③冲讯灵若:冲,往上涌,或旁流;讯,通讯,奋也。灵若,即海神北海若。全意是:奋勇冲击海若,人间无此工妙,顺流而叩灵若。

④架海维河:维,系结。架在海上系在河上。

⑤浮鼋役鹊:浮鼋,《楚歌·九歌·河伯》:"乘白鼋兮逐文鱼。"役鹊,役使喜鹊架桥,七月七,天上牛郎织女相会于银河,由喜鹊架桥。全句比喻工程之神妙,非人间所能成就。

⑥伊制或微:伊,指示代词"是"。制,制作的规制。桥的建筑规制或者已经没有了。

⑦兹模盖略:当时建桥的规制或模型失传了。

⑧析坚合异:析坚,指斫凿石料的构件;合异,不同的构件用在不同的建筑部位上。合,合拢。

⑨趋涯载壑:趋涯,砌的边沿,载,同纤,细小。壑,砌缝。壑缝隙极小。

⑩弢堂忽动,观龙是跃:弢堂,拱形宏伟壮丽的殿堂。比喻拱型大桥象宏伟壮丽的殿堂一样有动感。观龙是跃:雕刻在栏杆上的龙象在跳跃。

⑪信梁而奇:真是桥梁中的奇迹。

⑫右启为博:右,上位,居上;启,开,启发;博,大。首创、突出、伟大之意。

⑬北走燕冀:北上燕国、冀州。

⑭南驰温洛:南下洛阳。温,古国名,今河南温县西南。洛,今河南洛阳市。

⑮騑騑壮辕:騑騑,马跑不停地样子。壮辕,快车。

⑯殷殷雷薄:车行极快,像滚滚雷声临近一样。

⑰携斧拖绣:出自《汉书·武帝记》:"遣直指使者晁胜之等衣绣衣,仗斧,分部追捕。"指过往官员象有侍卫者执长柄斧,拖绣衣护卫一样。

⑱骞驄视鹤:青马车停下看鹤之意。

⑲艺人侔天:艺人名匠与天试比高。

⑳财丰颂阁:成材丰硕伟大,列入凌烟阁一同颂扬。语出唐太宗画24功臣像于凌烟阁,褚遂良题阁,阎立本画像,唐太宗亲自作赞。

㉑斫轮见嗟:斫轮,列国时有个善于雕做车轮的工匠叫扁的回答齐恒公,斫雕车轮的技术,要不徐不疾,才可得心应手。这里用这个故事比喻李春造桥如斫轮之巧受赞叹。

㉒错石惟作:错综地安置石头。

㉓并同良球:珍贵的石料与名贵的球价值等同。

㉔人斯瞿聊:人们都以惊奇的目光看这座古桥。

赵州大石桥铭

（唐　张彧）

阉茂岁①，我御史大人李公晟②，奉诏总禁戎三万北定河朔③。冬，十月，师次赵郡④。

郡南石桥者，天下之雄胜。乃揆厥迹⑤，度厥功⑥，皆合于自然，包我造化⑦。仆散客⑧也，状而铭⑨曰：

洨水伊河⑩，诸州牙凑⑪。秋霖夏潦⑫，奔突延袤⑬。抒材藏制⑭，朴斫纷糅⑮。干也泉开⑯，盘根玉甃⑰。虹舒电驰⑱，虎步云构⑲。截险横包⑳，乘流回透㉑。块圠匠造㉒，琳琅簇篷㉓。厂作洞门㉔，呀为石窦㉕。穷莫筭盈㉖，琛记万就㉗。力将岸争㉘，势与空斗㉙。吞齐跨赵，儆夜防昼㉚。月卦虚檐，星罗伏兽㉛。谓之钤键，撮我宇宙㉜。谓之关梁㉝，扼我众寇㉞。郡国书传㉟，三边檄奏㊱。邮亭控引㊲，事物殷富㊳。夕发蒯堧㊴，朝趋禁溜㊵。质含冰碧，文耀藻绣㊶。花影全芳，苔痕半旧㊷。天启大壮㊸，神功罕究㊹。勒铭巨桥，敢告豪右㊺。

注：

①阉茂岁：《尔雅·释天》：“太岁在戌曰阉茂。”是以十二地支为序纪年的。岁阉茂即这一年是狗年，地支为戌。依清光绪《赵州志·赵原》卷末为唐德宗建中三年壬戌（公元782年）。

②李公晟：李晟临潭（今甘肃临潭）人，字良器。朱泚反，德宗奔奉天，晟以平矢泚有功，封平西王，性正直，治下严明，有功迹。卒谥忠武。

③奉诏总禁戎三万北定河朔：奉了皇帝的命令总领禁军3万开往北方去平定黄河以北的地方。田悦寇掠赵州，建中三年七月，李公晟救赵州。禁戎，禁卫军。河朔，指黄河以北的地方。

④师次赵郡：军队驻扎在赵郡。次，驻扎。

⑤揆厥迹：审度他的功迹。

⑥度厥功：工程的功绩。

⑦包我造化：包括我们人世的造化。造化，自然界的创造。

⑧仆散客：仆，第一人称我的谦辞。散客，官府中不担任名义的所谓幕宾或额外散职人员。

⑨状而铭：陈述作铭。

⑩洨河伊河：伊，语中助词。洨水这条河。

⑪诸州牙凑：各州郡文武官员相会一起。

⑫秋霖夏潦：夏季发了水，秋季雨不断。

⑬奔突延袤：形容水流湍急。袤，广。

⑭抒材藏制：安放材料和构件合乎规制，不在明处而在隐藏处。

⑮朴斫纷糅：朴，木材未成器，指原料。斫，大锄；引申为用刀、斧等砍。纷糅，各种规格具备。

⑯干也泉开：干，树木的干，引申桥的主体。泉，先秦的一种货币名，造型像农具，略似方头锹，中间有豁口。指桥的主体结构像泉币一样，两边叉开。

⑰盘根玉甃：盘石似的根脚，像玉石砌的一样。盘，通磐，安然不动的大石头。

⑱虹舒电驰：像虹一样迅速展开。

⑲虎步云构：古代六尺为一步，俗称步量。虎步，行步威仪如虎行，这里比拟度量。

⑳截险横包：架成大桥后，渡过险流，如履平地，险就被截断了。

㉑乘流回透：乘流，乘舟。回透，远通。桥下水运畅通辽远。

㉒块圠匠造：块扎，大而远的样子。匠造，巨匠创造。伟大的业绩乃巨匠创造。圠（yà），山弯曲的地方。

㉓琳琅簇箧:形容石桥用石有规律地错纵安置,琳琅满目。

㉔厂作洞门:宽敞地形成桥洞。

㉕牙为石窦:惊讶地以为是个石洞。

㉖穷莫筭盈:莫,谋划计算,谋划周密,达到无以复加的程度。

㉗琛记万就:琛记,把所有凿好的石件一一编号记录下来。万就,千万块石件都安置到预先编排的位置上。

㉘力将岸争:桥的力量和堤岸相争,胜过岸边之牢,不会垮下来。

㉙势与空斗:气势和太空相斗争,形容桥的高耸。

㉚吞齐跨赵,儆夜防昼:指桥为交通的枢纽,更是军事要镇,在军事上昼夜防备。指赵郡所处地位之重要。

㉛月挂虚檐,星罗伏兽:远望桥姿像天空月亮挂在屋檐下面,近看桥栏上雕刻的龙和趴蝮形象逼真,犹如繁星罗列。

㉜谓之钤健,撮我宇宙:它是关键锁钥,控制着天地。上下为宇,八方为宙。

㉝谓之关梁:称它是关隘上的桥梁。

㉞扼我众寇:控扼众多的高山。

㉟郡国书传:通过赵州桥来传送着州郡的文书。

㊱三边檄奏:边疆上官府文书向朝廷奏启。三边,指多数边疆地区之意。

㊲邮亭控引:指赵州桥建成使得邮亭缩短了距离,提高了效益。

㊳事物殷富:货物殷实富足了,水陆交通便利,成为军事、政治、经济的重地。

㊴夕发蒯堧:傍晚从郊区(蒯地)出发。蒯,古国名,今河南洛阳市西南。堧,城根的田地。

㊵朝趋禁溜:早晨就赶到京城了。禁溜,皇家宫廷,指帝京。

㊶含质冰碧,文耀藻绣:桥质坚固,纹饰似水清的碧玉华丽而精致,文采闪耀。

㊷花影全芳,苔痕半旧:雕刻的花纹完全存在,生了苔藓,使得纹饰半旧了,更显得斑驳古朴。

㊸天启大壮:伟大壮观。

㊹神工罕究:工程奇妙,似神工鬼斧,难以弄清底细。

㊺敢告豪右:敢于献给诗文名家。豪右,有权有势的名门大族,指诗文名家。

赵州大石桥铭

(唐　李翱[①])

九津九星横河中[②],天下有道津梁通[③],石穹隆兮与天终[④]。

注:

①李翱:字习之。唐赵郡人,从韩愈学文章举进士,官至山南东道节度使。

②九津九星横河中:九津,众多的渡口;九星,天上的星辰。众多的渡口和纷繁的星辰象门槛似地拦在洨河中。

③天下有道津梁通:双关语。道,得道,盛世。受到人民拥护的盛世,一切桥梁、渡口畅通无阻。

④石穹隆兮与天终:赵郡洨河石桥敞肩宏伟而壮阔与苍天同寿。

第二节 碑 记

赵州桥历经10次较大修葺,修桥碑记因年远代湮,损坏丢失居多,大部难寻,仅就完整的5篇碑记,照录如下:

石 桥

(唐 张鷟)[①]

赵州石桥甚工,磨垅致密如削焉。望之如初月出云,长虹饮涧。上有勾栏皆石也。勾栏并有石狮子。龙朔年中,高丽谍者盗二狮子去,后复募匠修之,莫能相类者。至天后大足年,默啜破赵、定州,贼欲南过,至石桥,马跪地不进,但见一青龙卧桥上,奋迅而怒,贼乃遁去。 **(录自《朝野佥载》)**

注:

①张鷟,字文成,深州陆泽(今深州市西)人,约生活在公元650—720年之间。唐高宗上元二年(公元675年)中进士,著述颇丰。张鷟所著《朝野佥载》大约成书于开元初年,该书皆记作者耳闻目睹的唐代故事。

张鷟的家乡离赵州桥很近,他进京(今西安市)赶考,赵州桥是必经之地,说明张鷟必定到过赵州桥,他考中进士距赵州桥建成80年左右,文中描述的赵州桥当为隋代原貌。张鷟的《石桥》一文,早于张嘉贞写《石桥铭序》的时间,是目前发现存世记述赵州桥最早的佳作。

该文令我们获得3个珍贵信息:一是隋代桥上望柱头不仅全是宝珠型,而且还有石狮子。二是至迟在唐代开元初,赵州桥就被神化了,这是有关赵州桥被神化的最早记载。三是对桥上狮子望柱头进行了配制,遗憾的是未能恢复原貌,这是对赵州桥的首次稍微修补。

新修石桥记

(唐 刘超然)

隋人建石梁几二百祀[①],壬申岁[②]七月大水方割陷于梁北之左趾[③],下坟岸崩落,上排簉又嵌欹[④],则修之为可,……虑在往来利济,为事速攻,石其膂,复仍累土以负,兹补栏植柱,靡不永固,俾壮名不坠于远近……。

贞元九年[⑤]

注:

①祀:古时指年,此处二百祀,即二百年。

②壬申年:唐贞元八年,即二百年。

③左趾:指赵州桥前端左边桥脚处。

④嵌欹:倾斜,外倾。

⑤贞元九年:公元793年。

重修大石桥记

(郡举人　张居敬)

余赵城南五里有洨河，河有桥名安济，一名大石，乃隋匠李春所造云。桥跨截河流，抵北长二十丈[①]，石甃磨砻，备极固护[②]，翼以扶栏，如其长之数而两之[③]，其制，穴窦嵌空不楹而架，中一空如断坏，可十五丈。两胁二大穴，摩顶二小穴[④]，用以杀怒水荡突[⑤]。昔人谓如初月出云，长虹引涧，此得桥之概者也。盖赵为畿辅要区，雄于河朔，其在幅员，所称四通之域也。往来肩摩轱击[⑥]，而洨水汇四泉之流，夏秋间雨潦霖霪，众流俱赴，泛滥汪洋渚涯间[⑦]，厔沓特甚[⑧]，假令津梁不通，则邮传檄奏[⑨]之驰驱，货殖车舆之辐辏[⑩]，将不胜争渡之喧。而谁其洨济人于溱洧者耶[⑪]？惟是创作葺修，但不可废。

世庙初[⑫]，有鬻薪者以航运置桥下，火逸延焚：致桥石微隙，而腰铁[⑬]因之剥销，且上为辎重穿敝[⑭]，先大夫[⑮]目击而危之，曰："弗葺将就颓也。"以癸亥岁[⑯]，率里中杜锐等肩其役。垂若而年[⑰]，石敝如前。余兄弟复谋请李县等规工而董之。令僧人明进缘募得若千缗，而郡守王公实先为督敕。经始丁酉[⑱]秋，而冬告竣。胜地飞梁，依然如故，毋敢纵为残毁者则又今守曹公禁谕保护之力也。

张居敬曰："凌谷沧桑[⑲]，相为迁变，神工密致[⑳]，亦际劫灰。以余所睹《记》：兹桥已一敝于逸火，两敝于积辙[㉑]，则桑土先计，信存乎人也[㉒]。河水上流波湍，至桥下则湛然[㉓]渊停[㉔]，风景自殊。堪舆家谓当更钟英毓秀，岂有见于地灵人杰云乎哉。"

注：

①抵北二十丈：从南到北二十丈。

②石甃磨龙，备极固护：石甃，即石壁，引申为石桥的栏板、望柱；磨砻，摩擦光滑平整。把石桥的栏板、望柱安装得极其坚固、安全。

③翼以扶栏，如其长之数而两之：翼，指桥面两侧。桥面两侧安装得扶栏(板)和桥面的长度一样。

④两肋二大穴，摩顶二小穴：指敞肩拱南北两端的4个伏拱。

⑤杀怒水荡突：杀，旧读shai，减轻的意思。减轻奔腾咆哮激流的河水。

⑥肩摩轱击：形容车马行人纷繁，人肩擦背，车轮相接。

⑦渚涯：渚，水中小片陆地；涯，水之边缘。

⑧厔沓：四面的大水聚集一起汹涌而来之意。

⑨邮传檄奏：邮传，即邮递传达；檄奏，公文，文书。

⑩辐辏：聚集。形容商品货物聚集在一起，像车辐集中于车轮子的辐条上一样。

⑪而谁其救济人于溱洧者耶：溱洧，河南北部的两水名汇流于贾鲁河。借喻的意思，是说有谁能够想办法解救人们乘船渡过溱洧这两条河呢？也就是说赵州桥若不修葺好，大水来后，怎么能用船摆渡过去呢？济渡。

⑫世庙初：即明代嘉靖初年(公元1522年)。

⑬腰铁：指石拱桥中贯穿拱肋的巨大铁杠。

⑭且上为辎重穿敝：而且桥面石被载重的车轧坏了。

⑮先大夫：作者张居敬曾任华州知州，所以称他已故的父亲为先大夫。

⑯癸亥岁：即明代嘉靖四十二年(公元1563年)。

⑰垂若而年：若干年。

⑱丁酉：明万历二十五年(公元1597年)。

⑲凌谷沧桑：凌谷，《诗经小雅·十月之交》载："高岸为谷，深谷为凌。"沧桑，沧海变桑田，桑田变沧海的凌谷。指世态、社会的变迁。

⑳神工密致：技艺精湛巧妙，象有神仙相助一样。

㉑两敝于积辙：石桥两次被损在于多年车辙的滚轧上。

㉒桑土先计，信存乎人也：社会在不断变化，要事先能预料到耕种的土地不被破坏，确实在于有人心呵！

㉓湛然：水深的样子。

㉔渊停：河水迂回停留叫渊。

重修大石桥记

（明　孙大学）

大石桥在赵郡南五里许，隋大业间石工李春所造也。少闻其规制奇特，上有石凹，世传为张果老骑迹，据而恒山之阳。

言桥之胜槩者，必以大石为特异，常欲观其迹而不可得，嘉靖辛酉夏，余由大理调兹郡一观之，然后知桥之奇，特别以仙迹得名非诬，而李春创构之功，若有神授其机者，果为赵郡之胜槩。不地埶接恒岳之雄，河流天洨清之水，南运诸省，东注漕河，北达燕冀，为京西一上旃。且用石结构之妙，县敞豁石窦穹窿，月轮沉霁，虹架飞云。舟楫與马辐辏交驰于其间，自隋至今越数千百年余矣。不知水之经历磨砻者何限，而桥之坚密无暇如初焉。非神机纠结，恐不至此。抑亦仙迹所留，必有阴为之呵护，信李春创搆之功为奇特矣哉。

桥之上，辙迹深处积三十余年为一易石，以利驰驱，余仍故制，无事修葺矣。生员田锦，张时泰，乡人魏寘，冯仓等俾僧悟成募缘，重为修饰，以永其胜，余亦捐俸助，工始于壬戌。

癸亥之春，适余稍迁顺德，廼重赵人之来请，遂记之以为兹桥彰往迹　□来功云。

嘉靖四十二年，岁次癸亥，四月朔旦

进士第前大理寺右评事判顺德府事□直郎

山阴 孙大学撰

译文：

大石桥在赵郡城南5里左右，是隋代大业年间石匠李春所建，制造奇特。桥面上有石凹，世代相传，说是仙人张果老骑驴过桥时，他的坐骑小毛驴留下的蹄印儿。它像诱人的奇葩，绽放在恒山之南。

人们在谈论关于桥梁的美丽景色时，都是说大石桥最为独特优异，常想观赏这个建筑，就是没有机会，辛酉（嘉靖四十年即公元1561年）夏，我由作中央审判机关的大理即廷尉或叫大理寺卿，调到赵郡当大理寺右评事判，一看，然后才知道这桥的神奇，特别是闻名天下的"古桥仙迹"，并不是凭空捏造的。李春的造桥奇功，真像神仙授予了周密而巧妙的机关，这座石桥确实是赵郡的一大胜景。这里地势，连接北岳恒山的险要地域，河流洨河、清水河（冶河）之水，向东注入通往京师的运粮河道，南抵诸多行省，北达燕冀古国。如果把国都北京比作皇冠，那它就是装饰在皇冠边沿上的一块上等垂三。这桥的建造结构、用石技法十分奇妙，那悬架在天空的豁亮宽阔的大圆顶石拱券，犹如月轮出云，又似彩虹飞天。从四面八方像沿车辐聚于车毂的车马和东来西去的舟楫船只交驰于大桥上下，自隋至今已经跨越千数百余年了。不知江、河、湖、海等人间器物历经磨耗而破坏以致消灭能有多大限度，而这座大桥的坚密牢固程度却仍和起初一样，要是其中没有集聚神机，恐怕是不会这样的，然而桥上所以能留下仙迹，也必定是有隐秘的灵气，暗中为之呵禁守护。无疑，那是李春奇异特殊的造构大桥之功了。

大桥的桥面上，车行道的辙迹深处，是30余年前为了利于车马行驶而更换的石料，其余桥面石仍是以前制作的，已经破损，没有修葺。秀才田锦、张时泰，乡人魏 、冯仓等，使僧人悟成募缘，重新修整铺砌了桥面石。我也拿出自己的俸禄薪水捐助。工始于壬戌（嘉靖四十一年）即1562年。

癸亥（嘉靖四十二年）即1563年春，我已经调迁顺德府（今邢台市），赵郡派人重又来请，我就撰写了这《重修大石桥》记，用以纪念表彰以往人们重修大石桥的功迹。

嘉靖四十二年（癸亥）四月初一

进士第前大理寺右评事判顺德府□直郎

山阴　孙大学

《重修大石桥记》录自赵州桥公园残碑，文中“天”疑为“无”。

重修大石桥记

（明　翟汝孝）

赐进士出身观户部广东清吏司政北海翟汝孝撰。

奉直大夫工部屯田清吏司员外郎螺川南山李明篆。

修职郎鸿胪寺主簿直内阁姑苏徐继申书。

《易》曰：“地险山川丘陵也”。荷利涉大川履险如夷，匪资桥梁曷济哉？是故公孙侨济人于溱洧，光于史册□，所以成天地之能，顺兆人之欲，而收弘济之勳也。何其伟哉！

粤稽赵郡南五里许洨河大石桥，北通京师，南接梁楚，驿传旁午，悉由其闻，诚胜迹也。按《皇明一统志》、《并州志》重修碑记，始为隋李春所建，唐仙人张果老堕驴之迹今存焉，《唐文粹》所载，中书令张嘉贞，司功参军柳涣，散客张彧之铭可考也，近岁辙迹蹣跺已逮桥之铁梁矣。

曩桥之穹窿处，悬一石，约丈余，一道人曾谋修饬 ，未有施者。忽一日，黑雾复其上，且闻桥下有锥斫声，顷之，云雾开霁，好事者入视之，所悬石已完饬端整，灰迹尚湿 ，道人亦隐去。噫嘻！百世永赖神亦相之。嘉靖己未，郡守沈公应元勒文于石，注意郡人修葺，魏中丞子太学生遂辑其桥之中路得八尺许。

嘉靖甲寅，郡人御用监太监西漳赵公芬袛，奉敕命赉香幡赴五当，道经此桥，见□圮坏，志欲重修，甫归即使朝鲜，事完还京，负有守备凤阳之命。暇日与兄东瀛公登谈及梓里事，闻魏君力竭，遂捐赏赉及田产之资卜。

嘉靖壬戌冬十二月兴工，至次年癸亥四月十五日告成。所修南北码头及栏槛柱脚，锥斫龙兽，复如旧制，且增崇故事形象，备极工巧，涣然维新，境内改观矣。噫嘻！建功立业，弘济艰难，孰谓古今人不相及哉？维□□□宗命傅□□相曰：若济巨川汝作舟楫诚望其建燮理之，□施博济之仁也。西漳公读书秉礼，为天子□□相仰体。聖怀惠施，重修仙桥，俾兆人利涉，诚出舟楫之上矣，康时相业，宁不与传说并美哉。兹征文于予，以纪胜举，□月且勒石，冀垂不朽，予忝贤昆季，通家之末，何敢以不能文辞，遂为之铭曰：

星辰璀璨通地灵，洩为河海分坤精。
□彼洨河便征人，中常□□□□情。
乌鹊助役香天京，海神驱石来蓬瀛。
虬螃飞梁瞻青冥，中流砥柱功平成。
当年仙迹流芳名，长途一日坦然行。
华夷驿使忻□□，商旅不惮风波惊。
阴功必逮子孙荣，高车驷马传峥嵘。

嘉靖甲子岁　　　孟夏之吉

《重修大石桥记》碑，身高 2.1 米，宽 90 厘米，碑基有龙之六子赑下或叫赑屃(bi xi)为座，高 60 厘米，碑头一米见方，四周雕有龙之六子赑屃盘绕。总高 3.7 米，雄秀典雅，气度不凡，是一通大型古碑。

《重修大石桥记》录自赵州桥公园残碑，文中'柳'疑为'刘'、'螃'疑为'跨'。

第三节 石 刻

1955 年至 1958 年在修缮赵州桥期间，为获取编制修缮方案的实物资料，先后于赵州桥下进行了 4 次科学发掘。发掘的范围由桥身的上游及下游各 15 米以内的 1200 平方米，其深度由 3~4 米的淤泥直挖至河床的硬土层。经过发掘，在河床中出土大小桥石 1500 余件，从其中拣出来拼成较完整、有雕刻和铭记的桥石计有：

(1)栏板二十余件，其中各式雕龙栏板九件，斗子卷叶栏板十六件，天马栏板一件，凤凰栏板一件。

(2)石刻狮子二个。

(3)仰天石(帽石)五十二件。

(4)望柱三十六件。

(5)唐代修桥记铭刻一件，明代修桥记石碑二件，有题刻的残石六件。

(6)刻有仙迹的桥面石一件。另外又在拆除桥面时发现故事栏板三件，金代小栏板三件，刻十六瓣花型饰物仰天石二件。

以上发现，对于研究赵州桥的历史和修缮方案的编制很有帮助，特别对于修复桥上"若飞若动"的"玉石栏杆"，提供了极其宝贵的实物资料。

一、栏板

1.饕餮栏板之一，隋代，一级文物(见图 7-3-1)

图 7-3-1-(1) 饕餮栏板之一(正面)

图 7-3-1-(2) 饕餮栏板之一(背面)

这块栏板是在桥身下游河床中间稍偏北的淤泥中发掘出来的。残缺约六分之一，长度为222厘米，宽为91厘米(均包括榫头)，上为半圆形寻杖，下为长方形地栿，地栿表面刻交错的斜钻纹，中间的华板里外两面均为深浮雕龙头，形似饕餮，两旁并雕刻似波浪式卷叶菡萏[①]。饕餮是古代神话传说中的恶兽，属于龙种异称[②]，赵州桥上它为龙首，寓意吉祥，也是凶险的警示。在赵州桥的群龙图中，饕餮[③]位居桥巅，只见它毛发分披，卷曲如云，两耳耸立，眼珠夺目，凶光闪烁，怒视前方，鼻孔张开，倾盆大嘴，巨齿獠牙，欲吞欲食，气势凶猛，眭盱翕欻，又足畏呼！此恶兽形象，足以使桥上行人望而生畏，举止甚慎，感悟到此处凶险，不可停留。只有车马行人安全通过，才能达到“通济利涉”的功能，实现“平安吉祥”的雕刻艺术主题。

这块栏板两侧与望柱接榫处的轮廓线是垂直的，根据它的这一特点对它原来在桥上的位置提出了有力依据。因为桥面自两端起点是圆和的弧线坡度，仅到了桥的顶端有一段呈水平的，那么安置在桥上有弧度的位置上的栏板的两侧面必有斜度，只有安置在桥的水平一段的栏板的两侧面与望柱相交的轮廓线才是垂直的，这是必然的道理。同时，它被掘出的位置是在桥下中部，因此推测这块饕餮栏板原是安置在桥面正中间的栏板。

注：

①菡萏(hàn dàn)：荷花菡萏，荷花的别称。属睡莲科多年生水生草本植物。又称莲花、水芝、水华、水芙、水旦、水芙蓉、泽芝、芙蕖、玉环、六月春、中国莲，古称芙蓉、菡萏、芙蕖。原产亚洲热带和温带地区。除中国外，日本、苏联、印度、斯里兰卡、印度尼西亚、澳大利亚等国均有分布。荷花是中国十大名花之一，也是印度的国花。荷花是圣洁的代表，更是佛教神圣净洁的象征。

②龙是中国神话中的一种善变化、能兴云雨、利万物的神异动物，传说能隐能显，春分时登天，秋分时潜渊。又能兴云致雨，为众鳞虫之长，四灵(龙、凤、白虎、玄武【龟】)之首，后成为皇权象征，历代帝王都自命为龙，使用器物也以龙为装饰。《山海经》记载，夏后启、蓐收、句芒等都“乘雨龙”。另有书记“颛顼(zhuān xū)乘龙至四海”、“帝喾(ku)春夏乘龙”。前人分龙为四种：有鳞者称蛟(jiāo)龙；有翼者称为应龙；有角的叫虬(qiu)，无角的叫螭(chī)。上下数千年，龙已渗透了中国社会的文化，除了在中华大地上传承以外，还被远渡海外的华人带到了世界各地，在世界各国的华人居住区或中国城内，最多和最引人注目的饰物仍然是龙。因此，“龙的传人”、“龙的国度”也获得了世界的认同。龙是华夏民族的代表，龙代表吉祥如意，是中国的象征。

③饕餮(tāo tiè)，是传说中龙的第五子，是一种存在于传说、想象中的神秘怪兽。古书《山海经》介绍其特点是：其状如羊身人面，其目在腋下，虎齿人爪，其音如婴儿。在古代器物和现代游戏、小说、漫画、影视作品中均有相关形象。曹禺《北京人》第一幕：“而且他最讲究吃，他是个有名的饕餮，精于品味食物的美恶。”“饕餮”是中国古代传说中的神兽，它最大特点就是贪吃，而且特别能吃，据说一口能喝干五湖四海的水。在此，每当洪水威胁到赵州桥时，饕餮便能吞掉洪水，使赵州桥能安然无恙。

2.饕餮栏板之二，隋代，一级文物(见图7-3-2，图7-3-3)

这块栏板比较完整，长220厘米，宽90厘米。上为半圆形寻杖，下为长方形地栿，地栿表面刻交错的斜钻纹，中间的华板正、背两面均雕刻龙头，形似饕餮，两旁并雕刻波涛花叶，其雕刻主题内容与饕餮栏板一相同，但画面迥异，大致相同却不尽一致。栏板断面无收分，与望柱接榫处的轮廓线垂直，栏板正面上下约有1厘米的倾斜度。据此推测其在桥面上的位置与饕餮栏板一相同，分列桥中央两侧。

3.绞龙栏板，隋代，一级文物(见图7-3-4，图7-3-5)

这块栏板仅缺一小角，长228厘米，宽87厘米。上为半圆形寻杖，下为长方形地栿，地栿表面刻交错的斜钻纹，中间的华板正面雕两条龙相交，龙头相背，后脚着地，好像奋力向前奔走之状。尾细长，从后脚间绕出。右边一龙口中吐出卷花，犹如波浪的形状。背面刻两龙相绞，相背而驰，成一“绞索”形状，两龙的臀部蹲在地上，两腿相撑于地，与张嘉贞大石桥铭中所描写的“蟠绕拏踞”恰相吻合。

图 7-3-2-(1) 饕餮栏板之二(正面)

图 7-3-2-(2) 饕餮栏板之二(背面)

图 7-3-3 饕餮栏板复原图

图 7-3-4-(1)　绞龙栏板(正面)

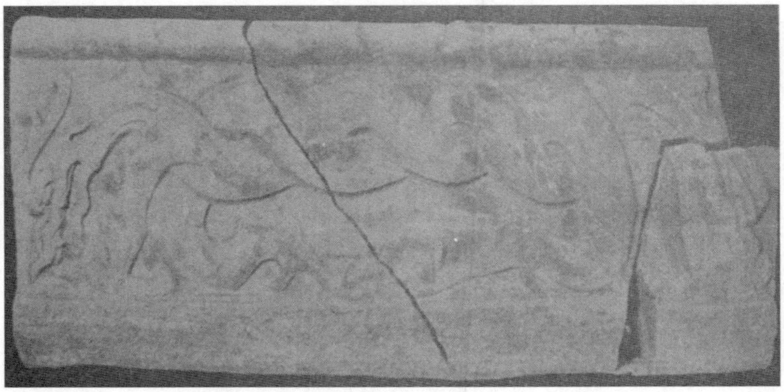

图 7-3-4-(2)　绞龙栏板(背面)

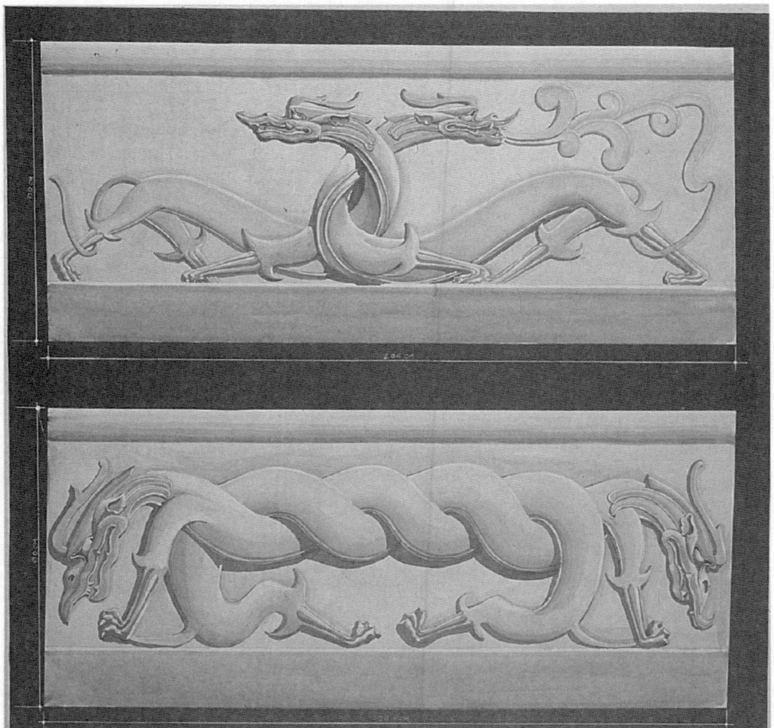

图 7-3-5　绞龙栏板复原图

4.蛟龙栏板一,隋代(见图7-3-6,图7-3-7)

栏板长228厘米,宽87厘米,正面雕刻两龙钻穿栏板,构思巧妙,乍看去好像已经钻了过去。龙头相背,前脚互相推拏,后尾紧贴板上,好像在奋力钻穿的形状,两龙全身都刻鳞甲;背面刻两龙相绞,形状与绞龙栏板相同,但龙身少绞了一圈。最妙的是两条尾巴与两只脚相交,组成了像兽面的形状,极富装饰性。

图7-3-6-(1) 蛟龙栏板一(正面)

图7-3-6-(2) 蛟龙栏板一(背面)

图7-3-7 蛟龙栏板一复原图

5.蛟龙栏板二,隋代,二级文物(见图 7-3-8,图 7-3-9)

此块栏板仅存约三分之一,长 108 厘米,宽 89 厘米。正面刻一龙从栏板内钻出,头转向中心,虽然只剩下一条龙,但可以看出,整块栏板是两龙相向的,与蛟龙栏板一的龙头相背。背面亦是两龙相绞,姿态与第 3、4 号栏板相同。栏板正面的龙身刻有鳞甲,背面的龙身未刻鳞甲,与望柱接榫处约有 5 厘米的倾斜度。

图 7-3-8-(1)　蛟龙栏板二(正面)

图 7-3-8-(2)　蛟龙栏板二(背面)

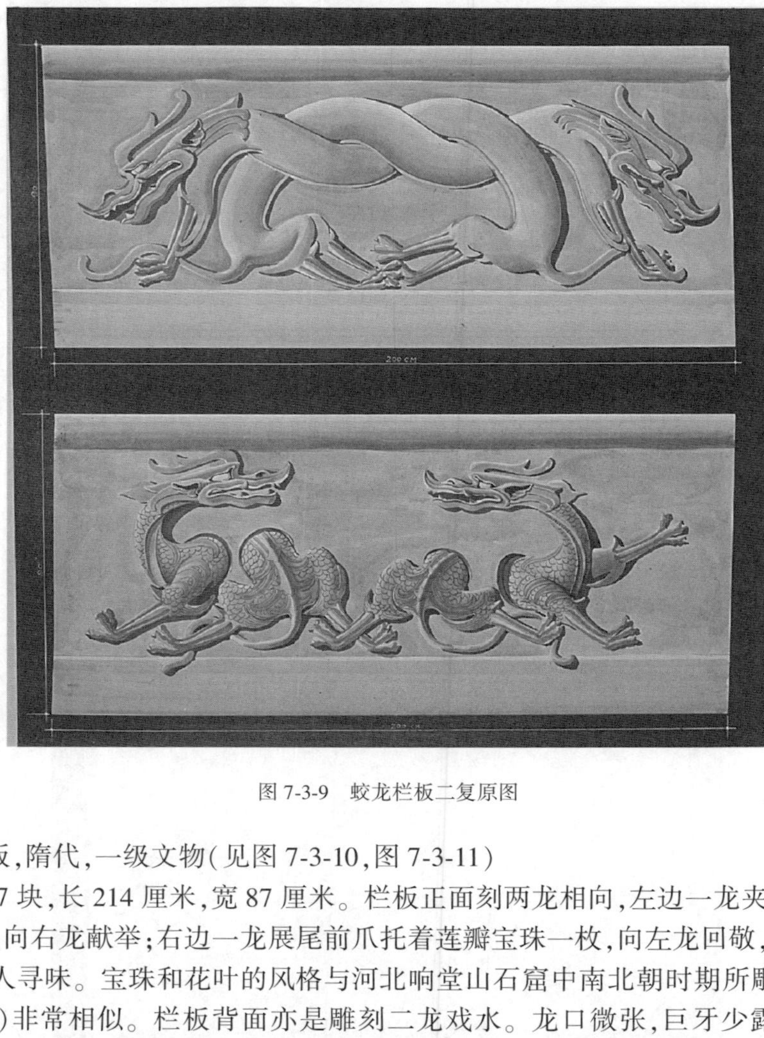

图 7-3-9　蛟龙栏板二复原图

6.龙托花珠栏板,隋代,一级文物(见图 7-3-10,图 7-3-11)

此栏板已断为 7 块,长 214 厘米,宽 87 厘米。栏板正面刻两龙相向,左边一龙夹尾前爪持着荷叶、菡萏、卷叶、飘带一束,向右龙献举;右边一龙展尾前爪托着莲瓣宝珠一枚,向左龙回敬,二龙相向戏斗,细节真实,画面生动,耐人寻味。宝珠和花叶的风格与河北响堂山石窟中南北朝时期所雕刻的宝珠、花叶(见图 7-3-12,图 7-3-13)非常相似。栏板背面亦是雕刻二龙戏水。龙口微张,巨牙少露,龙眼椭圆,眼珠光滑,似能转动,双龙对视,极为传神;腮旁刻龙须一撮,末梢四卷,颈上一簇鬃毛,末端尖俏,龙角微曲,龙耳后背，内壁有叶脉状弧线，倍觉逼真；二龙身上皆无鳞甲，刀法细腻圆润，整体轮廓尽用曲线，极富动感；足分三爪，刻工精细，刚劲有力。前后腿及身子都钻入了栏板内，似乎二龙浮沉于水层，二爪外露，二爪内藏于水，好像在水下相握接。特别是海水的表现手法，技艺高超异常。水面无一水波线条，却给人以荡漾之感觉。其因出于龙身不全绘出，前不见双足，腰部未画，后足、龙尾间断，成为空白，但毫无龙身断裂之惑，反而觉得虬龙是在碧波中自由漩荡，局部被水淹没。空白处石面随虬龙的动态，或鼓凸，或低洼，表现了海水波涛汹涌之状。用这种虚实相间的手法，逼真地表现了双龙戏水的生动情景。正背二面两龙相向，互相注视的神情，与张嘉贞大石桥铭中所描写的“睢盱翕欻”恰相符合。

荷就是象征“合”是团圆平安的意思。

飘带寓意守望、祈祷、祝福、庆祝节日。

图 7-3-10-(1)　龙托花珠栏板(正面)

图 7-3-10-(2)　龙托花珠栏板(背面)

7.奔龙栏板，隋代，一级文物(见图 7-3-14，图 7-3-15)

栏板长 231 厘米，宽 87 厘米。正面雕刻一条向前奔跑的龙，头部忽然向后弯曲，好像正在向前奔跑时，忽然遇到有什么东西似的，头往后曲，前爪张弛着，身上满刻鳞甲，水波，前胸着地，后尾腾空，姿态雄劲，尚保存有汉代四神之中“青龙”的意味。龙的尾间之上下雕有花叶纹大、小二组；背面雕刻两龙相交，转头相向,怒目凝视,是张嘉贞大石桥铭中所描写的"睢盱翕欻"的又一实物。与望柱接榫处约有5厘米的倾斜度。

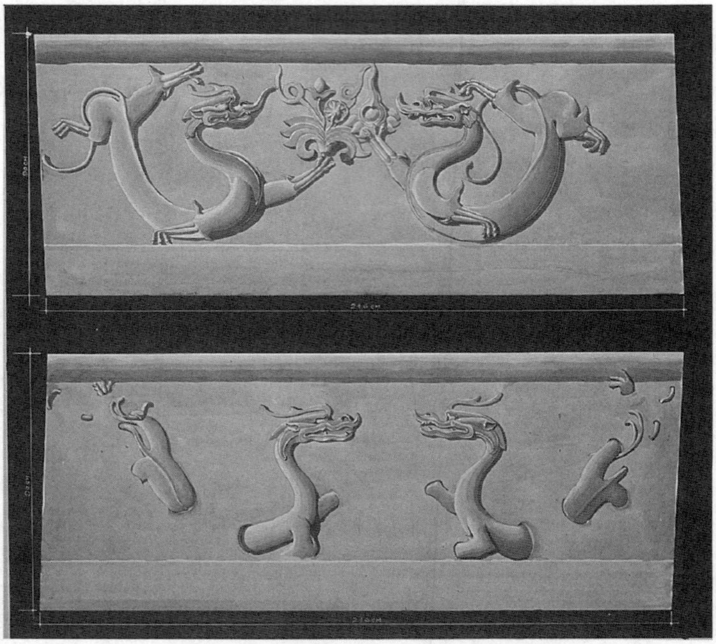

图7-3-11　龙托花珠栏板复原图

图7-3-12　北响堂山第七号窟雕饰(南北朝)

图7-3-13　北响堂山第三号窟雕饰(南北朝)

8.二龙戏珠栏板,隋代,二级文物(见图7-3-16,图7-3-17)

栏板长229厘米,宽86厘米。与望柱接榫处约有6厘米的倾斜度。

正面雕刻二龙相向凝视,前胸着地,后尾腾空,左右二龙各伸前腿用上爪擒掐一饕餮,另一腿互相抓握,其下二爪握执一下垂的飘带、莲花宝珠。背面亦刻两龙相向,姿态与正面相似,左龙藏尾,右龙露尾,各用一前腿共同擎执一飘带、莲瓣宝珠,互相凝视,有似后来"二龙戏珠"的意味。

相传,天池山中有个深潭,有两条青龙在此修炼,它们关心附近百姓的疾苦,时常行风播雨,使百姓们过着衣食无忧的太平日子,两条龙也备受人们的爱戴。天池潭也是天宫仙女们洗澡的地方,每当月洁风清时,仙女们就到这里洗澡嬉戏。一次,仙女们在池中正洗得尽兴,一个浑身长毛的怪物猛扑过来,对裸身的众仙女进行调戏，她们高呼求救。两条青龙听到呼救声，立即披甲持械奔向天池潭，见是一只熊怪正在撒野，二龙齐心英勇奋战，熊怪战败被擒。

图 7-3-14-(1)　奔龙栏板(正面)

图 7-3-14-(2)　奔龙栏板(背面)

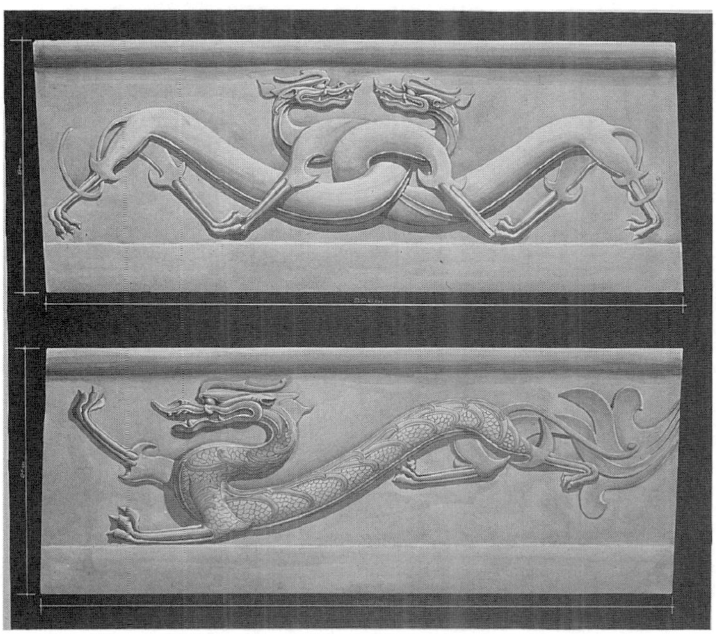

图 7-3-15　奔龙栏板复原图

众仙女把青龙搭救之事,告诉给了王母娘娘。王母一时善心大发,从宝葫芦里取出一颗金珠,给青龙送去,让它们早日修炼成功。金珠只有一颗,它们谁也不想独吞下去,你让给我,我推给你。推来让去,一颗金珠在二龙之间蹿上跳下,金光闪闪。时间一长,此事惊动了玉皇大帝,忙派太白金星下凡查看。

太白金星视察后,把两条青龙潜心修炼,心地善良,讲义气的品德对玉帝汇报了一遍。玉帝也受感动,便又取出一颗金珠给青龙送去。于是,它们各吞下一颗金珠,都成了掌管百姓命运的天神。

图 7-3-16-(1)　二龙戏珠栏板(正面)

图 7-3-16-(2)　二龙戏珠栏板(背面)

图 7-3-17　二龙戏珠栏板复原图

9.蛟龙栏板,隋代,二级文物(见图7-3-18)

1979年在对赵州桥基础科学勘探时,于南探坑内桥基西南角下意外发现蛟龙栏板一块,栏板上长74厘米,下长115厘米,只是一般隋代龙栏板的一半;栏板深浮雕鳞甲蛟龙,两龙相缠,龙头斜下,口中吐出波浪式的卷花,精细生动,刚劲有力。

图7-3-18-(1) 蛟龙栏板(正面)

图7-3-18-(2) 蛟龙栏板(背面)

10.斗子卷叶栏板之一,隋代,二级文物(见图7-3-19)

栏板长217厘米,宽87厘米。正背两面均同样雕刻,即在寻杖之下刻一大斗,大斗之下刻人字形栱,但把人字形栱加一变化,使之成为三瓣卷叶,卷叶之下刻出枋子一根,即宋代营造法式勾栏所称的"盆唇",盆唇以上打磨光洁,盆唇以下则打斜格钻纹,与大券石及此桥其他桥石钻纹相同。最下为长方形地栿,地栿表面刻交错的斜钻纹。与望柱相接处有约3厘米的倾侧度。

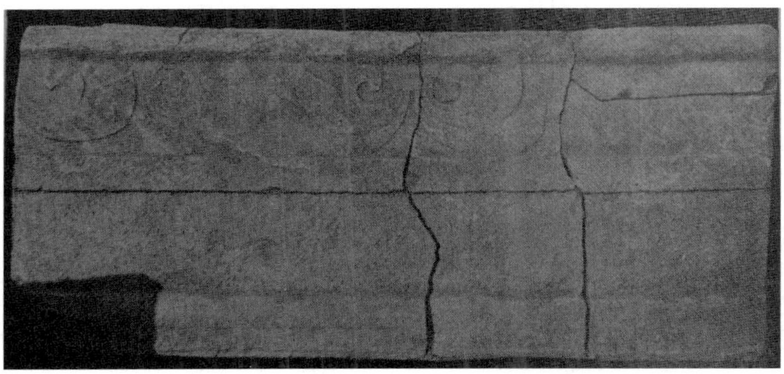

图7-3-19 斗子卷叶栏板之一

11.斗子卷叶栏板之二,隋代,二级文物(见图7-3-20)

此栏板与栏板10为同一类型,寻杖之下正中刻斗,斗下刻人字卷叶,卷叶下刻"盆唇",盆唇以下满打斜格钻纹。但斗子卷叶板的高度较前者低6厘米,钻纹板的厚度亦较前者厚3厘米,人字形卷叶四瓣,较前者多一瓣,卷叶形式细长,最下一瓣往回反卷,由斗中心至两端的距离,为92厘米,若加倍计算则为1.84米,较10斗子卷叶栏板相差了29厘米。与望柱相接处有约3厘米的倾侧度。此类斗子卷叶栏板无完整的,存一半以上的有两块,半块的有两块,残破小块有八块。

12.龙门石,隋代(见图7-3-21)

这块主拱石从桥下东侧出土,高96厘米,上宽108厘米,下宽105厘米,厚30.5厘米。拱石正面刻一束莲花瓣,上侧刻三条起线,两侧各有两个安装腰铁的银锭榫槽,这榫槽的腰铁是使其与相邻拱石相连接的。下口刻有交互钻码,刀法与斗子卷叶及龙栏板的手法很相同。看它的尺寸恰好与桥上原有的券脸石相符,推断它应是建桥时原有的"龙门石"。根据文献记载该桥西侧五道拱券曾于明末崩塌,于清代乾隆年间重修,而现在桥西侧立面所存的浮雕兽面螭首的龙门石可能是后期补配的。但从雕刻技法上看,兽头的角、发繁冗,线条较臃肿,与饕餮栏板的浮雕迥异,也证明它不是建桥时的原物。同时该桥安置正中的一石栏板是刻饕餮纹栏板,龙门石的位置也在桥正面的正中面上。在相邻的垂直面上上下两个构件都用同样的兽面雕饰,未免意义重复。因此,推测当初桥上龙门石的原物很可能是这块束莲雕刻。

图 7-3-20　斗子卷叶栏板之二

13.主拱石(见图 7-3-22)

经过发掘,获得大量主拱石,经测量,拱石高 100 厘米左右,厚约 30 厘米,上宽 108 厘米左右,下宽 105 厘米不等。拱石大小、宽窄不一,主要是为满足砌筑弧形变截面拱的需要而刻制的。拱石由宽而窄地向上垒砌,形成少量"收分"的局面,获得了防止拱券外倾变形的效果。

在各块拱石的毗邻面,琢平磨细,刻出精细的对称斜钻纹,使接触面增大摩擦,有力提高抗剪力。

各块毗邻的拱石用双银锭形腰铁连接(两侧、顶部各用两块),以增加主拱的横向拉力。

图 7-3-21　龙门石

图 7-3-22　主拱石(隋代)

14.天马栏板,五代,三级文物(见图 7-3-23,图 7-3-24)

栏板残长 160 厘米,宽 87 厘米。正面雕刻一飞马,飞腾半空,两前腿向前急扑,后腿拉成水平,尾巴平直,马腹下托着浮云 3 朵,表现出飞腾凌空的姿态,寓意"天马行空,独来独往",浮云云头还带有唐代的风格。栏板背面雕刻一走马,神情温顺,雕刻线条柔和圆润,与前面所选的雕龙栏板,在表情和雕刻手法上已有很大的差别,显然是两个时代的作品。唯马头已缺,在马头的断面上,有小石榫两个,看去是拼接的榫头,不是与望柱相接的。与望柱接榫处有约 6 厘米的倾侧度。

马在中华民族的文化中地位极高,具有一系列的象征和寓意。

图 7-3-23-(1)　天马栏板(正面)

图 7-3-23-(2)　天马栏板(背面)

图 7-3-24　天马栏板复原图

15.凤凰栏板,五代,二级文物(见图 7-3-25)

栏板残长 145 厘米,宽 87 厘米。正面正中雕刻一斗子卷叶拱,在人字形卷叶下刻“盆唇”,盆唇下面刻一飞翔的凤凰,凤凰后面刻山石,好像是凤凰由山间飞起。雕刻凤凰图案的线条柔和圆润,与图 7-3-23 天马栏板上马的风格相似。山石的形式还保存着“如斧劈,似冰裂”的手法。背面正中刻斗子卷叶,卷叶下刻盆唇,盆唇下部无其他雕刻。在斗子卷叶的左面刻有一段文字,字迹清晰,题为“在州南城厢,故通引高贵妻王氏,施此勾栏一间,合家同增福寿。”(见图 7-3-26)据考证,通引为官名,只见于五代史,五代以后未见此官名。字的笔法亦为唐末的风格。此栏板亦缺去一部分,现在所存约占全长的 1/2 强。

图 7-3-25　凤凰栏板

图 7-3-26　栏板题记

龙、凤凰、麒麟、龟合称“四灵”,在中国古代被人们视为最大的神物、灵物和吉祥物,其形象常常出现在古代建筑物的装饰摆设中。

16.象树栏板,宋代,二级文物(见图 7-3-27)

栏板残长 130 厘米,宽 87 厘米。上为用斗承托的半圆形寻杖,斗下刻一枋子,枋子与地栿之间的华板浮雕图案,右侧树立一棵参天大树,树下有两个仙人乘凉;左侧有一只聪明的大象竟然攀爬到巨石顶上采摘大树的叶子吃,画面生动形象。

图 7-3-27　象树栏板

在中国传统文化里,因为“象”与“祥”字谐音,所以,大象被赋予了更多吉祥的寓意,并据此设计出了很多吉祥物,诸如太平有象,吉祥如意,万象更新等等。

17.布施栏板,金代(见图 7-3-28)

栏板正面雕刻一柳树,树下站一人。此种栏板与以前的各种栏板尺寸,大小不相同,形式也异样,约有 50 厘米高;背面也无雕刻,平置地上,有似一凹字形,亦没有栏板与望柱相接的痕迹,可能是无望柱的低栏。此种栏板共发现三块,其中一块有“本州西关刘阜等众开店维纳,另施勾栏二间,大定二年四月,黄山石匠杨志造”等字样。查大定年号有三,一是南北朝后梁宣帝年号;二是南北朝北周静定年号;三是金世宗年号;前二种年号是在赵州桥修建之前,则必是金代年号(公元 1164 年)无疑。

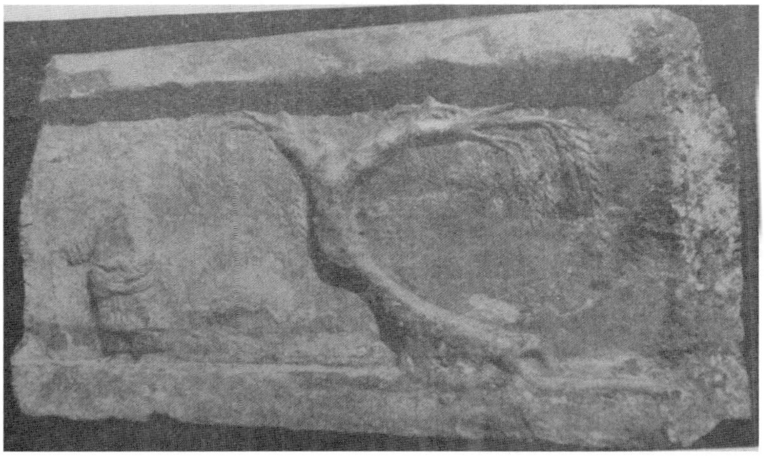

图 7-3-28　布施栏板

18.麒麟栏板,宋代,三级文物(见图 7-3-29)

栏板已残,长 173 厘米,宽 80 厘米。只剩下地栿之上的华板部分雕刻一飞奔的麒麟,形象生动,栩栩如生。

图 7-3-29　麒麟栏板

麒麟,瑞兽。亦作"骐麟",是中国古代传说中的一种动物,与凤、龟、龙共称为"四灵"。

19.人物生活栏板,宋代,三级文物(见图 7-3-30)

栏板长 190 厘米,宽 87.5 厘米,厚 27.5 厘米。正面只刻出寻杖、枋子、地栿的轮廓,华板浅浮雕"仙人骑鱼"等人物生活图案。背面除刻出寻杖、枋子、地栿的轮廓外,无其他雕饰。

图 7-3-30-(1)　人物生活栏板(正面)

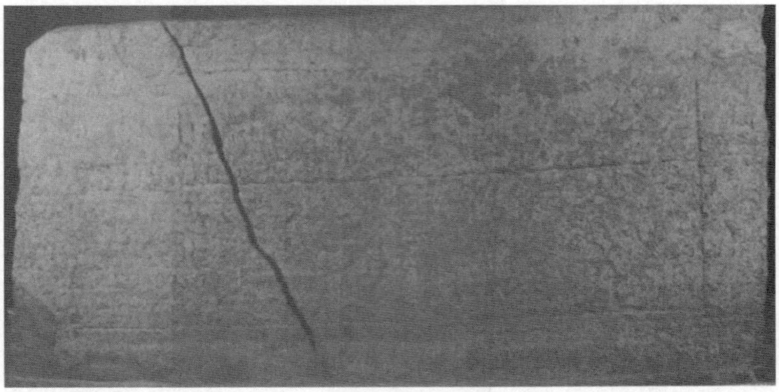

图 7-3-30-(2) 人物生活栏板(背面)

20.故事栏板一,明代,三级文物(见图 7-3-31)

栏板长 183.5 厘米,宽 78.5 厘米,厚 24 厘米。上为方寻杖,用四个翻卷的荷叶墩承托,其下为华板,寻杖与枋子间镂空,华板分为四格,浮雕梅、兰、竹、菊"四君子"(魏国信陵君魏无忌、楚国春申君黄歇、齐国孟尝君田文、赵国平原君赵胜)的人物故事。

栏板背面浮雕明月下山间卧着一只山羊,回首仰视明月,呈"卧羊月夜"图案。这类栏板可能是明代翟汝孝增崇故事形象的栏板。

羊,即祥也。古代宫廷中小车多称羊车,即取意吉祥。

图 7-3-31-(1) 故事栏板一(正面)

图 7-3-31-(2) 故事栏板一(背面)

21.故事栏板二,明代,三级文物(见图 7-3-32)

此块栏板长 186.5 厘米,宽 77 厘米,厚 22.5 厘米,正背面雕刻“司马光砸缸”、“三顾茅庐”、“孔子问礼”等人物故事。

图 7-3-32-(1) 故事栏板二(正面)

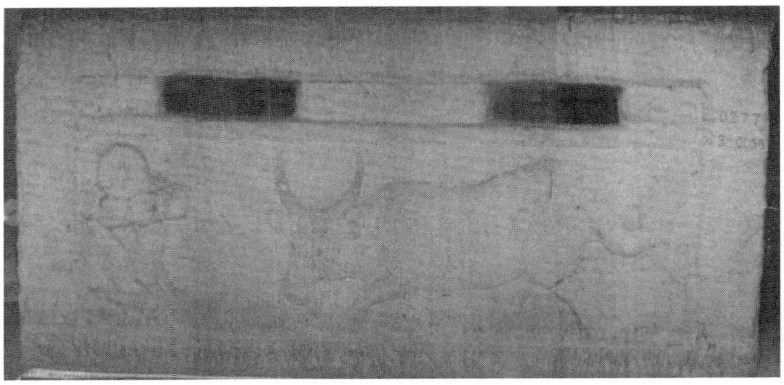

图 7-3-32-(2) 故事栏板二(背面)

司马光砸缸

司马光字君实,陕川夏县人。出生于宋真宗天禧三年(公元 1019 年),当时,他的父亲司马池正担任光州光山县令,于是便给他取名“光”。其父亲曾任天章阁待制(宋代官名),司马光深受其父影响,自幼便聪敏好学。据史书记载,司马光非常喜欢读《左传》,常常“手不释书,至不知饥渴寒暑”。七岁时,他便能够熟练地背诵《左传》,并且能把二百多年的历史梗概讲述得清清楚楚,可见他自幼便对历史怀有十分浓厚的兴趣。

此外,有一件事使小司马光闻名满九州,这就是流传至今“司马光砸缸”的故事。有一次,司马光跟小伙伴们在后院里玩耍,捉迷藏。院子里有一口大水缸,有个小孩爬到缸沿上玩,一不小心,掉到缸里。缸大水深,眼看那孩子快要没顶了。别的孩子们一见出了事,吓得边哭边喊,跑到外面向大人求救。司马光想了想,急中生智,从地上捡起一块大石头,使劲向水缸砸去。“砰!”水缸破了,缸里的水流了出来,被淹在水里的小孩也得救了。小小的司马光遇事沉着冷静,从小就是一副小大人模样。

三 顾 茅 庐

东汉末年,天下大乱,各路人马互相攻伐,连年征战。刘备胸怀大志,欲建立一番功业。

当时有一位名士叫诸葛亮(字孔明),隐居在隆中卧龙一带,人称“卧龙先生”。刘备听谋士徐庶说诸葛亮很有才能,便带结义兄弟关羽和张飞,亲自去隆中拜访他,想请他出山帮助自己完成统一大业。

可是他们来到诸葛亮的草屋时却没能见到他,兄弟三人不由得失望而返。不久,刘备又带着关羽和张飞,冒着风雪第二次来到诸葛亮的草屋,没想到还是没能见到他,刘备只好留下一封书信,表明自己的诚心,想要邀请诸葛亮出山,共同拯救国家危难。又过了些日子,刘备吃了三天素,沐浴更衣后,准备再次去拜访诸葛亮。关羽却说:“诸葛亮也许只是徒有虚名,未必有真才实学,不去也罢。”张飞也说:“不如直接将诸葛亮拿绳子捆来。”刘备责备了两人一顿,又带着他们第三次来到诸葛亮的草屋。这次诸葛亮正在睡觉,刘备不敢打扰,于是和两个兄弟等候在外面,直到诸葛亮醒来,三人这才进草屋,真诚地说明来意。

原来诸葛亮早就知道刘备要请他出山,他为了试探刘备的诚意,前两次故意外出不见,这次又假装睡觉。然而刘备并没有放弃,反而一次比一次虔诚,最后终于感动了诸葛亮。从此,诸葛亮尽心尽力地辅佐刘备,建立起蜀国的基业。

孔子问礼

公元前523年的一天,孔子对弟子南宫敬叔说:“周之守藏室史老聃,博古通今,知礼乐之源,明道德之要。今吾欲去周求教,汝愿同去否?”南宫敬叔欣然同意,随即请示当时鲁国的国君。得到鲁国国君的批准后,派遣一辆二马拉的马车,一个书童,一个车夫,由南宫敬叔陪孔子前往周国。

老子见孔丘千里迢迢而来,非常高兴,彻夜长谈之后,带孔丘访大夫苌弘。苌弘善乐,授孔丘乐律、乐理;引孔丘观看祭神之典,考查周国的教育基地和祭祀礼仪,使孔丘感叹不已,获益不浅。在周国呆了数日。孔丘向老子辞行。老子送孔子到当时的宾馆之外,就说:“吾闻之,富贵者送人以财,仁义者送人以言。吾不富不贵,无财以送汝;愿以数言相送。当今之世,聪明而深察者,其所以遇难而几至于死,在于好讥人之非也;善辩而通达者,其所以招祸而屡至于身,在于好扬人之恶也。为人之子,勿以己为高;为人之臣,勿以己为上,望汝切记。”孔丘顿首道:“弟子一定谨记在心。”

到了黄河的岸边,看见河水滔滔,浊浪翻滚,势如万马奔腾,声如虎吼雷鸣。孔丘伫立岸边,不觉叹曰:“逝者如斯夫,不舍昼夜!黄河之水奔腾不息,人之年华流逝不止,河水不知何处去,人生不知何处归?”

闻孔丘此语,老子道:“人生天地之间,乃与天地一体也。天地,自然之物也;人生,亦自然之物;人有幼、少、壮、老之变化,犹如天地有春、夏、秋、冬之交替,有何悲乎?生于自然,死于自然,任其自然,则本性不乱;不任自然,奔忙于仁义之间,则本性羁绊。功名存于心,则焦虑之情生;利欲留于心,则烦恼之情增。”孔丘解释道:“吾乃忧大道不行,仁义不施,战乱不止,国乱不治也,故有人生短暂,不能有功于世、不能有为于民之感叹矣。”

老子道:“天地无人推而自行,日月无人燃而自明,星辰无人列而自序,禽兽无人造而自生,此乃自然为之也,何劳人为乎?人之所以生、所以无、所以荣、所以辱,皆有自然之理、自然之道也。顺自然之理而趋,遵自然之道而行,国则自治,人则自正,何须津津于礼乐而倡仁义哉?津津于礼乐而倡仁义,则违人之本性远矣!犹如人击鼓寻求逃跑之人,击之愈响,则人逃跑得愈远矣!”

稍停片刻,老子手指浩浩黄河,对孔丘说:“汝何不学水之大德欤?”孔丘曰:“水有何德?”老子说:“上善若水,水善利万物而不争,处众人之所恶,此乃谦下之德也。故江海所以能为百谷王者,以其善下之,则能为百谷王。天下莫柔弱于水,而攻坚强者莫之能胜,此乃柔德也。故柔之胜刚,弱之胜强坚。因其无有,故能入于无间,由此可知不言之教、无为之益也。”孔丘闻言,恍然大悟道:“先生此言,使我顿开茅塞也。众人处上,水独处下;众人处易,水独处险;众人处洁,水独处秽。所处尽人之所恶,夫谁与之争乎?此所以为上善也。”老子点头说:“汝可教也。汝可切记,与世无争,则天下无人能与之争,此乃效法水德也。水几于道,道无所不在,水无所不利,避高趋下,未尝有所逆,善处地也;空处湛静，深不可测。善为渊也；损而不竭，施不求报，善为仁也；圜必旋，方必折，塞必止，决必流，善守言也；洗涤群秽，平准高下，善治物也；以载则浮，以鉴则清，以攻则坚强莫能敌，善用能也；不舍昼夜，盈科后进，善待时也。故圣者随时而行，贤者应事而变；智者无为而治，达者顺天而生。汝此去后，应去骄气于言表，除志欲于容貌。否则，人未至而声已闻，体未至而风已动，张张扬扬，如虎行于大街，谁敢用你？"孔丘道："先生之言，出自肺腑而入弟子之心脾，弟子受益匪浅，终生难忘。弟子将遵奉不怠，以谢先生之恩。"说完，告别老子，与南宫敬叔上车，依依不舍地向鲁国驶去。

回到鲁国，众弟子问道："先生拜访老子，可得见乎？"孔子道："见之。"弟子问。"老子何样？"孔子道："鸟，我知它能飞；鱼，吾知它能游；兽，我知它能走。走者可用网缚之，游者可用钩钓之，飞者可用箭取之，至于龙，吾不知其何以？龙乘风云而上九天也，吾所见老子也，其犹龙乎？学识渊深而莫测，志趣高邈而难知，如蛇之随时屈伸，如龙之应时变化。老聃，真吾师也。"

栏板背面雕刻在阳光照射的彩云下，有一只牛正在狂奔的图案。

牛在十二生肖中，是体积最大的，与老鼠正成对比，所以人们在生活中以"鼠"喻小或少，以"牛"寓多或大。

22.饕餮栏板，清代，三级文物（见图7-3-33）

栏板长204.5厘米，宽80.5厘米，厚24厘米。正面四边框内浅浮雕饕餮图案，雕刻刀法、艺术风格与早期饕餮栏板有很大差异。背面刻交互斜钻纹。

图7-3-33 饕餮栏板

23.龙凤栏板，清代，三级文物（见图7-3-34）

栏板长192厘米，宽79厘米。正面四边框内浮雕龙凤图案，画面右侧大山顶上落着一只凤凰正回头眺望，左侧朵朵祥云中有一条巨龙翩翩起舞，向凤凰献媚，画面生动形象。

图7-3-34 龙凤栏板

24.麒麟栏板,清代,三级文物(见图7-3-35)

栏板长202厘米,宽78.5厘米,厚23厘米。正面四边框内浮雕麒麟图案,祥云下的山间刻一麒麟,昂首挺胸,只一爪着地,三腿腾空,飞驰狂奔。

图7-3-35 麒麟栏板

25.狮子栏板,清代(见图7-3-36)

栏板上为荷叶墩承托的方形寻杖,其下刻枋子,枋子与寻杖间镂空,枋子与地栿间的华板浮雕一头飞奔的狮子纵身扑向猎物。

中国人历来把石狮子视为吉祥之物。在中国众多的园林名胜中。各种造型的石狮子随处可见。古代的官衙、庙堂、豪门巨宅大门前,都摆放一对石狮子用以镇宅护卫。直到现代,许多建筑物大门前,还有这种安放石狮子镇宅护院的遗风不泯。石狮子何时走向民间,成为守卫大门的神兽?这种习俗大约形成于唐宋之后。工匠们在大石块上雕刻出狮子、麒麟、海兽等动物,既美观又取其纳福招瑞吉祥寓意。

图7-3-36 狮子栏板

用石狮子摆在大门前有何作用呢?民间流传有四说:其一,避邪纳吉。古人认为石狮子是可以驱魔避邪,所以最早用来镇守陵墓。这种人们心目中的灵兽,也被称作"避邪"。在人们的民俗生活中,石狮子不仅用来守卫大门,还有在乡间路口设立石狮子与"石敢当"有同样的功能,用以镇宅、避邪、禁压不祥和保护村寨的平安。所以,用石狮子来把大门可以避凶纳吉,抵御那些妖魔鬼怪之类带给人们的侵害,表现了人们祈求平安的心理要求。其二,预卜洪灾。在民俗传说中,说狮子有预卜灾害的功能。说如遇有洪水泛滥或陆地沉没等自然灾害,石狮子的眼睛就会变成红色或流血,这是征兆灾害就要来临了,人们可以采取应急避难。在这里石狮子俨然成了灾难的预言家。其三,彰显权贵。古代在宫殿、王府、衙署、宅邸多用石狮子守门，显示了主人的权势和尊贵，如北京天安门前金水河畔两对威风凛凛守卫皇城大门的石狮子就体现了皇权至尊、威震八方神圣不可侵犯的意味。其四，艺术装饰。石狮子还是古代建筑物不可缺少的装饰品。如北京卢沟桥的东端就用两只大石狮镇守栏杆，不仅桥两头华表柱头上刻有石狮子，有的石狮子身上还负藏着几只小狮子。这些石狮有雄有雌，有大有小，活灵活现，穷极工妙，最小的狮子仅有几厘米，不但数目众多，而且隐现无常，所以有“卢沟桥的狮子数不清”这俗语。1962年，北京文物工作者对卢沟桥的石狮子进行编号，终于数清了共有石狮485个。卢沟桥因石狮子而名扬四海，成为建筑艺术的精品。到明清以后的石狮子（雄师）多在爪子下面踏着一个“绣球”，雌狮脚下往往还踩着一个幼狮。民间也有狮子滚绣球的绘画和图案，这无非表示娱乐升平和人间爱恋之象征意义，体现了人们趋向太平祥和的美好愿望。

26.交叶栏板，清代，三级文物（见图7-3-37）

栏板长193.5厘米，宽80厘米，厚23.5厘米。正面四边框内用枋子将栏板分为上下两部分，下部华板分两格，分别刻出各异的一束卷叶，形似祥云。

图7-3-37　交叶栏板

27.深山猛虎栏板，清代（见图7-3-38）

栏板长223厘米，宽75.5厘米，厚23厘米。正面四边框内浮雕深山猛虎图案，右侧刻一只小虎两腿着地，另两腿抬起，昂首注视前方；左侧一只猛虎用前后两腿挺立于两座山巅，另两腿腾空，全身隆起，低头怒视前方，大有威震四海、气吞山河之势，寓意虎虎生威。背面四边框内刻交互斜钻纹。

虎的崇拜应源自楚文化中对虎的图腾崇拜。虎一直受到汉民族的崇拜，是正义、勇猛无畏、威严的象征。据考证，虎的形象在古羌戎族也有出现，但在我国西南地区最为流行。新石器时代良渚文化中的玉琮的兽面和殷商青铜器上的兽面都与虎的形象相似，直到今天我国的彝族、白族、布依族、土家族等民族仍称虎是其祖先。汉代人把虎看作是百兽之王。白虎是500年才能变白的虎，是神物，而且仙人往往也乘虎升天。是镇西之兽。自汉代以后虎一直成为劳动人民喜爱的保护神，而没有成为帝王的象征，经过漫长的历史演化与发展，崇虎的文化意识，已成为中华民族的共同的文化观念。

图7-3-38-（1）　深山猛虎栏板（正面）

图 7-3-38-(2)　深山猛虎栏板(背面)

综上所述,发掘出的栏板石刻图案可分作五类:

第一类为龙头及各种形式的奔龙、蛟龙、绞龙等(栏板 1~8)。此类栏板,石质青白,断面呈下丰上锐状,龙的形态非常生动有劲,与南北朝时期玉器雕龙形象极为相似,较汉代壁画青龙和汉画像石上所刻的青龙的风格相去不远。两龙所捧火珠与隋代佛像装饰和响堂山石窟中所雕刻的火珠风格相似。从断面轮廓看,早期龙栏板具有上窄而下宽的特点,栏板两端有直立的凸榫与望柱相接。从雕刻技法看,早期龙栏板不仅是圆到熟练,而且细部多变化,具有一般古典作品中"形象相似,但又不尽相同"的意味。最足以说明唐代张嘉贞《石桥铭序》中所描写的"其栏槛蕐柱,锤斫龙兽之状,蟠绕拏踞,睢盱翕欻,若飞若动"的神情。因此这 7 块雕龙栏板应是隋代原物。

第二类栏板(栏板 9)石质与第一类雕龙栏板极相似,断面同样呈下丰上锐状,两面均雕刻成斗子卷叶栱,即在栏板正中雕一个斗,斗下刻人字形栱,但把人字形雕刻成为卷叶形式。人字形栱在木结构上本来是有支承上面的力量作用的,但在此石栏上已成了纯装饰,所以把它美化一下,也是合乎情理的。人字栱自唐朝以后已不得见,如此形式刻在石上的还有天龙山第九窟下小洞门的上方正中,亦是正中一个斗,斗下人字栱,栱端亦反卷,此窟为隋代窟(见图 7-3-39)。因此这种斗子卷叶栏板亦应是隋代原物。

图 7-3-39　天龙山石窟第九窟中的斗子卷叶雕饰(隋)

另外(栏板 10)斗子卷叶栱与第一类斗子卷叶栏板形式基本相同,只人字形卷叶细长,卷叶变为四瓣,石料亦青白。同样是隋代原物。这些栏板充分体现了古朴典雅、浑厚遒劲、矫健俊逸的隋代石雕风貌。

第三类为雕刻马和凤凰的栏板,以及斗子细长卷叶的栏板,计有刻马栏板一块,刻凤凰、山石、上刻斗子卷叶的栏板一块,按飞马腹下的云头和天马的火焰纹的手法看,已较隋唐时代风格稍逊,石质灰白,与前述雕龙栏板两样,但雕刻手法亦甚流畅有力。从一块雕刻凤凰栏板背面铭记中"通引"官名,及字的笔法，均可推为五代之物。而此块栏板与飞马栏板的石质相同，高低、厚薄尺寸一致，因此，此二块栏板应同是五代原物。

第四类栏板的形式与年代已见前述，并且有年代题字，为金代遗物，没有问题。至于这种栏板为什么在尺寸与形式上有如此大的差别，第一个推测即是在金代的时候，此桥栏杆可能已全部无存，不然绝不会做成相差一倍高的栏板的。金代曾在赵县西门外重修了小石桥，当时可能对赵州桥亦有过较大的修理。这种小栏板都是从桥面拆出，没有从河床中挖出者。因此另外一种推测，这是配在桥的两端桥台引道上的栏板，故高度显得很小。

第五类栏板为明清两代的故事栏板和龙、凤、瑞兽、交叶栏板，其风格、尺寸、形式与早期栏板有很大差别。

发掘出来和现存的栏板，一共可分作 5 种类型和 5 个时代，一是雕龙栏板及斗子卷叶栏板属于隋代原物。二是雕马、凤凰及斗子卷叶的栏板为五代或宋补配遗物。三是金代布施栏板。四是明代故事栏板。五是清代的龙、凤、瑞兽、交叶栏板。

二、望柱和石狮子

1955 年到 1958 年共挖掘出望柱残件 33 段，其中有整的，有大半段的，有小半段的，有望柱头。可把它们分作 4 类，其中有一类，年代较早，雕刻制作精美，历史及艺术价值较高。有一类很粗陋，年代亦晚，历史艺术价值低。

1.望柱之一、二、三（见图 7-3-40）

正面刻出复盆，复盆正中有榫眼，可能是安狮子的。在复盆下，刻一大斗，斗得右侧刻出三道向右伸延的曲线，大斗之下刻一蟠绕的坐龙，龙身刻鳞甲，雕工极为精细，手法与雕龙栏板一致，在龙的头部下面横列着一条枋子似的东西，大斗下面所刻的曲线，可能是延伸与栏板相接的。背面与正面相同，但龙身未刻鳞甲。在望柱的侧面凿出凹入的卯，以嵌入栏板的榫头，在卯的周围隐刻出与栏板接触的轮廓线，此条轮廓线上下垂直，厚 11 厘米，与雕龙栏板的侧面恰相吻合。坐龙的下面有地栿一层，与栏板地栿相接。柱下有圆榫，直径 22 厘米，恰好可安入仰天石圆卯内。与正定隆兴寺佛香阁大佛须弥座上的门柱形式相似，但在姿态的雕刻手法上较此一龙柱则相差很远。按正定隆兴寺大佛须弥座为宋代遗物，与此比较相去已晚，在雕刻风格上自然是有不少变化的。下宽 32 厘米，每侧有 1 厘米收分，与饕餮栏板的倾侧适相吻合。

望柱之一　望柱之二　望柱之三　望柱之四

图 7-3-40　望柱

2.望柱之四（见图 7-3-40）

柱顶为一半圆覆盆，上有断去痕迹，其上可能即是宝珠头，覆盆之下刻一大斗，斗的右边亦有曲线纹，斗底两旁各刻斜曲线，分向左右，与横枋相交，成为喇叭状，如宋代营法式勾栏中所说的“撮项”横枋，亦与栏板盆唇相接，横枋之下刻短促的竹节文两节，其下即是与地栿相接的横枋。柱脚亦有榫头一个高12厘米，径16厘米。背面亦与正面相同。但无与栏板盆唇相接的横枋，竹节增为三节，其高等于正面两竹节加横枋之高。柱的两侧刻榫卯槽，为嵌栏板榫头之部位，卯槽周围刻出与栏板侧面相接的轮廓线，上端宽10厘米，下端宽16厘米，上小下大，与一般龙栏板的侧面相符合，(柱头正面上顶宽25厘米，下端宽3.05厘米)上小下大，每面有2.75厘米的斜收。

中国传统中，竹子象征着生命的弹力、长寿、幸福和精神真理。竹，秀逸有神韵，纤细柔美，长青不败，象征青春永驻，年轻；春天(春山)竹子潇洒挺拔、清丽俊逸，翩翩君子风度；竹子空心，象征谦虚。品格虚心，能自持；竹的特质弯而不折，折而不断，象征柔中有刚的做人原则，凌云有意、强项风雪、偃而犹起；竹节毕露，竹梢拔高，比喻高风亮节，品德高尚不俗；生而有节，视为气节的象征。“竹子节节高”的说法象征人生事业发展顺利，一步比一步高。

竹子纹是我国喜闻乐见的传统吉祥图案，也是明清古玩、家具常用吉祥图案。取竹不刚不柔、滋生易、成长快等特点，寓意子孙众多。竹常与梅、兰、菊一起作为装饰图案，并称为四君子，比喻气节高尚，品性正直。

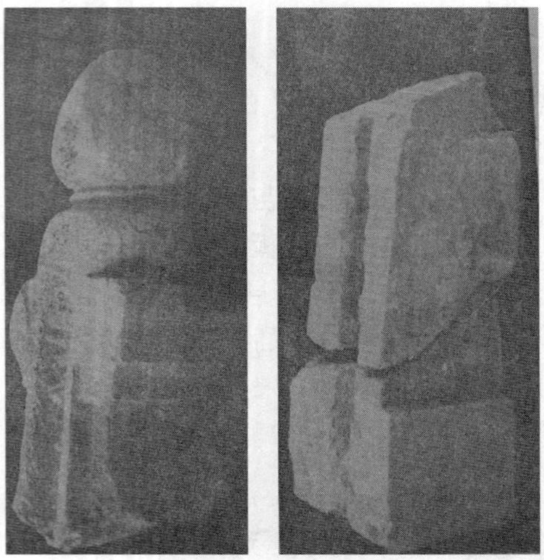

望柱之五(上端)　望柱之五(下端)

图7-3-41　望柱

3.望柱之五(见图7-3-41)

该望柱为一折断了的望柱，但“断线”还能拼凑，尚是一根比较完整的望柱。此望柱上端为一宝珠头，宝珠下有券一层，券下为半圆复盆，复盆下刻出大斗，斗下斜杀如喇叭状，喇叭口以下至地栿皆打为平面，正背两面皆相同，柱的两侧流出卯槽，与栏板相衔接。(正面上端宽26厘米，下端宽20厘米，每边有1厘米收分。)此一望柱，甚是简洁，打磨亦甚细致。其余一类，打制粗糙，形式比例都不规则，无可取者，故不介绍。

以上三种望柱的年代，大约可分为两个时期：一是雕龙望柱，其雕刻手法与雕龙栏板相同，尤其是侧面接榫的轮廓，恰好是与龙头栏板相吻合的，应该是与雕龙栏板属同时代物。二为竹节望柱，其侧面接榫处亦能与雕龙栏板的侧面接榫符合，且其大斗及竹节的雕作均甚工整精细，张嘉贞大石桥铭中的“栏槛蕐柱”，华柱当即指此。三是斗子蜀柱形式的望柱，斗子蜀柱的栏杆屡见唐、五代、辽、宋栏杆中，但皆非整个望柱，依此望柱的形式与制作手法看应是五代宋初遗物。出土的隋代各种望柱及其剖面图见图7-3-42，图7-3-43。

图7-3-42　出土的隋代各种望柱

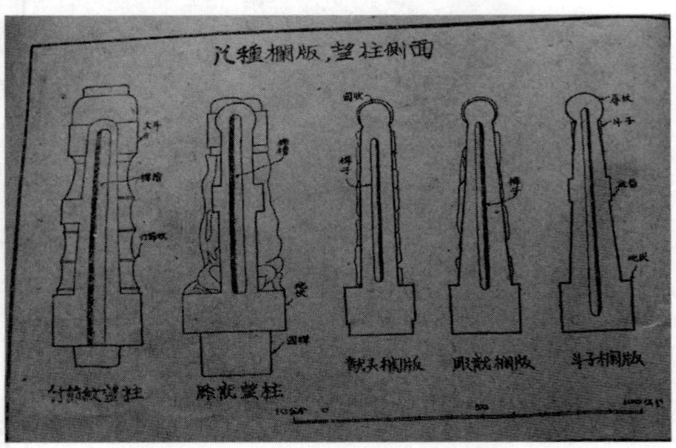

图7-3-43　望柱剖面图

4.狮子望柱头（见图 7-3-44）。

狮子本来是望柱头上的装饰，虽然没有很早的实物，但在宋营造法式石栏杆的望栏头上，即是狮子柱头。宋《营造法式》一书中所规定的各种制度、尺度、作法大多是当时或从前流传下来的做法。因此，在宋代以前即已流行着在栏杆望柱上雕石狮子的做法了。又根据《朝野佥载》所记“赵州石桥其工磨砻密致如削，望之如初月出云，长虹饮涧，上有勾栏，皆石也，勾栏并为石狮子，龙朔中高丽者盗二石狮子去，后复募匠修之，莫能相类者……”龙朔为唐高宗年号，距隋代建桥相距不过五六十年，所说与原建时不致有多大出入的，又以现在发掘出的隋代雕龙望柱之上有安柱头的榫眼来看，赵州桥当时栏杆上装有狮子柱头的可能是极大的。

从桥下曾挖出两个狮子，一个是缺了前腿，自臂部以下已残缺，此狮子，石质青色，与雕龙栏板石质相似，前胸挺出，背部斜直，平刻出鬓卷，嘴角刻一弓月形，雕刻手法亦与雕龙栏板望柱等相似。另一石狮子，石质青紫光润，座子有仰莲座一层，狮子的嘴已缺一部，鬓卷凸起，脚下踏一圆球，球上刻古钱文，雕刻手法较前一狮子较拙，但其座子莲瓣尚是早期风格。前一个石狮可能是唐、宋遗物，后一个石狮可能是金、元遗物。

狮子望柱头一　　狮子望柱头二(正面)　　狮子望柱头二(侧面)

图 7-3-44　狮子望柱头

三、仰天石

仰天石（帽石），即是安置栏板望柱的脚石，在挖出的 52 块中，其中大部分上皮面及前侧面有八瓣莲花形雕饰，两块有十六瓣莲花形雕饰，少数没有雕饰。每块仰天石的上面，刻出承装栏板的仰槽，并有承装望柱的方榫坑，方框之中有圆孔，以安装望柱的圆榫。在仰槽的内侧（即栏杆以内），是人行桥面，所以大多被踩踏光滑。在仰槽之外（即栏杆外），又有夹槽一道，夹槽之外上皮面和侧面隔不多远，有刻八瓣莲花的圆形雕饰，此种圆饰，应是从木结构上的锚钉及锚钉之下的垫板结合起来，并加以装饰美化的。把锚钉和莲瓣形的垫板结合起来，好似一朵落地莲花，此种花形，在山西太原天龙山石窟中的地板上有类似的装饰。这种桥外装饰，增加美感，增强牢固感，而且寓有“步步生莲”之意。

在仰天石外端下侧缺进一部分，缺进深度自 31 厘米到 37 厘米。缺进表面且有较细钻文，似乎是挑出桥身部分，形成“飞边”。

仰天石的宽度自 47 厘米至 91 厘米，长度自 109 厘米至 167.5 厘米，石质青白，雕刻打磨亦极精细古朴，与雕龙栏板、斗子卷叶栏板应同为隋代原物。

且每块仰天石的“下颚”厚度不一，一块特厚至 28.8 厘米，还有二块是没有下颚，下面是全平的，其他石的下颚厚度在 0.7~9 厘米之间，高低不一。可能是侧墙上皮不一定平齐，安装仰天石时，使用以不同厚度的下颚，可令仰天石上皮调整为一圆滑曲线，以满足弧形桥面的需要（见图 7-3-45 至图 7-3-47）。

仰天石一

仰天石二

图 7-3-45　仰天石

图 7-3-46　仰天石三

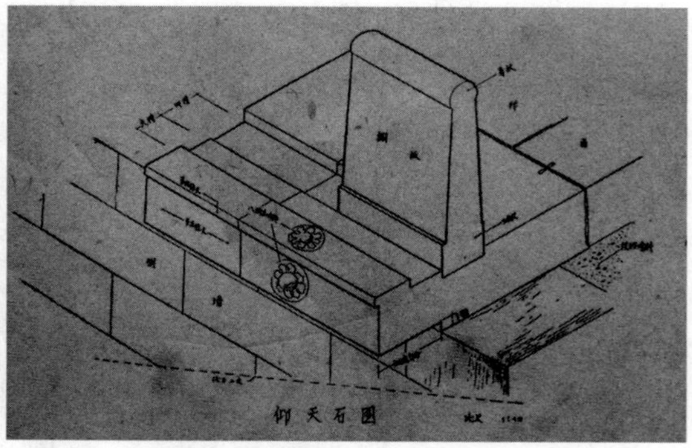

图 7-3-47　仰天石图

第四节　赵州桥券壁刻字抄录

一、北券北壁刻字

口部
题　　凤
员外
桥意诗成
云气
何处口声频坐
三更月行磋万
王尘荒唐不足道
孔氏百口津

千载口口迹阅尽
古　　程涂
騑口口口口割云通
绿口口地绝红尘
如口口口口何须更
问津口口舒城鲍捷

郡
桥
纪口来

至
多我再
津要口口
口口磨
巍巍乎
泰和初
二月书

游石桥偶成　舒城鲍捷
洨河之水清且湃口往征人
急于蚁谁移云根口掌平
穹窿砻密如生成一口长虹
何处堕偃　苍龙　口浒
卧嗟哉溱洧乘舆劳滹沱
舟子频呼招任渠车马纷
于织往口续无病涉百
代奇口谁为镌区区驴迹今
浪口　口口戊寅正月既望

驴迹辨
石桥片石上有驴迹四前有
石坑凹一处世传张果老在此
口驴其坑凹处盖其笠迹也嗟
老乘驴当几前经历处皆
何独立于一石而止果老
果仙必不乘驴乘驴必不至坠
乘驴　　　着地俱有形迹

石桥口隋匠李春果
在口口口隐于中条往来汾
开终于口口往来此桥屡矣
更再无一迹口留于他处耶夫
口间奇巧险怪偶然近似者甚多
此盖石病偶有形似好事者附

李　　　　也口大夫
甘有　　　予于　月

寅春来口是口为赋
晦斋云中口源彦题
架石飞梁尽一虹苍龙惊
蛰背磨空坦途箭直千口
过驿使风驰万国通云口
月轮高拱北雨添春水去口
东休夸世俗遗仙迹自口
神丁役此工
燕南贡士许子志道口
太清观玉于口判命口口
杜公之子如璋　至治改元
口尹隆平口口廉口
口口口匠戴垣刊

回谢天齐国信
使兴义军节度使完颜槊
副使游骑将军知东北门口使刘君诏
天会十四年十月二十八日过此
内侄王
至元口口之赴
会为此说以欺人虽明智达者
口口经自取信也噫
口口中隐鲍捷辨

二、北券南壁刻字

壬子秋九月被
召过此
口口凿石极坚陌上口
人得往还月魄半轮沉水
口虹腰口口驾云间郑口
车渡心应愧秦帝鞭驱血
口殷为间长江深几许口
口吹马下天山
前河南漕长杨奂题
宣差真定等路万户夫人侄渤海口口口
宣差同知赵州节度
使事高天录命工判
汶口石口张显造
仆壮年尝往来燕赵
间每过此桥未尝不
过览山川形势徘徊
下忍去今老矣遭值

丧乱乃复过此慨然
有怀因作是诗以寓
意焉 房山刘百熙
谁知千古娲皇石解口
人间地不平半夜移来
山鬼泣一虹横绝海神
惊水从碧玉环中过人
在苍龙背上行日暮凭
栏望何朔不须击楫壮
心生 癸卯岁六月中浣日
宣差真定府五路万户使口口口
儿偶闻南来遣使
贺
口口方知口口口口
接口副使者乃

三、南券北壁刻字

天水赵延
夫被
超赴
阙过此时
宣和甲辰
季冬十八
日题

陈安本曾游
王华贾军文将
命迓客过此大观
三年八月廿五日

口口此口口口
口至口口
口久口口
口时口

水
以刘
赵
既
往
皿

金　西
守镇邢台口口岁余
真定　全
亭盘但
二年岁
休前
家兄检口口知也奉侍南
口徘徊偶得此绝斯志口口
川信睹今为口武
吏董璞　泰和五年
申四月水口
口垒口跨横流
必口口口
口溢惊维拍山口
肯教行者稍为口
德锐勉次
高韵
见危
疑瀑布十横
天涯羁旅行无
免得舟人来往
中山杨口口
广平张口
大定丙午岁
寓居洨川
暇日同来

四、南券南壁刻字

口
口比口
此承
口口
本
口口口口济
时　雨季秋旦
从而第一口下口
侩居为日口
无甫
安济桥通官道
心口里有闲人
不断东西水流
驰南北尘

州人口承受口公有口
全赵石桥之口心洞口考
调山口口时
公兴口军见遇颇厚口日公
退位之口举此诗口叹非
口口口口识丁丑口口口口秋
口口口口
口口口口口邦口口之暇
口口
公真迹于壁口观口再
然石挹
刁之声口盖口考
口恩奖知荐口
口口口
口口
口

继口篷口舍
高　口　压
会容口口顺
斩　　何从
舟口口不口
岁口临城县令张口口

赵州桥券壁刻字梁思成抄录于1933年，见梁思成《赵县大石桥即安济桥》一文，本节略有修订。

第五节　赵州桥部分题记考

一、隋唐山石工李通题名

正书开皇十□ 隋唐山石工李通题名 年　安济桥下

注：

此题名原载吴式芬《金石汇目分编》卷三补遗25页。

因题名中缺少一个字，故刻于开皇十几年不能肯定，年代当在公元591年（开皇十一年）至公元599年（开皇十九年）之间。

光绪《畿辅通志》卷151称：续寰宇访碑录李通提名所据为《赵州石刻全录》的乙丑年尧山镇□题名，但该题名既无开皇年号又无李通字样，谓是一石，难令人信。原石及拓本均未见，仍待查访，吴式芬所据也待进一步查考。关于大石桥现有的文献材料，以此为最早。

唐山即尧山，位于今河北省隆尧县境内，北距赵州桥30公里。尧山镇历代多出石匠。

二、修桥主题名之一，拓片（见图 7-5-1）

图 7-5-1　修桥主题记拓片

据考证当为修建赵州桥时（约公元 605 年）所刻。瓔陶县名是隋代开皇六年（公元 586 年）所改，隶属赵州管辖。

三、修桥主题名之二，拓片（见图 7-5-2）

图 7-5-2　修桥题记拓片

原石位于赵州桥墩台上部侧墙上，1955 年修缮赵州桥时发现。题名石中“校尉”、“云骑尉”的官职名称多在隋代开皇、仁寿年间（公元 581—606 年）出现，到炀帝三年（公元 607 年）皆罢之或改称。

四、廮陶县令于瑾刻石,拓片(见图 7-5-3)

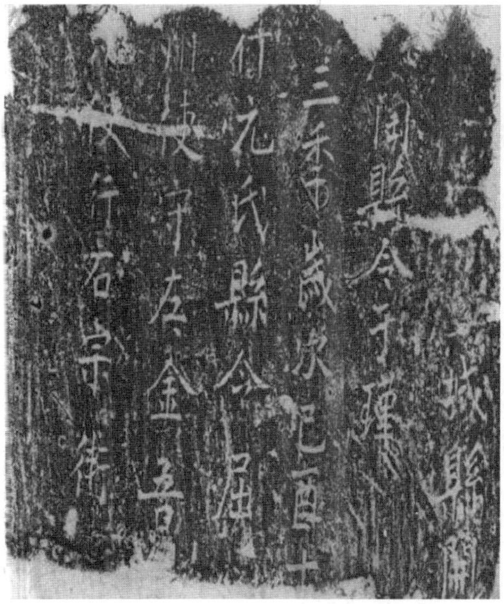

图 7-5-3 廮陶县令于瑾刻石拓片

据俞同奎考证为唐景龙三年(公元 709 年)之物。

于瑾,见唐书宰相世系表,为隋于翼曾孙。名下注云:“驾部郎中”。计年代与景龙三年合。

五、唐刘超然新修石桥记拓片(见图 7-5-4)

图 7-5-4 唐刘超然新修石桥记拓片

唐贞元九年为公元 793 年。据此证实这是赵州桥建成后首次修缮。

六、**太中大夫刻石拓片**(见图 7-5-5)

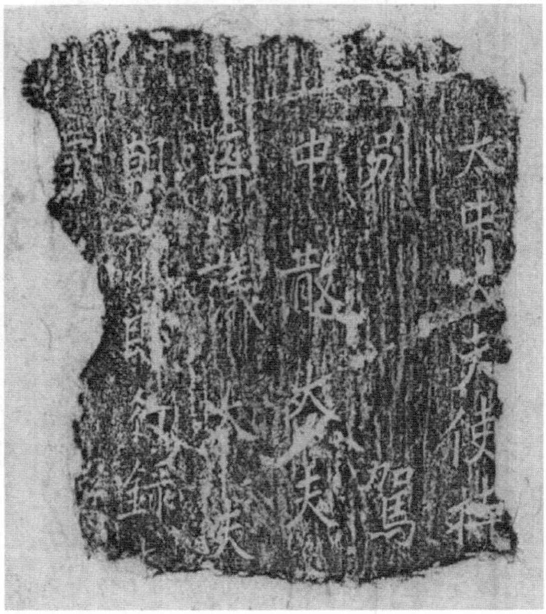

图 7-5-5　太中大夫刻石拓片

俞同奎考证当为唐代刻石。

七、**故通引高贵妻王氏施勾栏刻石拓片**(见图 7-5-6)

图 7-5-6　故通引高贵妻王氏施勾栏刻石拓片

俞同奎考证当为五代刻石。

八、平棘县西村李佐等施勾栏刻石拓片(见图 7-5-7)

图 7-5-7 平棘县西村李佐等施勾栏刻石拓片

俞同奎考证当为五代刻石。平棘县当时隶属赵州管辖。

九、王兴安治平三年刻石(见图 7-5-8)

正月二日
治平三年
翊题
王與安公
至之同游
止臣夏臻
随孟忠良

图 7-5-8 王兴安治平三年刻石文字

1955 年修缮赵州桥时自北小拱拱石中拆出。宋代治平三年为公元 1066 年。

十、尧山镇□乙丑年题名(见图 7-5-9)

石
石匠人趙
臣
之尧山镇杏
乙丑记
人趙卞非勿刊

图 7-5-9 尧山镇□乙丑年题名文字

《赵州石刻全录》载:“按此在桥北洞下,石为水所冲激,光滑可爱,字几漫灭,惟存此数字。考州志,桥乃隋时巧匠李春所建,此石有乙丑字,应是炀帝大业元年(公元 605 年)。”

据唐代张嘉贞《石桥铭序》云:“赵郡洨河石桥,隋匠李春之迹也”。州治之说,盖本于此。而此刻石无隋时纪年及李春姓氏,《赵州石刻全录》仅据乙丑记三字,定为大业元年未免臆断。

《续访碑录》(按疑即《补寰宇访碑录》)及《碑目》(按疑即《畿辅碑目》),以石中尚存李字之半,遂题为李通提名,开皇十□年立,尤属牵强。今据石刻尚有赵下非字,定为赵下非题名,又以张嘉贞称此桥为隋时所造。

孙贯文(北京大学历史系教授)考证:此刻石无纪年,《畿辅通志》仅据石桥为隋时建,附之隋后,亦未免臆断。此刻石有尧山镇字,据《宋会要稿》八册一八八,《方域》五之卅四(上阑)尧山县,熙宁六年废为镇,隶内邱县,元佑元年复。宋王存等《元丰九域志》卷二,邢州内部,下小字注“云州北七十里,五乡,尧山一镇”。《宋史 · 地理志》:内邱,熙宁六年四月尧山县入焉,元佑元年复。然则此刻殆熙宁六年至元佑元年十三年中(公元 1073—1086 年)所刻欤。

十一、元佑四年石柱刻石

是桥建于大业之间
元佑四年

1955 年修缮赵州桥时发现的石柱刻石。

十二、严中行等题名文字(见图 7-5-10)

紹聖丙子九月旦
嚴中行陸明未遊

图 7-5-10 严中行等题名

1955 年修缮赵州桥时发现的石柱刻石。绍圣三年为公元 1096 年。

十三、甲申年题刻(见图 7-5-11)

本路走□□□□
崇題安濟□□
時甲申季秋旦□
從南1第一虹下□
僧居焉曰澄心□
謙2甫
安濟橋通官道□□
心洞裹有閑人長流
不斷東西水□□
馳南北塵
前3本路承受□公有□留□
全趙石橋之□心洞□孝□
調火山掾時
公典5是單見遇頗厚□曰公
退從容□攀此詩□已歎服
麗□而□識于6胄□□□秩
□7東來□
外舅出□□邦□□之暇因
與訪
公具8續于壁□觀□9再三□
然若10挹
□之聲采蓋□孝
恩獎知薦
以政和
諸
郎□火

图 7-5-11 甲申年题刻

此题刻在赵州桥南洞南壁。梁思成1933年考察赵州桥时曾经抄录，因空白较多，文字有出入。①“南”梁作“而”，疑误。②“谦”梁作“譙”，疑误。③“前本路”梁作“州人口”，误。④“考”当为“孝”。⑤“典”梁作“興”，疑误。⑥“于胄”梁作“丁丑”，误。⑦“口”据拓片当为“满”字。⑧“真蹟”应作‘具绩”。⑨“口”据拓片当为“诵”字。⑩“若”梁作“石”，误。

俞同奎考证甲申为宋孝宗甲申隆兴三年（公元1164年）。

十四、王革大观刻石（见图7-5-12）

陈安文曾游
王革贾军文将
命迓客過此大观
三年八月廿五日

图7-5-12　王革大观刻石文字

此题记在赵州桥南洞北壁。大观三年为公元1109年。

此刻“王革，贾君文将命迓客过此，大观三年八月二十五日”二十字。考大观三年，宋辽无特使事。徽宗生辰在十月，辽史遣贺当在前一二月，此王革所迓之客，盖系生辰使也。又案，王革政和七年（公元1117年）为开封尹，与蔡攸章同加显谟阁待制，见《宋史》。

《赵州石刻全录》载，王革题名之前有“陈安本曾游”五字，虽同列一石，而字大小迥殊，况一过往，一游观，留题同而人异，未必一时也。

十五、筦城政和刻石文字（见图7-5-13）

时季冬　　筦　　武
府奏观　政冬至　此饯城
和初　　时
甲

图7-5-13　筦城政和刻石文字

此题记在赵州桥南洞北壁。

《赵州石刻全录》考证：“考筦城——石有政和甲□字应是四年甲午（公元1114年）”。

此第三行仅存饯字，五行有冬至字，当是冬至日饯别之记。

十六、陈隆寿政和刻石文字（见图7-5-14）

知温日　朝還彦
司催軍陵過二政
户促州陳　和　使
事隆　七
壽

图7-5-14　陈隆寿政和刻石文字

此题记在赵州桥南洞北壁。政和七年为公元1117年。

《畿辅通志》：此刻存“彦使还朝政和七□日过温陵陈隆寿知军州事催促司户”二十三字。彦下泐一字，盖其人名，使下泐一字，应是北字，七二下皆有泐字，则为年月及日无疑。其余泐字不可考。案是年金辽交构，至秋七月，金之苏州汉儿高药师等始浮海为风漂至宋界，而通金之议起。此云北使，当是与辽往还。当时交聘之礼，自元旦、冬至、圣节之外，泛使甚多，史不载者，以非要故略之耶？又出使正副各一人，其下三节，仅从名目尤众。此提名之彦□为何人不可考见。

十七、安阳宣和刻石文字（见图 7-5-15）

俊儀向仲
安陽周施
□
□
□
□□□□
□宣和甲□
秋十一日

图 7-5-15　安阳宣和刻石文字

此题记在赵州桥南洞北壁。

《赵州石刻全录》考证：考安阳一石，有宣和甲□字，应是六年（公元 1124 年）甲辰。

《畿辅通志》：谨案此刻仅存首尾各二行"俊仪向仲安阳周施宣和甲□秋十一日"共十六字，余皆泐不可读。又案：浚仪此作俊仪。地理志今释：浚仪自北魏以前属陈留，隋属荥阳，唐属汴州，皆从浚，不从俊，其南北朝侨置在他郡者亦然。又《元丰九域志》称大中祥符二年（公元 1009 年），改浚仪为祥福，是时又无浚仪之称。此云云，盖其人欲袭旧名，误以浚为俊也。

十八、天水赵延夫宣和刻石文字（见图 7-5-16）

天水趙延
夫被
詔赴
闕過此時
宣和甲辰
季冬十八
日題

图 7-5-16　天水赵延夫宣和刻石文字

此题记在赵州桥南券北壁。甲辰为宣和六年（公元 1124 年）。

十九、安汝功平棘石桥诗刻石，拓片（见图 7-5-17）

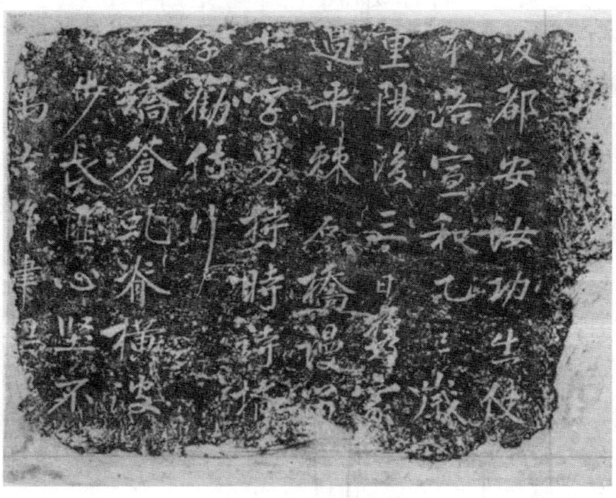

图 7-5-17　安汝功平棘石桥诗刻石拓片

宣和七年(公元1125年)。

孙贯文据楼钥《攻媿集》卷七十跋安光远所藏祖廉访诗跋及沈与《求龟溪》卷三安次山挽词,认为次山即安汝功之字。出使东路乃真定府路,当时府帅为刘韐,安汝功系其属官。

二十、刘君诏刻石文字(见图7-5-18)

回謝大齊國信
使興義軍節度使完颜槩
副使游騎將軍知東上門門使劉君詔
天會十四年十一月二十八日過此

图7-5-18　刘君诏刻石文字

此题记在赵州桥北洞北壁。梁思成1934年考察赵州桥时曾经抄录。

金天会十四年为公元1136年。

《畿辅通志》:谨案此刻回谢大齐国信使兴义军节使度完颜概,副使游骑将军知东上门,门使刘君诏天会十四年十一月二十八日过此"四十五"字全存,无泐处案兴义军节度与游骑将军,《金史》地理、百官两志皆漏载。宣徽院属有东上阁门使正五品,《赵州石刻全录》载此全文称东上门门使,误盖泐文也。完颜概刘君诏皆未登列传。本纪称金始祖据有完颜部,遂为完颜氏,概殆其宗族。《国语》解完颜汉姓曰王。又案:熙宗天会十四年十月甲寅以萧仲恭为齐豫回谢并生日正旦使,与此年月正符,而使人姓名迥然各别。但此为当时亲题,史乃后来追述,当以此为确。又按熙宗嗣位第四年始改元,故称天会十四年。

二十一、李德固天德刻石文字(见图7-5-19)

《赵州石刻全录》:"在石柱上"。

天德三年为公元1151年。

《畿辅通志》:谨案此刻共四行,行首皆有泐字,辞语不复贯串,案其残句,知石刻者为李德固,以天德元年为汴京行台平章尚书省事过此,后以罢省改官□平总管,天德三年再过泐石题记。李德固《金史》无传,惟海陵本纪天德四年有以咸平尹李德固为平章政事语,与此所谓天德三年为□平府总管,时事皆同,即其人也。□平府上泐为咸字无疑。金地理志咸平路辽威州,天德二年八月升为咸平府,后为总管府,李德固以三年春为咸平总管,盖升府后旋改总管也。又案:金百官志都总管与府尹官职不同,乃此称为咸平府总管,本纪则称咸平尹可证其谬。

又案:熙宗本纪皇统九年十二月己酉朔,海陵本纪是月己未改元为天德元年,以朔日己酉推之,则己未当是十一日。此称李德固以是月二十一日为汴京平章行台省事,盖亦预谋废立因之得官者。又案本纪天德二年十二月罢行台尚书省,与此文称辛未仲春因罢省回归过赵,时事亦符。金百官志尚书省平章政事二员属尚书令，天眷三年复置行台尚书省于汴，而于天德二年罢省，绝不载及，本纪与石文所记皆同，足征志之阙漏。又案此刻有今重记一语，疑天德元年已有留题，故云然也。

同□□□□李德固昨自天德改元十二月二十有一
汴京平章行臺尚书省事道過趙郡今已罷省
平府總管乃本鄉也欣然廻歸復過是橋節使度
枉今重記耳时天德辛未仲春中旬後一日纪

图 7-5-19　李德固天德刻石文字

二十二、刘皋等施勾栏刻石文字（见图 7-5-20）

本州西閔劉皐等
衆閔店维那　另施抅欄貳
間　大定二年四月
黄山石匠楊志造

图 7-5-20　刘皋等施勾栏刻石文字

金代刻云龙栏板题记，1955 年自赵州桥撞券填土中掘出。

金大定二年为公元 1162 年。

据孙贯文考证，维那本僧官，凡兴造倡首之人，皆可称维那，不尽为僧人（用清沈涛说，见《常山贞石志》卷一，白石神君碑跋）。黄山在曲阳县南十八里，一名少容山，出白石，村多石工。黄山杨姓石工，由宋迄元，屡见刻石，亦见《常山贞石志》。

周辉于淳熙四年（公元 1177 年）至赵州。

按此条讲到大石桥命名为“安济桥”，在元佑年间（公元 1086—1093 年），乃皇帝赐名。

二十三、杨口、张震题记(见图 7-5-21)

中山楊□
廣平张震
大定丙午歲
寓居洨川
暇日仝来

图 7-5-21　杨口、张震题记文字

《赵州石刻全录》记:“在桥北洞南壁”。

金大定丙午(二十六)年为公元 1186 年。

二十四、高国忠题记(见图 7-5-22)

懷遠令□
行沃州平棘
縣令白霫
高國忠重
建□纪
岂□安□
六月

图 7-5-22　高国忠题记文字

《赵州石刻全录》记:“在桥北洞南壁”。

据考“怀远令一石,有沃州字,乃金人手笔,有□安六月字。考章宗有承安年号,卫绍王永济有大安年号,未知孰是?”在公元 1196—1211 年间。

孙贯文据拓片后三行为“建南北二司(洞),岂承安二年(公元 1197 年),六月望题”。

《畿辅通志》:谨案此刻“怀远令□行沃州平棘县令白霫高国忠重阳□纪时□安□六月望题”共存廿四字。考金史无高国忠传。地理志东京路复州为辽怀远军,金明昌四年降为刺史。又凤翔路德顺州有怀远寨而无所谓怀远县者。乃此明明刻作怀远令,其非知军知寨可知。疑志有阙漏处。白霫地名即大定县故里,在辽属中京道,在金属北京路,见《辽史·地理志》。然白霫之名,在辽时已改为大定,此犹沿其旧称。又案怀远令为平棘令,带行字,又与百官志所载散官高于执事者。带行字例不合。

二十五、刘百熙诗刻石,文字(见图 7-5-23)

僕壯年嘗往来燕趙
間每過此橋未嘗不
周覽山川形勢徘徊
不忍去今老矣遭值
喪亂廼復過此慨然
有懷因作是詩以寓
意焉　房山劉百熙
誰知千古媧皇石解衤
人間地不平半夜移来
山鬼泣一矼横绝海神
驚水從碧玉環中過人
在蒼龍背上行曰暮凭
欄望河朔不須擊楫壯
心生　癸卯歲六月中澣日
宣差真定等五路萬户史公命工刊

图 7-5-23　刘百熙诗刻石

《赵州石刻全录》记:“在桥北洞南壁”。据《赵州志》记,刘百熙为元代房山人。

第八章　诗　　文

赵州桥巍然屹立赵州大地，家喻户晓，名震寰宇。隋至今，历代纷至沓来的帝王将相、文人墨客、专家学者、作家诗人等，观光考察，睹景生情，创作灵感油然而生，或留诗题词，或记事著文，或泼墨作画。以赵州桥为题的诗、歌、词、赋、画等著文作记者无以胜数，史不断书。随着历史的过去，有的因年久散失，有的刊发在国内外书刊报纸上，很难搜集齐全。仅就收集到的，只不过是沧海一粟，选录如次。

第一节　诗　　词

赵州桥建成后，以桥为题材，写诗填词，著文作记者不计其数。或颂扬赵州桥的宏伟、壮观、隽秀，抒发作者的赞美之情，或借景抒情讴歌祖国之瑰宝，或以咏桥为题，塑造建桥者李春为代表的劳动人民的光辉形象。

李春建造赵州桥几十年后，唐中书令张嘉贞到此观看大桥后激动不已，写下了首篇记载赵州桥建造年代、建桥者最有价值的《石桥铭序》，称赵州桥："制造奇特，人不知其所以为……目所睹者，工所难者，比与是者，莫之与京。"宋代赵州刺史杜德源观桥后，挥毫写下了"驾石飞梁尽一虹，苍龙惊蛰背磨空。休跨世俗遗仙迹，自古神工役此工。"记录了"古桥仙迹"的神话传说，为赵州桥平添了神奇色彩。元代刘百熙在七律《安济桥》中，提出"水从碧玉环中过，人在苍龙背上行"千古绝唱，使旅游观光者反复吟咏，铭刻在心。

新中国成立后，党和人民政府十分重视文物保护工作。建国初期，在经济非常困难的情况下，拨巨资对赵州桥进行了落架大修，使这座千年古桥旧貌换新颜，以美妙的青春为文学创作增添了新的内容，使作者忆昔比今，莫不为古桥新资华美壮阔而自豪，莫不为党和人民政府保护文物的英明决策付诸实施而拍手称快。作家刘其印在《赵州桥的赞歌》中，引吭高歌"一孔石桥飞架，连通了亚美澳非。鲁班建造，八仙留迹。赵州桥已随李春的名字走遍全球，处处留下她健美的后辈！"中国作协主席铁凝在《赵州桥一千四百年华诞》中写道："今，恰逢盛世之秋，月明风清，诸业兴旺。伫立洨水之畔，复观旷世名桥，历千余载风雨，巍巍然仪态万方魅力无限。"北京师范学院的吴宗蕙女士著文《秋访赵州桥》，以饱满的热情，歌颂了赵州桥是中华民族宝贵文化遗产的一部分，华夏文明的象征，是劳动人民智慧的结晶，抒发出爱国主义豪情。

纵览史籍，文人墨客把赵州桥比作长虹饮涧、巨龙卧波、新月出云、玉环半沉。他们笔下的诗文立意新颖，笔调明快，文辞如胜，回味无穷，吸引着广大读者。

一、前人诗作

石桥咏

【唐】崔恂

巨石横广路，褰涉本艰危。
巧思侔神□，经途变险戏。
石梁全架□，铁锁竟何资。
昔有鼋鼍异，今看结构奇。
疑因女娲补，似迫祖龙移。
跨水鳌峰见，凌虚鹏翼垂。
宁劳浮柱设，讵假造舟为。
代久堤维固[①]，年深砌不隳[②]。

□虹常偃蹇，云鬲□差池。
□物三方会，使名四海知。
雕镌[③]起花叶，摹写跃蛟螭[④]。
□矗平踰距，下穹圆甚规。
□如丹洞出，窗类白岩窥。
□鹤归华表，词人访故碑。
幽燕□□□，郢越亘南驰。
□□无濡足，千秋长为斯。

注释：

①维固：维，保卫，保持，维护；固，结实牢固。

②砌不隳：指石桥的券石、栏板、望柱；隳（huī）：毁坏。

③镌：同隽、俊。

④蛟螭：螭（chi），无角的龙。蛟螭即龙。

安济桥咏

【宋】谦甫

安济桥通官道[①]津，澄心洞[②]里有闲人。
长流不断东西水，往来驿驰南北尘[③]。

注释：

①官道：指南起洛阳北至涿州的皇道。

②澄心洞：指石拱南北两端的四个伏拱。据文献记载，唐宋时有道士不断在伏拱内过宿，住闲人即此。

③驿驰南北尘：驿，传送官府公文的驿站，驿路；尘，路上的尘烟，尘世。

安济桥三首

【宋】杜德源

（一）

驾石飞梁尽一虹[①]，苍龙惊蛰背磨空[②]。
坦平箭直[③]千人过，驿使[④]驰驱万国通。
云吐月轮高拱北[⑤]，雨添春水去朝东。
休跨世俗遗仙迹[⑥]，自古神工役此工。

（二）

隋人[⑦]选石驾虹桥，天下闻名岁月遥[⑧]。
仙子骑驴何处去，至今遗迹尚昭昭[⑨]。

（三）

赵州桥久闻天下，制造奇巧地势高。
百丈虹飞吞藻涧，半轮月转展波涛[⑩]。
不问仙人传今古，路上行人费贬褒[⑪]。
寄语留心题柱客[⑫]，高乘骏马任游遨。

注释：

①架石飞梁尽一虹：远望赵州石桥像腾空飞上天空的彩虹一样落在洨河之上。

②苍龙惊蛰背磨空：近看赵州桥似惊蛰苍龙被神工巧匠打磨得光滑可爱，壮观。

③坦平箭直：指赵州桥坡度很小，跨洨河之上，使天堑变通途。箭直，石桥和箭一样直，指驿站直通。

④驿使：为封建时代传送公文的差役。

⑤云吐月轮高拱北：形容石桥像藏在夜空中的一弯月亮，被风驱散遮月的云烟，月亮好像吐出了半轮。高拱北，因石桥纵向飞跨洨河，月亮高挂南天，所以说石拱高高地朝北拱起。

⑥休夸世俗遗仙迹：民间传说中的故事，人们早已知道，现在我（杜德源）知道太晚了，不必向人讲了。

⑦隋人：指隋代匠师李春、石工李通、李膺等众工。

⑧岁月遥：石桥建成后，历尽唐、宋，历史悠久。

⑨昭昭：指“古桥仙迹”至今十分清楚、明显。

⑩百丈虹飞吞藻涧，半轮月转展波涛：藻涧，指古代洨河，藻字有华美之意。全句形容赵州桥像天上百丈的彩虹在美丽的洨河中饮水，又像天空中皎洁的半轮月亮在转动激起波涛。

⑪费贬褒：贵，致辞。贬褒，谁看了赵州桥褒扬其宏伟壮观，制造奇巧。贬在这里无实际意义。

⑫题柱客：在石桥上题词的客人。

洨河石桥诗

【宋】洪皓

洨河建石桥，可但驴马渡。
长耳留蹄涔，嗟我来何暮。
四隅柱干霄，停骖俯一顾。
上镂过客名，旁镌海怪怖。
开元双柱析，隶画尚坚固。
神物久护持，赵人速惊呼。
泉南应伯仲，松江无说处。
引领渺烟波，恨不奋飞去。

洨河石桥诗见宋洪浩《鄱阳集》卷一（同治三瑞堂刊本）。

孙贯文考证：据《建炎以来系年要录》、《宋史·高宗纪》及《鄱阳集》后洪适跋，知此诗于建炎三年（公元1129年）使金途中作。

在现有的文献中讲到石桥上驴迹的以此为最早。

赵州石桥诗

【元】郝经

轮囷太古绿玉月，半插水面不挂天。
一矼一段数十丈，大业至今七百年。
深衔密匝无罅隙，嵌磨妥贴坚且圆。
仰视压面势飞动，劲欲拔起疑坠颠。
鬼功神力古未有，地维欲绝还钩连。
蛟龙辟易洚水伏，细纹参错如新镌。
晴虹不散结亢气，海捧飘渺缠蜚烟。
冲风倒景鲸背摇，金澜混漭青环偏。
乾坤壮观全赵雄，几回笑杀秦人鞭。
往来细读张相碑，直与北岳相轻轩。
先君有诗不忍看，摩挲华表空泫然。

该诗《赵州石桥》收于元郝经郝文忠公《陵川集》卷十（北图藏显微影片），诗作于宪宗八九年间（公元 1258—1259 年）。

安济桥

【元】刘百熙

谁知千古娲皇石①，解补人间地不平②。
半夜移来山鬼泣③，一虹横绝海神惊④。
水从碧玉环中过，人在苍龙背上行。
日暮凭栏望河朔⑤，不须击楫⑥壮心声。

注释：

①娲皇石：神话中的女娲氏，共工氏被祝融打败，头触不周山致其崩塌。于是天柱折，地纬缺，女娲氏炼五色石补天，斩鳌足以立四极，天成，地平恢复原样。

②解补人间地不平：懂得补人间地不平。娲皇石原为补天用，如今用来修赵州桥，填补地的不平。

③半夜移来山鬼泣：神话传说鲁班（公输班）修建赵州桥，所需石料是一夜之间，像赶羊一样从太行山赶来，到山上起石头，如同搜山一样，山鬼无处安身而泣。

④海神惊：海神为之惊奇。

⑤日暮凭栏望河朔：凭栏，凭依桥的栏杆；河朔，黄河以北地区。

⑥击楫：楫，船桨。

安济桥

【元】杨涣

五丁凿石[①]极坚顽，陌[②]上行人得往还。
月魄半轮沉水底，虹腰千丈驾云间。
郑卿车渡心应愧[③]，泰山鞭驱血尚殷[④]。
为问长江深几许[⑤]，雪风吹马下天山。

注释：

①五丁凿石:5个大力士凿的石头。神话中秦惠文王要伐蜀，道不通，为此，造5头石牛，把金子放在牛尾巴底下，诳言牛能拉金屎。蜀王信以为真，派了5个大力士把牛拉回国，为秦王开辟了通往蜀国的道路。

②陌:田野间的道路。

③郑卿车渡心应愧:民间传说的郑恩，据说五代后周皇帝世宗柴荣(柴王)在微贱时曾推车过赵州桥，宋太祖赵匡胤和郑恩在前拉车，由北向南过桥，柴荣乏力，一条腿跪倒了。后人在桥石上凿了一个跪腿印和一条独轮车辙。郑卿车渡心应愧，指郑恩因桥高拉不上去，应当惭愧。

④泰山鞭驱血尚殷:秦始皇时，神人鞭石入海的神话。

⑤为问长江深几许:若问长江(指洨河)深几许(多么深)。为，假设连词，同“若”、“如”。

古桥仙迹

【明】陆健

车马人千里，乾坤此一桥[①]。
良工玄绝代[②]，巧构称殊标。
月落青虹冷，天空白鹤遥。
岸柳笼朝雾，泯泯带春潮[③]。

注释：

①乾坤此一桥:天上人间只有这座赵州石桥。指在历史上建造最早，被誉为“天下第一桥”。

②良工玄绝代:神工巧匠营造的赵州桥，历史上空前绝后甲天下。

③岸柳笼朝雾，泯泯带春潮:形容赵州桥周围景色幽美，垂柳在晨雾中，迎来了明媚的大好春光。泯泯指雾在朝阳中消失。

安济桥

【明】蔡瑷[①]

郡南尚有渡仙桥，水逝云飞换六朝[②]。
迁客重来值秋暮[③]，疏林寒雨晚萧萧[④]。

注释:

①蔡瑷:河北省宁晋县人。

②水逝云飞换六朝:水在流,云在飞,人类历史已经经过了六个朝代,即隋、唐、五代、金、元、明。

③迁客重来值秋暮:遭贬的臣子再次来赵州桥,正值晚秋季节。迁客,遭贬谪的官员。

④萧萧:寒风的声音。

安济桥二首

【明】鲍捷

（一）

洨河之水青且弥①,来往征人②急于蚁。
谁移云根一掌平③,穹窿砻密如生成。
一飞长虹何处堕,偃蹇④苍龙水浒⑤卧。
嗟哉溱洧乘舆劳⑥,滹沱舟子频呼招⑦。
任渠车马纷于织⑧,往过来续无病涉⑨。
百代奇勋谁为镌⑩,区区驴迹今浪传⑪。

（二）

千年留石碛⑫,阅尽古今人。
坦坦程途回,骈骈⑬车马频。
割云通绿水⑭,补地绝红尘⑮。
如矢堂堂去⑯,何须更问津⑰。

注释:

①弥:水深的样子。

②征人:指行人。

③谁移云根一掌平:谁移来的石头如水面那样平。云根,古时说云击石而生,所以石头是云的根。掌,池泽,后汉刘熙《释名・释水》曰:“水停处如手中掌也,今兖州人谓泽曰掌也。”

④偃蹇:屈伏,弯曲之状。

⑤水浒:水边地。《尔雅・释水》:“浒,水有涯。”郭璞注:“水边地。”

⑥嗟哉溱洧乘舆劳:嗟哉,叹息,生气;溱,水名,在河南,源出密县东北,东南流,会洧水入贾鲁河。两水都位于古卫国境内,距郑州不远。乘舆,乘车。全句是说:从河南古卫国境内溱洧两河流域乘车来到赵州实在劳累不堪了。

⑦滹沱舟子频呼招:滹沱河上客船的船夫频频招呼——坐车太累,请上船吧。

⑧任渠车马纷于织:任凭他车马纷纷往来,比穿梭还要繁忙。渠,第三人称代词,即现代汉语“他”。纷于织,比织布的经纬还要纷乱。

⑨往过来续无病涉:去的过去了,来的又接着来了,不再以过河为愁了。连带上句讲,就是任它车马来往拥挤坐车劳累,但却没有渡涉之苦了。滹沱船夫频频招呼我,我也没乘船,从陆路上来了。突出了桥的效益。病,作愁解。

⑩百代奇勋谁为镌：百代的奇迹功勋到底是何人完成的吧？镌：凿。这里有作的意思。——从选桥位到设计、运料、施工一系列工序，当然不是李春一个人所能办到的，到底何人完成这个奇迹式的功勋呢？

⑪区区驴迹今浪传：仅小小的驴蹄子印就流传到今天。浪传：滥传，轻而易举地传开。

⑫千年留石碛：隋代造桥至明代有千年，留下石碛——石拱桥。

⑬骈骈：马行不停的样子。

⑭割云通绿水：拨开云雾让绿水通过，即云开见绿水。

⑮补地绝红尘：补地，建桥把地补起来了。绝红尘，因交通方便，车马疾驰而过，把尘埃甩在后边。

⑯如矢堂堂去：像射出的箭笔直而去，形容过桥快。堂：这里即是正的意思。

⑰何须更问津：还问渡口干什么。

过仙桥

【清】祝万社①

公余揽辔过仙桥，隋迹传来历几朝。
百尺长虹横水面，一弯新月出云霄。
恒山②北接千嶂秀，驿路南来万国遥。
春早桑麻③劳灌溉，民家庐舍半萧条④。

注释：

①祝万社：康熙年间赵州知州，重修《赵州志》。

②恒山：北岳恒山，主峰在河北曲阳县西北。

③桑麻：养蚕用桑，织布用麻，指农作物。

④萧条：康熙初年，赵州几经战乱，社会萧条。

安济桥

【清】王懿①

赵州南去架横桥，洨水西来涌势迢。
万灶合烟笼短棹②，长虹嵌石跨青霄。
棘山耸凝凝朝岫，帝阁③窿崇起夜潮。
仙迹茫茫何所见，白驴飞渡有人谣④。

注释：

①王懿：赵州进士，与祝万社一起重修《赵州志》。

②万灶合烟笼短棹：形容洨河上停船之多，船上做饭的炊烟笼罩着船。

③帝阁：关帝阁，在赵州桥南头。

④人谣：民谣，民间已有张果老骑驴过桥的歌谣。

安济桥

【清】张光昌

登临放眼太行西，水拍栏杆烟树齐[①]。
悬向地中偃日月[②]，陡从天外落虹霓[③]。
云滃[④]忽见青龙卧，苔蚀依稀白卫[⑤]蹄。
最笑秦人痴并赵[⑥]，丘墟一样夕阳低[⑦]。

注释：

①烟树齐：遥望洨河水和烟树平了。

②悬向地中偃日月：偃，半圆的东西叫偃。赵州桥象半圆的日月悬向地中。

③虹霓：指长虹。

④滃(Weng)：郁云起的样子。

⑤卫：驴的别名。

⑥最笑秦人痴并赵：最可笑的是秦国吞并赵国的愚蠢事。

⑦丘墟一样夕阳低：所余丘墟一样落在夕阳里，秦皇帝业只今不过是如同夕阳下的丘墟而已。

安济桥

【清】王悃

长虹万尺锁关河[①]，新月一弯洨水波[②]。
两岸烟光[③]杨柳嫩，千家灯火客槎过[④]。
势凌霄汉蛟龙起[⑤]，地接楼台风雨多[⑥]。
隐隐仙帆[⑦]何处去，石梁犹颂白驴歌[⑧]。

注释：

①长虹万尺锁关河：关河，关津，水陆交通要道。赵州桥扼南北交通的咽喉。

②新月一弯洨水波：一弯新月的光亮照在洨河上。

③烟光：远远望去景色苍茫的样子。

④千家灯火客槎过：在夜间，千家万户掌起灯火之时，船在洨河上往来如织。客槎，过往船只。从这里可以想象古时洨河水运繁忙的盛况，可以看出安济桥在南北交通线上的地位多么重要。

⑤势凌霄汉蛟龙起：桥的气势，蛟龙从水中腾飞。

⑥地接楼台风雨多：桥接关帝阁，因有蛟龙风雨多。

⑦隐隐仙帆：仙帆，仙人船。隐隐约约的仙人船从桥下渡过。

⑧石梁犹颂白驴歌：张果老倒骑白驴。石梁：石桥。

安济桥

【清】王基宏

安济石桥日月留[①],龙盘虎踞洨河洲[②]。
无槛自夺天工巧,有穹能分地景幽[③]。
岂是长虹吞皓月[④],故教半魄隐清流。
不言果老多神异,况剩白驴嵌石头[⑤]。

注释:

①日月留:日月淹留,年代久远。

②龙盘虎踞洨河洲:比喻形式雄壮。洨河洲,即洨水中高地。

③有穹能分地景幽:穹,指主拱和两端伏拱。通过桥洞看地上的风景,被分割为几个幽静的画面了。

④岂是长虹吞皓月,故教半魄隐清流:莫不是长虹吞了一轮皓月,故意教半边光亮隐藏青流里面。魄,指月光。相传安济桥结构是一个整圆形,河面上的桥拱仅是圆的一部分,所以说:"故教半魄隐清流。"

⑤不言果老多神异,况剩白驴嵌石头:不用说张果老多么神奇啦,更有驴蹄子印在石头上呵!况:更。剩:剩有。

安济桥二首

【清】张士俊

(一)

谁掷瑶环不记年,半沉河底半高悬[①]。
从来兴废如河水,只有长虹上碧天[②]。

(二)

青龙谪下化长桥[③],日架川流谁可摇[④]。
果老坠驴应有意,仙家游戏上云霄。

注释:

①谁掷瑶环不记年,半沉河底半高悬:比喻赵州桥如同有人扔下的玉石环子,没有记下年代,一半沉入河底下,一半高高悬在洨河之上,极言敞肩空凌俊美。

②从来兴废如河水,只有长虹上碧天:人事沧桑,世间变化,朝代更替如同流水,一去不复返,然而唯有赵州桥像长虹一样,横跨洨河上,与日月同寿,比喻石桥历史悠久。

③青龙谪下化长桥:青龙降下来变成石桥,《朝野佥事》:"天后时,默啜破赵州,欲南下,至石桥,马跪地不进,但见一青龙卧桥,奋迅而怒,默啜乃遁去。"

④谁可摇:反诘语,不可动摇。

安济桥

【清】傅振商

石桥碧影架长虹，流水无心夕照中。
千载乘驴人不见，徘徊学步愧青骢[①]。

注释：
①徘徊学步愧青骢：徘徊不前向张果老学步，惭愧所乘青骢马比不上张果老的毛驴。

安济桥

【清】安汝功

天桥苍虬卷[①]，横披百步长。
匪心坚不转[②]，万古作津梁。

注释：
①天桥苍虬卷：虬，传说中的龙。远看石桥像苍龙飞卷腾空一样。
②匪心坚不转：匪，同非，我坚信石桥坚固如磐石不会转动。

安济桥

【清】杜英

龙卧苍江势欲飞，马冲寒雨净无泥。
影沈云掩半边月，路险天横千丈霓。
人世变更仙迹在，水神畏避浪头低。
凭栏洒尽伤时[①]泪，落日太行山色西。

注释：
①伤时：感伤所处的时代。

安济桥

【清】饶梦铭

谁到桥头问李春，仙驴仙迹幻成真[①]。
长虹应卷涛声急[②]，似向残碑说故人[③]。

注释:

①幻成真:以幻成真。

②长虹应卷涛声急:流水击在桥上卷起急剧的浪涛声。

③似向残碑说故人:涛声似乎向着残碑(《石桥铭序》)述说故人。故人,旧相识的人,指李春的功绩。

安济桥

【清】陈孚

晋家曲沃旧池台,无数行人去又来。
可惜石桥三百尺,只留驴迹印青苔。

城南石桥小憩即景

【民国】李大防

风柔日暖鸟声娇,洨水消消咽暮朝。
嫩柳鹅黄深浅色,嫣然争媚李春桥。

二、今人诗作

游安济桥有感

周汝昌

跨水飞梁古赵州,神工长为后人留。
我来瞻仰无穷意,思洨清河照影流。

赵州桥咏

罗哲文

环球第一敞肩桥,四穴平弧形式娇。
最是雕龙栏柱巧,若飞若动压洨涛。

古桥仙迹

刘洁尘

赵州古城饶名胜,最为石桥著世称。
主拱高跨惊长虹,洨水下流疑游龙。
驴蹄车迹传神话,玉石栏杆留圣名。
北岸丰碑竖平地,南端嵬阁耸太空。
构形独特世罕稀,谓人难能归神功。
千秋恨事郑燮字,“古桥仙迹”渡东瀛。

咏赵州桥

耿志勇

隋匠天工落奇桥，翼拱展翅欲飞遥。
饮尽世代洪水恶，英姿几时儿女娇。
石弯长虹映燕赵，玉龙舞彩献池瑶。
风雨梳妆岁岁立，千古一曲颂今朝。

赵州桥颂歌

刘其印

一孔石桥飞架，沟通洨河南北。
巨龙横卧？长虹戏水？
实实在在地石桥呵，
放射着美的光辉。

一个李春的巧思，千万石匠的智慧。
半环碧玉？弯月生辉？
科技史留下的最浓重的一笔呵，
世界桥林这最美的一位！

论桥必讲赵州桥，说水要说洨河水。
鬼斧神工？铜帮铁底？
五湖四海谁不盛赞，
世界桥林这最长寿的一位！

一孔石桥飞架，连通了亚美澳非。
鲁班建造，八仙留迹。
赵州桥已随李春的名字走遍全球，
处处留下她健美的后辈！

赵州桥基石赞

刘连辰

巍巍石桥古，中外久扬名。
默默桥基石，沉没泥沙中。
负重滨抗污水，千载地震无欹倾。
龙栏崇阁几兴废，唯有基石永铮铮。
飞梁架百尺，其始在基层。
二十八券时坍圮，仗我基石起新虹。
横空托起万吨桥，佳话颂醉如潮涌。
或喻长鲸卧波面，或喻苍龙背磨空。
或叹玉矼惊海若，或叹瑶环掷河中。

或歌神仙桥上迹，或歌鲁班一掌功。
或赞“敞肩”创于斯，或赞举世仿“流风”。
气象万千，雄姿恢宏。
千秋载道，四海赞颂。
但见石桥贯日月，熟识两墩基石岿然撑。
君不见长江大桥通天堑，江底巨柱锁蛟龙。
纽约百层摩天厚，钢筋水泥显神通。
唯我赵州桥基石，伏身桥下扬“古风”。
体依万年洨河沙，躯靠赵州黄土雍。
数方顽石固若磐，力荷万钧敢与“现代科技”竞雌雄。
浩浩乎，伟哉，高哉！桥基精神华夏惊。
赵州儿女应自勉，负重高风代代承。
赵州古桥，国之瑰宝，桥基精神，民族精英。
寄语赵州桥上客，莫忘基石一片情。

满庭芳·游赵州桥公园

李生田

长虹饮涧，苍龙飞舞，并非饰文玄笔。
古桥新姿，盛状中外稀。
一树千红万紫，绕仙迹，香飘万里。
众宾客，跋山涉水，岂为童稚戏？

沧桑忆畴昔，兵燹频仍，千年岌岌。
旧疮迹伤痕，怀丙曾医。
历尽人间兴废，血泪恨，切莫忘记。
喜今日，基固貌改，举世无匹敌！

破阵子·游赵州桥

黄宗健

疑是蟾宫飞落，千年玉砌神雕。
细辨仙迹恍如在，遐想联翩涌心潮，洨河水滔滔。

面对李春风范，吾侪怎敢逍遥？
拼得三山五岳力，明日人寰竞折腰，中华更娇娆。

赵州桥上的思考

申　身

赵州城外安济石桥，四海九州哪个不晓。

感谢隋朝石匠李春,设计了这座民族的自豪。

神话中走来两位仙人,有倒骑毛驴的张果老。
褡裢里边装着日月,河水之中映出微笑。
柴王爷手推独轮车子,推着名山五岳上桥。
过罢桥回首一望,桥石上仅仅轧出浅沟一道。

偌大太阳没把石桥压垮,
偌大月亮未使石桥动摇,
泰山、衡山、华山、嵩山、恒山,当然更难把桥压倒。

正因石桥这般坚固,才能驮起一个有分量的思考。
我们在自己的一生中,为祖国增添了什么荣耀。

咏大石桥

熊　夏

世称第一天下先,李春才学更无前。
一桥飞虹架南北,不愧千载美名传。

访赵州安济桥

周一萍

(一)
访罢隆兴访赵州,大桥大佛各千秋。
冀中胜景晴光好,不负工余竟日游。
(二)
坦扶敞肩第一桥,神丁巧技费斫雕。
凭栏伫望飞虹秀,疑是银河落九霄。

赵州桥

张洪深

谁跨洨河锁玉虬?长虹华彩逾千秋。
牧羊村女歌未尽,贵客嘉宾赞犹稠。
漫道一桥惊玉宇,休疑"四化"焕神州。
欣逢盛世群英奋,我待重编《小放牛》。

桥魂

莫　名

燕赵平川洨水流,中华一桥震寰球。

天降长虹开新宇，地飞巨龙横空游。
李春功德传千古，鲁班技绝神鬼愁。
今人复作桥魂颂，载歌自有《小放牛》。

赵州桥

刘进堂

赵州石桥天下神，骚人墨客赋诗文。
流连忘返心激荡，李春像前怀故人。

赵州神桥颂

刘凤岐

飞石悬空如彩虹，赵州石桥世闻名。
蛟龙戏水浮云现，玉雕护栏胜天兵。
七仙驾云渡洨水，果老骑驴月脊行。
柴王五岳推车上，鲁班铁臂单掌擎。
安济坚稳无恙过，《小放牛》歌颂神功。

赵州桥

张金城

不见了车船商旅，
远去了烟尘古道。
唯留桥横卧碧波，
彩虹映落照。

铮铮铁骨擎起了日月轮回，
坦坦龙背送走过车辚马啸。
任千年酷暑严寒洪水无情，
石拱弯月驯服了十万惊涛。

朴实无华是你的绰绰风采，
大朴大拙蕴藏着大智大巧。
任千年玉石栏板奥妙多少，
都随春风化作了牧童的歌谣。

啊，赵州桥，
阅过多少兴亡梦，
历尽沧桑永不老。
喜看华夏故园美，
盛世逢春更妖娆！

（此文获赵州桥1400年华诞征文一等奖）

神桥赞

张立波

赵州石桥天下先，穹窿并齐对敞肩。
安知李春为神工，苍龙卧波通天堑。

题李春铜像

张立波

客到桥头问当今，大匠驭石千年春。
谁解仙迹成津梁？便向游人说古人。

对联

沈　鹏

安济欣看千年济，李春赢得万口春。

对联

张　文

一孔胜迹壮山河，千古绝构历沧桑。

观赵州桥有感特撰此长联以赞

徐绍震

石基石台石拱，构筑人马车骄通途，结体空灵稳重，久历沧桑，雄姿仍在；
桥栏桥板桥柱，雕镂龙兽竹花纹饰，造型优美
秀逸，累经风雨，魅力犹存。

（此联获赵州桥1400年华诞征联一等奖）

赵州桥长联

王春之

巍巍玉环，云岭千寻，藏龙卧虎，层峦蕴秀。处处街衢贯八方：东近泰山，西临太行，南跨淮界，北达燕蓟，百里峥嵘，遐迩驰名。古桥神工鬼斧，圣迹传世，歌放果老骑驴、柴王推车。引翰苑骚人联句、鉴溯今往，尽吐扶摇奇志。凭栏望崇楼，渡头眺芳踪，遥见画亭蔽日、繁花奇锦，曲沼长新莲，朝晖挂明镜，霓岫湖光悉收眼底。蔚哉！长虹韫碧含辉、卷浪叠石，壮炎黄浩气；

滔滔洨水，烟波万顷，起风腾蛟，岚翠超伦，年年寒暑连四季：春润四畴，秋乐垂钓，冬嘻峭冰，夏尝芙蓉，一泓坦荡，乡邦布誉。巨建砥柱中流，佳话续篇，颂吟仙姑擎荷、鲁班托拱。招词坛墨客撰文，光昭未来，酣抒澎湃激情。隔岸观河渚，溪畔寻胜境，回眸帆影澄江，飞燕绕樯，绮堤指媚柳，松涛鸣响弦。欢声笑语齐沁心头。美矣！丽漪镶珠映倩、栖霞醉月，抒燕赵雄风。

赵州桥赋

王春之

巍巍古桥，鬼斧神工，天下神功，遐迩驰名。
彩虹跨岸，市衢通达，安澜静浪，降幅苍生。
凭栏渡畔开胜境，隔岸溪边眺仙踪。
骑驴果老似再现，擎荷仙姑犹重生。
攀越有捷径，遨游路觉通。
李春倘在世，含笑对苍穹。
青史留名，壮炎黄浩气。
胜迹传世，抒燕赵雄风。
观古桥之巍峨兮，慕其遐迩闻名。
势如初月出云兮，拱券敞肩飞虹。
妙手构造奇特兮，孤虹不楹而耸。
壮如长虹饮澜兮，踞若长背苍龙。
栏板錘斫龙兽兮，盘绕若飞若动。
神工天才独创兮，架石巨身空灵。
古迹灿烂辉煌兮，奇巧固护天下。
历尽沧桑风雨兮，犹如磊落峥嵘。
古拱仙踪渺渺兮，神话世间传颂。
振吾歌喉而长兮，声弥宇宙苍穹。

李春颂

刘凤岐

古洨为一险，赵州分北南。
皇道此地断，万民行路难。
隋匠李春到，神桥出月环。
天堑变通途，功绩万年传。

第二节 散 文

散见于文学典籍、报纸、杂志上的咏桥散文俯首皆是。这里只选5篇，窥见一斑。

赵州桥

茅以升

河北省赵县的洨河上，有一座世界闻名的石拱桥，叫安济桥，又叫赵州桥。它是隋朝的石匠李春设计和参加建造的，到现在已经有一千三百多年了。

赵州桥非常雄伟。桥长五十多米，有九米多宽，中间行车马，两旁走人。这么长的桥，全部用石头砌成，下面没有桥墩，只有一个拱形的大桥洞，横跨在三十七米多宽的河面上。大桥洞顶上的左右两边，还各有两个拱形的小桥洞。平时，河水从大桥洞流过，发大水的时候，河水还可以从四个小桥洞流过。这种设计，在建桥史上是一个创举，既减轻了流水对桥身的冲击力，使桥不容易被大水冲毁，又减轻了桥身的重量，节省了石料。

这座桥不但坚固，而且美观。桥面两侧有石栏，栏板上雕刻着精美的图案：有的刻着两条相互缠绕的龙，前爪相互抵着，各自回首遥望；还有的刻着双龙戏珠。所有的龙似乎都在游动，真像活了一样。

赵州桥表现了劳动人民的智慧和才干，是我国宝贵的历史遗产。

（小学三年级语文第19课课文）

赵州桥一千四百年华诞

铁 凝

太行东麓，赵州平原，桑田沃土，数千年涵养一方百姓；汤汤洨水，浩荡荡惠泽万众黎灵。六合以内，舆域宽广，乃京南屏蔽，畿辅重镇，又为通贯南北之要冲。自北朝以来，经济昌荣，文化交流渐盛。市集商埠，物畅其流。

至隋，有大匠李春于洨河之上建此桥。尽奇思妙想之缜密心智，容创新胆识于高超技艺之间。桥即成，则惊世人。望之，如苍龙飞架，初月出云；若长虹高悬，玉环半沉。结构雄健而空灵，用石简约却强固。大匠首创之“敞肩拱”设计，众石相抵，不楹而架，安详沉着，秀丽稳妥。集吾先辈胸襟、才智、力量、想象之大成，壮美绝伦，举世无双。后经天灾战祸，仍屹立崛强。南运诸省，北达燕冀，赢取数种“天下第一”。设计精妙乃桥固之根基，纵有微恙，幸历朝历代勤于呵护修缮，然解囊捐助者多自民间。闻之，每每心生感佩。上世纪五十年代，终得政府助之，使桥完整如初。

今，恰逢盛世之秋，月明风清，诸业兴旺。伫立洨水之畔，复观旷世名桥，历千余载风雨，巍巍然仪态万方魅力无限。追古抚今，意在吸纳传统经典之瑞气，昂扬复兴中华之精神。不倨傲，勿恃先人之创举而懈怠自己；鼓意气，为民之福祉尽添菲薄之力。

桥者，道也。天下有道，即生秩序。通津梁，利经济，牵挂人心，凝聚活力。美哉！善哉！值此赵州桥一千四百年华诞，为赵州人者，慨叹有加，特撰文，以为心得。

（铁凝，中国作家协会主席，原籍赵县停住头村人）

纪念赵州桥

刘进堂

乙酉之年，中国赵州桥 1400 岁矣！

昔隋匠李春，临故城极目天涯。一片白，远连天。玉水弯弯望无边。日映碧波银光闪，楫船破浪正杨帆。古赵州钟灵毓秀，沃野千里；老洨河一泓坦荡，烟波万顷。西源于井陉，东归入沧海。赵州乃水陆之要冲也。择其洨河之畔架桥，得天独厚。桥通天道，贯穿南北之间。船达东海之上，功荫庶民耳。

斯石桥始建公元 595—605 年。春，宏而博学，造桥奇特。曰“敞肩”，“坦拱”，跨度乃世界之最。形若一弯新月，如长虹飞落，苍龙卧波，横越洨岸。神工鬼斧，仙迹留世，人不知其所以为。凡过往行人，莫不驻足赞叹：谁之手笔！

奈何时，逢世乱、遭战火，日凋月敝，饱经忧患，风摧雨剥，时政理平而兴，时乱政荒而废，然则一桥之兴废，见证世道之兴衰也，桥畔换帜，洨水悠悠不改长青色；遗迹昭昭，神桥处处，倩影世间留；帝制皇权俱灭，栏板楚楚飞动幽姿俏；弄臣变脸，拱券弯弯永固功劲遒。历代七次修缮，复其丰采，增其光辉。先贤地下赞功德，世人空中看烟火，屹立千年之久也。先贤距今 1400 载，历代商旅，兴市肆，重懿德，茂良才，成就千年古县。曾记否？神话传唱，赵州石桥鲁班修，玉石栏杆圣人留，实则隋匠李春之迹也。春，以桥声播四海；桥，由春誉满五州。谓之，苍穹之下，万桥之首，民之拥戴，才高德硕矣。铸铜像旌表，世人敬仰。

洨边漫步，登高远眺桥上游人流如水，日日安得随云去。河里碧水似明镜，辈辈英才昭影来。李氏望祖，名相定国；铁马金戈，纯臣安邦；文苑才秀，学富五车；好古行医，德促其名；赵州古佛，远播名扬；乾隆出巡，三下江南此也。念今日游人，追思先辈贤人；想后代游人，当思今日贤者也。若问世间桥祖，岂非举世闻名世界文化遗产中国赵州桥乎？

今朝逢盛世昌隆，政通人和，国阜发康。县委政府遂民意，蒙先贤之德，增闾巷之荣，举行隆重之纪念活动，平添思贤览胜之美。更使世代儿孙，睹桥而立志；天涯游子，怀故乡以牵情。脉脉贯于怀，此何以故？盖南北陆路行者必过于桥，东西水航运必始于桥，赏雅兴悄然者必现系于桥，发展桥文化者必利于桥。承先贤之德，惠及后人，则后人幸甚矣。令人纪念，景仰先贤，则先贤幸甚矣。

千年如初赵州桥，瑞气拂入透云霄。引领四海观赏者，不计寒暑人如潮。洨水波澄，古桥生辉。春华能解语，秋实贺岁丰，赵州繁荣；今日思贤，写铭斯桥，以记之。赵州桥千秋仰神工，古赵州万世留盛名。

（刘进堂　原赵县人民政府副县长　中国书法家协会会员　中国诗词协会会员　中国收藏家协会会员　原籍赵县各南村人）

秋访赵州桥

吴宗蕙

赵州桥的美丽传说和富有浪漫气息的歌舞剧《小放牛》的悦耳歌声，给这座名逷中外的神话般的古桥增添了诱人的魅力和迷人的色彩。

金秋十月，在一个朝霞瑰丽的清晨，我们一行六人，在河北省文联的盛情相邀下，趋访赵州桥。

汽车穿过石家庄宽阔清幽的街道，沿着郊区坦直的林荫路朝东南方驶去。在窗外，排列齐整的苍翠的树木向车后急驰，黄绿相间的田野铺向天际，远处，偶有绿树环绕的村落或星星点点地鹤立于田间的农舍，炊烟袅袅，寂然无声，显得静谧而有生气。

忽然，大地升起缕缕轻烟，并迅即满溢开来，遮住了朝霞明丽的姿容。这雾越来越贴切，越来越浓重，刚才还明晰可见的清新如画的田园、村庄、农舍，转瞬间为浓雾所遮盖，不知去向。陪同我们前往的刘其印同志担心地说："这么大的雾，照相困难了。"司机同志亦为浓雾所忧，不得不放慢行车的速度。我凝望着漫天遍野的大雾，发愁地说：这么重的雾气，怎能看得清"驾石飞梁尽一虹，苍龙惊蛰背磨空，坦平箭直千人过，驿使驱驰万国通……"的赵州桥的雄姿英貌呢？也许，它会幻化为雾海云山间明灭隐现的"仙桥"。这虽然别有一番景象，但对于我们这些初访赵州桥的北京人来说，毕竟是件憾事。

约莫过了半个多时辰，"奇迹"出现了——笼罩万物的迷雾骤然飘散，消失得无影无踪，眼前竟是秋阳普照，晴空万里，大自然的变幻真是巧妙无穷！我心上的石头落了地，大家的脸上绽开了笑容，司机同志也加大档次，汽车飞一般急驰在通衢大道上。

车进赵县县城，刘同志对我们说：城内建有宋代的"赵州陀罗尼经幢"和"大观圣作之碑"，亦是著名古迹，值得一看。客随主便，我们不忍逆拂主人的细心安排和殷殷之意，下车观瞻了经幢和石碑。果然，经幢的雕刻精细生动，轮廓端庄清秀，展示了宋代造型艺术的辉煌成就。"大观圣作之碑"上仿宋徽宗"瘦金体"御迹之碑文，笔力遒劲，若银钩铁划，字形俊逸，似龙腾凤舞，真乃独具风格的书法艺术大家。由此，我想到古燕赵不仅多慷慨悲歌之士，亦多才华出众的文人雅士及智、力、勇俱全的能工巧匠。可惜，我们不及仔细观赏经幢和研讨碑文，匆匆照了几张相，径直驶往目的地。

汽车在赵县南郊的一座僻静的公园门前停住，我一边躬身跨出车门，一边暗自忖忖：到公园干什么？这是什么去处？正疑惑间，主人介绍说："这里是赵州桥。"哦，原来今日的赵州桥已依自然之势，围墙造亭，辟为供游人观赏的公园，意在护桥，勿为车马所践也。

一进园门，宏阔壮观的大石桥呈现在我们眼前，使人的精神不禁为之一振。果然，"架石飞梁尽一虹"，大桥桥面坦阔，长约五六十米，飞凌一水之上，气势宏伟，俊逸秀美。支撑桥身的石拱，呈弧形，略平缓，大石桥上又有两个小石拱，涨潮时可减少水流的压力。这科学的设计，巧妙的构想，在一千三百多年前，简直是个奇迹，——辉耀世界桥梁建筑史的奇迹。整个石桥，宏灵而坚固，巧夺天工，远远望去，确似飞虹自天而降。我们快步走近桥头，只见由一块块长方形石拼铺的宽阔桥面，石缝细密，光洁平坦，见出当年建桥者不失毫厘的匠心。桥两旁的玉石栏杆，栏板和望柱上都雕刻着精美的图案、花纹，文采斐然，透出雕刻艺人绝顶的聪慧和卓具的才情。我们三三两两漫步桥上，手抚石栏，细心观赏，交口陈赞，情不自禁地发思古之幽情。我们对祖先的智慧和创造才能深深感佩，心中油然生起民族自豪感、自尊心和自信心。

行至桥中央，看到东侧的桥面上，有一道深深的车辙，车辙前方不远处，有两个圆形的蹄印。怎么回事呢？刘其印同志向我们讲述了一个动人的传说。据说当年著名工匠鲁班用了十多年时间，建成了这座大桥，桥建成后，他夸口说："抬上四大名山，托着太阳月亮也能过去。"宋柴王为了教训他，约了仙人张果老同登赵州桥，柴王用车推载着四大名山，张果老骑上毛驴手托太阳月亮，一起上桥，行至桥中，"咯噔"

一声,柴王的车子把桥面轧出一道沟辙,张果老的毛驴也踩出了两个蹄印。鲁班一见慌了,怕桥坍塌,连忙纵身桥下,举起双手拖住桥身,于是,那巨人的双手,在桥拱石上又留下了清晰的手印。……鲁班由此幡然悔悟,恨自己有眼无珠。毅然抠下一只眼,扔在地上,闪闪发光,以警后人。后来,这只眼被马王爷拣去,按在自己的脸上,从此,马王爷成了三只眼。……我兴趣盎然地听着,被这个神奇的传说所吸引。传说虽然荒诞,但却蕴含着深刻的寓意和人生哲理。

我循着传说的轨迹,好奇地仔细观察那车辙、蹄坑,脑海里叠印出种种幻觉,想象当年大宋柴王的华车骏马与张果老寒酸的毛驴同登大石桥的生动情景,那该是一幅色彩斑斓、意趣横生的画面。我快步走到桥头,拾级而下,去桥拱内仰视桥身,极力寻找当年那巨大而神秘的手印。我看啊,找啊,始终没有找到。难道流水般的时光又磨损掉历史的印证?刘同志说:“那手印原来是有的,可惜 1957 年修桥时东边换了五道券,把它换掉了。”他又说:“这座桥很坚固,千年多,只是宋代正定县大佛寺的一个和尚小修过一回,正了正扭曲的桥身。解放后,梁思成、茅以升等几次前来勘查,对桥的建筑都赞叹不已。为保护古桥,1957 年大修了一次,加固了桥基,两侧换了七道券。”我听了连称:“遗憾”。同志们见我如此痴心,都笑了。

刘其印同志又兴致勃勃地“考问”我们:“请看看这桥拱上刻的龙头,东西两面,一边一个,哪个雕工更好呢?”我们举目望去,果见两侧石拱各雕一个龙头,圆目飘须,形象生动。我一会凝神细看东边的一个,一会儿又跑到西边去琢磨端详,认真进行比较。看来,西侧的一个刻工细腻灵动,东侧的则稍嫌粗糙。我把自己的看法告诉了大家,刘同志点头说:“西边的那个是原来的,东边的那个是解放后修桥时换上的。原来的这个‘吸海干’龙头形神俱佳,而后修的则表似神不似。”我们听了点头称是。

走到桥南,离桥不远处有一个砌着青灰色月门的四合院,那是文物陈列室。(19)57 年修桥时换下的条石皆列其中。我们走马观花般地浏览了排列着的大小不等的石块,石块上刻工之精细,造型之生动,完全可与古埃及、罗马的石刻艺术相媲美。

出了陈列室,我站在桥上极目四眺,只见垂柳依依,菜地葱绿,田野金黄,桥东南的红柱翠盖,雕梁画栋,古色古香的八角亭亭亭玉立。好一幅玉桥流水、红亭绿树的色彩艳丽的水粉画,美中不足的是,上游石家庄市浑黑的废水污染了这条河流,有一股刺鼻的气味。假如古洨河依然绿水潺潺,清冽见底,水草繁盛,游鱼如织,那该多好!

10 月的阳光温煦、明丽,给这玉带般的石桥梁镀上了一层金光闪闪的亮色。跨出园门时,我情不自禁地回首凝望在秋阳辉照下光芒闪烁的古桥,惋惜七夕夜聪慧的织女与钟情的牛郎只能鹊桥暗渡,凄然神伤,这对天上的恋人为何不汇聚陨石流星,在浩浩天河上架起如赵州桥似的一座坚固的仙桥呢?

赵州桥,你是人间的桥,天上的桥。我们曾有过如此辉煌的过去,必将有个更辉煌的未来。

赵州桥因何成为“桥坚强”

康志保

从建成 12 年即发生坍塌的福建武夷山公馆大桥,到通车仅 14 年即出现垮塌的杭州钱塘江三桥引桥……接连不断的“桥脆脆”让人们不禁对中国古代众多名桥心生感慨,那些历经千百年岁月沧桑依然坚挺的桥,被誉为“桥坚强”。

我国古代桥梁建筑有着惊人的辉煌,是拱桥与索桥的起源地,仅历代建造的石拱桥就有百万座之多。许多名桥,不仅是中国人民的骄傲,也是世界桥梁建筑中的瑰宝。

1412 岁的赵州桥——单孔石拱桥。

世界上现存最古老的桥梁是河北的赵州桥,它已有 1400 多年的历史,故有“桥王”之称,“寿星桥”之誉。

赵州桥建于隋代开皇十一至十九年(591—599年),由建筑大师李春主持建造。桥总长64.4米,宽9.5米,主桥孔净跨为37.02米,是我国乃至世界最早的单孔敞肩石拱桥。它跨越河北省赵县城南5里处的洨河,南连东都洛阳,北达涿郡燕京,成为“坦途箭直千人过,驿使风驰万国通”的要津,不仅为一般老百姓所使用,更为皇家官宦出行提供了方便。而且桥的造型美观,坚固耐用。赵州桥的杰出之处在于:一是单拱37.03米的跨度保持了1300多年纪录;二是拱券扁平,桥面平缓;三是敞肩式拱券,通水性能好,自身重量轻,这一技术在西方1200年后才出现。赵州桥历经10次水灾,8次战乱和多次地震,仍巍然屹立。其“坚强”的原因是:①选址得当,桥基稳固。桥基建在以细石、粗石、细砂和黏土组成的地层上,每平方厘米能够承受4.5到6.6公斤的压力,桥基几无下沉;②拱券砌筑合理。28道拱券独立并列组合,可单独维修,且内窄外宽,拱脚石较上部稍宽,十分稳固;③在主拱券上设置了多个铁拉杆,在拱石间嵌有“腰铁”,可谓固若金汤。

桥上有一组奇妙的雕刻,则是交通控制线。神话传说中“张果老骑驴桥上走,柴王爷推车压了一道沟”。“驴蹄印”是告诉驭手要爬坡了,需扬鞭策马;车道沟是告诉车辆不能偏载,要走中间。新中国成立初期,茅以升对该桥组织过一次承载能力测试,赵州桥可荷载8吨,尽管在古代极少会有这么大的辎重。

如此赵州桥,焉能不长寿乎!不“坚强”乎!

第九章　赵州桥书画摄影及工艺美术品等

历代画家、书法家、摄影师、设计师等艺术大师，一见赵州桥，便与这座历史文明的代表结下不解之缘，其中有的题词留念，有的挥笔作画，有的抓拍影像，为弘扬光大传统的民族艺术辛勤耕耘。

据考，自宋代就产生了以张果老骑驴桥上走，柴王爷推车压出一道沟为题的神话传说绘画作品《赵州桥神话传说图》，这一美术大作一直流传至今。近代，以古桥为题材的美术作品层出不穷，有中堂画、年画、版画、壁画、速写、连环画、画册、影集等。天津美术学院画家焦俊华(赵县籍)的力作《中华览胜》速写画集中《赵州桥》速写画，简洁明快，线条清晰，形象逼真。画家胡桂林的《千古沧桑赵州桥》曾在日本展出，受到国外专家、画家、学者赞赏，曾被河北美术出版社出版发行。画家孟琐辛首创的《李春》画像，刊登在上海科技出版社出版的《中国赵州桥》一书中。河北民间文学丛书《赵州桥的传说》，以赵州桥作封面，由中国民间文艺出版社出版，1989 年曾获优秀奖。

为赵州桥题字的书法家、历代文人、知名人士、官吏等，自隋至今延绵不断，史不绝书。唐代中书令张嘉贞、参军刘涣，宋代刺史杜德源，元代刘百熙，明代陆建，清代绕梦明，民国知州李大仿，全国人大常委会副委员长廖汉生、全国政协副主席茅以升、红学家周汝昌、中国书法家协会副主席刘炳森、中国书法家协会会员刘进堂、台湾居士行简等都曾留有墨迹，从爱我中华出发，饱蘸笔墨，挥毫题词，抒发爱国爱桥之情怀。他们写的是咏桥诗文，画的是赞桥画卷，别具风格，各领风骚，诗情画韵，同咏赵州桥，颇受观众喜爱。

历史上关于赵州桥的书画、摄影及工艺美术作品浩如烟海，难以全录，现选录少量具有代表性的作品，以供鉴赏。

第一节　书　　法

茅以升书法见图 9-1-1。

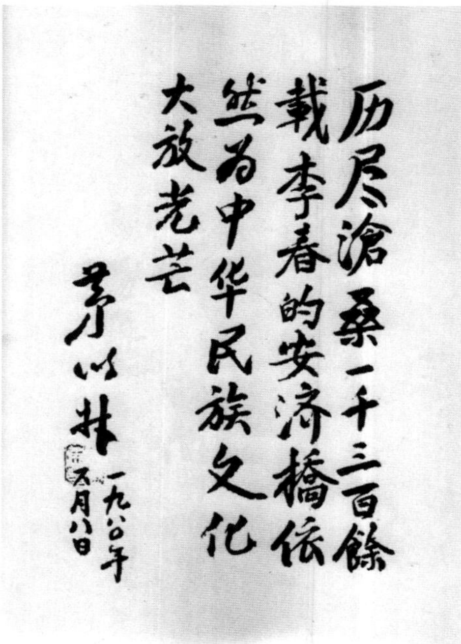

图 9-1-1　茅以升题词

蒋兆和、萧琼书法见图 9-1-2。

图 9-1-2　蒋兆和、萧琼题词

程思远书法见图 9-1-3。

廖汉生书法见图 9-1-4。

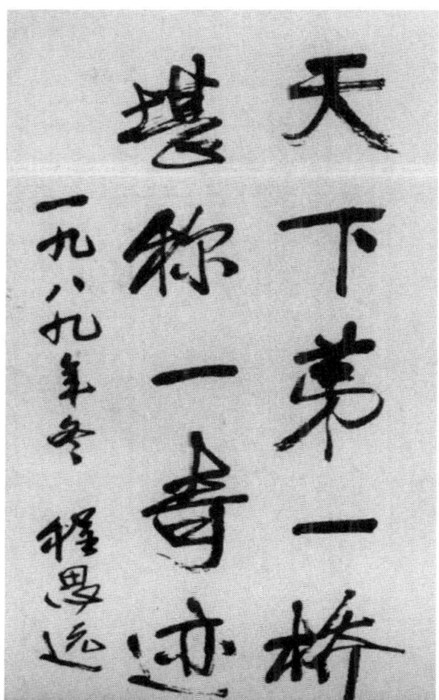

图 9-1-3　程思远书法

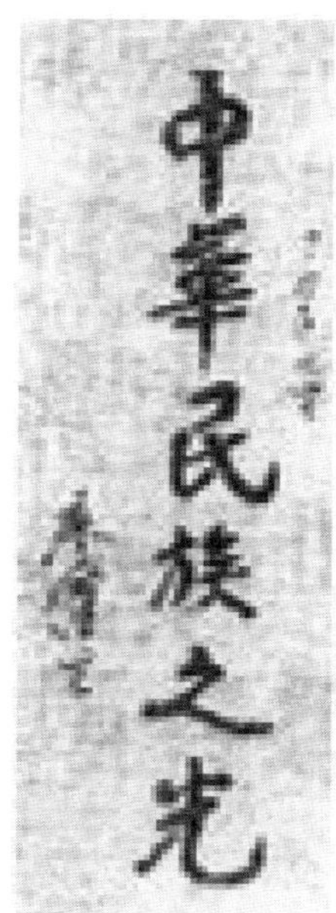

图 9-1-4　廖汉生书法

罗哲文书法见图 9-1-5。

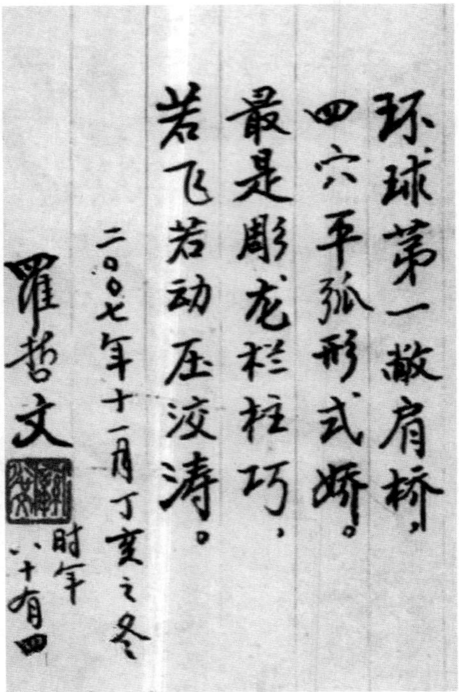

图 9-1-5　罗哲文赠原赵县文保所长张焕瑞书法

周汝昌书法见图 9-1-6。
刘秉彦书法见图 9-1-7。
萧克书法见图 9-1-8。

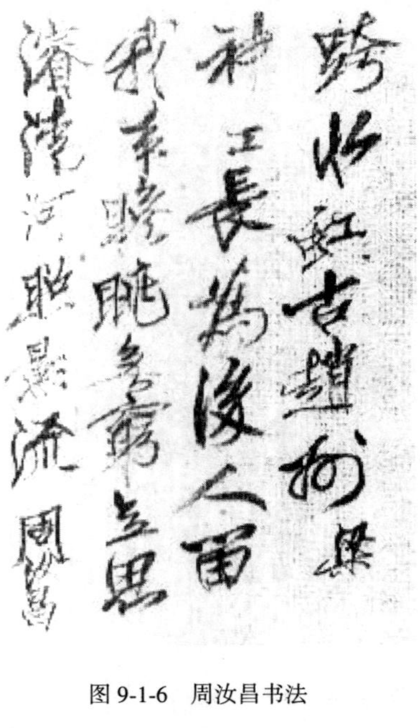

图 9-1-6　周汝昌书法

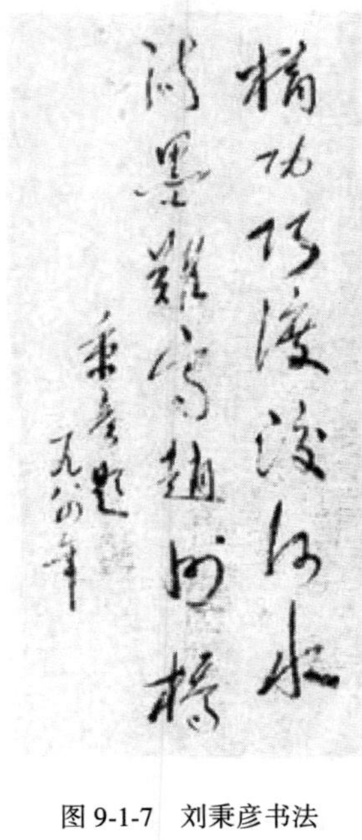

图 9-1-7　刘秉彦书法

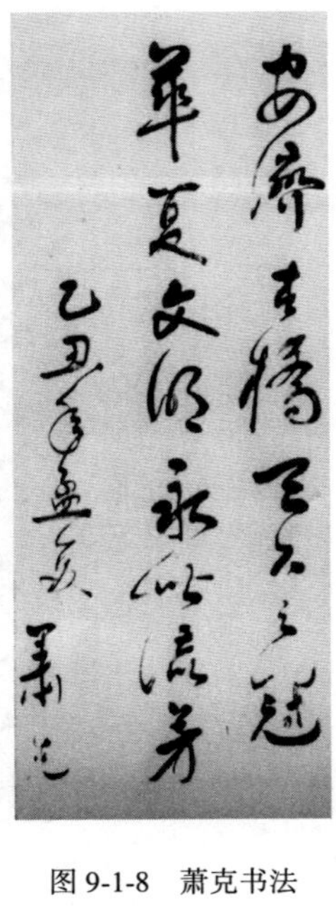

图 9-1-8　萧克书法

沈鹏书法见图 9-1-9。
刘炳森书法见图 9-1-10、图 9-1-11。

图 9-1-9　沈鹏书法

图 9-1-10　刘炳森书法

图 9-1-11　刘炳森书法

张旭书法见图 9-1-12。

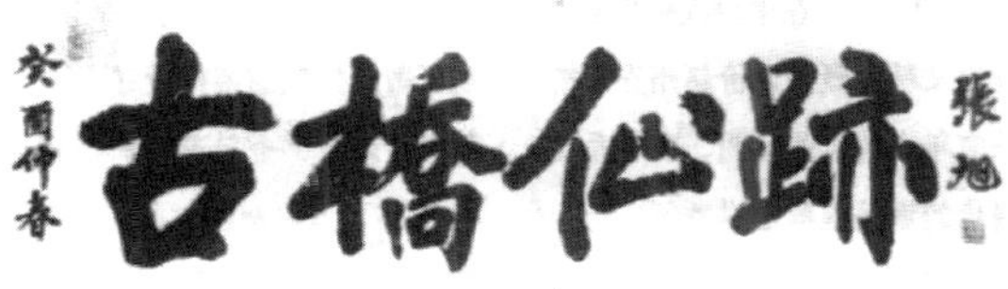

图 9-1-12　张旭书法

行简书法见图 9-1-13。

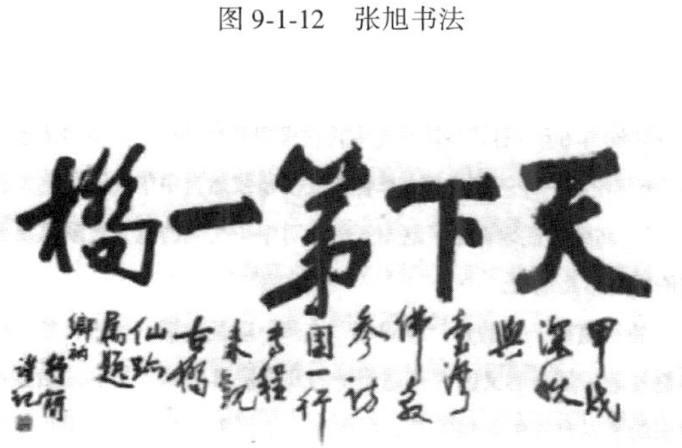

图 9-1-13　行简书法

刘进堂书法见图 9-1-14。

冯学智书法见图 9-1-15。

图 9-1-14　刘进堂书法

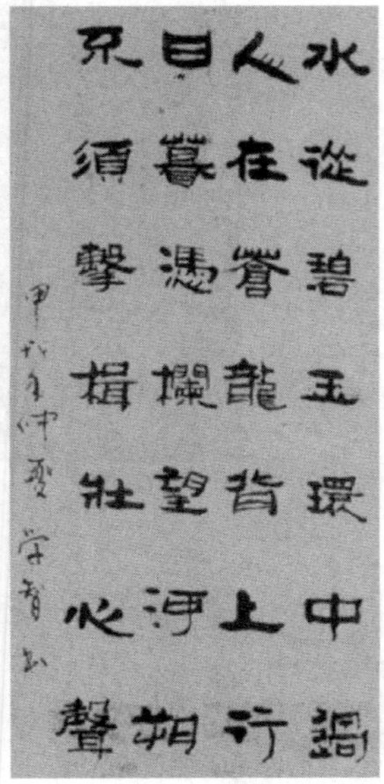

图 9-1-15　冯学智书法

刘子宽书法见图 9-1-16。

图 9-1-16　刘子宽书法

工柳书法见图 9-1-17。

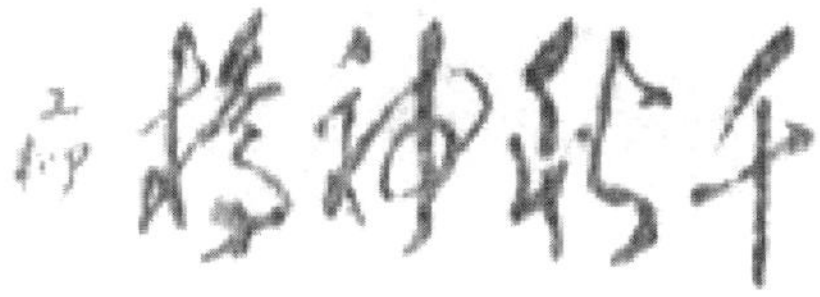

图 9-1-17　工柳书法

张少英书法见图 9-1-18。
陈茂才书法见图 9-1-19。

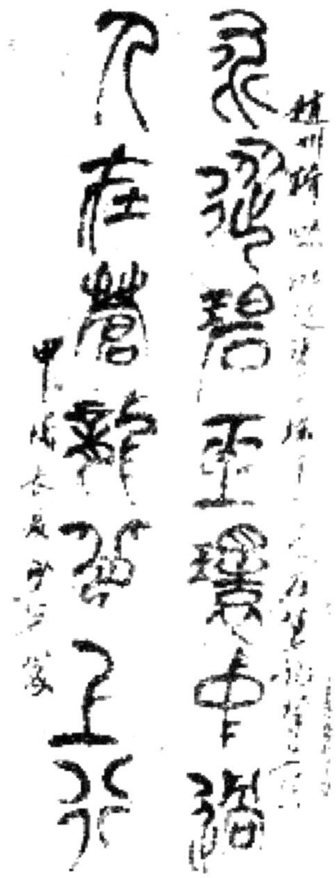

图 9-1-18　张少英书法

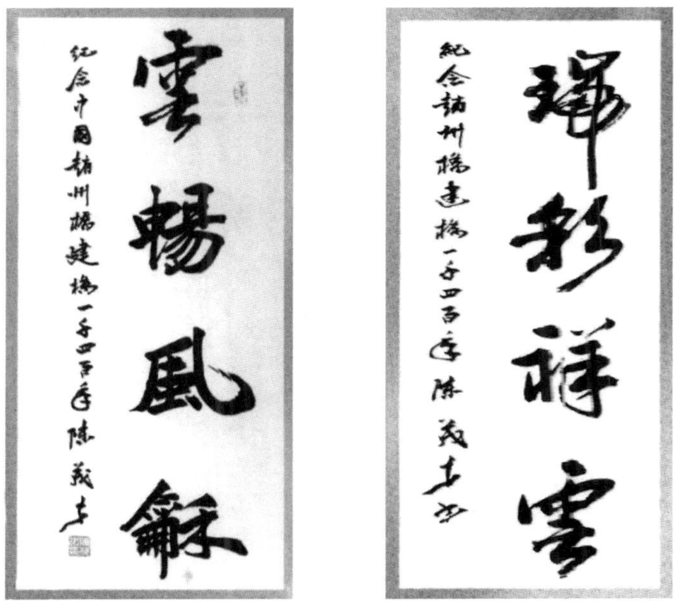

图 9-1-19　陈茂才书法

张松龄书法见图 9-1-20。

图 9-1-20　张松龄书法

陶佛锡书法见图 9-1-21、图 9-1-22。

图 9-1-21　陶佛锡书法

图 9-1-22　陶佛锡书法

周峰书法见图 9-1-23。

图 9-1-23　周峰书法

余鸣谦书法见图 9-1-24、图 9-1-25。

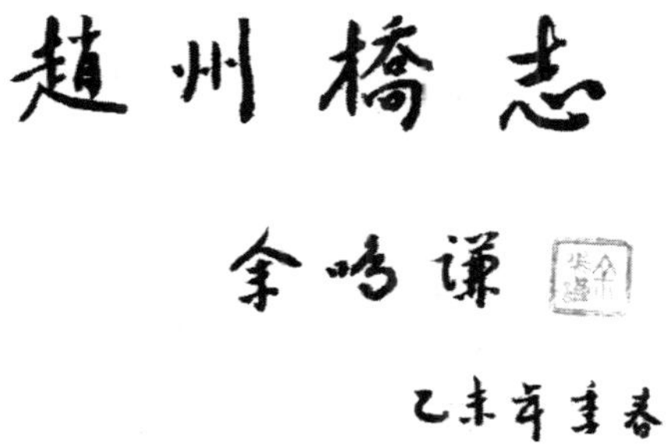

图 9-1-24　余鸣谦书法

图 9-1-25　余鸣谦书法

刘少英书法见图 9-1-26。

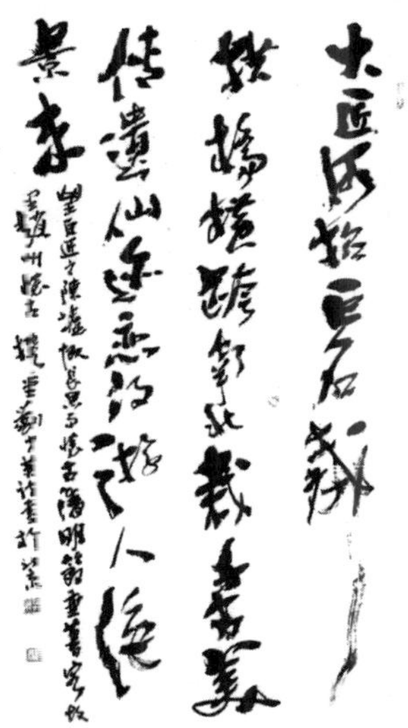

图 9-1-26　刘少英书法

贾勇伟书法见图 9-1-27、图 9-1-28、图 9-1-29。

图 9-1-27　贾勇伟书法

图 9-1-28　贾勇伟书法

图 9-1-29　贾勇伟书法

第二节　绘　　画

赵州大石桥年画见图 9-2-1、图 9-2-2、图 9-2-3。

图 9-2-1　赵州大石桥年画

图 9-2-2　赵州大石桥年画

图 9-2-3　赵州石桥年画

赵州桥神话传说年画见图 9-2-4。

图 9-2-4　赵州桥神话传说年画

赵州石桥年画见图 9-2-5。

图 9-2-5　赵州石桥年画

千古沧桑赵州桥见图 9-2-6。

图 9-2-6　千古沧桑赵州桥(胡桂林　绘)

仙人过桥图见图 9-2-7。

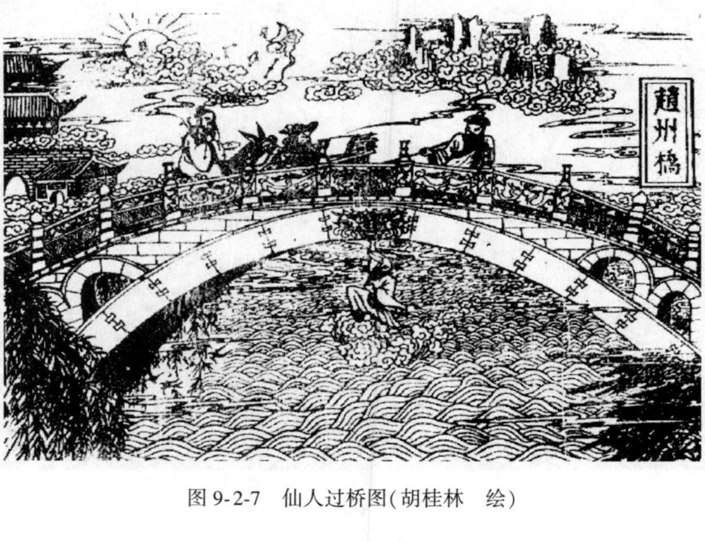

图 9-2-7　仙人过桥图(胡桂林　绘)

赵州安济桥见图 9-2-8。

图 9-2-8　赵州安济桥(焦俊华　速写)

赵州桥神话传说见图 9-2-9。

图 9-2-9　赵州桥神话传说(胡桂林　绘)

赵州石桥年画见图 9-2-10。

图 9-2-10　赵州石桥年画(赵州桥文化传播中心　绘)

赵州桥年画见图 9-2-11。

图 9-2-11　赵州桥年画(赵州桥文化传播中心　绘)

年画　天下赵州见图 9-2-12。

图 9-2-12　年画　天下赵州(赵州桥文化传播中心　绘)

赵州古韵见图 9-2-13。

图 9-2-13　赵州古韵(张玉芬、王伟　绘)

第三节　摄　　影

赵州桥具有悠久的历史、高度的科学性、精美的艺术性,“奇巧固护,甲于天下”。它吸引着国内外无数的摄影爱好者、专家、学者前来观光、采风、拍照,他们用手中的相机拍摄了无数张这一雄伟建筑的光辉影像。中国摄影家协会常务理事李秀善以及赵县籍摄影爱好者孙少卿、李晋栓、孙召唤、苏凤凯、赵振伟、时胜果、张立坤、王现夺、程广志、刘东峰、魏逸飞、张思等,拍摄的赵州桥全景、侧景、夜景、雪景等照片,取景角度立意新颖,构图独具匠心,不仅画面清晰优美,而且极富立体感。他们的作品曾在《人民日报》、《人民中国》、《人民画报》、《文物》、《旅游》、《中国文物报》、《光明日报》、《文汇报》、《河北日报》、《文物春秋》、《燕赵乡音》等国内外报纸、杂志上发表。为后人留下了一幅幅艺术精品,引起人们美好的回忆、深思。

拍摄于清代光绪年间的《直隶赵州大石桥》照片,已有100多年历史,是目前发现的最早的记录赵州桥的照片。画面中赵州桥、关帝阁雄伟壮观,桥上车马行人熙熙攘攘,桥下帆船漕运十分繁忙,已成为珍贵的历史资料。

赵县文教局教研室,摄制了《赵州桥》电教幻灯片,全面系统地介绍了赵州桥的历史价值、艺术价值和科学价值,为形象化教学,提高教育质量提供了极好的资料,颇受学生喜爱,获得国家、省、市教育部门奖励。

《小放牛》剧照见图9-3-1。

图9-3-1　《小放牛》剧照(张立坤　摄影)

赵州桥(获赵州桥1400年华诞摄影一等奖)见图9-3-2。

图9-3-2　赵州桥(徐芳　摄影)

第四节 戏曲与影视

据文献记载,宋代就产生了第一部以赵州桥神话传说故事为题材的民歌《小放牛》,后来被移植为国粹京剧剧目,至今广为传颂。

20 世纪 70 年代后,歌颂赵州桥的戏曲和影视作品应运而生。赵县业余作者刘汝芳,根据这座桥的神话传说,写出了电影剧本《赵州桥的传说》。河北人民广播电台张秋义先生编写了相声《赵州桥》,播出以后,受到听众普遍好评。1991 年春,赵县旅居台湾的同乡会会长冯书瀛先生回故里探亲,听了《赵州桥》相声后,把录音带带回台湾播放,以表达思乡、爱桥之情。

80 年代初,河北电视台编辑杨桂秋女士到赵县专事采访赵州桥、石塔、柏林寺等诸多文物古迹,编写了《古城赵县文物荟萃》电视剧,拍摄后在河北电视台、赵县电视台播放。

1982 年,河北电视台拍摄了《赵州桥》专题片和《赵州桥传奇》电视剧,从不同角度,用多种艺术手段,表现了赵州桥的雄伟壮观景象、光辉历史和脍炙人口的民间传说,对国内、外公开播映。

吉林音像出版社编辑的《赵州石桥》、www.gozhn.com 编辑的中国科学家系列故事《李春》、石家庄深度动画科技有限公司原创动画片《赵州桥》等音像制品在网上公开发表。

《小放牛》是流行于河北省民间的歌舞小戏。《小放牛》中的一段载歌载舞的男女对唱,内容描写村姑向牧童问路 ,俏皮的牧童故意留难题对答情景。由 4 个乐句组成,音调明快流畅、富于表情。曾流传全国汉族地区,且常被融于戏曲音乐之中。

《小放牛》又指主要流行于河北省的同名民歌,原为昆曲中的《吹腔》曲牌,是笛子独奏家陆春龄等演奏的南方曲笛代表性曲目。全曲三段:第一段主要用平吹,旋律悠扬恬静;第二、三段用吐音与平吹交替演奏对句,速度较快,曲尾转调,情绪明朗清新。音乐富于抒情的民歌色彩和浓郁的田园风格,表现天真活泼的村姑与牧童相互诘问、对答的明快情绪。

歌舞小戏《小放牛》台词

第一段

天上桫椤是什么人栽?
地下的黄河是什么人开?
什么人把守三关外?
什么人出家就没有回来那个咿呀咳?
什么人出家就没有回来那个咿呀咳?
天上桫椤是王母娘娘栽,
地下的黄河是老龙王开,
杨六郎把守三关外,
韩湘子出家就没有回来那个咿呀咳,
韩湘子出家就没有回来那个咿呀咳。

第二段

赵州桥(来)什么人修?
玉石(的)栏杆什么人留?
什么人骑驴桥上走?
什么人推车压了一趟沟麻咿呀嘿?
什么人推车压了一趟沟麻咿呀嘿?
赵州桥(来)鲁班爷爷修,

玉石栏(的)杆圣人留，
张果老骑驴桥上走，
柴王爷推车压了一趟沟麻咿呀嘿，
柴王爷推车压了一趟沟麻咿呀嘿。

第三段

什么鸟儿穿青又穿白?
什么鸟儿身披着豆绿衫?
什么鸟,催人把田种?
什么鸟雌雄就不分开那个咿呀咳?
什么鸟雌雄就不分开那个咿呀咳?
喜鹊穿青又穿白，
金鹦哥身披着绿豆衫，
布谷鸟,催人把田种，
鸳鸯鸟雌雄就不分开那个咿呀咳，
鸳鸯鸟雌雄就不分开那个咿呀咳。

歌舞小戏《小放牛》曲谱

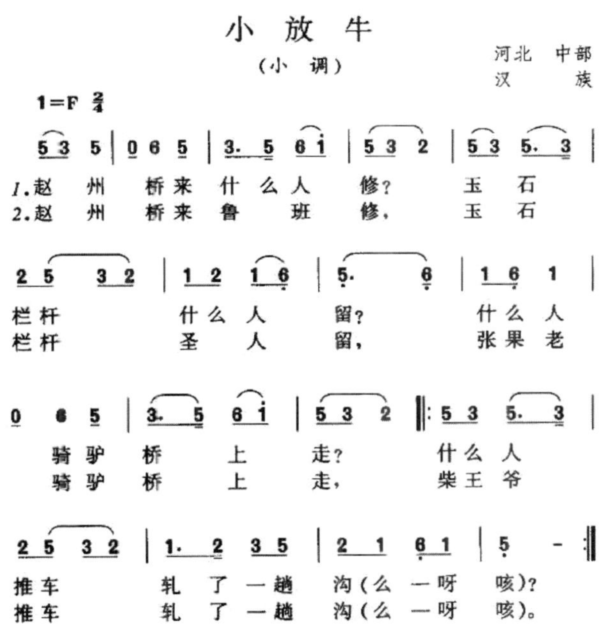

京剧《小放牛》台词

(根据《经典京剧剧本全编》整理)

牧童　(内白)　　啊哈!

(牧童上。)

牧童　(数板)　　三月艳阳天,放牛到村边。野花红又艳,山草青又鲜，黄莺儿枝头叫，白鹅戏水间。今日风光好，山歌唱连天，唱连天。

（白） 我，牧童的便是。每日在山上放牛。看今日天气晴和，不免将牛儿赶至山坡之上。

（牧童赶牛）

牧童 （白） 你看这牛儿上山吃草去了，待我将山歌唱起来。

（唱） 出得门来用眼儿瞧哪呼嗨，
哪呼咿嗨，哪呼咿嗨，哪呼咿嗨嗨。
用眼儿瞧哇：那边厢来了一个女娇娃哪哈咿呀嗨。
头上戴着一枝花，身上穿的是绫罗纱，
杨柳腰一掐掐，水红的飘带要中扎。
我心里想着她，我口里念着她，
这一场相思就把人害煞吧哪哈咿呀嗨。
这一场相思就把人害煞。

村姑 （内白） 啊哈！

牧童 （白） 你瞧喂！那边来的是呐哩村的那个小姑娘，
不知道她上哪儿去，有啦，我不免在这儿等她。
呀呔，小姑娘，近前来！

村姑 （内白） 走哇。

（内唱） 三月里来——

（村姑上。）

村姑 （唱） 桃花儿开，杏花儿白，
月季花儿红，
又只见那芍药牡丹一齐开放哪哈咿呀嗨。
行来在青草儿坡前，见一个牧童，
头戴着草帽，身披着蓑衣，
手拿着横笛，倒骑着牛背，
他口儿里唱的俱是莲花落哪哈咿呀嗨。
牧童哥，你过来，
我问你，我要吃好酒在哪里去买哪哈咿呀嗨。

牧童 （唱） 牧童开言道，姑娘你是听。
我这里用手儿一指，东指西指，
南指北指，前面的高坡，
有几户人家，杨柳树上挂着一个大招牌。
小姑娘，你过来，你要吃好酒在杏花村哪哈咿呀嗨，
你要吃好酒就在杏花村。

村姑 （白） 牧童哥请来见礼。

牧童 （白） 还礼，还礼。你敢莫是失迷里路途吗？

村姑 （白） 不错，我正是失迷路途。

牧童 （白） 你要到哪儿去呀？

村姑　（白）　我要打酒去。
牧童　（白）　打酒要到杏花村。
村姑　（白）　这条道儿我不熟，你告诉我怎么走哇。
牧童　（白）　你顺着我的手儿瞧——
　　　（念）　一去二三里，烟村四五家，亭台六七座，八九十枝花。
村姑　（白）　有劳了，请。
牧童　（白）　小姑娘你回来。
村姑　（白）　回来就得儿回来，牧童哥，你叫我回来干什么？
牧童　（白）　听说你们呐哩村的小姑娘都会唱小曲，你唱一个我听听，我送你去。
村姑　（白）　我呀，不会唱。
牧童　（白）　你要是会唱说不会唱，我可就不让你过去。
村姑　（白）　我打这边走。
牧童　（白）　这边截住你。
村姑　（白）　我打那边走。
牧童　（白）　那边挡住你。
村姑　（白）　我打中间……哟，你干吗紧挡着我们呀。
牧童　（白）　你不唱，我就不让你过去。
村姑　（白）　我有心唱，就是没人帮腔。
牧童　（白）　我与你帮腔。
村姑　（白）　会帮腔来帮腔，不会帮腔站在一旁。
牧童　（白）　咱们凑合着瞧吧。
村姑　（白）　如此，牧童哥。
牧童　（白）　嗳。
村姑　（白）　帮腔来。
牧童　（白）　来了。
村姑　（唱）　二郎爷爷本姓杨吧哪呼嗨。
　　　（白）　牧童哥。
牧童　（白）　嗳。
村姑　（白）　帮腔来。
牧童　（白）　来了。
　　　（唱）　哪呼咿嗨，哪呼咿嗨，哪呼咿嗨嗨。
村姑　（唱）　他妹子一心爱那刘彦昌。
牧童　（唱）　七咕隆咚呛。
村姑　（唱）　哪呼咿呀呵。
牧童　（唱）　哪呼咿呀呵！爱你会唱歌。
村姑　（唱）　爱我会唱歌，就该娶下我。
牧童　（唱）　手中无有钱，看着无奈何。
村姑　（唱）　手中无有钱，对你妈妈说。
牧童　（唱）　对我妈妈说，将你许配我。
村姑　（唱）　许你便许你，哥哥打个锣。

牧童	(唱)	我便不打锣。
村姑	(唱)	你要是不打锣,小妹便走吧哪呼嗨。
牧童	(唱)	嗨,嗨,嗨,妹妹你回来,妹妹你回来。
村姑	(唱)	叫妹妹回来,哥哥打个锣。
牧童	(唱)	我便打个锣。
村姑	(唱)	打个什么锣?
牧童	(唱)	打个太平锣。
村姑	(唱)	那锣儿怎么响?
牧童	(唱)	七咕隆咚呛,八咕隆咚呛, 咚呛咚呛此咕隆咚呛。
村姑	(白)	牧童哥,你听我唱的好不好?
牧童	(白)	好。
村姑	(白)	好,你让我过去吧。
牧童	(白)	这么办,咱们再唱个四花儿你再走,好不好?
村姑	(白)	牧童哥,帮腔来。
牧童	(白)	来了。
村姑	(唱)	正月里来什么花儿开?独自一人好不伤怀。 起得儿唉。
牧童	(唱)	美得儿唉。
村姑	(唱)	起得儿唉。
牧童	(唱)	美得儿唉。
村姑 牧童	(同唱)	正月里开的是水仙花儿,花也没开。 嗯唉,嗯唉,七咕隆咚咿呀嗨, 八咕隆咚咿呀嗨,一朵一朵莲花落吧咿呀嗨。
村姑	(白)	牧童哥,你听我唱的好不好?
牧童	(白)	好。
村姑	(白)	好,该让我走了吧。
牧童	(白)	不成。
村姑	(白)	怎么?
牧童	(白)	这么办吧,我这儿有个上联,你要对得上下联来,我就送你前去。
村姑	(白)	如此,马棚里伸腿。
牧童	(白)	此话怎讲?
村姑	(白)	请您出题儿吧。

(村姑、牧童同笑。)

牧童	(白)	来了。
	(唱)	天上娑罗什么人儿栽? 地下的黄河什么人开? 什么人把守三关口? 什么人出家他没回来吧咿呀嗨?

什么人出家他没回来吧咿呀嗨？

村姑　（唱）　天上娑罗王母娘娘栽，

地下的黄河老龙王开，

杨六郎把守三关口，

韩湘子出家他没回来吧咿呀嗨，

韩湘子出家他没回来吧咿呀嗨。

牧童　（唱）　什么鸟穿青又穿白？

什么鸟身披着绿豆色？

什么鸟身穿十样锦？

什么鸟身披着一锭墨吧咿呀嗨？

什么鸟身披着一锭墨吧咿呀嗨？

村姑　（唱）　喜鹊穿青又穿白，

锦鹦哥儿身披着绿豆色，

金鸡身穿十样锦，

乌鸦身披着一锭墨吧咿呀嗨，

乌鸦身披着一锭墨吧咿呀嗨。

牧童　（唱）　赵州桥什么人儿修？

玉石的栏杆什么人儿留？

什么人骑驴桥上走？

什么人推车轧了一道沟吧咿呀嗨？

什么人推车轧了一道沟吧咿呀嗨？

村姑　（唱）　赵州桥鲁班爷爷修，

玉石的栏杆圣人留，

张果老骑驴桥上走，

柴王爷推车轧了一道沟吧咿呀嗨，

柴王爷推车轧了一道沟吧咿呀嗨。

牧童　（唱）　姐儿门前一道桥，

有事无事走三遭。

村姑　（唱）　休要走来休要走，

我哥哥怀揣着杀人的刀吧咿呀嗨，

我哥哥怀揣着杀人的刀吧咿呀嗨。

牧童　（唱）　怀揣杀人刀，那个也无妨，

砍去了头来冒红光，

纵然死在阴曹府，

魂灵儿扑在了你的身上吧咿呀嗨，

魂灵儿扑在了你的身上吧咿呀嗨。

村姑　（唱）　扑在我身上，那个也无妨，

我家哥哥他是个阴阳，

三鞭杨柳打死你，

将你扔在大路旁吧咿呀嗨，

将你扔在大路旁吧咿呀嗨。

牧童 （唱） 扔在大路旁,那个也无妨,
变一个桑枝儿长在路旁,
单等姐儿来采桑,
桑枝儿挂住了你的衣裳吧咿呀嗨,
桑枝儿挂住了你的衣裳吧咿呀嗨。

村姑 （唱） 挂住了我衣裳,那个也无妨,
我家哥哥他是个木匠,
三斧两斧砍下了你,
将你扔在了养鱼塘吧咿呀嗨,
将你扔在了养鱼塘吧咿呀嗨。

牧童 （唱） 扔在养鱼塘,那个也无妨,
变一个鱼儿在水边藏,
单等姐儿来打水,
扑棱棱溅湿了你的绣鞋帮吧咿呀嗨,
扑棱棱溅湿了你的绣鞋帮吧咿呀嗨。

村姑 （唱） 溅湿我绣鞋帮,那个也无妨,
我家哥哥会撒网,
三网两网网住了你,
吃了你的肉来喝了你的汤吧咿呀嗨,
吃了你的肉来喝了你的汤吧咿呀嗨。

牧童 （唱） 吃肉又喝汤,那个也无妨,
变一根鱼刺儿碗底藏,
单等姐儿来喝汤,
鱼刺儿卡在你嗓喉上吧咿呀嗨,
鱼刺儿卡在你嗓喉上吧咿呀嗨。

村姑 （唱） 卡在嗓喉上,那个也无妨,
我家哥哥他会开药方,
三方两剂打下了你,
将你扔过后园墙吧咿呀嗨,
将你扔过后园墙吧咿呀嗨。

牧童 （唱） 扔过了后园墙,那个也无妨,
变一个蜜蜂儿在花瓣儿藏,
单等姐儿把花采,
一翅儿飞在你手心上吧咿呀嗨,
一翅儿飞在你手心上吧咿呀嗨。

村姑 （唱） 飞在手心上,那个也无妨,
我家哥哥他会扎枪,
三枪两枪扎死了你,
管叫你一命见阎王吧咿呀嗨,

		管叫你一命见阎王吧咿呀嗨。
牧童	（唱）	一命见阎王，那个也无妨， 阎王爷面前我诉诉冤枉， 纵然死在阴曹府， 转一世也要与你配成双吧咿呀嗨，
村姑 牧童	（同唱）	转一世也要与你配成双吧咿呀嗨。
村姑	（白）	牧童哥，你听我唱的好不好？
牧童	（白）	好。
村姑	（白）	好，你送我走吧。
牧童	（白）	正是：
	（念）	年年有个七月七，天上牛郎会织女。
村姑	（念）	若要夫妻重相见，待到来年七月七。
	（白）	牧童哥，请！

（村姑下。）

牧童	（白）	等我牵上牛。哟，我的牛哪儿去了？ 呀呔！小姑娘等一等，我赶你来了。

（牧童下。）

京剧《小放牛》曲谱

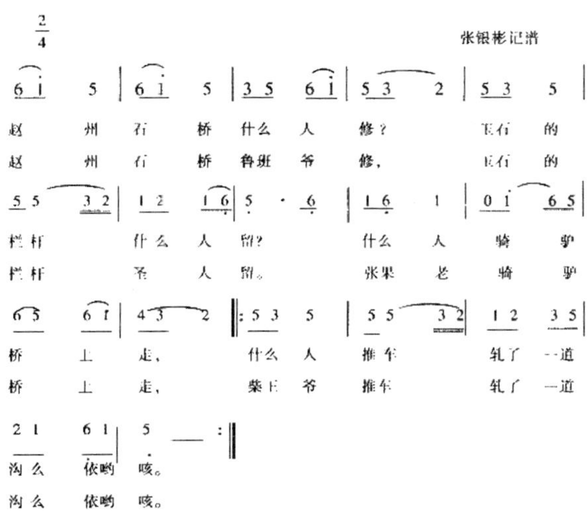

第五节　剪　　纸

剪纸艺术源于西汉，出自民间，根植乡土，千百年来，为广大群众所喜闻乐见。

赵县古为州府，股肱上郡，历代艺术大家辈出。曾任赵县文物保管所所长的刘运田先生可称得上是一位剪纸艺术大师，神奇的赵州桥赋予幻想，奔腾的洨河水启迪智慧，他首创文物剪纸艺术，造型优美，刻工精细，刀法苍劲，风格古朴，形象逼真而意境深厚，展现出古代文物浑厚、矫健、严整、俊逸的艺术风貌。国家主席江泽民视察赵州桥时，对其作品予以高度评价，收藏其三幅艺术精品。中国社会科学院院长胡绳称之为“巧夺天工”。其作品已传入美、英、法、德、日诸多国家,让中国民间剪纸艺术阔步走出国门,为中外文化交流献出赤子之心。现将其有关赵州桥剪纸作品选录如次:

神话传说剪纸见图 9-5-1。

图 9-5-1 赵州桥神话传说

交龙栏板图剪纸见图 9-5-2。

图 9-5-2 交龙栏板

龙托花珠栏板图剪纸见图 9-5-3。

图 9-5-3 龙托花珠栏板

奔龙栏板图剪纸见图 9-5-4。

图 9-5-4 奔龙栏板

绞龙栏板图剪纸见图 9-5-5。

图 9-5-5　绞龙栏板

第六节　赵州桥邮票、明信片

邮票，是邮政机关发行，供寄递邮件贴用的邮资凭证。发送者为邮政服务付费的一种形式，发送者会将邮票贴在信件上，再由邮局盖章（通常是邮戳）销值，以用于在邮件被寄出前，证明寄邮人已支付全部或部分传递费用。为方便使用，邮票四周一般会打上齿孔，背面则加上一层背胶。1840 年 5 月 6 日世界上第一批邮票诞生，是英国的黑便士。邮票发行由国家管理，通常是国家主权的象征，甚至是某些国家重要的财源，如列支敦士登。邮票是收藏品，集邮已经成为世界重要风潮之一。

中国在清光绪四年六月（公元 1878 年 7 月）开始发行邮票。第一套邮票共三种，图案是一条五爪大龙，它在清代是皇权的象征，具有国徽的性质。这套邮票通称为“大龙邮票”。

很多国家借用邮票宣传自己。邮票的内容从早期君主元首肖像到现在的多元化内容，如文化、植物、技术、运动、建筑、艺术，名人和盛事。赵州桥邮票为古建筑类邮票，有以下几种：

中国人民邮政发行古桥邮票一套 4 枚，见图 9-6-1。

图 9-6-1　古桥邮票一套 4 枚

其中的赵州桥邮票见图 9-6-2。

图 9-6-2　赵州桥邮票

赵州桥建成1400年纪念邮票一套4枚见图9-6-3。

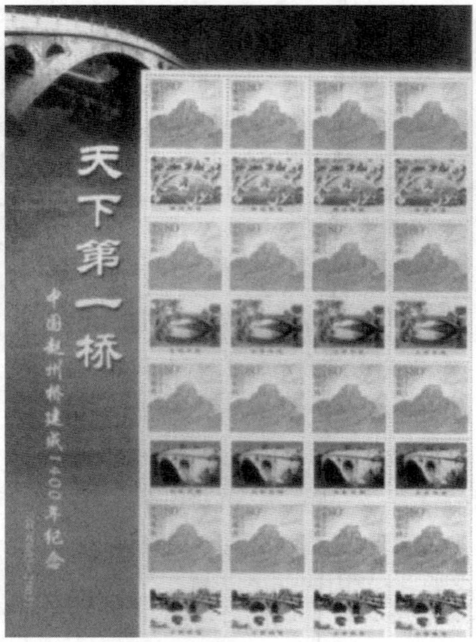

图9-6-3　赵州桥建成1400年纪念邮票

赵州桥明信片(1)一套10张见图9-6-4。

图9-6-4　赵州桥明信片一套

赵州桥明信片(2)见图9-6-5。

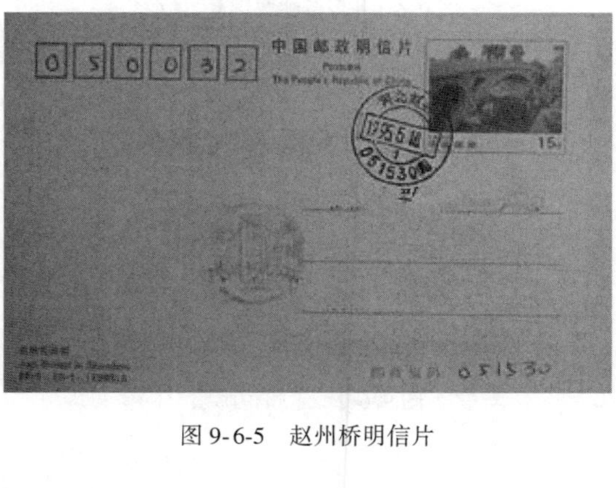

图9-6-5　赵州桥明信片

石家庄风光明信片一套 11 张见图 9-6-6。

图 9-6-6　石家庄风光明信片一套

第七节　赵州桥纪念币、侨汇券

一、纪念币

纪念币是一个国家为纪念国际或本国的政治、历史、文化等方面的重大事件、杰出人物、名胜古迹、珍稀动植物、体育赛事等而发行的法定货币，它包括普通纪念币和贵金属纪念币。质量一般为精制，限量发行。

中国纪念币是具有特定主题的，是由国家授权中国人民银行指定国家造币厂设计制造的，由国家银行统一计划发行的法定货币。纪念币通常是为了纪念我国重大政治历史事件、传统文化等有特殊意义的事物而制作发行的。普通纪念币与市场上流通的同面额的人民币价值相等，可以同时在市场上流通。纪念币的作用主要是满足公众的收藏要求，而不是用于流通。特定主题和限量发行是纪念币的主要特性。

赵州桥纪念币是 1987 年由中国人民银行发行的名胜古迹类纪念币，正面图案为赵州桥建造者李春与赵州桥，背面图案为国徽（见图 9-7-1）。

图 9-7-1　赵州桥纪念币正背面图案

二、侨汇券

侨汇券是历史上货币的一种，又称侨汇物资供应票、侨汇商品供应券。侨汇券汇聚了粮票、布票、棉票、副食品购买券、工业品购买券等各种票证。此外，有些省的侨汇券还印有肥皂票、煤票、油票等稀有票证。在特定的历史时期，为了保证和方便外宾、港澳台同胞和侨眷购买商品而发行。这种诞生于计划经济时代的生活用品票证一般由省级的商业厅负责印刷，购买力与人民币等值，它反映了我国特定时期社会、政治、经济发展的一个缩影。多年前，我国实行过“侨汇券”制度，当时对改善侨眷的生活，提高华侨汇款的积极性起到了积极的作用。

印有赵州桥图案的侨汇券是由河北省商业厅发行，面值有 10 元、100 元，见图 9-7-2，图 9-7-3。

图 9-7-2　赵州桥侨汇券

图 9-7-3　赵州桥侨汇券

第八节　赵州桥粮票

粮票是中国供城乡人口购买粮食或粮食制成品的一种票证。发行粮票是对粮食实行统购统销政策后为保证粮食按计划供应所采取的一种措施。

粮票 1955 年开始实行，分为全国通用粮票和地方粮票。全国通用粮票由当时的粮食部印发，在全国范围内通行，票面额分 0.5 市斤、1 市斤、3 市斤 、5 市斤 4 种。地方粮票由各省、市、自治区粮食局印发，在地区范围内使用。票面额各地不一，一般有 1 市两、2 市两、5 市两、1 市斤 、2 市斤、5 市斤、10 市斤等几种。另外各省 、市 、自治区为保证外宾、华侨的粮食供应，还印发有一种侨汇专用粮票（图 9-7-2），按银行侨汇款额折算发给。有的省、市、自治区还以地区机动粮为基础发行有不含食油指标的粮券和划拨票等。各种粮票票面规定的数额均以成品粮计算。粮票只是购粮的凭证，本身不具有价值，不属有价证券，不许在市场买卖流通。随着粮食生产的发展，粮票已经取消。

印有赵州桥图案的粮票于 1980 年由河北省粮食局发行，有一市两、贰市两、半市斤三种面额。见图 9-8-1，图 9-8-2，图 9-8-3。

图 9-8-1　赵州桥粮票（1）

图 9-8-2　赵州桥粮票（2）

图 9-8-3　赵州桥粮票（3）正背面图案

第九节　赵州桥门票

门票是游客进入旅游景区的凭证。赵州桥自 1972 年对外开放以来，印制过多种门票，包括参观券、贵宾券、纪念券、明信片等，有 5 分、1 角、5 角、1 元、5 元、10 元、15 元、25 元、30 元、35 元、40 元等。现精选部分门票供鉴赏。见图 9-9-1 至图 9-9-18。

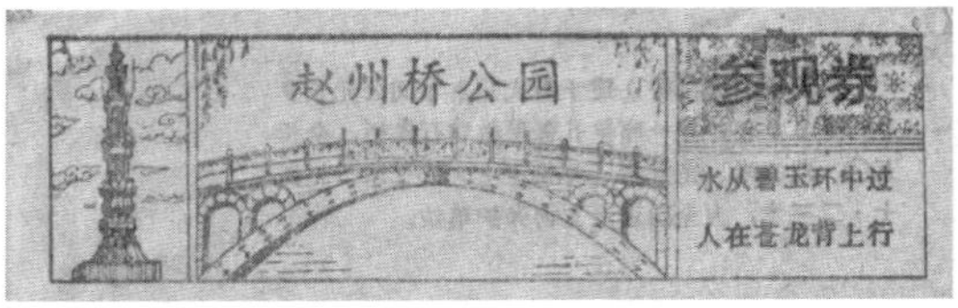

图 9-9-1 赵州桥门票

图 9-9-2 赵州桥门票

图 9-9-3 赵州桥门票(10 元)

图 9-9-4 赵州桥门票(10 元)

图 9-9-5 赵州桥门票(15 元)

图 9-9-6 赵州桥门票(15 元)

图 9-9-7 赵州桥门票(25 元)

图 9-9-8 赵州桥门票(25 元)

图 9-9-9 赵州桥门票(30 元)

图 9-9-10 赵州桥门票(30 元)

图 9-9-11　赵州桥门票(35 元)

图 9-9-12　赵州桥门票(35 元)

图 9-9-13　赵州桥门票(40 元)

图 9-9-14　赵州桥纪念门票

图 9-9-15　赵州桥明信片门票

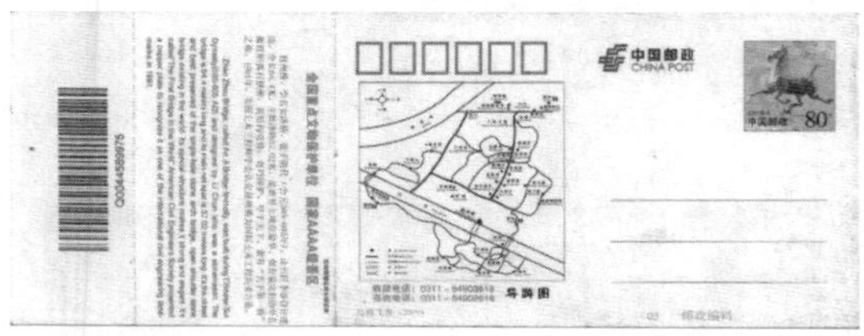

图 9-9-16　赵州桥明信片门票

图 9-9-17　赵州桥明信片门票

图 9-9-18　赵州桥半价优惠门票

第十节　赵州桥商标

商标是识别某商品、服务或与其相关具体个人或企业的显著标志。图形圆圈加 R 常用来表示某个商标经过注册，并受法律保护。TM 表示某个标志是作为商标进行使用。商标的起源可追溯至古代，当时工匠将自己的签字或“标记”印制在其生产的艺术品或实用产品上。这些标记演变成为今天的商标注册和保护制度。这一制度帮助消费者识别和购买某产品或服务，因为商标所标示的该产品或服务的性质和质量符合他们的需求。

赵州桥已经历尽沧桑 1400 多岁，历经数次洪水冲击、地震摇撼、风雨剥蚀仍旧巍然屹立于洨河两岸，而且从未停止过使用，充分证明其质量极佳。许多企业将其产品商标设计为“赵州桥牌”，把产品的质量与赵州桥的质量挂钩，以提高知名度，获取消费者的信任。现举几例“赵州桥牌”商标以供鉴赏。

早期赵州桥商标见图 9-10-1。

图 9-10-1　早期赵州桥商标

20 世纪 70 年代石家庄制酒厂“赵州桥牌”啤酒酒标见图 9-10-2。

图 9-10-2　赵州桥牌啤酒酒标

20 世纪 70 年代石家庄制酒厂“赵州桥牌”玫瑰白酒酒标见图 9-10-3。

图 9-10-3　赵州桥牌玫瑰白酒酒标

20 世纪 70 年代石家庄卷烟厂“赵州桥牌”香烟烟标见图 9-10-4。

图 9-10-4　赵州桥牌香烟烟标

石家庄卷烟厂“赵州桥牌”香烟烟标(编号:se24511124)见图 9-10-5。

图 9-10-5　“赵州桥牌”香烟烟标

石家庄卷烟厂"赵州桥毛主席纪念堂牌"香烟烟标(编号:se27335140)见图 9-10-6。

图 9-10-6 "赵州桥毛主席纪念堂牌"香烟烟标

石家庄卷烟厂"神桥牌"香烟烟标见图 9-10-7。

图 9-10-7 "神桥牌"香烟烟标

1995 年河北省赵县特种油品厂"赵州桥牌"油品油标(注册号:749957)见图 9-10-8。

图 9-10-8 "赵州桥牌"油品油标

石家庄市春新食品机械厂“赵州桥牌”小型多用切菜机注册商标见图 9-10-9。

图 9-10-9 “赵州桥牌”小型多用切菜机注册商标

赵县赵州梨果产业集团“赵州桥牌”鸭梨注册商标(注册号:976694)见图 9-10-10。

图 9-10-10 “赵州桥牌”鸭梨注册商标

石家庄市罐头厂 “赵州桥牌”梨、桃、红烧牛肉罐头注册商标(注册号:211303)见图 9-10-11。

图 9-10-11 “赵州桥牌”梨、桃、红烧牛肉罐头注册商标

石家庄市制酒厂“赵州桥牌”鹿泉春酒商标见图 9-10-12。

图 9-10-12 “赵州桥牌”鹿泉春酒商标

石家庄市制酒厂“赵州桥脾”白酒商标(编号:se22240066,21)见图 9-10-13。

图 9-10-13　“赵州桥牌”白酒商标

石家庄市制酒厂“赵州桥牌”酒商标见图 9-10-14。

图 9-10-14　“赵州桥牌”酒商标

石家庄市制酒厂“赵州桥牌”佳酿酒商标见图 9-10-15。

图 9-10-15　“赵州桥牌”佳酿酒商标

赵州绿色食品专用肥厂“赵州桥牌”复混肥商标(注册号:1218016)见图 9-10-16。

图 9-10-16　“赵州桥牌”复混肥商标

石家庄手表厂“赵州桥牌”手表商标见图 9-10-17。

图 9-10-17 “赵州桥牌”手表商标

第十一节　赵州桥旅游纪念品

旅游纪念品是指具有地方特色,富有纪念意义的旅游商品。旅游纪念品不同于一般的商品,它能反映旅游地的特色,浓缩了地域和民俗风情,沉淀着旅行的记忆。旅游纪念品是一个国家或地区历史与文化的缩影,它是该旅游地独有的特色商品,在旅游市场上具有独占性的商品。而购买纪念品是旅游活动中一个不可或缺的内容。旅游纪念品,在通俗意义上指的是和旅游业相联系的一系列带有旅行纪念意义的商品。

赵州桥旅游纪念品精巧便携、富有地域特色和民族特色,它是赵州桥的一张名片,这张名片典雅华丽,有极高的收藏与鉴赏价值,倍受游客青睐。

一、赵州桥浮雕摆件

赵州桥浮雕摆件是依托赵州桥的神话传说,采用仿象牙特定材料运用特殊工艺制作而成,是独具特色的工艺收藏品(见图 9-11-1)。

二、汉白玉赵州桥模型

选择精良的汉白玉,按比例缩小复原了古代桥体与桥楼(关帝阁)的原貌,精雕细琢,外形细腻美观,具有独色的文化内涵(见图 9-11-2)。

图 9-11-1　赵州桥浮雕摆件

图 9-11-2　汉白玉赵州桥模型

三、赵州桥模型

使用树脂材料按比例缩小复原了赵州桥以及桥楼原貌,并进行色彩雕琢,突出其鲜明的层次,外形极其美观,形象逼真引人(见图 9-11-3)。

四、赵州桥水晶内雕

采用先进的内雕技术把赵州桥的外形结构与水晶的晶莹剔透相融合，通过水晶展现赵州桥若虹桥般的独特外形结构，造型美观，极具收藏价值（见图 9-11-4）。

图 9-11-3　赵州桥模型

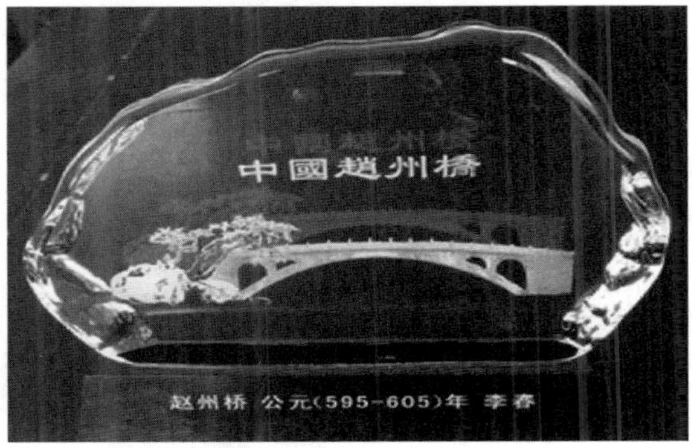

图 9-11-4　赵州桥水晶内雕

五、赵州桥紫铜浮雕屏风

此屏风是在木质框架结构上使用紫铜镶嵌制作而成，展示了赵州桥宏伟壮观的历史风貌，外形美观大气（见图 9-11-5）。

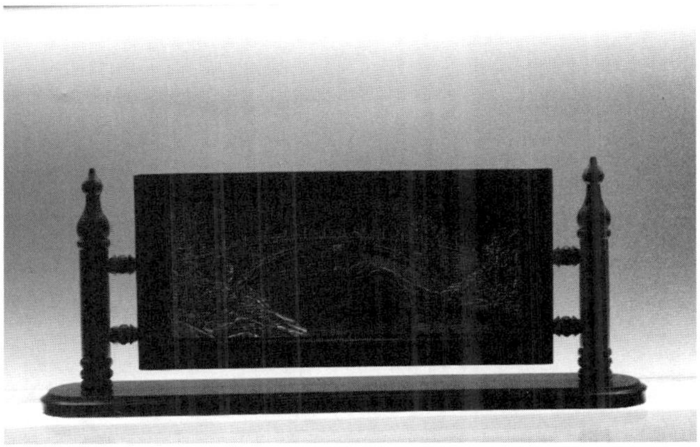

图 9-11-5　赵州桥紫铜浮雕屏风

六、赵州桥紫铜摆件（见图 9-11-6）

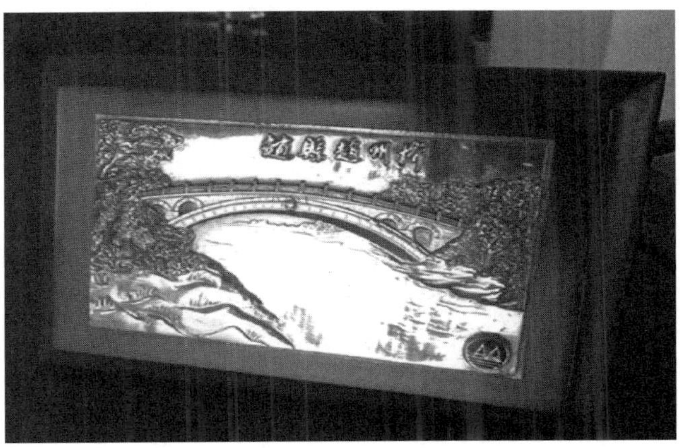

图 9-11-6　赵州桥紫铜浮雕摆件

七、赵州桥神话传说木雕(见图 9-11-7)

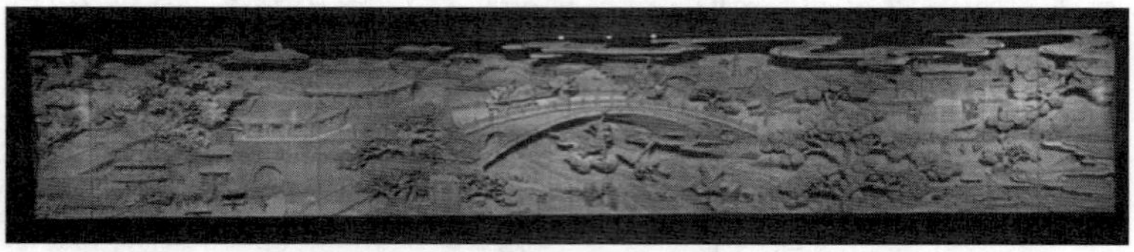

图 9-11-7　赵州桥神话传说木雕

八、赵州桥彩陶摆件(见图 9-11-8)

图 9-11-8　赵州桥彩陶摆件

九、赵州桥木雕摆件(见图 9-11-9)

图 9-11-9　赵州桥木雕摆件

(本节上述所列产品均由赵州桥文化传播中心设计制作)

第十章 赵州桥民俗文化

第一节 神话传说

一、赵州桥鲁班修

赵州有两座“一模一样”的石桥，一座在城南，一座在城西。城南的桥规模较大，人们习惯上称为大石桥，看去像长虹架在河上，壮丽雄伟。民间传说这座大石桥是鲁班修的。城西的桥相对规模较小，称其为小石桥，看去象浮游在水面上的一条小白龙，活灵活现，传说这座小石桥是鲁班的妹妹鲁姜修的。这两座桥修得可好啦！舞台剧《小放午》还有这样的唱词：“赵州石桥鲁班爷爷修，玉石的栏杆圣人留，张果老❶骑驴桥上走，柴王爷❷推车轧了一道沟。”

这里就唱到了鲁班修赵州桥的传说。

相传，鲁班和他的妹妹周游天下，走到赵州，一条白茫茫的洨河拦住了去路。河边上推车的、担担的、卖葱的、卖蒜的、骑马赶考的、牵驴赶会的闹闹嚷嚷，争着过河进城。河里只有两只小船摆来摆去，半天也过不了几个人。鲁班看了就问：“你们怎么不在河上修座桥呢？”

人们都说：“这河又宽、水又深、浪又急，谁敢修呀，打着灯笼，也找不着这样的能工巧匠！”鲁班听了心里一动，和妹妹鲁姜商量好，要为来往的行人修两座桥。

鲁班对妹妹说：“咱先修大石桥后修小石桥吧。”

鲁姜说：“行。”

鲁班说：“修桥是苦差事，你可别怕吃苦啊。”

鲁姜说：“不怕。”

鲁班说：“不怕就好。你心又笨，手又拙，再怕吃苦就麻烦了。”

这一句话把鲁姜惹得不高兴了。她不服气地说：“你甭直嫌我心笨手拙，今个儿咱俩分开修，你修大的，我修小的，和你赛一赛，看谁修得快，修得好。”

鲁班说：“好，赛吧。啥时动工，啥时修完？”

鲁姜说：“天黑出星星动工，鸡叫天明收工。”

一言为定，兄妹分头准备。

鲁班不慌不忙溜溜达达往西向山里走去了。鲁姜到了城西，急急忙忙就动手。她一边修一边想：甭忙，非把你拿下不可。果然，三更没过，就把小石桥修好了。随后她悄悄地跑到城南，看看她哥哥修到什么样子了。来到城南一看，河上连个桥影儿也没有，鲁班也不在河边，她心想哥哥这回输定了。可扭头一看，西边太行山上，一个人赶着一群绵羊，蹦蹦窜窜地往山下来了。等走近了一看，原来赶羊的是她哥哥。

---

❶ 张果老是八仙之一，唐朝（公元681～907年）人，本名张果，由于他年纪很大，所以人们在他的名字后加一个“老”字，表示对他的尊敬。相传他久隐山西中条山。往来晋汾间。唐武则天时已数百岁。则天曾遣使，欲召见之，即佯死。后人复见其居恒州山中。他常倒骑白驴，日行数万里。休息时即将驴折叠，藏于巾箱。曾被唐玄宗召至京师，演出种种法术，授以银青光禄大夫，赐号通玄先生。以后他以年老多病为由，又回到中条山去。因为他经常手中拿着竹子做的一种说唱用具，所以后世人们就把他看作是“道情”（中国民间的一种说唱艺术）的祖师，相传于北宋时期聚仙会时应铁拐李之邀在石笋山列入八仙。

❷ 后周世宗柴荣（公元921～959年），是五代时期后周皇帝，在位六年。邢州尧山柴家庄（今河北省邢台市隆尧县）人，祖父柴翁、父柴守礼是当地望族。从小在姑丈郭威家长大，因谨慎笃厚被郭威收为养子，年轻时曾随商人颉跌氏在江陵贩茶，对社会积弊有所体验。史载其“器貌英奇，善骑射，略通书史黄老，性沉重寡言”。公元951年，郭威建立后周，委任柴荣治理澶州，其境“为政清肃，盗不犯境”。公元954年，郭威驾崩，柴荣继位为帝。

哪是赶的羊群呀，分明赶来的是一块块像雪花一样白、像玉石一样光润的石头，这些石头来到河边，一眨眼的工夫就变成了加工好的各种石料。有正方形的桥基石，长方形的桥面石，月牙形的拱券石，还有漂亮的栏板，美丽的望柱，帽石、勾石、腰铁、铁梁，凡桥上用的应有尽有。鲁姜一看心里一惊，这么好的石头造起桥来该有多结实呀！相比之下，自己造的那个不行，需要赶紧想法补救。重修来不及了，就在雕刻上下功夫盖过他吧。她悄悄地回到城西动起手来，在栏杆上刻了盘古开天、大禹治水，又刻了牛郎织女、丹凤朝阳。什么珍禽异兽、奇花异草，什么“二十四孝”都刻得像真的一样。刻得鸟儿展翅能飞，刻得花儿香味扑鼻。她自己瞅着这精美的雕刻满意了，就又跑到城南去偷看鲁班。乍一看，呀！不由惊叫了一声。天上的长虹，怎么落到了河上？定神再仔细一瞅，原来哥哥把桥造好了，只差安装桥头上最后的一根望柱。她怕哥哥打赌赢了，就跟哥哥开了个玩笑。她闪身蹲在柳棵子后面，捏住嗓子伸着脖，“咕咕哏——”学了一声鸡叫。她这一叫，引得附近老百姓家里的鸡也都叫了起来。鲁班听见鸡叫，赶忙把最后一根望柱往桥上一安，桥也算修成了。

这两座桥，一大一小，都很精美。鲁班的大石桥，气势雄伟，坚固耐用；鲁姜修的小石桥，精巧玲珑，秀丽喜人。

赵州一夜修起了两座桥，这在人间是个奇迹，第二天就轰动了附近的州衙府县。人人看了，人人赞美。能工巧匠来这里学手艺，巧手姑娘来这里描花样。每天来参观的人，像流水一样。这件奇事不胫而走，很快就传到了蓬莱仙岛仙人张果老的耳朵里。张果老不信，他想鲁班哪有这么大的本领！便邀了柴王爷（周世宗柴荣）和赵匡胤一块要去看个究竟。张果老骑着一头小黑毛驴（见图 10-1-1），柴王爷推着一个独轮小推车（见图 10-1-2），赵匡胤❶在前拉车，三人来到赵州大石桥，恰巧遇见鲁班正在桥头上站着，望着过往的行人笑哩！张果老问鲁班：“这桥是你修的吗？”

鲁班说：“是呀，有什么不好吗？”

张果老指了指小黑驴和柴王爷的独轮小推车说：“我们同时过桥，它经得住吗？”

图 10-1-1　张果老倒骑毛驴

图 10-1-2　柴王爷推车

鲁班瞟了他俩一眼，说：“大骡子大马，金车银辇都过得去，你们这小驴破车还过不去吗？”

---

❶　宋太祖赵匡胤（公元 927～976 年），字元朗，宋朝开国皇帝。后唐明宗天成年间生于洛阳夹马营（今河南省洛阳市瀍河回族区东关），祖籍涿郡（今河北省涿州市），父亲赵弘殷，母亲杜氏。赵匡胤于后汉隐帝时投奔郭威，其后郭威废汉建周，得任东西班行首，始入宦途。

后周显德六年（公元 959 年），后周世宗柴荣于北征回京后不久驾崩，逝世前任命赵匡胤为殿前都点检，掌管殿前禁军。次年（公元 960 年）元月初一，北汉及契丹联兵犯边，赵匡胤受命往御。初三夜晚，大军于京城汴梁（今河南省开封市）东北二十公里的陈桥驿（今河南省封丘县陈桥镇）发生哗变，将士于隔日清晨拥立赵匡胤为帝，史称“陈桥兵变”。大军随即回师京城，后周恭帝柴宗训禅位，赵匡胤登基，改元建隆，国号宋，史称宋朝、北宋。

张果老一听，觉得他的口气太大了，便施用法术聚来了太阳和月亮，放在驴背上的褡裢里，左边装上太阳，右边装上月亮。柴王爷也施用法术，聚来五岳名山，装在了车上。两人微微一笑，推车赶驴上桥。

刚一上桥，眼瞅着大桥忽忽悠悠，摇摇欲坠。鲁班一看大事不好，自己辛辛苦苦修的大桥将毁于一旦，便急中生智，急忙从东侧跳到桥下，举起右手托住了桥身，保住了大桥。

三人过去了，张果老回头瞅了瞅大桥对柴王爷和赵匡胤说："难怪众人称赞，鲁班修的这桥真是天下无双。"

柴王爷和赵匡胤连连点头称是，并对着才回到桥头上来的鲁班伸出了大拇指。鲁班瞅着他们的背影，心里说："这仨人不简单啦！"

现在，赵州石桥桥面上，还留着张果老骑驴踩的蹄印和柴王爷推车轧的一道沟。柴王爷推车由于用力过猛摔倒了，一个膝盖跪到桥面上，至今留下一个膝盖印。到赵州石桥去的人，都可以看到。桥下面原来还留有鲁班爷托桥的一只大手印，现在看不清了。

二、张果老为什么倒骑毛驴

古时候有一位能工巧匠鲁班，他用一夜时间，在赵州城南洨河上建成了一座大石桥。这振奋人心的消息，被当地百姓很快传向四面八方，而且越传越远，一直传到了天上，被仙人张果老听说了。好奇的张果老不相信鲁班有如此大的本领，他就骑上毛驴直奔赵州洨河而来，想看个究竟。半路上，张果老又碰见柴王爷推车、赵匡胤拉车，于是，邀他二人同去赵州。

三人来到赵州洨河畔，仔细一看，心中不由得暗暗惊叹，你看哪，赵州桥犹如苍龙飞架，新月出云，又似长虹饮涧，玉环半沉，太妙了。三人赞叹道："鲁班造桥果然名不虚传，真是天下奇工啊！"

这时，好动心计的张果老拍了一下柴王爷的肩膀，悄悄地说："咱们这次来不能白跑一趟，应该考验考验鲁班，不让他由此产生骄傲情绪"。

柴王爷和赵匡胤一听，非常赞同，连声说："好主意，好主意。"说话之间，鲁班见三位仙人迎面而来，连忙招呼道："欢迎三位贵客光临，多多指教。"

张果老问道："鲁班师傅，听说你造的这座桥不错，名扬天下，能让我骑上毛驴过一趟吗？"

鲁班听了，毫不在意地说："自从这座桥建成以后，千军万马都过得去，你这小小的毛驴不在话下。"

张果老接着说："如果，我骑毛驴能平安走一趟，我从此以后倒骑毛驴。"再说"如果，你建的大桥经不住我走一趟，请你远走高飞，不要在此逞能，休称天下匠师。"

鲁班苦笑着说："好吧，答应你的条件。"于是，扬扬手让张果老过桥。

这时，柴王爷和赵匡胤也拍着胸脯问道："你看我们两个呢？"鲁班用目光扫了他二人一眼，满不在乎地说："大小车辆从早到晚在桥上过，就凭你们这辆破独轮车，还能把大桥轧坏？太可笑了！"于是又让二位过桥。

三位仙人见鲁班如此傲气，心里很不是滋味，想："好你个鲁班，竟如此目中无人，今天考验你，是考对了，非让你尝一尝我们三位的厉害不可。"

眨眼间，三人走上桥，张果老转身一施法术，聚来星辰日月，顺手装进身上的褡裢里。柴王爷和赵匡胤施用法术聚来了五岳名山，轻轻地放在了独轮车上。由于载重猛增，小毛驴被压得呼哧呼哧直喘粗气，小车被压得的吱咛吱咛直响。三人还没有走上桥顶，大桥就经受不住了，开始摇晃起来。鲁班一看情况不妙，急忙跳下河去，举起一只手，用尽全身力气托住桥身，大桥才转危为安纹丝不动了。

三人平安地走过赵州桥，张果老过桥后，向鲁班当面认输，从此以后倒骑毛驴。

三、古桥仙迹的来历

在古老的赵州桥面上，能清晰看见几处车辆碾轧的沟痕，这里面也有着一个动人的传说。话说当年张果老、柴王爷、赵匡胤过桥时，因毛驴载重过大，留下了几个深深的驴蹄印。柴王爷推的独轮车超重，车轮子在桥面上轧了一道深沟。柴王爷推车用力过猛，右脚一滑，跪在桥面上，留下了一个大大的膝盖印。在桥的拱顶东侧底面，鲁班用力托桥身时，留下来一只大手印。这就是古桥仙迹的来历。并誉为赵州第一胜景。

后来，京剧《小放牛》里这样唱道：

女：赵州石桥什么人修？玉石栏杆什么人留？什么人骑驴桥上走？什么人推车轧了一道沟？

男：赵州石桥鲁班爷修。玉石栏杆圣人留。张果老骑驴桥上走。柴王爷推车轧了一道沟。

四、为什么瓦匠、木工吊线用一只眼

话说当年张果老、柴王爷、赵匡胤三仙同时过桥，运用法术运来日月星辰、三山五岳压得赵州桥摇摇欲坠，关键时刻鲁班急中生智，跳到桥下，力顶千斤，才使大桥安然无恙。三神仙认输拂袖而去。事后鲁班非常懊悔，早知道是三位神仙过桥还能发生如此危险的事情吗？恨自己有眼无珠，不识泰山，要这眼有什么用呢？一气之下挖去一只左眼扔在桥上。

鲁班虽说只剩下一只眼睛，但由于建造了赵州桥而名扬天下，人们都尊重他、爱戴他，称他是天下工匠的祖师爷。工匠们都模仿鲁班的一举一动。所以，一直到今天，瓦匠和木工在劳作时，吊线都用一只眼睛。原来，这是从鲁班那里学来的。

五、赵州桥上为什么有饕餮

传说赵州境内的洨河是西天王母娘娘为防止牛郎与织女偷偷相会用金钗所划，一夜之间突然形成，并与天上银河相连，称为通天之河。大河形成后，王母娘娘还是不放心，就派天将二十八宿潜伏洨河，日夜镇守，担负监视阻止牛郎织女相会的重任。

二十八宿性情凶猛残暴，自从下凡以后，在洨河两岸胡作非为，兴风作浪，翻渡船，吞游客，淹农田，断桥梁，弄得沿岸百姓鸡犬不安，惶惶不可终日。

能工巧匠鲁班由山西去山东路过赵州，见此惨境，心痛万分，便决定在此修桥为当地黎民百姓排忧解难。但由于二十八宿从中作怪，桥梁日修夜毁，终不得成功，鲁班心急如焚，不知如何是好。

饕餮是一位天神，属龙王家族中的一员，性情刚直无私。二十八宿曾放天河之水淹死尘世百姓，被饕餮得知，下凡将水喝干，百姓方得解救，因二十八宿告发，被王母娘娘打下凡尘，贬入东海栖身。

鲁班修桥日修夜毁的消息被饕餮得知，他来到洨河相助。遭到二十八宿的强烈反对，于是大战一场，因二十八宿不是饕餮的对手，败下阵来逃回天庭，告知王母。王母一听大怒，立即派来一百单八将、七十二地煞、三十六天罡、九幺星君和六丁六甲帮助二十八宿捉拿饕餮归案。

二十八宿原为人间汉光武帝的开国大臣，到天宫后备受王母娘娘的宠爱，众天神无一不受他们的陷害，所以众天神对王母娘娘听信谗言、昏庸残暴的手段极为不满，对二十八宿怀恨在心。于是来了个将在外君命有所不受，众天神不但不帮助二十八宿，反而与饕餮一起对抗天庭，合伙杀死了二十八宿。为了尽快建成大桥方便百姓，饕餮大口一张，就喝干了洨河之水。鲁班在众天神的帮助下，一夜之间架起了这座犹如长虹的大石桥——赵州桥。众天神因违反了天条，不再回天庭，从此和饕餮一起永远驻留在大桥上。

六、程大龙学艺建石桥

古时候，赵州城南五里地的洨河边上，有个小村叫五里屯。五里屯村在洨河南岸是个渡口。这里从早到晚行人很多，全靠渡船过河。有个老船工程宝金，从小在这儿开船摆渡，转眼50多年了。他有个儿子程大龙，从小跟着他在船上长大，练就一身好水性。有一天宝金想叫儿子接替他开船，大龙说什么也不干。老船工可火了，说："你不开船，想干什么？"大龙说："爹，我要上山学石匠，学了手艺，在洨河上架座桥。一回不成，两回；我这辈儿架不成，下辈儿接着干，好为咱这里人们解苦难。"老船工听了，觉得在理，就说："好小子，有志气。"可他一想，又犯了愁，说："架桥是好事，可钱从哪里来啊？"大龙说："大伙凑呗。"

"对！这是个好法儿。你进山去学艺，爹在家里找乡亲衰钱。"

从程大龙上山学艺那天起，程宝金就在渡口放了个小罐儿，逢人过河时他就喊："乡亲们，行个好，凑点钱，修座桥。"随着他的喊声，人们从衣兜、褡裢里掏出几个铜钱撂倒小罐里。一晃5年过去了，铜钱凑了不少，大龙也学艺回家了。学了手艺，有了钱，大龙就带领乡亲拿着斧头钢钎，赶上车马直奔太行山采石头。转眼间，一块块石头运到洨河南岸，在五里屯堆成山。

石料备好了，程大龙请算命先生择了吉祥日子，带着乡亲们开始动手架桥。那时间五里屯渡口好不热闹。河岸两边的麦子收了又种，树叶落了又长，3年过去了，一座大石桥建成了。洨河两岸的乡亲们个个欢天喜地,都夸大龙有本领。

大石桥建成不久,大河开了大口子一股劲地往下倒。天河水连着洨河水,白浪滔天,一下子冲毁了刚建好的大石桥。这时候,程宝金求佛拜神不顶用,没办法,又去为乡亲们撑船渡河。

这场大水把赵州州官吓破了胆。大水一退,州官指令衙役在州城四门贴出告示:“为兴修庙宇祭天神,乡里按人丁捐款,不得违命。”城里一个大财主幸灾乐祸,说:“穷小子要建桥,除非日头从西边出。”这话传到大龙耳朵里,气得他咬牙切齿,二话没说带上一把瓦刀,上西山找神匠鲁班求师去了。

程大龙进了山,恨不得一下子找到鲁班。眼望太行山,山山相连,人烟稀少,到哪里去找鲁班呢?他望着南飞的大雁问:“大雁大雁我问你,神匠鲁班在哪里?”大雁不回答,排着人字只顾飞。弯弯曲曲的山路上,山鸡跑来了,他迎着山鸡问:“山鸡山鸡我问你,神匠鲁班在哪里?”山鸡不吱声,只管往前跑。大龙东找西寻,怎么也找不见鲁班的影子。

程大龙找到一座山崖旁,一位漂亮的姑娘站在山崖下,手握斧头钢钎,叮叮当当地刻着崖壁,一会儿在崖壁上刻出了一只大凤凰。大龙看得出神,愣了半天放开嗓门问:“大姐大姐我问你,神匠鲁班在哪里?”

那姑娘回过头来,说:“太行山里谁不认识鲁班,你找他干什么?”

大龙从头到尾一五一十地对姑娘讲了自己找鲁班的来历。没想到姑娘看了他一眼,愤愤不平地说:“他叫王大爷抓到五台山了。要找他,还得翻过前边的山,趟过前面的河……大龙谢过姑娘,朝着她指的方向,翻山过河来到五台山。山顶上人山人海,都是王大爷抓来的壮丁,正为他建桥上殿。一个花脸大汉看见程大龙,猛跳去抓住大龙的脖领子:“好小子,好大的胆,你从哪里来的?”大龙忙说:“从赵州五里屯来的。”

“来这里干什么?”

“请神匠鲁班师傅。”

“什么师傅不师傅,快给我扛石头,若有怠慢要你的命。”

大龙没办法,忍气吞声扛起200多斤重的大石头,一趟又一趟扛到山顶空地上。用手擦掉脸上的汗珠子,小声问旁边的一个壮丁:“大哥大哥我问你,神匠鲁班在哪里?”壮丁指着桥上殿前的石牌坊说:“你看,那不是鲁班吗?”大龙抬头一看,好大的一座桥上殿,好大的石牌坊。石牌坊正面搭了一个高高的脚手架,一个英俊的年轻人正在石牌坊上刻着凤凰。他一溜小跑跑上前,叫了声“神匠鲁班师傅。”鲁班惊奇地扭过头,打量了一番程大龙,说:“叫我干什么?”

“请你为俺赵州老百姓造座大石桥。俺那里乡亲都说神匠鲁班天下游,专为百姓解忧愁。”鲁班摇摇头说:“石牌坊刻不好,我是寸步难行啊。你看那儿。”

大龙顺鲁班的手指看去,只见一身穿黄马褂的大胖子,手拿皮鞭,像个黑煞神,瞪着一双蛇眼睛看着鲁班。大龙想再和鲁班说两句话,那个胖鬼看见了,狠狠地抽了两鞭子,大吼:“快滚开,少碍事儿。”大龙离开石牌坊又扛起沉重的大石块,鲁班在脚手架上,眼见这一切,越想越生气,恨不得马上离开这个鬼地方,去赵州为百姓做好事。可眼下不行呀,又叮叮当当刻起了凤凰。一会儿,那个穿黄马褂的大肚子胖监工大叫:“鲁班小子,你为什么把凤凰故意刻成瞎子,你是成心找死吗?”鲁班大笑一阵子说:“别着急,眼下正在刻蟠龙呐,你家老爷子上山兜威风时,我再给凤凰刻上两只眼睛也不迟呀。”一席话说得那个大肚子胖鬼嘿嘿笑了,大脑袋瓜子直摇晃:“在理,在理。”

收工了,大龙悄悄找到鲁班,说:“神匠鲁班师傅,赵州百姓等着你哩,你在这儿下那么大的功夫为他们刻这臭牌坊干什么?趁早咱一块走吧。”鲁班说:“你看,眼下这山上到处有那些狗仗人势的坏家伙,能走吗?”大龙没话可说了。大龙发愁,鲁班又笑嘻嘻地劝说他“好兄弟别着急,如今不到走的时刻,等着瞧吧,好戏还没开唱呢。”

转眼间,九九八十一天过去。这天,石牌坊上的龙凤呈祥刻成了。王大爷带着随从,前拥后挤上山来了。这时候,鲁班几斧子打下,一只凤凰展翅从牌坊上飞下来,鲁班纵身跳到凤凰背上,向大龙招手说:“快来呀,往上跳。”程大龙猛地跳到凤凰背上,凤凰一阵风一样飞到王大爷面前,伸了一下脖子,狠狠啄瞎了王大爷的双眼。王大爷的随从没来得及追赶,凤凰又乘着山风飞走了。

飞着,飞着,万里晴空忽听有人喊:“哥哥——”大龙回头看去,正是在山崖旁碰见的那位刻凤凰的姑娘。她也架着一只金凤凰飞来了,原来她就是鲁班的妹妹鲁姜。

程大龙指引着方向,和鲁班兄妹一起飞到赵州城下。在五里屯洨河渡口挤满了人马等摆渡的船只。鲁班打心眼里替百姓着急,他二话没说,立时和妹妹商议在五里屯架桥的事,鲁姜忽闪着大眼睛说:“这里河宽水急,能搭起桥桩吗?”

“不用桥桩就不能架桥?我要在洨河上架座独孔桥。”

大龙站在一旁,听了鲁班兄妹的一席话,不由得心里高兴。他对鲁班说:“你要我干什么,只管吩咐吧。”鲁班说:“你带乡亲们上山采石,越快越好。”

石料备齐了,桥该怎么架?鲁班眉头一皱计上心来,他俯下身子,从河边上挖出一块胶泥来,不停地捏呀捏,捏成了一座只有一个独孔的小泥桥。按照这个样子,鲁班带着大龙和众多乡亲架起了石桥。一夜间,石桥架成了。巧手的鲁姜在石桥的栏板、栏杆、桥头桩上刻起蟠龙金凤、百鸟花卉、饕餮日月等。乡亲们看了,都夸鲁班兄妹是活神仙。

神匠鲁班架起赵州桥的事一传十,十传百,神仙也知道了,惹恼了张果老、柴王爷和赵匡胤。

有一天,张果老、柴王爷和赵匡胤一起来到赵州大石桥头,大喝一声:“鲁班小子,竟敢冒充神匠,冒犯天帝,真是狗胆包天,快出来,咱们较量一番。”喊声惊动了四面八方众乡亲,他们一齐跟着鲁班走来了。鲁班面不改色心不跳,笑着向张果老、柴王爷、赵匡胤躬身施礼:“大仙大圣唤我来,不知有何见教?”

“今天要比试比试,看谁是真神仙。”

“请问怎么个比试法?”

张果老抢先说:“我倒骑毛驴过一过桥。”柴王爷说:“我推车,赵匡胤拉车也要从赵州桥上走一走。”

鲁班和众乡亲听了,仔细一看,大吃一惊。原来张果老的毛驴上搭着一个褡裢,里边装着日头和月亮,直冒金光;柴王爷的推车上装有五座名山——泰山、华山、衡山、嵩山、恒山。啊呀呀,这还了得!这毛驴驮着日月,推车上有五座大山,不知有多么重,压下去,别说是石桥,就是金桥银桥也准被压塌。

张果老见众人吃惊害怕,说:“我若能平安过桥,就算鲁班是神仙,情愿把毛驴输给你。”柴王爷说:“我和赵匡胤若能平安过桥,愿将小推车留下,鲁班算是仙人。”鲁班睁大眼睛打量了一番这毛驴和小推车,又仔细瞅了瞅赵州桥,说:“好吧。君子一言驷马难追,请大仙大圣过桥。”乡亲一听可急坏了,程大龙抢着说:“鲁班师傅,千万不能答应啊。”乡亲们也嚷起来了:“对啊,不能让他们白白把桥给毁了。”鲁班笑了笑说:“众乡亲,别着急。”说罢,他脱下鞋,一个箭步跃身跳进洨河,站在桥下。

张果老倒骑毛驴,登上了大石桥,随后,柴王爷推车,赵匡胤拉车也紧紧跟着上了大石桥。一瞬间,只听驴蹄声,推车声响起来了,驴踩车压桥摇摇晃晃。一会儿,大石桥不再摇了,稳如泰山。原来,鲁班在桥下用一只大手托住了石桥。程大龙禁不住高兴地叫起来:“好啊!神匠鲁班一只手,托起月亮和日头,托住五座名山走。”众乡亲也齐声欢呼跳跃:“鲁班爷爷一只手,牵着神仙桥上走。”

张果老、柴王爷和赵匡胤慌慌张张过了桥,要逃走。乡亲们急忙追过桥去,大声喊:“神仙神仙慢点走,快把毛驴推车留下。”张果老、柴王爷和赵匡胤装聋,乡亲们喊声越大,他们跑得越快,最后,腾云驾雾朝天上飞去了。

众乡亲们返回桥头,走上桥,奇怪的是桥面东侧留下了深深的驴蹄子印、车道沟印和膝盖印,鲁班不见了。程大龙忍不住大声呼喊:“鲁班师傅——”没人回答。乡亲们从桥上找到桥下,见清清洨河水,向东流去。桥下石券上有5个深深的手指印。这就是鲁班托桥时留下的仙迹。 (李生田)

七、鲁姜的传说

相传古时候,在遥远的泰山脚下山庄里,住着一个工匠家庭出身的俊俏姑娘,鲁班的妹妹,名叫鲁姜。

鲁姜从小家里很穷,常跟父亲和哥哥为外地建桥筑房。她心灵手巧,能绣天下奇花,描绘天下山水。她羡慕哥哥鲁班一心为民造福,爱他受人敬仰的好品德。但她自己一年年埋没在闺阁,哪天才是出头的日子?所以自觉命苦,终日闷闷不乐。

鲁班眼看妹妹一天比一天消瘦下来，于是找妹妹商量，兄妹一同周游天下，为国兴利除弊，做青史留名的英雄。鲁姜听后，欣喜若狂拍手称快，一连几夜睡不着觉。

不久，鲁姜跟哥哥跋山涉水，一起来到太行山，在太行山的三山之间架起了一座金桥，又在桥上建起了一座三层大殿。鲁班和鲁姜兄妹建桥筑殿的事迹传到天帝，感动了神灵。玉皇大帝亲自召见鲁班、鲁姜兄妹二人，亲授两只鲲鹏神鸟。此时，鲁氏父母双亡，兄妹俩急忙把丧事处理完后，架起两只鲲鹏，离开山庄，周游四方。从此，吃遍天下饭，建了无数桥。

这一天，兄妹俩来到赵州城西门外，滔滔清水河挡住了去路。兄妹俩只好沿清水河南行，不大工夫来到城南五里屯，这里不但无路可走，横在眼前的洨河水宽浪大，波涛汹涌，奔腾咆哮，滚滚东流。洨河南北两岸，人山人海，熙熙攘攘，眼巴巴地盯着这寥寥无几的渡船。为了早上船早过河，人们吵吵嚷嚷，争执不休。大半天，等渡船的人有增无减。鲁班和鲁姜看到此情此景，内心不是滋味。鲁班面对河水，右手在空中急速地划了半个圆圈，仰天发誓："修桥，修桥，为赵州人修两座桥。"

鲁姜一听哥哥说修桥，修两座桥，顿时眉开眼笑，心里暗暗思忖：哥哥呀哥哥，从前，走到哪里都是夸奖你的声音，这回我要和哥哥比试比试，谁说女子无奇才。想到这里，鲁姜走到哥哥面前，说："哥哥要修两座桥主意真好。咱兄妹俩每人修一座。今天天黑开工，黎明鸡叫为号，谁修不起，谁就当众认输。"

鲁班听了心中暗喜；一来为赵州百姓尽快办好事，二来也让妹妹见见世面。便一口答应说："好，话为空，笔为宗，咱兄妹俩找人作证立下字据好吧？"说着，请屯里龚中仁长老修书为证，并各自签字画押。

鲁班以长兄资格，在洨河上修桥，鲁姜到城西门外清水河上建桥，日落西山后，老天作美，一轮明月升天，月光如洗，白昼难分。鲁姜就地取材，借助神丁从城南城北和城东北的大小平棘山、龙平山凿山选石，在河边筑炉锻打构石腰铁，不到半夜子时，巧妙地在清水河上架起了一座石桥。这时，鲁姜恐怕哥哥修桥领先，便神不知鬼不觉地偷偷跑到五里屯暗察哥哥修桥动静。谁知，她来到五里屯，只听河水涛声急，不见有人造桥的影子，四周静得连一点声音也没有。只见鲁班一人站在洨河北岸，不停地手握柳条反复地弯来直去，比比画画。看到这些，鲁姜双手捂住嘴和鼻子，差点笑出声来。她暗暗自喜，心想：子时已过，不见建桥工料不见人，这回哥哥你准要丢丑了。她越想越高兴，急急忙忙回到清水河的石桥上，趁着月光，弯下身子在石桥的栏杆、栏板、桥头上和望柱石上精雕细刻起来。百鸟图、百兽图、渔樵耕读图……。鲁姜用尽绝妙的技艺，不知疲累地刻着，深深地感动了各路神仙。嫦娥怀抱玉兔从月宫里飘飘而来；关公护着兄嫂乘千里马急驰桥头；俞伯牙坐在河边的绿柳下弹起了动听的琴声；八大仙纷纷赶来聚会。一时，琴声、赞美声、水声、风声，脚步声交织在一起。鲁姜听着，心里美极了，一转眼，琴声、赞叹声戛然而止。鲁姜心里一惊，定神张目四望，却不见俞伯牙、关公、八仙的踪影，只有嫦娥一人仍站在桥头，手中的玉兔却不知跑到哪里去了。鲁姜此时此刻不知如何是好。正在发愣时，嫦娥欣然笑出声来，只见她用手指了指石桥栏板，便脚踏彩云向月宫飞去。鲁姜目送嫦娥升天之后，回头顺嫦娥指的方向一看，惊叹不已，只见：栏板、栏杆、桥柱石上，所有的图案千姿百态，像活的一样。更使人惊奇的是，鲁姜还没有来得及雕刻的那几块栏板上，关公挑袍图、玉兔卧崖图、俞伯牙抚琴图、鱼跳龙门图、八仙过海图……活灵活现、异常动人。

鲁姜仔细地端详着自己架起的石桥，正在得意的时候，她突然想起了鸡叫为号。她便用手捏住自己的鼻子，尖起嗓子学了两声公鸡叫，引得村前庄后，四邻八舍的公鸡一齐叫了起来，乱了时刻。鲁姜满以为这一着定能使哥哥措手不及，甘拜下风，自己是英雄了。哪里想到，她来到五里屯时，虽然天还不亮，可一条像雨后彩虹的石桥已飞架洨河之上。不由暗暗佩服哥哥的本领。

从此，赵州洨河上的安济桥和清水河上的永通桥驰名中外。鲁姜和她哥哥鲁班的名字一样，随着石桥仙迹也漂洋过海了。

真是：

一夜幻迹变成真，两桥并架靠仙人。
石桥仙迹传今古，永通鲁姜名永存。

（李生田）

八、锻打铁链锁水妖

相传张果老、柴王爷推车过桥的鬼点子,被鲁班一眼看穿失败逃跑的事,很快传遍天上、人间。东海水妖洞里的妖精听说了,心里不服气,要施展妖术制服鲁班,水淹赵州城。

一年冬天,天寒地冻,滴水成冰。波涛汹涌的洨河水,眨眼工夫结成了几尺厚的冰凌。一天晌午,来大石桥村赶集的人,挤不动晃不动,人山人海,挤成了疙瘩。赵州桥上的人也一个挨一个,透不过气来。小孩子们在洨河冰上面,有的滑冰,有的玩木牛,有的扮着盲人捉迷藏。正在这时,猛然间,桥下嘎巴嘎巴猛响,坚冰裂缝,河水咕嘟咕嘟顺着冰凌裂缝往上冒,冒出来的水全是黑水。人们不知道是怎么回事,都大眼瞪小眼,觉得奇怪。不大一会儿,一声巨响,一块块像碾盘大小的冰块直往天上飞,落在赵州桥上,把赶集的人们吓炸了。桥下雾气腾腾,一群青脸红眼锯齿獠牙的小妖精,持锹的,拿镐的,一个劲地顺着赵州桥往下挖,往下刨,恨不得一下子把石桥弄倒。赶集的人们沉不住气,齐喊:“打妖精! 打妖精!”一时间,有的搬砖,有的搬石头,照准妖精狠狠地砸。这伙小妖精像没事似的,只管一股劲往下刨。

这事传到鲁班耳朵里,鲁班手持板斧,一溜烟跑上赵州桥,他啊呀一声,顾不上喊人,腾空跳到桥下。板斧金光四射,朝那群小妖精猛劈狠砍。一斧下去,只听得鬼哭狼嚎,小妖精慌忙往洨河水里钻,逃到了东海水妖洞里,向老妖精讲述了败北的经过。老妖精不服气,昼夜加紧修炼,准备来年毁桥战鲁班。

鲁班斧劈战败水妖后,向众老乡亲拱手作揖说:“修成大桥不容易,妖魔鬼怪不服气,咱们要做好准备,拧成一股劲,时时刻刻防备它们再来捣乱。”从这天起,鲁班请众乡亲在赵州桥东边十几丈远,挖了一口大井,足有几丈深,不见出水。鲁班和鲁姜兄妹俩,在桥头垒起了一个炼铁炉和红炉,炼好铁以后,兄妹俩叮当叮当打起了铁锁链,一气打了七七四十九丈又粗又长的铁锁链。人们都很纳闷,不知道他们兄妹俩,费这么大的劲,打成这么粗这么长的铁锁链干什么用。

说话间,冬去春又来。一天大清早,东方天边云雾缭绕,太阳出来了,又被云雾围住。平日里,洨河水滚滚东流,这天也真稀奇古怪,洨河水一下子变成了黄花绿沫滚滚向西流淌。一会风大浪急,一会雷雨交加,一会晴空万里,变化莫测,实在奇怪。人们奔走相告,觉得大事不好,一定会出什么大祸。这时,鲁班、鲁姜兄妹俩兴冲冲,笑眯眯走上桥头。一看河水倒流,预感会有妖精作孽。便把事先打好的那条扯不断的铁锁链,挽起了一个大套子,扔进河里。鲁班站在河南岸,鲁姜站在河北岸,每人扯住铁锁链的一端,面东而视。仔细观察倒流的河水发生的一切变化。将近晌午时分,东边天上阴云密布,电闪雷鸣。不大工夫,一声巨响,一道火光从天上直插地上,把河水弄开一道缝。狂风卷着倾盆大雨,刹那间,平地三尺水。人们有些害怕了。而鲁班兄妹神情自若,屹立雨中,两手拉紧铁锁链。两眼死死盯住东方,一动不动,连眼珠也不敢错。眼看着,从洨河东边卷起顶天立地的水柱,像一座大山一样,逆河而上。鲁班见势不妙,大喊一声:“乡亲们,赶紧离远点!”话音刚落,山一样的大黑水柱向大桥猛扑过来,霎时,变成了漆黑一团的一座大山,搅得天昏地暗。说时迟那时快,鲁班兄妹用尽九牛二虎之力,使齐劲,猛拉铁锁链。只听得一声怪叫,数丈高的水柱一下子不见了,滔滔的洨河水又向东奔腾流去。只见大桥附近的河水变成了血红色。鲁姜拉着铁锁链的一头,从河北岸起到南岸。兄妹俩叫齐号,把铁锁链扔进事先挖好的那口大井里,用石头填平那口大井。从此,不管风吹浪打、人行车轧、地震摇撼,赵州大石桥一动不动。这是为什么?只因为鲁班兄妹用锻打的铁锁链锁住了水妖。

据传100年以后,大石桥附近的人们曾在桥东边找到了那口井,挖出了铁链的一头,500多人用井绳拴住铁链上的环子,一股劲地往井上拉,整整拉了九九八十一天,还是拉不出铁链的另一头。这原来是它牢牢地锁住了水妖。若有人不信,有诗为证:

鲁班修桥建奇功,锻打铁链锁妖精。
桥东留有一口井,造福后人留美名。

(李生田)

九、神话的赵州桥

赵州桥的神话流传很久很广。但对被神化的赵州桥却知者不多。它是以实物与抽象的神话结合,使抽象的神话形象化,使只能讲出来的幻想变为能看到的似真的现实,以此来加深人们对它的印象。力求达到歌颂赞扬的目的。赵州桥的神化就是这一结合的生动事例。

传说天上的神有一百单八将、七十二地煞、三十六天罡、二十八星宿、九么星君、六丁六甲。这一神话传说对赵州桥的建造构想起了一定的启发作用,奠定了创造设计的思想基础。我们的先人,聪明的匠师,就是在这一思想的基础上,大胆设想,巧妙构想,充分利用前人的经验和神话传说,把它们融化进了桥的构造中去。一是它把我国在古代科学的天干地支作了桥的总体造型结构来设计,即太极分两仪,两仪分四象,四象分八卦。桥身为太极,两端分两仪。四个小拱为四象。二是又把传说中的众天神与桥的构件相结合,使科学的经验与神话传说融为一体,创造出了一个神化形象的赵州桥。如:二十八道拱券为二十八星宿,每道拱券的七十二块拱石为七十二地煞,它们在桥下承托桥底。九根铁梁为九么星君,六块勾石为六丁六甲,它们保护桥身。一百零八块仰天石为一百单八将,镇守桥两边。三十六根栏杆为三十六天罡,把守桥面。各天神构件在太极、两仪、四象、八卦结构的布局内,分兵把守,紧密协作,各尽其力。这一巧妙的设计,借鉴、利用、结合神话传说,以虚带实,虚实结合,使这些神话的影响,在桥的设计构造中发挥着潜移默化的作用。这是我国匠师一大发明。由于这一巧妙的结合,使神的形象渗透到桥的结构之中,又使桥的结构以神的形象来体现,桥成了众天神的化身——神化的赵州桥。

神话传说是一虚构的故事,但经匠师的超凡天才,把它巧妙科学地结合利用,工程卓著,"巧夺天工",使之在建筑上发挥了重大作用,为后人的借鉴提供了宝贵的经验,被世人广为传颂。如果你到赵州桥参观,在桥头听到讲解这一神妙而有趣的故事,不觉就会使你忘掉当时的一切,从而被引入到另一个神话的世界,心驰神往。神秘的石桥,使你浮想联翩,如同身入幻境,感到桥上有神,神是桥身,桥是神、神是桥,神桥难分,无限遐思即刻在你的眼前呈现一种神奇绝妙的幻影。 (张银彬)

十、蚣蝮

赵州桥主拱券顶部两侧,各有一个蚣蝮,颇似龙头,故当地乡人称之为"老龙头"。据载蚣蝮"属龙种异称……,性好水,故多嵌刻在桥涵。"又说是"龙生九子之一子"。蚣蝮性善好水,又称吸水兽,会调节水量,使洨河水"少能载船,多不淹禾",保佑一方平安,倍受百姓崇敬。以此灵异之物镇于桥顶两侧,面向滔滔河水,寓示大桥会永避水害,长存永安。

十一、饕餮

在赵州桥上雕刻的群龙之中,最引人注目的就是位于桥巅的饕餮。饕餮是传说中一种贪吃的恶兽,在古书中说法不一,有云"有首无身"者,有云属"龙种异称"者,有云是"龙生九子之一子"者……,总之此兽以"贪吃"、"凶险"为特征。赵州桥上的饕餮占据大桥顶部最中间位置的整块栏板,毛发分披,两耳竖起,两只大眼凶光毕露,欻欻开合,怒视前方。此恶兽形象与两旁飘逸的蛟龙形成巨大的反差和鲜明的对比,使人望之生畏,不敢久留,不因桥上滞留多人而发生事故,达到"通济利涉"的目的。此乃以恶兽示警,实现劝善目的。

十二、赵州桥之大的趣闻传说

据传,赵州大石桥村原名为凤凰村。至隋,大匠李春在该村的洨河之上建成举世闻名的赵州石桥后,村落傍大桥之盛名,更为大石桥村。

该桥首创敞肩拱,稳而秀、阔而坚、奇妙技高而惊世人。且实用价高,用科学的工程技术与传统神化构思(六丁六甲、九么星君、二十八宿、三十六天罡、七十二地煞、一百单八将等)完美结合在一起,真是甲天下之绝伦。又当旁午冲途❶、畿辅重镇、京南屏蔽,名桥伫立洨水之畔,诸业兴旺。不但方便当地民众,更惠及历代路人、商贾、达官贵人以及八方普通平民。千百年来有不同阶层的人物歌颂、赞美、神化(话)大桥之功绩。有的赋诗撰文、著章铃记、刻碑立石等。意在吸纳、传扬古桥文化,复兴中华之精神。当然还有更多的传说流传于民间,有关大石桥之大的趣闻传说家喻户晓。故事内人物对话,粗听好像是荒诞了些,但细品话中有文,意在含英咀华❷,欲知详情,请看下文叙解。

❶ 旁午冲途:一纵一横为旁午,即纵横;冲途,为通行大道。

❷ 含英咀华:琢磨和领会文章要点。

且说从前有位学者，时逢年节周游各地名胜古迹。一天，他走到赵州境地，见一路客，便上前用官话问道："你们赵州的安济桥距这儿还有多远？"这路人是当地的一农夫，大老粗，听后便答道："我们赵州城南5里有座大石桥，没有安济桥。"这个学者听到答话后，就好奇地发问："那大石桥有多大？"农夫伸出大拇指便说："我说出三个大石桥之大的事，可别把你吓着了(只说三个，可能比三个更多)。第一，我们赵州大石桥下的拱券石缝里，住着成群巧燕(一名桥燕，又称独腿燕，该燕脚无后蹬爪不能弹起，只靠在较高物体和高建筑上往下滑助飞)，大石桥的拱缝都是朝下的，母燕下了蛋有的就顺缝掉下来，蛋还没落地小燕就出飞了❶，你说大不大。第二，如果你端一碗水，从桥上往下泼，那水不等到地就蒸发跑完了❷，你说这有多大。第三，大石桥下拱顶，高处中央有个老龙头，这龙头辖九州之大水。俗话说：洨水冲了老龙头，管叫洪涛淹九州(另有一说：龙头喝了水，世界发大水)。自古以来发大水都不及大石桥下老龙头❸，你说这有多大啊。"学者听后便道："那都是高不是大啊。"农夫听到了不服气地说："高大、高大，高和大是连着的"。又道："那八仙过桥和柴王爷车上推了五岳名山，不及大石桥半侧的两块栏板大。"说着农夫从提篮中拿出刚买的赵州桥年画。当学者看到画中柴王爷推五岳名山过桥，赵匡胤拉车，张果老倒骑毛驴桥上走，七仙空中观阵和鲁班飞云托桥，群鹤助力等，不禁惊讶道："这大桥还是神桥啊。"随后那学者道："百闻不如一见，既然我一生有幸来到赵州，那一定要去亲眼看看那大石桥的大和神仙气。"说着谢过农夫，按其指定方向直奔城南赵州桥而去。

当时天气雾蒙蒙很冷，但那学者看桥心切，还不到半个时辰至大石桥前竟走出一身汗来。在他抬头擦汗时，看到桥上车水马龙，两侧行人如梭，熙熙攘攘的人群与大小车辆正在桥头集散。他穿过集散人群到了桥上，看到紧靠两边还有卖年画(字画)、风筝的❹，便自语道：所以赵州人称安济桥为大石桥，不但中间行车、走人两边还能摆商摊，这桥能道、商一体实在是大，真是不见不知道，一见才知道。他行至桥面高处，本想站在制高点看个究竟，但河中升腾的水蒸气与寒雾交融成一溜雾霭，雾气更浓如坠五里雾中，更增加了大石桥的神秘感。他抬头东张西望，却被风筝、年画挂满了桥高处的栏板、望柱，如一屏障(帐)影响了视线，他上前用学者含蓄双关的语言问及卖风筝、年画的，你们赵州桥怎么还有这大雾帐(障)，那卖风筝的就借题发挥，用一首打油诗言道：

风筝本是纸锦装，逢年过节神仙忙。
腾云驾雾观大桥，高放风筝报吉祥。
古有突厥破赵州，青龙驾雾把敌降。
没有雾来那有云，雾涨云聚是正常。

接着那卖年画(字画)的也用一诗言道：

年节多有神灵降，雾涨云聚是正常。
七仙观桥云雾驾，果老骑驴过桥上。
柴王车推五名山，轮轧沟辙大桥晃。
鲁班桥下腾云雾，单掌托桥安无恙。
过路先生买张画，神桥故事画中藏。

那学者听后自语道：你这两人怎比得上我的学识，我再抻抻他们的本事，便道：那你们还有什么诗文歌颂这赵州大石桥呢？话刚落，那卖风筝的就答道，听歌有啊，我俩唱给你听。随口唱到：

---

❶ 蛋还没落地，小燕就出飞了：因桥下有水燕蛋只会落在水里，燕出蛋壳就看不见了。实际这是句戏话。

❷ 端一碗水，从桥上往下泼，那水不等到地就蒸发跑完了：因桥下有水，从桥上泼下的水除蒸发其余全部顺水跑了，到河底是看不到的。实际是句戏话。

❸ 据载：自有记以来，每次洨河暴涨大水，只到小孔一成。近代的1963年特大洪水使整个海河流域遭受特大水灾。那时洪峰最高离老龙头还有5尺之高，可见大石桥下拱顶之处的老龙头之高，辖九州之水也就不虚传了。

❹ 新中国成立前后，大石桥村集日时，赵州桥面两侧有卖字画、风筝的。尤其是年节闲暇日还有在桥上放风筝的，建赵州桥公园后才消失。

赵州石桥什么人修？
玉石栏杆什么人留？
什么人骑驴桥上走？
什么人推车轧了一道沟？
那个依呀咳……

那卖年画（字画）的答唱道：

赵州石桥鲁班爷修，
玉石栏杆圣人留，
张果老骑驴桥上走，
柴王爷推车轧了一道沟。
那个依呀咳……

两人同唱：

柴王爷推车轧了一道沟呀依依呀、咳……

两人唱完便道："赵州桥、天河配（佩），小放牛的歌唱得你佩不佩服？"那学者听得入了神，慌忙中答道："我实在地佩服啊，你们赵州桥不但大，桥文化也博大精深，佩服得我是五体投地啊。"那卖年画的指着他道："既然你五体投地，请看脚下仙迹，让你十足满意。"那学者顺着他手指处一看便惊道："这！这！"那卖年画的忙解释道："这条沟是柴王爷车轧的，这个圆坑是因车重滑倒膝盖跪出的，这两个驴蹄印是张果老的驴蹄蹬出的。"那学者听后忙向仙迹施礼，便说："这真是三才一致的神桥啊，是大、是神。"随后卖年画的说："我俩看你是个文人，外地人，既然你远道而来，就赠送给你赵州桥年画吧。"那学者感到赵州人还真厚道，他接过年画只顾欣赏，等他抬头忽见那卖年画、风筝的已经不见了。他张望着，西望雾水连天，东看逝水无边，他定了定神看天色不早，便施礼谢过大桥，赶路而去。之后他走到武强，把赵州大石桥年画给武强人看，可武强是年画专业之地，做出的赵州石桥年画更精致，栩栩如生，销往全国各地。他回到京城后，见人就说、就讲，尤其在司行文人学识界，大力宣讲自己所看到的赵州大石桥之神、之大。很多文人佳士、达官贵人慕名而至赵州桥参观。

据载：自唐至明清一千多年间，多有达官圣贤尊赵州桥为大石桥、神桥。甚至为赵州桥作铭碑，修桥作序，多称谓《赵州大石桥铭》，有的直书《重修大石桥记》为序等，意味赵州桥之大、之神而名不虚传，名扬天下。

（刘凤岐）

第二节 历史故事

一、李春学艺修石桥

相传，在赵郡洨河南岸有个小村庄，叫五里屯。村里有个老木匠，姓李名灵，有个儿子叫李春。

李春从小心灵手巧，勤快好学。经常跟着父亲拿墨斗拉线，看着父亲怎么用锯子解板，用斧子、凿子析木，凿卯……后来，他学着父亲的样，用父亲剩下的木头做了小板凳、小纺车、小木牛，招呼小朋友到他家玩耍。人们都说李春聪明能干有奇才。

转眼间李春15岁了，老木匠李灵把儿子叫到跟前，摸着儿子的头说："我一年比一年老了，你千万要把老子的手艺学到手，继承下来，别把咱这祖产事业丢了。"

没等父亲说完，李春心领神会，恭敬地说："老爹，您放心，我打算外出找师傅学艺，学不好不回家见你老。"

几天过去，李春收拾好行装，先辞父母、姐妹，骑上马，沿着小河西去。他一天骑马跑了300里，整整走了10天，行路3000里。大道走到尽头，前头一座座高山挡路。山又高又陡，路又窄又弯，长满野草和酸枣树。李春勒马，望着山路发愁。忽然间，从山脚下走来一白胡子樵夫。李春急忙牵着马走上前，作揖行礼道："老大爷，到终南山怎么走，还有多少里路程？"

老樵夫捋了捋白胡子说："直走六千，弯走一万两千里，要走近路，直行翻过这座山。"

李春又作揖，问："老大爷，求求你，想法帮我翻过这座大山，我将终生不忘。"

老樵夫摇摇头，看着李春，说："这样的大山，一年也爬不到半山腰，难啊。"

李春十分认真地向老大爷表示决心："一年爬不过去爬两年，两年爬不过爬三年，三年不行十年爬不上山顶我死也不下山。"

老樵夫听此言，笑了，拿出自己的镰刀说："给你这把镰刀，用它砍倒山路丛生棘木，很快能翻过这座大山。"

李春一听心里乐开花，急忙跪下，接过老大爷手中的镰刀。他拿着这把镰刀轻轻向山路上一拉，真神了，野草、酸枣树、碎石都让开了路，他很快骑马上了山。然后他把镰刀挂在一棵大松树上，骑马向西方大路奔驰而去。

李春又不分昼夜走了 10 天，行程 3000 里，大道又行至尽头，前边横躺着一条大河。河水又黑又绿，扔下一块石头，半天翻不上水花来，真是水深莫测。李春这时又勒马低头发愁了，这时候从河对岸划过一条小船，船上坐着一位老渔夫。李春牵着马上前作了个揖，问："老大爷，从这儿到终南山还有多远？"

老渔夫看了看他，说："直走三千里，弯走六千里，若走近路得渡过这条河。"

李春忙问："老大爷能不能想办法帮我渡过河去。"老渔夫紧皱眉头慢条斯理地说："这河又宽水又深，浪大流急，自古以来，这条河不知淹死了多少过路人。要过去难上难。"

李春对着老大爷说："我不怕水深不到底，不怕河宽宽到天边，不怕浪大流急过不了河，不过这条大河我也不回头。"

老渔夫一听，李春志坚如钢，笑了，说："好样的，快牵马上船吧，我把你渡过河去。"

李春渡过河以后，又骑上马奔驰在大道上，追风赶日又走了 10 天，3000 里路又甩在后头，走到大道的尽头，眼前又出现了一座高山挡路。李春想，"这座山恐怕就是终南山。"他抬头一望，通向山头有弯弯曲曲的小道最少有一万条，哪一条路能上山呢？李春正犯愁时，发现山脚下不远处有一座小草房，房门口坐着一个纺线大娘。李春急忙牵马上前作揖道："大娘，终南山距这还有多远？"

老大娘停下纺线，说："直走一百里，弯行三百三；三百三十三座山头，有三百三十三位神仙，你找哪一位？"

李春一听心里乐极了，急忙回答："我要拜访的是木匠祖师，从哪条小道上可以上去？"

老大娘笑着说："这山间小道九百九十九条，正中间的那条是。"

李春向老大娘致谢后，赶紧去找那条小道。他从左边一一地数了四百九十九条，又从右边数了四百九十九条，才找到了正中间的那条小道，他骑上马，快马加鞭上山赶路。到了山顶，他看见一片森林里，露出了几个小房顶，走近一看，有三间房子。李春轻轻推开门，房里乱七八糟地摆放着许多破锯子、烂凿子、斧子等。小房摆得满满的，连脚也插不进去。李春向床上一看，一个白发苍苍的老人正在睡觉。李春想，莫非这老人就是木匠祖师爷。他没有惊动那老人，便自己动手先把锯子、凿子、斧子等零乱的工具收拾在一起，放到木箱里，自己规规矩矩坐在一个小凳子上。

这位老师傅睡觉也真实在，翻了几次身都没有醒，直到太阳落山的时候，他才睁开眼睛坐起来。

李春一见老师傅醒来，急忙跪下说："老师傅啊老师傅，徒弟今天拜上门来，请师傅收下我这个徒弟吧。"老师傅问："你叫什么名字，从哪来的？"李春说："我叫李春，从一万里外的赵郡平棘五里屯来的。"老师傅又问："学艺为什么来找我呢？"李春又作揖："因为你是木匠的祖师爷。"

老师傅停了一下，说："我要考你一下，答对了就收你为徒弟，若答错了，可别怪我不收了，怎么来的怎么走。"

李春听罢心里一跳，沉思片刻说："如果我今天答不上来，明天继续回答，明天答不上来，后天来回答，哪天回答对了，请老师傅哪天收我为徒弟。"

于是老师傅提出了问题："普普通通三间房，有几根大梁，几根二梁，多少根檩条，多少根椽子？"

李春不假思索，张口说："普普通通三间房，三根大梁、三根二梁，大小二十根檩条，一百根椽子，我六岁的时候就数过呀。"

老师傅听了,点点头,又问:“一样手艺有的人三个月就能学会,有的人三年才能学会,三个月和三年都扎根在哪里?”李春说:“三个月学会的手艺根扎在眼睛里,三年学会的手艺根扎在心里。”

老师傅又点了点头,又提出了第三个问题:“一个木匠师傅教好了两个徒弟,大徒弟的一把斧子,挣下了一座金山;二徒弟的一把斧子,在人们心里刻下了一个名字。如果你学好了手艺跟哪个徒弟学?”

李春马上干脆地说:“跟第二个徒弟学。”

老师傅听后,李春决心大,有志气,就说:“好样的,你答的完全正确,我就收你为徒,不过得有条件:那就是跟我学艺,要用我的工具。我已经五百年没有使用这些工具了。你拿出去修理修理再用吧。”

李春很有规矩、很有礼貌地站起来,把盛工具的木箱放在磨刀石一边,一件件拿出来。他认真仔细的检查每一件工具,斧子长了牙,长锯没了齿,凿子弯且秃,并沾满了灰尘……。李春连口气也未喘,挽起袖子就磨了起来。白天、晚上不停地磨,磨得两手起血泡、胳膊酸又疼,又高又圆的磨刀石,磨成了弯弯的月牙状,斧子磨利了,长锯长出了尖牙齿,凿子磨刃了,所有的工具都磨得铿亮、锋利。李春一件一件地让老师傅查看够格不够格。老师傅一看欣喜若狂,高兴地说:“为了试验你磨的这把长锯,你用它把门前那棵大树锯倒,这树已长了一千多年。”

李春扛着大锯来到大树前,这棵树也真够大且奇,伸出两只胳膊抱不住,往上一看,树尖顶天了。李春坐在大树下锯起了神奇的大树,整整锯了 15 天 15 夜,才把大树锯倒。李春请老师傅查验。

老师傅看后,又说:“为了试验你磨的这把斧子,你把这棵大树砍成一根大梁。要砍得光光的不留一个毛刺儿,圆得像八月十五的月亮。”

李春按着老师傅的要求,提着斧子,一斧一斧地砍去大树的枝,剥去树上的树疤,又整整砍了 15 天 15 夜,一根笔直光滑的大梁砍好了,于是他提着斧子去请老师傅查验。

老师傅认真查验后,又说:“为了试试你磨的凿子,要在这根梁上凿出 2400 个眼,600 个方的、500 个圆的、600 个棱的、600 个扁的。”

老师傅说完后,李春提着凿子凿起来,不分白天黑夜,一鼓作气,整整凿了 15 个昼夜,2400 个眼子凿得规规矩矩。李春又请老师傅查验指教。

老师傅看后笑了,急忙接下李春手中的凿子,为他擦掉头上的汗,赞叹道:“好样的,有志不在年高,什么困难也难不倒你,有这样的决心毅力,才能学成真本领,我一定把全部手艺全部教给你。”

说完,老师傅把李春领到西边的房子里,一进屋,李春睁大眼睛,这儿看看,那儿看看,高兴极了,原来这屋子里摆满了好多模型:有各种各样的楼阁、桥塔、桌椅、箱柜,样样制造得特别精致。老师傅认真地对李春说:“你一个一个地拆下来再安装上,每个模型都要拆一遍,安一遍,学会了这些门道,手艺就算学好了,你自己认真地学吧,我不在你身边多嘴了。”

老师傅走后,李春拿起模型,爱不释手地翻过来倒过去地看、摸,简直舍不得放下。老师傅让他将每个模型拆一遍安装一遍,他却把每一个模型拆三遍安三遍,细心学习制造得道理。他每天走进屋就不想出来,饭凉了顾不得吃,胳膊腿脚累了顾不得歇一歇,伸一伸。老师傅临睡前去看望他,见他手握模型摆弄,一刻也不肯放下。一觉醒来去看他,仍然在屋里仔细地摆弄模型。李春的行动感动了老师傅。老师傅语重心长地劝他:“好样的,苦学是应该的,身体是本钱也得注意啊,快去睡觉吧。”

李春听老师傅这么嘱咐,他嘴上答应,手里还是不肯放下模型。就这样,李春苦学三年,手艺学成。老师傅为了试试他学得如何,把全部模型拆掉。李春凭着自己的记忆,把一件件模型做出来,一模一样、一点不错。老师傅一看,满心欢喜。老师傅又提出很多新式样的东西,让李春创造模型,李春根据学到的原理,很快按要求造出新的模型。老师傅心满意足,说:“三年过去了,手艺学好了,你可以下山回家了。”

李春怎么也不愿意回家,说:“老师傅让我再学三年吧。”老师傅说:“不必了,你回去后,在为大家干活的时候再学吧,今天下山回家吧。”

徒弟要走,老师傅送点什么东西呢?左思右想说:“你磨好的锯子、斧子、凿子全带走使用吧。”

李春眼巴巴地舍不得离开老师傅,但是没办法,他哭了,问老师傅:“我这穷,徒弟给老师傅留点什么呢?”

老师傅一听,扑哧一声笑了。语重心长地说:“师傅什么也不要你的,只要你回家后,利用学到的手艺能为社会、为大家做好事,师傅就心满意足了。”

李春回到赵郡平棘五里屯后,眼看村边的洨河水,又宽又急,波涛汹涌,河上没有桥,过往行人只能靠船摆渡过河。每年一到夏秋季节,河水暴涨,时常断交通,有时因船摆渡还发生不少事故呢。李春找到两岸的老百姓在一块商议在洨河上建桥的事,年轻的小伙子们都说:“李春师傅,你学艺回来有了本领,我们都听你的,你说怎么干就怎么干。”这么一商量就定下来了。李春牢记老师傅最后嘱咐自己为大家,为社会办好事的教诲,决心和大家一起把这件为民修桥为民造福的事办好。

李春想来想去,觉着造桥的头一件事,就是要选个好地方。于是他带领李通、李膺等年轻有为的小伙子,沿着洨河两岸勘察开了。一天,他和伙伴们在五里屯村北洨河两岸勘察时,李春脱掉鞋袜,挽起裤腿下了河,他用力地用铁锹挖着河基,挖着挖着,他高兴地对李通、李膺说:“这块地方是黏土细沙地基,挺结实的,正是造桥的好地方。”

造桥地方选好了,造座什么样的桥呢?有的说造一座平桥最省力,只要在河水中间栽几根桩子,上面铺上木板就行了。李春听了,摇摇头说:“平桥倒是省力,这样一来,河里的船怎么过呢?不行。”

又有几个人出主意,李春也觉得不太好,这时李通沉不住气了,说:“师傅,那你说造座什么桥好呢?”

李春想了想,说:“我看最好造一座单孔的石拱桥,也就是,只建一个弧形大拱,横跨在洨河两岸,桥上可以走人和车马,桥下可以行船,这样又好看,又便利,多好啊。”

大家一听,纷纷说:“李春的这个主意好,就这么定了吧。”

方案决定后,李春带领石匠们到一百多里的井陉和几十里的尧山去开采石料,他们把大青石石料从山上采下后,都弄成长方形。这些大石料每块足有几千斤重,山高路远石料重,怎么才能运回来?李春想起了孩童时期在冬天滑冰的情景,心生一计。他先不急着让人们运石料。等把石料采好后,到冬天,李春让人们把运石料的路修好,灌满水,没过几天,通往井陉和尧山的路,总共一百多里长,都结成了厚厚的冰路,实实在在挺光滑。石匠把石料用绳子绑好,有的推、有的拉,哧溜哧溜地滑行,在冰路上滑行真是又快又省劲儿,沿路的人们看着都夸李春的办法好。

石料全运回来了,施工马上开始,李春指挥让木匠师傅在河上搭了一个拱形的大木架。然后沿着木架把大石块用灰浆砌起来,砌好之后,再把木架外移,砌相邻的拱券,没多久,一条细长弯弯的石拱就架在洨河上。李春说这座桥用二十八道石拱连在一起,组成一个又宽又结实的大石桥拱。

为了减轻这座桥的自身重量,李春又在大桥拱的两边分别造了两个小桥洞,不仅能使桥身重量减轻500多吨,而且在遇到洪水时,能减轻洪水对桥身的冲击力。还有,在这座大石拱桥的肩膀上,加上4个小桥洞,看上去更轻巧漂亮。

桥身造好后,李春和石匠们又在桥的两侧加上石栏杆、栏板,刻上蛟龙、莲花、竹子等图案,十分漂亮、美观。

石桥造好的这天,洨河两岸热闹非凡,赵州城附近的男女老幼都赶来观看。桥上挤满人群,桥下停满大小船只。人们看着这座好看的大石桥,不住嘴地称赞。老大爷拉着李春的手高兴地说:“太好了,太好了,我活了七十多,从未见过这么好的大石桥。”

正在热闹的时候,八仙中的张果老倒骑毛驴来了,柴王爷推车也来了,李春和他们的一场较量到底如何,这里不提,有道是:

李春学艺终南山,行程万里不畏难。
翻山樵夫来相助,渡河渔翁让舟船。
上山九百九十九条路,下山九百九十九道弯。
山路崎岖何处走,大娘指点走中间。
祖师收徒勤教诲,李春拜师苦钻研。

磨锯磨出新牙齿，模型制造一手鲜。
出师巨家修石桥，芳名远播天下传。

二、赵州桥畔留美名

鲁班在洨河上建起大石桥后，隋朝的杨仪臣❶奉朝廷任命当上了赵州刺史。他上任不久，倾盆大雨从天而降，山洪暴发，洨水猛涨，惊涛冲天，差点把赵州桥淹没。这时候，一艘特大的商船沿洨河顺流而下。这只大船冒着狂风暴雨，在洨河里随着滔天的风浪上下颠簸，一泻千里。眨眼工夫，驶近赵州桥。正在监视洪水、保护大桥的村民百姓，个个为这只大船犯愁，害怕大船碰在大桥上撞个底朝天，人死财亡船毁。眼看船行至大桥附近，骤然，惊涛骇浪纹丝不动，像有一个大铁钉钉住一样。人们奇怪了。不知是何缘故。原来是鲁班兄妹为了救活这只大货船，济世利民，施出了一手稳船术。

这艘货船在大桥一边停泊了10天10夜，风停了，雨住了，水势不减。船员们发愁了，坐在船上号啕大哭。正在这时候，赵州刺史杨仪臣来到大石桥察看水情，了解民情。只见一只特大货船停在桥边不能启航。一问原委，才知道这只货船装的是救灾的物品。这个船主家大业大、财货巨多，眼看乡里受灾乡亲饥饿于水火之中，应乡里百姓请求，大发慈悲，派舵手，船员，带足银两，穿滏阳进洨河，驶入赵州、真定一带，铺地摊，买足粮食、衣物。返航时，恰巧遇雨难行。灾民正急需这一船粮食、衣物度灾荒。州守杨仪臣听了船员们的述说，流下眼泪。山东受灾百姓着急，在这种情况下自己对洪水、货船超高也是束手无策。

正焦急时，鲁班兄妹从天上跃到桥上，伸平双手向大桥东西摆来晃去，然后鲁班走到桥北头，鲁姜站在桥南面，手摸桥石，使出向上拔桥的架势，不大工夫，大石桥慢慢向上拱起，拱券缓缓伸展，好像雨过后天上的彩虹一样大小，这时，风浪平息了。这只特大的货船在鲁班的示意下，徐徐启航，顺流东下。护桥的老百姓个个看得清清楚楚，一片欢呼雀跃。船启航了，船员们在航船上挥动旗帜，跳着、唱着、欢呼着："谢谢赵州父老，谢谢赵州父老救了我们"的声音在天空萦绕不绝。

货船顺洨河驶出很远很远，鲁班兄妹又各自站在大桥南北桥头，双手扶住石桥，使出向下摁桥的姿势。不一会儿，石桥又慢慢下沉，好像缩进水里半截了，恢复成原来样子，洪水乖乖从桥下流淌，咆哮东去。尽管这次大雨下了10天10夜，尽管狂风呼啸凶猛，尽管洪水惊涛拍岸，大石桥依然稳如泰山，坚如磐石。村民房屋无一间倒坍漏雨，千亩庄稼无一倒伏被淹。人们心里纳闷：为什么这次洪水不危害百姓和大桥呢？

西北风吹，云散日出，西天挂起了赤橙黄绿青蓝紫的七色彩虹。鲁班兄妹才告诉州守杨仪臣和村民百姓："开始风雨大，浪涛激，货船特大货物超高，实难从桥下穿过。为保护大桥安全度过汛期洪峰，为保住货船安全，为保住百姓房屋田亩不受灾害，我们借神灵仙人，把大桥拔起摁下，把风浪化解，给人民降下福祉，让百姓平安。"说完，鲁班兄妹不见了。村民百姓看大灾过去不见灾，个个喜出望外。为庆祝鲁班兄妹保护大桥有功，为山东灾民立下汗马功劳，推出太平车，踩上高跷，舞起龙灯，耍起狮子舞，一时，洨水两岸，大石桥头热闹喧天，比起正月十五闹元宵还热闹。州官杨仪臣见此情景，欣喜若狂，诗兴大发，挥笔疾书：

赵州石桥鲁班修，通济利涉民不愁。
鲁班兄妹心善良，为民除害一眼收。
目睹货船驶向东，拯救灾民鱼水情。
莅临一地治郡国，学习鲁班功业成。

（李生田）

三、唐僧桥头问鲁班❷

史书上讲，唐武德年间，家住河南洛州缑氏县陈堡谷村有一个叫陈祎的人，法号玄奘，人称三藏法师。

---

❶ 《赵州志》、《赵州石刻全录》载：杨仪臣，隋代人，仕炀帝，为赵郡太守。

❷ 《续高僧传》："唐武德七年玄奘二十岁，自荆州沿江东下扬州，关会等地……北上至相州……冬，至赵州从道深受学《成实论》，终始十月资承略尽。""玄奘二十六岁，秋，在赵州学毕《成实论》西赴长安，在大觉寺从道岳学《俱舍论》。"

他出生在隋代末年，13岁就出家当了和尚，天资聪明，志向远大。他走遍陕西、四川各地，投名师，访古寺，一心一意研究佛教经典。他在唐朝武德五年，在成都受戒后，出川东下，先到荆州，再入杭州，一路上弘扬佛法。后来，辗转北上入相州，到赵州，寻观音院住下，跟道深法师学习《成实论》经典。他入赵州过大石桥那天，恰逢黑夜，只用手摸了摸大石桥，夜黑难以看清，难饱眼福，心里直嘀咕。

有一天，他随法师道深一起去大石桥观赏。来到赵州桥，他手扶桥栏杆，眼望着张果老骑驴桥上走留下的驴蹄子印，柴王爷推车过桥轧下的车道沟印，感到甚是惊奇。他站在桥上，看了又看，摸了又摸，摸不太清，看不透，不忍离开。过了一会儿，他乘舟，在桥下左瞧右看，仔细地数点28道拱券的券石，道道拱券纵向排列，感到奇怪，又看到鲁班在桥下拱券上留下的大手掌印，更觉莫名其妙。他心里想，我走过不少山，蹚过不少川，见过不少桥，桥石都是横向排列，为什么大石桥一反过去，独树一帜呢？他问法师道深，法师讲不出原委。他问桥下船工、舵手，也讲不出明白原因。他问过桥行人，也都说不出个所以然来。在他想了解个究竟的时候，突然间，从桥上飞来一个白胡子老头，目不转睛地看着唐僧，问道："不知高僧蹙眉低头想什么？南无阿弥陀佛。"

唐僧看看长者，觉得他会给讲个明白，便说："此乃神桥鲁班造，天下称奇，贫僧看后大饱眼福，心旷神怡，不胜高兴。只是不知道赵州桥为什么采用纵向砌筑建桥法？"

白胡子老人听了，点点头，慢慢地向唐僧讲起了一段故事。

相传洨河是一条神河，它上通天河。天上的二十八宿在天宫玩腻了，就偷偷跑到洨河来洗澡、玩耍、嬉戏。鲁班开始在洨河上建了一座木桥，二十八宿一夜间给破坏了，又建了一座石桥，又被二十八宿给破坏了。鲁班知道二十八宿兴妖作怪的伎俩，他在建造大石桥时，二十八宿又来破坏桥基，鲁班用事先准备好的板斧，左砍右打，上锛下杀。二十八宿逃上天，鲁班腾云驾雾追上天；二十八宿躲进洨河里，鲁班深入洨河底，捉拿拼杀，一连战斗了三十六个回合，终于把二十八宿打得屁滚尿流，彻底失败了。鲁班仍不放心，便把二十八宿纵向砌进那二十八道拱券的券石里，并用滚烫火红的腰铁把二十八宿和28道拱券串在一起使28道拱券都能独立站稳，自成一体，如果一旦一道拱券损坏，修复容易，也不会影响整个大桥。这是鲁班战罢二十八宿后的神机妙算啊。

唐僧听得津津有味，双手合十，点头称是："南无阿弥陀佛，真乃神桥仙人造。"接着唐僧又问起那驴蹄子印、车道沟的趣事来。

那白胡子老人听了问话，哈哈大笑，直笑得前仰后翻面朝天。稍息片刻他说，这就得感谢张果老和柴王爷的聪明了。因为车道沟、驴蹄子印恰巧落在桥面东侧1/3处，那正好是车行道的外控线啊。这就是说，车马只能在线内桥面上行走，人要靠外控线沿桥栏杆走。说着说着，问唐僧注意到桥下拱券上鲁班手掌印了吗？

唐僧有所领悟，忙问："那手掌印我看见了，那也有奥妙莫测的道理吗？"

"是啊！那手掌印是在说，石桥万一发生裂缝，出现危险时，手掌印正是立柱保桥的最好支撑点。"说罢，白胡子老人不见了。原来，他就是鲁班的化身。

唐僧听后，受益颇深。"南阿弥陀佛，此乃神桥仙人造，祈佛法保佑。"此事，你若不信，有诗为证：

唐僧东游来赵州，观看神桥仙人留。
不识仙人真面目，鲁班桥上讲根由。

四、杨贵妃桥头会鲁姜

杨贵妃，名字叫杨玉环。他的父亲杨元琰[1]在唐朝的时候，做过赵郡平棘县令。有一天，玉环的父亲领着她去看赵郡大石桥。来到大石桥，正好碰上鲁姜和她哥哥鲁班。

兄妹俩建成大石桥、小石桥后，念念不忘桥的使用情况，念念不忘赵郡平棘县的父老乡亲。兄妹俩来到平棘，不顾一路上风吹雨打太阳晒和跋涉奔走的疲劳，急急忙忙来到大石桥。在桥上走来走去，一会儿

---

[1] 清光绪丁酉《赵州志》载："杨元琰，虢州，阌乡人，为平棘令，课灵第一，御史表其政。"

看看栏板，一会摸摸望柱，一会钻进大石桥两侧的小拱券里，不住地审视拱券石的石缝；一会儿又爬到桥上，用手摸着车道沟和驴蹄子印两边的桥面石上的石缝。看到经过几百年风吹雨淋、地震摇撼、人过车轧的大桥安然无恙的雄伟壮景，心里甚是喜欢。谈笑间，忽然看见一个秀丽、俊俏的女孩子，一边跳舞，一边唱歌，从大石桥北边向桥头走来，说起话来像铜铃一样清脆。当她走上桥头，白嫩透红的小脸蛋上长着一双水凌凌的杏核眼，明亮得出神；弯弯的柳眉，清秀极了；两耳上佩戴着一双洁白似雪的小玉环；一身绫罗绸缎，上红下绿，越看越好看，越看越愿意看，那个好看劲西施比不上，貂蝉没她美，真有闭月羞花之貌，沉鱼落雁之美。鲁姜打量了一番，急匆匆走上前，问清姓名，不由大吃一惊，知道她就是平棘县令杨元琰的女儿杨玉环。赶紧施礼问杨县令大老爷观桥有何想法，对修这座桥后有什么意见。说话间，杨玉环忙唤爹爹，着急地说："哎呀，不好啦！不知怎么回事，耳朵上的玉环不见了。"杨玉环正不知所措的时候，鲁班手指大石桥东西两侧说："你们看，两只雪白的玉环在天空飘忽忽地由小变大，眨眼工夫变得和雨后彩虹那么大。猛地从天上飘飘忽忽地落在河里不见了。忽儿又从河里钻出水面，半沉河底半出水面，露出水面的半块玉环和大石桥一样大小，恰似一弯出水新月。刹那间亮堂堂、金闪闪，五彩缤纷，和大石桥遥遥相对。这就是你耳朵上的那两只玉环，是天仙女看你长得美，故意从你耳朵上摘下来扔在河里的。这也不过是闹着玩的，不必害怕。"这时候，河两岸、大石桥上来往的人群、车辆，都被这神奇的景象吸引住了。有的说日后平棘县要出大官，有的说当下就有大福大贵的人在，也有的说大石桥是神桥果真不假。人们望着这清清的河水，穿过这五光十色、金光闪闪的玉环，像是从一弯新月的洞里流过，水光潋滟，十分美丽壮观。当人们大眼瞪小眼，不错眼珠地看着、看着，一下子仙境不见了。杨玉环的耳朵上又带上了原来那两只洁白如雪的小玉环。这时候，鲁班风趣地说："神桥自有神桥的事，全凭百姓来保佑。"听后，人们不解鲁班讲话的意思，也解不开当时神奇情景这个谜。

鲁班兄妹走后，留下"水从碧玉环中过，人在苍龙背上行"和"百尺长虹卧水面，一弯新月出云霄"的诗句，刻在了桥头上，印在了志书里，人们都背得死熟烂熟。

杨玉环白天看过大石桥，心里有说不出的高兴，又觉得十分神奇，觉得平棘县真是个好地方，爹爹能在这块宝地里做官，真是做梦也想不到的。吃罢晚饭，圆圆的月亮挂在天上，真像白昼一样。玉环心里浮现起白天游览大石桥的情景，心里像喝蜜一样甜。缠磨着爹爹杨元琰，趁皎洁的月光非要到西门外看小石桥。爹爹无奈，扭不过女儿，只好手拉手带着小女玉环前往小石桥。父女刚走上小石桥，说来也真奇怪，鲁姜和她哥哥鲁班，趁明月洒满小石桥，兄妹俩连夜又像观看大石桥一样，来观看小石桥。杨玉环父女看到鲁姜兄妹，甚是喜欢。月明人静，清河流水哗哗响，叮咚叮咚怪有韵味。玉环不等向鲁姜问好、谈话，就被小石桥栏板上开不败的花草、扑鼻的香味迷住了。她越看越眼馋，越看花草越好看，青枝、绿叶、红花、白花、黄花、紫花，五彩缤纷，姹紫嫣红，应有尽有，活生生的，看不够，看不尽。还有落在栏板上的百灵鸟、喜鹊、鹦鹉……在花草丛中飞来飞去，叫声婉转动听，鸟叫声好听得听不厌，听不够。听着，看着，两耳、双目不够使唤。杨玉环不由自主地伸手去掐栏板上的鲜花，朵朵花儿草儿长在栏板上搞不下，拔不起，挪不动；想去捉鸟儿，双手捉不住，鸟儿也都刻在栏板上，活灵活现，和真的一样。杨玉环正要向鲁姜问个究竟的时候，活蹦乱跳的五色金鱼，一会在栏板上戏水；一会儿跳进河里游来游去，游水声好似琴声，又动听，又可爱。杨玉环好奇的心又上来了，伸手朝栏板上去抓游鱼，又扑个空，一条鱼也没有捉住，看看栏板，游鱼栩栩如生。看到这情景，杨玉环心醉了。忽然间，一轮圆圆的月亮，从南天上一下子钻进了清河里，慢慢地又从河里钻出水面，这时候天上一轮圆月，河里一轮圆月，一模一样。只是河里的月亮和小石桥一样大小，半沉河里，半露水面。杨玉环看得正上瘾的时候，河里的月亮，忽然间像有人挖空了一个大洞，和小石桥遥遥相对，相映衬，那个天下奇景，那个美劲说不出。杨玉环年少，看到这从来没见过的神奇美景，走到鲁姜面前，没等她开口，鲁班又一字一句，不快不慢地说开了："我修的大石桥工程浩繁，气势磅礴宏伟；妹妹鲁姜心灵手巧修的小石桥，小巧玲珑，精雕细刻，花草见长。神仙都说，大石桥看功劳，小石桥看花草。"话音一落，鲁班兄妹不见了。杨玉环父女觉得奇怪。从此以后，留下了"倚栏鸟语闻花香，华版鱼戏听水声"和"并架南桥具体微，石材工迹世传稀。夜月洞开轮初转，蛰启春龙势欲飞"的诗句，传颂在人世间。

杨玉环父女走回平棘衙门里，白天、夜晚游桥见闻，时时浮现在脑海里，辗转反侧，一夜睡不好觉。第二天，杨玉环游桥会见鲁姜的事迹很快传到皇宫唐明皇耳朵里，他得知杨玉环长得才貌出众，朱颜宜人时，便命随从立即将其选入宫廷，做了他的贵妃。以后演绎出贵妃醉酒等宫廷趣事，传遍天下，被后世编成戏剧唱满人间。有诗为证：

玉环父女游石桥，水从碧玉环中流。
鲜花游鱼捉不住，一夜难眠使人愁。
玉环鲁姜桥头会，传进朝廷与王侯。
明皇一意戏玉环，召进宫廷饮醉酒。

（李生田）

五、怀丙[1]救了赵州桥

在宋朝，洨河水流湍急，波涛澎湃。桥上推车的、担担的、卖葱蒜的、骑马赶车的、牵驴赶会的、人来车往好不热闹。桥下，大船小船，载草运粮的、装金的载银的，作游客的和干买卖做生意的东来西往，川流不息，船头接船尾，一溜长蛇阵，东看不见边，西瞧不见尾，热闹钻天。一到冬天，半夜三更，天寒地冻，北风呼啸。停泊在桥下的舟船，船员被冻得直打哆嗦。人们就在船上点着木炭烧火。天长日久，桥石裂缝。再加上千百年的车水马龙过桥压轧，使28道拱券倒了三道，还有三、四道拱券石也向外边倾斜离缝，如不赶紧设法修理好，赵州桥就有倒塌的危险。

尽快修补好赵州桥，赵州州官无计可施。在百姓的呼声下，州官不得不贴出告示榜文，招募能人修桥。这时正定府和尚怀丙听说了，急忙赶来晋见州官。州官一看是个和尚，便说："你肚里吃了几碗干饭，没那么大的荷叶就别包那么大的粽子。"

怀丙和尚慢条斯理地说道："贫僧无能，愿为天下做点好事，想来试一试。"

州官一听火了，大声喊道："你能保证修好就干，不能修好就散，别耽误时间。"

怀丙说："州官大人息怒。我如果修不好大石桥，佛法不容，愿天打五雷劈，敢用生命担保。"

州官道："敢立字据作保吗？"

怀丙立即在大堂之上，立下了修不好大石桥愿以死保证的"军令状。"此后，便召集众僧和石桥附近的众多百姓。他先让人们按着大石的宽度大小造了9条"铁牛"。这大铁牛，实际上就是9根大铁柱子。不过这个大铁柱子非同一般每根铁柱足有几万斤重。他准备把大铁柱子一根根从石桥上横着穿过去，像穿糖葫芦一样把剩下的25道石桥拱券串在一起，像锔盆扒碗扒大缸一样把裂缝的地方锔在一块，成为一个结结实实的整体。这可不是件容易的事。桥周围看热闹的人说："见过锔盆扒碗的，没有见过锔石头扒大桥的，这可是说起容易，做起难。"怀丙亲自上阵，指挥人们把大"铁牛"架在船上，船被两岸的绳索紧紧拴结实固定在河里，船上人使劲推，桥上人用劲拉，一根一根的铁牛比锔盆扒碗钻瓷器活还省力，就把大"铁牛"从桥西头穿进到桥东头，人们都奇怪这种神劲，都说这一孔孔的石头好像暄面馍馍一样，就手到擒来地穿透了。人们正在为怀丙的高超技艺叫好的时候，忽然，西北风猛烈地刮来，直刮得天昏地暗，这是妖怪在作恶。当怀丙在把最后一根铁牛往石拱券上穿的时候，妖怪一声怪叫，把众僧人和百姓吓惊了，一不小心把那根几万斤重的大铁牛掉进河里了。刹那间，浪头一打几丈高，撞得石桥山响。人们发愁了。人们说：七十二拜都拜过了，就剩下最后这么一哆嗦了，就出事了，老天爷这可怎么办啊。

这时候，怀丙和尚双手合掌贴胸跪下，阿弥陀佛不停口地念，过了一会儿站起来，不慌不忙，打精神，壮胆，说：善男善女，行好的别害怕，魔高一尺，我要道高一丈，自有办法制服妖魔鬼怪。看风停了，日头出来了，大家跟我来。找锨的，推车的，找筐的，抬篓的，一车车、一筐筐、一篓篓的土装满了两大船。然后，他指挥人们用一根合抱粗的几十丈长的大木梁横着捆绑固定在两只船当中，成为"サ"字的式样，怀丙一头扎进河底下用一根很粗很长的绳索，拴住大"铁牛"，绷紧绳子另一头拴在横梁上。最后让人们七手八

[1] 《续文献通政》载："怀丙，元正定僧也。巧思出天性。洨河石桥，熔铁贯其中，乡民多盗凿石桥遂倾仄，计非知夫不能正。怀丙不役工，卒以术正之。桥复故。"

脚，一齐动手赶紧把船上的土卸掉，凭两只大船浮起的力量，把那根几万斤重的大铁牛拽了上来。毫不费劲地把这最后一根大“铁牛”轻轻地穿到石拱券里了。

九根大铁牛像串山里红一样把那25道石桥拱券结结实实地锔在一起了，一点缝也不见了。然后，怀丙把剩下的那三道石券，再一券一券地串在大“铁牛”上。他再拿起特制的斧头，把9根大“铁牛”的两端铆好，赵州桥又恢复了原貌。

大石桥修好后，赵州人民非常感谢僧人怀丙。此时，赵州州官也认输了，把怀丙和尚请进衙署，设宴招待，赔礼道歉说：“请怀丙高僧原谅，敝人是有眼不识金镶玉，冒犯佛法，小看高僧，恕罪求饶。”

怀丙站起身来，说道：“阿弥陀佛，苦海无边，回头是岸。做官要为民做主，不可高人头地，骑在人民头上作威作福就好了。”

州官一时坐不住了，头上冒汗，只是说：“好，好。”最后，把怀丙施法术一正赵州桥的功绩禀报皇上。宋代皇帝特授予怀丙“紫衣”的荣誉。

一年后，州官想报答怀丙的恩惠，到正定临济寺去找怀丙时，怀丙和尚却已圆寂了。在他的墓地发现了一块金砖，上边写着：“怀丙和尚是鲁班的弟子”十个大字。寺内和尚对赵州官说，怀丙和尚来到正定的临济寺以后，天天木匠活不离手，把正定所有的佛教寺院修整得像模像样，堂堂正正，真是天下第一流。

六、孙行者相助保石桥❶

鲁班兄妹锻打铁链锁水妖的奇闻，一传十，十传百，传遍了大唐的大江南北。唐僧在赵州观音院学经时，闻听此事觉得奇怪。在他西天取经时，一路上，也不断向他的徒弟孙悟空、猪八戒、沙僧讲述这段故事。有一回，夜里睡觉，他说梦话，大声说起赵州桥神奇故事，让月宫里的女狐仙偷听了。女狐仙一心想亲眼看一看这座千古神桥，饱饱眼福，过过瘾。

话说这位女狐仙，生得美极了，水灵灵的大眼睛，溜溜地转，柳叶眉，杏核眼，双眼皮，椭圆的小脸蛋粉里透红，樱桃小口，说起话来，像铜铃铛一样清脆悦耳，她那小模样，真和书上说的一样，有闭月羞花之貌，沉鱼落雁之美。就凭这一点，她蒙混过天下好人。有一天她瘾头上来了，身着绫罗绸缎，偷偷摸摸，费了好大气力，来到赵州城，坐着花轿轻轻飘飘来到大石桥。她走出花轿，慢慢地走上大石桥，东看看，西瞧瞧，看了桥上，观桥下，亲手摸了摸鲁班力托大桥的手掌印，看完后，走上桥。一会儿花轿不见了，过往行人个个面面相觑，觉得有点怪，她一会儿走，一会儿飞，人们更觉得奇了。说话间，这个美人不见了，霎时河水猛涨，树叶直响，大风呼啸，越刮越大，越刮越猛。女狐仙乘风兴妖作怪。桥下水上着火，被鲁班奋力扑灭；暴涨的河水淹没大桥，被鲁班击退平息；天兵天将，一大群，跳着，蹦着，耀武扬威，动手拆桥，被鲁班大斧一一劈死……女狐仙施出七十一套妖术，被鲁班一一击破。不料，女狐仙气急败坏，狗急跳墙，施出她最后一招，狂风、飓风、暴风、台风、龙卷风，各种各样的恶风一齐刮起，只刮得天昏地暗，只刮得大树连根拔起，只刮得房倒屋坍，只刮得大石桥东摇西晃。鲁班正在千方百计阻止恶风时，孙悟空在花果山水帘洞闻知，一个跟头十万八千里，立在赵州石桥中间，他手舞金箍棒，火眼金睛光芒四射，啊呀一声：“鲁班兄，孙行者来到，帮你捉拿这狐妖。”话音刚落，说时迟，那时快，他腾空而起，围着赵州桥，在天空飞旋。那女狐仙妖精见势不妙，想转身逃跑，被老孙用足力气，一棒打折双腿。她又想借助风势向空中飞时，鲁班跃身一跳，抡起板斧，向女狐仙猛劈一斧，斩断她一只胳膊。此时，孙行者一个跟斗从天上扑下来，一棒正好又打在女狐仙头顶上，只听哎呀一声，桥头上鲜血斑斑，顿时，血泊化为死灰一堆。孙悟空和鲁班，用铁铲将这堆死灰铲进河里，河水呈现黑色圈点，顺水东流。鲁班喜出望外，对孙行者作揖感谢，说道：“这场灾难，多亏您相助，要不，大石桥被毁，前功尽弃。多谢，多谢。”

孙行者彬彬有礼地作个猴子模样，挥了一下金箍棒，装作猴样、猴腔说：“不必，不必。”一个跟斗飞上天空不见了，倘若有人怀疑，请看《西游记》上的言语：“鲁班掉了金头钻，赵州石桥崩两断。”不过假若孙行者不来帮忙，大石桥将变成什么模样，那另是一回事，然而，孙行者施法术，针尖对麦芒，赶走女妖精，相

❶《西游记》第21回云：“护法设庄留大圣，须弥灵吉定风魔。”“鲁班掉了金头钻，赵州石桥崩两断。”

助救石桥，就显得《西游记》上的记述有点玄乎了，孰是孰非，自有人评说。

七、青龙卧桥镇突厥[1]

唐朝武则天皇后掌握朝纲的时候，突厥的首领默啜率领他的骑兵马队，在藁城滹沱河南岸经过一场血战打了个胜仗，喜欢得不知道东南西北，又马不停蹄一鼓作气攻下了赵州城。在城内设下酒宴犒劳部下，酒醉后，把一个好端端的赵州城抢劫一空，还不解气，命令他的部队到赵州桥上施淫威。

他的马队，一出赵州城南门，一字摆阵，十匹马一列，直奔赵州桥，一溜狼烟南下，马队至大石桥头二三十丈远的地方，齐刷刷地停住了。默啜命令将士扬鞭驱马前进，只听马鞭叭叭响，战马向前扑起又原地不动，咴咴直叫。这是怎么回事？众将士仔细观看，只见赵州桥上卧着两条巨大的青龙。嗖嗖的几百只箭，一齐射出，都落在离大石桥几尺远的地方，将士们都奇怪了，立时停止了拉弓射箭。

两条巨大的青龙，眼看突厥马队像钉钉一样原地不动，觉得太便宜了他。一声怒吼："好一群匪贼，想毁我神桥。"声音未落，两条青龙腾空，在赵州桥上来回起舞。说来也神，青龙头朝北起舞时，突厥的马队拔马而回直奔赵州城飞驰；青龙转身头朝南起舞时，突厥的马队又掉头向赵州桥飞驰而来。青龙不停地来回起舞，突厥的战马就不停地一趟又一趟地来回急驰，一趟、十趟、一百趟……，突厥的战马跑得精疲力竭，浑身冒汗。众将士在马上，上下颠簸，也不知是怎么回事，只颠得一个个喘得上气不接下气。突厥首领默啜有气无力地想命令将士原地休息会儿，只见青龙腾空后，又卧在了赵州大石桥上。这时，突厥的战马不知怎么的，几百匹战马咴咴的一声齐叫，前蹄猛然跳起，一匹匹战马像直立一样站定，一下又都骤然卧倒，将士们不提防，都从马背上摔下来，只摔得屁滚尿流，呼爹唤娘，个个跪倒在地，央求青龙饶命。

两条巨大的青龙，眼看战马跪倒在地，将士们跪地求饶，便说："擒贼先擒王，除害先打头。"青龙腾空而起，离开赵州石桥，飞向突厥马队，俯视而下，抓住突厥首领默啜，狠狠地从空中摔倒地下，再把死尸抓起扔到河里。然后，青龙降下，卧在大石桥头，怒视着突厥的队伍，摆了摆龙尾。突厥的马队慢慢站起来，朝滹沱河的方向逃去。

突厥的兵马溃逃之后，卧在赵州桥上的两条巨大青龙突然不见了，只见孙悟空右手打了个眼罩，一个跟头翻到天上，腾云驾雾不见了。鲁班手持板斧，在赵州桥上，望着东去的滔滔洨河水，高吟：

为民造福天堡佑，兴妖作怪神不容。
千古神桥众人修，巍然屹立势如虹。

（李生田）

八、马王爷为什么有三只眼

有句俗话，"不给你点厉害，你就不知道马王爷有三只眼"。马王爷为什么有三只眼？这得从河北民歌《小放牛》中去找答案：

赵州桥来什么人修？
玉石栏杆什么人留？
什么人骑驴桥上走？
什么人推车压了一道沟？

这是中国民间关于鲁班造赵州桥的一段传说。鲁班是春秋时的能工巧匠，被世人推为木、泥、石、画匠的始祖。他与妹妹鲁姜比赛本领，一夜之间在今河北赵县洨河上造成赵州桥。因该桥设计新颖，坚固奇巧，一时轰动四方。鲁班一生谦恭，从不说大话，这时只说了一句"我造的桥坚固耐用，无论多重的荷载都不会出问题。"这引来了远居蓬莱阁的众神仙纷纷前来试探。张果老倒骑毛驴，驴背上驮着一个褡裢过来了，鲁班不以为然。柴王爷手推一辆独轮车过来了，鲁班更是不屑一顾。谁知驴、车刚上桥，桥身就"咯叭"作响，摇摇欲坠。鲁班急身跳到桥下，托着拱腹，桥才平安无事。原来，张果老毛驴驮的褡裢里一边装

[1] 清光绪《赵州志》载：天后时，默啜破赵州，欲南下，至石桥；马跪地不进，但见一青龙卧桥上，奋迅而怒，默啜乃遁去。

着太阳,一边装着月亮。柴王爷的独轮车上载着泰、华、嵩、恒、衡五岳名山。张杲老说了声,“桥修得不错,就是眼力差了点。”说罢扬长而去。鲁班懊悔地说:“我有眼无珠,不识泰山,要它何用。”说着就把自己的左眼珠抠出,摔在桥上。谁知这眼珠转眼间变成一颗玲珑剔透的夜明珠,滴溜溜滚落桥下,被迎面而来的马王爷和牛王爷看见,二人争着要这颗珠子。马王爷先行一步拿到手,正在嘻嘻哈哈高兴之时,一看牛王爷来抢,慌张中把珠子按在额头上,成了三只眼。牛王爷迟了一步,没抢到珠子,懊丧至极,脸色阴沉得快要出泪水。

据说,赵州桥面上至今还留有张果老毛驴的两个蹄印、柴王爷独轮车三尺多长的车辙和鲁班手托拱腹的两个大手印。木匠吊线和枪手射击时闭上左眼,是因为他们的师傅鲁班“有眼不识泰山”,把左眼珠抠掉的缘故。它警示人们什么时候都要谦虚,不能说过头话。三只眼的马王爷成了嘻嘻哈哈、乐天运观人的代名词,如果你不高兴,脸色难看,别人就会比喻你和马王爷一样。

第三节　尿　　宝

赵州大石桥(赵州桥)南端西侧,在石栏之外有一奇特之事,时常有人培土成凹形小坑,坑中储尿,人称“尿宝”。始于何时?史志无考。尿宝的奇处在于,只要凹形坑内有尿,尿液如水波时有突起,犹如鱼跃其中,时起时伏,似波涛翻滚,发出“啁儿啁儿”的响声,有时会与河水翻起的浪花一起溅到聚集在尿宝周围弯腰看热闹的人的脸上。但是,凹形坑中一无生物存在,二非风吹所致。若凹形坑中无尿液,或换成清水,此情此景悄然消失。在民国期间,人们还能目睹这一神奇的现象,时间或长或短,称为赵州桥之一“宝”,或“奇景”。以后,不知何故,尿宝无影无迹。究竟是何道理,记此存疑,有待科学工作者研究、考证。

第四节　独　腿　燕

赵州桥的券石因年久风化剥蚀产生了空隙裂缝,其石罅隙中间居住着生灵,人称“独腿燕”,或曰“巧燕”、“桥燕”。说它是“独腿燕”,实际上并不只是一只足,唯一的奇怪之处在于:一是它的每只足上仅有前伸的三趾,无后蹬爪;二是它不能栖息在地面,或房檐下,或山崖间,否则不能赶快飞起。每逢夏季,数十只,上百只“独腿燕”,穿柳越波,翱翔桥下,破云飞跃,轻盈似箭,“吱儿吱儿”而叫。每当归巢时,疾飞如闪电,从无触石现象。1958 年 11 月赵州桥修葺一新,用水泥补严石缝罅隙,桥下无处栖息。从此迁至在赵县人民政府前边的“望汉台”上的砖缝罅隙之间。“文化大革命”中,“望汉台”被拆毁,“独腿燕”迁息于赵州柏林禅寺真际禅师塔的塔缝间隙里,每日竞飞于寺内。

赵州桥俗称大石桥,它到底有多大,外地人不知道,而赵州当地童叟妇孺人人皆知。据说桥拱中居住的“独腿燕”下的蛋从拱顶坠落,蛋还没有落地,小燕便已孵化好飞走了。据此可以想象,赵州桥多么高大呀!

第十一章 保护与管理

文化遗产保护包括物质文化遗产保护和非物质文化遗产保护。我国文化遗产蕴含着中华民族特有的精神价值、思维方式、想象力，体现着中华民族的生命力和创造力，是各民族智慧的结晶，也是全人类文明的瑰宝。保护文化遗产，保持民族文化的传承，是连接民族情感纽带、增进民族团结和维护国家统一及社会稳定的重要文化基础，也是维护世界文化多样性和创造性，促进人类共同发展的前提。加强文化遗产保护，是建设社会主义先进文化，贯彻落实科学发展观和构建社会主义和谐社会的必然要求。

第一节 保护、管理及开发利用

赵州桥是我国重要的物质文化遗产之一，加强对赵州桥的保护与管理是时代赋予我们的艰巨任务。

一、指导思想

党的十八大以来，习近平总书记多次就文物保护做出重要指示批示。视察北京工作时就历史文化和文物保护工作的讲话；对正定古城保护的批示；对武汉中共中央旧址保护维修工程的批示。习近平总书记的重要论述，饱含了对中华优秀传统文化的深厚感情，饱含了对文物工作的亲切关怀，是我们党新时期发出的大力弘扬中华优秀传统文化和高度重视文物工作的新信号和动员令，是指导我国文物事业发展的思想武器和行动指南。具有很强的指导意义，影响深远。全面贯彻落实习总书记的指示，加大文化遗产保护力度，构建科学有效的文化遗产保护体系，提高全社会文化遗产保护意识，充分发挥文化遗产在传承中华文化，提高人民群众思想道德素质和科学文化素质，增强民族凝聚力，对促进社会主义先进文化建设和构建社会主义和谐社会中将起到重要作用。

要端正思想，充分认识文化遗产保护的重要性。首先，保护文化遗产，可以使祖先创造的物质有效保存下来。保护这些文化遗产就是尊重我们的祖先、尊重我们中国人自己的历史、尊重中华民族自己的文化。其次，在现代世界文化逐渐走向汇流的社会，保护文化遗产，保存和发展祖先留下来的财富，可以有效体现自己民族文化的特点，丰富世界文化的多样性。

二、加强保护与管理

物质文化遗产保护要贯彻“保护为主、抢救第一、合理利用、加强管理”的方针。坚持保护文化遗产的真实性和完整性，坚持依法和科学保护，正确处理经济社会发展与文化遗产保护的关系，统筹规划、分类指导、突出重点、分步实施。

1.落实领导责任，加强保护队伍建设

地方各级人民政府和有关部门将文化遗产保护列入重要议事日程，并纳入经济和社会发展计划以及城乡规划。成立专门机构（赵县1956年就成立文物保管所负责赵州桥的保护管理工作），逐步建立健全文化遗产赵州桥保护责任制度和责任追究制度，定期研究保护工作的重大问题。县政府将文化遗产赵州桥保护经费纳入财政预算，保障保护经费投入。加强专业人员培养，选送人员参加国家举办的专业学习班培训，提高队伍素质。已有3人获中级职称，9人获初级职称。

2.落实“四有”是做好文化遗产赵州桥保护工作的基本保障

文化遗产保护工作的“四有”是：有保护范围，有标志说明，有记录档案，有管理机构，实践证明这四项工作是做好文化遗产保护工作的基本保障。

（1）划定保护范围。围绕文化遗产赵州桥划出一定区域为保护范围，以保护赵州桥的安全及其周围的环境风貌不受破坏。保护范围的大小，根据规模（体量）、地理位置和周围环境等情况，从实际出发，因地制宜地划定。保护范围分为重点保护区、一般保护区和建设控制地带。重点保护区又称安全保护区，系为保护赵州桥本身安全而划定的区域。一般保护区也称影响范围，大于重点保护区。划定保护范围的目的是为了保护赵州桥一般遗存,环境风貌以及重点保护区之外的文物史迹,以利于保护、研究、游览或观赏。根据保护文物的实际需要,在保护范围之外划出一定区域的建设控制地带,控制新的建设项目和新建筑物的形式、高度、体量、色调等,以使文物风景不受破坏,保持赵州桥一定范围内的环境风貌与赵州桥相协调 。在建设控制地带内,不得修建有污染的工厂和高层建筑或构筑物,对已有的影响环境风貌的建筑物区别情况限期治理、改造、搬迁或拆除。

赵州桥的保护范围:以赵州桥本体为中心,四至边界向四周外扩 20 米为重点保护区,占地面积约 0.5 公顷 ;以重点保护区边线为基础,南北外扩 60 米,东西外扩 150 米为一般保护区,占地约 7.76 公顷;保护范围外,东至安济大道道路红线及规划绿地范围线,南至洨南路规划道路红线,西至文昌街规划道路红线,北至荟萃街规划道路红线,为建设控制地带,占地 208.41 公顷。

划定赵州桥保护范围的具体工作,由文物保护管理所和文物旅游局负责,按文物法规(文物保护法规)规定程序上报审批。批准、公布的保护范围,具有法律效力。

(2)树立标志说明。在赵州桥东南侧树立保护标志和说明牌,使人们从标志内容了解文物保护单位赵州桥的级别、名称、公布机关和日期、树标机关,明了文物受国家保护;另外还可从说明牌内容了解赵州桥建造形成的时代和时间及其历史、艺术和科学等方面的价值。

(3)设立记录档案。用各种方法(或手段)记录赵州桥的科学资料。主要内容包括可为科学研究和保护、修复、修缮、发掘等提供科学资料的文献、文字记录、照片、实测图、拓片、模型、录像、影(视)片等。档案资料从时间上分为历史和现状部分,从性质上分为科学资料和行政管理资料两大部分。它是研究赵州桥和进行宣传教育工作的依据,是文物科学保护、管理的基础。记录档案由文物保管所负责建立,之后不断补充完善。后续的材料随时向保存记录档案的单位寄送,以保持各保管记录档案单位档案资料的一致性和完整性。

①文字资料。记录档案的重要组成部分,包括文字记录、文献、大事记、简介和管理材料。

②图纸资料。文字资料的补充。包括赵州桥的实测平面、立面、断面图,可真实、形象地记录赵州桥的建筑形式、结构、法式特点以及规模大小等,是保护、维修、研究以至复原的科学依据。

③照片资料。图纸的辅助材料。从不同角度拍摄的全景和局部特写照片。

④拓片资料。碑碣、题记、艺术雕刻、花纹和铭文等重要材料。

(4)设立保管机构。赵县人民政府批准设立保护管理赵州桥的专门机构,文物保管所,其主要职责是:

①对保护管理的文物进行系统的、深入的调查研究,掌握文物的历史和现状,有计划地建立记录档案,开展科学保护研究、试验工作以及有关学术活动。

②做好文物的保养、维修工作。

③举办文物陈列展览,编印各种文物材料,向观众宣传文物和保护文物的重要意义,对观众进行爱国主义教育。

④做好文物藏品保管工作。及时做好文物和标本的登记、编目、入库等工作,做到账物相符。对一级文物藏品要专柜或专库保管。还要制定文物库房保管制度,严防文物丢失、损坏和被盗。

⑤做好安全保卫工作。整理环境,防止人为和自然的破坏。

3.编制文化遗产赵州桥的保护规划

文物保护单位的保护规划是解决文化遗产全面保护问题的基本方法与手段。文物保护规划首先要阐述文化遗产的组成与价值,评估现存问题,提出解决问题的思路和方法。赵县聘请北京建工建筑设计研究院共同编制了赵州桥保护规划,整体规划工作在广泛调研、科学考察、系统归纳的基础上,充分结合其历史内涵和文化主题,制定科学合理的保护措施及整改建议(详见第六章第三节)。

规划秉承突出文物保护、示范城市更新、优化景区液态、营造和谐文化的规划理念,从文物保护的价值观出发,通过对赵州桥文物遗存及其持色文化的保护,促进新技术、新理念在文物保护工作中的运用,努力追求文化遗产保护与先进科学技术运用之间的协调,实现城市发展过程中时间序列的和谐以及历史文化的延续。在保护规划编制过程中不仅考虑到了如何保护好文化遗产的价值,同时也考虑到了如何发挥文化遗产的作用,使其所在范围内产生良性的、长期的改变。赵州桥文物保护规划的实施,促使对赵州桥的保护管理工作更加系统、科学、规范、合理。

4.加大执法力度和宣传力度

加强文化遗产保护法律法规的建设,推进文化遗产保护的法制化、制度化、和规范化,营造保护文化遗产的良好氛围。认真举办“文化遗产日”系列活动,提高人民群众对文化遗产保护重要性的认识,增强全社会的文化遗产保护意识。使“保护文物光荣,破坏文物可耻”的理念深入人心。

三、合理的开发和利用

有效地保护文化遗产,并加以合理的旅游开发,有利于推动当地经济的发展,提高当地的人民生活水平。文化遗产的保护与旅游的开发并不是水火不相容的,只要处理得当,两者都可以得到良性发展,文化遗产可以成为当地经济的一个持续增长点。但是,首先得认清文化遗产保护与经济增长之间的关系。对文化遗产的开发必须以有效保护为先导,只有文化遗存保护好了,这个经济增长点才不会在短短几年或者十几年里枯竭。文化遗存的旅游开发不但可以促进经济的发展,而且使更多的人了解当地的文化。中国联合国教科文组织全国委员会秘书处副秘书长杜越提出,遗产地最主要的特征应该是开放。“祖先留给我们的遗产,我们有权利也有义务参观、学习和传承,因此旅游是必要的。它已成为游客提高文化品位、增长知识阅历的重要一环。”在文化遗产地适当发展旅游业,不但旅游的适度收入可以为保护遗产提供经费支持,为遗产管理提供经济保障,而且游客的到来促进了各地文化之间的交流,宣传了当地的文化。

赵州桥 1972 年辟为旅游景点以来,游客和门票收入呈逐年上升趋势,2013 年门票收入达千万元,为文物保护经费提供了可靠保障。旅游业的发展促进了“吃、住、行、游、购、娱”诸项事业的猛进,创造了诸多的就业机会,据不完全统计,2013 年旅游业创收 4000 万元以上。

通过对文化遗产赵州桥的保护和管理,我们体会到:文化遗产是自己祖先创造的文化,是本民族的过去,通过对文化遗产的保护、利用可以培养人们爱国主义情感,增强民族自尊心、自信心。中国 5000 年历史长河,先辈们创造了博大精深的中华文化,这是我们中华民族的骄傲。保存这些文化遗产,是我们的义务,是对子孙后代负责的表现。唐太宗说:“以史为鉴,可以知兴替”。只有正视自己过去的民族才能走向未来。只有萌发于历史文化传统之上的“新”文化,才更具有根基、底蕴、特色和生命力。社会文明需要新陈代谢,但更新不能摒弃历史,而是在历史基础上发展,是从旧环境中滋生出新的东西。文化遗产是先人遗留给后人具有文化价值的财产,我们有义务保护好祖先的遗产,这份财产不但属于我们,也属于我们的子孙后代,我们有义务把这份祖先的财产传承下去。

第二节　保护管理机构

1956 年 6 月,赵县人民委员会批准成立赵县文物保管所,所址建在安济桥(赵州桥)西南侧,隶属赵县人民委员会文化科。文物保管所负责全县文物保护管理工作和赵州桥的修缮工程。

1958 年 12 月,赵县、宁晋、新河三县合并为宁晋县,易名为宁晋县文物保管所,所址未变,隶属宁晋县文教局领导。

1961 年 5 月,三县分别建置,恢复赵县文物保管所,所址不变,归赵县文教局辖。

1968 年 1 月,改属赵县革命委员会政治文教组管理。

1976 年 10 月,恢复赵县文教局,文物保管所改属赵县文教局。

1980 年 10 月,文化、教育分设,文物保管所归属赵县文化局领导。文化局设文物股,负责全县文物保护管理工作。

1997 年 9 月,成立赵县文物旅游局,文物保管所归属文物旅游局领导至今。

文物保管所实行所长负责制,设所长、副所长、会计等。专业技术人员 6 人,其中文博馆员 2 人,助理馆员3人,助理工程师1人。

文物保管所历任所长见表11-2-1。

赵县文物保管所历任所长及任职时间表 表11-2-1

姓名	职务	任职时间(年.月)	籍 贯	备 注
魏书文	所长	1956.6—1957.5	赵县四德	
商一民	所长	1957.5—1957.6	赵县商家庄	
陶冶	所长	1957.7—1969.11	赵县东杨村	
苏明义	所长	1969.12—1972.3	赵县高村	
杨增瑞	所长	1972.4—1979.1	宁晋县史家台	
尹振江	所长	1979.2—1980.9	赵县曹庄	
谷振国	所长	1980.10—1982.2	平山县李家庄	文化局副局长兼,1981年后副所长李晋栓主持工作
李晋栓	所长	1982.3—1983.8	赵县停住头	
王维新	所长	1983.9—1991.8	赵县北何家庄	
张焕瑞	所长	1991.9—1996.10	赵县曹伍疃	
刘国庆	所长	1996.11—1999.1	赵县曹庄	文化局副局长兼
崔国辉	所长	1999.2—2000.1	赵县迎恩铺	
刘运田	所长	2000.2—2002.3	赵县大安	
赵振伟	所长	2002.4—2012.9	赵县董村	
董伟芳	所长	2012.10—	赵县吴贾村	

第十二章　赵州桥景区

改革开放的春风,推动着文物旅游事业的发展。赵县人民政府为了保护文物发展旅游,1972 年将赵州桥辟为旅游点,对中、外游客开放。1984 年修建了赵州桥公园,占地 24675 平方米。1999 年赵州桥公园(景区)扩大为 86980 平方米,公园内建有仿唐大门、桥史展览室、文物陈列室、古桥碑林、八仙群雕、关帝阁、观月廊、龙泉亭、雪玉亭、洨水湖等景观供游客观赏,赵州桥以崭新的面貌跨入新时代。

赵州桥景区位于赵县县城南 2 公里,308 国道南侧,景区总面积 200 余亩。景区主要组成部分有景观大道、隋唐风格大门、八仙大道、影壁浮雕、游客服务中心、生态停车场、休闲怡情园、民俗博物馆、民俗文化一条街、古桥展览馆等。现为国家 4A 级景区,河北省省级爱国主义教育基地。景区外观见图 12-1-1。

图 12-1-1　景区外观

赵州桥景区原为赵州桥公园,始建于 1984 年,面积约 30 亩。主要设施有陈列室、展览室、办公区等。

1993 年进行了第一次赵州桥区域河道污水治理工程,总投资 650 余万元,污水绕行溢洪道。修整了河道,进行防渗处理,修建橡胶拦水坝,灌注清水,赵州桥面貌得到了初步改观。

1999 年,赵州桥公园再次扩建,搬迁公园以北住户 96 户,公园面积达到 130 余亩,并陆续建设了唐代风格的大门,竖立了铜质李春纪念像、新建了亭、榭、八仙大道、影壁浮雕、碑廊、观月廊、廊桥等配置景点,改善了公园的环境,提升了旅游功能。图 12-1-2 至图 12-1-5 为景区的几处景点。

图 12-1-2　景区照壁

图 12-1-3　雪玉亭

图 12-1-4　观月廊

2002 年设立了游客接待中心，进一步完善了景区服务功能，被国家旅游局评定为 3A 级景区。图 12-1-6为景区服务中心。

图 12-1-5　民俗一条街

图 12-1-6　景区游客服务中心

2004 年，聘请上海同济大学对赵州桥景区进行科学规划。2005 年，新建了赵州民俗博物馆和赵州民俗购物一条街，举办了赵州桥建成 1400 年庆典活动，进一步加强了赵州桥保护及周围环境治理工作。2006 年 3 月份对总体扩建规划进行了评审论证工作，相继完成详建规划。2007 年按规划要求在赵州桥以西启动了休闲怡情园建设工程。2009 年完成了休闲怡情园内赵州桥河底防渗工程、修筑护坡、上下水管道、步游路、广场、假山、旅游厕所等。游客接待中心改扩建工作，进一步标准化、规范化管理。赵州桥景区于 2010 年 4 月份由原来的国家 3A 级景区升级为国家 4A 级景区。

2012 年 2 月至 8 月实施了污水河改暗涵工程，总投资 6225 万元。工程完成后，赵州桥区域河道全部灌注清水，投放锦鲤，使赵州桥景区环境面貌得到了较大改观。

与此同时，赵州桥景区进行了大规模的环境整治。投资 380 万元，对景区进行了全面的净化、绿化、亮化。关帝阁、李春像、栖霞山、康桥、游客中心、清水河等所有建筑全部进行了修葺，铺设了大门前青石广场。规范了商铺摊点，安装监控设施 68 处，景区实现全方位 24 小时监控。

2013 年，总投资 260 万元，打造全长 950 米景观大道。宽 70 米的缓坡式景观迎宾大道，实施了高标准的绿化、美化、亮化工程，进一步提升了景区形象。

投资 360 万元，建成了总面积 34000 平方米的集生态休闲于一体的大型旅游停车场，见图 12-1-7。

图 12-1-7　大型生态停车场

2014 年 3 月建成古桥展览馆，建筑面积 2000 平方米，总投资 600 万元。展馆由古桥探索厅、中国古桥厅、赵州桥厅、茅以升纪念馆组成，是一座介绍桥梁文化知识的科普场所。它追溯千秋伟构的古桥根系，探索桥梁演变和发展的历史轨迹，揭示桥梁对社会发展之作用，将桥梁的历史性、知识性、科学性、艺术性、趣味性融为一体，兼容并蓄，雅俗共赏，为展示人类文明遗存增添了一道靓丽的风景线。

2014 年 12 月建成桥语展厅，建筑面积 400 平方米。展厅引进国内先进的展馆策划理念，借鉴了中国著名桥梁专家茅以升先生的思想，从桥记、桥史、桥典、桥景、桥名、桥文、桥趣几大方面展现赵州桥文化，并扩展到世界桥文化，体现了“桥度万物，万物即桥”的禅机。展厅设计风格浑厚、大气，达到集展览、互动、教育、赏析等功用为一体，充分展示了博大精深的中国桥文化，为赵州桥景区的重要组成部分，见图 12-1-8。

图 12-1-8　古桥展览馆外景

随着时代的发展，通过赵县人民的不懈努力，如今的赵州桥景区已经颇具规模。园内亭台楼阁错落有致，碧草如茵，苍松如盖，风景秀丽。游客可以碧水荡舟，一睹赵州桥如“初云出月”、似“长虹饮涧”的壮美景色，也可以品一品古桥茗茶，读一读赵州桥的历史传说，了解一下它对民族文化留下的深远影响。

赵州桥景区作为我国著名的文物风景旅游景点，1999 年被评为石家庄市十佳景点，2000 年被评为河北省三级窗口单位。党和国家领导人、国内外知名专家学者、国际友人曾多次前来参观考察，对赵州桥的雄奇、俊逸留下了美好的印象。

第十三章　人　　物

1400余年以来，在建造赵州桥、修缮赵州桥、保护赵州桥、研究赵州桥、宣传赵州桥的工作中，做出突出贡献的人物层出不穷。限于历史资料，以及调研、采访的口碑资料，经过反复核实，为下列人物立传：设计建造者李春；为修缮赵州桥积极捐资、倡导、出工、出力者怀丙、孙大学、赵芬、张居敬、王元治；为研究、宣传提高赵州桥知名度的梁思成、茅以升、罗英、罗哲文；在“文化大革命”中以理服人，保护了赵州桥的老革命工作者陶治等。

一、李春

李春，隋代著名匠师，赵郡（今赵县）人。隋开皇十一至十九年（公元591—599年）担任总设计师，率能工巧匠李通、李膺等建造了赵郡洨河石桥，宋代改名安济桥。唐中书令张嘉贞《石桥铭序》云：“赵郡洨河石桥，隋匠李春之迹也。制造奇特，人不知其所以为。”李春在世界桥梁史上首创敞肩拱学派。赵州桥和唐张嘉贞之铭记使李春名震华夏，光耀世界。

历史上“匠”指有专业技术的工人，如木匠、铁匠、石匠、瓦匠等，但也指在某些技术方面造诣很深的人，李春的身份当为后者。古代有“将作大匠”职官，秦始置，西汉以后沿置，掌宫室、宗庙、陵寝及其他土木营建。隋朝称此类人员为将作寺将作监大匠，著名建筑家宇文恺即任此职。其下属有丞、功曹、主薄、录事等职，若有营作任务，由立将、副将等专门负责。李春或许在此机构任职。按现在的话说，李春的身份应该是既担任一定职务，又有专业技术职称的高级工程技术人员，是被赵郡刺史聘请来设计、建造赵州桥的匠师。

二、怀丙

怀丙，北宋出色的工程家，河北真定（今河北正定县）人。据史书记载，怀丙和尚聪明善思，曾多次解决当时谁也解决不了的工程难题。真定十三级宝塔，中间的柱子坏了，宝塔向西北倾斜，怀丙和尚另做一根柱子，换下坏柱子，把宝塔扶正了。宋代河中府有一座浮桥，用八头铁铸的牛固定，一头铁牛将近几万斤重。宋英宗治平年间（公元1064—1067年），洪水暴涨把浮桥冲断，牵动铁牛沉没到河底，广泛征集能够打捞出铁牛的人。怀丙和尚出来，把两只大船填满土石，铁牛用绳子绑在两只大船之间的横木上，慢慢地去掉船上的土石，船浮出水面，铁牛即被打捞了出来。转运使张焘把这件事汇报给朝廷，皇上赐给怀丙和尚一件紫衣。

赵州洨河石桥歪斜欲倒，怀丙和尚说，往桥下石头中灌铁可以扶正。乡民们踊跃捐助石块，怀丙和尚在石头上凿洞，溶化铁水横贯其中，果然扶正了石桥。

三、孙大学

明嘉靖四十一至四十二年（公元1562—1563年），赵郡人重修赵州桥，孙大学慷慨捐资和赵郡百姓同修大石桥，在赵州传为佳话。

孙大学，山西省恒山北麓山阴县人，自幼听说大石桥神异，“常欲观其迹而不可得，嘉靖辛酉（公元1561年）夏，由大理调兹郡一观之，然后知桥之奇特。”他认为赵州桥“以仙迹得名者非诬，而李春创构之功若有神授其机。”他认为，如果把北京城喻作皇冠，那大石桥这个地方就是装饰在皇冠上的一块上等垂玉。

孙大学进士及第，嘉靖四十年（公元1561年）任赵郡决断疑狱的郡守佐官，即同知通判，也就是大理寺右评事判。他为官清正，深受百姓爱戴。嘉靖四十一年开始重修大石桥时，他率先捐资，并和百姓、僧人谋划修桥募缘事宜。当年，他荣迁顺德府（今邢台市）为官。

赵郡百姓感谢孙大学，在修缮大石桥工程竣工后，派专人赴顺德府请他撰写《重修大石桥》碑文。孙大学谦虚谨慎，有功不居，在碑记中对自己的功德只写了“余亦捐俸助”五个字。此碑记文笔流畅，言简意赅，是赵州桥重要的历史资料。特别是在当今对赵州桥的建桥年代仍有争议的情况下，碑文中指出赵州桥是“隋大业间石工李春所造也”,更显现它的史料价值。

四、赵芬

赵州桥自唐代到新中国建立1000多年间,有记载和无记载的修缮工程共有九次,参与修缮的有郡守、学子、乡民、僧人。唯明嘉靖四十一年(公元1563年)的第四次修缮,主要资助者是一位身份特殊的人物——郡人西漳(今赵县南西章村)赵芬,是一位明朝的御用监太监。

赵芬,字兰谷,别号西漳,生于明正德三年(公元1508年)十一月十一日,死于万历十年(公元1582年)五月十六日,祖籍真定赵州。

据翟汝孝《重修大石桥记》称:“嘉靖甲寅(嘉靖三十三年,公元1554年),郡人御用监太监赵公芬,祗奉敕命赍香幡赴武当,途经此桥,见□圯坏,志欲重修。甫归即使朝鲜,事完还京,复有守备凤阳之命。暇日与兄东瀛公登谈及梓里事,闻魏君力竭(嘉靖三十八年,公元1559年,由乡人魏中丞重修,因资金不足乃修缮没有完工),遂捐赏赉及田产之资补。”“嘉靖壬戌(公元1562年)冬十二月兴工,至次年癸亥四月十五日告成。”

除《重修大石桥记》外,在赵芬故里赵县南西章村发现的其兄赵登《墓志铭》也记述了赵芬捐资修桥的事迹。铭文中有“郡人御用监太监西漳公赵芬”字样,提到了他“赴武当”、“使朝鲜”、“守备凤阳”三件事,真实记述了赵芬第四次重修赵州桥的事:“赵州艰于涉,乃构石梁,以利不通,至今人共戴之。”

此次赵州桥修缮前,由于车辆碾压,桥面毁坏殆尽,已经裸露出桥面石板下面的铁拉杆。除修复桥面外,工程还涉及“南北码头及栏槛柱脚”,仿照原来栏板、望柱上的龙兽图案雕刻,“复如旧制”,并增加了一些新的“故事形象”,施工“备极工巧”。修葺后的安济桥,“焕然维新,境内改观矣”。可见,此次修缮除了更换残件外,还注重了艺术性。

五、张时泰、张居敬、张居仁

张时泰,明代赵州棘蒲社大石桥村人,嘉靖四十二年(公元1563年)参与赵州桥的重修,次年中举人。孙大学《重修大石桥记》载:“桥之上辙迹深处,积三十年一易石……重为修饰,以永其胜,以利驰驱。嘉靖四十二年。”其中,生员田锦、张时泰,乡人魏宾、冯苍等参与此事,并使僧人司成募缘集资。此役新铺了桥面石。

张居敬,字伯简,号可斋,明隆庆元年(公元1567年)举人,张时泰长子,官至陕西庄浪道(今甘肃泰安县北)。

张居仁,字叔广,号育华,明万历十三年(公元1585年)举人,万历十七年进士,张时泰次子,曾任胺州刺史。

张时泰父子三人两修仙桥,是赵州桥修建史上著名的家族。

嘉靖四十二年(公元1563年),刚修好的赵州桥,因卖柴者在赵州大石桥下烤火,“火逸延焚,致桥石微隙,而腰铁因之剥销,且上方辎重穿敝。”见此状后,谋请知县李方至,倡导修葺赵州大石桥,并令僧人明进缘募得数千缗,在知州王实先督敕下,经万历十六年(公元1588年)秋,修复竣工,焕然一新。

明万历二十五年(公元1597年),张居敬弟兄修永通桥。张氏兄弟为官清廉,德高望重,善积阴德,不图名利,在张居敬所写的《重修大石桥记》文中对此事只字未提。幸王之翰的《重修永通桥记》记有“岁丁酉(即万历二十五年),乡之张大夫兄弟谓家世桥也,毅然各捐数十金为众人倡,而大石桥焕然一新,为烈宏多矣。”此记中还说,小石桥的重修者继承张氏兄弟的功业,广集薄募,修好了小石桥,末尾赞叹道:“噫!向微两张大夫为之先其豪杰焉,而能自兴起为人间世溥(pu)利乎哉!”充分表明,前边有张居敬、张居仁两兄弟的率先慷慨为重修大石桥捐资之壮举,才带动起众人自发捐募钱财重修大、小石桥,而造福于人世间。万历十六年(公元1588年),赵州永通桥年久失修,桥面石破损,栏杆斜倚。居敬兄弟二人各捐资数十金为众倡导,并从州内四方募缘钱数千缗,把永通桥修葺如故,颇得知州、知县和远近百姓称颂。

六、王元治

王元治,清代人,赵州西章吕庠生。赋性慷慨,乐善好施,与乡里邻居和睦相处,乡人有难能解囊相助。遇有荒灾,开仓赈济贫困者。不管远近,只要他知道那村办义学,必捐重资帮助。道光元年(公元

1821 年）重修赵州大石桥，知州李景梅命他负责修缮工程。他率先捐资数十缗，在他的带动下，州内众多村民纷纷出资，筹资很快完成。工竣后，知州赐“急工好义”匾额表彰他的事迹。寿 80 而卒。

七、梁思成

梁思成（1901—1972 年），中国近代著名的建筑教育学家，古建筑文物保护、研究和建筑史学家。广东省新会县人，梁启超之长子。1901 年 4 月 20 日出生于日本东京，1912 年随父返国。1923 年毕业于清华学校。1924—1927 年在美国宾夕法尼亚大学学习建筑，获硕士学位。1927—1928 年在美国哈佛大学研究院研究世界建筑史。1928 年回国，创办东北大学建筑系，并任主任，成为我国建筑教育的开拓者之一。1933—1946 年，任中国营造学社法式组主任。1934 年任国民政府中央古物保存委员会委员，1944 年任国民政府教育部战区文物保护委员会副主任。1946 年创办清华大学建筑系（营建系），并任系主任，直到逝世。他还曾任中央研究院院士、美国耶鲁大学聘任教授、普林斯顿大学名誉文学博士和联合国大厦设计委员会成员等职。从 1949 年起，先后任北平都市计划委员会副主任和北京市建设委员会副主任、北京市政协副主席、全国人大常委。1959 年加入中国共产党。1972 年 1 月 9 日卒于北京。

梁思成的一生中，除了在建筑教育、城市规划等方面做出的开拓性不朽贡献之外，最为突出的是古建筑文物的保护与调查研究工作。他在中国营造学社时，在极端艰苦的条件下，对赵州桥、永通桥、济美桥进行了勘察、测绘、制图，并结合历史文献资料和对老匠师们的采访，在 1934 年《中国营造学社汇刊》上发表了关于赵州桥的长篇专题考察报告，为赵州桥的研究与保护奠定了深厚的基础。

八、茅以升

茅以升（1896 年 1 月—1989 年 11 月），原名茅以昇，字唐臣，江苏镇江人。1916 年毕业于唐山工业专门学校土木系，后赴美留学。1917 年获美国康乃尔大学土木工程硕士学位。1921 年获美国加利基理工学院工程博士学位。回国后历任唐山工业专门学校教授、南京东南大学工科主任、河海工程大学校长、天津北洋大学校长。1933 年后，任杭州钱塘江大桥工程处处长，设计和建造了这个我国第一座现代化铁路公路两用双层大桥。1938 年任唐山工程学院院长、教授。1942 年后任国民政府教育部部聘土木系教授，交通部桥梁设计工程处处长，中国桥梁公司总经理兼总工程师，中央研究院数理组院士、评议员，中国工程学会会长。中华人民共和国成立后，先后任中国交通大学校长、中国铁道研究所所长、铁道科学研究院院长、上海科学技术联合会主席、中国土木工程学会理事长、中华全国科学技术普及协会副主席、中国科学技术协会副主席、北京市科学技术协会副主席、国际桥梁及结构工程学会高级会员、国际土力学及基础工程学会会员、中国科学院学部委员、美国国家工程科学院外籍院士、加拿大土木工程学会名誉会员，并曾任全国人大常委会委员、政协全国委员会委员和副主席。1987 年 10 月加入中国共产党。

茅以升一生学桥、造桥、写桥。他在中外报刊发表文章 200 余篇，主持编写了《中国古桥技术史》、《中国桥梁——古代至今代》（有日、英、法、德、西班牙五种文本），著有《钱塘江桥》、《武汉长江大桥》、《茅以升科普创作选集》（一、二）、《茅以升文集》和《中国古桥与新桥》等。

1955—1958 年，茅以升参与审定赵州桥修缮方案。1962 年 3 月 4 日在《人民日报》发表散文《中国石拱桥》，称赵州桥为世界上最伟大的石拱桥。1973 年 9 月 4 日在《中国建设》广播节目中讲赵州桥。1979 年指导了赵州桥基础勘探工作。1980 年 6 月 8 日考察赵州桥，并题词“历尽沧桑一千三百余载李春的安济桥依然为中华民族文化大放光芒”。1982 年，《中国石拱桥》一文入选小学语文第五册，同时入选初中二年级语文课本，至今仍在沿用。1984 年 11 月作为总顾问，参与了永通桥修缮方案的讨论审定工作。

九、罗英

罗英（1890 年 11 月—1964 年 7 月），字怀伯，江西省南城县株良乡祥岗村人，著名的桥梁建筑专家。

罗英出身于知识分子家庭，1908 年进上海澄中学堂读书。1910 年经学校保送为“庚子赔款”第一批公费留美学生。1911 年与茅以升、郑华三人进美国康奈尔大学土木工程系学习桥梁专业。1917 年获康奈尔大学硕士学位。后在美国鲁洛斯特纽约省铁路公司和纽约中央铁路公司工作。1919 年回国，在河海专门学校任教，后去天津任津浦路养路主任，兼任南开大学、北洋大学教授。1927 年参与设计、监造京奉铁路沈阳皇姑屯机车厂。同年奉调入关，任北宁铁路山海关桥梁厂厂长。1932 年升为北京铁路天津总局技术主任工程师。1933年应钱塘江大桥工程处处长茅以升的邀请,任该处总工程师,与茅以升共同设计和建造了钱塘江大桥。新中国建立后,任华东交通部支前公路修建委员会总工程师。不久调任重工业部顾问工程师兼北方交通大学唐山工学院结构系教授。1953年应聘为武汉长江大桥技术顾问委员会委员。1956年曾当选为第三届全国政治协商委员会委员。1964年7月1日因癌症在上海逝世。

罗英响应周总理的号召,先后写成《中国桥梁史料》(后正式编成《中国桥梁技术史》)、《中国石桥》等著作,并着手编写《中国石拱桥研究》。

罗英的《中国桥梁技术史》和《中国石桥》两部著作,都把赵州桥单列为主要章节,对赵州桥的科学价值、历史价值和艺术价值进行了详细的论述,是继梁思成之后介绍赵州桥的重要著作。

十、罗哲文

罗哲文(1924—2012年),四川宜宾人,著名古建筑专家。1940年考入当时唯一的中国古建筑调查研究的学术机构——中国营造学社,师从梁思成先生等学习,并参加古建筑的调查研究工作。1946年在中国建筑研究所和清华大学建筑系从事研究和教学工作。1950年调文化部文物局,长期从事全国古建筑的保护管理和调查研究工作,曾任中国文物研究所所长等职。

罗哲文曾参加赵州桥调研、勘察工作,参与制定赵州桥修缮方案,负责赵州桥修缮工程验收工作。

新中国成立初,鉴于赵州桥在世界桥梁史上的划时代地位,国家文化部决定派专家到赵县调查赵州桥等文物保护情况。1952年8月,罗哲文与祁英涛、里正等人从北京到赵县,第一次参加赵州桥调研工作。同年冬天受文化部委派,与专家刘致平等一行11人实地考察、勘测赵州桥等文物,考察结束后集体写出报告,建议国家修缮赵州桥。一年后,再度勘察赵州桥,先后挖掘四次,发现了很珍贵的文物,其中最重要的就是隋代的雕龙栏板及其望柱。在挖出隋代的栏板、望柱后,罗哲文曾写下一首小诗《赵州桥咏》:

环球第一敞肩桥,四穴平弧形式娇。
最是雕龙栏柱巧,若飞若动压洨涛。

1991年10月30日,罗哲文再次走上赵州桥头,并兴致勃勃地对陪同的人们说:“特别应该指出的是,聪明的中国人使用了拱上加拱的这种特殊设计,这在当时的世界上是个了不起的发明。”此后,《璀璨时空——石家庄历史文化影像志》摄制组采访他时,他说:“新中国成立后,赵州桥被列为全国重点文物保护单位。赵州桥对我国乃至世界桥梁建筑产生了巨大而深远的影响。美国土木工程师学会选定赵州桥为‘国际土木工程历史古迹’,在中国尚属首例。”

罗哲文最后一次来赵县是在2005年6月1日,即赵县申报历史文化名城的时候。当时,他的身份是中国文物学会会长、国家文物局古建筑专家组组长。这次会上,赵县申报省级历史文化名城获专家评审全票通过,正式进入我国历史文化名城序列。2006年12月6日,83岁高龄的罗哲文欣然挥毫,为历史文化名城赵县牌楼题写了“赵州历史文化名城”,表达了这位耄耋老人对古赵州和赵州人民的真挚情感。

在历次考察赵州桥时,他都为保护和利用古桥提出过诸多有价值的意见和建议。他曾建议赵县搞一个旅游规划,认为旅游同文物保护是一种相辅相成、相得益彰、共同促进、协调发展的关系。他还建议加强文物研究,认为与赵州桥有关的档案资料要继续收集和整理,并说:“今后我也会再提供一些桥的档案资料给你们,文物档案资料一定要做好、做扎实,包括历代和古往今来的文献资料。”他建议赵州桥周边环境要改造一下,要修建桥梁博物馆,“赵州桥是顶尖的,我本人建议在这里建桥梁博物馆。赵州桥工程技术、文化艺术和历史文化三大价值兼而有之。”

罗哲文曾任全国政协委员、全国政协文化组副组长、国家文物局古建筑专家组组长、中国文物学会会长、中国长城学会副会长、国际古迹遗址理事会(ICOMOS)中国委员会副主席,把毕生心力献给了祖国的古建筑文物事业,对全国重大的古建筑保护维修、申报历史文化名城、世界遗产等做出了重要贡献。他的主要著作有《长城》、《中国古塔》、《中国帝王陵》、《中国佛寺》、《中华名楼》、《中国古代建筑简史》、《中国古园林》,并主编过《建筑文化大观》等。

十一、陶冶

陶冶(1909—1992年),原名安海庆,1938年参加革命工作后化名陶冶,赵县东汤村人。1942年任区助理员,在赵县参加中共的抗战活动。后参加解放战争。新中国建立后,任县委理论教师。1957年任赵县文物保管所所长,为保护国家文物尽职尽责。

1966年9月下旬的一天,赵县中学和其他学校造反派学生——“红卫兵造反团”,以破“四旧”为名,要捣毁赵州桥。身为所长的陶冶,不怕被扣上反对“文化大革命”的帽子,理直气壮地挺身而出,将计就计,婉言向“红卫兵小将”进行说服教育工作。

他说:“红卫兵最听毛主席的话,是不是呵?”

“是!我们红卫兵读毛主席的书,听毛主席的话,照毛主席指示办事。谁要反对毛主席就砸烂他的狗头!”

“是呀!红卫兵小将说得好!赵州大石桥是国家重点保护文物,‘文化大革命’是毛主席他老人家发动领导的,要破‘四旧’、‘立四新’,我坚决拥护。可是,大石桥算不算‘四旧’,能不能破,我还弄不清楚。我向上级请示一下,让上级问问毛主席。如果毛主席说大石桥是‘四旧’,我再告诉你们,咱们一起把它砸烂。红卫兵小将,你们说好不好!”

“好!就这么办!”一队天真烂漫的红卫兵打着旗帜,唱起“造反有理”和毛主席语录歌走了。从而避免了一场大祸,保住了这座石桥。

“文化大革命”中,他受到不公平待遇。平反后,仍念念不忘赵州大石桥。他向中共赵县党史办公室、赵县地方志编纂委员会办公室和赵县文化志编辑办公室提供了许多有关赵州桥的宝贵资料,为赵县精神文明建设贡献自己的力量。

第十四章　文　　存

赵州桥的有关历史文献和资料，遍布海内外，浩如烟海，难以搜集齐全。仅将与赵州桥关系重大的，联系紧密的，对研究和修缮赵州桥有关系的，集结几篇，抄录于后。

《北行日录》摘录

【南宋】楼钥

十八日己亥，晴，车行六十里，柏乡县，早顿，旧曰尧山，即柏人也。汉高祖心动不宿之地，六十里宿赵州。……去赵州五里，使副以下观石桥。桥有石栏，高二尺余，上分三道，下为洞，桥两马头，又各为两洞，傍为小亭，板阁以入。石理坚致，题刻甚众，多是昔时奉使者。有云连鹏举，使大金至绝域，实居首选。宣和六年八月。亦有天会中回谢大齐使人留题，不能尽读。桥上片石有张果老驴迹四。

（《北行日录》卷上页廿六至廿七，《知不足斋丛书》本）

《攻媿集》摘录

【南宋】楼钥

某顷以假吏过石桥，色深碧而累甃坚致，中为大洞跨水，两旁桥基，各为小洞三，若品字，洞中多前良题刻，不能详记。

（《攻媿集》卷七十跋《安光远所藏祖童访诗跋》）

《北辕录》摘录

【南宋】周辉

未至城五里渡石桥，石桥从空架起，工极坚致，南北长十三丈，阔四之一，实隋人李春所造，元佑间赐名安济，有张果老驴迹。

（《北辕录》，陶宗仪辑《说郛》卷五十四，涵芬楼排印本）

注：

周辉于淳熙四年(1177)至赵州。按此条讲到大石桥命名为“安济桥”在元佑年间(公元1086—1093年)，乃皇帝赐名。

怀丙修桥题记

赵州洨河凿石为桥，镕铁贯其中，自唐以来，相传数百年，大水不能坏。岁久，乡民多盗凿铁，桥遂欹倒，计千夫不能正。怀丙不役众工，以术正之，使复故。

（《宋史》卷462《方技下》记释怀丙修大石桥事，见开明书店影印本页1176）

注：

吴曾《能改斋漫录》卷十三："英宗时有真定僧怀丙。"

《河朔访古记》摘录

【元】葛逻禄乃贤（清人译作郭罗洛纳新）

赵州城南平棘县境通津有大石桥曰安济，长虹高跨，通衢上分作三道，下为环洞，丙堍复各为两洞，制作精伟，阑楯刻蹲狮，细巧奇绝。华表柱上，宋臣使金者，题刻甚多，不能尽读。有刻曰连鹏举使大金，至绝域，实居首选，宣和八年八月壬子题。桥上片石有驴足迹四，所世传神仙张果老之迹。或云当时匠者之戏。匠者曰李春，隋时人也。张果老列仙传云：果真定蒲吾人，隐封龙山，唐高宗召不起，明皇迎入禁中，赐号通玄先生，后不知所终。今真定平山县东十三里有蒲吾古城，即果老居也。

[《河朔访古记》卷上页六，守山阁丛书本，至正五年（公元1345年）]

注：

按此条部分字句似录自楼钥《北行日录》。

《河朔访古记》卷上又记道："赵州西门外平棘县境有永通桥，俗谓之小石桥，方之南桥差小，而石工之制，华丽尤精。清洨二水，合流桥下，此则金明昌间赵人裒钱而建也。建桥碑文中宪大夫致仕三革撰，左复有小碣刻桥之图，金儒题咏并刻于下。"

孙贯文据此考证："可知小石桥者，乃对大石桥而言，以一地有形制相同之二桥，易滋混淆，故于南门外之石桥，加大字以别之。是大石桥之名乃始于明昌间。"

赵县大石桥即安济桥

附小石桥济美桥

梁思成

一、绪言

北方有四大胜迹著名得非常普遍，提起来，乡间的男女老少大半都晓得的"沧州狮子应州塔，正定菩萨赵州桥。"为着给记忆力的方便，这两句歌谣便将那四大胜迹串在一起，成了许多常识之一种。

四处中之赵州桥，在一般平民心目中，更是个熟识的古迹？《小放牛》里的：

赵州桥，鲁班爷修，
玉石栏杆圣人留，
张果老骑驴桥上走，
柴王爷推车轧了一道沟……

谁没有听过或哼过它几遍？

这平民心目中的四件宝贝，我前已调查考证过两处。第一处正定，不止是那七十三尺铜铸观音可观，隆兴寺全寺中各个建筑，且是宋代遗建中极重要的实物。第二处应县佛宫寺木塔，全塔木构，高六十余公尺，建于辽清宁二年（公元1056年），为我国木塔中之最古者；巍峨雄壮，经八百余年风雨，依然屹立，宜尊为国宝之一。

这一次考察赵州，不意不单是得见伟丽惊人的隋朝建筑原物，并且得认识研究这千数百年前的结构所取的方式，对于工程力学方面，竟有非常的了解，及极经济极聪明的控制。所以除却沧州铁狮子我尚未得瞻仰不能置辞外，我对于北方歌谣中所称扬的三个宝贝，实在赞叹景仰不能自已，且相信今日的知识阶级中人，对这几件世传魂宝，确有认识爱护的必要，敢以介绍人的资格，将我所考察所测绘的作成报告，附以关于这桥建筑及工程方面的分析，献与国内同好。

除大石桥外，在赵州更是得到许多宝贝，其中有两座桥，一座是县城西门外的永通桥，即所谓小石桥；一座是县西南八里宋村的济美桥。因为他们与大石桥多有相同之点，所以一并在此叙述。

在赵州调查期间，蒙县立中学校长耿平允先生及诸教员多方帮忙，并许假住校中；县政府，建设局，保卫团亦处处保护，给予便利，都是我们所极感谢的。

二、安济桥

安济桥——俗呼大石桥——在赵县南门外五里洨水上，一道雄伟的单拱孔弧券，横跨在河之两岸，在券之两端，各发两小券。桥之北端，有很长的甬道，由较低的北岸村中渐达桥上。南岸的高度比桥背低不多，不用甬道，而在桥头建立关帝阁一座；阁座是砖砌的高台，下通门洞，凡是由桥上经过的行旅，都得由这门洞通行。桥面分为三股道路，正中走车，两旁行人。关帝阁前树立一对旗杆，好象是区划出大石桥最南头的标识。

这一带的乡下人都相信赵州桥是“鲁班爷修”的，他们并且相信现在所看见的大石券，是直通入水底，成一个整圆券洞！但是这大石券由南北两墩壁量起，跨长三七·四七公尺（约十二丈）且为弧券。

按光绪《赵州志》卷一：

“安济桥在州南五里洨水上，一名大石桥，乃隋匠李春所造，奇巧固护，甲于天下。上有兽迹，相传是张果老倒骑驴处。……”

关于安济桥的诗铭记赞，志载甚多，其中最重要的为唐中书令张嘉贞的《安济桥铭》：

“赵郡洨河石桥，隋匠李春之迹也；制造奇特，人不知其所以为。试观乎用石之妙，楞平碪斫，方版促郁，缄穹隆崇，豁然无楹，吁可怪也！又详乎乂插骈坒，磨砻致密，甃百像一，仍糊灰璺，腰铁栓蹙。两涯嵌四穴，盖以杀怒水之荡突。虽怀山而固护焉，非夫深智远虑，莫能创是。其栏槛蕐柱，锤斫龙兽之状，蟠绕挐踞，眭盱翕欻，若飞若动。……”

可惜这铭的原石，今已不存。张嘉贞，《新唐书》中有传，武后时，拜监察御史，玄宗开元八年（公元720年），为中书令，当时距隋亡仅百年，既说隋匠李春，当属可靠。其他描写的句子，如“缄穹隆崇，豁然无楹，”“腰铁栓蹙”和“两涯嵌四穴”，还都与我们现在所见的一样。只是“其栏槛蕐柱，锤斫龙兽之状，蟠绕挐踞，眭盱翕欻，若飞若动”，则已改变。现在桥的西面，有石栏板，正中几片刻有“龙兽之状”，刀法布局，都不见得出奇，当为清代补葺，东面南端尚存有旧栏两板，或者就是小放牛里的“玉石栏杆”，但这旧栏也无非是明代重修时遗物而已。至于文中“制造奇特，人不知其所以为”，正可表明这桥的造法及式样，乃是一个天才的独创，并不是普通匠人沿袭一个时代固有的规矩的作品；这真正作者问题，自当格外严重些。

志中所录唐代桥铭，尚有李翱、刘涣、张彧三篇，对于桥的构造和历史虽没有记载，但可证明这桥在唐代已是“天下之雄胜”。这些勒铭的原石，也都不存在了。

在小券的壁上，刻有历代的诗铭题字，其中有大观宣和及金元明的年号。这千三百余年的国宝名迹，将每个时代的景仰，为我们留存到今日。

这坚壮的石桥，在明代以前，大概情形还很好。《州志》（指《赵州志》，作者注，下同）录有明张居敬《重修大石桥记》，算是修葺的第一次记录。记中说：

“世庙初，有鬻薪者，以航运置桥下，火逸延焚，致桥石微隙，而腰铁因之剥销；且上为辎重穿敝。先大夫目击而危之曰：‘弗葺将就颓也！’以癸亥岁，率里中杜锐等肩其役，垂若而年，石敝如前，余兄弟复谋请李县等规工而董之,令僧人明进缘募得若干缗,而郡守王公,实先为督勅。经始于丁酉秋,而冬告竣,胜地飞梁,依然如故。……"

按张居敬隆庆丁卯(公元1567年)举人,他的父亲张时泰,嘉靖甲子(公元1564年)举人,中举只比他早三年。记中所谓癸亥,大概是嘉靖四十二年(公元1563年)。丁酉乃万历二十五年(公元1597年)。这是我们所知道修桥的唯一记录,而当时亦只是"石微隙而腰铁剥销"而已。

现在桥之东面已毁坏,西面石极新。据乡人说,桥之西面于明末坏崩,按当在万历重修之后若干年,而于乾隆年间重修,但并无碑记。桥之东面,亦于乾隆年间崩落,至今尚未修葺。落下的石块,还成列的卧在河床下。现在若想拾起重修,还不是一件很难的事。

石桥所跨的洨水,现在只剩下干涸的河床,掘下二公尺余,方才有水,令人疑惑哪里来的"怒水之荡突。"按《州志》引《旧志》说水有四泉;张孝时《洨河考》谓其"发源于封龙山……瀑布悬崖,水皆从石罅中流出,……"《汉书·地理志》则谓"井陉山洨水所出";这许多不同的说法,正足以证明洨水的干涸不是今日始有的现象。但是此桥建造之必要,定因如《水经注》里所说"洨水不出山,而假力于近山之泉,"……"受西山诸水,每大雨时行,伏水迅发,建瓴而下,势不可遏,"……"当时颇称巨川,今仅有涓涓细流,唯夏秋霖潦,挟众山泉来注,然不久复为细流矣。"

现在洨水的河床,无疑的比石桥初建的时候高得多。大券的两端,都已被千余年的淤泥掩埋,券的长度是无由得知。我们实测的数目,南北较大的小券的墩壁(金刚墙)间之距离三七·四七公尺,由四十三块大小不同的楔石砌成;但自墩壁以外,大券还继续的向下去,其净跨(clear span)长度,当然在这数目以上。这样大的单孔券,在以楣式为主要建筑方法的中国,尤其是在一千三百余年以前,实在是一桩值得惊异的事情。诚然,在欧洲古建筑中,三十七公尺乃至四十公尺以上的大券或圆顶,并不算十分稀奇。罗马的班题翁(Pantheon)(公元123年)大圆顶径约四十二公尺半,半径约二十一公尺;与安济桥约略同时的君士坦丁堡的圣·索菲亚教堂(St.Sophia,今为礼拜寺),大圆顶径约三二·六公尺,半径一七·二公尺。安济桥的净跨固然比这些都小,但是一个不可忽视的要点,乃在安济桥的券乃是一个"弧券"(segmental arch),其半径约合二七·七〇公尺;假使它完成整券,则跨当合五五·四〇公尺,应当是古代有数的大券了。

中国用券,最古的例见于周汉陵墓,如近岁洛阳发现的周末韩君墓,墓门上有石券❶;旅顺附近南山里诸汉墓,门上皆有圆券❷;鲁蜀诸汉墓葬,亦多发券。至于券桥之产生,文献与实物,俱无佐证,是否受外来影响,尚待考证。我们所知道关于券桥最初的记载,有《水经注·谷水》条:

"其水又东,左合七里涧。涧有石梁,即旅人桥。桥去洛阳宫六七里,悉用大石,下圆以通水,题太康三年(公元282年)十一月初就功。"

由文义上看来,其为券桥,殆少疑义。且后世纪录券桥文字中所常用"几孔"字样,并未见到,所以或许也是一座单孔券桥。后世常见的多孔券桥,其重量须分布于立在河心的墩子上,即今日所谓金刚墙。但是古代河心多用柱——木柱或石柱——石墩见于记载之始者,为唐洛阳天津桥,于贞观十四年(公元640年)"更令石工累方石为脚"❸,在这种方法发明以前,我颇疑六朝以前的券桥都是单券由此岸达于彼岸的。所以大石桥的尺寸造成法虽然非常,但单券则许是当时所知道的唯一办法。

现代通用的砌券方法,是罗马式的纵联砌券法,砌层与券筒的中轴线平行而在各层之间使砌缝相错,使券筒成为一整个的。许多汉代墓券,也是用罗马式砌法。安济桥大券小券的砌法,出我意外的,乃是巴比伦式的并列砌券法,用二十八道单独的券,并比排列着,每道宽约三十五公分强。大券厚一·〇三公尺,全部厚度相同。

每石长度并不相同,自七十公分至一〇九公分不等。各块之间皆用"腰铁"两件相连,无论表券(即

---

❶ 见国立北平图书馆馆刊,第七卷,第一号,韩君墓发现纪略。

❷ 见东方考古学丛刊,第三册,南山里。

❸ 参看本刊本期刘敦桢《石轴柱桥述要》(西安灞浐丰三桥)。

券面)里券,都是如此做法。西面券顶正中如意石(key stone)刻有兽面,并用腰铁三个;这是近代重修的。券面隐起双线两道,大概是按原状做成。各道券之间并没有密切的联络,除却在大券之上,用厚约三十三公分的石板,依着券筒用不甚整齐的纵联式砌法铺在券上,其主要砌缝与大券二十八道券缝成正角:即清式瓦作发券上之"伏"。它的功用,似在做各道单独的大券间的联络构材。但是这单薄的伏——尤其是中部——和它上面不甚重的荷载所产生的摩擦力(friction)并不足以阻止这些各个券的向外倒出的倾向。

大券两端下的券基,为免水流的冲击,必须深深埋入,绝不只在现在所见的券尽处,虽然亦不能如乡人所传全券成一整圆。为要实测券基,我们在北面券脚下发掘,但在现在河床下约七八公寸,即发现承在券下平置的石壁。石共五层,共高一・五八公尺,每层较上一层稍出台,下面并无坚实的基础,分明只是防水流冲刷而用的金刚墙,而非承纳桥券全部荷载的基础。因再下三四公寸便即见水,所以除非大规模的发掘,实无法进达我们据学理推测的大座桥基的位置。发掘后,我因不得知道桥基造法而失望,也正如乡下人,因不能证实桥券为整圆而大失望一样。

再讲这长扁的大券上面,每端所负的两个小券,张嘉贞《铭》所说的"两涯嵌四穴",真是可惊异的表现出一种极近代的进步的工程精神。罗马时代的水沟(aqueduct)诚然也是券上加券,但那上券乃立在下券的券墩上,而且那种引水法,并不一定是智慧的表现,虽然为着它气魄雄厚,古意纵横,博得许多的荣誉。这种将小券伏在大券上,以减少材料,减轻荷载的空撞券法(open spandrel)在欧洲直至近代工程中,才是一种极通用的做法。欧洲古代的桥,如法国 Montauban 十四世纪建造的 Pont des Consuls,虽然在墩之上部发小券,但小券并不伏在主券上。真正的空撞券桥,至十九世纪中叶以后,才盛行于欧洲。Brangwyn & Sparrow 合著的《说桥》(A Book of Bridges)则认为一九一二年落成的 Algeria,Constantine 的 Point Sidi Rached,一道主券长七十公尺,两端各伏有四小券的桥,是半受罗马水沟影响,半受法国 Ceret 两古桥(公元 1321 年)影响的产品。但这些桥计算起来,较安济桥竟是晚七百年,乃至千二百余年。

这两个小券,靠岸的较中间的略大,也是由二十八道并列的单券合成,如同大券一样,它们也是弧券,虽然在这地位上,用整半圆券,或比较更合理。靠岸的一边,有方石砌成的墩壁,以承受第一小券(即较大的一个)一端。第一小券与第二小券(即较小的一个)相接处,用石墩放在大券券面上承托着。在东面损坏处,可以看出券面上凿平,以承托这石墩;西面却是石墩下面斜放在券面的斜面上,想是后世修葺时疏忽的结果。据我们实测,南北四小券都不是规矩的圆弧。但大略说,北端第一小券半径约二・三〇公尺,净跨三・八一公尺,第二小券半径约一・五〇公尺,净跨二・八五公尺;近河心一端的券脚,都比近岸一端的券脚高。小券的厚度为六六公分,上加厚约二〇公分的伏。但在北端西面,第一小券券脚尚是一块旧石,较重修的券面厚约二十公分,可以看出现状与原状出入处。第二小券上如意石兽面,大概也是重修前的原物。

因为用这种小券,大券上的死荷载便减轻了许多,材料也省了许多,这小券顶与大券顶间的线,便定了桥的面线。桥面以下,券以上的三角形撞券(spandrel),均用石砌满,上铺厚约二十七八公分的石板,以受车马行旅不间断的损耗。

这桥的主要造法既是二十八道单独的孤券,券与券间没有重要的联络构材,所以最要防备的是各个石券向外倒出的倾向。关于这个预防或挽救的方法,在这工程中,除去上述的伏,以砌法与二十八道券成为纵横的联络外,我们共又发现三种:(一)在券面上,小券的券脚处,有特别伸出的石条,外端刻作曲尺形,希冀用它们钩住势要向外倒出的大券。(二)在小券脚与正中如意石之间,又有圆形的钉头,表示里面有长大的铁条,以供给石与石间所缺乏的粘着力(*原文为"张力",《梁思成全集》改为"粘着力"——本书编者注*)。但这两种方法之功效极有限,是显而易见的。(三)最可注意的乃是最后一种,这桥的建造是故意使两端阔而中间较狭的。现在桥面分为三股,中间走车,两旁行人,我们实测的结果,北端两旁栏杆间,距阔九・〇二公尺;南端若将小房移去,当阔约九・二五公尺;而桥之正中,若东面便道与西面同阔(东面便道现已缺三券)则阔仅八・五一公尺。相差之数,竟自五一公分乃至七四公分,绝非施工不慎所致。如此做法的理由,固无疑的为设计者预见到各个单券有向外倾倒的危险,故将中部阔度特意减小,使各道有向内的倾向,来抵制它,其用心可谓周密,施工亦可谓谨慎了。

但即此伟大工程，与自然物理律抗衡，经历如许年岁，仍然不免积渐伤损，所以西面五道券，经过千余年，到底于明末崩倒，修复以后，簇新的石纹，还可以看出。后来东面三道亦于乾隆年间倒了。现在自关帝阁上可以看出桥东面的中部，已经显然有向外崩倒的倾向，若不及早修葺，则损坏将更进一步了。

桥本身而外，尚有附属建筑物二：

（一）在桥的南端岸上的关帝阁。阁由前后两部分合成，后部是主要部分，一座三楹殿，歇山顶，筑在坚实的砖台上。台下的圆门洞正跨在桥头，凡是由桥上经过的行旅全得由此穿过。由手法上看来，这部分也许是元末明初的结构。前部是上下两层的楼，上层也是三楹；下层外面虽用砖墙，与后部砖台联络相称，内部却非门洞，而是三开间，以中间一间为过道，通联后部门洞，为行人必经之处。上层三楹前殿，用木楼板，卷棚悬山顶。这前部，由结构法上看来，当属后代所加。正殿阁内关羽像，尚雄伟。前檐下的匾额，传说是严嵩的手笔。

（二）靠在阁下，在桥上南端西面便道上，现有小屋数楹，当是清代所加。

（三）桥之北端，在墩壁的东面，有半圆形的金刚雁翅。按清式做法，雁翅当属桥本身之一部。但这里所见，则显然是后世所加，以保护桥基及堤岸的。

三、永通桥

测绘安济桥之后，在赵县西门外护城河上，意外的我们得识到小石桥，原名永通桥，其式样简直是大石桥缩小的雏形。

按《州志》卷一：

“永通桥在西门外清水河上，建置莫详所始，以南有大石桥，因呼为‘小石桥’。”

卷十四录明王之翰《重修永通桥记》：

“吾郡出西门五十步，穹窿莽状如堆碧，挟沟浍之水……桥名永通，俗名‘小石’。盖郡南五里，隋李春所造之‘大石’……而是桥因以小名，逊其灵矣。桥不楹而耸，如驾之虹；洞然太虚，如弦之月；旁挟小窦者四，上列倚栏者三十二；缔造之工，形势之巧，直足颉颃‘大石’，称二难于天下。……岁丁酉，乡之张大夫兄弟……为众人倡，而大石桥焕然一新……比戊戌，则郡父老孙君张君欲修此以志缵功。……取石于山，因材于地。穿者起之，如砥平也。倚者易之，如绳正也；雕栏之列，兽状星罗，照其彩也。文石之砌，鳞次绣错，巩其固也。盖戌之秋，亥之夏，为日三百，而大功告成。……父老孙君名寅，张君名历春。’

这桥之重修，乃在大石桥重修之明年，戊戌至己亥，公元一五九八年秋动工，至公元一五九九年夏完成。这是我们对于桥的历史，除去正德二年（公元1507年）栏板刻字外，所得唯一的史料。

在结构法上，小桥与大桥是完全相同的，没有丝毫的差别。两端小券墩壁间的距离为二十五公尺半，大券净跨当较此数略长。大券也是弧券，其半径约为十八公尺半，由二十一道单券排比而成。券上施伏，两端各施两小券。小券的墩壁及券的形式，券墩与大券的关系，与大桥完全一致。唯一不同之点，只在小券尺寸与大券尺寸在比例上微有不同；小桥上的小券，比大桥上的小券，在比例上略大一点；如此正可以表现两桥大小不同，使能显出它们本身应有的大小比例（scale）❶。在建筑图案上，此点最为玄妙，“小石”即是完全摹仿“大石”者，乃单在此点上，知稍裁制，变换适宜，事情似非偶然。

桥面栏杆之间，一端宽六.二二公尺，一端宽六.二八公尺，并无人行便道。两端栏杆尽处，桥面石板尚向东面铺出三十公尺余，西面铺出约二十五公尺。现在河之两岸，堆出若干世纪的煤渣垃圾，已将两端券脚掩埋了大部分，垃圾堆上已长出了多座黄土的民房，由这些民房里面仍旧堆出源源不绝的煤渣垃圾，继续这“沧海变桑田”的工作。

这桥除去工程方面的价值外，在雕刻方面，保存下来不少的精品。大石桥的“玉石栏杆”我们虽然看不着了，小石桥栏板上的浮雕，却是的确值得我们特别的注意。现存的石栏板有两类，在建筑艺术上和雕刻术上，都显然表示不同的作法及年代。一类是栏板两端雕作斗子蜀柱，中间用驼峰托斗，以承寻杖，华

❶ 建筑物的Scale是指其所表现的大小是否适当而言。例如门是人出入的孔道，故与人有一定的关系，门太大则建筑物显得小，门小则建筑物显得大。其他各部都如是，因以显出建筑物之Scale。

板长通全板，并不分格的；这类中北面有两板，南面有一板，都刻有正德二年（公元 1507 年）八月的年号。一类是以荷叶墩代斗子蜀柱，华板分作两格的，年代显然较后，大概是清乾嘉间或更晚所作。

斗子蜀柱是宋以前的作法，元明以后极少见，据我所知正德二年已不是产生斗子蜀柱的时代，所以疑心有正德年号的栏板，乃是仿照更古的蓝本摹作的。至于驼峰托斗承寻杖，这次还是初见；但这种母题，在辽宋建筑构架中，却可常常见到。

在各小券间的撞券石上，都有雕起的河神像，两位老年有须，两位青年光颔，都突起圆晴大眼，自两券相交处探首外望。在位置上和刀法上，都饶有哥德式（原文为“高矗式”，系旧译，《梁思成全集》改为现在的译法“哥德式”——本书编者注）（Gothic）雕刻的风味。北面东端小券墩上浮雕飞马，清秀飘逸，与西端券面上的肥鱼，表现出极相反的风格。

四、济美桥

我们是为拜访宋村白佛寺石佛而走过宋村桥的。按《州志》卷一：

“济美桥在宋村东北里许洨水上。万历二十二年（公元 1594 年），花马营贞孀元（《原文为“元”，《梁思成全集》作“亢”，不知所本——本书编者注）王氏捐赀重修。名‘济美’者，所以成先夫志也。”

但是我们在桥券如意石底面发现，却是嘉靖二十八年（公元 1600 年）的刻字。

桥的布局甚为奇特，共四孔，两大两小，大者居中，小者在两端；大券的净跨约当小券四倍左右；而两大券之间，复加小券，伏于大券之上，其原则与大石桥上小券相同。无疑的是受了大桥的影响。

济美桥的发券法。与大石桥小石桥一样，也是用大券一道，上加伏一层。券面之上起线两道，但不用腰铁。大券也是由多数单券排比而成。但因券短桥狭，所以没有特为联络各道单券而施的构材。大券撞券上的河神像，券面上的背驰图，都是雕刻中之上品。桥上栏杆栏板内的浮雕，也颇有趣。

注：

[1]本文原载 1934 年《中国营造学社汇刊》第五卷第一期，2001 年中国建筑工业出版社出版的《梁思成全集》收入第二卷中。本书以《中国营造学社汇刊》本为主，参照《梁思成全集》，在文字上略作取舍。原文有插图和附录，与本志内容多有重复，故仅收录文字部分。

[2]安济桥南关帝阁木结构建筑已在解放战争坍毁，后砖台也被拆毁。

[3]济美桥已于 1966 年冬拆除。

[4]罗马的班题瓮（Pantheon）（公元 123 年），今译万神庙，近年考定于公元 118 年动工，最迟于公元 128 年完成，穹顶跨度为 43.2 米。

赵县安济桥修缮计划

（一九五五年八月）

安济桥修缮委员会　编

《安济桥修缮计划》是根据文化部文物管理局和交通部公路总局对《安济桥修缮计划（草案）》所提意见把原草案加以修改而成的。以前所送预算是根据原草案精神编制的，故其内容与修缮计划有出入之处（如栏板和陈列室等）均以此计划为准。

一、安济桥概述

安济桥在河北省赵县大石桥乡，为隋炀帝时石匠李春所建造，迄今已有 1300 余年，仍能通行车辆。该桥为单孔圆弧拱桥，净跨 37.02 公尺，靠主拱拱脚处，各有两个小弧券，互相对称，十分壮丽，为我国现存最大最古老的石拱桥。拱券均为纵向并列式，主拱计 28 道，各边拱券本身并无连接，仅拱背有腰铁，两侧及拱角处有护拱石，并有些勾石和几根横列铁条，连接力不够，故有向外倾坍的倾向。在明末清初之际，西侧五道坍倒，并经修复，石质新旧可辨。东侧三道，又于清中叶倒坍，迄今尚未修复。现东侧外面两道亦向外倾，有倒坍危险，而大小拱券石料均因年久局部风化疏松，尤其是四个小拱券，甚为杂乱危险。桥上栏板均非原物，南桥头有关帝阁，大约为元末明初所建，现已为战火毁。

二、修缮意义

安济桥在建造时间、桥型和尺寸诸方面，均为我国独一无二的大石桥。在世界上，也可以说是最优最古石桥之一。主拱上有四个小拱，既可以减轻桥身重量加大排水量，又可以减少水流推力增加美感，完全合乎现代科学原理。我国在一千几百年前科学方面已达到如此成就，足见中华民族文化的伟大悠久。主拱圈石料每块重达一吨，当时施工并无机械，但修建得十分美观整齐，足见技术水平已十分高。但目前部分主拱已有走动，四个小拱尤危险。如不尽早加以修缮，则这一有实用价值并且为祖国伟大科学遗产的大石桥，即有倒毁可能。故拟在 1955 年和 1956 年两年加以修缮。由于现在国家正在过渡时期，重点是实现国家的社会主义工业化，尤其是要集中力量发展重工业，在文化事业上不能占用很大的资金，所以在这一重点文化古迹的修缮上也应严格遵守节约原则，能加固者即不重建，式样也要忠实地保持原状，不求华丽。

三、修缮计划纲要

1.拱圈：东面现存外倾两道拆除重砌，东侧已坍三道原貌无存，拟参照捞起旧石和西侧现状设计全圈及分补样图，依图琢凿修复。石料尽量利用旧拱石，用 80 号水泥砂浆砌筑，不足之石料按原色泽质地开采运来补足，但新旧石料分开使用，以免影响观瞻。西边 23 道现存拱券用压力灌注水泥砂浆加固。

2.护拱石及盖板：原桥仅西侧及两岸小拱上有护拱石，均拆除重砌，东侧坍塌部分，依照西侧恢复。中部护拱石之间用 140 号钢筋混凝土浇筑与护拱石同厚的护拱盖板，以加强横向联系。

3.小拱圈：全部拆除，能使用的旧拱石尽量利用。大部分拱石已疏松破裂，不堪使用，须另开采或改制新拱石。以 80 号水泥砂浆照原样重新砌筑，两侧护拱石之间也用 140 号钢筋混凝土盖板加强横向联结。

4.侧墙两侧：全部拆除，尽量利用旧料石，以 80 号水泥砂浆重新照原样砌筑，东侧侧墙亦利用旧料石照西侧式样重建。

5.拱腔填料及防水设备：拱腔填料用 1∶1∶5∶10 之水泥碎石混凝土，加 20%块石填充，上面加铺油毛毡及沥青防水层。

6.桥面：全部拆除，利用旧有石料，以 80 号水泥砂浆重新铺砌，原行车道高出部分取消。今后石桥仅准行人，车辆可由下游便桥通行。

7.桥台：桥台上部石料的疏松倾裂部分拆除重砌，基础部分在拱架搭好后进行挖掘检查及加固。

8.栏板：参照桥底捞出的石栏板式样重新设计，在本次修缮期间图案尚难做出决定，拟暂做临时的砖栏，以保行人安全。

9.两桥头加做驳岸：西南端驳岸可延伸至西侧第一道拱圈脚下，并包围加固风化的拱脚石。

10.关帝阁及城台：关帝阁早毁，城台也残破不堪，阁之建筑式样无一存，复原实无根据，其建造年代较晚，并非与桥同时期遗物，故不拟修复。

四、施工方法与步骤

1.准备阶段：1955 年 4—6 月恢复下游便桥引道，石桥禁止通行，把水改在北侧，打捞坍塌在河底泥土中的石料，研究旧有资料，拟订修缮具体方案，并测绘图表，编制预算。

2.砌筑拱架砖墩：为了安全起见，在加固的 23 道拱圈及拆除重砌的二道和恢复的三道拱券下面，全面搭设拱架。拱架基础由于不能打桩，决定砌筑砖墩，下面浇筑 50 公分高的碎砖混凝土基础，再砌青砖墩身，上面为 50 公分高的 110 号混凝土墩帽。砖墩共五个，中部三墩墩身高 3 公尺，两侧边墩墩高 50 公分。5 月底打捞完南端砌筑三个砖墩，6 月底完成，然后把河道改在桥下南半边，继续抢修北岸两拱架砖墩。

3.主拱下部勾缝工作：七八月份在安装拱架之前要做主拱下部勾缝工作。先在拱下搭适当的脚手架,然后用钢丝刷或特种形状刀子刮刷缝内灰土,等到认为干净后,再用清水冲洗,冲洗可用胶皮管一端在桥上加水,由水本身压力向上冲入缝内。勾缝时在较大缝隙处塞入坚硬石子,再用水泥砂浆嵌入缝内,使石子大致排满,然后再在石子下部勾入一部分砂浆,并用木板条卡入缝内托盖砂浆以免堕落,俟其初凝即取去木条,另行勾抹平整。勾缝砂浆使用 80 号水泥砂浆,厚度至少为 10 公分,勾成纵缝,其深度为 1 公分。勾缝 24 小时以后,用钢丝刷将施工中遗留在拱圈上的砂浆污迹洗刷干净,以不伤原来的外形为原则。勾缝时可在每条纵缝南北端各留一个出水口,以便将来上部冲洗。

4.制造及安装主拱拱架:拱架设九排,西部六排中距 1.5 公尺。东部三排,其中两承重排架中距 1.3 公尺。边排拱架木料断面较小,间距 0.8 公尺。东起第三、第四两排并列于重砌五圈与其他 23 圈交缝处之下,互相紧靠,在拆除东侧外倾两圈时,九排连成一气,而在重砌东侧五圈时则东侧三排与其他六排分离或做可以上下移动之结合,不使因东三排拱架沉落而影响其他各排拱架各部尺寸及式样。

六七月份采购全部木料运至工地,八九月份预制各部件预行装并,9 月下旬在雨季即终了时,即安装拱架。安装办法是在拉梁底的水平面搭平脚手架,按接点分五份分片预先装妥,然后分别拉起,用千斤顶起至规定位置后,将各片连成一起。每两排立起后,即在弓形桁上插入横梁。由于拱的不平,横梁高度可以在适当范围内变化或局部衬垫或削除,使与拱腹密切接触。拱腹的较大高差,则由各排横架、弓形桁弧度的略加变更调整(拱架各部断面不变)。

为使拱梁本身各部件及拱架与拱石均紧密接触,并使拱架预先承担拱圈重量的 40%的压力,以便将来拱圈万一坍塌,产生的冲击力不至于压毁拱架,发生危险,在原有 23 道主拱圈下方排架必须用带表油压千斤顶分次起顶。全桥应分三次起顶(即全桥顶高三分之一后,再进行全桥顶高三分之二,最后一次全桥顶足),至承受主拱圈净重 40%时为止。每次起顶按下列办法进行:(1)位于同一砖墩上之大排拱架应同时起顶。(2)每次起顶顺序应自两端之砖墩开始而逐步趋向中墩。由于千斤顶数量之限制,不能两端对称起顶,计划首先起顶北端砖墩,最后起顶中墩。(3)起顶后随即楔入螺栓旋紧,由压力表上指针下降为标示,以承受规定压力。在第三次起顶至拱架已承受主拱圈净重的 40%后,在中间三墩上各留两个带压力表的千斤顶以便随时检查拱架受力情况。

重砌东侧五道拱券之下的拱架,为了做出施工抬高度,及为了施工方便,在横架上铺块板,用以调整横梁高度,使之全部适合于施工抬高,将来拱架拆除后,重砌五道能与西部 23 道齐平。

5.预制石料工作:石拱桥修建工作最费时间的是石料的开凿,必须提前预制,才能保证按时完工。6 月份开始利用打捞出旧拱石,首先预制东一圈子拱石及小拱石等,并预先在山场订购一批毛料,分批运来加工。

6.安装四个小拱拱架:八九两月购备四个小拱木料计划,10 月份锯制并安装四个小拱拱架。

7.拱架上部拆除工作:主拱及四个小拱拱架搭好后,约于 11 月初旬开始谨慎小心地将原栏杆、桥面、小拱圈、侧墙护拱石和外倾之两道拱圈拆除。应及早注意防止拱圈走动,拆除前两侧搭好脚手架。所拆石料按将来能使用情况,编号证明,运至指定备料场,以便加以改制。其不能使用者,留作填料或锤成碎石。凡拆除带有刻字或花纹的石料,即使不再使用,也要留下作为陈列品。不拆除的带有刻字的石块,则应尽量保持,毋因施工致损。两道主拱圈子石料,能使用者即放在附近,免去往返运输困难;不能用者方可运出改制其分构件。在冬季停工期间,应在拆除面上用席覆盖,并随时扫雪,以免冻裂风化。

8.主拱拱圈灌浆工作:于 1956 年 3 月下旬开始 23 道拱圈上部加固工作。首先用水冲洗,使各缝前的泥土由拱腹两端出水孔流出,然后用特制刀件把较大缝隙间附于石料上的白灰杂物刮干净,并再用清水冲洗。为保证冲洗干净,使用适当压力至出水口流出清水为止。再以一至两个大气压力的压缩空气吹风十至十五分钟,把缝中存水压出,用 80 号水泥砂浆和小石子填满各道并列拱拱圈间之大缝,然后在拱圈上面勾缝填塞细缝,并留出注浆孔。注浆孔设于纵横缝相交之处,使每条横缝有一侧没有注浆孔。横缝细缝用纯水泥浆进行压注。水泥浆稠度可用水泥为水的 50%至 100%,压力不得超过六个大气压,以免下部勾缝挤脱。每条横缝压注应在邻纵缝灌浆后至少 32 小时以后进行。

如施用压力不大而注入的水泥浆消耗甚大时,应停止压注,并仔细检查。查明水泥浆消耗的原因和漏浆的所在，俟漏浆填塞后，再行继续压注。如漏浆处难于查出，应暂时停止灌浆工作，俟漏浆的通路凝结堵塞后，再以较低的压力继续压注。

当注浆孔上部或周围孔眼上的木塞和缝隙中所填嵌之麻刀呈现潮湿现象或注浆孔于最大压力下停止吸收水泥浆时，可认为水泥浆已经填满。从此时起，宜保持一至一个半大气压力约两小时，以便孔中多余水分压出，并使水泥浆更加坚实，然后用 1：1：0.67（水泥、砂、水）的水泥砂填塞各注浆孔。

9.东侧五道拱圈修复工作：与注浆工作同时在 1956 年 3 月下半月起将拆除的两道拱圈连同原坍塌三道共计五道依原样修复。原主拱两侧收分约 7 公分，即拱顶宽较两拱脚少 7 公分，为了对称并符合原建桥者防止拱圈外倾之意图，东侧亦收 7 公分，即修复后全桥中部较两端少 14 公分。为了对称，东侧外露一道拱圈表面仍用腰铁联结，其余四道可不用腰铁联结拱石。

10.预制全部石料：根据拆除下来的石料情况，能原样使用者尽量原样不动重新使用，能改制小料者改成较小料石，不足部分全部由山场采购毛料运工地加工。一切石料必须按使用前后于使用前全部制妥，不得停工待料。此项工作应于 1956 年 6 月底以前完成。

11.浇注钢筋混凝土护拱盖板：西侧护拱石的破裂部分和不对称部分加以更换，东侧于五道拱圈修复后照西侧原料铺砌护拱石，其宽度平均各为 0.75 公尺，两岸端小拱下的护拱石亦拆除重砌。

在桥中部护拱石之间浇筑 140 号钢筋混凝土盖板，其厚度与护拱石同。横向钢筋使用 19 公厘直径的单排钢筋，间距为 30 公分。钢筋中心在盖板顶面下 10 公分，两端弯回成钩状。纵向钢筋使用 12 公厘直径的，中距也按 30 公分排列，用细铅丝（镀锌铁丝的俗称——本书编者注）捆于横向钢筋之下，两端各弯回 10 公分。由于拱圈顶部并不十分齐严，故各道拱圈与盖板之间不再加做人工联结。

（1）在桥中部 10 公尺范围内将护拱石内上角打去一部分，计高 10 公分、宽 20 公分，浇制盖板时可沿伸其上，以资联结接头处混凝土中安设钢筋。横向钢筋 60 公分，直径与间距与主筋同，纵向方面可用两根 2 公厘直径的捆扎于横筋之下。

（2）两端部分的联结办法可在护拱石及护拱盖板接缝上筑一条钢筋混凝土，其高度为 30 公分（等于一层石料厚度），宽度为 80 公分，外面尚留有 50 公分可砌侧墙石一层。加打混凝土亦加入钢筋，横筋长 1 公尺。长纵筋三根，直径及间距均与盖板钢筋同。

12.拆除主拱拱架：钢筋混凝土护拱盖板浇注完毕的 28 天后，约在 6 月下旬即拆卸主拱拱架。卸落程序根据拱架设计说明进行。砖墩消除至河床下 0.50 公分处。

13.修补桥台：两岸桥台上部有部分石料已风化严重，西桥台西侧墙倾斜，均拆除重砌，在上部浇注之时即行补修，于 6 月底以前完成。桥台内侧相等成阶梯式，以期重加稳固。

14.砌筑小拱墩安装小拱拱架：在浇注护拱盖板后 14 天即砌筑两小拱间的墩子，随即安装 4 个小拱拱架。小拱拱架均使用拆除时所用拱架，只能用弓拱桁的曲度加以调整，做出适当的抬高。

15.砌筑 4 个小拱：在 1956 年 7 月于小拱拱架搭好后即砌筑拱桥两侧小拱。砌筑程序是，先砌筑两端较大小拱，再砌两个较小小拱。掌握两端进度，有意对称，使主拱两端所承受的重量随时都相等。每拱的砌筑也是由中心向两侧分道进行。拱圈道数及总宽按照原数砌筑。各道拱圈的各接缝，应与邻边拱圈的各接缝至少错开 10 公分。在各小拱上两侧均砌筑平均宽约 0.75 公分的护拱石，厚度 16 公分。中间的浇注 140 号钢筋混凝土护拱盖板，纵横向钢筋直径均采用 12 公厘，间距 30 公分，横钢筋位于盖板顶面下 10 公分，纵向钢筋位于横钢筋之下，用细铅丝捆紧。小拱的护拱与护拱石的联结在拱顶部分，因护拱石很薄，不能搭接，故在中部 2 公分范围内用平接办法即可。拱顶两端则使用主拱两端的联结办法。接上头混凝土宽 60 公分，高 20 公分，纵向位置两道钢筋，横筋长 70 公分，两端弯回，直径均与盖板中相同。

16.修复侧墙及填充拱腔：侧墙石料一律与帽石平行使用 80 号水泥砂浆，砌筑侧墙内侧修成阶梯式，以期更加稳固。拱腔填料使用 1：1：5：10 水泥石灰混凝土加 20%块石，表面抹平，与部分护拱盖板一同作为防水层的垫层。

17.防水层：防水层为两层油毛毡中间及油毛毡上下各涂以薄层 3 号沥青。防水层在横断面上由两侧中心汇水，坡度为 1%，在纵的方向随桥面曲度向两端排水至路面铺砌层以外，再沿盲沟排入河中。防水层上筑有4公分厚的混凝土保护层。

18.铺砌桥面及帽石:在防水层上面铺砌桥面石,厚度为8公分。要求表面平整光滑,横向水平则随拱桥曲度与两端引道相接。桥面原有驴蹄车沟痕迹仍保留在原位置。两侧帽石与桥面石齐平,上面刻有栏板及望柱座槽,以便安装栏板及望柱。帽石在两侧各伸出墙外20公分。

19.安装临时栏板及望柱:由于栏板和望柱的雕刻图案一时设计不出,在桥面修好后,为了保证行人安全,先做临时性的砖砌栏板和望柱。其式样、尺寸均按现在两侧砖砌栏板望柱制作,并加水泥罩面。

20.修筑驳岸:根据现存驳岸式样,使用1∶2石灰砂浆砌块石,修筑驳岸,连同基础共高3公尺。所有石料均利用修桥剩余旧料、小料,并用80号水泥砂浆勾缝。

21.木便桥改造:原木桥仅有7公尺两孔,排水量不足,曾于1954年被洪水冲毁引道。拟于1956年秋在南端增修一孔,并将砖基用水泥罩面,桥面加铺石板,材料尽量利用修桥旧料。

22.场地整理:大桥身修缮完毕后,即着手整理桥梁附近的河道,使桥下流水畅通,清理废土堆和因修桥在桥附近所余存杂物,并开放行人。

全部修缮工作计划于1956年10月完成。施工期限共19个月(1956年一二两个月因天冷中途停工),完工后即报请验收,将剩余材料、工具和杂物物件交给文化部指定接收部门或人员,并编制决算,办好结束事宜。

赵县安济桥栏板方案的设计说明

一、总的考虑

作为建筑纪念物的复原,首先应以本身情况为复原的基础。历史资料的多寡,对复原工作起着决定性作用。就赵州桥的栏板而论,我们也只能在已得资料的基础上进行修复,对于时代性、美术性可以适当地照顾,但不宜过分强调某一方面。有条件的历史上的存真,不能不是修复纪念物的中心环节。

1.母题:发掘出来的各种龙栏板及斗子卷叶式栏板和其他栏板比较,今天可以认为在时代上是最早的,在技法上是最好的。它们是否同时完成虽然还没有得到佐证,但从发掘的情况来看,斗子卷叶栏板大部在河床深约2.50~4.00公尺,与雕龙栏板相同深度上发掘出来的,所以把这两种式样混合使用,比较相宜。

2.排列及数量:龙栏板和斗子卷叶栏板,在式样上繁简精粗有很大程度的不同,而龙栏板中有两块又比较可靠的是桥中央的原物,所以在排列上宜于将龙栏板放在桥的中央而把斗子卷叶式栏板分列在两侧。

在数量方面,龙栏板的遗物资料共计九种,其中两种是不完整的。考虑到目前具体条件,龙栏板大多数每种式样只宜采用一件。具体说来,42种栏板中只雕刻10种龙栏板,其余32种都利用斗子卷叶的图案,而在卷瓣数上适当加以变化。

3.材料:掘出的栏板无论是刻龙或斗子卷叶都碎裂为3块或5块,如果把这些残块用钢楔连结安装在桥两侧,技术上是可能的,但原有数量不能满足现有桥长的要求,势必要新配一部分。况且各栏板的原有位置也难于肯定,更考虑到桥身部分大多是新配材料或新加工的石面,为了上下配合仍以全部换用新料为宜。

二、栏板望柱的具体排列

为了说明方便,把桥栏分做两部分:以龙栏板为母题的栏板群名为中央部分,以斗子卷叶为母题的栏板群名为两侧部分。

(甲)中央部分

中央部分栏板10块均以龙为雕刻母题,其中两块(饕餮)形象手法相似,板端面又未见做出倾斜,因此,放在桥中心是比较相宜的,与中央部分两侧的卷叶栏板相接也较为合适。

望柱:因雕龙栏板没有盆唇,在中央部分的六根望柱拟用单片竹节望柱,以区别于带盆唇的竹节望柱。

龙栏板以外则一律用带盆唇的竹节望柱，以与斗子卷叶栏板相接。

(乙)两侧部分

两侧部分每边每侧用八块栏板，上刻斗子卷叶，叶瓣数变化仍以遗物做根据。遗物中以全刻四瓣和中间三瓣边端两瓣者最多，所以修复中的每侧把这两种各用一半。

三、人工预估

根据上述设计方案的要求和现在试雕栏板工作效率的情况，除已试雕的四种龙栏板外预计人工如下：

项 目	数量	每种、根等用工数	小计(工数)	工资率(元/工)	总计(元)
雕龙栏板	6 种	300	1800	7	12600
斗子卷叶栏板	32 种	60	1920	7	13440
竹节望柱	44 根	30	1320	7	9240
刻勾栏	105.19 米	1	105	7	735
塔架	1 项	60	60	7	420
安装栏板	42 种	3	126	7	882
安装望柱	44 根	1	44	7	308
杂费					1000
合计					38625

注：表中的工资数是试雕阶段的北京雕塑艺术工厂工人工资。

安济桥栏杆恢复第五方案

在《文物参考资料》1956 年第三期发表的安济桥栏杆恢复的四个方案及仰天石方案，已征求各方面的人民来信十件。这些宝贵的意见，我们已经把它综合了起来，形成一个方案，提请研究和考虑。另外，关于仰天石的恢复，因施工的关系，已按第一个方案以新石料安装，每边通常用一百零八块，一端挑出三十四公分。仰天石花的分配，根据张心正同志的勘查和记录，花的距离为八十二公分，按购来石料尺寸，须相距八十公分，否则花即落在接缝处。所以由一花坐中向两边分，每边共计八十一花，花的大小仍是按原花样尺寸。仰天石的挑出处理，刘致平先生仔细查考出八点理由：(一)按已知的习惯，如小石桥唐宋书上的桥栏等的挑出，已成定例。(二)仿木结构时，亦必须挑出。(三)挑出时可避免桥侧面墙(即撞券墙)有水痕(水淋的痕迹)，也明确美观。(四)石底全做三十四公分，而且钻细。如是整齐划一，应非埋在桥内的做法。(五)至于是否挑出一半还是全部挑出的问题，显然是以全挑为是。(六)仰天石底下花纹新旧程度一致，如挑出一半便有一半有石灰痕迹，一半则无石灰痕迹，但事实上无石灰痕迹。(七)如挑出一半则仰天石下必有形石，经我等仔细寻找，并无此种石料，而仰天石则甚多，所以全挑为是。(八)此外即是小台的问题，小台钻纹粗糙似藏于桥身内部之物，但细查年代古老的侧面撞券石，石面多系粗糙钻纹的一公分，此种现象亦见于小石桥。所以根据以上种种理由，则仰天石应以全部挑出为是。

栏杆恢复问题，人民来信意见很不统一，有的同意第二方案，有的拟以新中国为体裁的另一方案。这两个还是占少数的。仍是赞同第一方案者居多，但局部还有些不同的见解。基本上同意以龙栏板集中在桥的中间，两边用斗子卷叶，但在第一方案两边的马均不同意使用。外端的抱鼓石也因年代较晚不用。有的从美观实用出发，虽然年代较晚，仍主张将它用上，似有所收拢，这是单独的见解。

恢复第一方案的理由，根据现在所掘出的龙、斗子卷叶都是隋炀帝或较早的东西，全部用上，尽量按原制。兹综合起来说明第五方案设计。

(1)栏板及望柱的配置

桥中间用龙栏板，每边十三块，以正面龙头坐中。其余两边的用斗子卷叶六块，比第一方案每端增加一块,共计每边用二十五块。正面龙头一间及两尽端仍均用龙望柱,其余诸间均用竹节望柱。栏板的里外面应按栏板被磨光滑及地伏被人脚踏成圆作为里面,望柱亦如此。

(2)施工做法

施工做法有两种,或以新石按样雕刻,或以洋灰翻做。第一种以新石雕刻,质感相同,不过现在石工雕刻技术不太高,费工,工期也较长。另一种以洋灰翻做,比较经济,能翻出真实纹样,技术上是可以的,但表面处理是个问题。

安济桥桥台基础勘探获新成果

李晋栓

近百年来,国内外桥梁专家、学者曾多次实地考察安济桥,发表过许多文章、专著。纵观史料,大多数文章只是有关这座桥的上部结构和建筑造型艺术方面的内容和论述,而对下部结构(桥台基础)的记载则甚少,而且受当时条件限制,某些结论甚至有误。

1932年梁思成教授在考察安济桥时,由于条件限制,对桥基情况未能搞清楚。他在《赵县大石桥即安济桥》一文中谈道:"……为要实测券基,我们在北面券脚下发掘,但在现在河床下面约70~80厘米,即发现承在券下平置的石壁。石共五层,共高1.58米,每层较上一层稍出台,下面并无坚实的基础,分明只是防水冲刷而用的金刚墙,而非承纳桥券全部荷载的基础。因再下30~40厘米便即见水,所以除非大规模的发掘,实无法进达我们据学理推测的大座桥基的位置。发掘后。我因不得知道桥基造法而失望,也正如乡下人,因不能证实桥券为整圆而大失望一样。"

罗英先生在《中国石桥》一书中对安济桥的桥台写道:"至于桥台基础的深度,经在西北侧进行挖掘,发现在主拱起拱线下,只有五层石料,共厚1.549米,第五层下面是砂土,用铁钎向下向里插入约1米,未发现有任何石料。""桥台是放在粗砂层上,并由钻探河床证实了这一点。验算桥台反应力,每平方公分5~6公斤。"

参加一九五五年修复安济桥的余鸣谦工程师在《最近竣工的赵县安济桥》一文写道:"桥脚之上有矩形桥台,高340cm,深约400~500cm,通体以条石砌成,垒砌工整,雕凿方齐,以与拱圈传来的巨大推力相抵。"

还有一些研究安济桥的同志,根据史料,地形,地貌情况,对基础提出一推论。如在《桥梁史话》一书中提到:"桥台基础下很可能用柱来加基础,以减少桥台的垂直位移,从地形上分析,两边桥台后座较长(究竟伸多少,有待进一步探索),以此来减少桥台的水平位移。"

也有的同志则认为安济桥的主拱做法同于江苏的东美桥,主拱为整圆形,地表以上是小于半圆的一段圆弧,而大部埋置在地表以下。

综上所述,探明安济桥桥台结构和基础土层情况,进一步认识安济桥,发掘和继承我国科学技术遗产,是一项非常有意义的工作。

1979年3月,国家文物事业管理局批准对安济桥桥台、基础进行钻探,这项工作由中国社会科学院自然科学史研究组主持,参加单位有北京建筑工程学院、北京市勘察处、赵县文物保管所等单位。这次考察的主要任务是:(1)对桥台通过坑探和钻探,确定桥台尺寸和埋深。(2)垂直河道布置钻孔,探明桥址地层构造,岩土物理力学性质,搞清楚桥基的一般工程地质条件。(3)从桥台下取原状土,分析其物理力学性质。(4)研究土的动力性能,分析桥址地基是否有震动液化的可能。

钻探和坑探工作由北京市勘察处负责,于1979年5月8日至5月14日进行。野外工作历时七天。施工方法以H—30型冲击钻、洛阳铲等探明桥址第四纪地层;以DPP—100型汽车钻探明桥台的砌石基础；坑探桥台基础埋深，在基础以下用洛阳铲打水平钻孔探明地基类型。

勘探结束后，又做了必要的试验和理论计算，初步结论如下：

1.安济桥的桥台为低拱脚、浅基础、短桥台。桥台长约5米，宽为9.6米。基础宽度为9.6~10米左右，长度约5.5米，基础的埋置深度为2~2.5米。

通过坑探证明，桥台厚1.549米，拱脚下为五层平铺条石，砌筑工整，灰很薄，无裂缝，每层略有出台，石料下层较上层稍厚（梁思成先生视之为防水冲刷用的金刚墙同，而非桥台）。

为探明这五层平铺石究竟是金刚墙还是桥台，在北桥台拱脚下1.6米处，沿桥轴方向向桥台平行的方向，用洛阳铲打一平孔，打入深度4.4米（约有15°左右向上的斜角），取出的土样均是亚黏土，既没有碰到石砌体，也未碰到砂石木柱之类的物质。安济桥拱脚处拱轴线的倾斜角为42°48′，照此推算，拱券与探孔应在2.4米处相交，4.4米远远超过拱券之延长段，这证明金刚墙顶所见就是拱脚，而这五层平铺石即为桥台，同拱脚石平置于基础顶面。

2.水文地质。安济桥桥址隶属华北平原中部，且处于洨河中下游，经宁晋县汇入滏阳河。近年来河道经常干涸，多排泄石家庄市的工业废水，仅在夏秋两季洪水通过。这次勘察测得地下水位已经下降到15米左右（标高24.7米），如从河床表面计算也有7米多，因此基础一般不会产生震动液化。

（1）人工填土：呈褐黄色，硬塑，湿，含砖头、石块等。分布在河床两侧台地3~4米以上部分。

（2）亚黏土：呈褐黄色，硬塑，湿，含姜石、植物根。分布在河床两侧台地的人工填土层以下，厚约3.5米。

（3）轻亚黏土：呈褐黄色，硬塑，湿，饱和，含姜石。分布在桥台基底以下，厚7米左右（此层轻亚黏土层中有一灰层，为黏土，层厚仅0.15~0.5米。标高29米），是桥台主要持力层。

（4）亚黏土：呈褐黄色，硬塑，饱和，含姜石，厚约3米，为桥台地基之下卧层。

（5）粉、细砂：中褐黄色，硬塑，饱和，厚约1.5米。分布在距桥台底以下约9米。

（6）亚黏土：呈褐黄色，中密，饱和。勘探深至桥台下17.68米，该层仍未穿透。

3.安济桥没有采用人工地基，桥台基础直接砌置在天然地层上。桥位处老土层（指未经人为扰动，且非新近沉积之地层）为一般第四纪冲积层，地层稳定，土质均匀，是良好的天然地基。

桥台基础的持力层为轻亚黏土，并非粗砂，其地基的基本承载力为34吨/平方米，其下卧层为亚黏土，若用塑性理论计算安全系数还很大，这种地基的许可承载力还可以提高。

通过对安济桥桥台地基的考察，雄辩地说明，安济桥千年不坠的原理不仅仅是由于上部结构设计周密，而其下部结构（桥台及基础），工程的构造合理，也是很关键的问题。这座大跨度的石拱桥其桥台如此之短，且置于天然地基之上而走动甚微，在古今中外桥梁史上都是罕见的。毫无疑问，安济桥的下部结构为我们研究古代桥梁建筑，发展我国以及世界桥梁建筑技术提供了宝贵的史料。

（《中国文物报》1992年7月19日）

赵州桥为何称安济桥

李生田

安济桥，位于河北省赵县城南2.5公里处，飞跨洨河之上，被誉为“天下第一桥”，全国重点文物保护单位。1991年9月4日美国土木工程师学会选定为第十二个“国际历史土木工程里程碑”，并在桥头北面东侧建造了“国际土木工程历史古迹”铜牌纪念碑。它建于隋开皇十一至十九年间（公元591—599年），距今已有1400多年历史。

桥始名赵郡洨河石桥，唐中书令张嘉贞《赵州大石桥铭》载：“赵郡洨河石桥，隋匠李春之迹也。”以地名、水名命名。唐代宗永泰（公元765年）前，永通桥在冶河（即清水河）上建成后，因与赵郡石桥的结构、艺术风格上极其相似,而形体较小,且南北相距只有3公里,为区别两桥(敞肩石拱桥),冠以大、小,故名赵州大石桥(清光绪《赵州志·重修永通桥记》),将安济与永通二桥并称为“伯仲”、“奇胜”。自北齐天保二年(公元551年),因避太子殷之名讳,改殷州为赵州,赵州之名始于此,到民国二年改赵州为赵县,其间1360年,时州、时郡、时府(军),名称几易,而赵州之名在历史上存在了千年之久。因此,世人以地名为由称其为赵州桥,或曰赵州石桥。而安济桥之名起于何时,因历史久远,渐渐被人遗忘。

现在问起赵州桥为什么叫“安济桥”,许多专家、学者也说不出所以然。广东省林树涵先生曾两次去信请教中国著名桥梁专家茅以升。1984年4月15日茅以升复信曰:“安济桥名始见于宋代,虽然改名原因不详,但必有所本,应当考证。”“本”在何处? 众多的赵州桥神话传说问世,更为这千古之谜蒙上了一层神奇的色彩。

我因为编修《赵县志》的需要,查阅了许多资料,终于在北宋周辉《北辕录》一书找到了答案:“未至城(赵州)五里,渡河石桥,石桥从空架起,工极坚致,南北长十一丈,阔四之一,实隋人李春所造,元祐间赐名安济,有张果老驴迹。”由此可见,北宋哲宗赵皇帝北巡时,途经赵州桥,于元祐年间(公元1086—1094年)赐赵州石桥正名为“安济桥”。乃取“利贯金石,强济天下,通济利涉,安全渡过,万民以福”之意。

(《中国文物报》1992年7月19日)

赵州桥抗震性能分析

镇江市地震办公室　许林

赵州大石桥是我国闻名中外的一座石桥。该桥位于河北省赵县(古称赵州)城南2.5公里的大石桥村洨河上,赵州桥的正名叫安济桥,俗称大石桥,由隋代工匠李春、李通等人设计、施工,建于公元581—600年之间,全长64.40米,桥的两端宽9.6米,中部宽9米。桥的石雕装饰精美,如石栏板上的云龙和石雕的狮子、望柱等,全是隋代精品,其雕刻十分生动而富装饰性。赵州桥距今已有1370多年的历史了,赵县一带为多地震的地区,在漫长的岁月中,经历了无数次地震的袭击。特别是1966年3月邢台发生7.2级强烈地震,赵州桥距离震中不到40公里,却安然无恙,实是奇迹,它是古代劳动人民的智慧和建筑艺术的结晶。此桥现为全国文物保护单位。赵州桥为何能抗震,主要有以下几方面的优点,可为我们今天抗震技术提供借鉴。

赵州桥基础稳固。据测量,1370多年来,两边的桥基虽略有下沉,但下沉的幅度极为接近,只有5厘米左右,保持着良好的平衡。据北京建筑工程学院对桥台基础及地基进行考察研究,并在桥址附近进行钻探,证明赵州桥没有采用人工地基,桥台直接砌置在天然地层上,桥基础只有2米多深,但地基坚实,地层为亚黏土,而非粗砂,承载力为$34t/m^2$,地震时也不会产生砂土液化。加之桥基受力均匀,震时能避免不均匀沉降,至今赵州桥仍基本上保持原状。

赵州桥结构合理、均匀、对称。桥身采用独特的坦弧状拱形结构建成,大拱圈净跨37.37米,拱圈之高1.03米,厚均37厘米。其所以采用弧状圈是为了有两个小拱圈,用以减轻对大拱圈的荷重,并使其受力均匀,从而减少对桥基的压力,遇大水时能起到分洪的作用。同时,还增加了桥的玲珑、美观。此种敞肩圆弧单孔式样的桥近代称为“敞肩拱”桥或“空腹拱”桥。赵州桥是世界上第一座“敞肩拱”桥,是我国桥梁建筑史上一大发明创造。

赵州桥整体性强,桥身虽然全由石块砌成,不是简单的搭接,而是各个纵横构件合理搭接,连接严密牢固。又是拱形结构,进一步增强了桥的整体性和刚度,以能承受来自任何方面的地震力。加之,我国古代劳动人民高超的施工技艺和优良的施工质量,使赵州桥历经千余年风雨侵蚀和各种自然灾害的袭击,至今仍完整无损地巍然屹立于华北大地。

在古代科学技术不发达，工具简陋，天然建筑材料局限的条件下，我国古代劳动人民以独特的技巧和熟练的手法，奇迹般地建造了能抗御地震等自然灾害的赵州桥，它比欧洲上个世纪才出现的同类拱桥，即法国泰克河上的赛雷桥，还早700年，何况赛雷桥已毁无存。赵州桥为世界"敞肩拱"桥的先驱，是我国科学上的一项伟大成就，这不仅在我国，而且在国际建筑史上也是宝贵的财富。

安济桥水文地质报告

北京建筑工程学院　夏树林　胡达和

在中国科学院自然科学史研究所主持下，由茅以升同志主编的《中国桥梁技术史》，1978年10月召开了第一次编写工作会议。会议决定全部《中国桥梁技术史》分为古代、近代、现代三部分，并立即着手古代桥梁技术史的编写工作。经会议分工，我们承担了《敞肩圆弧拱桥——安济桥》等章节的编写工作。

安济桥是我国最古老和跨径最大的敞肩圆弧拱桥，是世界桥梁工程的杰作。千余年来，有关该桥的历史文献、资料、神话传说等发现不少。近百年来，国内外桥梁建筑专家学者多次考察，发表了不少文章。清华大学梁思成教授曾于1932年亲自考察，并发表了《赵州大石桥即安济桥》一文。解放初，文化部余鸣谦、祁英涛、罗哲文、刘致平、律鸿年等同志也先后赴安济桥考察并发表了考察报告。1955年安济桥修缮工程施工主要负责人郭瑞恒工程师做了大量的考察工作，为罗英先生编著《中国石桥》一书提供了不少有关安济桥的资料。罗英先生根据前人记载和近代的考察以及修缮资料，在编写《中国石桥》时对安济桥做了全面的论述。英国李约瑟教授来中国考察后，编写了《中国科技史》，其中桥梁部分对安济桥大加赞赏。我们在查阅这些资料中，发现多是有关上部结构和建筑艺术方面的内容，对于下部结构（桥台）地基与基础的论述和记载则很少。为了进一步发掘继承我国文化科学遗产，编写好《中国桥梁技术史》，在自然科学史研究所主持下，特别是受到主编茅以升、国家文物局局长王治秋的关怀，我们组织了一次对安济桥桥台基础的全面考察勘探工作。勘探工作是由北京市勘察处完成的。陈志德处长等亲赴现场指导。赵县文物保管所等单位大力支持，使考察工作顺利完成。

一

安济桥俗称赵州桥，位于河北省赵县城南五里的洨河上，为隋代李春所建，距今已有一千三百多年的历史。它是世界首创的敞肩（即空腹）单孔割圆拱桥（见图1）。

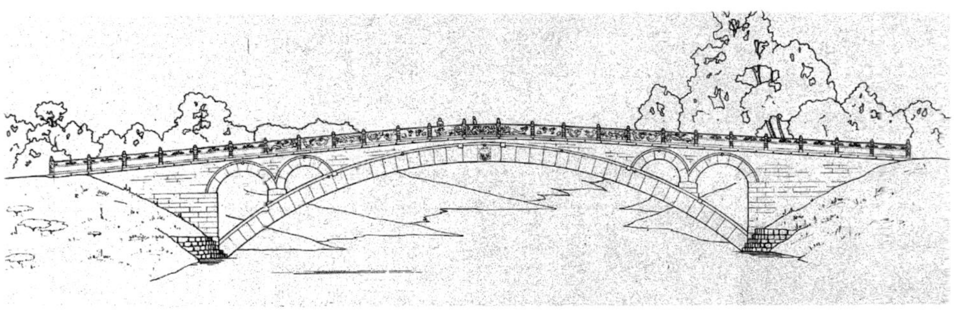

图1　赵州桥——世界首创敞肩单孔割圆拱桥

安济桥净跨37.02m，净矢高7.23m，矢跨比1/5.12。在大拱的两肩上对称的布置着四个小拱，靠岸的两个跨度较大，约为3.81m，靠河心的两个小拱平均净跨为2.85m。桥的宽度在拱脚处9.6m，拱顶处为9.0m。主拱圈高1.03m，在主拱圈上伏有自拱脚处为34cm到拱顶处为16cm变厚的护拱石，主拱圈由28条纵向并列的拱石砌筑而成。桥面两侧的栏板、望柱的雕刻精致秀丽，"龙兽之状"的浮雕，若飞若动，形态逼真。

安济桥在中外桥梁史上占有极其重要的地位,这不仅是由于它年代久,而且从结构和艺术上也有独特的创造。

安济桥突破了半圆拱的陈规,代之以割圆,不仅如此,而且在大拱之上叠架了四个小拱,这是敞肩圆弧拱的首创。这样的拱桥既减轻自重又增大了排洪能力,而且可大大减少桥台的尺寸。采用纵向并列砌筑法也是安济桥的突出特点,这样的结构能在施工中减少拱架的用量,并大大提高施工组织的主动灵活性。李春还预见到,纵向并列砌筑使主拱圈的横向联结的整体性差,因而采用了护拱、勾头石、横拉铁、腰铁、收分等五种措施。安济桥在构造上的创造和细致的考虑,都说明建桥者既认真总结了前人的经验又敢于独创。安济桥采用割圆拱,大拱上加小拱,起拱线突出,这样的结构本身就是非常美丽的建筑物,加之在艺术上的处理也很讲究。栏板雕刻龙兽之状,为隋代石刻的精华,仰天石飞边 34cm,小拱收回 4cm,再加上四个小拱空洞,使全桥外观轮廓分明。主拱外侧面上起线三条,小拱起线两条,并有腰铁、勾石等,使桥梁两侧面毫无平淡的感觉。

安济桥建造以来一千多年中,经历了十余次的大洪水的袭击,十余次大地震的破坏,也经历了多次较大的重修,至今巍然耸立。在 1955 年的修复工作中,曾对安济桥的桥台进行测量,发现基础并无大的走动迹象。在桥台顶端起拱线处的高程,北端东西相差 17cm,南端东西相差 3cm,东侧南北相差 12cm,西侧南北相差 32cm。西侧相差较大的原因是北台西侧曾崩塌过。安济桥千余年不坠的原因不仅仅由于对上部构造考虑的周到,而下部构造,即桥台、基础的设计合理,恐怕也是关键之一。

二

有关安济桥下部构造的论述及考察很少。由于条件的限制,所得结论不太明确甚至有误。1932 年梁思成教授虽进行了较详细的考察,但对地基基础的状况未能弄清而深表遗憾。他在 1934 年发表的《赵县大石桥即安济桥》一文中(见《中国营造学社汇刊》第五卷第一期)中写到"为要实测券基,我们在北面券脚下发掘,但在现在河床下约七八公寸,即发现承在券下平置的石壁。石共五层,共高一・五八公尺,每层较上一层稍出台,下面并无坚实的基础,分明只是防水冲刷而用的金刚墙,而非承纳全部荷载的基础。因再下三四公寸便即见水,所以除非大规模的发掘,实无法进达我们据学理推测的大座桥基的位置。"又写到"大券两端下的券基,为免水流的冲击,必须深深埋入,绝不只在现在所见的券尽处,……发掘后,我因不得知道桥基造法而失望,……"罗英先生在《中国石桥》一书中对安济桥的桥台写道:"至于桥台基础的深度,经在西北侧进行挖掘,发现在主拱起拱线下,只有五层石料,共厚 1.549 米,第五层石料下面是砂土。用铁钎向下向里插入约 1 米,未发现有任何石料。""桥台是放在粗砂层上,并由钻探河床发现了这一点。验算桥台反应力,每平方公分约 5~6 公斤……李春在一千三百余年前就能精确判断这种粗砂地基,可以胜任无疑,因而大胆采用,也不能不佩服他的远见。"参加 1955 年修复安济桥的余鸣谦工程师在《最近竣工的赵县安济桥》(《古建筑通讯》)一文中写道:"桥脚之上有矩形桥台,高 3.4 米,深约 4~5 米,通体以条石砌成,垒砌工正,雕凿方齐,以与拱券传来的巨大推力相抵。"还有一些研究安济桥的同志,根据历史资料、地形地貌情况对安济桥的基础提出过一些推论。例如《桥梁史话》(同济大学路桥系编)谈道:"根据 56 年修桥时,在岸边的两米深的淤泥下发现木桩来看,桥台基础下很可能用柱来加固基础,以减少桥台的垂直位移,从地形上分析,两边桥台后座较长(究竟伸长多少,有待进一步探索),以此来减少桥台的水平位移。"综上所述,对安济桥的地基基础、桥台记载很少,虽经做了一些工作,但由于客观条件限制,所得结论不明确,甚至有误。

为了进一步认识安济桥,发掘我国历史上在桥梁建设上的成就,编好《中国桥梁科技史》,搞清其地基基础情况是非常必要的。

三

我们确定这次考察的目的是:(1)探明桥台的基本尺寸(桥台长、宽、高);(2)探明地基基础情况。

1979 年 3 月中旬,报请国家文物局批准,同意对安济桥进行勘探工作。同时提出了注意事项:南北桥台各钻孔一个;在钻进中不要注水,以防地基液化。

3 月 12 日,我们会同北京市勘察处、中国科学院自然科学史研究所、赵县文管所等单位技术人员、工人到安济桥现场进行了踏勘和讨论拟订方案工作。最后确定：(1)对桥台通过坑探和钻探确定基底尺寸和埋深；(2)垂直河道布设钻孔，探明桥址地质构造，岩土物理力学性质，搞清桥基的一般工程地质条件；(3)从桥台下取原状土，分析其物理力学性质；(4)研究土的动力特征，分析桥址地基是否有震动液化的可能。

采用的几种勘察手段：(1)以 S1-1-30 型冲击钻、洛阳铲，探明桥址第四纪地层；(2)以 DDP-100 型汽车钻，探明桥台砌石基础；(3)坑探桥台基础埋深，在基底以下用洛阳铲打水平钻孔，探明地基类型(图 2)。

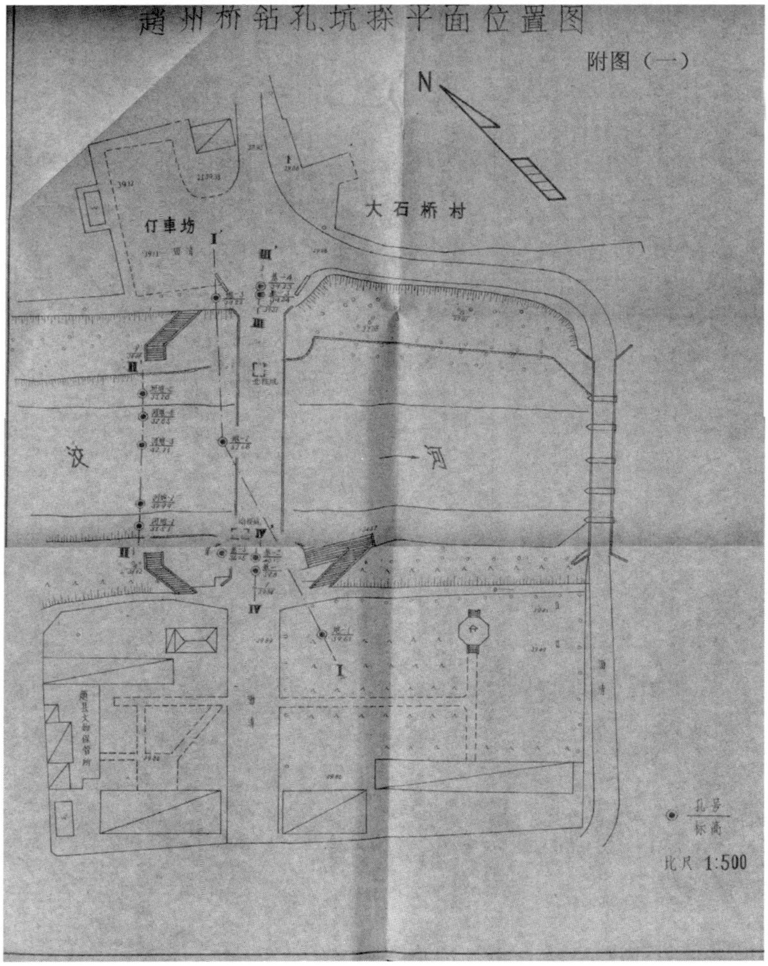

图 2　赵州桥钻孔、探坑平面位置图

四

勘察钻探工作于 1979 年 5 月 8 日至 5 月 14 日进行，野外工作历时 7 天。有技术人员、干部、工人共计二十三人。中央电视台在现场拍摄了纪录片，并于 6 月 14 日的电视新闻节目中播放了《安济桥考察》。

勘探工作按以下步骤进行：

(一)探明桥台基础沿桥轴向的长度

采用沿桥中线距桥台自远而近布置钻孔探索桥台基础的长度。从北桥台开始，首先施钻基 4 号与基 3 号钻孔(基 4 号孔距桥台南墙 15.0m，基 3 号孔距桥台南墙 13.55m)，分别钻深 5m 与 10m，在 3.4m 处见老土(指未经认为扰动，且非新近沉积之地层)而未碰到任何砌筑物(图 3)。钻孔再前移，因北边路面较低，施钻困难。改把钻机移至南台基 1 号与基 2 号钻孔(基 1 号孔距桥台南墙 6.2m，基 2 号孔距桥台内侧 3.75m)。施钻结果：基 1 号钻孔深 13.5m 未触及任何硬物，而基 2 号孔穿透桥面结构层后(约 65cm)很快就触及到了桥台砌石。但在施钻中，由于旋转钻需要注水冷却钻头，发现台身 3 块石砌体缝渗水。为保证施钻中砌体不漏水，停钻填入水泥砂浆，经36小时，继续施钻，仍漏水。经研究，应按国家文物局要求进行，确保国家重点文物，停止桥台钻孔。钻孔立即灌入小石子混凝土，桥面部分取出的岩心按原状补入。经现场推算及鉴别，认为在距桥台南墙6m之外既无台身也无台基。桥台长度在5m左右，其最大误差为±1m。

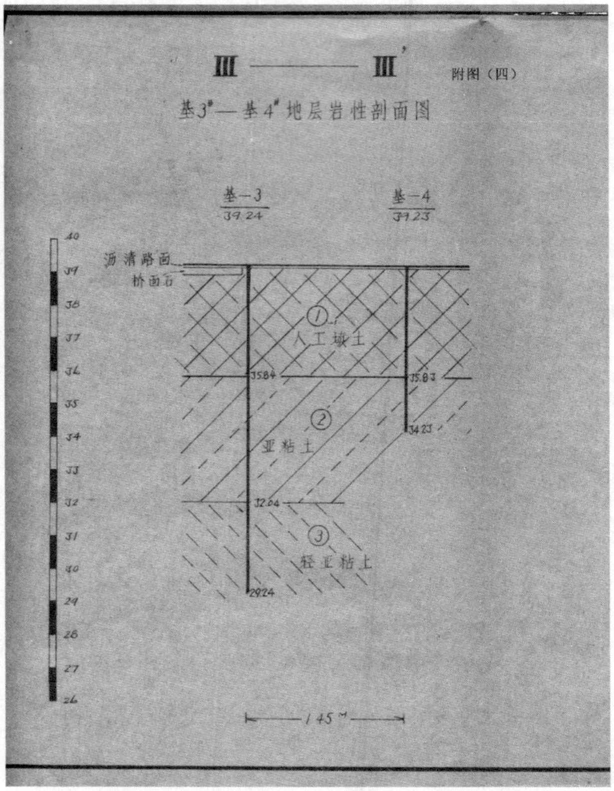

图3　基3号、基4号钻孔地层岩性剖面图

（二）探明桥台宽度

在南桥台西侧距桥台侧墙1.5m处（基5号钻孔），用冲击钻钻孔，钻至相当基础标高处见到亚黏土，钻到10m亦未触及台基，因此，桥台基底宽度并无扩大。

（三）桥台砌置深度的探测

为了探明桥台砌置深度，在南北两桥台各布设两个探坑。位置（图2）的选择上，考虑到历代该桥的修复、勘查情况。如公元793年刘超然的《新修石桥记》中说："壬申岁（公元792年）七月□水，方割陷于梁北之左趾"，即北桥台的西北角被水毁。梁思成先生亦在此处挖探坑。1955年修复中，桥下曾开挖。经比较研究在南台西南角，北台中部，各挖3m×2m的探坑，在下挖约0.5m时，即见到拱脚，再向下挖1.6m，即见到桥台基底。南台所见为五层砌筑工整之条石，灰缝很薄，无裂缝，每层略有出台。石料下层较上层稍厚。五层石总厚约1.6m，其下为轻亚黏土。北台有三层台阶，靠拱脚处与南台同宽为40cm，后两台阶总宽约75cm，这两台阶是1955年修复时为立拱架而砌筑的。在深约1.6m以下亦为轻亚黏土。为探明基础的砌置深度，并判断南端所见墙是否是基础的一部分，在两个探坑我们进行了下面的工作：

在北桥台拱脚下1.6m处，沿桥轴方向向桥台平行的方向（图4），用洛阳铲打一水平孔，打入深达4.4m（略有15°左右之倾斜角），取出土样均是亚黏土，既没碰到石砌体亦没碰到砂石、木柱之类的物质。安济桥拱脚处拱轴线的倾斜角为42°48′，照此计算，4.4m远处超过拱券之延长线，这说明金刚墙顶所见就是拱脚，同时也进一步说明金刚墙下所见之基础并非防冲刷而设置的，它是桥台基础的一部分。水平孔进行分析后立即回填，并夯实。在边段灌注小石子混凝土。

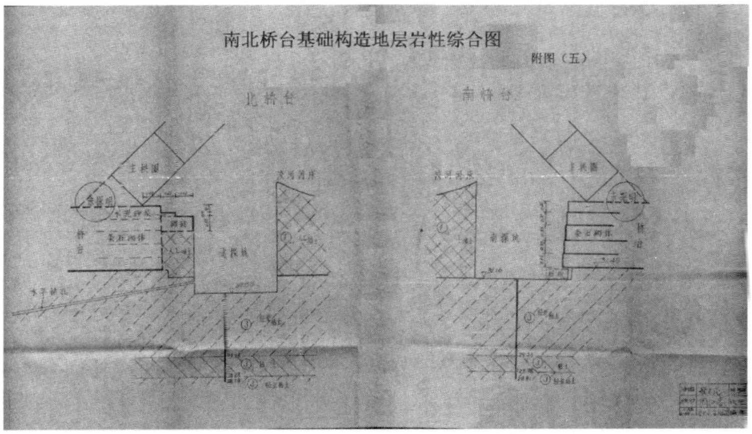

图 4 南北桥台基础构造地层岩性综合图

在南台探坑中，发现平置有栏板 3 块。其一为长 1.17m，在基础西南角下，沿基底水平向里塞过 15cm 深，与基础密贴且平行(图 5)，其上刻有鳞甲蛟龙，雕刻精细生动，刚劲有力。第二块为长 1.10m 之斗子卷叶栏板，与基础约成 15°之夹角，平放在基下，深入最大宽度约为 40cm，并且低于基础 16cm，其间用碎石和砂黏土填紧。第三块与第一块紧接且在同一水平位置，大部分伸入桥台护坡之下，图案不详。根据 3 块栏板的尺寸、石质、光泽、刀法以及第一、二块的图案进行分析比较，均为隋代栏板。经与有关部门商议，决定将外侧那块龙栏板挖出，清洗后放入陈列馆展览。取出栏板后用铁钎向里插入没发现有石料，均为密实的亚黏土。龙栏板石下亦为亚黏土，无石料或碎石。为进一步了解外露五层石是否为基础的一部分，在南桥台西侧向里第六块拱脚石处发现的一小洞，用铁丝将洞内很湿的黏土掏出(可将四个手指同时伸入小洞)，且进洞沿石缝直接深入达 71cm，发现在平直的石(基础面石)与拱脚之间无任何联系(图 5)。

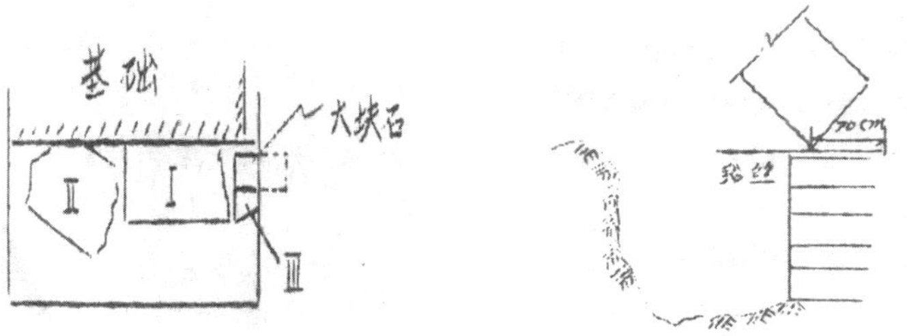

注：Ⅰ、Ⅱ、Ⅲ为3块栏板

图 5 南桥台探坑平面与剖面示意图

而且在拱脚与平置石之间有一块向上倾斜的石块，倾角约 50°，在拱脚起拱线处并没有断开，仍为一整块。这说明外露的五层条石是基础的一部分，且拱脚石平置于基础顶面，基础埋深为 1.6m。

(四)布孔分析地质情况

为了解建桥处地质情况，分析桥梁的地基，在勘察桥台基础的同时，在桥址处布设了地质孔。桥址地层构造见图 6。各地质孔取土样运回北京进行室内分析(桥管所亦留样准备进行展览)。

有关安济桥的工程地质情况如下：

1.水文。桥址隶属冀中平原，且处于洨河的中游，经宁晋县汇入滏阳河。现在洨河经常干涸，排泄石家庄地区工业废水，仅在雨季有洪水通过，本次勘察中地下水位已经下降到 15m 左右(标高 24.7m)，如从河床表面计算亦有 7m 之多。

2.桥址地层构造，自上而下可分为九层。

(1)人工换土：呈褐黄色，硬塑、湿，含砖头、石块等。分布在河床两侧台地 3~4m 以上的部分。桥下

(地2号孔)河床表层约3m土呈黑灰色,软塑,饱和黏性土中混砂,考虑过去这部分曾经进行过人工发掘,定为人工换土。

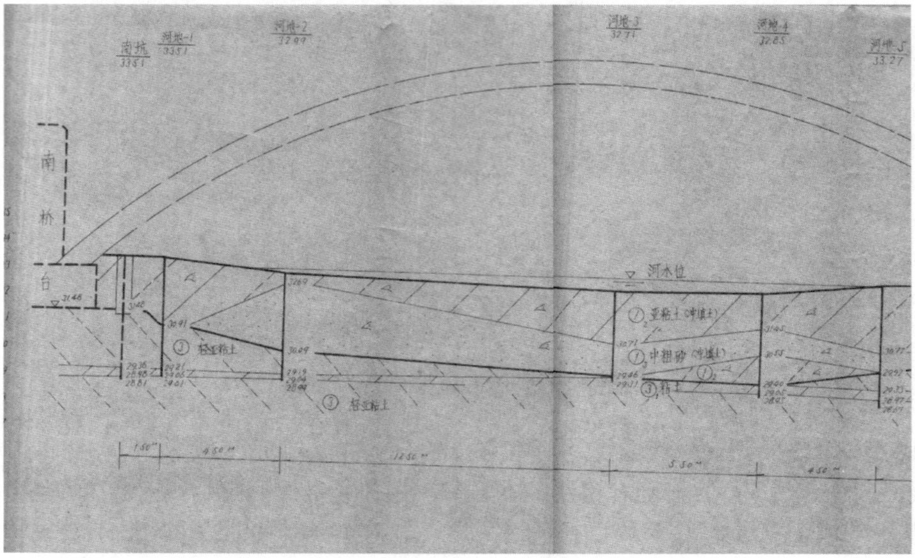

图6　洨河河床浅层地层岩性剖面图

(2)亚黏土冲换土:呈黄褐—褐黄色,软塑—硬塑,湿—饱和,混砂性土,含砖头、石块、江石、贝壳。仅分布在桥的上、下游河床表层约3.5m的范围内。

(3)中粗砂性填土:呈褐黄色,中下密,湿—饱和,混黏性土,含砖头、石块、江石、螺壳等。一般分布在亚黏土冲换土层以下,或为亚黏土冲换土层的夹层,层厚约1~2m。

(4)亚黏土:呈褐黄色,硬塑,湿,含江石、植物根。分布在河床两侧台地的人工换土层以下,厚约3.5m。

(5)轻亚黏土:呈褐黄色,硬塑,湿—饱和,含江石。分布在桥台基底及以下,层厚在7m左右,是桥台主要持力层。土的物理力学性质指标(算术平均值)为:天然容重1.95t/m^3,饱和度0.76,液性指数-0.41(当饱和度为1时,计算液性指数为0.40),天然孔隙比0.63,室内压缩模量192kg/cm^2(当饱和度为1时,室内压缩模量为149kg/cm^2)。

(6)黏土:呈棕黄色,硬塑,湿。仅分布在标高29.0m附近,为轻亚黏土中的夹层,层厚仅0.15~0.5m,尽管层厚不大,本次勘察全部钻孔在相近标高均可见该层。

(7)亚黏土:呈褐黄色,硬塑,饱和,含江石。分布在轻亚黏土层以下。厚约3m,为桥台地基之下卧层。土的物理力学性质指标(算术平均值)为:天然容重1.98t/m^3,饱和度0.93,液性指数0.39,天然孔隙比0.69,室内压缩模量91kg/cm^2(当饱和度为1时,室内压缩模量为87kg/cm^2)。

(8)粉、细砂:呈褐黄色,中密,饱和。厚约1.5m左右,分布在距桥台基底以下约9m。

(9)亚黏土:呈褐黄色,硬塑,饱和。勘探至标高17.68m该层仍未穿透(图6)。

3.地基评价。

(1)轻亚黏土天然地基。

通过野外探测和室内分析,可以断定安济桥采用浅埋天然地基。持力层并非粗砂而是轻亚黏土,塑性指数6.8,颗粒组成0.25~0.1mm粒径占15%,0.1~0.05mm粒径占45%,0.05~0.005mm粒径占40%。土的天然孔隙比0.63(最大为0.69),饱和土液性指数0.41,地基土的基本承载力34t/m^2。

罗英先生所提安济桥地基为粗砂问题,我们在现场进行了认真分析,并为此在桥上游20米处垂直河道布置浅层地质剖面(图6),以探明粗砂层的分布情况。从钻探结果可知,河床浅层确实分布有中、粗砂层,但不够稳定,厚度亦不大,该层中含有砖头、贝壳等,属于近代冲填土。《中国石桥》一书中所引用的河床地质剖面图中河床表层为细砂、粗砂所组成。而河床的地质孔，在基地标高处和岸上的土质是不同的。为进一步研究这个问题，1979 年 6 月初我们又专程拜访了张家口地区公路局郭瑞恒工程师（1955 年安济桥修复的施工主要负责人）。据郭瑞恒工程师谈，罗英先生所著《中国石桥》一书中关于安济桥的技术资料主要是他提供的。根据他回忆，桥基下是否是粗砂，并没有确切的把握。当时在北桥台东北角处挖了一个深坑，坑内地下水很多，用手取了些土，发现含砂较多，就初步认为是砂土，但究竟是哪一类土质，并未进行试验（现场或室内）鉴定。在河床上的钻孔，用的是手钻（麻花钻），钻深深度约 5～6m，经现场目测，认为河床下 3m 左右有砂土（也未做实验鉴定工作）。当时这些工作并非正规进行，亦受条件所限，仅对工程技术情况做了粗浅的调查，未做正式记录。后来罗英先生来索要时，整理了一分寄给了他。从以上现场勘察、试验、分析、访问，我们认为：桥基并非建在粗砂层上，而是建在比砂更老的轻亚黏土层上。

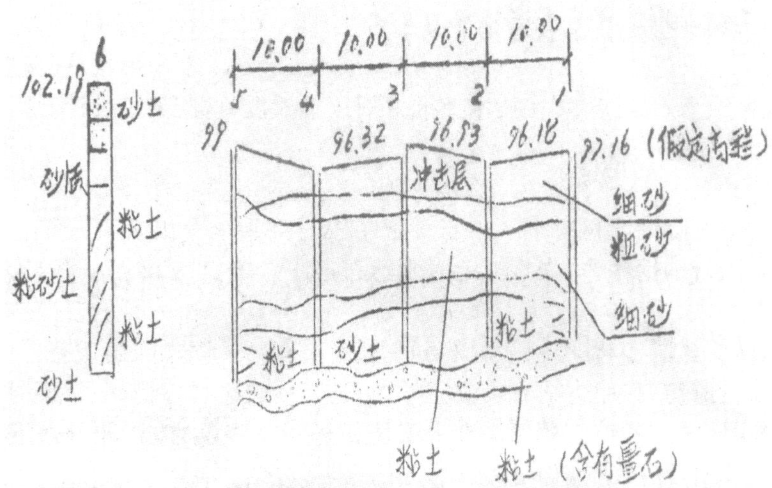

图 7　河床地质剖面图

（2）地基抗震。

安济桥修建一千三百多年来，历经战争、水灾、地震等灾害。尤其是地震，据记载大的就有十余次。桥梁工程的震灾往往是由于砂基液化而地基失效，造成基础发生倾斜或下沉。安济桥地基土主要是轻亚黏土与亚黏土层，砂层很少，地下水位（现在）深达 15m（自河床算起亦有 7m 之多），因此基础一般不会发生震动液化。从 1955 年修复时的现场测量来看，并无大的走动亦说明了这一点。当然在高烈度地震、高地下水位情况下是否一定不会液化尚难肯定。

五

考察工作结束后，经过初步的分析和必要的试验，以及计算工作，查阅资料，我们的初步结论是：

安济桥的桥台为低拱脚、浅基础、短桥台。桥台的长度约为 5m，宽度为 9.6m，高约 1.6m。基础的宽度为 9.6m，长度约为 5.5m，高度为 1.6m。基础的埋深约为 2～2.5m。

桥台基础的持力层为轻亚黏土层，并非粗砂，其地基上的基本承载力为 $34t/m^2$，其下卧层为亚黏土。

安济桥没有采用人工地基，桥台基础直接砌置在天然底层上。桥位处老土（河床 3.5m 以下）为一般第四纪冲积层，地层稳定，土质均匀，是良好的天然地基。

经验算，地基应力最大为 $4.4kg/cm^2$，最小为 $3.1kg/cm^2$。桥台的抗滑稳定系数为 0.7。

安济桥在技术上的伟大成就，绝不仅仅在于上部结构。在亚黏土的天然地基上，这样大跨的石拱桥采用如此小的桥台，在古今中外的桥梁史上亦属罕见，它为我们研究古建筑，发展我国桥梁建筑事业提供了宝贵经验。

河北省赵县安济桥(俗称大石桥)勘查工作日志

(一九五二年)

十一月五日(星期三)　晴

上午准备行装测绘用具等,乘中午十二时五十分车由北京出发。此行共十一人,除本会(指北京文物整理委员会——本书编者注)祁英涛、余鸣谦、李良娇、孔德序、王月亭、孔祥珍、周俊贤、周冠五八位同志外,并有社管局(全称文化部社会文化事业管理局——本书编者注)罗哲文同志、清华大学刘致平教授、天津大学卢绳教授同行,于当日下午四时二十分到达保定河北省府文化局,与申局长会谈此行工作任务。当晚分住于文化局与戏改会中。

十一月六日(星期四)　晴

上午早饭后,研究修缮大石桥工作,在技术上推由刘致平教授负责,关于设计原则初步有两种意见:

1.改用钢筋混凝土伏石。

2.用石块加铁榫。

最后决定到现场根据实际情况再决定。于当日下午二时许乘火车出发去石家庄。省文化局里正同志及交通厅张玉坤同志同行辅助工作,当日晚七时到达石家庄专署,与王专员会谈后,即往招待所。

十一月七日(星期五)　晴

早八时乘汽车向赵县出发,专署建设科付顺新同志随行,罗哲文同志因局方有工作乘车返京。

于十时许到达赵县县府与曹副县长会谈,县方并派文教科、建设科三位同志陪同乘大车至大石桥村,下午四时许到达,下榻于该村文化馆。稍息后即去安济桥进行初步勘查,并向群众了解关于大石桥的事情。当晚即研究明日工作,计划分三方面进行:

1.测量校对原有图样之尺寸。

2.调查研究工程细部手法。

3.勘查石桥破坏情况。

研究做法后,又与当地村干部座谈关于修桥的意见,据反映群众都愿意修复这座历史上有名的石桥,并希望将桥南端的关帝阁照原样修复,并且说:“阁中的三个泥像就不要修了。”因为群众认为有了桥头关帝阁,大石桥就更显得壮观些,并不是为封建迷信而要求修复此阁。最后并请村干部代为解决梯子、测量木桩及挖土工人等准备工作。

十一月八日(星期六)　晴

早饭后即按昨日工作计划分三部分进行勘测,原计划先掘开桥墩两端积土,测量地基是否下沉。当时因土中积石太重,移动不便,又经大家研究认为石桥东面塌陷三道券,系因桥面漏水,灰浆被冲,再遇大的震动而倒下,并非地基松软所致,因此上午即停止此项工作。中午曹副县长来看望并会同勘查周围地形,选定预修便桥之位置。经查后,并根据村干部的建议,决定位置在大石桥东面约六十公尺处。午饭后继续工作,日落时工作已大致完成。晚间将勘查底稿详细校对,发现有几处遗漏,决定明早补测。

十一月九日(星期日)　晴

今日为大石桥村集日,为了我们测量方便,村里决定桥上桥下禁止摆货交易。我们认为这样有些妨碍群众生产,因此在天亮时即开始补测。九时许测完,集市照常恢复。用早饭后即乘大车至宋村济美桥参观,中午至县府稍息,由曹副县长陪同去柏林寺、文庙。文庙内建筑全毁,只余古碑数座。内有唐大历九年(公元774年)石碑一座,正面为宋刻蔡京篆额,甚为名贵。惜尚有一些古碑,被该占用单位(赵县榨油厂)埋入新建房屋地基中。

然后至南街勘查宋幢,该幢为宋景祐五年(公元1038年)造,为国内最大之经幢,雕刻精美,但下部被铺房遮盖,应急速加以整理。晚间与专署及县府干部召开会议,由卢教授谈大石桥计划大纲。刘教授并提出该县柏林寺、文庙、石碑及宋幢之保护意见,并提出对文庙之占用单位应加强教育,注意保护古代文物。曹副县长并提出该县有老匠人于修大石桥、关帝阁时曾详记尺寸,待整理后可供参考。

十一月十日(星期一)　阴雨

起床后即在县府参观出土文物。早饭后,收拾行装,顺路至小石桥勘查。十一时乘汽车去石家庄,中途细雨淋,车又无棚,大家衣衫全湿。下午一时至石家庄,即到火车站,于三时乘火车返保定,晚七时到达,分住于省文化局戏改会及复兴客栈内。

十一月十一日(星期二)　阴雨

上午大家在文化局研究大石桥设计原则,下午请省交通厅总工程师楚润德同志及张王坤同志座谈修缮大石桥原则,并对施工技术问题交换一些意见,结果如下:

1.恢复大石桥原有二十八道券,其中拆砌东面二道券,新修三道券,其余不动。勾抹齐整,个别酥碱过甚之石块剔换。

2.大券之小券,改用钢筋混凝土板,露明处照样用石料补作。

3.大券伏石以上全部拆砌,重新归安。

4.路面加铺钢筋混凝土板,表面仍用旧石铺墁,中间凸起处,经了解系后来所改,仍落平。桥面上神话传说之驴迹车印保存。

5.桥上栏杆采用小石桥式样,望柱头根据历史记载,全刻狮子石料,根据民间传说及雕刻技术,改用汉白玉石。

6.关帝阁照原样修复,详细结构再议。

7.便桥在大石桥东面约六十公尺处,因将来桥下河道只为灌溉用,桥身可尽量缩短。

8.大石桥施工由各单位联合组成,但技术领导由何单位负责,未能解决。

9.大石桥所用石料,拟由石家庄专署去娘子关一带采集,送样品检验后再作决定。

晚间,即开始分工,分绘图、估算、做法说明书三部分,并做一些准备工作。

十一月十二日(星期三)　小雪

晨起,即开始工作,卢绳教授因假期已满,于上午十时返津。午后交通厅张同志参加估算工作。

十一月十三日(星期四)　阴

继续进行绘图等工作,晚间图说预估说明书等全部完成。佟泽泉同志持社管局函件来保,即根据局方意见加以研究。所提各项皆已照做,唯大石桥伏石问题。将图送交通厅楚总工程师,请提意见,最后他仍是赞成上次座谈的决定,因此设计变更。

十一月十四日(星期五)　阴

晨兴申局长会谈大石桥设计情况,并对拨款问题交换意见,九时乘火车去正定,里正同志同去。佟泽泉同志及王月亭同志于同日携带测量仪器返京。午后二时到达正定县府,与杨秘书及文教育科李峯同志会谈,专署派文教科刘捷民同志前来照料。饭后即去隆兴寺慈氏阁做初步勘查,晚间研究工作,分四组进行。

1.测大木。

2.测斗拱装修。

3.勘查残破情况。

4.摄影。

并由县方代为找紫杉,工人搭测量架子,并由县方供给杉槁。当日里正同志即返保定,大家均住于县府。

十一月十五日(星期六)　晴

上午先去天宁寺木塔勘查。经李峯同志提议去看“重应寺”,因未带介绍信,未能如愿,但该寺已为军用制鞋厂拆改,原貌已无存。至隆兴寺,因架木尚未搭好,只得改变计划,先去青塔、华塔、开元寺、砖塔勘查,归来已暮色茫茫。

十一月十六日(星期日)　晴

晨起即去隆兴寺按计划测绘慈氏阁,午后三时工作完毕。在寺内其他各殿参观后,即返县府用饭,饭后正定县委组织部智部长来谈。晚七时乘大车至车站,在县信托公司候车,十时五十四分即乘车返京。

十一月十七日(星期一)　晴

晨六时到达北京。

赵县安济桥勘察

执笔:刘致平

勘查人:刘致平、卢绳、罗哲文、祈英涛、余鸣谦、李良娇、孔德序、周优贤、周冠五、孔祥珍

勘查时间:1952 年 11 月

河北赵县安济桥,俗称大石桥,就是隋代石匠李春用石造的单孔弧券大桥。这桥距现在已有一千三百多年,但还未十分损坏。它不但是国内石拱桥中唯一的古代伟大精巧的工程,在全世界说来也是少有的奇迹。它的大券背上两端有小石券各二。小券的应用比起外国要早到千年以上。大桥整个的形制就是今天用钢骨水泥来做也并不简单。现代的工程师们凡是看见这座桥的可以说没有不喜爱至极,将它看作祖国文化的优美标志;友邦人士看了这桥更是极口称赞,惊叹我国文化艺术的高深悠久的伟大成就。我们这次参加修理保存这大石桥的工作,同志们都感到非常荣幸;但这任务是相当艰巨的,因为修理这桥要有极大的耐心和高度的技术,要细心的保持该桥的原有形状,使它不再毁坏。每块石头的原来位置及铭刻等都不能弄乱、弄破;要仔细拆下,仔细安上。这桥在“七七事变”前已由中国营造学社拟定计划修理,奔走请款,但是未及动工,日军即发动侵略战争,因而停顿。现在人民政府拨出巨额款项来修理保护这千余年前祖国劳动人民创造的奇迹,让民族的伟大的艺术遗产得能继续保存,这该是多么令人兴奋啊!

在 1952 年 11 月 5 日,我们一行十人,由北京出发到河北省保定文化事业管理局,会同里正同志及交通厅张同志往石家庄专署接洽,然后乘汽车开往赵县。抵县府后乘大车南行五里即到大石桥。在大石桥勘测了两天多,然后经由济美桥返县府。次日又测绘小石桥。小石桥原名永通桥,在县西门外护城河上,是明代建的,式样与大石桥同,不过整个要较大石桥小得多。它的斗子蜀柱栏板及托神等式样是很老的做法,很可能是仿自大石桥的原有栏板做的。是日十一时乘大卡车赴石家庄乘火车回保定,工作二日,并与河北省文化事业管理局申局长及交通厅褚润德总工程师等座谈。十四日我们赴正定勘测隆兴寺慈氏阁,阁后半部已坏,必须大事修理。我们工作二日,并检查城内其他古建筑,于十六日夜车北返,十七日早六时抵达北京。这次工作,由于各处负责同志的热情帮助,使能得到极大便利,很快地完成了任务,使我们衷心感谢。现将勘测情况叙述如下:

一、地点

安济桥即大石桥(图 1),在河北省赵县南五里。那里原有一道河叫洨河,发源于井陉县以西,东流经赵县入滹沱河。早年水势很大,涨落可差七八公尺(有时高到大石桥的小券上部),为了便利人行,所以修了这座大石桥,取名安济。现在此河已干旱很多年,只是伏天雨水多的时候有一些小的水流。

二、历史

桥的创始见光绪《赵州志》所载唐中书令张嘉贞(唐玄宗开元八年,公元 702 年,为中书令)《安济桥铭》。铭载:“赵县洨河石桥,隋匠李春之迹也;制造奇特,人不知其所以为。试观乎用石之妙,楞平碪斫,方版促郁,缄穹隆崇,豁然无楹,吁可怪也!又详乎乂插骈坒,磨砻致密,甃百像一,仍糊灰璺,腰铁栓蹙。两涯嵌四穴,盖以杀怒水之荡突。虽怀山而固护焉,非夫深智远虑,莫能创是。其栏槛蕈柱,锤斫龙兽之状,蟠绕拏踞,眭盱翕欻,若飞若动,又足畏乎。大通济利,涉三才一致,故辰象昭回天河,临乎析木,鬼神

幽助,海若倒乎扶桑……”由这段记载可以知道桥是隋匠李春修的,并且所描为桥石的精工,以及大券及四个小券的构造,全和桥的现在形状相同。在桥的大券两端小券券石上,又有些宋代大观、宣和,金代天会,元代至元等年代的刻字,所以我们可以断定这桥是由隋代保留下来未动,但是明代曾加修葺,见张居敬《重修大石桥记》。现在桥西侧有五道大券是新配的,据当地人说是清初修理的。

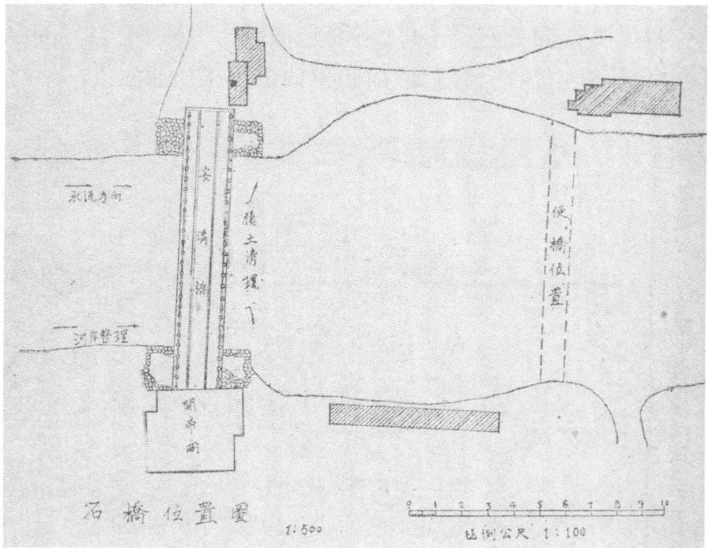

图1　河北省赵县大石桥(安济桥)修缮工程图

三、结构与现状

安济桥的构造是用石材建造的一座单孔大弧券桥,并不是一个半圆形券桥。假设将弧券规划成半圆,那么它的半径足有27.7公尺,可算作全世界唯一的古老大券了。现在弧券,此端到彼端的跨度长37.47公尺。大券石的高是1.03公尺(见方),每块石重约一吨。按清式规定应高至2.5公尺,而此桥券石的高还不到清式的一半,若拿现在一般工程上的石券算法来计算,那么大券石的高应在1.8到2.1公尺之间,也是比它高了一倍左右。所以我们知道大石桥券石的做法是如何的富有创造性了。每块券石与券石之间用银锭铁榫相连接,不过铁榫厚不过三公分,力量有限。大券的砌法与现在的砌法不同,它是用二十八道单券拼成一个大券,每道单券厚不过35公分,共宽九公尺。这次调查发现单券与单券的券背上有银锭铁榫互相勾结联络,每隔五尺左右有铁条一根横拉单券。单券之间的彼此团结是如此的。至于券背上伏石有时伸出一钩状物,将大券扣住,似乎起不了多大作用。这次并用经纬仪仔细观测桥券中端是否较两端稍窄,结果并不如此。单券是直的,并无细腰倾向,仅西侧新配的五道大券在南端出了毛病,券脚向外凸出少许。又因券石南北通直,所以也可以断定桥两端地脚完好未动。这种二十八道单券拼成一个大券的做法,它的用意是假设坏了一道单券,还有其他的来支撑。这种做法在古代的巴比伦等处也常有砖砌成窄长的过道,并且砖券是斜着摆,一层靠一层摆成尖券,如此便可省去搭架子的麻烦。不过桥梁终不比过道,在工程上是不许地脚有丝毫走动下陷的,不许有一道单券先坏的,所以宁可做整券而不可用单券拼成整券。这桥虽然在单券与单券之间用了铁榫及铁条等物加固团结的力量,但是年代久远,风雨侵蚀,铁已生锈,石多风化;再加上桥上面千余年来不断地通行大车,券石受震,所以单券与单券之间已裂开了大缝,有的竟远十几公分(是修理时要小心修理的)。假设使用整券做法便没有这种弊病了。不过这个弱点并不足以掩蔽它的优点。

在大券背上各安二小券。小券的用途:一则可以免水涨时石桥被水冲击;再则可以减轻大券的荷重及桥墩地脚的荷重;三则与大桥的外观增添了无限的玲珑生动,远望真是姿态美妙,凌空飞动,这种大手笔无怪古今同赞了(图2)。

现在桥多残破,大券只余二十五道,西侧五道是清初重砌的,在南端已略曾曲扭,并且券面石多折裂,是因为施工不精，相接两券石的石缝不能密合所致。在大券东侧有三券石已倒塌，另有两道大券已开裂外倾二十余公分，摇摇欲坠。又因桥面渗水，所以券石底皮多风化酥碱。两侧桥墩风化更甚，南端桥墩西侧石块已挤出，大券背上小券石风化更多，所以如果不急速修葺，一旦桥券全部崩毁，则损失必更大。现在桥东侧是砖砌栏杆外抹洋灰，西侧则是清代石板栏杆，雕刻简陋。栏杆柱头有狮子、葫芦、火珠等，与桥大不相称。桥面中间路面因走车太多，后来加铺一层石桥面，所以较两侧路面凸出约二三十公分(图3)。

桥南端在桥头上，原有明代关帝阁一座(图4)，下面是楼墩台，砖表土心。阁是三开间歇山单檐后带卷棚，现在阁及卷棚全毁，墩台砖券也摇摇将落，墩面砖也残破得很厉害。

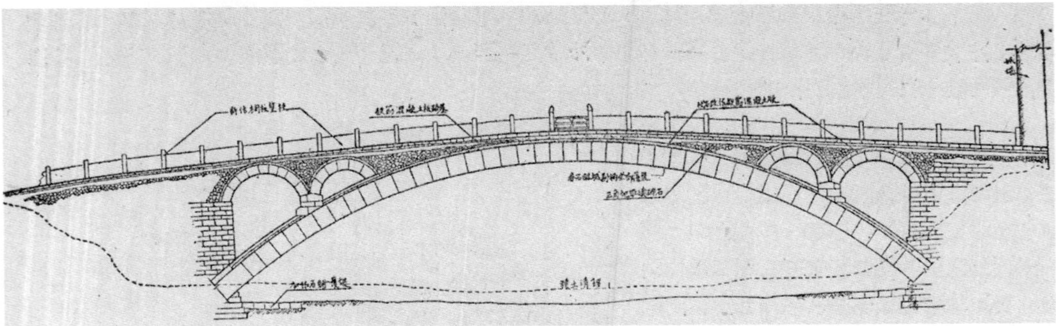

图2　安济桥纵断面图

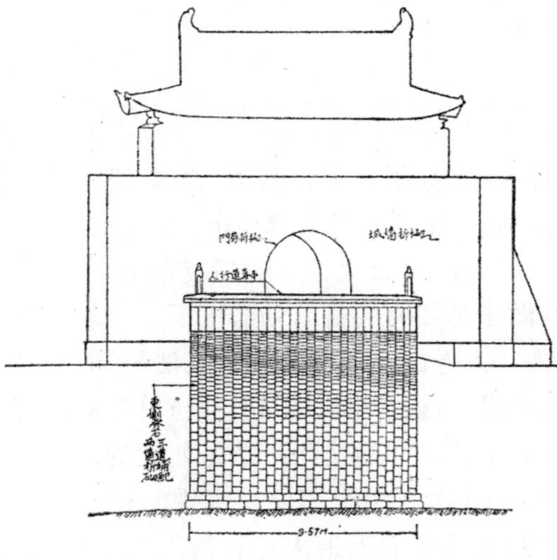

图3　安济桥横断面图

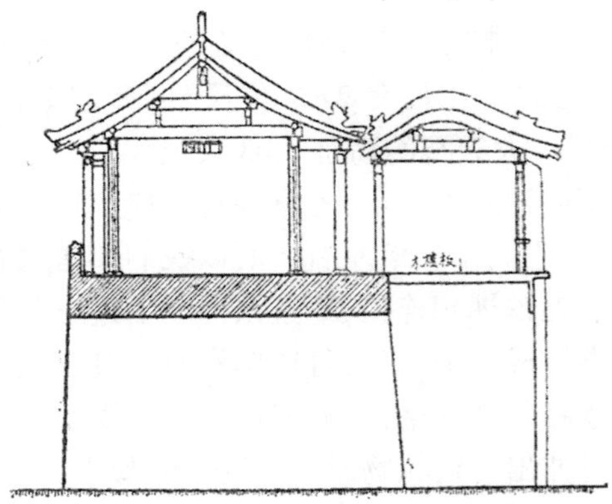

图4　关帝阁断面图

四、修葺方针

以极力保持桥的外观为主旨。风化残毁过甚的石块须更换新石，东侧大券及小券倒塌三道单券须扶起按原式加铁榫重砌，残破券石更换新石。大小券石残毁约三分之一的换新石，略有残毁的用水泥镶补，稍有残缺的保持原状不动。东侧开裂欲坠之大小券石二道，须重新安砌，俱按原式用铁活。大小券石既是用二十八道单券组成，则在券背上必须加固，使成一整体。最有效最易施工，最不伤大券石的方法即是在券背上(伏石)的地方改做钢骨水泥的伏券，不过要多加几道伸缩缝(如果动工时发现大券石尚坚细时，也可有数段用伏石加铁榫做，不过以少凿大券石为是)，原有伏石仅保留露出桥面部分，桥面上亦用钢骨水泥路面，上铺石板保持原状，仅将突出部分落平。凡水泥内均酌用避水粉，以防潮防水。最要小心的就是券底皮石缝仍然要露出二十八道券来，不能让水泥灰浆将券石底皮玷污。单券间的灰缝要勾进很深为好。

栏杆部分原来是什么样子已是不得而知，不过据《朝野佥载》上谓："赵州石桥其工磨砻密致如削，望之如初月出云，长虹歉涧，上有勾栏皆石也。勾栏并为石狮子，龙朔中高丽谍者盗二石狮子去，以后募匠修之，莫能相类者。”《朝野佥载》大致是唐人作品，所载石勾栏、石狮子或是像卢沟桥的狮子之类。栏板雕刻也可像小石桥那样。不过原样如何，希望在动工时清理桥下积石里可以得到一些原有勾栏的片断残余，然后再行恢复原式。栏板石料如能找到原来栏杆的石材最佳，不然则拟用汉白玉。

至于桥南端关帝阁，据当地人反映意见，极愿修复，可为该村镇生色不少，即对于桥本身来看，也是一个很好的配合物。并且阁很早就有，至近是明代就有，所以也拟将它修复原状。

此外就是此桥修好之后，只能走人，不能再走大车，以后交通车辆须另修便桥，便桥位置以在大石桥东六十公尺处最合适，一则彼处无甚障碍，易于修马路，二则在新桥上又可以观大石桥全貌，所以选定此位置。以后洨河可能放水作灌溉用，因之新桥跨度并不需太大，所费有限。

在参加赵县安济桥修缮工程中的几点体会

郭瑞恒

赵县安济桥是隋炀帝大业年间石匠李春所建的石拱桥，迄今已有一千三百余年，仍大致完整，并可通行车辆。它是单孔弧拱，净跨 37.02 公尺，净矢度 7.23 公尺，两端各有两小拱横跨主拱上。按修建时间、桥身尺寸和它在科学上的价值，安济桥不但是中国独一无二的古石桥，在世界工程及建筑史上也占有重要地位。但在解放前，这一重要古迹，长期没有得到保护，以致桥东侧塌毁三圈，尚有两圈外倾，有继续坍塌的危险，小拱圈尤其风化严重。解放后，人民政府为了保存这一有科学价值的文化古迹。曾进行了缜密的研究，于 1954 年开始由国家拨款加以修缮，预计明年可以完工。我想把在参加修缮工作中，所得体会到的几点认识提出来，和大家共同研究，并请指正。

一、安济桥最伟大之点何在?

安济桥除了由桥身现状看到它跨大弧平，建造优美，和由挖掘出来的栏板、望柱看到它雕刻精细生动外，我认为最伟大之点在于四个小拱上。这种空腹式拱桥，在欧洲十四世纪开始发现，直到十九世纪中叶才盛行，而我们的祖先在很早就采用了这种有高度科学水平的工程技术。空腹式桥除了在空腹部分可以减少修桥材料，减轻桥身自重，并可使主拱断面也因而减少，更进一步的节省了材料，减轻了桥基压力。在洪水时，空腹式桥可以增大排水面积，减少水流推力。《唐文萃》中张嘉贞的《石桥铭序》：两涯嵌四穴，盖以杀怒水之荡突，就表达了这个意思。

二、安济桥采用纵向并列法砌筑及两侧塌毁原因的分析

安济桥用纵向并列法砌筑，计二十八圈，西侧五圈曾经塌毁并重砌，石质新鲜可辨，东侧三圈塌毁后，尚未修复。考查塌毁原因，不是因为历年风化酥碱所致，而是由于拱圈外倾的关系，这由主拱现存石料尚坚实，及东侧现有两圈外倾即可证明。在并列的二十八圈石料本身之间，并无任何连接作用，原建筑者也预计到有外倾的危险，所以采取了下列五种加强横向连接的办法：

（1）拱两侧及小拱下均有护拱石（伏石），借摩擦力来阻止外倾；

（2）拱背上发现各圈之间有腰铁相连，防止横向移动；

（3）西侧外面护拱石之间有六块勾石，横长达 1.8 公尺，其下端有 5 公尺勾在拱石上，以防外倾；

（4）西侧外面主拱上有四根铁条头外露，四小拱顶各一根，东侧亦有铁条痕迹，想系东西相连，以防移动；

（5）就移动较少的二十三圈测量所得，拱顶宽度较两拱脚少十三四公分，这小量收分，也是为了抵消外倾的。

为什么有了五种连接方法，基础也无显著沉落，而两侧拱圈仍然倾倒呢？考查五种办法中：护拱石及勾石，在桥中部仅两侧有，作用不大；铁条是否东西相连，尚不得而知，即便相连，因圆头很小，作用不大；

腰铁链接法是有一定作用的,但其周围石料,在拉力作用下,很易破裂而失去腰铁原有的作用;收分办法,如果拱圈压力线不在同一平面,则在拱圈的四分之一附近,必发生一向外的分力,反易使拱圈局部外鼓,以致倾倒。现在西侧南端在四分之一处外鼓约7公分,大概就是这个缘故。那么,原来修桥时,既然知道纵向并列容易外倾,为什么还要采用这种办法呢?我们推测一定为了施工方便。纵向并列法,在每圈合拢后,本圈即发生作用,可以减少对拱架的压力,也就是拱架可以做轻巧些,省料省工,施工也容易,如果施工时间没有限制的话,尚可只做局部拱架,分段砌筑,更为节省。我们现在修缮工程的拱架费用约合全部工程费用的三分之一,所以撇开施工难易不说,只就费用方面,已可看出拱架在拱桥工程中之重要性。

三、这次修缮工程的横向连接办法

我们这次修缮工程不仅是要保存这桥的原来形式,并且要在不影响它的原有外形的原则上,补救它结构上的缺点,使它经过这次修缮能永远保持坚固。因此如何加强它的横向连接,是修缮中重要问题之一。经过研究后决定采用的横向连接办法也是五种即:护拱石、勾石、铁条及收分仍照原样修筑,这主要是为了保存原状。拱背上的腰铁,改为钢筋混凝土盖板。腰铁既然易使石料破裂,所以除了拱圈外侧露明之处仍用腰铁以符原样外,一律不再安设。护拱盖板设在四面护拱石之间,与护拱石齐平,厚度25~30公分,其中设纵横钢筋,横筋直径19公厘,纵筋直径12公厘,间距均为30公分,纵筋置于横筋之下,用细铝丝扎紧。四个小拱上的护拱盖板,除了横筋也用12公厘而外,其余均与主拱的盖板同。拱石在拱背部分,除了外面一层而外,均高低不平,表面也很粗糙,所以护拱盖板与拱石之间有摩擦力,黏着力,并且互相咬接,不易走动。盖板中加设钢筋,以承担拉力,在护拱石下及护拱盖板下均有足够的连接力。问题只在于护拱石与护拱盖板之间的如何连接?这个问题曾有过几种不同的意见,最后我们根据施工的可能条件,及保存桥的原来外形的原则,采用了锯齿咬接法,即将护拱石内侧打成倒齿形与混凝土盖板相咬接,为了坚固,齿及空隙均不应很小,每块护拱石(约一公尺)只作一齿,齿与齿之间空隙大致相等。这种连接法稍费一些工,但力量比较大,也不影响桥的原来外形。

图1　赵州桥修复工程中进行测量

四、防水层的重要性

由安济桥现状察,凡是漏水部分,大部风化酥碱,损毁严重,而不漏水的部分,则比较完整,这证明防水层对桥梁寿命的作用十分重要。在中国旧社会时期学的大都是资产阶级国家落后的工程技术,不知道防水层的重要性,所以很多永久性工程没有防水层设置,现在我们学习苏联先进经验,永久性工程必须有防水层设置。但部分技术人员(包括我自己在内),对它的重要性尚很模糊,经过这一工程,我认识了防水层的重要性,也加深了学习苏联先进经验的决心。

图 2　挖掘倒塌在桥底的拱石和栏板

图 3　进行大券下面勾缝工作

五、修缮工程的细致性与复杂性

同样规模的工程，修缮要比新建复杂，施工时也更需要细致。就拿安济桥拱架安装来说，足以证明，由于多年走动，历代修缮部分和原来的不一致等原因，拱腹曲度和跨度各部分差异很大，各排拱架若做成一样的，有的地方安装不进去，有的地方空隙过大，衬垫过多，既费材料，也不安全。所以各排拱架其形状和断面尺寸虽然相同，而弓形桁曲度则必须根据所遇安装地点的拱腹形状和附近拱腹变化，作适当调整，这就要详细而准确的细部测量。为了有把握，尚需预制样板试验，然后再行锯制安装，如此则虽然有些地方仍需要衬垫，但数量已减少很多，而尺寸也较小了。为了使拱架与拱腹密切接触，并吃上力量，拱架必须起顶，而起顶拱架也是一项细致工作，各节点均分三次起顶，每次起顶重量，各节点也不同，拱顶节点所承受拱圈重量较两端节点大，其上之拱架重量也较大，故应起顶的重量也就大了。我们购买了十二台油压千斤顶，并安装了压力表，作为起顶使用。四个小拱拱架均使用两次，拆除时用一次，重砌时再用一次。拆除时的各排尺寸不同，而重砌时则必须一致，这就发生了困难，经研究，解决的办法有两种：第一是先完全根据拆除时的需要锯制，将来重砌时拆掉另行锯制，这样势必有部分木料因过短必须更换添补。第二是根据将来重砌时的需要，做好弓形桁以内部分，将来不再变更，上面弧形垫板则按现有曲度来锯制，将来只更换弧形垫板，如果现在拱腹标高比将来计划的低，也可用整排降低的办法来调整，这样也需多使用些木料，但较上法要节省，因此我们现在采取了第二种办法。

安济桥修缮工程实况与工程的探讨

一、解放二十四年来有关修缮保护工作的摘要

一九五二年五月十二日

文化部批复修缮安济桥文中称：修缮石桥应由北京文物整理委员会按其原结构加以设计。经费可商同华北行政委员会文教局就去年度中央配拨华北区之名胜古迹保护费内开支。

一九五二年五月二十一日

文化部社会文化事业管理局通知北京文物整理委员会，关于修缮安济桥可由该会与河北省文教所联系办理，按其原有结构设计。

一九五二年十一日五月

北京文物整理委员会派余鸣谦等五人并约请清华大学刘致平、天津大学卢绳去安济桥进行勘测。

一九五三年十月

为修缮安济桥做准备，在安济桥东六十米处新建木便桥一座，由河北省交通厅设计，石家庄专区建筑公司施工，承包金额 262 909 218 元，于十一月底竣工。同时对安济桥下河床进行考古发掘。

三十日，由社会文化事业管理局张珩处长陪同公路总局何、蒋两同志，中央设计院黄强，北京市建设局林是镇到安济桥勘查，认为桥的主拱拱石残破不是十分严重，可采用“压力灌浆”方法注入水泥砂浆加固。

一九五四年四月十九日

北京文物整理委员会报送文化部社会文化事业管理局关于安济桥的修缮初步方案。

一九五四年八月四日

文化部函告河北省文化事业管理局将安济桥东新修木桥移交省交通部门管理使用。

一九五四年八月二十六日

北京文物整理委员会将赵县安济桥栏板设计说明书及图样报文化部社会文化事业管理局。

一九五五年一月

文化部邀请有关单位讨论保护修缮安济桥问题。出席人：蔡方荫（第二轻工业部）、周家模（铁道研究所）、黄京群、庞大为（公路总局）、吕书元、王思武（河北省交通厅）、俞同奎、和良弼、祁英涛（北京文物整理委员会）、张珩、陈滋德、陈明达（文化部社会文化事业管理局）。讨论的初步意见是：加固现状，修整时尽可能的恢复原状。不重拆、重砌。

一九五五年六月三日

赵县安济桥修缮委员会正式成立，由十个单位组成：赵县人民委员会、赵县文化科、赵县公安局、赵县一区区公所、大石桥乡人民委员会、河北省文化局、河北省公路局、北京文物整理委员会、交通部公路总局、文化部社会文化事业管理局。安济桥修缮委员会召开第一次会议，选出曹拔萃为主任委员，郭瑞恒为副主任委员，张同昌为秘书，其余各单位为委员，并由赵县人民委员会、北京文物整理委员会、赵县文化科、河北省公路局、赵县大石桥乡人民委员会五单位代表组成驻会委员会，办理日常工作。会议讨论了《赵县安济桥修缮计划草案》。文化部核准安济桥修缮经费是 266 652 059 元（1955 年前旧人民币——本书编者注）。

一九五五年八月二十日

文化部文物局征求各单位对《赵县安济桥修缮计划草案》意见，归纳为下列八条，并通知赵县安济桥修缮委员会遵照办理。

第一条：关于工程、施工部分同意交通部公路总局的意见。

第二条：望柱、栏板及房屋工程暂缓做。

第三条：环境整理及绿化暂不考虑。

第四条：锥形溜坡不做，桥头驳岸照原状做。

第五条：小拱圈道数照原数做。

第六条：小拱圈风化腐蚀石料，重砌时应剔换好石料。

第七条：请考虑十二月拆除拱圈，施工是否方便，拆除后请注意防冻措施。

第八条：桥面原有驴蹄印、车沟痕迹请保留在原位置。

一九五五年十月四日

文化部文物局关于安济桥修缮设计的原则：

（1）西面完全按照现存形状修缮设计。

（2）东面按照挖出石块或现存残痕设计。

（3）东面原状不能从挖出石块或现存残痕决定之部分，则按西面形状设计。

一九五五年十月十八日

主拱撞拱石设计问题的指示：

(1)四个小拱的撞拱石,按西面现状及挖出石料均未见有雕饰,故此次修缮也不应加雕饰。

(2)主拱撞拱石雕饰图案即速设计。

一九五五年十月十九日

召开安济桥修缮委员会第二次会议,曹拔萃报告委员会的工作情况。郭瑞恒报告工程进度、财务开支和劳力使用等情况。余鸣谦报告工程结构施工、式样和其二十一项现存问题。根据工作需要,会议一致同意聘请赵县工商科(代表劳动科)为本会之委员。

安济桥修缮委员会第二次工作会议报告:"在河床下约二公尺半处打捞出大批可用石料……先后共打捞出大块石料一千二百五十块,在打捞北端积石时,尚在桥西北角二公尺半深处挖出沉船一只,船上仅有少量石灰,时代不可考。八月中旬在桥东北角挖出旧木料五根。在这次打捞积石的同时,还挖出石栏板十五块,望柱十二根,石狮子两个,石佛两尊,铜钱多枚,其中以雕龙栏板最有价值。"

一九五五年十一月十七至二十六日

拆除旧桥面,发现主拱和小拱背上共有九道矩形断面铁梁,已锈蚀不堪。主拱拱背各道拱石间均有腰铁相连,以资横向联系。拱石中有治平三年(公元1066年)游人题石一块。

一九五六年三月五日

文化部文物局对安济桥栏板设计第五方案的批复意见:

(1)可以肯定的如正中龙头栏板及望柱可以雕制安上,其余不能肯定部分待继续发掘研究,在较有充分根据时再定。

(2)目前为了行人安全和外观完整,可制成素石栏板,其尺寸可以大一些,以备将来仍可以雕刻使用。

(3)为了保证雕刻复制的正确性,可进行一些翻模及点线机的试验工作。

一九五六年五月二十二日

主拱东侧原坍毁三圈,这次修缮又把相邻的裂闪的两圈也拆落,重砌五圈,自三月三十日至五月十二日全部砌完,共砌筑拱石142块,合44.702立方米。

一九五六年六月

古代建筑修整所祁英涛和清华大学刘致平到安济桥对帽石的排列进行了调查研究。

一九五六年八月五日

连日大雨,洨河洪水上涨,今日下午大石桥上的两个小拱也开始流水,桥台上水深0.17米。此次水位比一九五四年水位高出1.61米。

一九五六年九月上旬至十月十五日

四个小拱修缮完工。

一九五六年十一月五日

安济桥修缮委员会召开第四次会议,由郭瑞恒报告一年来安济桥修缮工程情况。实用工程费用约二十三万元左右。使用主要材料:水泥200吨、青砖15万块、石料462立方米(内有旧石加工83立方米)、木料280立方米、铁料80吨多。

会议议决事项:

(1)增选古代建筑修整所余鸣谦为修委会副主任,负责安济桥栏板设计,雕刻安装事宜。

(2)修委会同意在此会议期间验收已完成工程,并选出文化部文物局赵杰为主席,余鸣谦、戴书译为副主席,其余为委员,决定六日验收。

(3)财产移交问题:工具、材料均交赵县文物保管所代管,款项移交文化科代管。

(4)安济桥在栏板未安装前,暂不通行。

(5)同意赵县文物保管所增建房屋。

(6)同意制作修桥纪念章。

(7)工程期间所耗杉杆拟请注销。

(8)绿化环境。

(9)赵县要求恢复关帝阁事,请示文物局后定。

一九五六年十一月六日

安济桥修缮工程(不包括栏板)今日验收,认为工程质量符合要求。

一九五六年十一月二十四日

文化部文物局批复:

(1)保管所修建房屋,收购房屋地亩及绿化问题,可以在不超出原工程预算总数内酌量解决。如不能全部解决,请由河北省文化局列入年度计划予以解决。

(2)为适应参观群众需要,可以制造赵州桥游览纪念章发售。并由工程杂费中购置若干枚,分送有关单位工作人员。

(3)工程中耗费杉杆,请点清数量报送古代建筑修整所注销。

(4)不考虑恢复关帝阁。

一九五七年五月

在桥上下游各十五米范围内再度进行发掘,早期的栏板、望柱、仰天石、拱石续有发掘。

一九五七年八月

在安济桥南新建办公室、接待室并栽树绿化。

一九五八年四月二十二日至七月二十二日

北京市建筑艺术雕塑工厂试雕栏板。

一九五八年七月十一日

报送安济桥栏板恢复方案。

一九五八年七月十二日

文化部文物局电话通知:同意安济桥栏板恢复方案。

一九五八年九月十日

报请将间有雕龙栏板的十二根竹节望柱改雕龙望柱。

一九五八年九月二十七日

文化部文物局批复同意安济桥栏板望柱改雕十二根盘龙望柱。

一九五八年十一月四日

文化部文物局罗哲文、古代建筑修整所纪思验收安济桥栏板工程,工费实用数是 34 800 元。

一九五九年

经河北省文化局同意,在桥东南修建了亭子和文物陈列室。

一九六一年三月四日

国务院公布第一批全国重点文物保护单位 180 处的名单,其中安济桥是总编号第 58 号保护单位。

一九六二年二月

古代建筑修整所会同河北省文化局往安济桥析查修缮后的情况并写了记录报告。检查人有祁英涛、杜仙洲、李全庆、李竹君、赵仲华、朱希元、孔祥珍、王汝蕙、梁超、何凤兰、尤熹、李方岚、孟浩、申天等十四人。

一九六三年二月十一日

文化部文物局王书庄、陈滋德、罗哲文和古代建筑修整所姜佩文、祁英涛、余鸣谦等人座谈安济桥修缮工程,并建议邀请有关专家去赵县安济桥参观检查。

一九六三年三月十六至十八日

文化部徐平羽、黄洛峰、王冶秋、王书庄及古代建筑修整所祁英涛、李全庆陪同梁思成、茅以升、汪季琦、郭黛姮往赵县安济桥参观检查修缮工程。

一九六三年三月二十六日

文化部邀请梁思成、茅以升、汪季琦、郭黛姮座谈安济桥修缮工程。会上茅以升对安济桥从科学上进行了分析和讲解,对石桥的工程、结构给予了很高的评价。梁思成认为,安济桥修缮以后,从形象上看来“返老还童”了。他提出对古建筑的修缮应当“整旧如旧”。汪季琦则认为,新添材料和旧有材料在修缮中应有区别。

一九七二年

赵县革命委员会在安济桥南头西侧新建接待室一栋,用款两万一千元。

一九七四年一月十日至十六日

文物保护科学技术研究所派李竹君、贾瑞广、姜怀英去安济桥勘测,准备建立安济桥的档案。

二、桥身残破情况及其修缮纲要

在1955年修缮以前,主拱东侧外三道拱圈已经塌毁,临近两圈也看出有较大的裂缝。经过测量,未塌毁的25道拱圈总轮廓有轻微的扭曲情况,北端东倾,南端西倚;从西侧看,第一道拱圈在跨度靠两端四分之一处,北部微凹入9厘米,南端微凹入8厘米;从东侧看,自西向东数第23道拱圈也是在跨度靠两端四分之一处,北端微凸出4厘米,南端微凸出13厘米,而且拱顶还凹入12厘米。

四个敞肩小拱由于直接受到桥面漏水的影响,其风化程度和杂乱情况都远甚于主拱拱石,南端一个小拱只有27道拱圈,很可能是后代重修时所改动。

南北金刚墙的砌石大体规整,在主拱拱脚处,用垫石相连,南北拱脚也大体平齐,没有显著的走动情况[1]。

桥身修缮纲要可分七点:

第一,主券东侧裂开的两道拆除,连同已塌毁无存的三道一并修复,其构造形式参照现存物和河床中掘出旧物。券石砌筑砂浆采用80号水泥砂浆。现存23道主券采用压力灌浆法加固。

第二,伏石与盖板。原桥西侧主券及两个小券券顶上使用伏石,可酌情拆砌。东侧塌毁无存可比照西侧新配伏石。在东西伏石之间,加用140号钢筋混凝土,浇筑成与伏石同厚之护拱券盖板以加强横向联系。

第三,小券。大部分小券的券石疏松破裂,无法再用,需换用新石依原做法砌筑。其上方东西伏石之间,也用140号钢筋混凝土盖板加强整体联系。

第四,侧墙。侧墙西面拆除,待灌浆加固主券之后,再以80号水泥砂浆砌筑复原,旧石应尽量利用。东面侧墙已无存,仍依西面做法修复。

第五,拱腔填料及防水。拱腔部分以90号素混凝土加20%块石作为填料,其上加铺亚麻布及沥青防水层。

第六,金刚墙。上部的疏松断裂条石予以更换。下部基础,等木支架托实主券之后,调查并研定是否加固。

第七,雁翅泊岸。南北金刚墙之东、西侧做出石砌泊岸,其平面仍比照原来四分之一圆的轮廓布置。

三、桥身加固工程的主要措施

(甲)主拱加固

在23道主拱勾缝工作及承托主拱的木制拱架建立工作完成后,即使用“压力灌浆”方法进行主拱加固。

灌浆分区是依东西向分为3份,南北方向分为13份,把23道主拱圈分成39块2.60米×3.11米的方区,灌浆工作由两端拱脚开始,依序进行。

灌浆前,用1.5个大气压将主拱砌缝中积土杂物冲刷干净。清洗后的积水,用空气压缩机吹风压出。

注浆孔及灌浆分区隔墙:注浆孔的位置设在拱石缝纵横交接处,间距1~2米。为防止由甲孔注浆,由乙孔溢出,事先备好一批木栓,每注一孔,将其附近诸孔用木栓缠麻塞严。对于方块分区的隔墙,安济桥工程的做法是:用8~10号铅丝弯成U字形,其中用细铅丝编成密网放入石缝之后,在两组铅丝网之间灌满水泥砂浆即成。

在勾缝七天或砂浆应力达设计要求75%后,开始灌浆。灌浆材料用1:1水泥砂浆(坍落度3~5)。

每个分区的每段纵缝分两次灌注，第一次利用灰浆输送泵通过胶管注入一半深度的灰浆；再经过 48 小时以后，用 1:1:0.67 比例的水泥、砂、水的拌和浆体填塞纵横砌缝的顶部空隙及注浆孔。

压注水泥砂浆保持不大于 6 个大气压力。

除了勾缝和建立拱架之外，拱桥上部拆除也为主拱压力灌浆提供有利条件。凡桥上原有栏板、望柱、桥面石、小拱券、侧墙、护拱石及东部外倾的两道主拱圈均行拆除，所拆石料按能使用程度，编号注明，运至储料场地，加工改制。

拆除之后发现了下列情况：

(1)九根铁条(即铁梁)位置问题。从桥西侧立面看，九个圆铁帽分布情况是：四个敞肩小拱的龙门石上各用一个，主拱龙门石上一个，另外四个对称分布在主拱背上南北 10 米范围内。桥面拆除后，看到主拱背上实际存在两组铁条：一组铁条是与前述露明于西侧五个原铁帽相应的五道，这五道并非通长，而是每道由五根短铁条铆接成，浮摆在主拱背上；其西起第一小段都在第 5 或第 6 道拱石处断开。另一组已不露头，现只余 3 道存在于中部二十道拱圈背上，但在这二十道拱圈范围内它是通长使用，深嵌入石背，断面是 9 厘米×6 厘米，看来应比前一组时代为早，和明嘉靖甲子(公元 1564 年)翟汝孝碑文对照，这就是碑文中所谓“铁梁”。

(2)在桥面石之下，敞肩小拱间的填土中，埋有两块近代栏板，这种栏板都很矮，高度变化在 47~50 厘米之间，只一面有雕饰，一块刻龙形云纹，一块刻山石，前者并有“大定二年四月黄山石匠杨志造”的题记[2]。

综合(1)(2)两个情况，可以想象到：(a)在金大定二年(公元 1164 年)前后，安济桥两度坍毁。由于第一次坍毁，才在大定二年补植了栏板；由于第二次坍毁，才使这两块补植栏板埋到敞肩小拱间的填土中去。两度坍毁时间虽不可考，从安济桥处于十二世纪宋、金战争拉锯地带，其由于战火影响，很有可能。(b)如果西侧五道拱圈确属清中叶所重修，则此前的主拱背铁梁位置可能是依残存三道的那一组排列方式。

(乙)钢筋混凝土护拱盖板的使用

自建桥以来，拱券与拱券之间的横向联系一直依靠腰铁和铁梁，但铁、石之间接触面有限，遇到震动等外力影响，易致石料破碎拱圈外闪，是并列式拱圈结构一大缺点。为补救此缺点，1955 年修缮工程中，除东西侧仍照原制铺砌平均宽度为 75 厘米的护拱石外，中部主拱与中部敞肩小拱拱背上均普遍浇注钢筋混凝土盖板一层，藉以加强拱桥的整体性。

这一层护拱盖板的厚度并非均一，而是随着两侧护拱石的变化而变化，以主拱为例，在西侧 63 块护拱石中，自拱脚至拱顶，愈上愈薄，南北金刚墙下一堆护拱石最厚，约 37 厘米，自金刚墙至南北较小跨度小拱的内拱脚为止，大部分护拱石厚度变化在 30~33 厘米，拱顶处护拱石厚度最小，是 14 厘米。

护拱盖板依 140 号强度标准配合浇注，其横向钢筋使用 1.9 厘米直径的单排钢筋，间距 30 厘米，钢筋中心在盖板顶面下 10 厘米，两端插入护拱石上预先打好的孔眼中，插深 10 厘米，孔眼空隙用 120 号砂浆灌注；纵向钢筋使用 1.2 厘米直径的钢筋，间距 30 厘米，用细铅丝捆在横向钢筋之下，两端各弯回 10 厘米。

诸拱拱顶原非齐平，所以新加的钢筋混凝土盖板与拱圈顶面不必再做任何人工联结。

(丙)防水层

为了防止因桥面漏水以致拱石风化酥碱，在桥面石下、拱腔填料和护拱盖板之上，加用两层亚麻布、三层沥青作为防水层。

(1)为便于第一道沥青涂刷均匀，先做 2 厘米厚的水泥砂浆垫层，赶轧光亮。

(2)施工时正当冬季，涂刷沥青时，使用 3 号石油沥青烧到 160℃温度左右即装入铁桶内运到桥上，更掺入适量煤油，以避免因天冷速凝，发生涂刷不开的问题。

(3)铺设防水亚麻布时，底层横向铺，上层纵向铺。其搭接是顺水流方向将上一幅搭在下一幅的上面，搭接宽度为 7 厘米。因天冷，随铺亚麻布随用火轧碾进行滚轧，至粘牢为止。

(4)防水层在横断面上由两侧向中心汇水,坡度为1.5%;在纵断面上随桥面由度向两端排水,至路面铺砌层以外之处,即用70厘米×70厘米断面的盲沟排入河中。

(5)三油两布的防水层之上,又铺筑200号豆粒石混凝土一道,厚约8厘米,以资保护。

四、栏板望柱的变更说明

(1)修理前栏板望柱情况

西侧栏板望柱皆为石质,其望柱柱身方断面,多数尺寸为28厘米见方,柱高105厘米,柱头部分或雕桃形或雕葫芦形,高30~40厘米,唯拱顶上两个柱头是雕为狮行。栏板一般尺寸是20厘米厚,75厘米高、185厘米长,断面上下同厚。外侧面素平,只在内侧面雕出龙头、虎行、卷草荷叶等,雕工是很粗糙的。

东侧由于外三道拱圈坍毁,大部分是在残桥边沿用条砖砌成栏墙,上抹2厘米水泥砂浆罩面;只有南北金刚墙上方还剩余一些石质勾栏。其中南北金刚墙上两块人物故事类栏板可能是明嘉靖甲子(公元1564年)所补添。

(2)河床中遗物的发掘情况

1953年10月中旬,在安济桥东新建两孔木便桥时,因整理河床乱石,在安济桥东侧河床中发现一块"走马、飞马"栏板,石质技法和桥上现存者不同,这一发现引起大家搜集遗物的兴趣,便在桥东西侧进行了试探性发掘,结果掘出饕餮式龙头栏板一块,凤形栏板一块,连同前述"走马、飞马"栏板共三块,还有题咏石一块和一些残零不全的望柱仰天石[3]。

1954年6月继续发掘,先后掘出有四叶斗子卷叶式栏板、四节竹节式望柱、有题记的栏板[4]等。可惜遇到洪水,事先没有准备,发掘工作中断。

1955年5月,安济桥经中央批准由河北省交通所负责施工前的勘测准备工作,这时也有了抽水机具,便比较全面地进行一次发掘,其范围:东西约26米,南北约30米,深度平均2米,扰乱淤泥土方量约1600立方米左右,共计掘出积石1,200余块,其中有栏板、望柱、狮子、题咏石、仰天石170块,边发掘边砌筑拱架基础和砖墩,至八月中旬洪水之前,这一阶段发掘工作停止。

为了充实安济桥勾栏的设计资料,1957年5月再次发掘,发掘范围以桥上下游各15米宽度范围为重点,扰乱淤泥土方面积约1200平方米,共计掘出大小石块300余块,其中早期栏板、望柱14块,刻束莲的拱石2块,另有刻八瓣花饰的仰天石许多块。

(3)栏板遗物的初步分析

在发掘出和拆除出的69件栏板、望柱中,就其布局、母体来看,大体可分为四种栏板和两种望柱,试分别介绍如下:

第一种栏板是以龙为雕刻母体的栏板。龙,在我国古代封建社会时期,一直是作为"灵物"出现在雕刻、绘画、建筑等各种艺术作品中,用它象征吉祥,象征统治者;龙同时也是水族动物的领袖。安济桥的早期栏板望柱上,之所以有很多块龙行雕饰,不外乎要借助它的形象,对洪水的威力予以精神上的控制,在艺术形象背后反映出当代浓厚的崇拜自然的迷信思想。南北朝以来,敦煌莫高窟、洛阳龙门、大同云冈等石窟群中常可看到在龛楣、天花部位出现的行龙困龙,但在建筑构件如勾栏上,成组的使用龙形装饰,安济桥之外不多见。

龙形栏板遗物共九件。

综观九块栏板,从断面轮廓来分析,除两块饕餮式龙头一块是上下同宽者外,其余八块具上窄下宽,上顶部用圆形寻杖(扶手),底部用方形地伏,构件尺寸基本上是统一的,高度多在90厘米左右,折合尺恰为3尺。从雕刻技法上看,刀法苍劲有力,形象极为生动,尽管大部分是两龙相列的题材,但细部上富有变化,与一般古典作品中"形象相似,但又不尽相同"的意趣是吻合的,它为我国古代雕刻艺术史填补了一个空白。

九块龙栏板,还有四根龙望柱的雕刻内容和唐开元十三年(公元725年)《石桥铭序》文中"其栏槛蕈柱,锤斫龙兽之状,蟠绕拏踞,眭盱翕歘,若飞若动"的记载恰相符合,可能就是建桥原物。

第二种栏板是以斗子卷叶为装饰题材的栏板。斗是我国古代生产劳动中,伴随着商品交换范围扩大而产生的一种量器，用以量谷、黍。斗又是一种容器，可以装水、酒。早在汉代，许多石阙、画像石的雕刻上反映出来，斗已成为建筑中的一个构件，广泛地用在梁、柱纵横连接部分。卷叶饰是南北朝时期佛教艺术中常见装饰题材，用于龛楣、柱座等处[5]。可能是第六世纪后期，我国传统的建筑艺术与佛教艺术再度交流，太原天龙山第9窟出现了斗子卷叶的雕饰[6]，该窟窟下小洞门的上枋正中使用斗子卷叶饰一朵，斗下两旁各伸出四瓣卷叶，第一瓣叶尖内卷，第四瓣叶尖反卷向下，这和安济桥发掘出来的四瓣斗子卷叶是同一意味。

安济桥发掘出来的早期斗子卷叶饰栏板共13件，有的卷叶轮廓和天龙山第9窟相同，还有一种卷叶线条柔和，与河南洛阳石棺北魏石刻画逐龙人手持花叶线条近似[7]。从桥下发掘出的崔恂石桥咏题石上，刻有“□物三方会传名四海知□镌起花朵摸写跃蛟□”的诗句，推断这种栏板和早期龙栏板，在唐开元以前并存于桥上。

斗子卷叶栏板的布局显然是仿木构形式。自上而下，用圆断面的寻杖（扶手）和方断面的盆唇、地伏三个构件把栏板分为两部：寻杖和盆唇之间打磨光滑，雕出斗子卷叶三朵，边朵各与望柱斗行相接；盆唇和地伏之间只打出人字钻文，不做装饰。

安济桥的斗子卷叶栏板间接反映出这一时期木建筑的部分情况，发展到唐代，卷叶数只用一瓣，乃形成如西安慈恩寺大雁塔门楣石刻所见的“人字栱”。近闻山西寿阳某北齐墓的木樽上既有斗子卷叶，又有“人字栱”，可见二者关系的密切。

不能不同时介绍一下马栏板和凤栏板。两者都用灰白色石灰岩制成，马栏板一面刻走马，一面刻飞马；前者神情温驯，后者托以浮云三朵，表现为飞腾凌空，断面上窄下宽，有显著收分。凤栏板两面布局均仿木栏板，刻出寻杖、盆唇、地伏等构件，盆唇之上均刻三瓣斗子卷叶三朵；盆唇之下，正面刻凤凰及山石，凤凰的线条风格与马相似，反面是四行题记，共二十六字：

“在州南城厢故通引高贵妻王氏施此勾栏石一间合家同增福寿”[8]

通引官名不可考，马衡判断是五代藩镇自置的官号。综合两块栏板的石质、技法，可能是北宋时配在桥上。

第三种栏板的特点是高度降低很多，约47~53厘米。这种小栏板共五件，采用各种母体如人物、山石、龙云纹等，其中就包括从敞肩小拱间填土中拆出的那块“大定二年（公元1162年）四月”的栏板。五块栏板的规制、刻工都较简陋，大都为金代补添。

第四种栏板是故事类栏板。赵州桥西门外永通桥的明代栏板[9]多以人物故事为话题。在安济桥，这一类型的栏板有9块，或刻“赵颜求寿”，或刻“王祥卧冰”，推测也都是盛行小说的明代所补添。这种栏板的断面虽仍保存上窄下宽的轮廓，但寻杖、地伏的刻痕已不太明显。1955年5月在北金刚墙西侧发掘出的嘉靖甲子（公元1564年）《重修大石桥记》碑文中说：

“嘉靖壬戌（公元1562年）冬十一月央工至次年癸亥四月十五日吉成所修南北码头及栏板柱脚锥□□□由制且增崇故事形象备极工□焕然维新境内改观矣……”这一记载可以证明故事类栏板大多是明代所增加。

早期望柱的一种类型是龙望柱。1955年挖出一根，1957年挖出三根，其掘出位置恰好是，两根桥东，两根桥西，大体在桥中央部分；进一步观察，这四根龙望柱的底皮与柱身垂直，并未加斜，认为它们是桥顶四根望柱，是没有多大问题的。

四根望柱的柱身为方形断面，上刻大斗，下刻地伏，内外看面就在大斗、地伏之间雕出盘身踞坐的龙形，其生动的姿态、熟悉的技法和龙栏板所刻极为近似；从两个侧面可看到中部刻出盆唇的痕迹，并有与栏板相结合的凹槽。柱头部分只有一根比较完整，在柱身大斗上施覆盆一层，覆盆之上微收做出三节竹节饰，而以外饰绳文的小圆槽刻在顶端，其他三根已残缺不全。

早期望柱的另一种类型是竹节望柱。掘出数量较多，大小19件，但多数残缺不全。一般这种望柱柱头多为单宝珠与覆盆的组合，二者之间有圆形细颈相连，通体呈现为优美的曲线。望柱柱身仍是方形断面，内外看面下部放出地伏，上部刻大斗承托在柱头覆盆之下，大斗下刻有四节竹节，其第一节并呈上小下大的喇叭形。从两侧面可以看到与栏板接合的凹槽和中部盆唇的痕迹,但也有些望柱仅在一侧刻为盆唇,他侧则不见。很可能这后一种竹节望柱一面接斗子卷叶栏板,一面接龙栏板。

无论是龙望柱或者是竹节望柱,柱身下部都有一个圆榫,榫径19厘米,榫长7.5厘米,和八瓣花饰仰天石的上部凹槽恰相吻合,二者时代看来是一致的。

和望柱有关需要提到的,还有两个狮行立雕。其中的一个石质青白色,前胸挺出,背部斜直,平刻出鬈卷,嘴角刻弯月形,但前腿已残;另一个石质绀紫色,有光泽,鬈卷凸起,脚下踏一圆球,球上刻古钱纹,狮身下并刻出一道莲座,惟狮嘴残。两个狮雕总高度相若,约45厘米,但石质形状很不一致,看来不是一个时代的作品。

(4)勾栏的修复

是照现状,还是照原状?这是修复中首先待确定的问题。大修前桥上所见栏板望柱雕工极粗糙,而且东侧改成砖砌抹灰,这样恢复,外观上自然不会调和悦目。所以,从挖的旧勾栏那一年开始,一般意见都倾向于复原到最早时代的样式,以便使号称隋建的石桥,名实相符。从1956年就向各有关方面征求意见,并绘制了若干方案图集,作为引玉之砖。意见征求的结果,分歧较大,有人主张"把历代遗物都放在桥上,成为各时期勾栏的陈列处所",这种想法似乎泥于考古意义,势必给人大大小小高高矮矮外观不整的效果;也有人主张"既然条件不够,索性设计一套新式栏板",但是,古桥身新栏板,对于修复古迹来说,是否离题太远?

1957年,桥身加固已竣工,桥下河床发掘工作也告一段落,把发掘所得与此前所做的方案重新对照后感到,早期的栏板望柱,虽然从河床中掘出几十件,但对于长达50.82米的桥面而言,数量上是不够的,假设每间勾栏长度即望柱中距是2.40米,则需要勾栏的间数应是2×50.82÷2.4=42.3也就是需要42块栏板。到1957年为止,斗子卷叶栏板和龙栏板只有22件,不过一半左右。除去数量欠缺外,还有位置问题,曾经根据栏板直面与底皮的交角以测其斜度,未得到满意的结果,并且哪块在东侧,哪块在西侧,也无法则可循。加之,掘出的板、柱多已破坏,原件安装,不易达到保固要求,所以勾栏的修复采取"材料从新,样式从古"的原则。

对于栏板的题材,曾经考虑过42块栏板全仿刻龙的方案,外观华丽,是其特点,但工程费用也高。最后决定中央还刻龙两侧刻斗子卷叶比较合适。具体排列的顺序是:饕餮式龙头放在桥中央,在早期龙栏板中选出四块较完整的分列在饕餮式龙头的南北,在这五块龙栏板的南北侧16块栏板全部采用斗子卷叶式样,其中,"全刻四叶"和"中间三瓣端部两瓣"交错使用。

望柱题材也是两种:中央龙栏板区的望柱6根采用龙式样,两侧斗子卷叶区的望柱16根采用竹节式样。

新配勾栏石料,从1956年就开始在元氏石场开石打荒,并运到现场。自1958年向北京市建筑艺术雕塑工厂借用技术工人,以决定的方案雕制栏板望柱,在同年十一月安装完工。

五、桥面的变更说明

1955年大修以前,桥面破坏情况较严重,频繁的车辆往来,使得长为50.82米的桥面成为最易破碎的部分。在明代曾有如下的记载[10]:

"桥之上辙印深处积三十余年为一易石。"

可见磨损之剧烈。桥面原来是青白色石灰石铺砌,但中央3.80米宽度部分又在原桥面石上加铺红砂石板一层,以致比两边高起10~20厘米。

可以明显地看出桥面轮廓是一道曲线,曲线坡度约为74/1000。安济桥桥面没有采取复杂的双向反曲线的玉带桥式样,因为它不是庭园中专供游览的步桥;也没有采取强劲的水平直线的现代桥梁形式,因为一千三百年前的隋代还没有高速车辆行驶。安济桥平缓的桥面既方便行人车马的往来,也利于排水。直到清代,这种纵断轮廓的桥面还在沿用。从平面轮廓看,有一点不同于清代石桥,即桥的两端没有随着下部雁翅放出八字喇叭口;至于桥面西边墙之所以放斜(该部最大宽度12.20米)恐是由于清中叶修补西侧五道拱圈时,同时也修补了桥南金刚墙的西部而形成今状。

这里附带谈一下关帝阁及其他桥上建筑。

（甲）关帝阁

在桥南，有正殿、前殿两部分。正殿三间，据当地老人谈，建自明隆庆六年（公元 1572 年），原有碑嵌在城台西马道墙上，因墙塌不知去向；前殿是明崇祯二年（公元 1629 年）增建，1955 年大修前崇祯二年的题名碑尚存于南岸。前殿、正殿都在抗日战争中被战火摧毁，大修时只余城台。城台结构是砖墙身、条石墙基，墙基底皮在桥面下 3 米处。城台平面矩形，台北面与桥轴线成 94°钝角，而非正交。城台拐角处每隔 20~22 行，纵横用压砖木板，以加强连接。椭圆形的城门上口嵌“辑宁”题石。过去封建社会中，进一步推崇关羽，改关王之称为关帝，是明中叶以后风尚。从流传下来的诗文看，提到关帝阁的也都在明隆庆以后。如王懿诗中的“棘山疏矗凝朝岫，帝阁窿崇起夜潮”，又如王惘诗中的“势凌霄汗蛟龙起，地接楼台风雨多”看来，从隋到明九百年间，安济桥南是没有楼阁存在的。

（乙）鲁班庙与柴王庙

在桥南侧各有小屋一排，东西相向。据当地老人谈：东面的叫柴王庙，西面的叫鲁班庙，都是清道光元年（公元 1821 年）增建。1955 年大修时，这两排小屋已不见。

下面介绍桥面修复的概况。

由于桥面原来铺石就较凌乱，拆除搬运之后又有一部分损毁，因此修复时就只是参考了原来的布局形状，桥面石则使用新料，全部规格化。具体做法是：自南而北铺三行纵缝方石做桥心，方石尺寸是 90 厘米见方。在方石桥心两侧各栽一行牙子石。然后，在牙子石与仰天石之间横铺 60 厘米宽的条石，错缝铺砌。

由于早期仰天石的发现，其轮廓线又比较复杂，修复仰天石经过了一番研讨。

从 1955 年到 1957 年，河床中掘出仰天石大小共 56 块，其中刻 16 瓣花饰者 5 块，刻 8 瓣花饰者 51 块。在 1955 年，曾对 27 块早期仰天石进行了统计分析，得出如下五点看法：

（1）a3 尺寸最小 22 厘米，最大 25 厘米，试与早期栏板底宽相比较，最小 21 厘米，最大 24 厘米，恰好有 1 厘米的安装缝隙，其为承托早期栏板之底槽可以肯定。托栏板槽深 4 厘米，为清代槽深之倍。

（2）前看面与上皮面的元花饰成对使用，其中上皮面花饰的直径稍小，为 16~18 厘米，前看面者稍大，为 18.50~23 厘米。从花饰与柱槽关系看，很少花饰是和望柱对中的。

27 块早期仰天石中，带八瓣花饰者 21 件，估计花饰的排列不会过稀。

（3）下颚高度（d3）一般变化在 0~7 厘米之间，这可能是考虑到侧墙上皮参差不齐，以此厚度调整，令仰天石上皮成一圆滑曲线。

（4）在后尾未残缺的 17 块仰天石中，对总长（L）进行比较：1.04~1.19 米者 9 块，1.295~1.465 米者 6 块，1.573~1.675 米者 2 块，推测其后尾原是长短不等的。

（5）挑出度（d4）自 32~37.20 厘米不等，而以 34.50~35 厘米者最多，约 50%。综合上述一些看法，几经研究，决定仰天石材料全部换新，依 109×70×33 厘米和 167×70×33 厘米两种尺寸交互铺放。每块仰天石的前看面和上皮面中央各刻八瓣园花饰一朵。

（丙）仙迹石的处理

雄伟的安济桥屹立在洨河上已千三百余年，对这一划时代的杰作，从古到今，参观人莫不同声赞赏，但唯心主义者却在赞美的语句中蒙上一层神话色彩的面纱。大概从宋末开始，洨河石桥上就有了仙踪的提法，把劳动人民的创造归功于“仙”、“神”，如杜德源诗。到了明代，唐张嘉贞、张彧等人的碑铭早已无存，在嘉靖甲子重修碑文上又开始出现张果老堕驴之踪的唯心主义的说法。在同一世纪中，鲍捷早就写了一篇驴踪辩，他认为所谓张果老的笠迹、驴足迹只是“石病偶有形似”，因为“好事者附会为此说以欺人”，唯心史观与唯物史观两条路线的斗争，在建桥问题上也反映出来了。

清末，在桥南盖了鲁班庙、柴王庙两排小屋，同时产生了更多的传说。例如：

（甲）鲁班修完石桥非常高兴，正好张果老骑驴，柴荣推车，来到桥头，二人问鲁班：“我们过桥，能经得起吗？”鲁班并未在意，认为没有问题。张、柴两个神仙就和鲁班开个玩笑，运用仙法，把五岳名山的重量加在车上和驴上，在走到桥中央偏南地点，把桥压得摇摇欲坠，鲁班看情况不妙，用力在桥东侧托撑，桥才没有垮。由于重量巨大,后来桥上就留下驴蹄印、车沟印和手印。此外,柴荣推车,曾跪在桥上,一膝着地处留下了膝印;张果老戴的斗笠曾掉在桥上,留下斗笠印。

(乙)民间流传的小歌舞剧《小放牛》歌词里有"……赵州桥鲁班爷修,玉石栏杆圣人留,张果老骑驴桥上走,柴王爷推车压了一道沟……"

这些不符合史实的歌曲、传说也许是人民大众为了推崇这座石桥的伟大成就而编造出来的,但我们应坚决摒弃其唯心主义成分。

毛主席在《新民主主义论》一书中曾指出"清理古代文化的发展过程,剔除其封建性的糟粕,吸收其民主性的精华,是发展民族新文化提高民族自信心的必要条件;但是决不能无批判性的兼收并蓄。"我们修复桥面时,在原来位置仍旧做出了个"仙迹",现在看来是个错误。因为旧"仙迹"就明显为后代编造的无稽之谈,新"仙迹"徒然表现了我们对这一神话之肯定。在谁造桥的问题上,我们一方面根据史实,考证了安济桥是以李春为代表的隋代桥工匠们创造的;同时又在新桥面上做出新"仙迹",从而淹没了以李春为代表的劳动人民的创造历史文化的伟大贡献,错误的宣扬了"英雄"(神仙)创造历史的唯心史观,这是应引为教训的。

六、其他变更说明

(甲)关帝阁

阁及城台的基本情况已如前文所述。1952年向专家征求意见,当时是打算恢复关帝阁的,1953年由北京文整会做出关帝阁复原设计图纸。其后,随着勾栏等早期遗物的发现,桥的时代逐渐明确,反倒感觉晚期的关帝阁修复工作不是十分必要,何况复原设计只是依照简单的平面图制成,考古学根据也不充分,所以1955年大修中,虽有倡议,终未实现。

(乙)九道铁梁

为加强安济桥二十八道拱圈的横向联系,使用九道铁梁,铁梁断面9×6厘米,端部打成直径14厘米的圆帽。如前文所介绍,在揭除桥面后所发现的两组排列方式中以残存三根的那组时代较早,故此,改动了修前西侧面貌,依下列方式施工:

(1)主拱拱顶和四个敞肩小拱拱顶各一根,共五根。

(2)在主拱拱背上,自拱顶向南北分别依5.60米、5.10米的间距安装其余四根。

(丙)券脸石起线

西侧后修部分,券脸石上下各起双线,但西侧南拱脚两块旧石和河床挖出旧物都是上下起三线,所以1955年大修中,东侧券脸石均依上下三线雕制。

七、工程优缺点

1955年正处于我国过渡时期,过渡时期总路线是实现国家的社会主义工业化,尤其是要集中主要力量发展重工业,但对安济桥这一珍贵文物,仍能拨出二十余万元巨款,进行修缮加固,说明党和政府十分重视文物事业。施工当中,地方领导和有关单位都积极支持,才能在两年当中,克服了洪水等困难,完成桥身加固工程。回顾一下,工程中的优缺点试列举如下:

优点方面

(1)由于河床中发掘出若干遗物——栏板、望柱、仰天石等,客观上促进了对桥早期原貌的探索工作,尽管这种探索还非常不完整、不深入,但复原后的外观比起修缮前更接近于早期形象,对于号称1350年前的古桥,这种尝试还是有必要的。

(2)由于采用了主拱压力灌浆,钢筋混凝土护拱盖板、防水层三项措施,桥身的耐久性大为增加,在一般情况下,从两侧发生崩倒的问题基本上解决。

缺点方面

(1)施工过程中,对于保固问题比较重视,相对而言,对于修复之后如何保持其古旧气氛注意的不够,主要表现在材料方面。1955年的大修工程中,除23道主拱圈和南北金刚墙未动,其他部位大都用的是新料,其中虽有差不多六分之一是旧石,但为了交代严谨,也有不同程度的加工,影响其古旧的外貌。

从桥面而论，它不是主要承重部分，如果适当换用些旧料还是可以的。由于大量使用新石料，修缮后的安济桥受到“返老还童”的批评，或者说这是一座安济桥的复原模型，而看不出是一座古老的桥梁实物，推究其原因应归咎于现场指导思想缺乏维持古旧气氛这一重要因素。

(2)栏板望柱艺术品仿雕工作虽经使用点线机等先进方法操作，但雕龙的神态终显呆板，还不够理想。

(3)由于追求规格化，有些本身并不残坏的旧料如仰天石也未用上，反而闲置起来，当一般台阶用了。

(4)亚麻布防水层没有铺到边沿，因而现在桥的东西边沿仍然漏水，对桥的寿命有影响。

注：

[1]依1955年11月测量记录，对于主拱起拱线处标高进行比较，南拱脚两端及北拱脚西端均见平，只是北拱脚东端微高起约1.9厘米。

[2]这块栏板的题记全文是“本州西关刘阜等众开店维那另设勾栏贰间大定二年四月黄石匠杨志造”，共4行31字。

[3]这块题咏石是宋人安汝功在宣和乙巳(1125年)九月路过石桥所题，内容是“夭矫苍虬脊，横波百步长，匪心坚不转，万古做津梁。”诗文并见于光绪、隆庆《赵州志》上。初步分析，光绪以前，题咏石还存在于南敞肩小拱的中墩东三圈位置上，光绪以后该石就坠落河中，以后推出桥的主拱东三圈是在光绪年后陆续崩落的。

[4]题记全文是：“赵州□□社男善人侯勋男侯斌等布施勾栏石一间合家永增福寿□年十月□造”，共计4行29字。

[5]见敦煌莫高窟285窟龛楣图案，又见大同云云岗9、10窟前室千佛柱柱座。

[6]见《文物参考资料》1956年第三期，余哲德文及图。

[7]见王子云编《中国古代石刻画选集图版(六)》4逐龙者的半身，1957年印。

[8]见崔恂《石桥咏》拓片。

[9]见《中国营造学社期刊》第五卷第一期图版11(乙)的正德二年栏板，盆唇以上刻斗子驼峰，盆唇一下刻人物故事“李广射虎”。

[10]见明代孙大学《重修大石桥碑记》拓片。

中国石拱桥

茅以升

石拱桥的桥洞成弧形，就像天上的虹。我国古代神话里说，雨后彩虹是“人间天上的桥”，通过彩虹就能上天。我国的诗人爱把拱桥比作虹，说拱桥是“卧虹”“飞虹”，把水上拱桥形容为“长虹卧波”。

石拱桥在世界桥梁史上出现得比较早。这种桥不但形式优美，而且结构坚固，能几十年几百年甚至上千年雄跨在江河之上，在交通方面发挥作用。

我国的石拱桥有悠久的历史。《水经注》里提到的“旅人桥”，大约建成于公元282年，可能是有记载的最早的石拱桥了。我国的石拱桥几乎到处都有。这些桥大小不一，形式多样，有许多是惊人的杰作。其中最著名的当推河北省赵县的赵州桥，还有北京丰台区的卢沟桥。

赵州桥横跨在洨河上，是世界著名的古代石拱桥，也是造成后一直使用到现在的最古的石桥。这座桥修建于公元605年左右，到现在已经一千三百多年了，还保持着原来的雄姿。到解放的时候，桥身有些残损了，在人民政府的领导下，经过彻底整修，这座古桥又恢复了青春。

赵州桥非常雄伟，全长 50.82 米，两端宽 9.6 米，中部略窄，宽 9 米。桥的设计完全合乎科学原理，施工技术更是巧妙绝伦。唐朝的张嘉贞说它"制造奇特，人不知其所以为"。这座桥的特点是：(一) 全桥只有一个大拱，长达 37.4 米，在当时可算是世界上最长的石拱。桥洞不是普通半圆形，而是像一张弓，因而大拱上面的道路没有陡坡，便于车马上下。(二) 大拱的两肩上，各有两个小拱。这是创造性的设计，不但节约了石料，减轻了桥身的重量，而且在河水暴涨的时候，还可以增加桥洞的过水量，减轻洪水对桥身的冲击。同时，拱上加拱，桥身也更美观。(三) 大拱由 28 道拱券拼成，就像这么多同样形状的弓合拢在一起，做成了一个弧形的桥洞。每道拱券都能独立支撑上面的重量，一道坏了，其他各道不致受到影响。(四) 全桥结构匀称，和四周景色配合得十分和谐；桥上的石栏石板也雕刻得古朴美观。唐朝的张鷟说，远望这座桥就像"初月出云，长虹饮涧"。赵州桥高度的技术水平和不朽的艺术价值，充分显示出了我国劳动人民的智慧和力量。桥的主要设计者李春就是一位杰出的工匠，在桥头的碑文里刻着他的名字。

永定河上的卢沟桥，修建于公元 1189 到 1192 年间。桥长 265 米，由 11 个半圆形的石拱组成，每个石拱长度不一，自 16 米到 21.6 米。桥宽约 8 米，路面平坦，几乎与河面平行。每两个石拱之间有石砌桥墩，把 11 个石拱联成一个整体。由于各拱相联，所以这种桥叫作联拱石桥。永定河发水时，来势很猛，以前两岸河堤常被冲毁，但是这座桥从没出过事，足见它的坚固。桥面用石板铺砌，两旁有石栏石柱。每个柱头上都雕刻着不同姿态的狮子。这些石刻狮子，有的母子相抱，有的交头接耳，有的像倾听水声，有的像注视行人，千态万状，惟妙惟肖，神情活现。天下名桥各擅胜场，而卢沟桥却以高超的建桥技术和精美的石狮雕刻独标风韵，誉满中外，实属古今世界上一大奇观！

早在 13 世纪，卢沟桥就闻名世界。那时候有个意大利人马可·波罗来过中国，他的游记里，十分推崇这座桥，说它"是世界上独一无二的"，并且特别欣赏桥栏柱上刻的狮子，说它们"共同构成美丽的奇观"。在国内，这座桥也是历来为人们所称赞的。它地处入都要道，而且建筑优美，"卢沟晓月"很早就成为北京的胜景之一。

卢沟桥在我国人民反抗帝国主义侵略战争的历史上，也是值得纪念的。1937 年 7 月 7 日中国军队在此抗击日本帝国主义的侵略，揭开了抗日战争的序幕。

为什么我国的石拱桥会有这样光辉的成就呢？首先，在于我国劳动人民的勤劳和智慧。他们制作石料的工艺极其精巧，能把石料切成整块大石碑，又能把石块雕刻成各种形象。在建筑技术上有很多创造，在起重吊装方面更有意想不到的办法。如福建漳州的江东桥，修建于八百年前，有的石梁一块就有二百来吨重，究竟是怎样安装上去的，至今还不完全知道。其次，我国石拱桥的设计施工有优良传统，建成的桥，用料省，结构巧，强度高。再其次，我国富有建筑用的各种石料，便于就地取材，这也为修造石桥提供了有利条件。

两千年来，我国修建了无数的石拱桥。解放后，全国大规模兴建起各种形式的公路桥与铁路桥，其中就有不少石拱桥。1961 年，云南省建成了一座世界最长的独拱石桥，名叫"长虹大桥"，石拱长达 112.5 米。在传统的石拱桥的基础上，我们还造了大量的钢筋混凝土拱桥，其中"双曲拱桥"是我国劳动人民的新创造，是世界上所仅有的。近几年来，全国造了总长二十余万米的这种拱桥，其中最大的一孔，长达 150 米。我国桥梁事业的飞跃发展，表明了我国社会主义制度的无比优越。

（《人民日报》1962 年 3 月 4 日）

关于《中国石拱桥》的创作

茅以升

《中国石拱桥》一文，是 1962 年我发表在《人民日报》上的一篇散文，后来被选入初中语文课本（第三册），至今仍在沿用。

近几年来，有不少中学教师来信或来访，向我反应课堂讲授中的一些情况。教育家叶苍岑教授也曾为本课备课的问题和我四次通信征询意见。我所做的一些解答，有一部分转载于有关语文教学的刊物中。现行语文课本，采集了各个方面的文章，知识面无比广阔。从我接触到的中青年教师中，深深感到他们对讲授中的每一篇范文，是那样字斟句酌地认真研究，一丝不苟。这种精神，使我深受感动。最近，郑州《教学通讯》编辑部的同志打算出一本《作家谈中学语文课本》，要我谈谈创作经过。作家这个称号，我不敢当，但由于上述情况，借此机会，回忆一下撰写此文时的构思活动，如果对广大语文教师所要求的教学效果有所帮助，自是有益之举。

首先，本文写的是中国的石拱桥。石拱桥是我国传统的桥梁三大基本形式之一。石拱桥这一体系，又是多种多样的。本文所写的这两座桥，乃是千百万座石拱桥中杰出代表之作。几千年来，石拱桥遍布祖国山河大地，随着经济文化的日益发达而长足发展，它们是我国古代灿烂文化中的一个组成部分，在世界上曾为祖国赢得荣誉。迄今保存完好的大量古桥，可为历代桥工巨匠精湛技术的历史见证，显示出我国劳动人民的智慧和力量。一座古桥，能经得起天灾战祸的考验，历千百年而不坏，不仅是作为古迹而被保存，而且仍保持其固有的功能不变，可以称作奇迹。当然，还应归功于历代的辛勤修缮，这类修缮活动又往往是出自民间的爱桥护桥，这一社会风尚，在我国桥梁史上，有不少故事，是值得传颂的。我国素有多桥古国之誉，这种史的观念和数量上的概念，以及有实物可观的直觉印象，都是为理解中国石拱桥所须涉及的知识面。如果抽掉这些生动史实，则不仅内涵空虚，一两座孤立的躯壳，又能说明什么问题呢?

其次，石拱桥在我国桥梁发展上，出现较晚，但它一经出现，便得到迅猛发展。即在1880年近代铁路公路桥梁工程技术传入中国以后，它仍然保持其旺盛的生命力，结合现代的工程理论和新的建筑材料，取得了更大的发展。本文所介绍的两座桥，赵州桥已历时1400年，卢沟桥雄踞在湍流奔突的永定河上，也经历了近700年，他们都称得上雄伟坚固，迄今仍保持着初创风貌，可以通行重车，在中外石桥中是罕见的。赵州桥敞肩式的创造，早于西方7个世纪。它们之所以能够经久不坏，说明设计与施工是符合科学道理的。再如赵州桥的浅基础、短桥台，不少现代工程师表示惊叹，因为经过多次地震洪水而屹立无恙，这绝不是偶然的。唐张嘉贞的《石桥铭序》中所云："制造奇特，人不知其所。"这一评价，几乎和20世纪工程界学者异口同声，技术高超，于此可见。本文在大量史实中，用"用料省，结构巧，强度高"，来概括古代石拱桥技术上的成就，这是古今中外桥梁以及任何建筑物所一致追求的目标。在6世纪初，我国的能工巧匠发挥智力，大胆创新所取得的光辉成就是值得自豪的。

再次，跨水架桥，意境之美，雕琢装饰，千姿百态，也是体现我国审美观的一种民族传统。建筑不论大小，工艺必须精益求精，如同一幅图画，不许有一处败笔。自从石窟造像盛行，古代石工，都有一套过硬本领，都具有一定的美工水平。赵州桥的栏板，卢沟桥的石狮，都以艺术珍品而闻名于世，这也是中国石拱桥在艺术方面一个可取的传统，对于现代石拱桥装饰也还存在着深刻的影响。

中国石拱桥，在古代有一定的成就，在今天仍有发展的前景，过去有用的东西，今天仍在起着作用，因此，它是一份可珍贵的遗产，显示着我国劳动人民勤劳勇敢和卓越才能。我们在现代桥梁事业中，必然能够取得更大的成就。

赵州桥建造年代考

林树涵

赵州桥原名石桥，别名安济桥，俗名大石桥，赵州桥是通名。这座桥位于河北省赵县城南2.5公里的洨河上，已有1300多年的历史。赵州桥是世界上最先出现的敞肩式拱桥，是现代钢筋混凝土拱桥的祖先。它在世界桥梁史上占有重要地位，1991年被评为国际土木工程里程碑。

赵州桥建造于隋代，但其确切年代现在尚未有定论，众说纷纭，多达十余种。为了确定赵州桥建造的具体年代，作者几年来查阅了不少文献资料，寻找线索和证据，进行研究考证，得出以下的见解。

一、开皇年间说不能成立

开皇年间说是20世纪80年代初《中国赵州桥》一书提出的新说，认为赵州桥“建于隋开皇十一至十九年（公元591—599年）间。”此说颇有影响，问世以来已为不少史学著作所采用。该书作者在研究赵州桥建造年代方面，付出了辛勤的劳动，但其所列举的7个论据却是值得商榷的：

1.1　“安济桥下曾发现隋唐山石工李通的题名石，刻有‘开皇十□年’字样。”根据这些字，可否判定赵州桥“应建于公元591—599年之间”？这是个会引发争议的问题。20世纪50年代以来，史学界普遍认为，这些字只“可以说明赵州桥开始建造于开皇十年（公元590年）之后”。再说，这些字先后见于《寰宇访碑录·续录》、《畿辅待访碑目》、《金石汇目分编》和《畿辅通志》。在这些字之后加有按语，认为“……《续访碑录》及《碑目》以石中尚存‘李’字之半，遂题为‘李通题名开皇十□年’立，尤属牵强。”可见这些字的出处有疑问，需待核实，所以更不能作为赵州桥建成于隋开皇年间的依据。

1.2　20世纪50年代发现的修桥主题名石上“所刻的官位职称，仅系隋开皇六年至隋大业前这一时期（公元586—604年）所用。”此文有误，应为“所刻的官位职称，仅系隋开皇六年至隋大业三年这一期间（公元586—607年）所用。”因为废除那些官职是大业三年（公元607年），所以那些官位职称不能“从侧面证实了赵州桥非建于炀帝大业”一至三年。

1.3　在唐代刘超然撰的《新修石桥记》中，有“隋人建石梁几二百祀，壬申岁（公元792年）七月，大水方割陷于梁北之左趾”这样的话。“几二百祀”就是将近二百年。不够二百年，差十年十余年都可以说“几二百祀”，故不能据此“推定桥建成在公元592年左右。”在《中国赵州桥》书中“几”作“凡”。“凡二百祀”，这是个大概、粗略的说法，一百九十年、二百一十年如举整数都可以说“凡二百祀”。故同样不能据此“推定桥建成在公元592年左右。”

1.4　“‘栾州使君江夏徐□碑’之文”，“说明石碑树立时（公元606年），赵州桥业已告竣使用了。”这是对的。但此文不能排除赵州桥建成于公元600年（隋开皇二十年）至606年（隋大业二年）这一段时间的可能性。

1.5　唐元和八年（公元813年）成书的《元和郡县图志》在谈到郓州东平县的清水石桥时说：“（此桥）隋仁寿元年（公元601年）造，石作华巧，与赵州石桥相埒。”意谓此桥石作华巧，与同为200多年前的隋代所建的赵州石桥相等。因赵州石桥作华巧著称，而清水石桥却不那么闻名，故以此说明其石作华巧的程度。该书并没有说赵州石桥建造早于清水石桥，所以不能根据这话判定赵州桥建成于隋仁寿元年（公元601年）之前。

1.6　“联系到赵州桥石刻上的妇女题名这一社会历史背景，拟可作为桥建于开皇年间的佐证。”是有一定道理的。问题在于，这一社会历史背景同样可以作为赵州桥建成于仁寿（公元601—604）年间的佐证，因为这4年仍是隋文帝当政；还同样可以作为赵州桥建成于隋炀帝当政的大业初年的佐证，因为隋炀帝虽然暴虐，但他不可能在即位一二年内立即改变隋文帝时期尊重妇女的社会风气，妇女的社会地位与经济能力也不会马上降低。

1.7　举出“隋时主要桥梁，多建于开皇中期（即公元590年前后）”这一史实，“旁证赵州桥建于开皇年间”，是不可靠的。例如上述的清水石桥就是“隋仁寿元年（公元601年）造”。根据这一史实推断赵州桥开始建造于开皇中、后期是可以的，但赵州桥的建造需要较长的时间，不大可能建成于开皇年间。

综上所论，可见赵州桥“建成于隋开皇十一至十九年（公元591—599年）间”一说缺乏可靠的依据，难以成立。

二、建成年份

赵州桥建成那一年是科学技术史上具有重要意义的一年。但现在要确定那一年实在是一件非常困难的事。原因是1300多年后的今天能够看到的隋代古籍为数不多，还没有在其中发现有赵州桥的记载；隋代有关赵州桥的刻石能保存到今天的也寥寥无几，且石上刻字不多。

值得庆幸的是，被《复斋碑录》录载的一块隋代有关赵州桥的石碑上的一些刻字，保存在宋代陈思编撰的《宝刻丛编》一书中。这些刻字是：

“栾州使君江夏徐公碑
郝士威撰侯彦直分书大业二年丙寅七月十五日
立在洨州〔洨川〕石桥前”。

这是极为罕见的隋代有关赵州桥的文字记载，是具有很高价值的珍贵历史文献，值得深入研究。

碑是表功颂德的纪念性刻石。这块刻石是为江夏徐公立的。隋代江夏县治所在今湖北省武汉市武昌，公是对人的尊称。这位江夏籍的徐公是什么人呢？撰碑文的人称之为“使君”。“使君”是古代对州郡行政长官的尊称。隋代州置刺史，所以这位栾州使君就是栾州的刺史。赵州桥所在的平棘县（今赵县）隋开皇初以来一直属赵州管辖，为什么为栾州刺史立的碑立在这里呢？据唐代李吉甫的《元和郡县图志》一书记载：“平棘县……汉为棘浦，后改为平棘也，属常山郡。隋开皇二年改属赵州，十六年改属栾州，大业二年又属赵州”。宋代乐史的《太平寰宇记》一书也有同样的记载。《隋书》作：“赵郡隋开皇十六年置栾州，大业三年改为赵州”。原来平棘县在隋代有过短暂的十余年属栾州管辖。可见这石碑是为本州行政长官立的，是颂扬本州行政长官的。至于颂扬他什么功德业绩呢？由于郝士威撰的碑文现在看不到，不得而知。不过还是可以通过对历史的研究，知道一个大概。在我国古代，桥梁很少是由政府出资建造的，一般由民间募捐集资兴建。尽管如此，我们还是不能忽视政府官员在建造大型桥梁时的作用。在《册府元龟》一书中，记载有后魏、唐代一些州郡牧守“造桥梁以济徒涉”的事迹。宋代泉州太守蔡襄在著名的洛阳桥的建造过程中做出过贡献，所以当地流传的歌谣中，有“栀子花开心里娇，蔡状元起造洛阳桥”这样的话。在古代的修桥碑记中，也有像“（太）守保定倪使君”捐“出俸金为之先”，倡议集资修桥“以济行人”这类记载。在明万历二十五年（公元1597年）张居敬撰写的《重修大石桥记》中有以下的记载：“僧人明进缘募得若干缗，而郡守王公实先为督敕。经始于丁酉秋，而冬告竣，胜地飞梁，依然如故。毋敢纵为残毁者则又今守曹公禁谕保护之力也”。可见赵州桥那次修缮工程曾得到本州行政长官王公的支持，而修缮竣工之后，时任行政长官曹公又采取措施保护此桥。建造赵州桥是一项大型交通工程，很难设想，没有政府官员参与能够完成。赵州桥建造需要巨额的资金，募集这笔资金需要一个有权威有声望的人物倡议，建桥时需要很多人力也得由政府发动组织。看来这位姓徐的刺史倡议和支持建造赵州桥，在建桥过程中起过较大的作用，由于这样桥得以建成，这样才会在建成的赵州桥前树立这块颂扬他的石碑。按照惯例，石碑碑文是由有名望有地位的人撰写，由有名的书法家书写。但撰碑文的郝士威的姓名之上没有冠以官衔，可见他是当地的一位士绅。这就是说，这石碑是当地百姓为他们的州官立的，记述州官在建造这桥过程中所做的贡献，以“永垂昭于后世”。这块颂扬州官的石碑不是立在人烟稠密的栾州州城，而是立在僻静的“洨川石桥前”，这一事实有力地证实以上的看法。

为本州州官立碑，这是当地的一件大事。立碑那一天，当会举行有官员、士绅、匠师、百姓参加的仪式。立碑的日期，肯定不会在工程尚在进行期间，当然也不会在石桥竣工若干年后，而必然选定在石桥建成当年，开始投入使用那最具有纪念意义的吉日。所以根据此碑所刻文字，我们可以准确无误的断定：隋大业二年七月十五日（公元606年8月23日），石桥（现通称赵州桥）在栾州平棘县（今河北省赵县）洨川（即洨河）上建成并投入使用。

这个论断是否正确呢？让我们来进行验证吧。

按照我国的传统惯例，一座大桥建成了，就在桥之岸侧树立一块石碑，用以表彰对建桥做出贡献的人士和记述桥的修桥过程。中国文物研究所郝英涛高级工程师说：“修建庙宇、桥梁，就要立碑。这些碑刻上记载着修理过程和年月”。可见认为赵州桥建成于隋大业二年七月十五日这个论断是符合历史事实的。

隋开皇中、后期是我国石桥建筑的创建发达时期。据古籍、古碑记载，在此时期各地曾经建有不少较大的石桥。如位于山东胜县城南四十里的薛河上的外官桥于开皇八年（公元588年）建成；位于湖南沅江县十八里的古横桥于开皇九年建成；位于河北南和县的澧水石桥于开皇十八年（公元598年）建成；在山东临沂县有刻于开皇廿年十二月的《大离王密长盛等造桥记》古碑。据此推断，赵州桥应于开皇中、后期开始建造，但由于其工程浩大，特别是首创敞肩式拱桥结构，跨度大，矢跨比小，在建造过程中不可能一帆风顺，故此经过仁寿四年（公元604年），到大业初年建成。可见认为赵州桥建成于隋大业二年（公元606年）这个论断是可信的。

传统说法认为，赵州桥建成于隋大业年间。迄今为止，还没有人找到能否定此说的可靠证据。事实上此说还普遍为国内外史学界所承认。此说的依据是宋、明时期的刻石。宋元祐四年（公元1089年）的游客题名石上刻有“桥作于隋大业年间”这样的话；明嘉靖四十三年（公元1564年）孙大学撰的《重修大石桥记》也说：赵州桥是“隋大业间石工李春所造”。前者距隋代只400多年，后者距隋代也只900多年，他们能看到的隋代古籍和碑石，肯定比今天多。在成书于宋太平兴国（公元976—984年）年间的《太平寰宇记》一书中，就有“平棘县南有石桥”，“桥东有两碑”这样的记载，可见他们所说是有根据的。

据传统说法可知，赵州桥的建成年份是在隋大业元年至十四年（公元605—618年）这14年的范围之内。

20世纪50年代在桥下挖出刻有“廮陶县苏”和“修桥主李彦□”等字的两块修桥主题名石上，有“骁骑尉”、“云骑尉”各职名。据《隋书》记载：“（开皇）六年（公元586年）……吏部又别置朝议、通议、朝请、给事、承奉、儒林、文林等八郎，武骑、屯骑、骁骑、游骑、飞骑、旅骑、云骑、羽骑八尉。”“帝即位，多所改革。（大业）三年（公元607年）……，旧都督已上，至上柱国，凡十一等，及巴郎、八尉、四十三号将军官皆罢之。”据传统说法和此记载可知，赵州桥的建成年份是在隋大业元年至三年（公元605—607年）这三年的范围之内。因为大业四年（公元608年）就没有骁骑尉、云骑尉等职名了。

栾州使君碑上“大业二年（公元606年）”“立在洨川石桥前”等刻字表明，大业二年立碑时桥已建成。据传统说法和这些刻字可知，赵州桥的建成年份在隋大业元年至二年（公元605—606年）这两年的范围之内。

大业二年建成，有石碑刻字这最确凿、最可靠的证据。而大业元年建成，则无任何证据。同时，石碑于大业树立这事实也有力地否定建于大业元年的可能性。因为石碑不会于这一巨大工程完成后翌年才树立的。可见认为赵州桥建成于隋大业二年（公元606年）这个论断是符合历史事实的。

桥梁专家茅以升教授认为：赵州桥建于公元605年左右。对赵州桥的研究做出过可贵贡献的俞同奎先生认为：“大业初年”建成赵州桥。英国科学史家李约瑟博士认为：赵州桥于“公元600年以后不久”建成。大业二年（公元606年）均在这些权威人士各自划定的界限之内。可见认为大业二年建成这个论断是可信的。

结论是：隋大业二年七月十五日（公元606年8月23日）建成赵州桥。

赵州安济桥

罗　英

一、安济桥的概况

安济桥建于隋代，因民间歌谣有“正定菩萨赵州桥”，故一般人都叫它为赵州桥，当地人民也叫它为大石桥。桥为单孔圆弧石拱，跨径计37米，全桥长约50.82米，拱矢7.23米。大石拱上建有四个小石拱，南北两端各两个。靠桥堍的两个小拱，净跨较大，平均计4米，近桥中央的两个小拱，净跨平均2.75米。桥宽约9.6米，中间较窄，约9米。全桥以二十八道独立拱券并列砌置，东侧三券，曾于百余年前塌毁，尚有两券也开裂（图-Ⅲ-1），但在解放后全部照原样修复。

这座桥在我国现存的石拱桥中（除近数年所修建者外）是最老并为当时跨径最大的石拱桥，不仅为我国桥梁工程上首先发明的拱上加拱的敞肩拱类型的桥梁，亦为世界桥梁工程上的敞肩拱的首创。

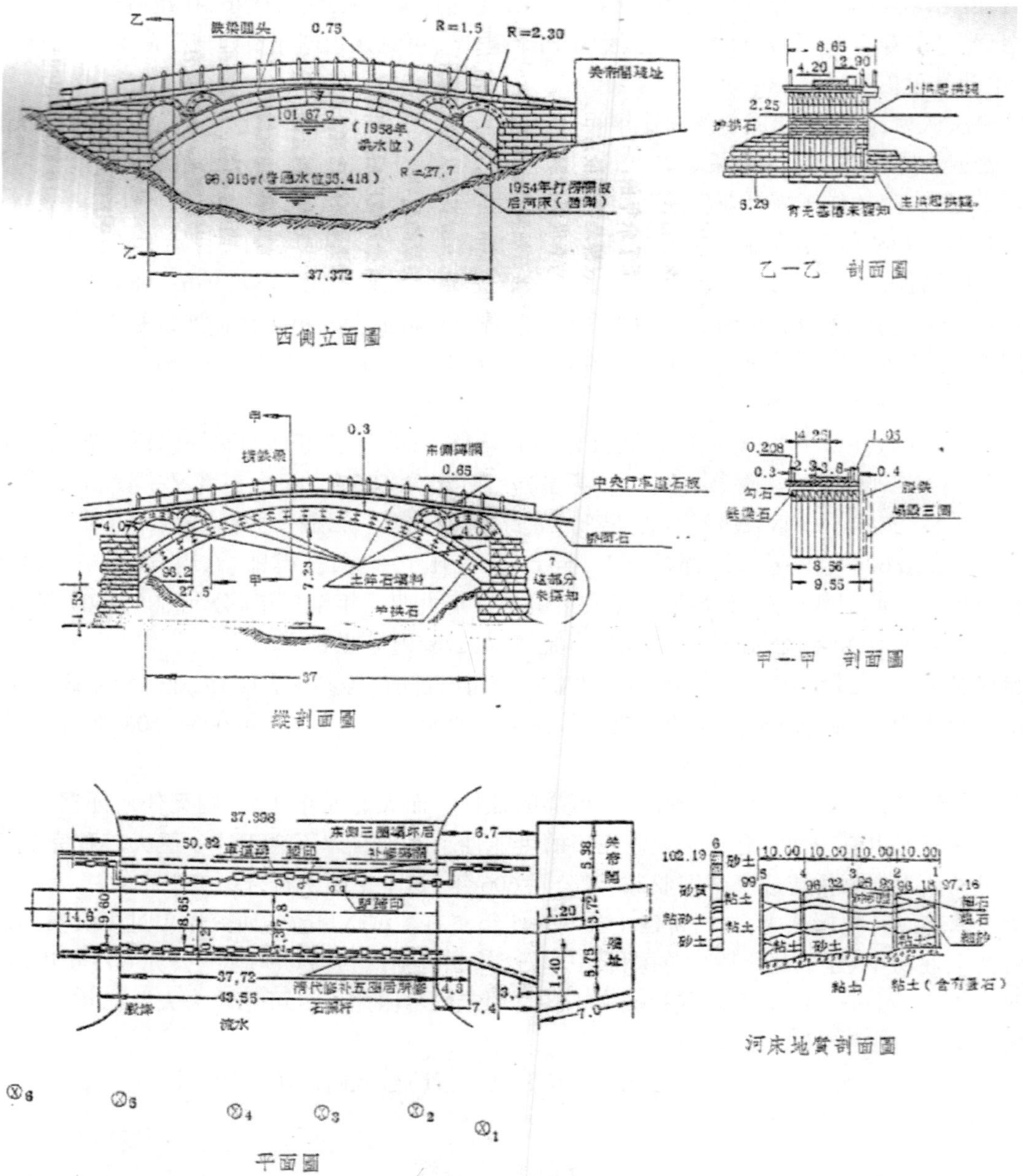

图-Ⅲ-1　河北赵州安济桥修理前现状图

考罗马时代建造引水渠时，采用了二层高的拱上加拱的结构。但是，上层的拱脚建在下层拱墩上，因此只能称为二重拱桥，并不是敞肩拱桥。又14世纪时，在法国蒙托蓬山区建有执政石拱桥，其结构是在墩上筑一小拱，和我国河北赵州宋村济美桥、浙江余杭苕溪桥的形式相似，也不是敞肩拱的类型。真正的敞肩拱桥，迄至19世纪中叶，才盛行于欧洲，和赵州安济桥修建时期相比，竟晚了一千二百多年。

二、安济桥一般资料

1954年人民政府为了保存这一座有科学文化价值的古桥，曾进行了缜密的调查研究，并由国家拨款加以修缮。研究决定，修理时不仅要保存桥的原来形状，还要在不影响原来外形的原则下，补救它的结构上的弱点，俾使这座桥经过这次修缮，更能长期保持坚固。在未兴工前，除规划修理原则外并挖掘积石，以期在积石刻字中得到更多有关这座桥的史料，同时并进行精密测量钻探，研究古代河源，调查水文，考验石拱上部构造的变形，下部基础墩台的走动，以及全部石料的风化和松弛等情况。

（一）挖掘

1953年和1955年，在桥址下向河底挖掘（深达3米以上，宽15米），曾挖出大块积石一千二百余块，内有主拱石二百余块，隋代栏板十几块，望柱若干根和各种刻字石块。在西南角较深处挖出唐贞元九年（公元793年）的八角石柱，刻有刘超然《新修石桥记》，并在桥西北岸挖出明碑《重修大石桥记》。因此，决定在这次（1955年）修理时，两旁的栏杆暂不安装（图-Ⅲ-2），其目的是希望能再挖出一些积石，以便更多地搜集一些栏板和有价值的刻字史料。

图-Ⅲ-2 修理后未装栏杆的安济桥

（二）水文

这座桥横跨洨河。张孝时《洨河考》云："洨河发源于封龙山北之南寨村，两臂峰峦峻削，瀑布悬崖，水从石罅中流出。……《水经注》云，洨水不出山；而假力于近山诸泉。今考洨河，实受西山诸水。每大雨时行，伏水迅发，建瓴而下，势不可遏。自获鹿之寺家庄至栾城之王家庄，泛滥为害者，皆此水也。"又邑志："按洨水自乐家庄导流至平同村，有金水合普莲河来入之。至栾城梅家村西有沙河来入之。至郭家庄西，有金水来入之。至宋村西，有猪龙河来入之。至大石桥有治河自栾城来入之。当时颇称巨川，今仅有涓涓细流。唯夏秋霖潦，挟众山泉来注，其势不可遏，然不久复为细流矣。"又《读史方舆纪要》："宋咸平五年（公元1002年），河北漕臣景望开镇州常山南河入洨水至赵州，以利漕，即此。"根据以上记载，可知昔时洨河之发源处。由于洨水下流时又汇合了几条河流，因此，每当大雨时期，河水暴涨，势不可当；但在1954年前的近几十年中，河中常年无水，河底大部分当作田地耕种。1954年发大水，洪峰高至高程101.67米，与拱顶腹部相距仅1.77米。此后，又恢复了"夏秋霖潦，挟众山泉来注，其势不可遏，然不久复为细流矣"的情况。

（三）地质

洨河过石家庄后，已入平原地区。在山地上游洪水所挟泥沙，至此逐渐沉淀，故下游一带河床淤积渐高。按照挖掘积石情况，积石深入河床达3米以上，在积石下有一层粗砂，可能是早年的河底。在桥址上游西侧钻探六孔，其结果与挖掘情况相同。由挖掘和钻探河床的结果，都证明整个河床是冲积性的砂土。在上面2~3米之间，有腐殖物和碎砖等。两岸于硬黄土，甚为坚实，桥基即建筑于粗砂层上，虽非岩层，但也是良好基地。

三、安济桥沿革史料

（一）原始构造

这座桥最早的记录，有唐中书令张嘉贞的《安济桥铭》，铭云："赵州洨河石桥，隋匠李春之迹也。"此则肯定了建筑时代和建筑巨匠的姓名。隋祚短促，自589年至617年先后不过28年，因此，这座桥的修建时期当在公元六百年前后，而张嘉贞在唐武后时（公元684—705年）拜监察御史，玄宗时（公元713—756年）为中书令，当时距修建这座桥时期约一百年，闻见较确，所述当属可靠。又云："试观乎用石之妙，楞平碪斫，方板促郁，缄穹隆崇，豁然无楹……"这一段叙述桥以石造以及桥型的轮廓，此则证明现存之石桥,尚保存原始建筑的面貌。又云:"制造奇特,人不知其所以为。……乂插骈坒,磨砻致密,甃百像一,仍糊灰璺,腰铁栓蹙,两涯嵌四穴,盖以杀怒水之荡突。虽怀山而固护焉。"这一段叙述了该桥的详细结构,由此证明这样奇特的结构,已历经一千三百余年的考验,仍巍然矗立,与世长存。故张嘉贞赞美这座桥:"非夫深智远虑,莫能创是。"又说:"目所睹者,工所难者,比于是者,莫之与京。"

至于美术方面,除石桥构造巧妙外,扶栏亦属富丽,雕刻特别精巧,张嘉贞铭云:"其栏槛蕈柱,锤斫龙兽之状,蟠绕拏踞,眭盱翕欻,若飞若动。"但这些栏柱,经过如此漫长岁月,已陆续倾侧塌落河中。后在明末,西面五圈崩塌,乾隆间,东面三圈复又倒塌,致全部栏柱,已非本来原物。

在1953年和1955年挖掘桥址河底,曾挖出栏板十多块(图-Ⅲ-3和图-Ⅲ-4),望柱若干根(图-Ⅲ-5),石质光泽润滑,刀法和布局都很精奇,可能是民间《小放牛》歌中所说"玉石栏杆圣人留"的原始物件。至于其他记录,有明张居敬的《重修大石桥记》,关于桥名、幅度和结构之记述,大致与张嘉贞桥铭者相似,但记载稍详,记云:"余赵城南距五里,有洨河,河上有桥,名安济,一名大石,乃隋匠李春所造云。"这一段指出了桥梁所在地点和桥名,为张铭中所未提及者。其建筑时代与建筑巨匠的姓名均相同。该记又云:"桥跨截河流抵北,长二十丈(合50.8米),石甃磨砻备极固护。翼以扶栏,如其长之数而两之。其制穴窦,嵌空不楹,而架中一空如断环,可十五丈(合38米)。两肋二大穴,摩顶二小穴,用以杀怒水荡突,昔人谓如初月出云,长虹歠涧,此得桥之概者也……"这一段指出桥的长度和四穴的地位,证明与现存在的桥是一样的。又明孙大学的《重修大石桥记》有云:"……隋大业间(公元605—616年)石工李春所造也……"这一记载又将建筑时期指明在此十二年之中,比以前各铭记来得肯定些。但孙记所指"大业间"的依据资料,尚未查得。其他有关原始构造的记录,大都相似,故从略。

图-Ⅲ-3 隋代栏板

图-Ⅲ-4 隋代栏板

图-Ⅲ-5 隋代望柱上狮子头

(二)历代修缮

从碑记方面,我们查得:

1.793年刘超然《新修石桥记》,见于最近挖出的石柱,其上刻文云:"隋人建石梁幾二百祀,壬申岁(公元792年)七月□水方割陷于梁北之左趾,下坟岸□崩落,上排簉又嵌欹,则修之可为……速攻其石膂,复仍累土以负,兹补栏植柱,靡不永固,俾壮名不坠于远近。……贞元九年(公元793年)四月十九日。"这一段记述指北桥台西边被大水冲毁,上部开裂,补石重砌,恢复原状,复添栏板柱石,以复旧观。这石刻是这座桥建成三百年中,发现修理工作的首次记录。

2.1066年宋代整修。《宋史·方技传》云:"僧怀丙,真定人,巧思出天性,非学所能至。……赵州洨河,凿石为桥,熔铁贯其中,岁久乡民多盗凿铁,桥欹倒,计千夫不能正。怀丙不役一人,以术正之,使复故状。”此指腰铁腐蚀脱落，致拱石凌乱，欹侧倾倒，怀丙一人修整之。这一段记录为本桥建成四百余年中，发现修理工作的第二次记录。

3.1563年孙大学《重修石桥记》云：“……桥之上辙迹深处，积三十余年为一易石……生员……乡人……僧……重为修饰，以永其胜……嘉靖四十二年岁次癸亥（公元1563年）四月朔旦。”这一段记述说明换桥面石，本为一种养护工作，只以工款由募捐而来，故称为重修。

4.1564年翟汝孝《重修大石仙桥记》云：“……卜嘉靖壬戌冬十一月兴工，至次年癸亥（公元1563年）四月十五日告成，所修南北码头及栏槛柱脚，锤斫龙兽如旧制，且增崇，故事形象，备极工巧，焕然维新，境内改观矣。……嘉靖甲子（公元1564年）岁孟夏之吉。”这段记述修理工作，几与唐时修理工作差不多，但比第一次的工作量大，因为包括南北码头在内。

5.1597年张居敬《重修大石桥记》云：“……有鬻薪者，以航运置桥下，火逸延焚，致桥石微隙，而腰铁因之剥销，且上为辎重穿敝，先大夫目击而危之曰弗葺将就颓也。以癸亥岁（公元1563年）率里中杜锐等肩其役，垂若而年，石敝如前，余兄弟复谋请李县等规工而董之，令僧人明进缘募得若干缗，而郡守王公实先为督敕，经始于丁酉（公元1597年）秋，而冬告竣，胜地飞梁，依然如故。……记兹桥已一敝于逸火，两敝于积辙，则桑土先计信存乎人也……”这一段记述自1563年迄至1597年历三十余年才将这座石桥修妥，也是自宋代修复以后第一次记录修理石拱券工作，虽则是修补微裂的拱石和整理腰铁，而工程也不算小。

6.传说中的修复工作：此外有关这座桥的修复工作，尚有民间的传说。

据当地人民的传说，桥之西面外边五孔于明末坍塌，于清乾隆年间（公元1736—1795年）修复，桥之东边外面三孔，亦于乾隆间崩坠，至最近方予修复。据这一段传说，这一座桥自嘉靖修理以来，四五十年后西侧坍去五券，二百年后东侧坍去三券，这些坍崩石拱券，均经过百余年始行修复。由此证明，在封建帝王统治之下，对此有重要科学价值的建筑物，漠不关心，人民虽竭力从事保护，但修理养护费用巨大，往往心有余而力不足，因此拖延复拖延，致毁坏程度日趋严重。

7.1955年修理时曾参考了历年来的修理情况。在此次修理前，先将上部肩墙和小拱拆除，经发现，南面两小拱间中墩的肩下面，曾使用刻有斗子卷叶式残块栏板作基座填料，南小拱券数较主拱和其他三个小拱少一券，这都证明是后代重修的，各小拱除西侧五券和主拱一样，并为清代所重修而外，其他各券的石料新旧不同，表明是抽换或重砌时新旧料掺和使用，补修年代已不可考，但根据石料风化情况估计，约在唐宋二代。

1953年和1955年挖出许多积石，由刻字表明大部分积石是在唐贞元以后塌落的。在北端小拱两臂上的刻字中，有太和初及太和五年字样。查太和是唐文宗年号，时间是827—840年间，约在贞元后三十几年。两端较大的小拱，南北两端墙壁的石料，不论新旧程度，钻文或者是砌工方面，均完整一致，没有补修痕迹，而两端墙壁，又是装在主拱脚上的；这二十券主拱也没有换砌过的遗迹，这说明唐文宗以后，中部二十券主拱（东三券、西五券除外）和两端壁如果重修过的话，其时间必然在唐贞元和太和之间的三十几年中。但贞元以后的塌落，不一定是贞元九年重修后马上就会塌落，而太和年间刻字，也不一定是重修后就雕刻的。所以，在这中间塌落修补的可能性就更小了。

西侧五券中有几券似乎不止修理过一次，现在西南脚主拱外侧第三块拱石（第二块已风化，剥落很深，钻文已看不清）的钻文，既不同于清代补修者，也不同于隋代所建拱脚之原状。它的上下起线各三道，是隋代原样，但起线中间的斜方块是一个钻文，是垂直的，每10厘米约十三道，起线上下钻文也是直道（图-Ⅲ-6）；拱脚原样是上下两个方块，钻文是斜的，每10厘米二十道，起线上下则是斜三角的（图-Ⅲ-7）；而清代补修的，则是上下起线各二道，钻文也不同（图-Ⅲ-8）。同一时代所修相邻同类石料的雕刻，决不会有如此大的差异。挖掘出来的主拱石面层石料，也分上述两种粗细不同的钻文，足以证明该桥西侧有一券或几券（不超过五券）在清代补修以前，曾经过一次塌毁和重建；东侧三券在塌毁前，是否重修过，没有迹象可考。桥下积石除因沉落震裂硬伤而外，全能修改使用，而从桥上拆下的石料，则已风化疏松，不能再用。这说明桥下积石塌落时间是比较早的，估计在宋金之前。现在桥下15米范围之外，仍有积石未挖尽。今后进一步的挖掘，可能尚有新的发现。

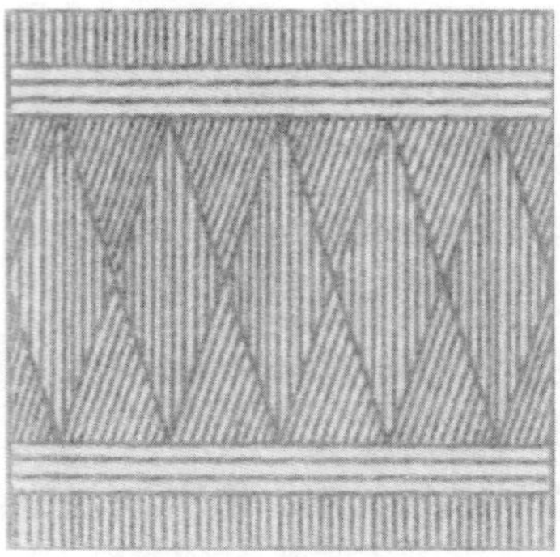

图-Ⅲ-6　补修主拱面层式样

图-Ⅲ-7　主拱面层原样

四、安济桥现状

(一)修理(1955—1956年)前的状况

1.主拱券。这座桥由二十八道独立圆弧拱石券纵向并列砌置而成,依据拱腹各点(图-Ⅲ-9)高程反求拱券的半径,东侧是27.3米,西侧是27.7米,拱石厚度,自拱顶至拱脚均相同,为1.02米。拱背上两侧和两端小拱下,盖有护拱石(伏石)一层,平铺拱背,靠拱脚处的厚度约30厘米,向上逐渐减薄,到拱顶为16厘米。在护拱石之间,每侧有勾石各六块,横长达1.8米,其外端向下有5厘米勾住主拱石券(图-Ⅲ-10),以防外倾,并借拱石与护拱石和勾石之间的摩擦力,使东西两侧的几个外圈结成一整体,以增加石拱的稳定性。

图-Ⅲ-8　清代补修主拱面层式样

图-Ⅲ-9　主拱拱腹

此外,还有铁拉杆五根(在小拱顶各一根共九根),每根杆两端各有圆铁头外露,夹住二十八券拱石。每券拱石宽度,各不相同,自25厘米至40厘米不等,依据走动较少的二十三券拱石测量所得,拱顶较拱脚窄60厘米。这样小量的收分,也许是为了防御外侧拱券可能外倾的趋势。每券拱石立面,石与石之间用两块腰铁相连(见图-Ⅲ-8)。券与券之间在拱背上也用腰铁互相联结,这种连系方法,筹谋周密,计划精详,符合现代科学原理,故能垂立千余年而不堕。

在1955年修理前夕,东侧外边三券早已塌毁,邻近两券也有很大的裂缝,有随时塌毁的可能。西侧外边五券曾经塌毁重砌,石质新鲜可辨,存在的二十五券主拱稍有扭曲,好似S形,北端东倾,南端西倚。西侧第一券在跨径靠两端1/4处,北端凹入约9厘米,南端凸出约8厘米,西拱顶则微收1厘米,第二十三券(由西向东数)以拱脚为基准点,靠两端1/4处,北端凸出约4厘米,南端凹入较甚,从拱顶偏南6米处凹入最多(达15厘米),拱顶凹入12厘米。由侧面平看,而西侧拱券微向北倾,东侧拱券微向南偏,致拱券最高点均不在拱券中点(即拱顶),西侧偏北,东侧偏南,各约1米,最高点高出拱顶:东侧为4毫米,西侧为47毫米(图-Ⅲ-11)(在拱券腹测量)。

2.小拱和栏板。主拱券上两端的小拱一大一小,靠桥台的大拱在拱脚处,净跨4米,其半径为2.3米,近拱顶的小拱,其净跨为2.75米,其半径为1.5米,拱券石的厚度都是65厘米。四个小拱券上东西两侧也各有一层护拱石,厚约16厘米,小拱券也是圆弧形,采用纵向并列砌置法,北端两个和南端一个小拱均以纵向二十八个拱石券砌筑,南端另一个小拱只有二十七券,可能是重修时未曾考虑到应依照原有数目砌置所致。各拱券石的宽度也同主拱一样,各不相同,由25厘米至44厘米。

图-Ⅲ-10 勾石和铁梁头

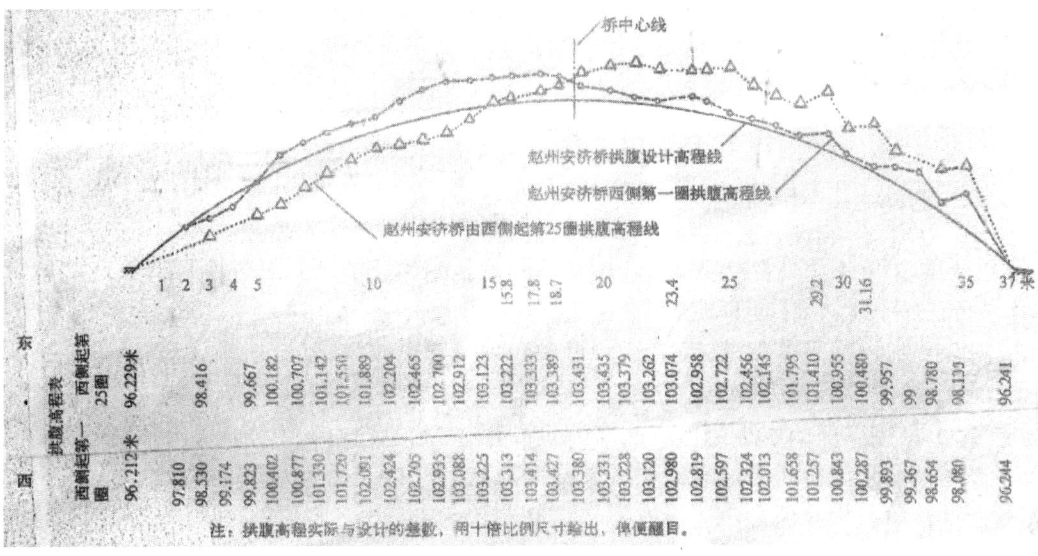

图-Ⅲ-11 拱图变形(实测拱腹高程线)

全拱大部分的石料都因年久风化而疏松,尤其四个小拱券更为杂乱危险。桥上栏板都不是原物,西侧栏板是清代补修西外侧五券时所建,雕刻粗劣,东侧在外边的三道拱券塌毁以后,即在里面添砌砖栏,外加水泥砂浆糊面。

3.基础和墩台。过去当地人民传说,大石桥的主拱石券是一个整圆形,一半露出河面,一半埋在河里,几经挖掘,证明主拱脚是和普通拱桥一样,安置在两端桥台上,并非一个整圆形通入河底(图-Ⅲ-12)。拱脚与桥台之间,置有楔形垫石,垫石从西北和东南侧外面看,为一整块,其后尾未挖出,不知究竟是三角形还是梯形(图-Ⅲ-13)。内部垫石就二十七券(由西数)南拱脚看,是二层条石组成。桥台与拱脚有铁柱相连,铁柱位于主拱石的刻槽内,根据第二十七券南拱脚挖出的一根铁柱来看,其尺寸是6厘米见方,桥台以上部分长约1米。南拱脚其他位置,尚发现有五根铁柱痕迹,北拱脚未曾发现。铁柱的作用,是防止主拱脚向外走动。至于桥台基础的深度,经在西北侧进行挖掘,发现在主拱起拱线下,只有五层石料,共厚1.549米。第五层石料下面是砂土,用铁钎向下向里插入约1米,未发现有任何石料(图-Ⅲ-14)。

图-Ⅲ-12　西北端起拱线处

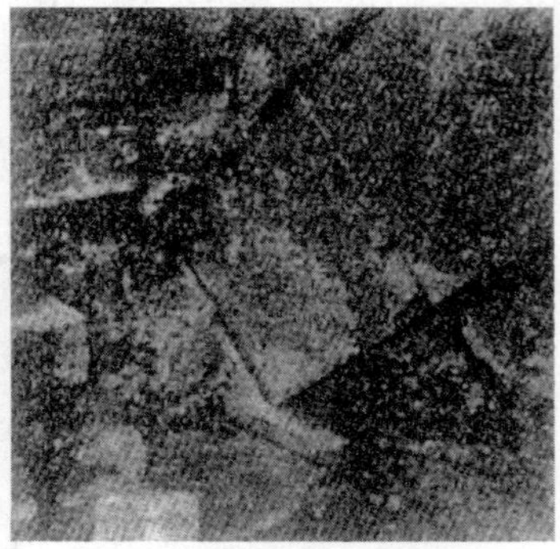

图-Ⅲ-13　主拱脚和桥台

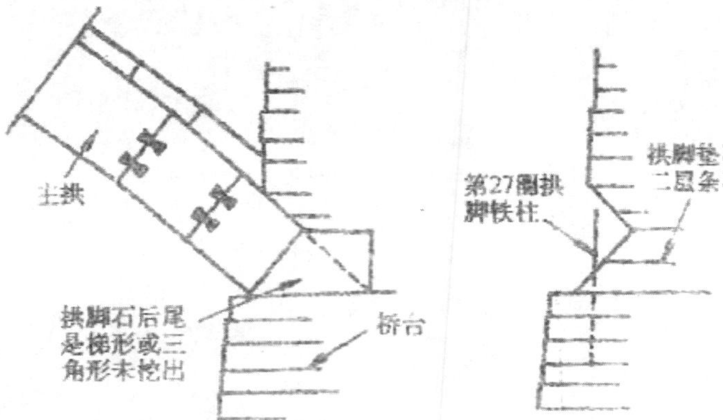

图-Ⅲ-14　主拱脚

桥台正面、侧面第五层下既然再无砌石,这个基础就是相当浅的,因此,怀疑桥台下可能有基桩,但用铁钎在台墙底面平探1米多,未能证明。

基础既然相当浅,可能有些沉落走动,经测量桥台顶端起拱线处,基础虽浅,但并无走动迹象,因为桥台顶端起拱线处的高程,北端东西相差17毫米,南端东西相差3毫米,东侧南北相差12毫米,西侧南北相差32毫米,以千余年以前的水平测量方法来测量高程,除北桥台西侧曾崩塌,于792年修复,致差数较大外,其余在这样一个距离内是可能有这样的差数的。同时起拱线处的基础,虽然埋入泥土中很久,但仍微有风化,这也对各角高程有所影响。

4.美观。安济桥采用了圆弧形平拱,大拱上加小拱,拱圈起线突出,这样结构的本身就是非常美丽的建筑物。同时在修桥中,还适当地注意了美观细节,除栏板雕刻龙兽之状,能代表隋唐石刻精华,使石桥不但雄伟而且壮丽之外,帽石(仰天石)飞边34厘米,小拱券收回4厘米,再加上四个小拱空洞,使全桥外观轮廓分明。主拱外侧看面上下走线各三道,小拱上下起线各二道,再加上腰铁、勾石、铁梁头和帽石上圆饰,以及主拱锁口石的龙头雕刻(图-Ⅲ-15),使桥梁两侧面增加了很多点缀,毫无平淡的感觉。

以上是说明安济桥在1955年修理前夕的状况。

(二)修理(1955—1956年)后的状况

修理这座桥不仅需要保存它原来的形状,还要补救它的弱点,前已提及。由上述各节我们了解到这座桥的弱点是在横向联结方面,因而加强横向联结就成为这次修缮工作中的最重要问题之一。经过详细研究，为了保持这座桥的隋代原状，仍采用了五种横向联结方法，即：护拱石、勾石、铁拉杆和收分等照旧办理，惟拱背上腰铁改用140号钢筋混凝土盖板，因腰铁工作繁难，功效不大，拉力稍大就会使石料破碎。全桥除情况完好的二十三券主拱面和两端小拱的一部分墩壁外，其余全部拆除重砌（图-Ⅲ-16）。

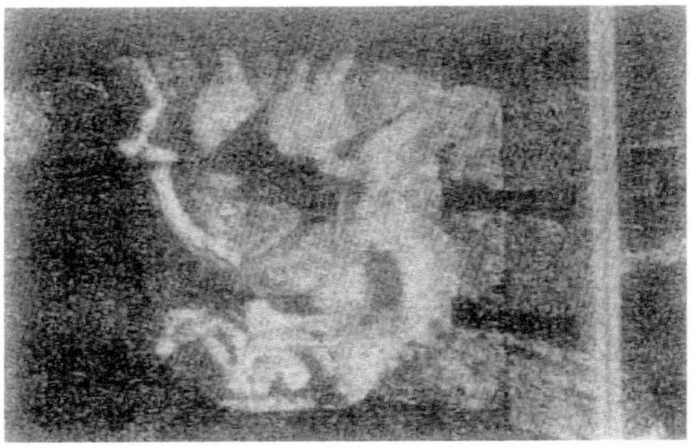

图-Ⅲ-15 锁口石雕刻

图-Ⅲ-16 修理时拆除肩墙

所有旧石料尽量设法利用，不够的石料仍在昔日原石场（即获鹿、赞皇、元氏各石场）采购，故石质与旧石料一样，为青白色属石灰岩，抗屈强度平均每平方厘米1000千克，重量每立方米为2.85吨，冻融试验十次无裂缝，全部料石均用80号水泥砂浆砌筑。在未拆除的二十三券主拱石中，所有砌缝和裂缝概用压力灌浆法灌注1:1水泥砂浆，以连成一个整体，借以增加其强度和不透水性。

昔日所用腰铁处，除外侧露面的拱券石仍旧使用，以保存原状外，其余各处概行取消，护拱石的钢筋混凝土盖版筑在四围护拱石中间，其厚度与护板石一样，使拱背平整。

钢筋混凝土盖板使用纵横钢筋，纵钢筋直径12毫米，横钢筋直径19毫米，纵横钢筋的间距约30厘米。四个小拱石圈拱背上，也照样筑有钢筋混凝土盖板，除横钢筋也用12毫米直径者外，其余都和主拱圈上的盖板一样。拱石在拱背部分的外层都高低不平，表面也很粗糙，使护拱钢筋混凝土盖板与拱石密叠处有摩擦力、黏着力，且互相胶接，不易滑动。钢筋混凝土盖板又可使诸拱券结成整体，不再向外倾倒。此盖板与两侧护拱石的联结，采用锯齿咬接法，把护拱石内侧打成倒齿形，与混凝土盖板相咬接。为了使其坚固，齿及其间距都相当大，每块护拱石（约1.00米）只作一齿，齿与齿间空隙大致相等。

根据这座桥的现状观察，凡是漏水部分，风化情况相当严重，而不漏水的部分，则比较完整，这证明防水层对于石桥的作用是十分重要的。所以，这次修缮工程在桥面之下加设了防水层，使用了两层防水亚麻布和三层沥青，借以保护石料，延长使用年限。

至于栏杆，1957年挖掘后，乃决定所有栏板和望柱照原式样制新。每边栏板21块，中间5块仿刻蛟龙形式，南北两端各8块仿刻斗子卷叶形式。望柱每边22根，中间6根仿刻蛟龙形式，其余为竹节式（图-Ⅲ-17，图-Ⅲ-18）。

图-Ⅲ-17 栏杆详图

图-Ⅲ-18 装上栏杆后的安济桥

五、特殊桥型的创造

从安济桥的水文地质的记录和调查,我们知道洨河水源距桥址不远,一遇山洪暴发,立即倾泻而下,波涛汹涌,势不可遏,建桥于此,必须尽量设法加大桥孔宣泄能力,若宣泄不畅,不但桥梁本身有被冲毁之危险,而上游一带也可能泛滥成灾。因此,安济桥采取了单孔长跨径的桥梁。在那个时代,长跨径桥梁的类型有数种,但以河北元氏、赞皇、获鹿一带多出青白色的石灰石,石质坚硬,产量丰富。为了就地取材,这座桥就采取了石拱桥的类型。若用一般拱桥形式,如半圆拱或尖拱,长达 37 米的跨径就需要将近 20 米的高度,这是非常不经济的。这座桥的一个特点就是改用圆弧拱,采用了最低的矢跨比率(约 1:5),借以减低石桥的高度。由于两端拱腋堵水面积占了桥孔净空截面的三分之一,流水面积缩小,不仅影响宣泄的功能,而且急流冲击拱身,石拱稳定性的安全也受着水流平推力的威胁,因而将拱腋挖空,筑造两个小拱,形成拱上加拱的敞肩拱桥。我们伟大的桥工巨匠李春在一千三百余年前就能体会到这种力学原理,想出这样奇妙的结构,成为世界桥梁中的有重大意义的创造,故张嘉贞称赞他非夫深智虑远者莫能创是,诚非过誉。

这个方法的优异特点有四:(1)增加流水面积 16.5%,因而减轻上游泛滥和石桥受水流平推力的威胁;(2)减轻桥身净重 15.3%,节省建筑费用不少;(3)增加桥梁安全系数约 11.4%,因此大大增加了桥梁的服务寿命;(4)敞肩拱在外表上比实腔拱更加壮丽美观。

六、原设计特点的研究

(一)采用纵向并列砌置法

我国石拱桥不论尖拱、半圆拱或弓形拱(即圆弧拱),大都采用纵联砌置法,唯这座桥则采用纵向并列砌置法,此为原设计的又一特点。这种砌置法有四大优点:(1)这座桥以二十八个拱券组合而成(图-Ⅲ-19),每券宽度为 25~40 厘米,每券砌完合龙后即自成一孔独立拱桥,所以在造桥时承担拱券重量的“鹰架”的宽度只要 0.5~1.00 米即够使用,如此节省鹰架木料不少;(2)鹰架既如此简便,每圈拱石自成一孔拱桥后即可将鹰架拖出券外,继续砌置相毗邻的次一拱券。如值夏秋洪水季节,还可以时作准备,鹰架随建随拆并不增加很多困难,故受洪水冲毁的损失可以大为减少;(3)桥台基础若发生不均匀的沉落时,因每拱券均独立成拱,可能不影响全桥;(4)拱券石如遇破碎堕落,也只影响本圈,可嵌入新石,将拱券挤紧,较用其他修补方法砌置的拱圈石来得容易些。

图-Ⅲ-19 拱背砌置详情

(二)横向联系法

这座桥采用了并列砌置拱券也有一个缺点,就是各道拱券之间没有砌法上的连接,两侧各券容易向外倾倒。原建桥者早已看到这点,所以采用了五种横向连接方法(前已详述)。可惜的是,这五种联系方法也还各有缺点,如护拱石和勾石仅两侧才有,作用不大,横铁拉杆铁头很小,直径仅 14 毫米,也起不了多大作用,腰铁在拉力作用下可能使周围石料破裂而失去作用,收分方法使每券拱石的压力线发生偏心应力,反而易使拱券外鼓,以致倾倒。所以,安济桥虽然采取了这五种横向联系方法,仍然防止不了后来的两侧坍塌。但查两侧坍塌均在千余年后,经过如此长久岁月,铁件已早腐蚀,石料也有风化,当然要减低联系的效果。即使建桥数百年即有过坍塌事故,也不足为奇。在建桥当时,就能研究出这些巧妙的联系方法,且用此法所作之桥梁历经数百年而不坏,也不能不说是设计上的一大成就。

(三)石桥琢制和使用腰铁

这座桥拱石各面均钻有斜纹,相当细密,为他处桥梁雕刻所罕见。这种斜纹的主要作用是使拱石与拱石相贴叠时,可能增加相当大的摩擦力,利用这种摩擦力为抗剪强度。但是,这种摩擦力需要两石的贴叠面始终靠贴得相当紧密,始能产生力量,因此又使用了腰铁将两块拱石经常钳紧,以腰铁伸缩系数较岩石的约大三分之一,可能发挥这种作用。桥工使用腰铁,据现在所查到的文献资料,要算安济桥为最早。

(四)使用天然基地

桥台构造详细情况已见上文。在1955年修理这座桥时,经挖掘积石发现,桥台是放在天然基地(粗砂层)上,并由钻探河底证实了这一点。验算桥台反应力,每平方厘米约5~6千克。照现代一般地基土壤许可耐压力,密实的粗砂,每平方厘米约4.5~6.5千克。李春在一千三百余年前就能精确判断这种粗砂的地基,可以胜任无疑,因而大胆采用,也不能不佩服他的卓见。

(五)利用静载和填料的被动压力以平衡活载的变位

这座桥采用了圆弧拱形,其矢跨比约1:5,试用索线平衡图解法来验算石拱券的稳定性和安全性,得出静载的抗压力线概在三等分中部;复用汽—8活载验算其抗压力线,虽有数点稍微溢出三等分中部,但与静载合并计算仍属稳定和安全;最后以汽—8活载只载在桥一端至桥中,即拱桥半孔受载,则抗压力线差不多完全溢出三等分中部之外,表示全部拱券向上弯起,拱券全部产生负挠矩。就时就显出拱券上小拱的作用了。当拱券刚要向上弯起变位时,上面几个小拱的墩脚立即发生被动压力的作用,因此维持了拱券原状而抵抗力负挠矩所产生的应力,仍能保持石拱券原来的稳定性和安全性。倘主拱上不加建小拱,在拱桥半孔受活载时,其填料也可能发生被动压力的同样作用,但是这项被动压力的作用有多大,还得视施工时工作情况和填料坚实的程度而定,不能如敞肩拱那样自然而然即刻发生作用,而予以稳定安全的保证。这一点显示出敞肩拱的优越性,决非实腰拱所能及。

根据以上对安济桥设计特点的研究,我们可以说,安济桥的伟大成就无可争辩,是我国先代桥工几千年来,在桥梁建筑方面辛勤劳动的经验总结,也是当时集体智慧的具体表现。它所体现的巨大的跨径,它的纵向并列的拱券,它的拱石链锁,它的开腔腹壁等等的措施和布局,有力地使拱桥的主干——拱圈从整个石桥体系中很协调地衬托出来,把这一巨大而弯曲的石梁,像一条临空长虹似的既矫健而又匀称地呈现在人们的眼前。从这些特征,人们不难想象,安济桥不但明白地指出拱桥,特别是圬工拱桥未来发展的方向,而且有意识地预示和奠定了现代拱桥科学分析的理论基础——弹性拱理论。虽然这一理论一直到19世纪80年代在欧洲才开始被提出来。

漫长的一千三百五十年来,世界各地对拱桥建筑的实践,已充分地证实了我国安济桥所体现的拱桥发展方向的正确性和大跨度石拱桥在技术上的可能性。因此,把看来非常年轻和新颖的古老的安济桥,当作一千三百五十年前在中国地区一个具有世界性的奇迹;把它作为世界桥梁建筑史上一个承前启后划时代的创作;同时又把它看作我国近代新型石桥之一,不能说是过甚其词吧!

七、附言

(一)石拱桥变位和坍塌的推索

为求施工上的简捷和经济,这座桥采用了纵向并列砌置法。建筑者曾缜密筹划许多纵联方式,以保证桥的安全,但是由于后代未注意管理和养护,除非发现石桥危险时,平时几无人过问,因而东西两侧的几道拱券不免有先后坍塌的事故,虽说是千年建筑,终有毁坏之一日,但对此创业守成之图,似有推原溯委之必要。兹将推索的小结附述如下。

昔日车辆多靠左行,重载大板车驶到上坡道时,往往走之字形的路线而上。这座桥的引道上坡道约11%,而桥上桥面的坡道也有7%,大车由北向南,在引道上行驶时是由东北向西南而上,至桥端时乃改由西北向东南而上。由于行驶缓慢,板车压桥的时间因此延长,推车上坡,因车轮与桥面的摩擦力发生一种斜横向平推力,致使北半截石拱,时时被迫向东潜移。复以桥梁历经岁月,桥拱石多少有些风化,因而失却严紧,逐渐移动,日积月累,致使北半截石拱东侧有向外鼓出而西侧则有向内弯之迹象;同时因这种平推力也会使东侧拱券顶渐向南偏。车辆如由南往北,也会发生同样的作用,桥梁也会受到同样的影响,不过以车行反向,而石拱变形的方向也就相反。

在这种情况下,桥梁历时千年之久,加以拱石渐被风化而松弛,铁拉杆和铁圆头也逐渐锈蚀,因而减少了夹持二十八券拱石成一整体的功效,此种险象日趋严重,直至最后使外边数券崩塌。大车过桥,重车由南往北可能较由北往南者多一些,因城市粮食和日用品的供应,多来自四乡。所以,这座桥西侧五券坍塌较东侧三券塌落的时期早百余年,就是这个缘故。由此,同时也暴露了纵向并列砌置石拱结构的弱点。

(二)民间歌谣与养护

这座桥在河北知道的人很多,因民间《小放牛》歌词里就有"……这座桥鲁班爷修,玉石栏杆圣人留,张果老骑驴桥上走,柴王爷推车压了一道沟……"这一歌谣除"玉石栏杆圣人留"一句还可理解而外,其余均与事实和历史不符,颇属荒谬;但不符于史实的歌谣,如何能流传如此之长远。经再加研究,这一歌谣也许是含有指示人民应当如何爱惜和养护这座桥的深意。

以上这段歌谣是根据一段神话而来的,当地曾流传着这样一段神话:鲁班修完桥后十分得意,正好张果老骑驴,柴荣推车走到桥头,两人问鲁班,桥能经得起他两人走吗?鲁班大不以为然说,这么坚固的石桥,还经不起你两人走吗?张果老和柴荣为了和鲁班开个玩笑,过桥时用"仙法"运来五岳名山的重量加在车驴之上,把桥压得摇摇欲坠。鲁班一看情况不好,用手在桥东侧使劲推住,才没有压坏,因为用力过大,就在桥上留下了驴蹄印、车道沟和手印。又柴荣推车曾跪倒在桥上,一膝着地之处,压了膝印,张果老斗笠也曾掉下打了个圆坑。现在因东侧塌毁,手印无存,其余仙迹都留存下来。对这段神话加以研究和推敲,也许有一定意义,因为安济桥是按纵向并列法砌筑,靠边行重车对桥的安全有影响,按桥上仙迹都在东侧1/3部分内,仙人车驴重量既大,压在桥上,石拱券也许多少有一点变位,那就易召外倾的危险,所以仙迹的雕刻是标明行车应在桥的中间,不要走仙迹外边,边上行车有危险。至于手印,是指示将来万一石桥发生裂痕可在手印处用木柱暂行支撑,以免立即坍塌,可以从容修理。将三个不同时代的名人说在一起,是因为这些名人为一般人民所熟悉,容易引起注意。鲁班是个巧匠,其名望在李春之上,后人对于名人的作品是很珍惜的,所以把安济桥这一奇迹也传说在鲁班名下。这段神话参照上文"石拱桥变位和坍塌的推索"和今学理颇有共同之处。这一仙迹石头,当地人民很重视,据孙大学《重修大石桥记》云:"……桥之上辙迹深处,积三十余年为一易石……"又翟汝孝《重修大石仙桥记》云:"……始为隋李春所建,唐仙人张果老堕驴之迹,今存焉……近世辙迹所蹂已逮桥之铁梁矣……"这些记录指出有神话启发,车辆应在桥的中央通行,同时建此仙迹,使车轮驶至仙迹处,看见坑沟不平就改向桥的中央,这样与神话也有相通之处。

这些神话和仙迹,究竟始自何代?据碑文记录,始自宋代,宋杜德源诗有"休夸世俗遗仙迹,自古神丁役此工"。从此以后,历代文人对此仙迹多与这座桥的庄严相提并论,此乃表明这种神话仙迹多为世人所重视。再查这座桥建筑精细,构造坚固,历二百年,至唐贞元时,北台西角始被水冲陷,而影响上面一部分的构造。嗣后石料渐渐风化,因蚀耗日趋疏松,铁件锈蚀逐渐剥落,因而修缮维护工作,渐被重视。至宋代时,历时五百余年,而该桥修缮维护工作也渐趋繁重。但这座桥非与一般普通桥梁的建筑可比,修缮固需工款,同时还要网罗巧匠才能修理这样一座特殊结构的桥。可能正是为了这个缘故,宋人编造神话,设置仙迹,以启发后人如何维护这座珍贵古老的大桥,使修缮工作得以稍为减轻。在1955年修缮这座桥时,发现有些地方不如原始的构造,也就是俗语所谓"缔造维艰,守成亦不易"之一明证。

(《中国石桥》"第三章　三大名桥三大发明"第二节)

赵州桥之浅见

(2015年4月)

胡达和

一、前言

赵州桥(图1)是敞肩(空腹)、弓形(割圆、小于半圆)、纵向并列(拱石)砌筑、浅基础短桥台石拱桥,是世界首创。

图 1

1961年3月4日，国务院公布赵县安济桥（大石桥）为第一批全国重点文物保护单位。1991年9月4日，美国土木工程师学会命名赵州桥为“国际土木工程历史古迹”，并赠送铜牌和树立纪念碑。同月，中国土木工程师学会在赵州桥树立石碑，碑文称“世界著名古石桥赵州桥隋朝匠人李春建于隋开皇十五年至大业元年（公元595—605年），世界现存最早跨度最大的空腹式单孔敞肩圆弧石拱桥”。

现存赵州桥的重要文献之一《石桥铭序》（唐中书令张嘉贞）记述如下：

“赵郡洨河石桥，隋匠李春之迹也。制造奇特，人不知其所以为。试观乎用石之妙，楞平碪斫，方版促郁，缄穹隆崇，豁然无楹，吁可怪也！……非夫深智远虑，莫能创是。其栏槛蓥柱，锤斫龙兽之状，……若飞若动，又足畏乎！……目所睹者，工所难者，比于是者，莫之与京”。

首次指出其拱圈用石之妙、两侧腹拱用以杀怒水以及栏板与望柱之精美，非鬼神相助工所难也。

1933年11月，我国著名古建筑学家梁思成和莫宗江等第一次来到赵县，开展了赵州桥的调查。他首先对文献中关于赵州桥的建造者李春做了肯定，并且指出赵州桥在建造上有着独特的造诣：

第一，赵州桥跨度大，弧形平，桥全长64.40米，大券单孔跨度达37.02米。“这样大的单孔券，在以楣式为主要建筑方法的中国，尤其是在一千三百余年以前，实在是一桩值得惊异的事情。”

第二，赵州桥为敞肩拱，这即节省了石料，又减少了桥身自重，而且增加了桥下河水的泄流量。梁思成称赞它“真是可惊异地表现出一种极近代的进步的工程精神。”并指出“这种将小券伏在大券上，以减少材料，减轻荷载的空撞券法，在欧洲直至近代工程中，才是一种极通用的做法。……真正的空撞券桥，至十九世纪中叶以后，才盛行于欧洲。”梁思成得出结论：“但这些桥计算起来，较安济桥竟是晚七百年，乃至千二百余年。”

第三，桥的砌筑方法特别，采用纵向并列砌筑法。梁思成说：“安济桥大券小券的砌法，出我意外的，乃是巴比伦式的并列砌券法。”这种方法的好处是，每道拱券都能独立站稳，自成一体。倘若一道拱券损坏不影响全桥，修复也容易。不足之处是，券与券间没有重要的联络构材，各个石券容易有向外倒出的倾向。梁思成发现前人采取了三种预防或挽救的方法,加强拱券横向间的联系,即护拱石、铁拉杆、收分(即赵州桥拱券中间窄两头宽,像个")("形)。

第四,赵州桥桥台基址的特殊设置,成为至今没有破解的千古之谜。梁思成指出:"……因再下三十至四十公分便即见水,所以除非大规模的发掘,实无法进达我们据学理推测的大座桥基的位置。发掘后,我因不得知道桥基造法而失望……"

1984年10月,时任全国政协副主席的茅以升又特意考察了赵州桥。他被这一千年古桥所震撼,说:"先不管桥的内部结构,仅就它能够存在1400多年就说明了一切;赵州桥的结构很特殊,石拱桥做得那么好,1400多年前的东西能够保存得这么好,这是个奇迹。"茅老不住地赞叹:"这座桥,不仅是中国人民的骄傲,也是世界桥梁建筑中的瑰宝。"

国际友人英国的李约瑟,日本的佑岛岱、成濑泰雄、山口佑造等一些桥梁建筑专家、学者,都给予赵州桥极高的评价:中国弓形敞肩拱桥确实优先达千年以上,因为至铁路时代(19世纪70年代),西方才出现了一些可以与之相比的桥梁。并认为"赵州桥创造的敞肩拱学派,对古今世界的桥梁工程界产生了巨大和深远的影响,李春的敞肩拱桥建筑成了现代许多钢筋混凝土桥的祖先。"苏联力学教授И.М拉宾诺维奇在《建筑力学教程》中写道:"在十八世纪以前尽管拱已有广泛应用……罗马人由于采用巨块结构及因缺乏计算而使用过分的强度储备,保证了结构的耐久性。石桥的建筑,在中国古代即已达到高度的技巧,1000年前建于河北省就是一个证明。这个桥一直保留到现在。其跨度为37.5m,在拱圈上还有几个小拱。自然,在当时是不可能谈到科学的计算。很久以后,在中世纪的末叶,欧洲建筑师对于拱的工作性质以及他的强度和稳定的条件还没有一种确定的概念。……在1697年,格列高利发表了拱的理论,……"

本文拟用当代拱桥的设计理论与规范,通过ALGOR程序的杆单元(拱圈)与块单元(桥台)进行力学分析,对赵州桥的结构、构造与设计进行初步探讨。

二、赵州桥的总体布置

拱桥的总体布置包括:净跨度与桥下净高度、单跨与多跨、矢跨比、压力线与拱轴线、腹拱的挖空度等。

1.桥梁的净跨度与桥下净高度

这个尺度决定拱桥的大轮廓和规模。桥梁净跨度应依据河床的断面而定,这里有三个可能的选择:压缩河底宽度、恰好跨过河床宽度以及跨过洪水位(或通航水位),赵州桥选择适中方案。这一方案在正常水流情况下对于河流虽然有所压缩但影响不大,同时桥梁跨度也不至于太大,不会给设计与施工带来太大困难。桥下净高是指主拱顶底至拱脚底的距离,它受于洪水水位与通航水位控制。一般而言,拱顶底应当高于设计洪水水位,否则在洪水作用下(此时往往夹带漂浮物),增加了桥梁的横向推力,对于桥梁横向稳定不利。赵州桥的拱顶底距设计洪水水位有1.0m左右的净高度(与当代规范相近)。洪水水位的确定在古代还没有按统计学方法进行推算,而是依据附近村庄的地面高度(这个水位是经过长期洪水考验的)给予确定,从而确定了桥下净高为7.00m。此外,还应当根据通航水位以及通航船舶净空的要求检查其尺寸是否可行。图2所示,是在1956年施工时的一场大洪水已将小拱脚淹没(其洪水频率约为70年一遇),可见在百年一遇的洪水水位不会超过小腹拱拱脚的内侧,且主拱拱顶不会被淹没。

图3为赵州桥桥下通航(民国期间)的情况,如果放下风帆桥下不需要太大净高,可见能够满足通航要求。

在确定桥下净高度时,还要考虑拱圈的厚度及其上填土的高度和抬高后车辆通行的可能性。按照上述的洪水水位、通航水位、通航净高以及拱圈的厚度、护拱石与桥面厚度,可以推算得到桥面高度。当桥上纵坡按6.5%设计时能满足当时手推车与马车的行驶要求。

满足上述条件(通车、行洪、通航)得到桥面顶部高度约为9.0m,桥面纵坡度为6.5%(桥头填土约为2.5m)。现况河床的上口宽度约为65.8m,下底宽度为37.0m,河床深度为4.8m。其控制断面的轮廓如图4所示。

图 2　1956 年赵州桥洪水水位

图 3　民国时期赵州桥通航情况

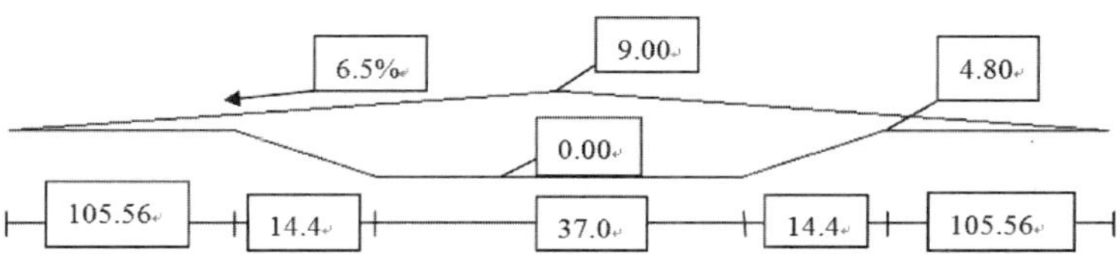

图 4　控制断面的轮廓线

2.单跨与多跨

古代石拱桥多为半圆拱,如果采用单孔半圆拱跨过,需要在现有地面高出 20m 以上,且不可能满足于车辆的通行。当采用三孔半圆拱,其中孔跨度可达 14m,边孔为 10m,如图 5 所示：

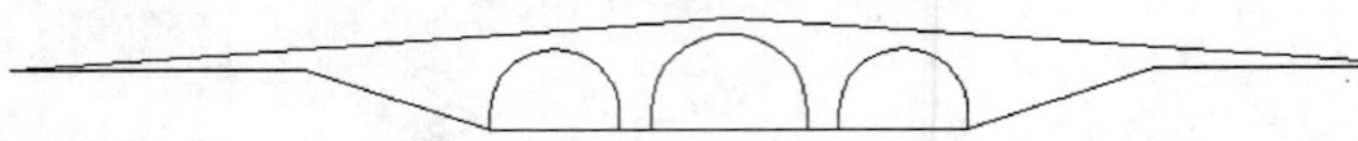

图 5　三跨半圆拱方案

采用三孔拱桥可以满足陆路交通、行洪以及通航的要求。但河中需要修建两个桥墩,桥墩与基础需要在水下施工;且由于河中的桥墩以及实腹拱部分对于水流的阻挡较大,在洪水期间增加桥梁上游的壅水与桥梁下游的冲刷;同时通航孔过小,对于通航不利。由于上述种种原因,单跨比多跨好、弓形(定义为小于半圆的弧)比半圆拱好、空腹比实腹好。赵州桥的建造者勇于创新,大胆地采用了单孔大跨度的空腹弓形拱桥,如图 6 所示。

图 6　大跨空腹弓形拱桥方案

这样的方案对于陆路、水路、排洪、通航、美观都有利,但却给设计与施工带来很大困难。赵州桥的建造者勇于攀登高峰,精心设计,精心施工,创造了古代石拱桥的奇迹,使得赵州桥经历了多次大洪水、大地震、战乱以及自然的腐蚀而千年不坠。

3.矢跨比

现代的《公路圬工桥涵设计规范》中规定,拱桥的矢跨比宜采用 1/4～1/8。

下面分别对于矢跨比 1/4、1/5、1/6,跨度为 37m,拱厚度为 1.0m(其他条件相同)拱的受力做出分析比较,如表 1 所示。

拱的受力分析比较　　表 1

节点号力、偏心距矢跨比、净矢高		1	2	3	4	5	6	7	8	9
1/4 $f_0=9.00$	N	38.2(22.92)	35.8	33.6	31.5	29.8	28.5	27.6	27.0	27.1
	M	7.68	−0.72	−4.30	−4.56	−2.82	−2.24	2.31	4.10	4.74
	e	[0.20]	−0.02	−0.13	−0.15	−0.09	−0.08	0.08	0.15	0.17
1/5 $f_0=7.02$	N	41.60(30.12)	39.6	37.7	36.1	34.6	33.7	33.0	32.6	32.7
	M	3.11	−1.52	−3.22	−2.94	−1.51	0.34	2.10	3.37	3.74
	e	0.07	−0.04	−0.09	−0.08	−0.04	0.01	0.06	0.10	[0.11]
1/6 $f_0=5.57$	N	45.7(36.56)	44.0	42.4	41.1	40.0	39.1	38.6	38.3	38.26
	M	0.11	−2.34	−2.87	−2.16	0.78	0.84	2.25	3.21	3.55
	e	0.002	−0.05	−0.07	−0.05	0.02	0.02	0.06	0.08	[0.09]

注：节点号自拱脚向拱顶,N 轴力(t)、M 弯矩(t·m)、f_0净矢高(m),“[]”内之值为最大值,“()”内之值为拱脚处的推力值(t)。

由表 1 得知,拱的其各个截面的偏心距均在核心距之内(核心距为 0.17m),不会出现拉应力。各个拱的偏心距以矢跨比 1/6 时为最小(拱圈应力状态最好),但水平推力最大(桥台受力不利),净矢高最小。综合拱圈截面应力、推力、拱的净矢高以及交通要求(上述的净跨与净高之比 37/7＝1/5.29),采用矢跨比 1/5 左右最为合适。其值与赵州桥采用的基本一致。赵州桥 $L_0=37.02\text{m}$ 与 $f_0=7.23$ 时相应的 $L_j=42.06\text{m}$,$f_j=8.21\text{m}$,$f_j/L_j=1/5.12$,与上述分析很相近。

4.拱轴线与压力线

赵州桥属于超静定结构,“在任意荷载作用下,不是所有的轴向力、剪力和弯矩可以从刚体或刚体系统的平衡方程式中求得”,需要解微分方程。直到 19 世纪中期,人们才利用微分方程对超静定结构进行求解。近代拱桥理论知道拱轴线与荷载产生的压力线重合的重要性,当拱轴线与压力线相重合时拱的各个截面为均匀受压(无弯矩、无剪力),否则截面应力分布将不均匀,两者偏离越大应力越不均匀,以至于出现拉应力。对于石拱桥,由于抗拉能力低(靠砂浆来承受),故设计时应当使两线尽量重合。近代力学证明,拱在荷载作用下弯矩为零时的拱轴线方程应当满足微分方程 $y''=q_x/H$,当拱上的荷载为常数时拱轴线的方程为抛物线,实腹拱的拱轴线方程为悬链线。由上式可知拱轴线与拱上荷载密切相关(也就是不同的荷载工况有不同的拱轴线)。古代还没有上述理论,多采用圆弧作为拱轴线。由于圆弧线施工方便,即使是当代中小跨度的石拱桥仍然采用圆弧石拱桥。古代虽然对于上述理论还不清楚,但已经注意到两线相近的必要性,尽量使压力线与拱轴线接近,使压力线在截面的核心距之内(矩形截面的核心距是距截面中心轴的(上、下)的 $h/6$ 处,h 是截面高度)。当轴向力位于核心距之内时截面不会出现拉应力,当轴向力越接近截面中心时在截面上压应力分布越均匀,当轴向力位于核心距之外时轴力侧压应力最大而另一侧边拉应力最大。石材由于砌缝的存在,抗拉能力很低,所以压力线越靠近拱轴线越好,至少不应当使轴向力超出核心距。从主拱石的构造上也可以看出,赵州桥的设计与建造者也知道拱的截面上存在弯矩,故在纵向拱石之间设有两个腰铁,以约束拱石与拱石之间的转动,达到调整应力的作用,同时也增加了拱圈的美观效果。

通过赵州桥在全部静载作用下的几个主要截面进行计算,结果是偏心距在拱脚处截面为 0.138m,空与实腹交接处为 0.094m,拱顶截面处为 0.068m,压力线均位于截面核心距($h/6=0.17\text{m}$)之内。这说明各个截面均受压,不会出现拉应力,也可见赵州桥的两线是比较接近的。

5.腹拱的挖空度

空与实腹段长度的配置应当从美观、受力、排洪几个方面考虑。从排洪与减小地基应力考虑,应当尽量加大空腹段长度;从拱圈的受力方面考虑,应当尽量减小拱脚截面的负弯矩;在美观上挖空段不宜太短,且两个不等跨的腹拱比两个等跨腹拱好,如果小腹拱采用斜拱可以加大腹拱的挖空量(对拱脚受力以及美观都好)。赵州桥的空腹段长度为桥跨长度的 48%。

无铰拱桥主要的控制截面一般为拱脚、拱顶以及 1/4 跨度的几个截面,其中拱脚处的负弯矩常常对于截面受力起控制作用。采用有限元法,通过计算机求得赵州桥的拱在单位对称竖向(其方向向上,相当于挖空)荷载作用下的左(右)拱脚的弯矩影响线(图 7)。其中,拱轴线上部的值代表在挖空荷载作用下相应的左(右)拱脚产生正弯矩数值,拱轴线以下部分代表与之相反的负值。由图 7 可知,在距离左右拱脚 9.5m(拱轴线上部)以内的向上荷载(即挖空)引起左(右)拱脚的弯矩是正值,恰好减小了拱脚的负弯矩值,从而大大改善了拱脚的弯矩。由图 7 可知挖空段长度应当是 9.6m,而赵州的实际挖空段长度为 8.9m,两者很是相近,这可能不是巧合。

赵州桥的拱上建筑挖空面积为 33m^2,约为拱建筑全面积的 30%,减轻拱上重量 783t。带来的结果是:增加洪水期间的过水断面 33m^2,增加了洪水的通过量并减少了水的横向推力,降低了桥前的壅水,减少了对基础的冲刷,减少洪水期间的浮力 310t,增加了桥台在抗浮稳定性,以及因拱上结构自重的减轻,在降低了地基应力的同时也提高了拱的抗震能力。

赵州桥采用空腹式拱上建筑以及弓形拱轴线,使得拱桥可以向更大的跨度发展,而且不过多地受高度的限制,打破了石拱桥不能修建大、中跨度以及应用于平原地区的禁区,成为人类拱桥史上的里程碑。

三、上部结构

1.拱券厚度与跨度比

在罗英、唐寰澄所著的《中国石拱桥研究》中统计了我国古代石拱桥的拱厚/拱跨(多为 8~19m 的小跨)值,一般在 0.04~0.10 之间,而赵州桥为 0.027,远远小于一般的拱厚/拱跨值。罗英指出,赵州桥的大券石高是 1.03m(拱券自重约 1000t),每块石重约 1t。按清式做法,高应为 2.5m(此时拱券自重约 2500t,比赵州桥大约 1500t),而赵州桥的券石高还不到清式的一半。按照近代桥梁设计规范中的《公路桥涵规范(试行)》中规定的石拱桥(中、小跨度)厚度的经验公式计算,拱厚度为 0.018~0.025,赵州桥的拱厚/拱跨值略大于上限值,接近现代桥梁的尺寸。近代修建的桥梁的石拱券尺寸也不过如此。如 1961 年建成的广东五华水寨桥(公路桥梁),采用等截面圆弧拱,跨度为 40m,矢跨比为 1/5,拱厚/拱跨为 0.03,还略大于赵州桥的主拱券厚度。拱券的厚度对于拱的美观与工程量的大小起着决定性影响作用。由此可见,赵州桥的拱券厚度与跨度比与近代已建的石拱桥尺寸相比较也是先进的。

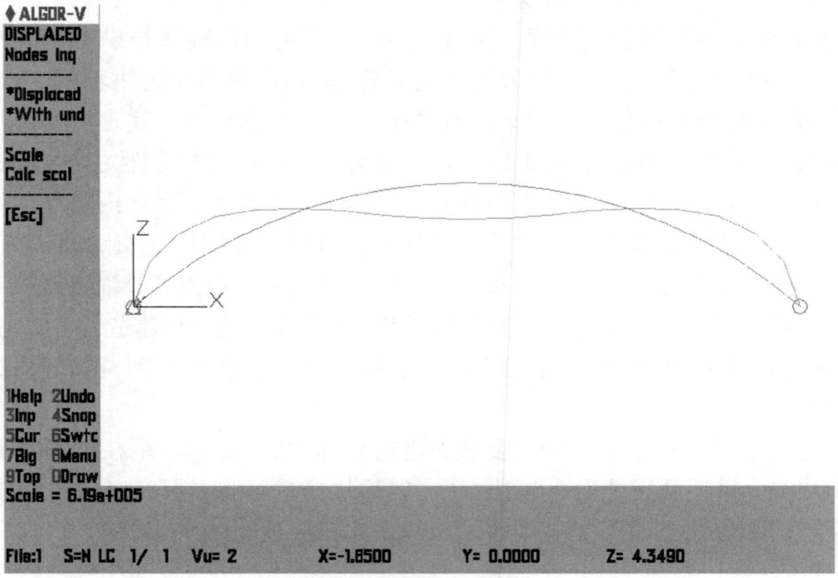

图 7 左右拱脚的弯矩影响线

2.拱券的截面变化

拱券所受到的轴向力与弯矩的分布特点是由拱顶向拱脚逐渐加大,所以跨度较大的拱桥,拱券的截面也是变化的,一般是截面高度变化,也有的截面高度与宽度同时变化。赵州桥拱券由主拱圈(等高度 1.03m)与护拱石(护拱由拱顶高度 0.16m 变至拱脚高度 0.3m)组成。赵州桥的拱券高度是由拱顶 1.19m 变到拱脚 1.33m,而拱券的宽度由拱顶 9.0m 变到拱脚 9.6m,所以赵州桥应当是变高度与变宽度的石拱券。由于采用变截面,使拱的受力大为改善,同时也增加桥的美观。

赵州桥在宽度上的变化是采用收分实现的,拱脚宽度与拱顶宽度之差为 0.6m,按每块石长为 1.0m,收分值为 0.54mm。

下面分析由于收分引起的变形。当收分采用石料宽度变化时,收分后每一个纵肋在自重作用下的位移数值如表 2 所示。

纵肋在自重作用下的位移数值　　表 2

节点号 / 面内外	1	2	3	4	5	6	7	8
面外(μm)	0.067	2.06	3.34	4.03	3.93	3.18	2.20	1.69
面内(mm)	0.006	0.26	0.83	1.77	2.93	4.03	4.81	5.10

注:设拱脚节点号为 0,自拱脚向拱顶节点号增加。

由表 2 可见拱圈在自重作用下拱顶最大竖向位移为 5.10mm,而侧向位移(左右对称)呈现驼峰状态,最大侧向位移在 1/4 拱跨处附近,其值为 4.03μm,收分是可以增加桥梁的横向稳定性。

3.纵向并列干砌法与横向浆砌法

近代的研究表明砌体的强度与其砌筑法关系很大，采用纵向干砌比横向浆砌的砌体强度可以大大提高，这是由于灰浆的强度较低(灰浆的存在降低了砌体强度)。表3为按照桥梁设计规范的规定对两者允许应力进行比较：

不同砌筑法的允许应力比较　　表3

石材标号	砌筑法	轴心受压允许应力(MPa)	偏心受压允许应力(MPa)
100	纵向粗料石干砌	30×0.7=21	31.1
	横向10号砂浆砌筑	6.6	9.8

注：古代浆体的强度还达不到10号砂浆的强度，纵向干砌的石材采用粗凿(乘数0.7为粗凿的降低系数)应力，两种砌筑方法的允许应力干砌为横向砌筑的3.2倍。

计算表明(见《北京建筑工程学院2010年增刊》)，在静载与活载(500kg/m^2)作用下拱脚的偏压应力最大为29.7MPa，小于偏心受压允许应力31.1MPa，如果采用横向砌筑法的允许应力9.8MPa，则远远小于29.7Mpa压应力。

由此可见，采用纵向干砌筑法可以大大提高砌体强度，但纵向接触面的加工要求高。赵州桥主拱的弧长约40.4m，按每块石料长度1.0m计算(如果施工时以1.0m的直代曲，则内弧玄长为0.98m，外弧的弦长为1.02m)，全桥共需要1148块(且为梯形)石料，特别是纵向要求粗凿，石材的加工量大大增加。但综合考虑还是采用纵向干砌筑法好，即减轻自重，又增加了桥梁的美观。近代大跨、特大跨石拱桥均为少肋，纵肋间浆砌(砌缝中多为高标号的小石子混凝土)。更大跨度多为钢筋混凝土拱桥(用高强度的混凝土代替石砌体)，特大跨度为钢拱桥，且多为少肋(双肋或单肋，纵向为变截面)的拱桥，横向也有联系。赵州桥实质是多肋拱桥(肋间设有横向联系)，发展至近代多采用少肋拱，在横桥向用系梁连接。

4.纵向并列砌筑法与加强横向联系

由于采用多条纵肋，纵肋间横向联系差，赵州桥使用了多种构造措施，如护拱石、勾头石、铁拉杆、腰铁、收分以及小拱墩等，加强横向联系。护拱石与勾头石对于边部拱券可以起到一定的横向约束。铁拉杆(共设有9个，大拱顶5个，小拱顶各1个)，对拱顶横向的对称变形可以起到约束作用，但对于地震作用下的非对称变形(如S形)起不到约束作用。各条主拱石拱背之间设有横向腰铁，对各纵向拱券之间起到一定的横向约束作用。收分的做法是使两侧的拱产生向内的压力，对于主拱的横向稳定有好处。小腹拱墩对于主拱的横向约束作用较大。应当指出的是在洪水作用下，桥的上游将产生壅水，下游产生冲刷，可能使桥台发生不均匀沉陷，会引起外侧拱券外倾。在横向地震力作用下的非对称振型的横向约束能力较差，这就可以解释为何主拱产生S变形，横向各个拱肋之间的联系较弱导致横向地震力也会有所降低。

赵州桥的建造者在一千三百多年前修建的赵州桥，能如此正确地处理拱轴线与压力线、空腹段与实腹段、纵向与横向砌筑、矢跨比、拱厚跨比、等截面与变截面、结构与美观、构造与施工等复杂的关系，确是人类拱桥建造史上的一大奇迹。

四、下部结构

拱桥的下部结构的构造与设计十分重要，这是因为作用于拱桥桥台上不仅有大的竖向荷载，更有很大的水平推力，因此对于桥台的抗倾覆、抗滑动以及地基的要求很高。目前对于古代拱桥桥台的研究报告较少。对于赵州桥的桥台也有过各种猜测，受制于勘查手段的局限性，很难探查到确切的尺寸。在1979年5月8—14日对于赵州桥的桥台以及地基土进行了较大规模的勘察与探测。通过对赵州桥地基土的勘察，进一步了解到其桥台基础是置于轻亚黏土中，而不是置于中砂土层中，这成为赵州桥经过多次大的洪水冲刷，基础基本未产生多大的位移，且保持千年不坠的一个重要原因。正如老乡所说："洨河的河床是铜捞铁底"。这样的基础抗冲刷能力强，又由于基础埋于黏土层中在洪水期间对于桥台不会产生上浮力，从而提高了桥台的抗浮的稳定性。

下面根据勘察报告与上部的计算结果,对桥台以及地基进行验算。

1.按照现行规范的方法对桥台与地基的验算

根据 1983 年的勘察报告,地基土的为轻亚黏土,土的天然孔隙比 $e=0.63$,饱和土液性指数 $IL=0.41$。根据《公路桥涵地基与基础设计规范》的 3.3.3 表查得地基承载力基本容许值为 360kPa。

根据上部结构计算(静载与活载)的结果,得到桥台的地基应力为 $\sigma=2369.3/6.4\pm93.4/6.83=383.8$ (356.6) kPa,略大于规范容许值(由于施工工期较长,桥台完成后才砌筑上部结构,地基土经过了较长时间的预压,其地基承载力会有提高)。

桥台稳定性验算:抗倾覆安全系数为 82.1,远远大于规范规定;抗滑动安全系数为 0.7,远远小于规范规定。

由上述计算得知桥台抗滑稳定不能满足规范规定,估计在抗滑方面还会采取其他特殊的措施。

2.计入弹性土抗力对于桥台与地基的验算

按照常规的计算方法,桥台的抗滑稳定不能满足规范规定,进一步计入台后土与地基土的弹性土抗力进行计算。采用块单元,在台后与基础底输入土弹簧(其弹簧系数按照规范取用),同时输入也有计算结果的拱脚处传来的外力 M、N、Q,以及基础底面的抗滑力(取竖向力的 0.25 倍),用非线性进行分析,其计算结果桥台产生位移与转动如图 8 如示。

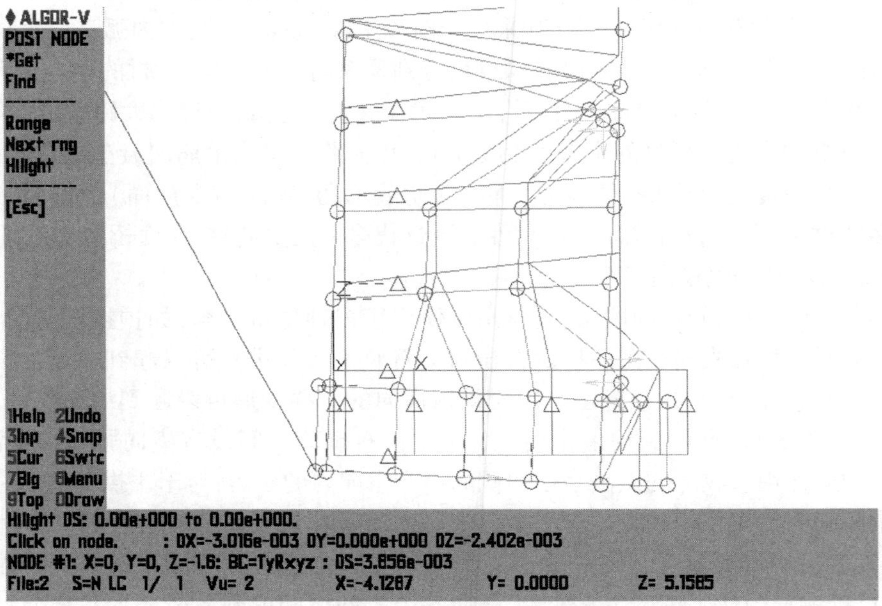

图 8　计入弹性土抗力的位移图

此时位移与相应的地基应力如下:基底前址的水平位移 3.12mm、竖向位移 4.77mm,后址的水平位移 3.02mm、竖向位移 2.40mm;基底的前址压应力为 477kPa,后址压应力为 240kPa。

当计入台后与地基土的弹性土抗力之后,虽然稳定得到满足,但地基应力仍不能满足规范规定。

3.两个计算结果分析

上述的计算结果表明,当计入台后与地基土的弹性土抗力并输入抗滑力之后,采用 ALGOR 有限元计算,地基最大的应力为 477kPa,超过允许应力 360kPa 的 30%以上,其抗滑稳定能得以平衡(但还不能满足当代设计规范规定大于 1.3 的要求)。从现场观察(特别是翼墙开裂的情况)来看,桥台与两侧翼墙可能是砌筑为一体或密贴,翼墙仅用于传递水平力(如目前采用的组合桥台),或有其他抗滑措施(如台后土是否特殊夯实处理过)不得而知。由于对于其构造与尺寸不明(或有其他措施),无法进行进一步计算。建议在条件允许时,采用有效的手段对桥台与翼墙的构造与尺寸进一步勘查,以进一步解开此谜。推测桥台与翼墙如图 9 所示(其中虚线部分为未知)。

其实,后人在南桥台后修建的关帝阁也增加了桥台的抗滑稳定性。

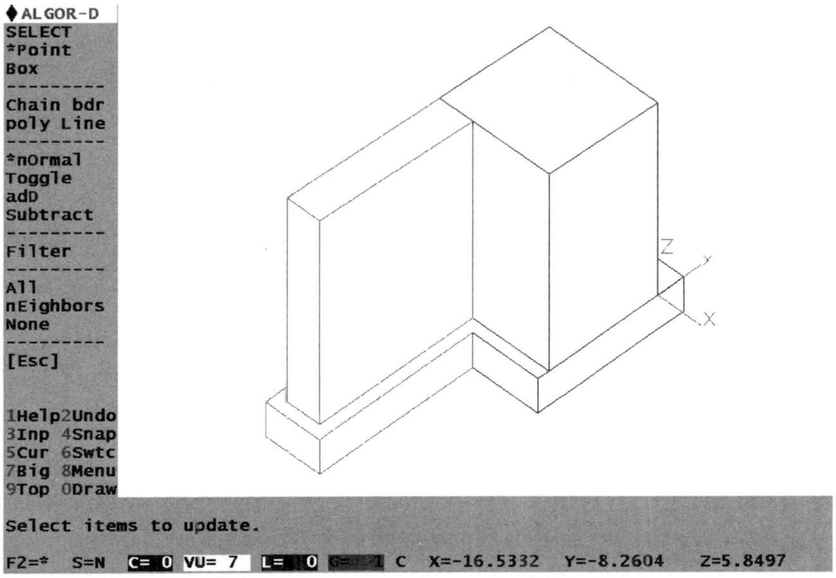

图9　推测的桥台与翼墙(之半)的构造

五、施工方法

拱桥施工方法决定了工期的长短,更决定了拱桥建造的成败。关于赵州桥的施工未见记载,是将河水导出的干槽施工方法,还是拱架法施工,或是土牛法施工,不得而知。在施工过程中是否对于合拢温度进行了控制,是否设有预拱度等,更无材料留存下来。

推测拱桥的施工程序可能是:桥台—主拱—小腹拱与侧墙—桥面。

主拱券是施工的关键,猜测可能不是干槽施工(河水导流困难很大),也不是土牛法施工(不利于洪水期间施工),很可能采用拱架法进行施工。采用拱架法施工与拱券砌筑法密切相关。对于纵向干砌筑法,可以节省拱架,有如下的砌筑方案可供选择,详见表4。

可供选择的砌筑方案　　表4

方　案	拱圈每次砌筑的肋数	支架需要的最大宽度
全部主拱仅一个砌筑周期	28条纵肋	拱圈的全宽
主拱圈采用两个砌筑周期	一期:中部14条拱肋; 二期:两侧各7条拱肋	拱圈宽度约一半
主拱圈采用三个砌筑周期	一期:中部10条拱肋; 二期:两侧各5条拱肋; 三期:最外侧各4条拱肋	拱圈全宽的0.36%

注:支架宽度未计入工作宽度。

如果采用横向砌筑法,一旦遇到大的洪水来临时,拱圈还未合拢,支架被冲毁,会引起全桥坍塌,致使前功尽弃。而纵向并列砌筑法,洪水冲毁支架时,仅危及未合拢的那几条拱券,不会危及已经合拢的拱券。由此可见,采用纵向并列砌筑法,即可以节省支架,又可以保证大部分拱券的安全。

纵向砌筑法在维修时,仅涉及两侧变形严重的几条拱肋,只要将它们拆除,不必将拱券全部拆除。这也是赵州桥千年不塌的重要原因之一。

六、拱桥建筑艺术的精品

拱桥建筑艺术与其他建筑艺术有所不同,首先是要满足交通要求(桥上通行车辆与行人以及桥下通过洪水与通航),同时作为结构物要满足受力的要求。它是存于大空间的三维结构物,应与周围的环境相协调,作为永久性建筑不应随时间的延续而失去其艺术价值,但又不要因为过于强调艺术性而加大投资。

赵州桥就是完美处理上述关系的典范。

在远处看，赵州桥一大跨跨越河床，恰当的矢跨比即不陡也不坦，轻盈的拱上建筑，由大的腹拱至小的腹拱再到实腹段一切都是那么和谐顺畅（即减小了自重，又降低了洪水期的水流冲击，同时使拱脚的弯矩得到降低），恰似一道人间彩虹。

近看主拱上伏有护拱，正如拱眉，即是将拱肋联系一起的结构物，其厚度变化也使拱券厚度发生变化（厚度由 1.33~1.19cm）。勾头石即起到对于边部拱的横向约束作用，同时使拱眉高度产生变化，也增加了主拱券的美观。九根拉铁与腹拱墩，共同约束主拱的对称与非对称横向位移。腰铁即增加了拱券的美观又约束了拱石纵向的转动（增加了拱券的抗弯能力）。主拱顶部的饕餮即是镇水之兽，又是拱券合拢时的刹尖石。

当人们走在桥上时，看到的是两侧精细的雕刻（栏板与望柱），不禁为古人的精湛的艺术而感叹。年代最早的隋代雕龙栏板（图 10），在半圆形寻杖和方形地栿之间刻有饕餮或行龙，或单现或成双，有的鳞甲披身，有的以花叶宝珠衬托，雕技圆润纯熟，细部丰富多变。古人赞誉龙栏板"蟠绕拏踞"、"若飞若动"。最精致的是蟠龙望柱（图 11），长柱身，底为地栿，在地栿与盆唇之间浮雕蟠龙。

图 10　龙栏板

图 11　蟠龙望柱

此外，古人还考虑得十分周到，在桥上还留有车辙与脚印，明确提示我们：重车不要靠边行驶。更提示我们，要注意它们的变形，及时修缮。

七、结束语

在赵州桥建成一千三百年后，1958 年建成的湖南黄虎港大桥（图 12）才首次超过它的跨度。黄虎港大桥位于湖南省石门县，上部结构为空腹式等截面（拱厚 2.3m，拱券按 80 号水泥砂浆砌 500 号粗料石）圆弧石拱，主孔跨径 60m，拱矢度 1/3，桥面宽 8m，全长 103m，桥高 51.2m。该桥采用满布式拱架施工，从河底至拱架顶高 47.9m。设计荷载为汽—13 级。

图 12　黄虎岗大桥

在继承赵州桥的空腹、圆弧(小矢跨比)、变截面经验的基础上,采用悬链线、拱轴线、计算机技术、纵向砌缝小石子混凝土以及分段、分环的施工方法等,我国石拱桥顺利地跨越了 60m 的跨度,并很快突破了百米跨度。

目前我国已建成的百米以上的石拱桥已有 18 座,其中名列世界石拱桥前三位的均在我国(详见表 5)。

位列世界前三位的石拱桥 表 5

名次	桥 名	跨度(m)	桥长(m)	桥宽(m)	矢跨比	拱圈厚度(m)	结构形式	桥址	建成时间(年.月)
1	九溪沟桥(图 13)	116	140	7.0	1/8	顶 1.6 脚 2.15	空腹、悬链线、变截面	重庆	1997.7
2	乌巢河大桥(图 14)	120	241	8.0	1/8	等高度 1.6、变宽度(顶 2.5、脚)	双肋、等高变宽、悬链线	湖南	1991
3	丹河大桥(图 15)	146	413	24.8	1/4.5	顶 2.5 底 3.5	全空腹、变截面、悬链线	山西	2000

注:因原作者未能提供数据,故暂无拱圈顶数据。

我国不仅首创空腹石拱桥,也是石拱桥的强国,其跨度达到 150m 左右,已经接近到石拱桥的极限。

我国也是拱桥大国,在特大跨度拱桥也名列前茅。我国世界纪录的大跨度拱桥如表 6 所示。

赵州桥的成功建造创造了世界拱桥史的一大奇迹,是人类拱桥史上的一个里程碑。

对于赵州桥的研究还远没有结束,如为什么桥建在大石桥村处、赵州桥的结构是如何根据当地的条件以及对力学、材料、砌体强度、水动力学、土的承载力以及抗滑的认识程度确定的、赵州桥的施工技术、敞肩圆弧拱出现的原因、李春的人物历史、给我们哪些启示等。随着计算力学的进步、勘探技术的发展以及考古工作的深入,一定会有更多的发现。

图 13 重庆九溪沟大桥

图 14 湖南乌巢河大桥

图 15　山西丹河大桥

位列世界纪录的特大跨度拱桥　　表 6

桥梁材料	常用跨度(m)	最大跨度(m)	桥　名	建成时间(年)
钢桁架拱桥	40~200	552	重庆朝天门桥	2009
钢筋混凝土拱桥	10~200	420	重庆万县长江桥	2009
钢管混凝土拱桥		492	重庆巫山长江桥	2005

注:它们都是少肋并且设有横向联系。

这里需要特别提出的是,如何才能有效地进行保护与防护,使赵州桥长久保存下去。邢台地震后,赵州桥出现了一些病害,如在桥面、栏板,尤其是桥台出现了裂缝,如图 16 所示。

图 16　赵州桥西北桥台侧墙开裂情况

我们应当对于目前的损伤情况进行检测、评估与判断,采取有效的保护与防护措施,提高赵州桥的抗洪、抗震等能力。

在本文的篇写过程中,王健与王锐英教授提出了多处有益的建议,在此表示感谢。不当之处欢迎批评指正。

主要参考资料

李晋栓.赵州桥志.

И.M 拉宾诺维奇.建筑力学教程,第二卷,第一分册.1956.

茅以升.中国古桥技术史.北京:北京出版社.1986.

罗英,唐寰澄.中国古桥研究.北京:人民交通出版社.1993.

胡达和,夏树林.安济桥桥台基础考察报告.第一届全国古代技术史学术会议论文.1983.

北京建筑工程学院学报,第二十六卷(增刊).2010.

公路桥涵设计规范(试行).1975.

公路圬工桥涵设计规范(JTG D61—2005).北京:人民交通出版社.

公路地基与基础设计规范(JTG 63—2007).北京:人民交通出版社.

最近竣工的赵县安济桥

余鸣谦

河北省赵县南门外的安济桥建自隋代,是古代劳动人民在桥梁建筑上的一个伟大成就。因桥身一部残坏,自 1955 年正式兴工修理至 1958 年全部竣工。今就自己参加修理工作中的所见作一介绍。有些内容已见《文参》(全称《文物参考资料》——本书编者注)郭瑞恒、余哲德、俞同奎等几篇文字中的就不再亘复,但可互相参照。

一、桥史

桥的创建年代是在隋炀帝大业间(公元 605—618 年)。当时由于交通上的需要,赵州各县村集资建造了这座石拱桥。桥结构是天才石工李春所设计,主拱净跨达 3702cm 之巨,折合营造尺 12 丈。这说明当时在桥梁建筑上已有了如此高度的惊人技术,而李春的大石桥正是这种技术成就的表现。

约二百年后,唐贞元九年(公元 793 年),桥的坟岸上排篷有残破情况,成德节度参谋侍御史知赵州事卢公曾加以修葺。明代安济桥曾几次修理,嘉靖癸亥(公元 1563 年)、嘉靖甲子(公元 1564 年)都有修缮的文献记载。隆庆六年(公元 1572 年)在桥南兴建关帝阁,这高耸的楼阁建筑更衬托出桥身的雄伟。万历廿五年(公元 1597 年)张居敬等人募款修桥,添配勾栏。崇祯二年(公元 1629 年)复在关帝阁南添建了卷棚过楼。到了清代,安济桥仍是交通要冲,试从西侧五道主拱石的石质新鲜程度推测,应是近二百年中清代所修易。道光元年(公元 1821 年)在桥上建鲁班庙、柴王庙,左右对立在关帝阁城台之北侧。

自隋迄今一千三百年间,安济桥是屡经修缮的,其石料也是多所更易。所存旧物,以今天个人水平考查,恐只有中央二十道主拱和南北两座桥台;自小拱以上则是后代重修所遗留。

二、桥的外形

(甲)立面

桥东面三道主拱圈已在清末倒塌。就西面立面测量所得:主拱拱脚南北净距 3702cm、矢度 722cm、拱度 1:5.13,是一个坡度平缓的拱桥。拱脚之上有矩形桥台,高 340cm,深约 400~500cm,通体以条石砌成,垒砌工正,雕凿方齐,以与拱圈传来的巨大推力相抵。

主拱上方加用四个小拱圈,形成了空撞券形式,成为安济桥重要特点之一。小拱之间用宽约 50cm 的条石砌成不很规则的侧墙,上承桥面。

(乙)平面

桥面用厚约 30cm 的条石铺成,中央 380cm 宽度部分,由于车轮磨轧已坎坷不平,清末又加铺红砂石板一层,以致比两侧部分高起 10~20cm。

桥面东西侧栏板之下，各用帽石一行探出于侧墙之外。在矩形桥台外方的引道，由于这一部分侧墙稍向外张出，故其桥面宽度比桥中部分大出约 5cm。

（丙）比较

在赵县附近，手法和安济桥极为相似的空撞券式石桥还有两个：一是赵县西门外的永通桥，创建年代是金明昌间（公元 1190—1195 年）；一是栾城东门外的凌空桥，创建年代是金泰和间（公元 1201—1208 年）。下表指示其一般尺度，供比较参考。

桥名	小拱数	主拱拱圈数	主拱拱脚净跨（l）	净矢度（h）	矢跨比（h/l）
安济桥	4	28	3702cm	722.30	1/5.13
永通桥	4	20	2260cm	430.00	1/5.27
凌空桥	2	22 24	2562cm	625.00	1/4.20

三、桥细部之一——主拱

（甲）收分（或蜂腰）

在唐中书令张嘉贞的《石桥铭》中有“腰铁拴蹙”的字样[1]，在梁思成教授的《赵县大石桥调查报告》中认为桥的建造设计是故意将桥中部宽度减小，以防外倾；在本次修理中，特地对各部分宽度做了测量，结果是：

（1）以中央十八道主拱券为限[2]，其总宽度（包括灰缝与石厚）是：拱顶 624.50cm、南 275 小拱脚下 632.50cm、北 275 小拱内脚下 624.00cm、南中墩下 638.00cm、北中墩下 628.00cm。中墩下的主拱部分是全拱最易变形的地方。依上测数字考查，北中墩下与拱顶相差 3.5cm，在 1500cm 的长度里 3.5cm 可以考虑成施工误差；南中墩下与拱顶相差 13.5cm，差数较大，这是因为南部已经向西发生扭闪现象所致。

（2）以西侧五道主拱券计，横向总宽分别是：拱顶 149cm、南 275 小拱内脚下 149cm、北 275 小拱内脚下 156cm、南中墩下 160cm、北中墩下 157cm、最大差数是南中墩与拱顶差 11cm，其原因是券脸石向上逐渐减薄之故。

（3）根据（1）（2）两项尺寸情况，张嘉贞所说的“腰铁”指的什么部位尚难肯定。大石桥桥身恐并没有两端宽中间狭的收分。

（乙）并列式结构

安济桥的主拱是由 28 道拱券并列而成，其中每道拱券都可以独立荷重。每道拱石之间，小面相接（30cm 厚、100cm 高），因而在券脸一道拱券中石块的大面露明，外观比较悦目。这种外观，一直到后代纵联式结构石拱桥中，仍然保持在券脸部分，成为传统形式。

并列式结构，在拱券之间的联系仅仅依赖于拱背的腰铁，显然在保固联结上比不上纵联式结构。但采用这种形式也有些好处，在修理或改建上比纵联式结构要简单，常常可以采用局部修理的手段，而无须牵连全局。

对于并列式石拱桥的产生与发展，是一个值得研究的问题。从历史上考查，远在汉代的坟墓中，如望都汉墓，就可见到用条石砌为并列拱顶；经过唐宋到了金代，这种形式的桥梁颇见发展，不仅是赵州附近有永通、凌空诸桥，而且还见于山西省崞县、晋城等地；自金而后，乃渐为纵联式结构所代替。

从地理环境考查，并列式石拱桥和其他石桥一样，常常是使用在多石山区或属于山区的河流附近，这是容易理解到的。赵州附近的并列式石拱桥和井陉苍岩山的桥楼殿拱桥采取了同一结构和式样，恰好分别处在洨河的下游区和上游区。这又使人联想到这种形式的拱桥是从山区发展到平原。在多石山区中，每每要解决悬崖峭壁间的交通运输问题，这样，一方面石料现成；一方面直立的崖面正好是拱桥的基础，这些都成为施工比较简单的并列式拱桥的有利条件。最初的并列式石拱桥可能只是一券或二券，正好像最简单的木桥，经过多次的尝试，渐渐券数加多，而足以通过更大的交通量。

古人赞美这座横跨洨河上的安济桥的宏伟工程说："制造奇特，人不知其所以为"，暗示我们此桥正是从偏僻山区移到平原来的一个尝试。尝试成功，博得了古今中外的称赞："初月出云，长虹歙涧"，说明了桥外形的优美；"两涯嵌四穴，盖以杀怒水之荡突"，又说明桥的结构完全符合现代冶桥的原则精神。

（丙）券脸石

（1）券脸石的厚度比内侧诸拱石为大，东侧拱脚残存的几块厚约39.40cm，但中部26道则较薄，最大不过37.50cm。

（2）券脸石的厚度自拱脚至拱顶是逐渐减薄的。依西侧后修者测量结果，拱脚厚39cm，龙门石只厚31cm（浮雕螭首部分未计在内）。

（3）腰铁：桥上现存面石和河床中挖出的旧物都用成双的银锭式腰铁上下联结于面石之间。

（4）起线：西侧后修部分上下端各起双线，但西侧南拱脚两块旧石和河床中挖出旧物都是上下起三线，应属原制。

（丁）护拱石

（1）从现存情况看，自金刚墙脚（桥台内脚）至275小拱内脚一段的护拱石是内外通用；自275小拱内脚至拱顶一段的护拱石只用在外沿。内侧不露明部分，直接将黄土搀碎石的填料放在拱石之上。护拱石的厚度自拱脚至拱顶逐渐减薄：拱脚厚达32～37cm，拱顶厚仅16cm。拱顶部分的护拱石就石料钻文看，后换成分很大。以拱脚部分厚度为准，护拱石与拱石的立面厚度比约为1比3。

（2）护拱石和拱石并用的形式和我国一般砖拱上的伏砖、券砖并用手法正好相符，这是一个传统习惯。一方面帮助拱石分担了上部结构荷重，一方面也是拱石的保护层。

四、桥细部之二——桥面

桥梁的桥面部分好像房屋的屋顶部分，最容易残破，因而更换得也最频繁。安济桥的桥面也是极为凌乱的，在凌乱不齐的桥面石中最引起游人兴味的就是几块"仙迹"石了。"仙迹"石中有柴王爷的"车沟印石"，有张果老的"驴蹄印石"，均原存桥上，另外从河床中掘出一块长142cm、宽88cm的方石，上刻圆凹槽，直径13cm，估计是张果老的"笠印石"[3]。这些"仙迹"为古桥平添无限雅趣。这流传在人间千百年来的神话也无非是赞誉这一千三百年前惊人的工程奇迹而臆造出来的神话故事，而古代的修桥人又附会其说的造出这些无稽的"仙迹"以与神话相烘托，使得神话越加"神化"了。

由于桥身拆除和桥下河床发掘，先后发现了许多带有花饰的帽石（依清官式石桥做法可叫作仰天石），这些帽石具有如下的特点：

（1）圆花饰：新发现的帽石，少数刻十六瓣圆花，多数刻八瓣圆花。圆花饰常成对出现，一个刻在上皮靠前，直径较小，一个刻在前面居中，直径较大；同时也看到，这个圆花饰既不对望柱中，也不对栏板中，它依照自己独特的规律，排列在帽石的两个看面上。

（2）石面加工：桥上现存帽石，看不出钻文痕迹，新发现者凡是露明部分都砍为交错方向的斜钻文，这种斜文和桥主拱拱石下皮面，以及南北桥台方石看面所见，基本上是同一手法风格。

（3）探出度：指帽石下皮探出侧墙以外的水平距离而言。桥上现存帽石的探出度不过20cm，新发现者达34cm，这一较深的探出对桥的侧墙投以比较宽大的阴影。

（4）立面线条：桥上现存帽石的立面殊为简单，仅一垂直平面；新发现者，在圆花饰之上有宽约4cm的突出平口线作为遮护，花饰下内侧与侧墙相接处又特地留一直面，厚度参差不齐。推测侧墙的垒砌原不够平正，藉这个厚度调整以使桥面线平滑。

（5）栏板槽：桥上现存帽石的栏板槽较浅，约2cm；新发现者一般在4cm以上。

五、桥细部之三——铁活

桥上用两种铁活：一是铁条，一是腰铁（铁鼓）。

（甲）铁条：铁条共九道，断面长方形，露明顶端打成圆帽状；东西使用，以加强拱石间的横向联系。远在唐代，李翱的《石桥铭》中就有"九津九星悬河中"的词句。所谓"九星"，似即指九道铁条的圆帽而言。

从西面现状看，这九条铁条中，两侧四道用在四个小拱的龙门石上；中央五道分布在主拱拱顶南北约10公尺范围内。桥面拆除后，扫除了主拱上面的填土，发现这五道铁条并非通长，而是每道由五根短铁条铆接而成。另外，在中部二十道拱石上有三道通长的铁条，在东侧拱石上有些小而短的弯头铁条。把通长的三道和铆接而成的五道比较一下，前者深深嵌入石背，这应属早期所施用；后者只是浮摆在拱石上。其西起第一小段都在第五或第六道拱石处断开，恰好说明这露明的五根是修配西五道拱石时所添配。

根据实测尺寸情况，早期中央五道铁条，可能是依500cm强的等距配置的，最外两道恰位于275小拱内拱脚下。

（乙）铁鼓及铁棒

（1）拱石铁鼓：不独是每道拱石的大面上下用两个银锭式铁鼓相连（龙门石并用三个），主拱拱石的上背也将铁鼓纵横并用，使拱券之间的横向联系得到加强。

（2）伏石铁鼓：除西五道拱券上的伏石上皮用铁鼓相连外，中部伏石不见铁活痕迹。

（3）拱石铁棒：北部小拱的西侧五道，在拱石内部依拱身方向用铁棒串接。

六、桥细部之四——桥上建筑

（甲）关帝阁：阁在桥南方，有城台、正殿和前殿，据当地老人谈：正殿和城台建自明隆庆六年（公元1572年），原有碑文记载，嵌于西马道女墙间，因墙塌，不知去向。前殿是崇祯二年（公元1629年）增建，迄今崇祯年修建的题名碑尚存于南岸。城台结构是砖墙身、条石墙基，墙基下皮在桥面下3m处。城台平面作矩形，台北面与桥轴线成94°钝角，而非正交。城台拐角处每隔20~22行砖就纵横用压砖木板，以资联结。椭圆形的城门上口嵌“辑宁”字样的题石，字为阴刻双钩，刻法浅平。城台上部，原有三间正殿，高巍有致，经过战火，已无存了。

（乙）柴王庙和鲁班庙在关帝阁城台北部桥上，有小屋两排，东西相向。据当地老人谈：东面的叫柴王庙，西边的叫鲁班庙，都是清道光元年（公元1821年）增建。

（丙）过去封建社会的文人在歌颂石桥之余，对关帝阁也颇有吟咏，例如王懿诗中的“棘山疏矗凝朝岫，帝阁窿崇起夜潮”；又如王悯诗中的“势凌霄汉蛟龙起，地接楼台风雨多”。但这都是明人的诗句，可能隆庆以前桥南并没有如此一个楼阁型的建筑物。

七、桥栏及其修复设计

1953年10月中旬新建大石桥东木便桥的时节，因整理河床乱石，发现一块一面刻飞马一面刻走马的栏板，石质技法都和桥上现存栏板迥异。这事引起大家搜寻遗物的兴趣，便进行了一次发掘。发掘深度至河床表面以下200cm处，共掘出旧栏板三件，另望柱帽石一部。

1954年6月继续发掘。发现有斗子卷叶式栏板和竹节式望柱，可惜遇到洪水，事先没有准备而仓促中停。

1955年5月大桥正式动工修补，这时有了抽水机具，便在桥东西26m范围内进行了较大规模的发掘，各种类型的栏板、望柱以至帽石、题咏石挖出很多。发掘深度至距桥顶拱石下皮10m的砂层，估计这当是早年水流的冲刷面。

1955年的发掘虽然范围相当大，却有些空白点没有仔细搜寻，因而又在1957年桥面竣工之后又做了一次补发掘。栏板望柱遗物续有发现。

随着遗物的陆续发现，一面进行桥栏修复样式的研究，提出方案，并开会征求意见；一面物色石工，进行仿旧的试雕工作，终于在1958年确定了设计方案，正式雕刻并安装竣工了。对于桥栏的内容分析及修复的设计准则试分述如次：

（甲）桥栏内容及其分类

把画题内容、雕刻技法和题记情况综合起来看，桥栏全部——包括发掘所见、拆除所见和现存物——可分为五种栏板和三种望柱。首先最可贵的一种栏板就是早期龙栏板。在半圆形寻杖和方形地栿之间刻饕餮或行龙。以行龙为雕刻母题者比较多:或单或双,或刻出鳞甲,或用花叶衬托;以饕餮为雕刻母体者只有两块,采用对称的图形,显然是桥顶中央的两块。

从断面轮廓看,早期龙栏板具有上窄而下宽的特点,栏板两端有直立的凸榫与望柱相接。从雕刻技法看,早期龙栏板不仅是圆到熟练,而且细部多变化,具有一般古典作品中"形象相似,但又不尽相同"的意味。这些栏板和张嘉贞《石桥铭》中"栏槛蕈柱,锤斫龙兽之状"很相符合,可以认为它们是栏板遗物中技法最好的作品,也是时代上最早的作品。

其次有斗子卷叶类栏板。这种栏板从高度尺寸看,从上窄下宽的断面轮廓看,都和早期龙栏板极为相似,所不同者,在寻杖地栿之间又加用盆唇一道,盆唇之上刻出斗子卷叶,叶数二、三、四不等,交错使用;盆唇之下做交错的斜钻文。从斗子卷叶式手法看,试和天龙山、响堂山等石窟中雕刻比较,似可远溯六朝。但全体看来,终嫌粗糙简单。另外一种栏板是金代小栏板。这种栏板很矮,一共从桥面和小拱中拆出了三块,高度变化在47cm至50cm之间,画题有人物有山石。其中一块刻有"本州西关刘皁等众开店维那另施勾栏二间大定二年四月黄山石匠杨志造"题记。大定年号显系金代无疑。

故事类栏板似乎是明代栏板较普通的特征。赵州境内的永通桥、济美桥都是明代所加栏板,雕刻母题也都用人物故事;安济桥发掘出九块故事类栏板,大都以世俗神话为内容,技法比较粗简,栏板断面仍保存上窄下宽的轮廓,但寻杖地栿的刻痕不像早期栏板那样明显。1955年5月在北桥台西侧掘出的嘉靖甲子《重修大石仙桥记》碑文中有"所修南北码头栏板柱脚锤斫龙兽旧制耳,增崇故事形象,备极工巧,换然维新,境内改观矣……",足以证明故事类栏板是明代增用无疑。

桥上西侧现存的栏板和前四种有显著的不同,雕刻母题或用龙虎或用卷草荷叶,工匠极粗,断面也不见收分,这都是清末修桥时所添补。

在发掘出的许多望柱中,雕刻得最精致的是一种蟠龙望柱。柱身很长,最下是地栿一层,在地栿盆唇之间雕作蟠龙,技法接近早期龙栏板中所见。盆唇之上连续用斗形撮项和覆钵,再上有竹节四节,竹节之上皮有凹槽,但不知和什么分件相接。

其次雕刻得比较工整的就是斗子竹节式望柱。其雕刻形式是自地栿之上采用竹节刻饰,然后连续刻出盆唇、斗形撮项、覆钵,顶端是轮廓柔和的单宝珠。这种排列次序大体符合于宋《营造法式》中的勾栏作法(也有一部竹节望柱不带盆唇)。

无论蟠龙望柱或是斗子竹节式望柱,地栿以下都做出圆榫,其榫径榫长和八瓣帽石的凹槽是大体符合的。

除以上所举的两种,其他望柱的柱身大多方正无雕饰,间有在柱身四角微抹斜棱,柱头多用双宝珠,柱脚做方凸榫,尺寸比较小。

和望柱有关需要提到的,还发掘出两个狮形立雕。二者尺寸相近,高均45cm,但一带莲座,一个不带,石质轮廓也不相同,并且面部足部都残坏不全了。

(乙)桥栏的修复设计

既有这些遗物的发现,桥栏究应如何修复,各方面的意见并不是一致的。经过多次研究,我们觉得仍以在已得资料的基础上进行复原是比较适宜的。有人主张"既然条件不够,索性设计一套新式样放在桥上",这样,古桥身新桥栏,将予人以十分不调和的感觉,而且离开了修复古迹的原则;有人主张"把历代遗物都放在桥上,成为各代作品的陈列处所",这种意图又似乎泥于考古意义,忽视了桥的外观统一的要求。最后,我们依照有条件的历史上的存真这一原则,做了整体设计(如下所述),并交付实施。

(1)雕刻母题:早期龙栏板的雕刻技法优良而且时代最早,用做修复主题最为相宜,但是数量上比起全桥所需相差很多,因之,这不足的数量就全部用斗子卷叶式补足;换言之,雕刻母题的选择是龙与斗子卷叶并用。

当然,如果把早期龙栏板的几种样子重复使用也可补数量的不足,同时外观上取得华丽而统一的效果;但是考古上证据还不是很充足:唐人有"锤斫龙兽状"的文辞,同时也有"雕镌起花叶"的诗句不能不加考虑。少用龙刻,加入卷叶刻饰,则工程费用可以大大减低。

(2)桥栏材料:掘出的栏板望柱大多是破裂成几块。如果用钢楔联结后安装,坚牢性不够,况且数量上也不敷所需,所以全部换用新料。石料来源,采用元氏县所产,色泽绵度比较适宜。

(3)样式排列:龙刻和斗子卷叶刻在繁简程度上是不同的,所以在桥中央部分的东西十块栏板采用龙刻,两侧部分的三十二块采用斗子卷叶刻。在龙刻栏板当中,采用“全刻四瓣”和“中间三瓣端部两瓣”的样式,交错使用。

至于望柱,基本上采用斗子竹节式样。不过在中央部分龙刻栏板群中,把盆唇省去。

(4)操作方法:试雕结果证明,为了避免误差,使用点线机是比较可靠的方法,对于板柱原来残处,先用石膏补好,然后仿制。

注:

[1]这是根据《唐文萃》所记载张嘉贞《石桥铭》的文字。

[2]西侧五道后修,东侧三道已无存,现存东二道已向外闪,均不足为据,所以在廿八道拱圈中,只能依十八道测量。

[3]北桥台金刚墙上刻有明人鲍捷《驴迹辨》,文内有“石桥片石上有驴足迹四,前有石坑凹一处,世传张果老在此骑驴,其坑凹处盖其笠迹也。”

(古代建筑修正所编印《历史建筑》1959年第一期)

赵州桥工作报告

(1980年11月)

余鸣谦

一、五次发掘记

(一)

为恐安济桥发生危险,河北省文化局决定在桥东侧60米处新建两孔木便桥一座,令南北来往的车马行人改道,为安济桥施工加固做准备。1953年,木便桥工程开工,清理河床之际,在安济桥东侧发现了一块一面刻飞马、一面刻走马的栏板,其石质灰白,断面上锐下丰,特别是马的雕刻技法圆到熟练,远非1955年桥上的清代勾栏可比。这事引起大家搜寻遗物的兴趣,便组织了少量人力,继续发掘,直到11月中,气候太冷,才停止了发掘。发掘深度大约在河床表面下2米左右,这一次主要挖出了3块时代较早的栏板,一块是饕餮式,一块是斗子卷叶带盆唇式,再就是上文提到的走马飞马栏板。饕餮式栏板是两面均刻龙头,龙头两侧缀的花叶波涛,龙头轮廓近似于古代青铜器上所见的饕餮纹样,这一块埋藏较深,是最后挖出来的,其长度为213厘米。

除栏板之外,还挖出些地栿石、券石以及残缺不整的望柱、仰天石,还有一块北宋人的题咏石。题咏石的作者名安汝功。把这块题咏石和光绪《赵州志》所记对照,二十字咏完全相同。看到那楷而兼行、风度潇洒的宋人原刻,有令人说不出的满意心情;这块题咏石大概是清代中叶东三道主券崩塌时才坠落河底的。

(二)

1954年夏,又继续对安济桥河床进行发掘,果然又挖出了几块斗子卷叶栏板和竹节式望柱。可惜,这一年洪水来得较早,事先毫无准备,发掘不足一月,便仓促中止。

短期的发掘也得到一些收获,可以指出两个问题:

(甲)1953年、1954年都发掘到斗子卷叶式栏板,其斗子卷叶都放在栏板上部,即寻杖与盆唇之间。但经粗略比较,有不少差异。1953年挖出的斗子卷叶栏板,石质灰白,侧断面的榫头是两个方榫,下部山石刻法微显纤弱,以其“通引”官名推测,应系五代或稍后的作品。而1954年挖出的斗子卷叶栏板则颜色发深，侧面通长榫，断面比例极近于饕餮式栏板比例；虽然未作雕饰，只做20道/110厘米钻文，却表现出豪放风格，时代应早于五代。

（乙）在1954年挖出斗子卷叶栏板的泥层中，发现“崇宁通宝”、“熙宁通宝”、“祥符元宝”等北宋钱币多枚，可见这几块栏板在北宋以前业已坠落河下了，制作时间应早于北宋。

（三）

1955年，伴随着加固工程的进行，对河床积石又进行第三次发掘。

依照加固工程计划，主体工程需要在木支架把大小券支托好才能进行，这大小券的木支架及其5个砖墩又必须在秋季前完成，这是季节性较强的工作。因此，从四月开始，首先在5个砖墩范围内进行了大规模的发掘，由于地面水流不断，发掘工作分为两个阶段：

第一阶段，从4月到7月上旬，改水桥北端，在桥南端抽水，打捞积石。

第二阶段，7月上旬以后，改水桥南端，民工移到北部工作。

这次发掘，由于有了抽水机，大家对打捞工作信心很大。到了5月份后半月，积石数量越挖越多，确实其内容也愈益丰富起来。首先是发现3块修桥主题名石，这些长方条石，虽然长度厚度参差不齐，而其高度却都在35~37厘米之间，这一尺寸是和外小券下墩壁表石相同的尺寸，怀疑其原部位就在两侧墩壁表石上。其次，题名石上的字体、称呼是很引人注意的。字体属楷书，轮廓端正，有些特殊的写法，如“修”字写成“修”，“桥”字写成“槗”，“毛”字写成“乇”，“乇”的写法是常见于北朝魏齐墓志中的。有的修桥主题名加上他们的官衔称呼，如“成僧念”上加“校尉”字样，“苏祖卿”上加“骁骑尉”字样，但是工地上没有熟悉这方面资料的同志，只是觉得这是一个与断代有关的问题（注：“云骑尉”、“骁骑尉”这种称呼，依《隋书》、《唐书》所记出于周、齐交战之际，本来是战士立功的荣誉称号；其次，一般官吏也使用起来。隋杨坚开皇六年（公元586年），曾有“武骑、屯骑、骁骑、游骑、飞骑、旅骑、云骑、羽骑八尉”的设置。到了杨广大业三年（公元608年），皆罢之。从这一段残官名称演变，来看安济桥的创建，当在开皇九年（公元589年）至大业三年（公元608年）的19年间）。

6月上旬还打捞出一根八角石柱，柱身已残，残长44厘米，上部正面刻书唐人刘超然在贞元九年（公元793年）撰写的有关成德节度参谋侍御史知赵州事卢公修桥的纪事，下部侧面刻书“检校僧释常乐”六字。这也是一件重要断代资料。前此，有关安济桥创建年代，都是州志等后代文献资料，而这件石柱显然是桥身直接的证物，开头第一句话“隋人建石梁几二百祀”，明确地指出安济桥创建时间是在公元592年之后。

赵县的暮春季节，中午不太热，却黑得比较晚，大家纷纷在晚饭后，还要去到河岸上，端详着泥土未净的断碑残刻，计划第二天的工作安排，直到长虹似的桥影消逝去暮色苍茫之中。

在1955年四月以后的一百多天里所发掘的栏板遗物中，自然要以那块龙刻栏板最为精彩，最有代表性了。由于可能是人为破坏，这些龙栏板都是破碎的，残破最甚者达7片之多。从分离的碎片，东拼西凑，复原为一整体，确是一项细致而费时的工作。欣喜安济桥的龙栏板具有一般古典作品中“形象相似，但又不尽相同”的特点。大部分龙栏板都在桥身施工加固的当年基本上拼全；也有小部分直到1957年才拼出来完整的轮廓。试举几例，稍加描述。

（1）隋龙栏板之二：长度204厘米。正面雕两条行龙，前身交缠，龙头相背，龙尾细长，自后腿绕出；右边一条龙口中吐出花叶状物。背面刻两龙相绞，龙头位于栏板的两侧，龙目下视，但下身却反过来以爪相抵，张嘉贞《石桥铭》中所说的“蟠绕挐踞”竟在这个画面中全部反映出来。

（2）隋龙栏板之三：长度210厘米。正面雕两条龙，龙头相背，以前爪相抵，龙身都隐入栏板中，但下身及后爪却又露出来。龙身刻有鳞甲，显得刚劲有力。背面刻两龙相绞，龙头位于栏板的两侧，龙目下视。布局与栏板之二相似，但龙身少绞了一圈，而且龙尾与后爪交于一处，构图奇特而生动。

（3）隋龙栏板之四：长度212厘米。正面刻两条龙，龙头相间，右边一龙前爪托着火珠一朵；左边一龙前爪托的是花叶，花叶卷瓣和北响堂第七号窟窟壁雕饰倒有几分相似。栏板背面也是两条龙，龙头相向，前后爪及龙身却隐入栏板之内，龙的两目注视神态和张嘉贞文中所描写的“眭盱翕欻”是极为吻合的。

（4）隋龙栏板之五：长度228.5厘米。正面刻一条行龙，而非双龙。龙首昂视前方，好像注意到什么东西似的。龙身满刻鳞甲,前胸着地,后尾腾空,姿态雄劲。可注意的是:尾部刻出卷叶四瓣,表示其应当与望柱大斗相联系。背面刻的是两龙交缠,转头相向,好像是怒目凝视,是张嘉贞文中“眭盱翕欻”的又一表现。

这些龙栏板的尺寸规格比较一致,通高都在89~91厘米之间。断面上锐下丰,收分明显,寻杖直垂,都在12厘米左右,地栿厚24厘米约为上厚之倍。唯长度变化较大,短者204厘米,长者228.5厘米,都是建桥之初,未作严格统一的规定。

和龙栏板相比,龙望柱很少,只看到一件。这根龙望柱残高88厘米,柱脚断面33厘米见方。显然,柱头已残,不知何存?在望柱里外看面各刻出踞坐龙形一条,龙头侧向,前爪向两侧分开。龙形总高不过60厘米,其刻法之圆润,与栏板诸龙相似。

除了龙形勾栏之外,1955年从河床中打捞出不少斗子卷叶栏板和竹节望柱,也是遗物中重要内容,略加介绍如下:

(1)斗子卷叶栏板

多数斗子卷叶栏板和1954年所见的做法相同。这应称为在石质栏板上表现出的木制构件。

此外,也还有些“龙兽”栏板,或做饕餮状,或为麒麟,但石质、规格不统一,技法粗浅,想是后代修补的东西。栏板形式,自上而下,用圆断面的寻杖(扶手)和方断面的盆唇、地栿三个构件把栏板分为上下两部。下部盆唇、地栿和二者间的装板部分,只打出人字钻码,不做雕饰;上部寻杖、盆唇之间属镂空部分则打磨得极为清润光平,并隐起斗子卷叶,叶数或四或三或二不等。这种清润效果的取得,是否如李诫《营造法式·石作制度造作次序》所记,用翎羽蘸细沙刷试而成,就无从知晓了。在为数众多的斗子卷叶栏板中,有的卷叶圆转如拳,也有少数卷叶修长尖挺。试和中古其他地方同类遗物相比,前者和太原天龙山第六窟所见隋代浮雕相同。后者又与西安大雁塔西门山楣唐代所刻单叶补间近似。近闻山西寿阳某北齐墓的木墩上有圆形叶和长尖形叶并用之例,是则人字横补间和这些卷叶都是以装饰为主的构件了。

(2)竹节式望柱

1955年打捞出的竹节式望柱,数量不少,但多残缺,有缺柱头的,有缺柱身的,有的柱头刻单宝珠,有的柱头刻作葫芦形,种类纷杂。一般典型的柱身为四节竹节,上第一节并呈上小下大的喇叭状,在柱头方面,单宝珠式加工较精致,外貌也典雅,一般单宝珠之下有圆形细致与覆盆相连,坐在柱身大斗上,通体呈现为流畅的曲线。

(3)故事栏板

1955年还打捞出相当数量的故事栏板。这些栏板的特点是形状尺寸不统一,石质深浅也有差异,但却要刻些人物故事。有的刻出推车上坡的动作,有的刻做卧人状,也有的刻作二人对弈图,这后两幅也许是所谓“五祥卧冰”、“赵颜祝寿”的故事。结合桥面石中挖出的金代栏板和桥上原存的明代栏板分析,这些故事栏板应是12世纪—15世纪的遗物(主要是明代)。

从小说、戏曲等许多方面证明,我国金元以来,民间文学有了新的发展,现实的社会生活题材渐渐多起来,在雕刻艺术上也喜欢反映一些人物故事,因此,在掘出这些遗物后就产生这种故事栏板不会早于明代的想法。促成这种想法,还有两个因素。一个因素是安济桥附近就有一座永通桥,永通桥上带有正德二年(公元1507年)题刻的栏板都刻的人物故事;另一个因素是1955年从桥北河坡上挖出的明人翟汝孝撰文碑。碑文上写的“且增崇故事形象,备极工巧”11个字指出,在1543年桥上又增加一定数量的故事栏板。

1955年夏季发掘出的仰天石也是和勾栏有密切关系的构件。在张嘉贞的《石桥铭序》中只是描述了桥身与勾栏,并未单独提及。当年夏季发现的仰天石达26件之多。

面对这一思想没有准备的新问题,我们试做了一些工作。选两块仰天石的主要部位,进行实测。

在现场比较分析之后,根据六点特征,初步肯定,这种轮廓比清式大为复杂的遗物就是早期的放在勾栏下方、侧墙上方的仰天石。六点特征是:

(1)尺寸最小22厘米,最大25厘米。试与早期栏板(即龙栏板与下部不带雕饰的斗子卷叶栏板)底宽相比较，它们的底宽，最小 21 厘米，最大 24 厘米，恰好有 1 厘米的安装缝隙，其为承托早期栏板的底槽似可肯定。

(2)许多仰天石遗物带有花饰，外貌像是八瓣团莲的缩影，莲瓣轮廓刻得圆到熟练，与龙栏板中的花叶刻法近似。对花饰直接观察结果认为：第一点，在使用花饰的仰天石上，每每是成双出现，这就是说，当仰天石垂直看面上使用一颗花饰时，则在栏板外的仰天石上皮相应的位置也有一颗。第二点，花饰与望柱并不对中，二者没有直接关系。第三点，1955 年挖出的 26 件仰天石中，只有 6 件不带花饰，带八瓣花饰的仰天石占 77%，因之，估计其排列在建桥之初，还是比较密。

(3)这些仰天石的垂直看面如下皮露明部分常常砍做交错方向的斜纹钻码，做为最后一道加工工序，和主券下皮，和斗子卷叶栏板盆唇以下露明部分，采用同一做法。

(4)下颚高度，一般变化在 0~29 厘米之间。估计是侧墙上皮不一定平齐，安装仰天石时，使用的不同高度的下颚，可令仰天石上皮调整为一圆润曲线。个别仰天石的尺寸达 28.80 厘米之多，这或许医材使用，和下部侧墙不连做为一块了。

(5)在后尾未残缺的 17 件仰天石中，总长 1.06~1.19 米者 9 件，1.295~1.465 米者 6 件，1.573~1.675 米者 2 件，推测其后尾原是长短不等地与桥面石相接，并有腰铁联结。

(6)早期仰天石的外挑部分的尺寸不太一致。小者 32 厘米，大者 37.20 厘米，而以 34.50~35 厘米者最多，约占 50%。

此外，1955 年 7 月间在河床积石附近，还打捞出一只沉船。在同年 10 月举行的安济桥修缮委员会工作报告曾提到这件事："在打捞北端积石，尚在桥西北角 2.50 米处，挖出沉船一搜，船上仅有少量石灰，时代不可考。"

沉船木制，宽 2.93 米，残长 3.30 米（总长不可得知）。当时，工地同志不熟田野考古方法，还是邀请中国历史博物馆付振伦先生指导清理。大概在船附近的泥土中，挖出 278 枚古代金属钱币，其中宋币 147 枚，另外还有些陶瓷件、生活用铁器和石刻残块，器物不大，也未见精品。

（四）

1955 年 11 月，安济桥主券木支架搭齐，桥面开始拆除。在桥面石下、小券之间的砖石灰土中，竟也发现了原桥上栏板，不知何时埋入。事后统计共有 12 件。

这些栏板，尺寸较小，形状不整，雕刻题材内容，有的仍是龙兽，有的就采用了人物故事。把灰迹洗刷之后，有一块小栏板上，发现了题记四行引字：

"本州西关刘皐等众关店维那另施勾栏二间大定二年四月黄山石匠杨志造"

历史上采用大定年号有四个皇帝，即南朝后梁帝萧誉、北朝北周静帝宇文衍、金世宗完颜雍和元末陈友谅。此处大定二年（公元 1162 年）当是金代的大定。

这一块金刻栏板，高仅 50 厘米，在上方、地栿之间刻为流云异兽。这样矮小的勾栏放在桥上何处，不得而知。但桥面挖出 12 块中，小栏板却有 3 块。

（五）

安济桥主体工程施工之后，为了充实勾栏修复资料，在 1957 年 5 月，又进行了一次河床积石的打捞整理工作。打捞范围，重点是桥身上下游各 15 米距离的 1200 平方米内，至于桥身直下以及两端金刚墙附近两米内，不再挖掘。

这次挖掘大小桥石共达 300 件，内有栏板望柱 14 件，均属早期遗物，试介绍如次：

(1)竹节式望柱

从大小不同的残块中，拼成了两根完整的竹节式望柱。柱头由单宝珠和覆盆组成，二者之间还刻出一条园线脚。柱身前后看面：最上部是大斗，斗底下刻四道竹节，竹节之下是地栿。柱身两侧特地做出榫槽，以与栏板相连。榫槽高 89~91 厘米，和早期栏板榫一样，也是上窄下宽，可以观察到，槽面略具斜度，可以同略具斜度的栏板接合严实。

在加工程度方面，望柱的地栿看面只刻交互钻码，四道竹节以上直到单宝珠打磨得极其光平；其中，自上第一道竹节，还做成上小下大的喇叭形，和下道分别开。标准的望柱露明高度，上起单宝珠，下止地栿，应是122厘米，加上7.50厘米的圆柱体管脚榫，柱总高就是129.50厘米了。

还要补充说明一点，在三根竹节望柱中有两根的两侧图案并不对称，一根在地栿上28厘米处刻有盆唇痕迹，说明其应与斗子卷叶栏板相接；另一根的榫槽长度宽度恰与早期雕龙栏板榫子吻合，又无盆唇痕迹，说明是与龙栏板相连接的。

(2)蟠龙望柱

这次挖掘出来的蟠龙望柱数量和竹节式相同，都是三根。这三根蟠龙柱，有两根位于桥东侧，一根位于桥西侧；巧得很，再加上1955年挖出的一块，恰好就是桥中央两侧的四根早期望柱遗物。关于这个问题，前古建修整所李全庆同志曾做过详细研究，在他的勘查报告里，有一段是这样说的：

“经过详细测量，这四根望柱并没有做出隋桥弧线的斜度，均是垂直的；而发掘的位置也是上游两根，下游两根，并每两根均是在河床的中间；望柱侧面嵌栏板榫头的榫槽的轮廓线又恰与先后发掘的刻饕餮纹栏板的榫头完全吻合。更有趣的是这几根望柱在年深日久行人倚栏伫立时对这精致的艺术雕刻的抚摸而形成的光滑面，就明确地显示了它当初在桥上排列的向背。将光滑面向里试安后，望柱上的两龙头正好相对凝视。由龙的姿态与雕刻技法看，都证明这蟠龙望柱与雕龙、雕饕餮栏板是同一时期的作品。”

这四根望柱的柱身部分，东西小有差异，东侧两根蟠龙的头压在大斗面上，西侧两根则刻在大斗下方。再就是断面尺寸，西侧比东侧小6厘米。此外，每根望柱的两侧榫槽，刻画不一，一侧榫槽外面刻出盆唇轮廓，并附卷叶线，而另一侧榫槽的长度宽度却与雕龙栏板吻合、对称，但不完全一致，说明古典艺术，重在意趣的充分表现，而不受一尺一寸的限制。

(3)仰天石

1957年共打捞出仰天石20余件，尺寸、轮廓都和1955年者相仿，合共46件以上。

在挖出这批仰天石之际，桥面两侧仰天石已经用新料补配完了，只好把这20余件搁置起来。由于发掘工作落后于施工，产生了积存材料情况。通过这一教训充分说明，一座历史文物的修缮是需要充分准备才能动工的。

(4)龙门石

这次从桥东侧挖出两块券石，高96厘米，上宽108厘米，下宽105厘米，厚30.50厘米。券石两侧各有两个安装腰铁的银锭榫槽，看面刻一束莲花瓣，下口刻有交互钻码。从尺寸、轮廓看，或许是做龙门石用的。据说，安济桥西侧的兽面龙门石和五道主券是清代乾隆年间重修，把束莲龙门石换下易以兽面，也有可能。

(六)

1979年，为了解安济桥地基情况，编好《中国桥梁技术史》，北京建工学院邀请有关单位曾到桥址对地基等处进行了挖探与钻探。在南金刚墙下附近，又发现栏板三块。在北京建工学院市政工程系同年9月编写的《安济桥考察报告》中有如下一段文字：

“在南台探坑中，发现有平置栏板三块。其一为长1.17米，在基础西南角下，沿基底水平向里塞进15厘米深，与基础密贴且平行，其上刻有鳞甲蛟龙，雕凿精细生动，刚劲有力。第二块为长1.10米之斗子卷叶栏板，与基础约成15度之夹角，平放在基下，深入最大宽度约40厘米，并且低于基础16厘米，其间用碎石和砂黏土填紧。第三块与第一块紧接且在同一水平位置，大部分伸入桥台护坡之下，图案不祥。根据三块栏板的尺寸、石质、光泽、刀法以及第一、二块的图案等进行分析比较，均为隋代栏板。经与有关部门商议，决定将外侧那块龙栏板挖出，清洗后已放入陈列馆展览。”

北京建工学院同志们的鉴定是正确的，放入陈列馆的这块龙栏板和1955年发掘出的六块应同是隋代建桥原物。这块龙栏板上长74厘米，下长115厘米，只是一般龙栏板的一半，那另一半不知流落何处。

二、1955—1958年修缮工程实录

1955年，赵县安济桥修缮委员正式成立。由十个单位组成，计有赵县人民委员会、赵县文化科、赵县公安局、赵县一区区公所、大石桥乡人民委员会、河北省文化局、河北省公路局、北京文物整理委员会、交通部公路总局、文化部社会文化事业管理局。

同年6月，安济桥修缮委员会召开第一次会议，选出曹拔华为主任委员，郭瑞恒为副主任委员（后增选俞鸣谦为副主任委员），张同昌为秘书，其余各单位为委员，并由赵县人民委员会、北京文物整理委员会、赵县文化科、河北省公路局、大石桥乡人民委员会五单位代表组成驻会委员会，办理日常工作。

事实上，许多准备工作，如材料的采购、河床积石的发掘都已开始进行。在委员会议上，大家的意见可以更充分地集中起来。

（一）七点修缮纲要

在第一次安济桥修缮委员会议上决定了七点修缮纲要：

第一，主券东侧裂开的两道拆除，连同已塌毁的三道，共五道一并修复。修复样式参照河床中发掘出的旧券石和西侧现貌。券石砌筑砂浆采用80号水泥砂浆。西边23道主券不动，采用“压力灌浆”法加固。

第二，伏石与盖板：原桥仅西侧及两个外小券上使用伏石，酌情拆除重砌。东侧塌毁部分照西侧样式尺寸恢复。东西伏石之间用140号钢筋混凝土浇筑成与伏石同厚的护拱券盖板，以加强横向联系。

第三，小券：大部分券石疏松破裂，不堪使用，需用新石以80号水泥砂浆照原样重新砌筑。小券上两侧伏石之间，用140号钢筋混凝土护拱券盖板加强横向联系。

第四，侧墙：为加固主券，西面侧墙要全部拆除，再以80号水泥砂浆砌筑，旧石尽量利用。东面已塌毁的侧墙照西面修复。

第五，拱腔填料及防水：拱腔填料使用90号水泥混凝土加20%块石填充，填料上加铺油毛毡及沥青防水层。

第六，金刚墙：金刚墙石料的疏松断裂部分拆除，换新料重砌。金刚墙下基础部分，俟木支架托实主券后，检查并研究加固与否。

第七，雁翅泊岸：南北金刚墙的东西分别做石砌雁翅泊岸，其平面仍照原来1/4图的轮廓布置。

（二）主要措施

（甲）主券加固及修补

对23道主券是拆除重砌，还是原位加固，在1952年以前，大家意见不甚一致。1953年冬，文化部社管局会同公路总局何福照、中央设计院黄强、北京市建设局林是镇几位专家到现场勘查后，认为这23道主券券石残破程度不是十分严重，可采用压力灌浆法注入水泥砂浆加固。

在公路总局的具体指导下，安济桥23道主券的加固依下列顺序进行。

(1)准备

第一种准备：勾缝。

为了加强券石与券石之间的黏结力，利用空气压缩机产生的压力把砂浆压入被黏结的灰缝里。这种“压力灌浆”方法要求被灌入灰浆的空间必须封闭严实，压力才能发挥应有的作用。第一种准备就是23道主券的券底券背勾缝。

勾缝材料是以200号矽酸盐水泥和颗粒尖锐的粗砂配制而成的80号水泥砂浆。灰缝深度10厘米，构成凹进1厘米的阴缝。

为防止灰浆下流浪费，在券背勾缝时，先用10号铅丝弯成许多U字形，依20厘米中距，挂在石缝两侧。依次在U字铅丝底部放上铅丝、碎石和稠石浆，待这一层不漏浆时，再以80号水泥砂浆勾抹。

第二种准备：注浆孔及灌浆分隔墙。

注浆孔的位置设在券石缝横交接处，间距1~2米。为防止由甲孔注浆，由乙孔溢出，事先备好一批木栓，每灌注一孔，将其附近诸孔用木栓缠麻塞严。

所谓灌浆分区按公路总局要求是依东西向分为3份，南北向分为13份，把23道主券分成39块2.60米×3.11米的方区，灌浆工作由两端券脚开始，依顺序进行。

对于方块分区的隔墙,安济桥工程的做法是,用 10 号铅丝弯成 U 字形,其中用铅丝编成密网,放入石缝,即形成隔墙。

第三种准备:木夹板。

为防止灌浆时主券发生横向走动,主券的两侧安装五道夹木。用 36/2 的半圆松木两两相对地附在 23 道主券东西侧,再用两根 1.90 厘米钢筋,一根自桥面通过,另一根自桥腹通过,钢筋两端与半圆松木绑扎牢固,即成木夹板。

(2)灌浆

灌浆材料,使用 400 号矽酸盐水泥和无杂质的细砂,灰浆的比例是 1:1。

灌浆主要机具是带有空气压缩机的灰浆泵。

灌浆步骤是按照分区标号,先拱脚,后拱顶;每个细缝的注浆顺序,又是先灌注低处,后灌注高处,

每次灌浆先将胶管壁湿润,然后开动灰浆泵逐孔灌浆;根据券石现场具体情况,未采用每道细缝灌满灰浆后继续加压的方法,而是改为每道细缝分两次灌注:第一次灌注一半,隔一日待多余的水分析出后再灌注另一半,最后所空出的小量空隙用人工注满。

(3)东五道的补修

东西 23 道主券加固后,东面已塌毁的三道和已松劲的两道也进行了重砌。由于第 23 道券有轻微扭曲状况,为了恢复安济桥的健康面貌,在第 24、25 道主券砌筑时,就适当地调整了这两道券的灰缝宽度和券石厚度,使得第 24 道主券的平面轮廓线基本上顺直。

为防止新砌筑的东侧五道券的塌陷,而致新旧券石之间发生上下的错缝,在制作木架券胎时,预设有 2.90 厘米的施工抬高。券胎拆除后,东五道与旧券错缝不显。这说明施工抬高的设置很有必要。

(乙)钢筋混凝土盖板

自安济桥建桥以来,各道主券券石之间的横向联系一直依靠腰铁和铁梁,但铁、石之间的接触面实属有限,一遇外力影响,接触地点极易引起破裂,以致发生整个券的外闪,终致崩塌。这是并列券结构一大弱点,钢筋混凝土盖板为此而铺设。

盖板范围:东西至伏石里皮(伏石平均深度 75 厘米),南北止于内小券券墩处,这一范围内的主券券背上全部打筑混凝土一层。同样,四个小券券背上也打筑了混凝土。盖板混凝土是依 140 号抗压强度标准配置打筑。混凝土上皮下 10 厘米处放置纵横钢筋,其中横钢筋直径 19 厘米,纵钢筋直径 12 厘米,间距都是 30 厘米。既然券背原非光平,在使用了钢筋混凝土盖板之后,两者之间的摩擦力,以及黏着力对防止外倾,特别是最先易于变形的券顶部分的外倾,将产生一定的效果。

为加强伏石与盖板的联结,加强整体性,采取了下列两种做法:

①把伏石内侧打成倒齿形,与混凝土盖板相交接,倒齿依间距 1 米左右排列。②盖板横钢筋的两端插入伏石上预先打好的孔内,插深 10 厘米,孔眼空隙再用 120 号水泥砂浆灌注。

(丙)防水层

为了防止因桥面漏水以致券石风化酥碱,在桥面石下,栏板和填料之上,加用两层亚麻布沥青作为防水层。

(1)为便于第一道沥青涂刷均匀,先做 2 厘米厚的水泥砂浆垫层。

(2)施工时正当冬季,涂刷沥青时,使用 3 号石油沥青烧到 160 度,装在铁桶内运到桥上浇铺。浇铺时渗入适量煤油,以免因天冷速凝,涂刷不开。

(3)铺设防水亚麻布时,底层横向铺,上层纵向铺。其搭接是顺水流方向上一副搭在下一副的上面,搭接宽度 7 厘米。因天冷,随铺亚麻布随用火轧碾进行滚轧,至粘牢为止。

(4)防水层在横断面上由两侧向中心汇水,坡度为 1.5%;在纵断面上随桥面曲度向两端排水,至路面铺砌砂层以外适当地点,用 70 厘米见方的盲沟排入河中。

(5)三油两布的防水层之上,又铺筑 200 号颗粒石混凝土一道,厚 8 厘米,作为保护层。

(三)勾栏之修复及其他

1.是照现状?还是恢复原状?这是一般文物修复中经常遇到的问题,也是安济桥勾栏修复中首先要解决的课题。

1955年大修前的安济桥勾栏状况,已如第一章第二节所介绍,东侧是砖抹灰砌,西侧是清代石质勾栏,雕工粗糙。如果照西侧现状恢复的话,这些勾栏艺术还赶不上赵县西门外永通桥的勾栏,确实和号称隋建的安济桥名实不符,恢复更早的原状,正是多数人的倾向性意见。关于这一点,在1952年刘致平先生报告中已有反映,他说:"希望在动工时清理桥下积石里,可以得到一些原来勾栏的片段残余,然后再进行恢复原式。"

为了集思广益,在1954年,从河床积石中已发掘的一部分旧勾栏中,曾经选择不同图案,绘制了若干图纸,向有关专家、有关方面征求过意见。这次搜集的反映是多种多样的:有人主张"把历代遗物都放在桥上,成为各时期勾栏的陈列处所。"也有人主张"既然复原条件远不充足,索性设计一套新题材,刻在旧轮廓的栏板中。"对于这些分歧的意见,赵县安济桥修委会研究之后,当年未能定案。

1957年冬,桥身加固早已竣工,桥下河床又普遍地发掘了一次,赵县安济桥修委会将原来的勾栏修复方案悬置起来,又提出了新的方案,并于1958年报经文化部批准后交付施工。

2.安济桥勾栏设计方案包括下述一些内容。

(甲)勾栏的数量

实测清代的桥栏长度是50.82米。粗略统计,每一间勾栏长度,即相邻两个望柱中至中距离设为2.40米,则需2×50.82÷2.4=42.3间。换言之,桥东西面,每面要设立勾栏21间,才能维持过桥人马的安全。

(乙)望柱、栏板的题材

如第二章所介绍,在发掘过程中,大家都认为斗子卷叶栏板、雕龙栏板和饕餮纹栏板应是早期遗物。龙在我国古代,一再作为"灵"物出现在雕刻、绘画等艺术作品中,用以象征吉祥,有时象征统治人物。又因为龙是水族动物的领袖,安济桥的早期栏板、望柱上有很多龙形雕饰,或许意味着要借重龙的形象,对洪水威力予以控制,即在艺术形象背后反映出人们对自然的崇拜。可惜,发掘出的雕龙栏板数量只有6块(其中隋代栏板之三一块,现存北京历史博物馆),与可窥全貌和满足全部需要的42块相比,仅达到1/7。

也曾设想过,如果把早期龙栏板的几种不同的图案重复使用,则可补数量不足的问题,外观上自然是华丽而统一。但这个方案有两个缺点:一是加工费用比较昂贵;二是偏重了美观,考古证据不充分。

最后,在题材问题上,选择了雕龙栏板与斗子卷叶并用的方案。

唐人崔恂的《石桥咏》对我们采用这一方案有所启发。崔恂,郑州人,在李隆基开元八年(公元720年)任职赵州长史期间,曾写过以安济桥为歌咏对象的《石桥咏》。这是一首五言十句的诗,有几句很说明一些桥的历史情况。如诗的第7、8句"昔有鼋鼍翼,今看结构奇",说明在当时敞肩券式的结构是较奇特的做法;又如诗的第15、16句"代久堤维固,年深砌不隳",说明自隋代建桥后,还没有什么大的残毁情况;再如诗的第21、22句"雕镌起花叶,模写跃蛟螭",描写出在望柱、栏板的雕刻图案里,花朵、卷叶、蛟龙、螭首都是有的。

(丙)样式的排列

安济桥东西两侧的勾栏一律依对称排列,每侧都是21间,相应部位的栏板、望柱一律采取同一尺寸,同一图案。

在每侧21间当中又分为中央雕龙区和南北端斗子卷叶区。中央雕龙区共5间。券顶中央一间栏板参照饕餮式栏板遗物制作,长度是228厘米。中央区两端一间栏板参照一龙独行的栏板遗物制作,为的是把这块栏板后部卷叶图案和斗子卷叶区的图案联系起来,其长度是230厘米。中央还剩余的两间栏板,分别参照蛟龙栏板制作安放在南、北,长度227厘米。

南北端斗子卷叶,每端(21—5)÷2=8间。为了稍有变化,把栏板卷叶数做了增减,自端部开始第一、二间栏板采用了中三叶、边二叶的图案,第三、四间栏板采用了中四叶、边三叶的图案,剩余4间栏板全部采用四叶图案。

至于望柱的排列问题,几经研究,把全桥44根望柱分为两组:

第一组:蟠龙望柱,共12根。柱身前后看面雕龙,覆盆以上刻三道竹节,总高137厘米(柱脚榫不在内),用在中央雕龙区。

第二组:竹节式望柱,共32根。柱身刻竹节,覆盆以上做单宝珠柱头,总高122厘米,用在两端斗子卷叶区。

这里再交代一下狮子的事情。朝野历史曾对赵州桥有述"勾栏并为石狮子"的描述。1955年,从河床积石中也曾发掘出残狮两件。这两件残狮,一个是青白石质,挺胸直背,平刻鬓卷;一个是钳华石质,凸起鬓卷,并带莲。遗憾的是,它们的尺寸形状和掘出早期勾栏遗物无法交待,或许是桥上华表用的,无法断定,本次修复中逐未考虑。

勾栏石料,自1955年冬即开始到元氏县等处联系采石购置,并于1956年运到工地。1958年,赵县安济桥修委会邀请北京建筑艺术雕塑工厂使用点线机试雕。同时,在上述修复方案得到文化部批准后,修委会正式开工把42间勾栏逐步加工安装,1958年11月勾栏竣工,效果良好。

3.除去勾栏部分,由于考虑恢复原状,作了前述的变动之外,另有其他三项变动,一并说明如次:

(甲)仰天石

依第二章第三节对发掘出的仰天石遗物的分析,早期仰天石和清代仰天石有显著的不同,主要三点是:

(1)早期仰天石挑出于侧墙之外部分比清代大得多,前者34~35厘米,后者不过20厘米。

(2)早期仰天石的尾不像清代那样平齐,而是犬牙相错。修委会有关人员研究之后,认为仰天石部分也和勾栏一样,有复原的必要。结合桥面的修复,把仰天石设计为长130厘米×宽60厘米和长90厘米×宽60厘米两种尺寸,交互铺放,依90厘米中距在前看面和外上皮看面做出八瓣花饰。

(乙)铁梁

1955年冬,桥面石拆除后,除发现若干栏板之外,还看到主券背上的铁梁道数是八道,而不是五道。这也是施工中遇到的新问题。

经过实测分析,我们认为现有八道铁梁反映了两个时期两组铁梁的位置。一组铁梁是与露明于西侧五个圆铁帽相对应的五道。这一组铁梁,每道并非通体,而是由四或五根短铁条焊接成,浮摆于主券背上;其西起第一小段短铁都在第五或第四道券石处断开,利用旧料拼接,恐是清中叶补修西五道券时新加。另一组铁梁现存三道,是通长使用在中部二十道主券背上,而且比较深地嵌入石背,断面均一,9厘米×6厘米,看来时代应该较早。如果设想原来就是通长的话,这一组的排列也还是基本对称的,因此修复时,就在主券南北21米范围内,放了五根铁梁。至于四个敞肩小券券顶的四根铁梁仍分别照旧安装。

(丙)券脸石起线

西侧券脸石的每块券石外皮,均是上下各起双线,但河床中挖出券石多为上下各起三线,证之主券西侧南券脚两块旧石也是如此。1958年修复东侧券脸石时,每块券石均依上下三起线雕刻,以符旧制。

赵县安济桥保护工程技术分析研究

余鸣谦　顾　军　王林安　吴　葱

(中国文化遗产研究院文物保护工程与规划所)

摘　要:安济桥,又称赵州桥,建于隋大业年间(公元605—618年),在河北省赵县大石桥乡,迄今已有1300余年。1953年至1958年,由我院前身北京文物整理委员会承担了安济桥的保护维修工程,余鸣谦高级工程师任项目主持人。安济桥保护维修工程在新中国文物保护史上具有很大影响。本课题通过对当年安济桥保护维修工程的勘测、设计、施工等图纸、照片和文字等历史资料的整理，总结安济桥维修工程的经验和成果，并运用现代技术手段对安济桥进行勘测和力学分析，从而对当年工程的保护技术进行分析和评价，并为今后古建筑保护工程的开展提供有益的史料档案。

关键词：安济桥 保护工程 勘查 修缮技术 分析

引 言

安济桥又名赵州桥，俗称大石桥，位于河北省赵县城南5里的洨河上，建于隋大业年间（公元605—618年），为隋炀帝时的石匠李春所建造，迄今已有1300余年（图1-1）。安济桥是世界上现存最古老、跨度最大、保存最完整的敞肩圆弧石拱桥，对世界后代的桥梁建筑有着十分深远的影响。特别是拱上加拱的“敞肩拱”的运用，更为世界桥梁史上的首创。在欧洲，最早的敞肩拱桥为1883年法国在亚哥河上修造的安顿尼铁路石拱桥和在卢森堡修造的大石桥，但它们比中国的安济桥已晚了近1100年。

图1-1 安济桥

所谓敞肩，是指拱上建筑由实腹演进为空腹，以一系列小拱垒架于大拱之上。这样可以减轻石拱桥的自重，从而减小拱券厚度和墩台的尺寸。另一方面，又可增大桥梁的泄洪能力。

所谓圆弧，是采用小于半圆的弧段，作为拱桥的承重结构。其特点是，在相同的跨度情况下，可以较半圆拱大幅度地降低桥梁高度；同时，在相同桥梁高度的情况下，可以得到较半圆拱更大的跨度。两者结合，使拱桥技术产生了飞跃。

以安济桥为代表的敞肩圆弧石拱桥首创于我国，这一桥型的出现，给予拱桥的发展以巨大的生命力[1]。

1953年至1958年，由中国文化遗产研究院的前身北京文物整理委员会开展河北省赵县安济桥的保护维修工程，此项工程是由余鸣谦高级工程师任项目主持人，会同河北省公路局共同完成。安济桥在中国桥梁史和古建筑史上具有重要的地位，其保护工程同样受到了高度关注。

本课题旨在余鸣谦先生整理的成果基础上，结合对我院档案资料的分析研究，总结安济桥维修工程的经验和成果，并运用现代技术手段对安济桥进行勘测和力学分析，从而对当年维修工程的保护技术进行分析和评价，并为今后古建筑保护工程的开展提供有益的史料档案。

其中，第一章至第三章内容是余鸣谦先生亲自执笔的安济桥修缮工程总结；第四章安济桥现状勘测由天津大学建筑学院吴葱教授负责编写；第五章是由我院王林安博士对安济桥维修后的结构工况进行的分析；第六章和第七章通过进一步对历史过程和工程缘由的梳理，总结出对安济桥保护工程技术的认识和评价。

第1章　安济桥历史沿革及艺术成就

1.1　桥史纪略

关于安济桥的创建年代，近年来大多依据光绪《赵州志》所录张嘉贞《安济桥铭》开头第一句话“赵州洨河石桥，隋匠李春之迹也”，笼统地定为隋代。1955年，当地掘出明代孙大学撰写的《重修大石桥记》碑，其碑文指出建桥时间是隋大业间（公元605—617年），清人陈钟祥《赵州石刻全录》也说桥是隋大业时修建，建桥年代似乎比较准确些。

然而，在北京大学藏《金石汇目分编》卷三补遗叶二十五又看到如下文字：

隋唐山石工李通题名　　正书开皇十□年　　安济桥下

这一资料虽不完备，但不仅指出另一工匠李通姓名，又有开皇年间修桥的暗示，因此，赵县安济桥的创建，目前只能概括地定为隋（公元581—617年）。

隋王朝统治天下将四十年，何以要兴建洨河石桥于赵州？依史书，文帝杨坚灭陈后，天下休养生息，农业手工业都得到恢复和发展。炀帝杨广却大兴土木，营宫室，修驰道。他三次北巡，两征高句丽；同时，开凿永济渠，北达涿郡以通漕运。也许是在这种政治条件下，石桥才应运而生。

不过，安济桥是否即隋王朝官营工程，直接为杨广北巡服务，这还不能臆断。相反，从桥身石刻倒可证明是民众集资建造了这座净跨达12丈的大石桥。

1955年，从安济桥河床中发掘出5块修桥主题名石，它们有如下三个特点：

（1）部分修桥主人名是北魏、齐、周以来习惯用名，而为后代少见，如“李客子”、“陈解脱”。又如女修桥主自称为妃的，如“赵躰妃”。

（2）题名石上标明修桥主所在村名，如陈村、赵村、李村等，应是为出行方便，位于安济桥附近之村庄。

（3）石料加工：只有看面（即刻字一面）打磨光平，其他五面均为粗加工。料石高35~36厘米，但长短不等，很可能原是嵌在拱脚两端金刚墙的墙面上。

在时代的影响下，在群众支持下，以李春为代表的能工巧匠们开始建桥于洨河上。从桥位选址、桥型设计直到施工大概用了12年时间[2]，终于建成了好像“初月出云”的大石桥，便利了南北交通与运输。

唐德宗李适贞元九年（公元793年），安济桥曾经大修，这是从1955年在河床中掘出的一根石柱上铭文得知的。残柱高66厘米，铭文刻在柱上部。文题是《新修石桥记》，刘超然撰文。摘记如次：

“州人建石梁几二百祀，……壬申岁七月大水方割陷于梁北之左趾下坟岸□崩落上排篴又嵌欹则修之为可……贞元九年四月十九日……刘超然”

铭文指出二百年的时间跨度，从隋开皇中（公元581—604年）到贞元九年（公元793年），正是二百年左右，这个资料极为重要，石柱下部右侧还刻有“检校僧释常乐”六字。在洛阳龙门石窟奉先寺“大卢舍那像龛记”中善道、惠陳也称检校僧，此处常乐也许是“方技”一类人物。

在这以前，龙朔年间（公元661—663年）发生过安济桥勾栏被盗事件。唐人张鷟《朝野佥载》书中有如下描述：

“赵州石桥甚工，……上有勾栏，皆石也，勾栏并有石狮子，龙朔年中，高丽谍者盗二石狮子去，后复募匠修之，莫能相类者。”（见《隋唐嘉话　朝野佥载》，1978年中华书局点校本）

看来当时安济桥的石刻艺术已是远近驰名了。

北宋英宗治平三年（公元1066年），僧人怀丙曾对洨河石桥进行过一次保固工程。这时，由于桥体歪斜，怀丙“不役一人，以术正之，修复故状。”（事见《宋史·方技传》）

赵宋王朝和北方金国因边界纠纷，屡有战争，这几百年的安济桥仍是交通冲要，南北往来的使臣、武官、文人多喜在这座名桥上题刻留念，桥的南北金刚墙上竟成为他们的题名簿。

宋人楼钥著有《北行日录》。他过赵州时书中记有下列文字：

"十八日己亥……去赵州五里，使副以下观石桥，桥有石栏，上分三道，下为洞，桥两马头，又各为二洞……题刻甚众，多是昔时奉使者。"

这时已是南宋乾道年间。此后直到明代前期，桥上除零星修补，更换勾栏外，没有大修的记载。

但是，这从同代另一篇周煇的文字中却指出安济桥名称乃"元祐间（公元1086—1093年）赐名"。周辉原文照录如下：

"未至城五里渡石桥，石桥从空架起，工极坚致，南北长十三丈阔四之一，实隋人李春所造，元祐间赐名安济，有张果老驴迹。"（见陶宗仪《说郛》卷五十四，涵芬楼排印本）

明世宗嘉靖四十一年（公元1562年）安济桥在赵州乡里的支持和太监赵公芬捐助下，曾经大修过一次，工期一年左右。从桥面石到勾栏、码头都被修整，范围较大。直到1955年修复工程时，在桥南端还保存下当时添配的两块栏板。

嘉靖年间大修是从安济桥北岸挖出的两块明碑得知的。第一块《重修大石仙桥记》，翟汝孝撰文。第二块《重修大石桥记》，孙大学撰文。第一块明碑对工程内容叙述较具体，试摘录部分碑文如下：

"……粤稽赵郡南五里许洨河大石桥北通京师南接梁楚驿传旁午悉□期间诚胜迹也……嘉靖甲寅郡人御用太监西漳赵公芬祗奉敕命香幡赴武当道经此桥见其圮坏志欲重修□□□□遂捐赏赉及田产之赀卜嘉靖壬戌冬十一月兴工至次年癸亥四月十五日告成所修南北马头及栏坎柱脚锥斲龙兽悉如旧制且增崇故事形象备极工巧焕然维新□内改观矣"

第二块明碑，叙述简单，只是说把桥面石被车压坏者换新平铺而已。比较两块碑的碑文都是嘉靖癸亥年（公元1563年）春完工，只是部位不同，却分别立碑记述。

隆庆六年（公元1572年），在桥南端建造了关帝阁。关帝阁的正殿，宽三间，歇山屋顶，布瓦造，内祀关羽。其下方有坚实的砖砌墩台承托。并开有门洞以便行旅通过。在墩台西马道女墙，原嵌有隆庆六年建阁碑刻，因战争原因丢失。

明神宗朱翊钧万历丁酉（公元1597年），在张居敬兄弟倡议下，又对安济桥进行维修。依张居敬《重修大石桥记》所记：

"……余兄弟复谋请李县等规工而董之，令僧人明进缘募得若干缗，而郡守王公实先为督敕，经始于丁酉秋，而冬告竣，胜地飞梁，依然如故。……"

明崇祯二年（公元1629年），在关帝阁城台上正殿之南还添建了三间卷棚顶前殿。

清王朝二百六十多年，留下有关石桥资料不多，经向当地群众访问，结合1955年大修前现状，可得下列四点：

（1）在28道并列的主拱券中，西侧5道或许是清代中叶曾被修过，那石面是新加工的痕迹，和中央20道黄锈色外貌相差很远。同时，上部更换了一套勾栏。

（2）这以后东部3道主拱券又陆续崩倒，其上内侧临时以砖砌女墙代替了石勾栏。

（3）清宣宗道光元年（公元1821年），在桥南端增建鲁班庙、柴王庙，是较简陋的房屋，因战争早已无存。

（4）清末，可能桥面石破碎无法通车，在桥中央380厘米范围，加铺红砂石板1层。这层石板比两侧桥面高起15~20厘米。

1.2　安济桥的艺术成就

1.2.1　水文地质条件

古代桥梁是我国物质文化遗存的一个重要类型。其发展每取决于生产力发展水平，因而古代桥梁对研究我国科技史而言实为很好的实物例证。

安济桥这类敞肩拱石桥的出现，可认为是我国中古时期生产力高度发展的说明。在探讨敞肩拱艺术成就之前，试对拱桥的产生略加考释。

在《水经注·谷水》条有下列记述：

“其水又东，左合七里涧。涧有石梁即旅人桥。桥去洛阳宫六七里，悉用大石下圆以通水，题太康三年十一月初就功。”

由这段引文看，西晋时已有了石拱桥。后来从河南新野县出土一批东汉画像砖上图像推测，拱桥出现也许在东汉后期[3]。

新野县出土的是一块空心砖，长130厘米左右。三面素平，一面的右半部刻出图像。同济大学编写组同志分析了这一图像：

“砖上刻有一座单拱裸拱桥。桥上有驷马，车前有骑马者，桥下还有若干艘船。……这幅图画明确无疑地提供了我国至迟在东汉已有拱桥的科学结论”。

以这一简单拱桥雏形为起点，经过五百年长期实践，乃使得安济桥的出现具有可能性。

在分析安济桥艺术成就之前，应先了解其环境背景，即水文情况和地质条件。

1.水文方面

洨河是华北平原滏阳河的一条支流。它源于井陉西南，经赵县南流而入滏阳河。在《赵州志》可看到一些有关资料，如邑志云：

“按洨水自乐家庄导流至平同村，有金水合普莲河来入之……至大石桥有冶河自栾城来入之。当时颇称巨川，今仅有涓涓细流。……”

又如张孝时《洨河考》云：

“洨河发源于封龙山之南寨村，两壁峰峦峭削，瀑布悬崖，水皆从石罅中流出……，今考洨河实受西南诸水，每大雨时行，伏水迅发，建瓴而下，势不可遏。”

这伏水有多大？依《赵州志》所记：

(1)北宋神宗元丰九年(公元1086年)九月“赵州大水，坏城郭”。

(2)明神宗万历三十五年(公元1607年)“赵州大水”。

(3)清世祖顺治二年(公元1645年)“赵州大水，禾稼尽没，城郭损坏，四乡房屋漂泊甚多。”

此外，依赵县文物保管所记录：

(1)1956年，洨河大水过安济桥，水面距龙门石下皮1.76米。

(2)1963年，洨河大水过安济桥，水面距龙门石下皮0.93米。

2.地质方面

1955年，在桥址西侧钻探6孔，认为洨河河床是冲击性砂土。1979年，北京建筑工程学院又加探测，提出不同意见，认为安济桥桥下持力层并非砂土而是轻亚黏土，层厚7米，承载力是34吨/平方米。

与地质有关的还有地震问题。赵州、恒州一带是多震区，据《真定府志》的两处记载：

(1)唐代宗大历十二年(公元777年)恒州地震，宁晋地区地裂数丈，震三日乃止。

(2)明世宗嘉靖十七年(公元1538年)深州地震，自西北震起，一月间凡数十次倾圮庐。

在宋元时期，真定府辖境较广，恒州、深州虽不在赵县安济桥，但有大震时必然波及。

1966年春3月，河北省邢台地区两次发生地震，震级分别是6.5级和7.2级，属强震，震中就在宁晋县东汪村(距安济桥约25公里)。据1974年的现场观察，安济桥桥面及东西侧墙有细微裂缝，桥体未见破坏迹象。

1.2.2 伟大的艺术创造

横跨于洨河之上的安济桥，外观简素优美。前辈桥梁专家茅以升说它是“寓俊逸于稳重之中”，非常恰当。它确实是一千四百年前汉民族在华北地区的成功的艺术创作。

艺术创作与工程结构的设计存在着内在联系，试从工程结构若干特征剖析如次：

1.优美的创新桥型

无论是河南新野县出土的“裸拱桥”画像砖，还是晋太康三年(公元282年)的旅人桥，都没有看到大拱背上还有小拱的形象记载。唐中书令张嘉贞《石桥铭并序》中指出：

“赵郡洨河石桥,隋匠李春之迹也,制造奇特,人不知其所以为,……两涯嵌四穴,盖以杀怒水之荡突,虽怀山而固焉……”

这段文字充分说明,“两涯嵌四穴”的敞肩拱是一次创新,首次出现在太行山东的赵州。

敞肩拱有三大优点为实肩拱所不能及。首先,由于小券的敞开,提高了泄洪功能。安济桥主拱过水面积是 210 平方米,四个小拱的过水面积是 32 平方米,增加了 15%。在夏秋洪水季节,这 15%的过水面积有助于排洪,有助于减低洪水对石桥的冲击力,从而增大了桥身安全度。

其次,相应地减少了桥身的自重。安济桥所用石材属石灰岩,质地致密,容重 2.5 吨/立方米。依次计算,桥身为实肩拱时重量是 3200 吨,敞开 4 个小拱后,可减 770 吨,这就减低了桥基础所需承托力,保证安全。

另外,采取敞肩形式少用石料 290 立方米,节约了运输力,缩短了工期,从经济角度看也是可取的。

1)稳固的桥基

过去传说,安济桥主拱券是一个整圆形。1955 年,曾在桥北侧金刚墙下挖深,承托主拱下的桥台由 5 层条石砌成,总高度 155 厘米。

为更多了解桥基情况,1979 年 3 月,北京建筑工程学院会同北京市勘测处再度在桥下进行钻探,认为条石层往下只是天然亚黏土地基,并无人工加固迹象。

虽然是浅基础,但沉陷却没有不均匀现象。经用水准仪施测,桥西侧南、北拱脚高程只差 32 毫米。可以想象到,建桥初期的选址、勘察工作是细致周到的。正是李春及其他工匠正确的判断,安济桥乃能经受地震、洪水等诸种灾害考验,保存到今天。

2)并列式砌法

安济桥工程结构特点还表现在拱圈石使用了并列砌法。早期拱券实物多见于汉墓,或以青砖依纵联法砌筑,或以石条依并列方式砌成墓顶。推测安济桥或许是先修了 28 道主拱部分拱圈。例如先砌 4 道拱圈,在这 4 圈完成后,将其拱架拆除,再在相邻部位砌修另外 4 圈。如此反复使用拱架,使木材得到节约。

并列砌法也便于维修。拱石残缺坠落、拱圈歪闪变形时,只需对这道拱圈局部补修不必牵动全桥。

然而,并列砌法是有缺点的,因横向联系不足,容易发生走动,外倾乃至崩塌,建造者采取了下列措施。

(1)在各道拱圈的相邻拱石之间,还有左右拱石之间,各用一或两块“腰铁”相连。这种银锭式腰铁,两端大,中间缩小,在勾搭联聚方面很有效果(图 1-2)。

图 1-2　拱石之间设“腰铁”

依《宋史·河渠志》,北宋建隆二年(公元 961 年)向拱修天津桥即用此法,原文节录如下:

“……建隆二年留守向拱重修天津桥成。甃巨石为脚,高数丈,锐其前以疏水势,石纵缝以铁鼓络之,其制甚固,四月具图来,上降诏褒美。”

看来,从安济桥到天津桥三百多年间,腰铁联结拱石一直是很重要的加固措施。

(2)在拱背使用通长铁梁是防止外闪,加强并列式砌拱的另一措施。安济桥所用铁梁是矩形断面(9厘米×6厘米),东西向嵌入主拱和小拱的拱顶处,东、西梁头做成圆帽把28道拱圈联结为一个整体。

除了使用铁件之外,券(拱)上加伏也不失为一种防止拱圈外闪的方法。我国汉、晋以来,砖(石)墓拱顶常见此法。四川德阳某汉墓墓顶,砖券上施用两层伏砖,既加强券砖联系,也增加了拱券高度。安济桥的伏石厚30厘米,长、宽130~110厘米。一块伏石可以压住前后三道拱圈,其防止拱石走动作用,似不可低估。

有关安济桥桥体各部分名称详见图1-3。

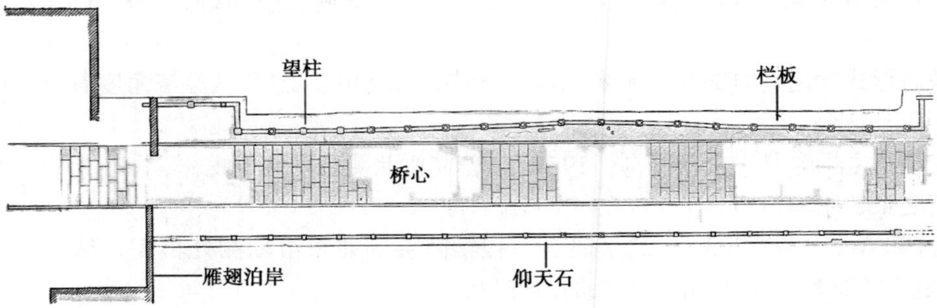

敞肩拱桥各部名称平面图

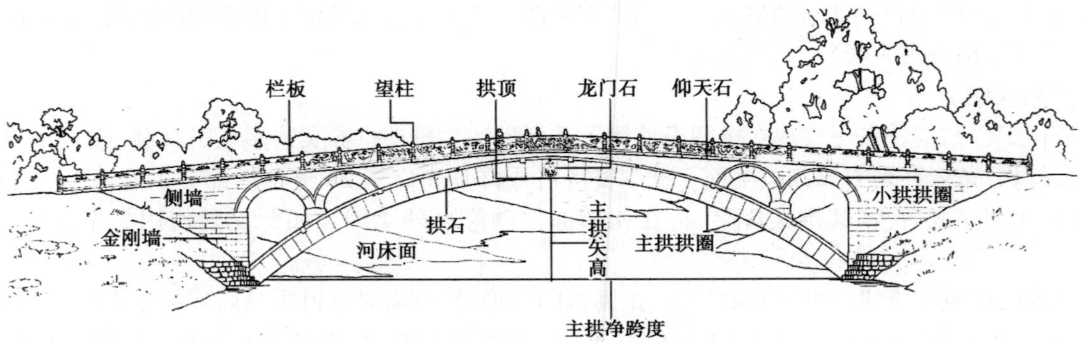

敞肩拱桥各部名称立面图

图1-3　安济桥各部分结构名称

赵县安济桥的并列砌法,固有其不足之处,但桥拱净跨达37.02米,则是前所少见。欧洲古罗马建筑——万神庙,其圆顶净跨为43.3米,以李春为首的隋代匠师们敢于建造约略相近尺度的拱桥,大胆创新,为我国留下一千四百年文化遗产,堪称奇迹。

第2章　安济桥的调查与发掘

一千四百年间,赵县安济桥经历了多次维修,保存至今,一直是华北平原上重要的古迹。“赵州桥鲁班爷修,玉石栏杆圣人留”的歌谣流传很广。早在1933年,中国营造学社即派人专程考察了这处古迹,写出调查报告。新中国成立后,文化部文物局多次邀请专家到安济桥勘察残毁状况,研究修复方案。试依时间先后把几次的调查、发掘遗物的经过分述如下。

2.1　1933年的调查

中国营造学社是1933年11月到河北省赵县对安济桥进行考察的,同时,也调查了赵县西门外的永通桥和宋村的济美桥。在梁思成先生撰写的《赵县大石桥即安济桥》(载《中国营造学社汇刊》第五卷第一期,1934年)一文中,可看到安济、永通二桥的实测图和许多照片。

2.1.1　安济桥的调查

在《赵县大石桥即安济桥》一文中,梁先生首先把光绪《赵州志》所看到文献材料和考察状况做一对比。唐代张嘉贞《石桥铭》所记“緘穹隆崇，豁然五楹”“两涯嵌四穴”和所考察状况基本一致，但是“其栏槛蕐柱，锤斫龙兽之状……若飞若动”就和所考察状况不一样。他说：“现在桥的西面，有石栏板，正中几片刻有‘龙兽之状’，刀法布局，都不见得出奇，当为清代补葺”。

其次，梁先生依实测南北两墩壁的距离尺寸和欧洲古建筑做了比较。虽然罗马城万神庙圆顶的直径是42.5米，安济桥南北墩壁平距只有37.47米，“但是一个不可忽视的要点，乃在安济桥的券乃是一个‘弧券’（segmental arch），其半径约合二七.七• 公尺；假使它完成整券，则跨当合五五.四• 公尺，应当是古代有数的大券了。”

对于安济桥敞肩拱券的做法，梁先生做了高度评价。文中说“这长扁的大券上面，每端所负的两个小券，张嘉贞《铭》所说的‘两涯嵌四穴’，真是可惊异地表现出一种极近代的进步的工程精神。”梁文把欧洲一些古桥和安济桥做了比较之后，认为“但这些桥计算起来，较安济桥竟是晚七百年，乃至千二百余年。”

安济桥的砌券方法是巴比伦式的并列砌法，由28道弧券砌成，每道宽约35公分。梁文提出为防止弧券向外倒去的倾向，除去伏石可作为各道弧券的联络构件之外，还发现三点，也有防外倒的作用：

（1）在小券券脚等部位有外端刻作曲尺形的向外伸出的石条；

（2）有5处铁条供给石券间缺乏的张力；

（3）有意将中部阔度减小，以防外闪。

最后，梁文指出：“……西面五道券，经过千余年，到底于明末崩倒，修复以后，簇新的石纹，还可以看出。后来东面三道亦于乾隆年间倒了。”

2.1.2 永通桥的调查

永通桥是这次考察意外的收获。梁思成先生查证了《赵州志》有关资料，认为“这桥之重修，乃在大石桥重修之明年，戊戌至己亥，公元1598年秋动工，至公元1599年夏完成。”

永通桥桥身结构法和安济桥完全相同，大券之上两端各施两小券。东西墩壁间距25.5公尺。梁先生指出：“小券的墩壁及券的形式，券墩与大券的关系，与大桥完全一致。唯一不同之点，只在小券尺寸与大券尺寸在比例上微有不同……”

梁文指出该桥的桥面两侧栏板石雕值得注意。“现存的石栏板有两类，在建筑艺术上和雕刻艺术上，都显然表示不同的做法及年代。一类是栏板两端雕做斗子蜀柱，中间用驼峰托斗以承寻杖，华版长通全版并不分格；这类中北面有两版，南面有一版，都刻有正德二年八月（公元1507年）的年号。一类是以荷叶墩代替斗子蜀柱，华版分作两格的，年代显然较后，大概是清乾嘉间或更晚所作。”

2.1.3 济美桥的调查

济美桥在赵县西南八里宋村附近。明万历年间建。依梁文介绍，“……共四孔，两大两小，大者居中，小者在两端；大券净跨约当小券四倍左右；而两大券之间复加小券，……”

济美桥的发券法与安济桥相同，也是由多道单券排比而成，券上加伏，但没有腰铁。梁先生认为：“大券撞券上的河神像，券面上的背驰图，都是雕刻中的上品。”

济美桥已在1967年被拆毁。

2.2 1952年的调查

1952年11月，文化部社管局罗哲文秘书约请刘致平、卢绳二教授，北京文整会祁英涛、余鸣谦等七同志到赵县安济桥勘察。勘察中，大家发表了对石桥修理的一些意见、看法，并一致同意，由于石桥危险，不宜再走铁轮车，拟请河北省有关部门抓紧在石桥东60米处，另修便桥，将交通道改线。

事后，由刘致平先生执笔，写成《赵县安济桥勘察记》一文，发表在《文物参考资料》1953年第三期（测图由北京文整会绘成）。

在文章前半部，刘先生阐述了石桥的历史价值和结构特征。刘先生提出：“现在弧券，此端到彼端的跨度长三七・四七公尺。大券石的高是一・零三公尺，每块石重约一吨。……若拿现在一般工程上的石券算法来计算，那末大券石的高应在一・八到二・一公尺之间，也比它高了一倍左右。所以我们知道，大石桥券石的做法是如何的富有创造性了。”

刘文还说："这次调查发现单券与单券的券背上有铁银锭榫互相勾结联络，每隔五尺左右，由铁条一根横拉单券……这次并用经纬仪仔细观测桥券中段是否较两端稍窄，结果并不如此。单券是直的，并无细腰倾向，仅西侧新配的五道大券在南端出了毛病，券脚向外突出少许。"

刘文后半部谈到修缮工程方案。"修葺方针以极力保持桥的旧观为主旨。风化残毁过甚石块需更换新石，东侧大券及小券倒塌三道单券须扶起，按原式加铁榫重砌……东侧开裂欲坠之大小券石二道，须重新安砌，俱按原式用铁活。大小券石既是用二十八道单券组成，则在券背上必须加固使成一整体。最有效最易施工，最不伤大券石的方法即是在石券背上【伏石】的地方，改做钢骨水泥的伏券，不过要多加几道伸缩缝。……"

那么，桥面两侧栏板是否也按现存石雕样式修复呢？刘先生认为："《朝野佥载》大致是唐人作品，所载石勾栏石狮子，或是像卢沟桥的狮子之类。栏板雕刻也可能像小石桥那样。不过原样如何，希望在动工时清理桥下积石里可以得到一些原来勾栏的片段残余，然后再行恢复原式。……"

2.3　1953 年的发掘

1953 年 11 月初，文化部文物局张珩处长邀请交通部公路总局何福照、中央设计院黄强、北京市建设局林是镇等专家再次勘察安济桥，工作 3 天。大家认为，石桥危险应从速修缮，何福照建议采用压力灌浆方法加固主拱。

这时，桥东 60 米处正修建一座两孔便桥为大修安济桥做准备。清理环境中，在安济桥下，清出一块两面刻马的石栏板，生动的雕刻形象，远非桥上清代石雕可比。依张珩处长意见，继续挖探半个月，挖出 3 种早期石栏板（图 2-1）。

图 2-1　1953 年发掘的栏板

（1）马栏板：一面刻飞马，一面刻走马，飞马下腹有三福云纹。

（2）斗子卷叶栏板：栏板布局，上部寻杖、盆唇，中间斗子三卷叶，下部华版雕出凤凰山石。栏板背面素平，但有下列题刻："在州南城厢故通引高贵妻王氏施此构拦石一间合家同增福寿"。

（3）雕龙头栏板：板长 213 厘米。正面、背面都刻为龙头，其轮廓非常接近古铜器上饕餮纹样。在龙头两侧缀以波涛花叶。

除栏板外，这次还挖出一块宋代安汝功题咏石。题诗内容：

夭矫苍虬脊，横波百步长。
匪心坚不转，万古作津梁。

这和光绪《赵州志》所载安汝功诗是一致的，只是个别字误印。张处长认为字体楷而兼行，风度潇洒，而且诗序写得清楚，是安汝功在宣和乙巳岁（公元1125年）过平棘石桥留诗，为北宋物无疑。从发掘场所观察，应是安济桥东三道主券坠落河床者。

2.4　1954年的发掘

1954年初夏，北京文整会派汪德庆同志到赵县安济桥继续1953年的发掘工作。因这年洪水来得早，工作不足一月便仓促停止。

短期工作只发掘出一些残缺的望柱和斗子卷叶栏板，后者数量稍多一些。以当年掘出斗子卷叶式栏板和1953年高贵妻王氏所施舍的同式栏板相比后发现：

（1）王氏栏板石质灰白，所刻斗子、卷叶接近线刻；1954年栏板石质呈青色，所刻斗子、卷叶“起突”程度较大。

（2）二者布局相似，但1954年栏板的华版部位不作雕饰，只做錾码大约20道/10厘米。侧面用通高凸榫，从断面轮廓看，到和1953年掘出的龙头栏板相一致，也许它时代较早？

2.5　1955年的调查与发掘

1955年春，赵县安济桥修委会成立之前，北京文整会就和河北省交通厅公路局方面商量做些施工前准备工作。这包括两个内容，分头进行：一是请有桥工经验的河北省交通厅工作组编制施工计划，筹备工程材料；二是由北京文整会小组到栾城、宁晋两地了解古桥情况。在这两项工作完成后，集中力量覆勘安济桥，完成桥下旧石的发掘。

2.5.1　两处敞肩式拱桥

依赵县群众反映的情况，北京文整会余鸣谦、律洪年、杨玉柱到栾城、宁晋了解情况，分述如次。

（1）凌空桥：在栾城县东关外。又叫东关桥。依县志，该桥建自金泰和年间（公元1201—1208年）。主拱上两端各有两小拱，主拱净距25.62米，由22道拱圈并列而成。桥面两侧石栏板各16间。

凌空桥的时代、规模都和永通桥相近，只是用料单薄，20世纪60年代末已被拆除。

（2）古丁桥：在宁晋县城关。主拱一孔，半圆形。其南北侧各有一小拱，可能被改造，已是实心。

2.5.2　施工覆测

在施工准备期间，陆续做了些勘测，大概分为5部分（安济桥修缮前状况见图2-2）。

1.金刚墙

安济桥南北各有金刚墙1座，以料石砌成。位于主拱拱脚上方的金刚墙有11层，砌石砍凿方正，看面长度不一，但厚度均匀。经实测，南金刚墙上9层总高304厘米，北金刚墙上9层总高315厘米。

2.主拱

安济桥主拱由28道弧券拱圈组成。每块拱石高100～103厘米，厚多为33厘米，也有39厘米者（如西券脸石）。宽度不等，在90～120厘米之间。拱石上通长又用伏石一层，伏石高度自下而上逐渐减少，主拱拱脚处是30厘米，到拱顶仅为16厘米。

1955年，对安济桥西北角基础进行挖探并将护坡基石摘除一部，看到承托主拱的桥台由厚度不同的5层条石砌成，总高为155.4厘米。主拱下皮和桥台的交点应是主拱的起拱点，依此推算，安济桥主拱净跨度是37.02米。

安济桥西侧南北金刚墙的水平距离，经覆测是37.37米。

同年，对主拱西侧底边，每隔1米测其垂距并绘出曲线，认为这道曲线是圆弧而非其他，圆弧半径是27.70米（表2-1）。

图 2-2 安济桥修缮前状况

表 2-1

水平点	高程(垂距)(米)	水平点	高程(垂距)(米)
0	96.212	19	103.38
1	97	20	103.331
2	97.81	21	103.228
3	98.53	22	103.12
3.95	99.174	23	102.98
5	99.823	24	102.819
6	100.402	25	102.597
7	100.897	26	102.324
8	101.33	27	102.013
9	101.72	28	101.658
10	102.091	29	101.257
11	102.424	30	100.843
12	102.705	31.15	100.287
13	102.935	32	99.893
14	103.088	33	99.367
15	103.225	34	98.654
16	103.313	35	98.08
17	103.414	37.37	96.244
18	103.427		

注:本表高程是以桥附近某点假定标高 100 而测出之数值。

28 道主拱拱脚上方露明处的东西长度:南拱脚 9.56 米,北部拱脚上方是 9.60 米。

通过测量数据可得到拱矢高度 103.427−96.22＝7.2 米，相应的矢跨比则是 7.2∶37.02≈1∶5.1，显然安济桥是一座坦拱桥。对于安济桥而言，这种坡度比较适合车辆的上下。

仔细观察，现存 23 道拱体呈轻微扭曲，北端东倾，南部则向西偏斜。西侧第一道拱券在两端 1/4 处，北端凹入 9 厘米，南端则凸出 8 厘米。在自西向东第 23 道拱券的北端 1/4 处凸出 4 厘米，而拱顶偏南 6 米处凹入竟达 15 厘米。拱的最高点不在拱顶，西侧第一道拱券最高点在拱顶南一米处，高出拱顶 0.4 厘米。

至于自西向东第二十四道、二十五道拱券裂缝明显，时时有崩塌之可能，已非一般扭曲。

3.小拱与铁件

主拱上方各有两个小拱。经实测，靠近金刚墙的两个外小拱的拱脚净跨 400 厘米，其半径是 230 厘米；两个内小拱的拱脚净跨是 275 厘米，半径是 150 厘米。小拱拱石高 65 厘米，上部伏石厚 16 厘米。北端两小拱和南内小拱均依 28 道拱圈并列砌成，只是南部外小拱用 27 道拱圈，或许为后代改修者。

在主拱、小拱上可看到外露圆帽钉共 9 个，这是 9 根铁梁头，铁梁穿过主拱、小拱的拱背，起到防止拱券外倾的作用。另外，拱石之间均用 2 或 3 件腰铁相连，以防止上下错动；西 5 道拱券伏石上皮也使用腰铁，而中央现存 20 道拱券的伏石则未使用。

4.桥栏桥面

桥面分三道，中部行车，两侧走人，以条石铺墁。经实测，中部车道宽 380 厘米，右侧人行道宽 280 厘米（左侧已塌毁），南北总长为 50.82 米。由于行车铁轮的磨耗大，清末，把车道改以红砂岩石板铺设，比两侧人行道高出 10～20 厘米。

多年来，桥栏也是屡坏屡修。1955 年，西侧勾栏尚为石栏板石望柱，共 20 间。经实测，望柱高 105 厘米，断面 28 厘米见方；栏板高 75 厘米，厚 20 厘米，长 185～203 厘米不等。这一组石栏只在内侧有雕饰，无论是龙兽栏板、葫芦望柱头，其形象刀法都较平庸，应为清代物。东侧因东主拱三道拱券塌毁，临时以条砖砌成栏墙，并以水泥饰面，但南端关帝阁墩台前还保存旧石栏板两间。

5.关帝阁

关帝阁在安济桥南端。1933 年，中国营造学社来此考察时，那歇山顶的三楹大殿还屹立于砖砌墩台上，1955 年，大殿已毁，仅余墩台，也残缺不全了。经实测，墩台宽 14.8 米，深 8.5 米，残余高 6 米左右。台四角每隔 20 行砖以压砖木板联结。台中央辟门洞，宽 3.8 米；门洞上口作弧券形，上嵌石匾刻"輯宁"二字。

2.5.3　第三次河床发掘

依照河北省交通厅郭瑞恒工程师拟写的大修工程计划，安济桥主体工程需在木拱架把主拱支托牢固后才能进行。主拱架由五个砖墩承托，要在当年秋汛前支搭完成。因之，从 4 月开始，首先在 5 个砖墩范围内进行发掘。由于河床水流不断，发掘工作分区进行：（1）4 月—7 月上旬，把河水引到桥下北部，在南部抽水，打捞积石；（2）7 月上旬以后，改引河水于南部，工人移至桥下北部继续发掘。

这次发掘条件不同于前两次，有了抽水机具，大家抱有很大的信心。从暮春到秋初，河床积石越挖越多，其内容也愈加丰富起来。掘出遗物大体可分为题刻、勾栏构件、仰天石构件、其他四类，分述如次。

1.题刻石件

最早挖出的是几块修桥主题名石。这是一些长方形条石，长度不同，高度都在 35 厘米左右，尺寸和金刚墙每层砌石竟是十分相近。其次，所刻字引人注意，字体属楷书，轮廓端正，写法特殊，如"修"字写成"脩"，"桥"字写成"槗"，"毛"字写成"毛"等，这些异体字只北朝魏齐墓志中多见。

有的修桥主还加上他们的官衔称呼。如李雄上加云骑尉，苏祖卿上加骁骑尉等，这也许是当时的特定官职。后来经俞同奎老所长研究，"武骑、屯骑、骁骑、游骑、飞骑、旅骑、云骑、羽骑八尉"确为隋开皇六年（公元 586 年）设置之官职，而且"大业三年（公元 607 年）皆罢之"。这一组题刻是安济桥建自隋代的有力佐证。

6 月上旬，打捞出一根八角石柱，柱身已残，残长 66 厘米，正面刻贞元九年（公元 793 年）刘超然撰写的《新修石桥记》，这也是有关石桥的重要资料。

其后，不断发掘出残片、碎柱，需要仔细辨认，反复拼合。例如赵州长史崔恂的《石桥咏》刻石就是这样逐步认定。这一篇诗文除称赞石桥“今看结构奇”的语词之外，也较具体地描述桥的外形“□镌起花叶，摸写跃蛟螭”。

2.勾栏构件

在勾栏遗物中，应以六块雕龙栏板最有代表性。文物局陈滋德处长、罗哲文同志曾来工地拍照及指导工作。依局方指示，把这些支离破碎的石雕拼凑整合，实在费了不少精力。幸亏这些龙栏板具有古典作品中“形象相似，又不尽相同”的特点，1955 年下半年总算大体拼全(有很少部分于 1957 年又拼上)。试择几例，稍加描述。

(1)雕龙栏板之二：长 204 厘米。正面刻两龙相绞，龙头位于栏板两侧，龙目下视，但龙尾反向以爪相抵，张嘉贞《石桥铭》中所述“蟠绕拏踞”就反映在这画面中。背面是二龙交缠，龙头相背，右边龙口中还吐出花叶。

(2)雕龙栏板之三：长 210 厘米。正面刻两条游龙，龙头相背，前爪上下相抵。但龙身一部隐入板中，后身及后爪却又外露，龙身有鳞甲，龙尾细长，均其特殊之处。背面图案与三号相似，也是龙身相绞纹，龙头位于两侧，只是龙身少了一圈。

(3)雕龙栏板之四：长 212 厘米。正面刻两龙相向，龙尾也挺卷向上如天龙行空，右侧龙的右爪托火焰宝珠，左侧龙的左前爪托大花一朵，题材风格和北响堂山第七号窟窟壁雕饰有几分相似。

栏板背面所刻两龙也是龙头相向，但龙身一段隐入栏板内。正、背面两龙都是怒目而视，与张嘉贞铭中所称“眭盱翕欻”正相吻合。

(4)雕龙栏板之五：长度 228.5 厘米。正面刻一条行龙，龙首昂视前方，龙身刻鳞甲，前身着地，后尾腾空，姿态雄劲。尾部又有卷叶几片，似应与望柱大斗相连。背面刻两龙交缠，扭头相向凝视，是“眭盱翕欻”又一表现。

这些雕龙栏板的通高均在 89~91 厘米。断面上锐下丰。顶部寻杖，圆形，直径 12 厘米；底部地伏，方形，宽 24 厘米，高 12 厘米，板心收分明显(图 2-3)。

图 2-3　1955 年发掘的雕龙栏板

此外还掘出一些"龙兽"栏板，但石质、尺寸极不统一，刻工都比不上雕龙栏板。

和龙栏板相比，能拼合成形的望柱却不多。有一根柱残高 88 厘米，柱脚 33 厘米见方，里外看面刻蟠龙，刻工圆到，和前述 6 块雕龙栏板相近。

除了雕龙栏板之外，1955 年还打捞出另一类勾栏构件，我们依其形状、题材名之为斗子卷叶栏板和竹节望柱。

这次发现的斗子卷叶栏板和 1954 年所见者相同，其布局仿木构栏杆形式即以寻杖、盆唇、地伏分为上下两部：

（1）上部寻杖、盆唇之间打磨的较平整，隐起斗子卷叶，叶数 4、3、2 不等；

（2）下部华板部分只打出人字錾码，不作雕饰。

在为数众多的斗子卷叶栏板中，有的卷叶圆转如拳，也有的叶子修长尖挺，前者和山西太原天龙山第九窟隋代浮雕近似。听说寿阳地方某北齐墓木椁上有圆形叶、尖叶并用的装饰，这也许是当时的时尚。

竹节式望柱，当年掘出不少，惜多残缺不全。结合后来 1957 年掘出的望柱比较后，认为典型的柱身是四节竹节，上第一节并呈上小下大的喇叭形状。柱头则为宝珠形，下有细颈，再下有覆盆与柱身大斗相连，通体呈现为流畅的曲线。

还有一部分是故事栏板，有的刻作卧人形状，有的刻作两人对弈，大多尺寸偏小，恐是金、元补修物。

3.仰天石构件

仰天石就是现代桥梁中的帽石（capstone），它位于栏板下方、侧墙之上，与桥面石在一个水平上，清官式做法称为仰天石。

1955 年从河床掘出残缺的仰天石有二十多件。和桥上帽石矩形断面相比，隋代仰天石轮廓显得十分繁复。我们对这些构件实测之后，认为这种做法包括六点特征。

（1）凹槽宽（a3）：最小 22 厘米，最大 25 厘米。与雕龙栏板和斗子卷叶栏板的底宽相比，仰天石最小 21 厘米，最大 24 厘米，恰好有 1 厘米安装缝隙，凹槽应是承托这些栏板的位置。

（2）花饰：一部分仰天石带有八瓣团莲花饰，刻工圆熟。花饰总是成双出现，即仰天石外垂面上使用八瓣花饰时，其外上皮平面上也必用一颗。大概带花饰者占仰天石遗物 77%左右。

（3）仰天石外垂面和相邻下皮常常砍出交错方向的斜錾码，这和主拱石下皮做法是一致的。

（4）下颚高（d3）：最大 9 厘米，很少两端看不出有下颚凸出。产生不同下颚高的原因估计是侧墙砌体上皮不平，使用不同厚度的下颚，可令仰天石上皮调整得平滑些。

（5）长度（L）：对较完整的仰天石遗物的长度做了比较，总长 1.06～1.19 米者 9 件，1.29～1.46 米者 6 件，1.57～1.67 米者 2 件，或许隋代铺砌桥面时，原来就是后尾长短不齐的与桥面条石咬接。

（6）外挑部分（a4）：实测结果都在 32～37 厘米范围之中。有一半是 34.5～35 厘米挑出长，出入不大。

4.其他

1955 年 7 月，在安济桥西北角西外方 2.5 米处挖出沉船一只。沉船木质，宽 2.93 米，残长 3.3 米。经向北京反映，文物局请历史博物馆傅振伦先生来指导沉船清理工作。从船内外泥土中清出古代钱币 278 枚（宋币 147 枚），还清出残陶瓷片、生活用铁品，器物不大，也未见精品。

对于现场掘出题刻，如修桥主题名石、《新修石桥记》、唐人刻石等，傅先生还指导赵县同志，买来白布、棉花、墨汁进行了传拓。

1955 年 11 月，安济桥主拱、小拱的木支架全部支搭牢固并拆除桥面勾栏和桥面，在小拱附近碎石灰土中陆续发现有旧栏板共计 12 件。这些栏板的尺寸较小，形状不规整，其雕刻题材，有的仍是龙兽，有的是人物故事。例如，有一块金刻栏板，高仅 50 厘米，雕刻的是流云异兽，并有题刻，4 行 31 字：

"本州西关刘皋等众关店维那另施勾栏两间，大定二年四月黄山石匠杨志造"

此处大定二年应是金世宗完颜雍的年号。这样矮小的栏板放在何处，不得而知。在 12 件栏板遗物中有同类小栏板 3 件。

同年，在拆除关帝阁城台当中，发现一块柱顶石，其顶背面刻有唐代张嘉贞、张彧、刘涣三人的石桥铭文。从不完整的碑文推测,这原是后人把张嘉贞等三人文章重刻的石碑,又被凿毁改成了关帝阁的柱顶石。

2.6　1957 年的发掘

为充实安济桥勾栏修复资料,1957 年 5 月北京文整会李全庆、单少康和赵县同志又组织了一次河床发掘工作。发掘范围是桥身上、下游各 15 米距离。共计约 1200 平方米。清理后,除大小拱石之外,还有雕龙栏板、斗子卷叶栏板、望柱、仰天石等勾栏构件。对此李全庆同志曾写出《赵县安济桥续发现的栏板及其他石刻》专文,登在 1959 年《历史建筑》刊物上,简述如下。

2.6.1　望柱

从大小不同的残块中,整理出竹节式望柱、蟠龙望柱各 3 件。

1.竹节式望柱

3 件望柱遗物拼合后,外观轮廓大体相同。柱头由单宝珠和复盆组成,两者之间刻出棱圆线角,复盆之下前后看面刻大斗,斗底下刻 4 道竹节。第一节呈上小下大的喇叭状,其下的几节则是同等宽度。4 道竹节之下为地栿,以与栏板地栿相连。望柱总高 122~124.5 厘米,另柱脚榫高 7.5 厘米;柱身上部面宽 24.5 厘米~29.5 厘米,下宽 29.5~33 厘米。

2.蟠龙望柱

这一次掘到的蟠龙望柱完整度并不一致。有一根在复盘之上又刻出 3 道竹节,顶部刻仰圆槽,周围绳纹环绕,算是比较完整的一根遗物。

经现场同志反复推敲,这 3 根再加 1955 年的 1 根蟠龙柱,应即安济桥中央两侧的隋代望柱原物。

李文归纳了现场意见:“……这四根望柱并没有做出随桥弧线的斜度,均为垂直的;而发掘的位置也是上游两根,下游两根,并每两根均是在河床的中间;望柱侧面嵌栏板榫头的榫槽轮廓线又恰好与先后发掘的饕餮纹栏板的榫头(即 1953 年初冬挖出的龙头栏板)又完全符合。更有趣的是这几根望柱在年深日久行人倚栏伫立时对这精美的艺术雕刻的抚摸而形成的光滑面,就明确的示知了它当初在桥上排列的向背。将光滑面向里试安后,望柱上的两龙头正好相对凝视。由龙的姿态与雕刻技法看,都证明这蟠龙望柱与雕龙、雕饕餮纹栏板是同一时期的作品。”

2.6.2　栏板

这一年只掘出一块比较完整的栏板,但很重要。这块栏板正面、背面都是龙头图案,龙睛下视,张口露齿,呈现出严肃神态;头龙两侧刻出波涛花叶,刀法遒劲有力,和 1953 年出土的龙头栏板是同一风格。

经实测,栏板长 222 厘米,高 91 厘米。依掘出位置判断:1953 年的一块在河上游,应是桥中央西侧原置栏板,而新掘出的一块在河下游,应是桥中央东侧原物。

1957 年,还掘出两小块栏板残片,恰好把 55 年的“雕龙栏板之三”补齐。该图案为两条游龙,龙头相背,前爪相抵的布局,补齐后,左龙后尾部始得复原,正是这次发掘的一大收获。

此外,还掘出两块龙门石和二十余件仰天石残片。

2.7　1979 年的发掘

为了解安济桥桥地基情况,编写《中国桥梁技术史》,1979 年北京建工学院市政工程系曾对安济桥河床和桥基进行过挖探、钻探。同年 9 月,该院随即写出了《安济桥考察报告》,其中有一段文字叙述到有关勾栏遗物情况,照录如次:

“在南台探坑中,发现有平置栏板三块。其一为长 1.17 米,在基础西南角下,沿基底水平向里塞进 15 厘米深,与基础密贴且平行,其上刻有鳞甲蛟龙,雕凿精细生动,刚劲有力。第二块为长 1.10 米之斗子卷叶栏板,与基础约成 15 度之夹角,平放在基下,深入最大宽度约 40 厘米,并且低于基础 16 厘米,其间用碎石和砂黏土填紧。第三块与第一块紧接,且在同一水平位置,大部分深入桥台护坡之下,图案不详。根据三块栏板的尺寸、石质、光泽、刀法以及第一、二块的图案等进行分析比较,均为隋代栏板。经与有关部门商议,决定将外侧那块龙栏板挖出,清洗后已放入陈列馆展览。”

第 3 章　安济桥保护工程实录

3.1　七点修缮纲要

1955 年,赵县安济桥修缮委员会正式成立,由赵县人民委员会、赵县文化科、赵县公安局、赵县一区区公所、大石桥乡人民委员会、河北省文化局、河北省交通厅、北京文物整理委员会、交通部公路总局、文化部社会事业管理局十单位组成。

1955 年 6 月,赵县安济桥修缮委员会召开第一次会议,选出曹拔萃为主任委员,郭瑞恒为副主任委员,张同昌为秘书。会议决定由赵县人民委员会、北京文物整理委员会、赵县文化科、河北省交通厅、大石桥乡人民委员会五单位代表组成驻会委员会办理日常工作。

第一次修委会拟定并原则通过了七点修缮纲要:

(1)主券　东侧裂开的两道拆除,连同已塌毁无存的 3 道一并修复,其构造形式参照现存物和河床中掘出旧物。券石砌筑砂浆采用 80 号水泥砂浆。现存 23 道主券采用压力灌浆法加固。

(2)伏石与盖板　原桥西侧主券及两个小券券顶上使用伏石,可酌情拆砌。东侧塌毁无存可比照西侧新配伏石。在东西伏石之间,加用 140 号钢筋混凝土,浇筑成与伏石同厚之护拱券盖板,以加强横向联系。

(3)小券　大部分小券的券石疏松破裂,无法再用,需换用新石依原做法砌筑。其上方东西伏石之间,也用 140 号钢筋混凝土盖板加强整体联系。

(4)侧墙　侧墙西面拆除,待灌浆加固主券之后,再以 80 号水泥砂浆砌筑复原,旧石应尽量利用。东面侧墙已无存,仍依西面做法修复。

(5)拱腔填料及防水　拱腔部分以 90 号素混凝土加 20%块石作为填料,其上加铺亚麻布及沥青防水层。

(6)金刚墙　上部的疏松断裂条石予以更换。下部基础,等木支架托实主券之后,调查并研定是否加固。

(7)雁翅泊岸　南北金刚墙之东、西侧做出石砌泊岸,其平面仍比照原来四分之一圆的轮廓布置。

部分修缮设计方案图见图 3-1。

3.2　桥体施工

3.2.1　石料加工

安济桥工程用石料来自获鹿、元氏两地。获鹿石质绵性一致,颜色较深。元氏产石,色浅,易于雕刻加工。二者均属石灰岩,容重每立方米 2.85 吨。

工程用一般条石,如桥台(金刚墙)、侧墙等处,加工方法与一般古建筑略同。也有些特殊加工方法,简介如下:

1.护拱石(伏石)加工

护拱石上下面为曲面,在曲线部分需加套样板。操作程序是,事先做出曲面样板,在前后曲面画墨线打荒。两侧隐蔽部分做出并缝;然后,放倒两侧弹直线,做面。

2.各处石件看面多做錾码

在表面剁斧平整后(比规定尺寸厚出 5 毫米),用扁子把四周剔平,再用錾子刷平行錾纹,錾深为 3 毫米。

3.帽石(仰天石)则是依如下程序加工

(1)把需并缝之两侧面先依尺寸要求放线及打荒,剁斧见平。

(2)再把其他各面一一加工见平。

(3)从帽石遗物观察,其前面、上面两处的八瓣花饰应属剔地起突做法。新帽石加工:在每面打荒后,先把花饰周围底盘落平,再对花饰雕作,要由上而下找模样,由下向上逐层加细,成型后以扁子刮亮。(参见《古建通讯》1956 年第一期《谈赵县大石桥修复工程中的石料加工》一文)

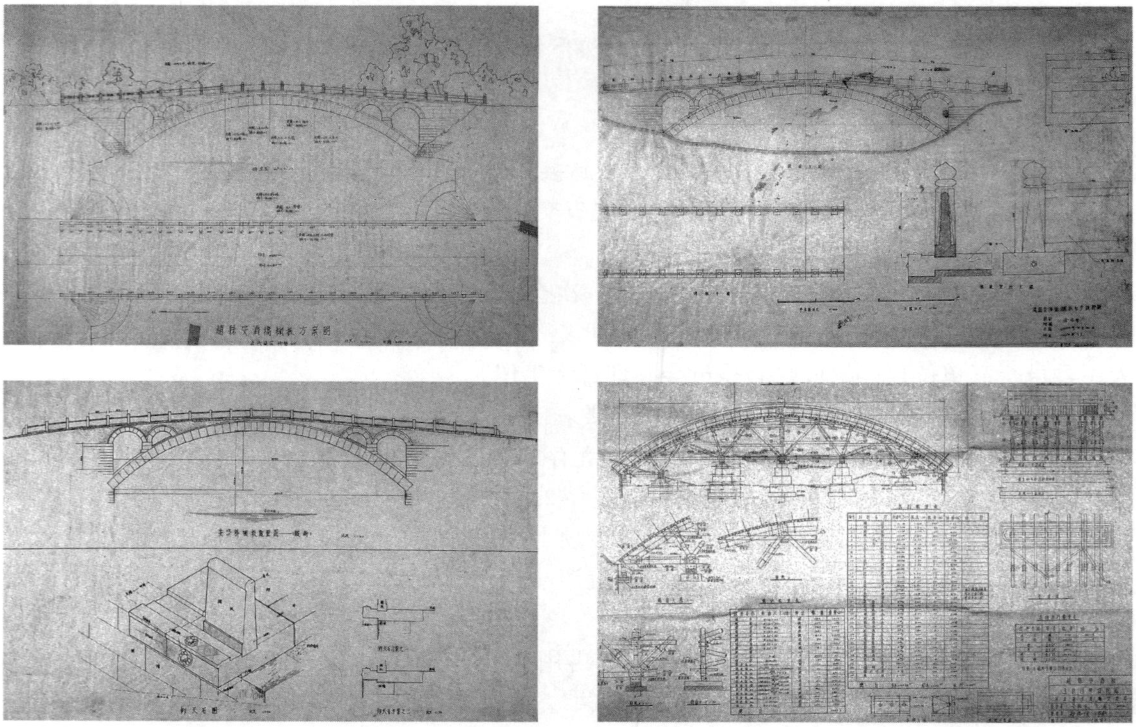

图 3-1　部分修缮设计方案图

3.2.2　木拱架及砖墩

为保证施工安全，在对桥身加固之前要安装木质承重拱架并砌好下部砖墩。

1.砌筑砖墩

1955 年 6 月开始砌砖墩，青砖，以 1∶3 水泥砂浆砌。砖墩共 5 座，中部 3 墩高 3 米，南北边墩高 0.5 米。每座砖墩下面浇筑 0.5 米高的碎砖混凝土基础，顶部加筑 0.5 米高的 110 号混凝土墩冒。

2.安装木拱架

1955 年 9 月，在应予加固的 23 道拱券下，在将要拆砌和恢复的 5 道拱券下全面安装了木制承重拱架。拱架设 9 排，西 6 排，东 3 排。其中，东 3 排最靠里一排互相紧靠，支托于 23 道拱券与东 5 道拱券的交缝处。这样，在重砌东 5 道时，西 6 排可以分离，不受因东部加重而沉降之影响。

9 排木拱架架立并支撑稳固后，要在顶部东西向密排横梁，横梁上皮要和主拱拱石靠实。然后，用油压千斤顶分三次起顶。

每次起顶，先顶北端砖墩上排架底拉梁，后顶南端砖墩上排架，最后顶中央部分。起顶目的在使拱架横梁把主拱拱石最大限度地托紧，避免上部石构件走动变形。

3.2.3　主拱安装

依修缮纲要，东侧 5 道拱券需要重新安装，恢复桥身的完整。这一部分安装工作依下述步骤进行：

（1）为防止木拱架上部券胎的变形，特分为两个安装小组，将已加工好的券石自主券两端同时一块一块地向中央安装上去。注意每道中央留出锁口石。

（2）只有五道拱券都已安装完了才进行锁口石的安装。这需要富有经验的石工师傅试样板、核尺寸，再用倒链及三角承重架把锁口石吊装就位。自内而外，同时把 5 圈锁口石安好。

3.2.4　压力灌浆

鉴于安济桥损坏十分严重，1953 年冬，文化部社会文化事业管理局敦请交通部公路总局、中央设计院、北京市建设局有关专家到安济桥现场查看之后，认为现存 23 道主券不必拆除重砌，而以使用压力灌浆法注入水泥砂浆加固为好。

在公路总局具体指导下,23道主券的加固工作依下列顺序进行。

1.勾缝

首先对主券的券底、券背面进行勾缝封闭。勾缝材料采用200号硅酸盐水泥和粗砂配制成的80号水泥砂浆。灰缝深度10厘米,构成凹入1厘米的阴缝。先做券底的勾缝。其次,用8号铅丝弯为许多U字形套子,依20厘米中距,卧入石缝中。套子底部放满纵向铁丝,依次铺一层碎石,灌一层稠砂浆,再做券背勾缝。

2.设置注浆孔及注浆隔墙

压力灌浆的注浆孔均设置在主券券石缝的交接处,间距1~2米。备一批木栓塞,每灌注一孔,附近诸孔以木栓堵实以防浆体溢出。

压力灌浆不可能一次灌满,依交通部公路总局指导意见,现存23道主拱券分成8个方区依次灌注。因此,要设定分区隔墙。做法与勾缝相似,也是准备若干U字形套子,套子主棍之间以细铅丝编为密网,抹上稠灰浆,即为八区之间的隔墙。

3.夹木

为防灌浆中拱圈发生变形,在现存主卷之东西两侧分别使用5道$\Phi36/2$的半圆松木紧贴券面,两两相对。再在5道夹木位置,东西向设$\Phi19$毫米钢筋两根,一在立券上皮,一在下皮,其两端与夹木绑紧栓牢。

4.灌浆

每次灌浆前,先将胶管壁洇润充分,开动灰浆泵逐孔灌浆,并保持1个大气压半小时。根据具体情况,每道裂缝分两次灌,第一天只灌入一半,隔一天待多余水分析出之后再灌一半。最后,对由于水分蒸发空出的小缝以人力注满之(注:由于工人对注浆泵等机具的性能掌握不好,在发现因加压以致东南部卷脸石有走动外闪情况后,即改为无压灌浆)。灌浆材料是400号硅酸盐水泥和无杂质细砂,依1:1比例合成水泥砂浆。

3.2.5 钢筋混凝土盖板

安济桥自建桥千余年间,各道拱券之间的横向联系一直依靠腰铁和铁梁。惟铁石之间的接触面究属有限,一遇外力影响,接触之处很容易引起石料破裂,因而整个拱券发生外闪变形,终至崩塌,这是并列券结构一大弱点。在东、西两伏石之间加铺混凝土之后,现浇混凝土板与下方券石联为一体,二者之间由于接触面加大很多,则遇有震动外力时,将会有效地防止变形问题。

盖板范围:东西至伏石里皮,南北止于内小券券墩处,这一范围内的主券券背全部筑打混凝土一层。同样,四个小券券背也要筑打混凝土盖板。盖板成分依140号抗压强度标准配置。构造钢筋置于盖板上皮下10厘米处,其中横向钢筋$\Phi19$毫米,纵钢筋$\Phi12$毫米,间距均为300毫米。

为加强盖板与伏石之间联结,施工中采取了如下措施:

(1)把伏石内侧打成倒齿形与盖板咬接,倒齿中距约1米左右。

(2)盖板横向钢筋两端插在伏石内侧预先打好的孔内,插深10厘米,孔眼空隙用1:1水泥砂浆灌严。

3.2.6 铁梁

1955年冬,桥面石拆除后,扫清主券券背积土和碎石,发现主券铁梁是8道(前此,大家都认为是5道)。按5道还是8道修复,这是当时遇到的新问题。

驻会小组进一步勘测、分析之后,认为这8道铁梁反映了两个时期、两组铁梁的位置。一组铁梁是与露明在西侧5个铁梁头相对应的5道,每道并非通长,是由4道或5道短铁条铆接而成,断面宽约5~6厘米。其西起第一段铁梁都在第五道券石前后断开,从使用旧短料拼接情况分析,恐是清代修补第五道券时所加。另一组铁梁则是通长安放在中部20道主券券背上,嵌入券石较深,而且梁材断面均一,是9厘米高,6厘米宽,应属早期遗物。我们看到目前二、四号位置也许早先的铁梁就是通长的,把尺寸试为比较,其排列基本对称,因此,这次修复就改在主券南北约21米范围安放5道铁梁,恢复旧制。

至于4个小券顶的铁梁则不必改动,仍依现在位置安放。

3.2.7 防水层

为防止因桥面漏水以致券石酥碱风化,本次大修,在桥面石下、填料之上特加用两层亚麻布、三层沥青作为防水层。

(1)在2厘米厚的水泥砂垫层做好后,热铺第一层3号石油沥青。浇铺之前,沥青中掺入适量煤油,以免因天冷涂刷不开。

(2)亚麻布的铺放:底层横向铺,上层纵向铺。搭接宽度7厘米。因是冬季施工,随铺亚麻布随用火轧碾进行滚轧,至粘牢为止。

(3)防水层在横向由两侧向中心汇水,坡度为1.5%,在纵向随桥面曲度向两端排水;排至路面铺砌层以外适当地点,用70厘米见方的盲沟引水入河中。

(4)防水层上方又铺筑200号豆粒石混凝土一道,厚8厘米,作为保护层。

3.2.8 桥面栏杆及其他

桥面原分3道,中部红砂岩车道因系后加,改用方石;两侧部分依原制仍以完整条石铺墁。传说张果老的驴蹄印、柴王爷的车道沟印都无史可考,但赵县当地群众十分重视,因而也保留下这些仙迹。

安济桥两侧桥栏如何修复,一直是修缮工程中必须斟酌的一道难题。

1955年以前,大家看到的只是桥西侧的石栏板和望柱,雕工很粗糙,其时代风格还是比永通、济美等桥的栏板差的多,如果依此恢复东侧桥栏,确实和号称隋修的安济桥名实不符。

刘致平教授曾表示:"希望动工时清理桥下积石里,得到一些原来勾栏的片段残余,然后再行恢复原式。"

1956年,在《文物参考资料》第三期曾登出余哲德的一篇文章,提出了几种桥栏方案,其目的正是为了集思广益选出较理想方案。事后搜集到的意见,却是多种多样,分歧较大。例如,有一种主张是把历代遗物都放在桥栏部位,令其成为隋、唐、宋、清勾栏构件的陈列场所。也有专家认为,既然桥栏恢复条件远不够充分,何不设计一套新题材,代替现在的桥栏。一时意见颇难集中起来。

1957年,赵县安济桥修缮委员会在文化部文物局主持下,再度对此开会研究。会议认为安济桥桥身加固已于年前竣工,河北省交通厅已退出修缮委员会,但桥身栏问题不宜久悬,责成古代建筑修整所再拟方案(1956年北京文整会改名古代建筑修整所)。

新方案首先考虑到两侧桥栏的栏板总长与间数。以掘出龙栏板为准,每间勾栏长度(相邻两根望柱中-中的距离)大约是240厘米,现在西侧清代桥栏长为5082厘米,每侧应该约21间,才能维持过桥行人之安全。

栏板题材问题,古建所再次做了遗物分析,自从发掘出雕龙栏板之后,无论是现场看过实物的同志,还是看到照片的专家,大家都认为是桥上的早期遗物。龙一直是作为灵物出现在古代雕刻、绘画等艺术作品中,用以象征吉祥,象征统治人物。龙又是水族动物的领袖,安济桥使用龙头、蛟龙等也许是对洪水加以精神上的控制,在艺术形象背后反映出当时人们崇拜自然的思想意识。可惜,几次发掘也只得到6块,其中1块已被调给北京历史博物馆,作为陈列品使用。剩下的5块栏板何以能摆满两侧桥栏,要知道它只是需要量的1/8。

因此,又考虑能否把雕龙栏板和斗子卷叶栏板混合使用。

唐人崔恂的《石桥咏》是一块从河床中发掘出的刻石。崔恂,郑州人,唐玄宗开元八年(公元720年)任职赵州长史期间有《石桥咏》之作。这是一首五言卅二句的诗,其中有几句足以表示桥的原状。

如诗的第七、八句:"昔有鼋鼍异,今看结构奇";又如诗的第二十一、二十二句:"雕镌起花叶,摹写跃蛟螭"。前两句说明,敞肩券式是奇特的结构形式;后两句可认为是,在桥栏雕刻图案里,花朵、卷叶、蛟龙、螭首都是有的。

在龙与斗子卷叶混合使用的方案找到根据之后,又对栏板图案的排列做如下安排:

(1)安济桥东、西两侧桥栏均依对称排列,每侧21间,相应位置的板、柱采用同一图案、同一尺寸。

(2)每侧21间中分为3区:中央雕龙区共5间,券顶中央一间参照龙头式遗物制作,长228厘米。该区南、北段依次的一间各参照一龙独行栏板遗物制作,长230厘米,目的是把它后部卷叶和斗子卷叶联系起来。雕龙区剩余两间则参照蛟龙式遗物制作,长度227厘米。

(3)除中央5间,排列如前,南8间、北8间拟安排为斗子卷叶区。斗子卷叶栏板遗物中的卷叶数不是很一致的,故而这两区的修复方案也把卷叶数稍加变化。具体说,自桥两端开始,第一、二间采用中三叶、边两页的图案;第三、四间采用中四叶、边三叶的图案,而剩余的五、六、七、八间则全用四叶刻制。

全桥望柱44根,分为东、西侧对称排列,每侧又分3区:

(1)中央雕龙区5间12根望柱。柱身前后看面为蟠龙题材,龙的风格尺寸以遗物为准;复盆以上刻3道竹节,总高137厘米(柱角榫不在内)。

(2)南、北端斗子卷叶区的望柱使用较简单的竹节题材,复盆之上做宝珠柱头,总高122厘米。

3.2.9 仰天石和桥面

仰天石也是桥面的一部分,但早期的仰天石与现存桥上两侧者相比,差别很大。早期仰天石挑出侧墙之外(a4)34~35厘米,清式仰天石a4不过20厘米。早期遗物有4/5都附有八瓣莲花饰于外侧看面上,而且后尾与桥面条石接口处是犬牙相错的。

据此,仰天石部分也和勾栏一样,需依早期形式修复为好。具体做法是:

(1)两侧仰天石依两种尺寸敲成,一种是130厘米(长)×60厘米(宽),另一种是90厘米(长)×60厘米(宽),后尾交错铺墁。

(2)仰天石看面和上皮依遗物所见制成八瓣莲花饰,花饰中距约90厘米。

3.2.10 石桥仙迹

安济桥由于不断维修,保存了一千多年,民间留下一些传说。流传最广的说法是,"仙人张果老和柴荣路过石桥,用仙法加重于车、驴之上,把桥压的摇摇欲坠;建桥的鲁班迅速用手托桥,免于压坏",这样就留下"驴蹄印石""车沟印石"等仙迹。明人鲍捷说,"世间奇巧险怪偶然近似者甚多,此盖石病偶有形似,好事者附会为此说以欺人……"(引自安济桥北券北壁题刻《驴迹辨》)

鲍捷说得很正确,民间这些传说是荒诞的。本次大修中,车沟印石等仍保留原处,而已经丢失的"手印"等也就不恢复了。

安济桥拱券结构的修缮和加固现场情况见图3-2;桥面和栏板的修缮现场情况见图3-3。

图3-2 拱券结构的修缮和加固

图 3-3　桥面和栏板的修缮

第 4 章　安济桥现状勘测

为了解安济桥的现状，课题组委托天津大学建筑学院对安济桥进行了勘测工作，即利用三维激光测绘技术对安济桥进行实测和勘察。

4.1　安济桥环境状况

1968 年，安济桥所在的洨河实施了改道工程。在桥西约 300 米处开始向北改道，从北侧绕过安济桥（最远距桥 250 余米），直至桥东约 700 米处，汇入原河道。1982 年在安济桥以东约 100 米处，营建了一座双曲拱桥，作为永久性公路桥，取名安济新桥。1984 年，原安济桥景点扩建改造成安济桥公园。

安济桥公园以安济桥及桥下保留的一段水道为核心，大抵在北至改道后的洨河水道、东抵安济新桥南到桥南约 65 米的范围内。安济桥桥下残存水道总长约 1000 米，桥东、西各约 500 米。水道内现为死水，桥下最深处水深约 1 米。

公园主入口设在桥以北约 200 米处，其外是停车场。主入口往西 70 余米处，另设内部入口，可通车。主入口与安济桥由一条绿荫道相连，路旁置八仙及“小放牛”塑像，呼应安济桥的相关传说。

安济桥以东约 60 米处，跨河建有一座观景廊桥，其后约 30 米处即安济新桥。南岸先后建成仿古两层观桥阁、双重檐八角亭和硬山顶陈列室等，又有古碑数座陈列；北岸置仿古观月长廊、公园服务部等，种植繁茂的植被。

相比上述文物环境的巨变，安济桥本体自 1958 年至今相对未有大的扰动，只是在桥头两侧泊岸处加建了 4 处近水观景平台和游船码头等设施和景观小品，其中南端东侧的泊岸处设有安济桥的导览指示石刻。但总体来说，平台离桥身过近，周围植被过于茂密，影响安济桥的外观。东北、东南、西南各处泊岸已形成 3 处小游船码头，开设划船游憩服务，然而现代粗陋的游船形象与古朴的安济桥意趣相距甚远，显得格格不入。

桥附近立标志 4 座，分别是：“全国重点文物保护单位安济桥（大石桥）”（国务院公布，河北省人民委员会立,1961 年)、“世界著名古石桥赵州桥”(中国土木工程师学会,1991 年)、“国际土木工程历史古迹赵州桥”(美国土木工程师学会,1991 年)、刘炳森题字“赵州桥”。

4.2 安济桥测绘

4.2.1 基本方法

测绘主要采用非接触测量技术,在尽可能减少对建筑本体扰动的情况下,综合运用各种技术手段对建筑及其周边环境进行测绘。测量工作中运用高精度全站仪、三维激光扫描、单片摄影纠正技术等技术和手段,遵循“先控制,后碎部;从整体,到局部”的测量工作原则,在测量区域内布设临时控制点,以保证测绘成果的质量。必要时用手工测量作为补充手段,保证信息采集的完整性。

4.2.2 项目实施

本项目的实施大致分为:(1)前期准备;(2)现场工作;(3)数据处理及制图。

(1)前期准备:在现场工作之前,尽可能对建筑各项资料进行收集汇总。对安济桥的历史沿革、修复史、建筑概况等做了初步的了解及研究,有针对性地拟定测绘工作基础性方案,对精密测量仪器进行调试校准,尽力为现场工作创造有利的工作基础与条件。

(2)现场工作:对赵县安济桥进行了为期两天的现场测量和记录工作,包括点云数据采集、石桥周边环境影像采集及简略勘查工作。本次测绘采用了 Trimble S8 高精度全站仪、Leica HDS 6000 三维激光扫描仪和 Z-CORP 手持扫描仪等精密测量仪器。为获得桥下 28 道石拱券的点云数据,在制定缜密扫描方案和对水下情况做出细致排查的前提下,尝试将扫描仪架设在桥身下方的水中,对桥主券进行了高精度扫描;对石栏板雕刻细微处则使试用 Z-CORP 高精度手持扫描仪进行高清晰小范围点云数据采集。曾试图对室内陈列的隋代石栏板雕刻遗构进行上述数据采集,但是由于石构件表面粉化,无法粘贴标靶,被迫放弃,改扫桥上现存栏板。

(3)数据整理及制图:外业结束后,即投入后期数据整理,拼接点云,采取点云量测和正射影像结合方式,绘制成二维线划图。

4.2.3 测绘方案及实施

本着对文物测绘对象干扰最小化的原则,综合考虑安济桥的特点和测绘工作的条件,依照本次测绘的目的,控制测量采用全站仪导线法,细部测量采用三维激光扫描法,栏板等细部雕刻采用手持式激光扫描和简易摄影测量相结合的方法(图 4-1)。

1.测绘范围

文物建筑安济桥本体及桥头两侧泊岸 20 米以内区域。

2.测绘内容及深度

测量安济桥整体形态和细部特征,绘制安济桥平、立、剖面图。平、立、剖面图的位置及数量的确定参照建筑制图相关规范要求,同时以能详尽描述建筑特征和特点为原则。其中,平面图绘制出桥本体两侧泊岸护坡 20 米范围环境,立面、剖面图仅绘制桥的本体部分。

平、立、剖面图成图比例为 1:50,在图上应表示出石块分缝。栏板等细部雕刻测绘出纹样。

3.测绘精度设计

根据测绘要求,细部点的最终点位中误差为±15mm。据此,全站仪导线按照国家《工程测量规范》(GB 50026—93)中二级导线测量的要求布测,平面控制点同时作为高程控制点,高程控制测量按照国家四等水准测量的要求测量。

二级导线的导线全长相对闭合差不大于 1/10000;四等水准测量的高差闭合差不大于$\pm6\sqrt{n}$mm。

4.测绘实施及成果

本次测绘主要采用非接触测量技术,在尽可能减少对建筑本体扰动的情况下,综合运用各种技术手段对建筑及其周边环境进行测绘。测量工作中运用全站仪、三维激光扫描、单片摄影纠正技术等技术手段,遵循“先控制,后碎部;从整体,到局部”的测量工作原则。为保证测绘成果的质量,在测量区域内布设控制点,按照"步步检核"的原则,严格遵照规范中规定的测量程序施测。同时,为保证信息采集的完整性,必要时用传统测量方式补充检核。

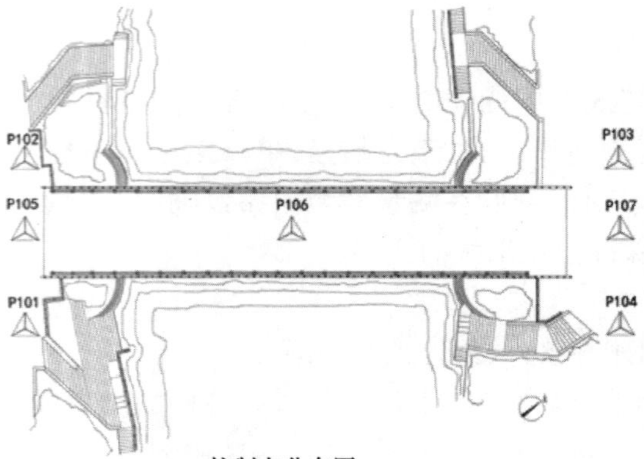

控制点分布图

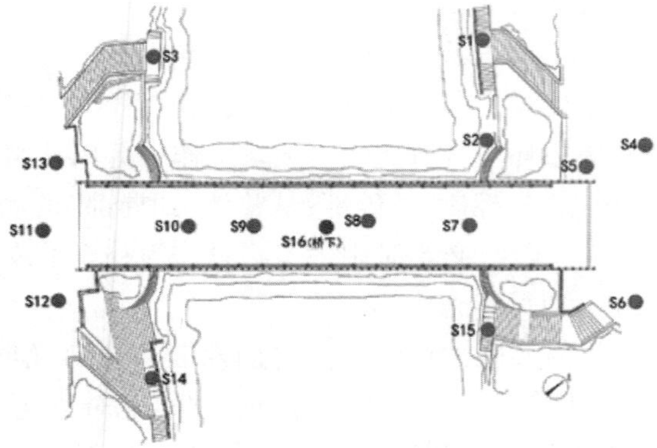

扫描仪站点分布图

扫描仪取得影像截屏图

图 4-1 测绘方法示意图

A.控制测量

根据本次测量的目的和后续测量工作的需要,结合项目现场的实际情况,布设了平面控制网,同时作为高程控制网,并进行了平面控制测量和高程控制测量。

1)平面控制测量

在安济桥周边及桥面最高点处共布设了7个控制点,形成一个严密的矩形控制网(图 4-1)。控制点按照等级导线标志点样式设置成临时标识。平面控制测量采用全站仪坐标导线测量的方法测量,同时按照矩形控制网的直角特点进行补充检核。考虑到后续三维扫描测绘的精度需求,全站仪导线按照国家《工程测量规范》(GB 50026—93)中二级导线测量的要求布测。

由于周边没有可用的控制测量成果和统一的坐标系统,平面控制测量中采用任意假定直角坐标系,将控制网东南角控制点 P101 假定为(100, 100)。平面控制测量所用仪器为 Trimble S8 高精度全站仪。

2)高程控制测量

平面控制点同时作为高程控制点,按照国家四等水准测量的要求测量。采用任意假定高程系统,以桥东南方位的栏板地栿所留高程基准点(41,061)为测量基准。外业测量结果按照简易平差法进行平差。高程控制测量所用仪器为 DZS3-1 自动安平水准仪配合铟钢水准尺。

B.碎部测量

碎部测量主要采用三维激光扫描技术,所用扫描仪为 Leica HDS 6000。扫描作业共设 16 个自由站(图 4-1)。在每个扫描站上,扫描至少3个拼接点标靶,然后利用全站仪测量各标靶坐标,并利用 Cyclone 软件将扫描数据转换到与控制网相同的坐标系上。拼接点以5个为宜,尽量形成最优三角形或多边形,且位于扫描范围的外侧,以形成包围之势,在保证标靶识别精度的前提下,尽量选择远距拼接点。每个扫描对象的扫描分辨率针对测量目的,考虑到要反映建筑上有意义的最小特征为原则,做到详略得当。为提高扫描的质量,选择自动对焦方式,优化测绘时段。同时根据温度变化,适时调整仪器的相关参数。

4.2.4　成果表达

内业中,利用 Cyclone 软件对扫描的各站点云数据在去噪后进行拼接,以形成完整的安济桥点云模型(图 4-2)。再利用 Geomagic 对拼合后的点云进行重点位置切片,并获取带网格背景的高清晰正射影像图。然后利用 AutoCAD 软件,并结合点云量测,将高清正摄影像图描绘成线划图。影像拼合和描绘过程中,做到一切以控制网格为基准。对望柱、栏板等处纹样,则采用单片摄影纠正方式,描绘纠正后的照片。在表达上,则将二维线划图与正摄影像图叠合打印装订,方便读者对比阅读。

点云处理及内业制图流程见图 4-3。

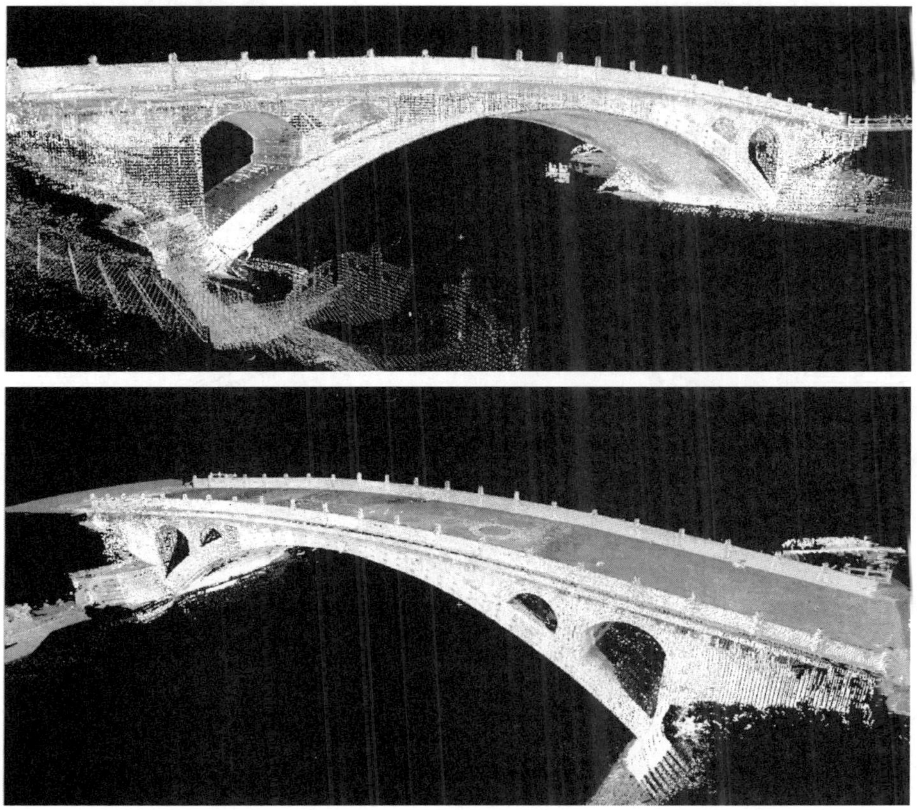

图 4-2　安济桥点云图

4.2.5　所用软件及版本

(1)Cyclone 6.0,三维激光扫描及点云处理软件。

(2)Geomagic Studio 10,点云处理及三维重建软件。

(3)Photoshop CS 3,图像处理软件。

(4)AutoCAD 2004 版及天津大学自主开发的 SDT 软件。部分加粗轮廓线应在安装 SDT 软件的情况下才能正常显示(所交成果附 SDT 安装,SDT 应在 AutoCAD 2004 下运行)。

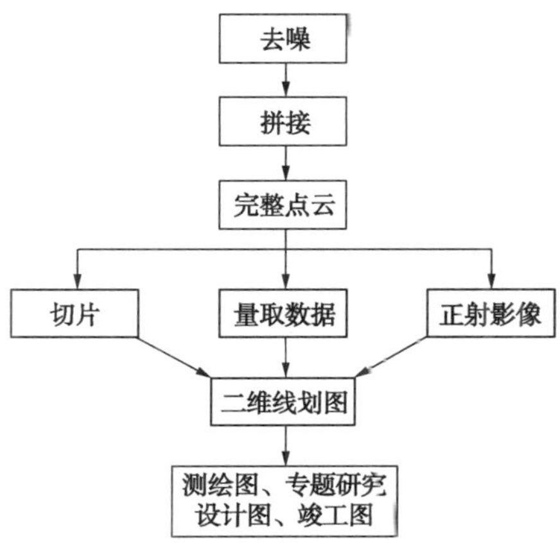

图 4-3　点云处理及内业制图流程示意图

4.3　勘测结果

4.3.1　安济桥保存状况

根据对安济桥点云模型的数据测量,可以初步确定支撑桥身的 28 道主券有不同程度的歪闪与鼓闪。从整体看,桥下主券向西侧偏闪。其中,西侧第一至第五道石券南半部分同步向外鼓闪,最大偏闪距离约 20mm。自西侧第六至第二十三道石券均同时向西侧歪闪。初步勘查第十八道券的偏闪距离最大,约 19cm。其余偏闪距离都在 11~18cm 之间。第二十四至二十八道券(东侧券脸石及其内侧四垄内券石)基本垂直于水平面,且无歪闪倾向(图 4-4)。

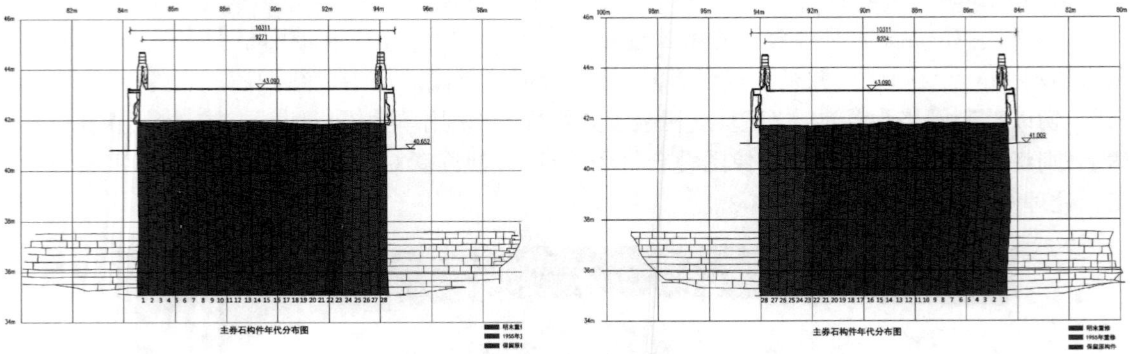

图 4-4　主券石构件年代分布及歪闪鼓闪状况

4.3.2　安济桥的测绘成果

本次测绘共完成了 10 张测绘图及 10 张对应的影像图,部分成果见图 4-5。

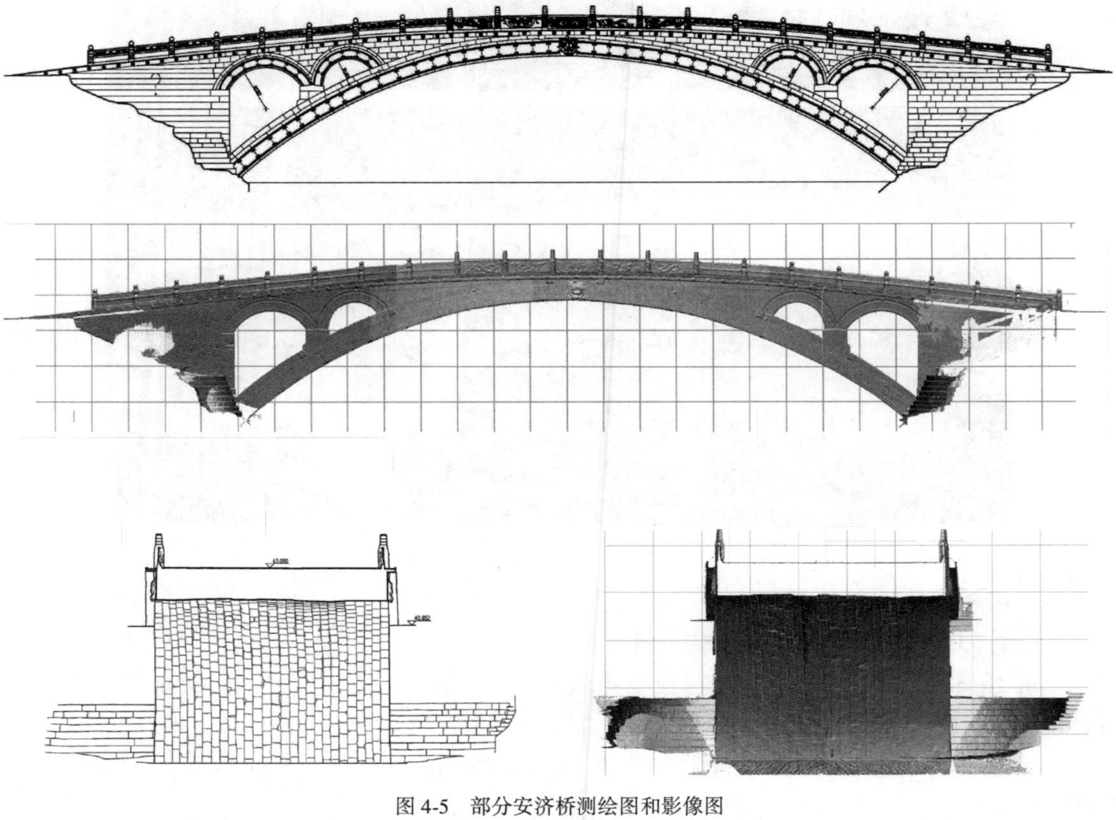

图 4-5　部分安济桥测绘图和影像图

第 5 章　安济桥结构分析

5.1　目的与内容

安济桥结构计算与分析是在查阅相关文献资料和完成现场调查的基础上,解析安济桥的结构与构造,绘制结构图。然后,利用有限元软件,建立安济桥结构计算模型,进行各种工况下的受力计算分析。结构计算与分析的目的是掌握安济桥结构的内力分布规律及大小,结合现场调查的结果,评估安济桥的安全性水平，进而从结构计算的角度评价保护工程对安济桥的综合影响。

5.1.1　研究目的

(1)掌握安济桥结构内力分布规律与大小；

(2)结合现场调查的结果，初步评估安济桥的安全性水平；

(3)评价20世纪50年代保护工程对安济桥的影响。

5.1.2　工作内容

(1)文献综述与现场勘察；

(2)结构构造解析；

(3)结构受力计算。

5.2　现场调查

5.2.1　安济桥整体结构相对稳定，保存环境较好

现场调查表明，安济桥当前保存状态良好。除少量游客外，目前无车辆等活荷载作用通过。调查中发现，安济桥西北广场不远处有大型施工机械正在作业，经咨询，得知此处要建博物馆。此工程建设中的施工作业等对安济桥的影响评估未知。

5.2.2　主拱结构残损变形不明显，结构残损不严重

安济桥主拱是其整个桥体受力的主体。现场调查结果表明，主拱28道拱圈之间无明显松动和结构裂缝，变形不显著；各道拱圈的石块之间也无明显的变形和结构裂缝，结构残损不严重。

5.2.3　主拱拱脚石块上出现多条裂纹

主拱拱脚石块上出现多条裂纹，裂缝一般从石块上安装连接铁件的凹槽出发，呈放射状向外扩散。这些裂缝，与主拱拱脚石块受力大，凹槽部分出现应力集中效应有关。

5.2.4　桥台上出现多条结构裂缝

1966年3月8日，河北邢台宁晋县发生7.2级强烈地震，震中距安济桥25公里。1974年，余鸣谦等先生赴现场调查，发现桥面及东西侧墙有细微裂缝，桥体未见破坏迹象。现场调查发现，两端桥台的两个面分别有大小不一、倾斜走向的结构裂缝，最宽处达到155厘米。而该斜裂缝与桥面石相交处并没有明显的裂缝。裂缝的分布特点和走向规律与邢台地震拍摄的类似。邢台地震引起的结构裂缝依然存在。

5.3　修缮后的安济桥结构与构造

安济桥由主拱、4道小拱、桥台、侧墙、拱腔填料、防水层和保护层、桥面石和栏杆等8部分组成。主拱顶部结构横断面见图5-1。主拱与小拱之间含有侧墙和碎砖混凝土结构。在主拱之上铺设一层伏石和钢筋混凝土盖板，伏石在两侧小拱拱墩外侧，小拱拱墩之间是钢筋混凝土盖板。在盖板两侧铺设护拱石，护拱石看面平整，而内侧为凸凹不平的锯齿状，盖板钢筋深入凹槽内，以增加盖板与护拱石之间的连接。4道小拱的拱石之上也铺设了混凝土盖板。

安济桥结构与构造的详细内容如下。

5.3.1　主拱

安济桥主拱是承受桥梁自重和各种外力的主体。

主拱是由28道弧券拱券组成。每道拱券的拱石高1000~1030厘米，厚大约为330厘米，也有390厘米者(如西券脸石)，长度在900~1200厘米之间。承托主拱的桥台由厚度不同的5层条石砌成，总高为1554厘米。主拱下皮和桥台的交点应是主拱的起拱点，依此推算，安济桥主拱净跨度是37.02米，圆弧半径是27.70米。28道主拱的拱脚上方露明处宽度：南拱脚宽9.56米，北拱脚上方宽9.60米。

1955年至1956年的维修工程中，西侧23道弧券拱券保留原状，采用现状方式进行整体加固。东侧5道拱券新砌，采用压力灌浆的工艺增强主拱的整体性。

5.3.2　主拱伏石及钢筋混凝土盖板

主拱拱石之上又设通长的伏石一层。伏石高度自下而上逐渐减少，主拱拱脚处伏石厚度是300厘

米,到拱顶仅为160厘米。在1956年的维修工程中,将两侧小拱拱墩之间的伏石拆除,并经过清理、灌浆等工艺后,浇筑钢筋混凝土盖板。出于美观的考虑,盖板的两侧及主拱两道外侧拱券之上,设置护拱石一层。护拱石看面经加工处理而整齐归一,内侧采用凸凹的锯齿状,与钢筋混凝土盖板连接,盖板钢筋深入凹槽中,从而保证了盖板与两侧护拱石之间的整体性。钢筋混凝土盖板的长度为28米,平均宽度7.93米,平均厚度250厘米,浇筑的混凝土体积55.5立方米。

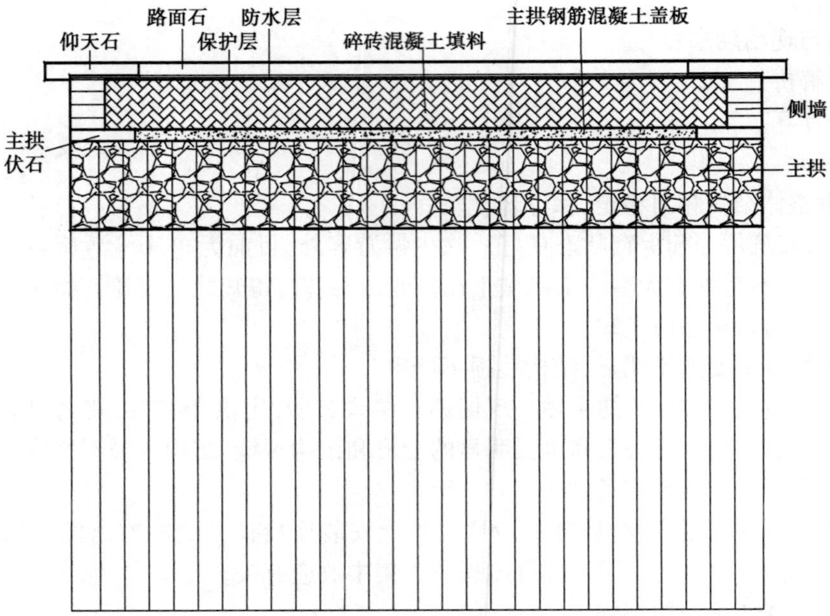

图5-1　安济桥横断面

5.3.3　小拱

4个小拱均由28道小券拱石组成,中间一部分是原石料,两侧各券均为新料。各券拱石截面宽度不同,由250厘米至280厘米,薄者在中间,厚者则分置两边。小拱护拱石的钢筋混凝土盖板:4个小拱的护拱石都是160厘米厚40号钢筋混凝土盖板。由于小拱内部各券的截面高度比两侧拱石小约100厘米,故混凝土盖板厚度增加至平均250厘米,小拱盖板的钢筋纵横全是Φ12厘米,间距为300厘米。盖板与护拱石联结也采取齿榫咬合连接,横筋也伸入齿榫内。

5.3.4　桥台与侧墙

桥台石侧墙的下3层是水平的,上边几层则随桥面坡度向两端缩小,各层两端厚度不相同,这样就减去了三角形石块,并且增加了美观作用。各拱间的侧墙都是按平行于桥面设计的,其目的也是尽量减少三角形石料长度并增加艺术效果。

5.3.5　拱腔填料

拱腔填料采用1∶5∶10碎砖混凝土(具体的配比指水泥∶砂子∶碎砖),计142立方米,与普通混凝土相比共减轻重量约50吨。

5.3.6　防水层和保护层

防水层的材料使用防水亚麻布和3号石油沥青,施工工艺为三油二布。底层沥青加入了适量煤油,把沥青熔化稀释然后涂刷。中间层和上层沥青都未渗入溶剂。下层亚麻布横向铺设,上层纵向铺设,各层压边50~70mm。防水层在纵向是顺着桥面的坡度排水,而横向则做成约1%坡度向桥中心倾斜,南北两端各设盲沟排除渗水。盲沟断面是700厘米×700mm,用片石铺砌,北端排入桥下游,南端则排入渗井中。

防水层之上是保护层。保护层材料是200号豆粒石混凝土,两边厚40厘米,中部厚80厘米。

5.3.7　桥栏桥面

桥栏桥面包括桥面石、勾栏和仰天石等。

仰天石在现代桥梁中称为帽石（capstone）。它位于栏板下方，侧墙之上，且与桥面石在一个水平上，清官式做法称为仰天石。

仰天石和桥面石直接承受各种外界作用，同时还兼顾美观的要求。桥面石在中间，仰天石在两侧。仰天石之上为勾栏，是勾栏的承托基石，每块宽600厘米，平均出檐达340厘米。在两侧仰天石之间的同一水平面上是桥面石。中间3道是宽900厘米的大尺寸桥面石，纵缝直通，横缝错开。两侧是小尺寸桥面石，与仰天石同宽，横缝直通，纵缝相错。大小桥面石之间加入200厘米宽的路牙石，形成桥面中心的甬道。

石栏板与石望柱组成勾栏，两侧各21间，坐在仰天石之上。经实测，望柱高1050厘米，断面280厘米见方；栏板高750厘米，厚200厘米，长1850~2030厘米不等。石栏内外两侧均有雕饰。

5.4　结构分析

根据安济桥结构构造特点，可以推断桥体的受力主体是主拱，维修加固工程中增加的钢筋混凝土板发挥增强桥体整体，均匀传递上部荷载的作用，因此在结构计算分析中，将钢筋混凝土板及其上部结构作为荷载施加到主拱结构上，进行结构内力与变形的计算。

5.4.1　荷载与计算简图

根据安济桥结构构造的特点，取其结构计算的跨度为37.325米，两端小券的中间券脚以集中荷载的形式作用于主拱之上，与边界的距离为4.5米，中间21.725米的范围内为均布荷载，见图5-2和图5-3。

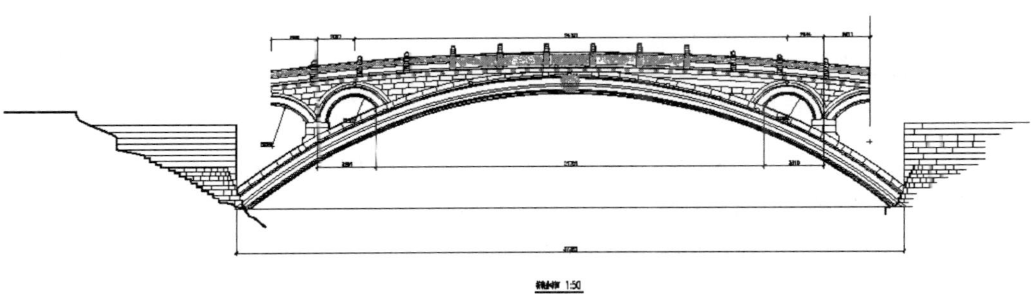

图5-2　结构自重荷载的取值图

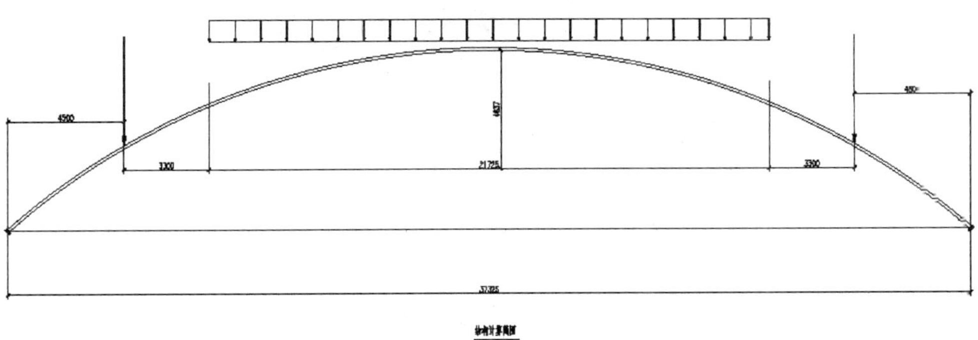

图5-3　结构计算简图

5.4.2　有限元模型

安济桥主拱为结构受力的主体，利用计算机有限元分析软件建立主拱有限元计算模型，分析不同的荷载作用下的主拱结构的响应。

1.几何模型(图 5-4)

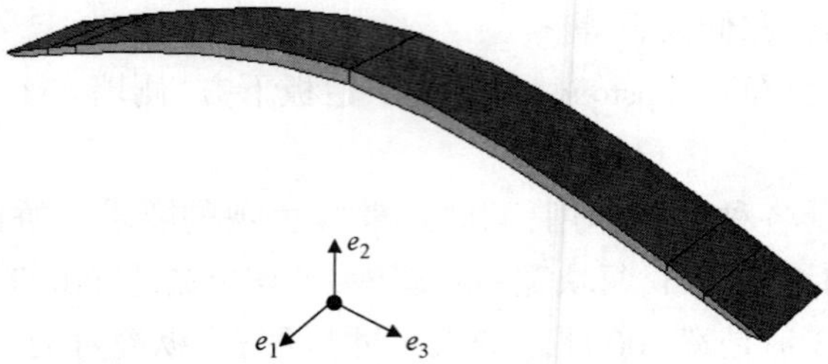

图 5-4 几何模型三维视图

2.材料本构

石材是典型的脆性材料,故在应力状态较低的情况下(与其材料强度相比),可以采用各项同性的弹性阶段分析,石灰岩的具体物理力学性能分析见下表 5-1。

石灰岩物理力学性能指标 表 5-1

密度(g/cm^3)	弹性模量(MPa)	泊松比	抗压强度(MPa)	抗拉强度(MPa)
2.69	6000	0.26	80	1.2

3.荷载施加

拱券上受各类构件本身自重及 0.5×10^{-3}MPa 活荷载的共同作用。

其上部组成材料的情况分别见示意图 5 及相应等效荷载计算见表 5-2。

拱券上部材料自重计算 表 5-2

材料	重度(kN/m^3)	体积(m^3)	等效厚度(m)	等效均布压力(MPa)
钢筋混凝土	25	55	0.153	3.825×10^{-3}
碎砖混凝土	14	142	0.396	5.548×10^{-3}

则等效为均布荷载为:

$$q_0=3.825\times10^{-3}+5.548\times10^{-3}=9.373\times10^{-3}(\text{MPa})$$

依据中到中的原则将两小拱上填方自重如图 4 的线荷载 p,则

$$p_0=9.373\times10^{-3}(\text{N/mm}^2)\times2333(\text{mm})=21.867(\text{N/mm})\ (\text{图 5-5})$$

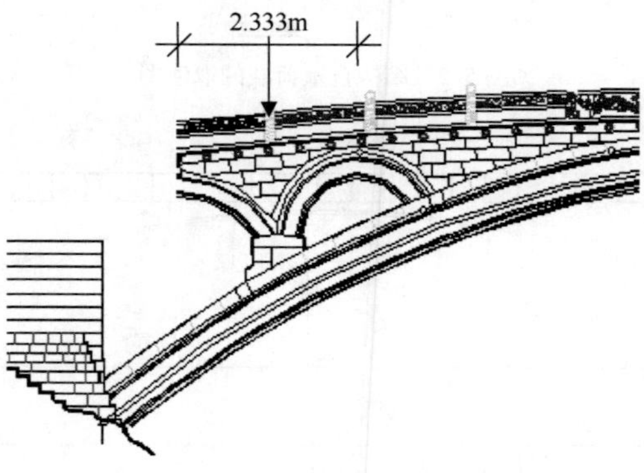

图 5-5 小拱填方自重简化计算示意图

考虑拱桥上活荷载,则原均布荷载与等效线荷载增大为:

$$q=q_0+q'=9.373\times10^{-3}+0.5\times10^{-3}=9.873\times10^{-3}(\text{MPa})$$

$$p=p_0+p'=21.867+0.5\times10^{-3}\times2333=23.0335(\text{N/mm})$$

由于动态分析中无法直接施加线荷载,本报告采取先将线中点(RP-1/RP-2)与线耦合(Coulping)后,再于参考点上施加集中荷载的方式进行等效线荷载的施加过程。

则等效集中荷载为:

$$F = p \times L = 23.0335(\text{N/mm}) \times 9600(\text{mm}) = 221121.6(\text{N})$$

综上所述，最终可将石拱券上的全部荷载等效为如图9所示均布荷载 q 与集中荷载 F 的组合(图5-5)。

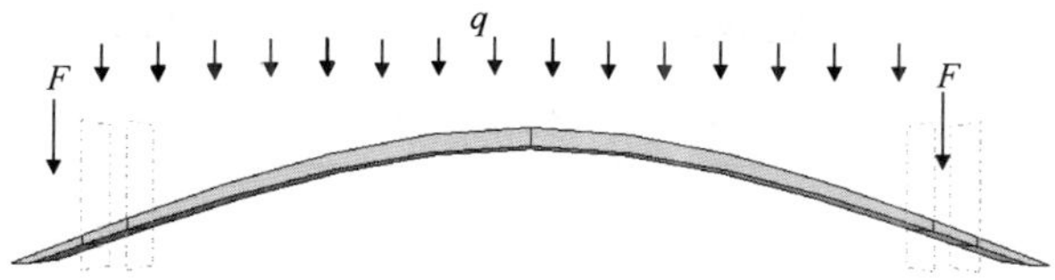

图5-6　上部等效荷载施加

4.边界条件

在此分固结与铰接两类边界进行讨论。

当定义铰接边界时，U1＝U2＝U3＝0；

当定义固结边界时，U1＝U2＝U3＝UR1＝UR2＝UR3＝0。

5.4.3　有限元分析结果

1.铰接边界计算结果

(1)应力水平(表5-3)。

各项应力计算结果表　　表5-3

Mises stress(MPa)	Tensile stress(MPa)	Compressive stress(MPa)	Shear stress(MPa)
6.285	0.1411	5.836	2.875

上述计算结果显示，主拱结构最大应力为6.285MPa，最大压应力为5.836MPa，而最大拉应力仅为0.141MPa，最大拉应力远远小于最大压应力，且最大压应力值与一般石灰岩抗压强度比要小，结构安全储备富裕。

(2)应力峰值点。

由计算分析得知，主拱结构最大压应力的位置处于主拱拱脚处，最大拉应力的位置发生在小拱拱墩处的拱腹位置(图5-7、图5-8)。

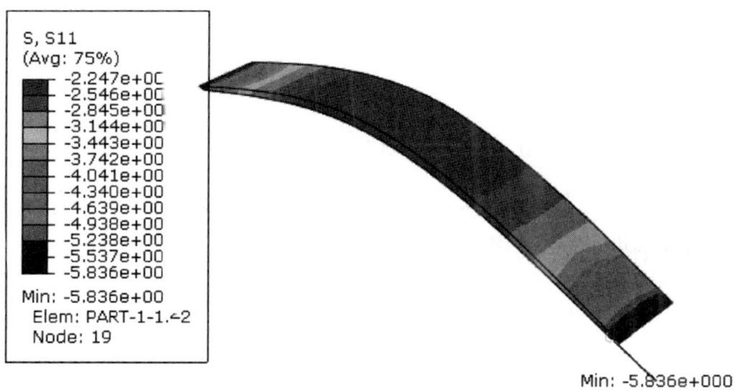

图5-7　压应力最大处(主拱拱趾处)

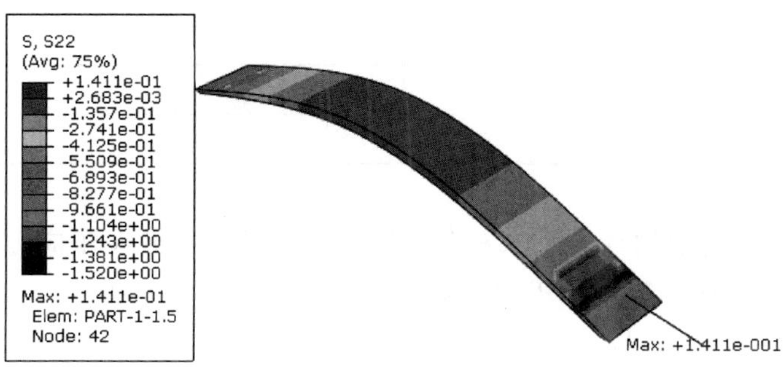

图5-8　拉应力最大处(小拱拱墩处)

(3)顶点位移。

自重荷载作用下,主拱拱顶位移值见表5-4,竖向最大位移为13.41毫米。20世纪50年代维修施工中,主拱拱顶起拱高度为29毫米,满足要求。

顶点各向位移计算结果 表5-4

U1(mm)	U2(mm)	U3(mm)
7.214	13.41	0.01518

整体变形见图5-9、图5-10。

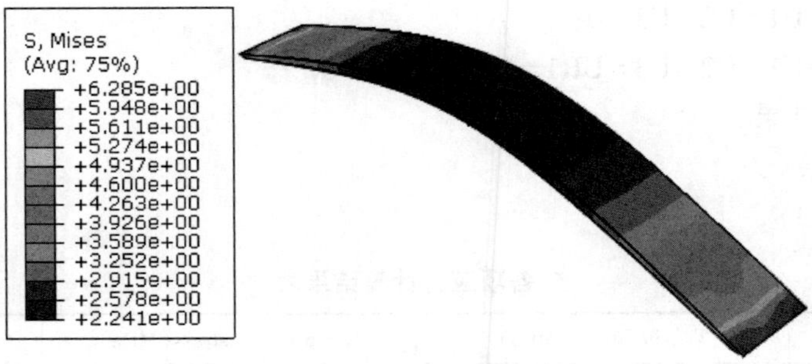

图5-9　变形前后对照图(放大比例为10)

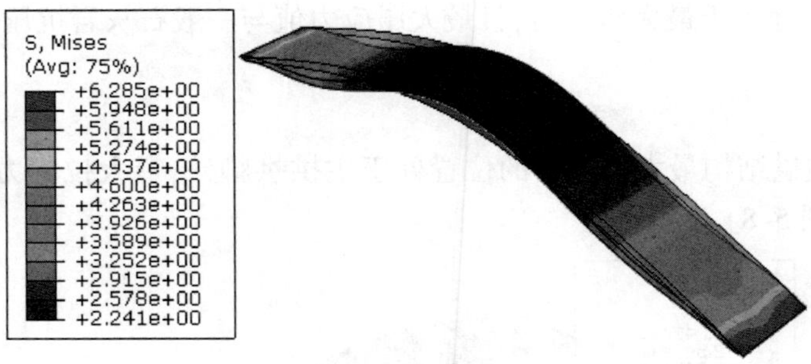

图5-10　变形前后对照图(放大比例为100)

通过对变形量的等比例放大后,对比受荷下的石拱结构变形图与石拱结构原状图很容易得知,其整体变形呈拱中心突起、两侧小拱拱墩处拱肩下沉状。

2.固结边界计算结果

(1)应力水平。

主拱拱脚置于桥台内,具有一定的抗转动约束的能力,因此考虑主拱拱脚固结的几何边界条件,主拱计算结果见表5-5。

各项应力计算结果 表5-5

Mises stress(MPa)	Tensile stress(MPa)	Compr stress(MPa)	Shear stress(MPa)
13.58	0.4642	12.98	2.875

与铰接的几何边界条件模型的计算结果相比,主拱拱脚固结的最大压应力和拉应力的值都有所提高,增幅为120%。最大应力值为13.58MPa,仍远小于材料强度值,结构安全富裕度高。

(2)应力峰值点(图5-11、图5-12)。

(3)顶点位移。

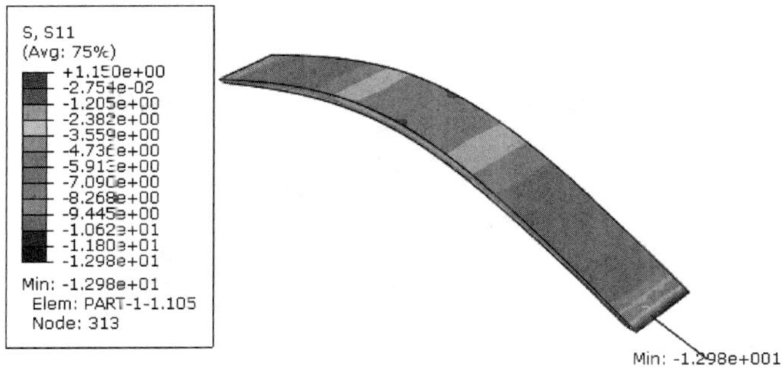

图 5-11　压应力最大处(拱趾处)

图 5-12　拉应力最大处(小拱拱墩处)

主拱拱脚固结边界条件下的顶点竖向位移最大值为 1.404 毫米(见表 5-6),远小于铰接边界条件下的拱顶竖向位移 13.41 毫米。

顶点各向位移计算结果　　表 5-6

U1(mm)	U2(mm)	U3(mm)
0.3946	1.404	0.0272

(4)整体变形(图 5-13~图 5-15)。

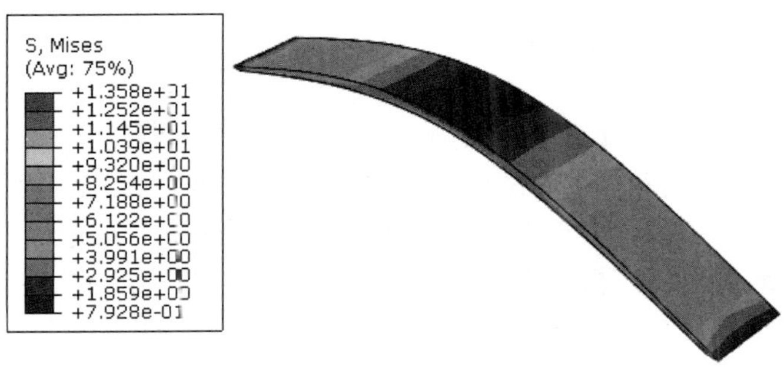

图 5-13　变形前后对照图(放大比例为 10)

对比石拱结构变形图与石拱结构原状图可以发现,主拱结构整体变形呈拱中心突起、两侧拱肩下沉状,与铰接边界模型计算结果类似。

通过对固结与铰接边界的对比发现,固结的应力峰值较大,但是在固结条件下,石拱结构的变形小很多。

5.5　小结与建议

(1)安济桥结构计算与分析的初步结果表明,自重荷载作用下的最大内力和变形都在允许范围内,这对该桥的设计和建造的科学性给出了定量的依据。

(2)鉴于缺少必要的材料物理力学性能参数和部分构件的尺寸等重要数据,当前的计算结果只能作为初步的结论。建议有关部门组织完成相关的材料试验、现场无损检测和勘探等基础性工作,以便更深入地开展安济桥整体结构受力的精确化分析工作,为准确评估安济桥的安全性提供依据。

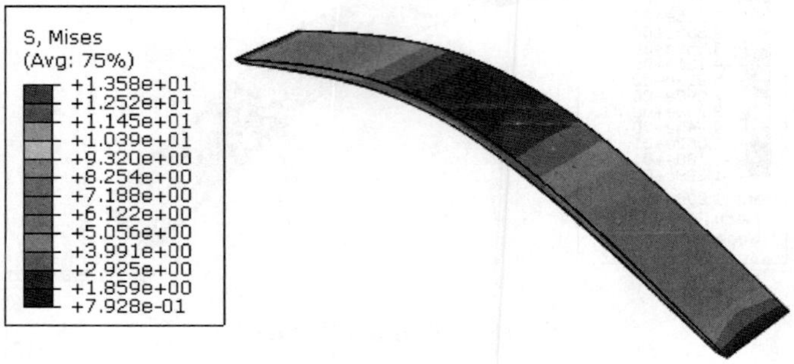

图 5-14　变形前后对照图(放大比例为 100)

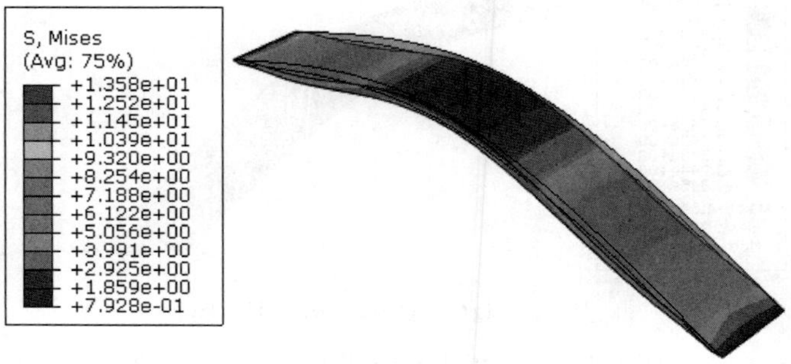

图 5-15　变形前后对照图(放大比例为 1000)

(3)1966 年 3 月 8 日发生在距离安济桥不远的邢台地震,导致桥台出现多条结构裂缝,裂缝最宽达 155 厘米,且这些裂缝目前仍然存在。现场调查发现,主拱拱脚处有多条微裂缝,石材表面还有渗水和风化的特征。对于这些安全隐患,需要开展监测和检测的工作,依据监测和检测数据,给出科学评估。

第 6 章　安济桥保护工程技术

6.1　安济桥修缮工程技术措施的确定

6.1.1　工程的实施背景

赵县安济桥作为华北平原上一处重要的古迹,早年就受到中国营造学社的关注。1933 年 11 月,梁思成先生组织中国营造学社成员考察了安济桥,并进行了拍照和图纸绘制。在考察后,中国营造学社计划对安济桥进行维修,并奔走请款。由于不久后发生了日本侵华战争,造成工作的停顿。

新中国成立后,中央政府对安济桥的维修高度重视。1952 年 1 月 21 日,由当时的河北省文教厅报请中央人民政府文化部,请求维修赵县安济桥。同年 5 月 12 日文化部批复:"查修缮赵县石桥,应由北京市文物整理委员会按其原有结构,加以设计。需费可即商华北行政委员会文教局就去年度中央配拨之名胜古迹保养费内开支。"5 月 21 日,文化部社会文化事业管理局向北京文物整理委员会发文:"接中央文化部五月十二日〔52〕文秘字第二一三号批复,关于修缮赵县大石桥事,应由你会与河北省人民政府文教厅联系办理,按其原有结构加以设计,并考虑需否派员协助的问题。至于用费一节,可向华北行政委员会文教局商洽,就去年度中央配拨华北区之名胜古迹保养费内开支。特此通知。"俞同奎在该文件"拟办"一览中写道:"俟余鸣谦同志回来后开会研究",随后又在旁追加"今已由罗哲文同志及祁英涛同志赴河北各地勘查之便随即去赵县视察,余同志即可不必再去研究。"

6.1.2　工程的前期勘察

1952 年 11 月 5 日,由文化部社管局组织的考察组,赴赵县实地考察安济桥,并拟定初步的修缮计划。

考察组包括如下成员：文化部社管局罗哲文，清华大学刘致平，天津大学卢绳，北京文物整理委员会祁英涛、余鸣谦、李良姣、孔德垿、孔祥珍、王月亭、周俊贤、酒冠伍。河北省接洽的同志是保定文化局的里正同志和省交通厅的张同志。

在刘致平执笔完成的勘察报告中，是这样描述当时安济桥的保存状况："现在桥多残破，大券只余二十五道，西侧五道是清初重砌的，在南端已略呈曲扭，并且券面石多折裂，是因为施工不精，相接两券石的石缝不能密合所致。在大券东侧有三券石已倒塌，另有两道大券已开裂外倾二十余公分，摇摇欲坠。又因桥面渗水，所以券石底皮多风化酥碱，两侧桥墩风化更甚，南端桥墩西侧石块已挤出，大券背上小券石风化更多，所以如果不急速修葺，一旦桥券全部崩毁，则损失必更大。现在桥东侧是砖砌栏杆外抹洋灰，西侧则是清代石板栏杆，雕刻简陋。栏杆柱头有狮子、葫芦、火珠等，与桥大不相称。桥面中间路面因走车太多，后来加铺一层石桥面，所以较两侧路面凸出约二三十公分。"

根据这次勘察所得到的结论，可以看出当时的安济桥保存状况极差，甚至在桥体结构局部存在严重的安全隐患。其存在的问题可以总结如下：

1.安济桥在历史上经过了多次修缮

经历1100多年的石质结构的建筑，多次遭受洪水、风蚀以至地震等自然灾害影响，造成桥体受损。同时，石材风化的自然特性也是造成桥体破坏的重要因素。为此，安济桥在历史上曾经历过多次维修。从这次勘查结果来看，我们可以认为历史上的维修明显存在两个特点：一是维修只是为了满足使用的需要，而不刻意保持桥梁最初建造时的艺术风格，这也许是受维修时期经济状况影响或技工缺乏等因素的制约；二是在历次维修中始终保留原建筑的结构体系，除了只在局部增加必需功能外，对桥体基本的大跨度敞肩拱和"两涯嵌四穴"的结构未做改动。

2.桥体建造时的大部分构件被更换

清朝初年的修缮应是比较大规模的改动，在结构上对西侧5道券石进行了补砌，且施工工艺粗糙，已经出现结构变形和构件断裂；桥面栏杆已经不存在原构件，西侧是清代雕工简陋的石板栏杆，东边是砖砌栏杆外抹水泥砂浆；桥面加铺石板，以承担日益增加的通车负荷。

3.桥体存在严重的安全隐患

从勘查结果描述中可以看出，无论从拱券石的保存状况，还是桥墩的结构稳定性，当时的安济桥存在严重的安全隐患，已经到了"如果不急速修葺，一旦桥券全部崩毁，则损失必更大"。这已充分说明安济桥结构的危险度极高。

4.保存的原石构件风化严重

从勘查报告中可以看出，无论是原桥拱石还是后期历代维修的石构件，均呈现严重的风化现象。石材风化必然导致构件存在不同程度的损坏，对桥体整体结构的稳定性产生不利影响。因此，石材严重风化也是导致拱券结构存在崩塌隐患的重要因素，是在维修中必须加以有效解决的重要内容。

通过这次实地勘查，工作组所得出的基本结论是，安济桥需要"急速修葺"。在此之后，工程技术人员在地方同志的协助下，对安济桥进行了多次勘查，并从河床中发现了大量原桥体构件，但均呈不同程度的损坏。

6.1.3　工程技术措施的确定

1.考察组确定的初步修缮方案

刘致平先生执笔完成的勘察报告中所确定的修葺方针是："以极力保持桥的外观为主旨。风化残毁过甚的石块须更换新石，东侧大券及小券倒塌三道单券须扶起按原式加铁榫重砌，残破券石更换新石。大小券石残毁约三分之一的换新石，略有残毁的用水泥镶补，稍有残缺的保持原状不动。东侧开裂欲坠之大小券石二道，须重新安砌，俱按原式用铁活。大小券石既是用二十八道单券组成，则在券背上必须加固，使成一整体。最有效最易施工，最不伤大券石的方法即是在券背上（伏石）的地方改做钢骨水泥的伏券，不过要多加几道伸缩缝（如果动工时发现大券石尚坚细时，也可有数段用伏石加铁榫做，不过以少凿大券石为是），原有伏石仅保留露出桥面部分，桥面上亦用钢骨水泥路面，上铺石板保持原状，仅将突出部分落平。凡水泥内均酌用避水粉,以防潮防水。”这也是第一个修缮方案。

从“修葺方针”中可看到,初步的修缮方案可归纳为如下几点:

(1)保持原有桥体的建筑风格。

“保持桥的外观”是本次修缮的原则,无论在维修过程中采用何种的技术手段,都必须保证建筑的原有形式,并特别提出“最要小心的就是券底皮石缝仍然要露出二十八道券来,不能让水泥灰浆将券石底皮玷污”,提出的技术要领是“单券间的灰缝要勾进很深为好。”

(2)对残损构件的补配要求。

对不同残损状态的构件提出了三类情况下的处理方式,即损坏1/3的构件更换、略有损坏的用水泥镶补、稍有残缺的保持。由此也可看出,因受技术条件的制约,当时对石构件的维修方法只是用水泥修补,而不像现在有许多粘补石材的技术手段,因此也造成大量发掘出来的原构件无法重新使用的情况。

(3)采用钢骨水泥结构提高拱券的整体性。

拱券的变形和构件的破损,是桥体存在崩塌危险的重要隐患。方案中提出了在券背上用钢筋混凝土加固的措施是最有效的解决途径。在后来的数次方案论证中,这个加固措施始终是优先考虑的技术手段。

2.各方专家对修缮工程的意见

1952年12月28日,在征询刘敦桢先生对安济桥修缮工程的计划时,他提出三点意见:“(1)空撞券上之三角地带,希望仍用条石保存原来形状;(2)所用石料不仅质地坚硬、无肋纹,颜色须与下部券石一致;(3)桥面石缝如仅用一三水泥砂浆灌满,难免无雨雪浸入,可否将石缝上部半寸浇灌柏油”。从刘敦桢先生的意见中可以看出,他非常重视桥体原形制的保存,并提出了桥面防水的问题,而在后来的维修中按照他的意见,在桥体拱腔上部增加了亚麻布及沥青防水层。

1953年11月初,文化部文物局张珩处长邀请交通部公路总局何福照、中央设计院黄强、北京市建设局林是镇等专家再次勘察安济桥,工作三天。大家认为,石桥危险应从速修缮,何福照建议采用压力灌浆方法加固主拱。由此可见,桥梁专家对桥体的加固意见,同样是用压力灌浆的方法。这一方法的作用是,能快速、有效地将各拱券石粘接牢固,提高结构体的整体性。以后,压力灌浆的方法则普遍应用于古建筑维修中,成为对砖石砌体结构加固的重要手段。

3.最终技术措施的确定

1954年4月16日,由祁英涛签名呈报文化部社管局的《赵州桥修理工程进度计划》中,确定了工程设计分工:“方案的拟制工程方面由文化部委托交通部交该部公路总局拟制,建筑方面由文整会拟制。在计划中提出了三个方案:第一个方案,以注射水泥混合灰浆的办法加固桥身,修复倒塌部分,恢复桥头建筑(观音阁)及整理桥基泊岸。第二个方案,以钢筋混凝土板分段筑打于大券及小券券背,加固桥身的办法,余同第一方案。第三方案,将现在桥身各部(包括大券、小券、伏石、金刚墙等)酥碱残缺之石块照原样重新补配,余同第一方案”。可见,交通部公路总局负责制定对桥体加固的工程计划和设计图。

1955年1月4日,文化部社会文化事业管理局组织召开关于保护修缮安济桥的座谈会。参加座谈会包括如下人员:蔡方荫(第二机械工业部),周家模(铁道研究所),黄京群、庞大为(公路总局),吕书元、王思武(河北省交通厅),俞同奎、和良弼、祁英涛(文整会),以及张珩、陈滋德、陈明达。会议由陈滋德主持。根据当时的会议记录,与会人员就安济桥修缮技术方案产生了两个不同的意见。第一个意见:“要尽可能完全恢复1200年前的原来面貌,具体办法是全部重新修砌复原,不必采用灌浆的方法”;第二个意见是“现状保存,以‘压力水泥砂浆’灌浆的办法加固,同时认为重新修砌等于重造新桥,是违反保护古建原则”。会议认为,这两个意见“牵扯到了古建筑修缮的原则问题,是保存现状还是恢复原状?或者是根据具体情况分别对待?尚需继续研究。”最后,会议做出如下决定:“根据目前的具体情况全部重新修砌在技术上有困难,而该桥又亟待施工修缮。因此,讨论的初步意见,是以现状加固为主,予以适当的整理,尽可能地恢复原状,暂不全部重拆重砌。具体的办法是:(1)根据苏联专家的建议,为安全起见,要搭拱架,但是全部搭架需款十亿元左右(1955年前旧人民币——本书编者注),开支有困难。因此,可考虑部分搭架随着工程转移而拆移，以节省搭架的材料经费。(2)由于现在桥基有下沉倾向及各道拱圈间的接合不强以致已有三道倾塌，在修缮恢复时，必须注意加强横向联系和加固基础的工作。(3)使用'压力水泥及砂浆灌注法'，因缺乏经验，事先必须慎重研究，在必要时可先作适当试验。(4)在修缮之前及进行中要加强勘察记录工作，期能进一步了解我国古代在建筑结构上的重大成就，必要时建议由文化部组织有关专家，前往实地勘察。(5)具体设计施工请公路总局和河北省交通厅负责，1955年上半年仍进行调查研究工作，争取在1955年下半年开始施工。(6)修缮经费目前所知明年预算只有六亿元(1955年前旧人民币——本书编者注)，在进行设计施工时必需本精简节约精神尽量节省开支。(7)栏板设计由文整会负责，根据发掘的原栏板及文献记载设计尽可能予以复原。桥头观音阁也予以恢复，作为将来的陈列室。"

从这次会议所确定的修缮总体思路分析，可以总结出如下几点：

(1)否定了重新修砌的技术方案。

其中一方专家认为"重新修砌等于重造新桥，是违反保护古建原则"。道理非常简单，若将所有构件全部拆解下来，由于长年的风蚀破坏，可以想象在维修中能再用的原石料非常少。当然，如果能有效保留所有石构件或对破损石材进行修补并重新使用，且能保证桥体结构的稳定，是能够确保"保护古建筑原则"的。但"根据目前的具体情况全部重新修砌在技术上有困难"，否定了重新修砌的方案。可见，在当时的技术条件下，破损石构件的保护并再利用的难度很大，重新修砌的方案必将使用大量新石料，无异于"重造新桥"。

(2)明确水泥砂浆灌注是主要的结构加固手段。

在技术手段上，继续明确了采用水泥砂浆灌注的方法加固拱券。从各方集中的看法是，拱券体已经出现严重变形，随时会出现崩塌破坏，必须"加强横向联系和加固基础的工作"，而水泥砂浆灌注是最有效的手段，也是自始至终各方专家首选的方案。

(3)维修经费较为紧张。

解放初期，中央政府在经济极为困难的情况下，拨出专款维修安济桥，充分体现了党和国家对文物保护的高度重视。但很明显，维修经费还是较为紧张，于是提出"考虑部分搭架随着工程转移而拆移，以节省搭架的材料经费"，并要求"必需本精简节约精神尽量节省开支"。

(4)提出在项目实施过程中加强研究工作的要求。

"在修缮之前及进行中要加强勘察纪录工作，期能进一步了解我国古代在建筑结构上的重大成就。"较早提出了在维修实施过程中加强研究，这是极为先进的文物保护理念。

(5)确定了工作分工。

会议确定了公路总局和河北省交通厅负责设计施工，文整会负责栏板设计。由于专业分工的需要，对桥体结构方面的加固应是公路建设单位的技术专长，因此从水泥砂浆灌注和钢筋混凝土板的设计，到维修工程的实施计划与工程施工，均是公路部门具体负责。

1955年6月3日，赵县安济桥修缮委员会正式成立，在第一次会议上拟定并通过了安济桥修缮纲要(详见本文第三章相关内容)。

6.2 安济桥保护工程各阶段工艺分析

6.2.1 整体效果

在安济桥保护工程中，在外观方面保持了桥体的传统形制，恢复了安济桥原有的风貌，且从表面不看出有现代建筑材料使用过的痕迹。新制栏板的雕刻题材是在反复论证原栏板基础上制成的。总体维修基本达到了"按原状复原"的效果。

6.2.2 石料加工

安济桥的新石料取自与原建筑材料质地相同的石灰岩，加工采用传统工艺，从做样板，画墨线打荒，到做面或雕刻，均是我国石料加工、构件制作的传统技术，这一做法保留了安济桥建造工艺的原真性。

6.2.3 拱石安装

拱石安装具有高度的技巧性，特别是在进行锁口石安装的时候，需要有丰富经验的石工师傅试样板、核尺寸。此项工作并非保护工程设计人员在图纸上所能表达的。保存和发扬我国优秀的传统石工技术，是有效地保存如安济桥这样具有重大价值古建筑的重要保证，也是高质量完成如此高水准石质文物保护工程的重要前提。

6.2.4 拱券压力灌浆

在拱券石安装结束后，先用200号硅酸盐水泥和粗砂配制的80号水泥砂浆勾缝，再对拱券石之间空隙灌入400号硅酸盐水泥砂浆，砂浆为硅酸盐水泥和无杂质细砂以1:1配合比合成。

安济桥原建造工艺是在构件之间无任何粘接材料，只以铁梁和腰铁对拱券结构进行加固。在长年的自然力破坏作用下，石构件出现严重风化、破损和结构变形，使拱石之间出现不同程度的空隙。灌入高标号水泥砂浆后，实际上使拱券的干摆砌筑方式改为水泥砂浆砌筑，极大地加强了拱券的整体性，但也改变了原建造工艺。同时，水泥砂浆对石材具有腐蚀性，桥底长年出现泛碱现象。

6.2.5 拱顶混凝土盖板

在拱券工程结束后，于主券的券背筑打混凝土盖板一道，盖板两端并非直接落于墩台上，而是止于内小券券墩处。混凝土盖板为140号抗压强度标准，铺一层构造钢筋，横向钢筋 Φ19毫米，纵向钢筋 Φ12毫米，间距均为300毫米。盖板平均厚度约在20厘米左右。

混凝土盖板直接浇筑在石拱券顶部，进一步加强了拱券的整体性，并使拱券上部的纵向荷载从拱券各处受不同力作用，转为整个拱券承受均布荷载。虽然在拱券顶部增加了一道混凝土结构而形成了一道新的券体，但由于其平均厚度只有16厘米，起到构造作用，并未形成一道相对独立的混凝土拱券结构，经过分析对石拱券的承载状态变化无较大影响。

6.2.6 防水材料

为防止因桥面漏水以致券石酥碱风化，在桥面石下、填料之上，加用两层亚麻布、三层沥青作为防水层。防水层上方又铺筑200号豆粒石混凝土一道，厚8厘米，作为保护层。

此种防水材料的铺设，是当时在建筑工程防水工程中常用手段。将现代建筑工程技术引入文物保护工程在当时是一种大胆的尝试。现在对这类问题处理时，首先会优先和充分考虑传统做法，在传统材料和方式不能解决问题时，会比选现代材料。

6.2.7 栏板的修复

本次维修的一大遗憾，是未使一些发掘出的原栏板构件归回原位，所有栏板、望柱均为新制构件。原栏板未被利用的原因有两个方面：一方面是挖出的栏板数量太少，且均是不同时期制成，同时无法断定其所在位置；另一方面是由于当时的技术条件所限，我国在20世纪50年代还未广泛使用环氧树脂类的石材粘接材料，因此缺乏修补破损石构件的工艺，导致所有栏板均因出现不同程度的破损而无法粘接。

安济桥保护工程完成于特定技术条件和历史背景，有其历史局限的一面，也为之后的文物保护工作提供了有益的经验和启示。

第7章 体会与思考

7.1 对安济桥保护工程的几点体会

安济桥保护修缮工程于1953年至1958年实施，是新中国在国家经济正在恢复时开展的一项重要的古建筑修缮工程，充分体现了中央政府对文物保护的高度重视。我国的古建筑保护工作者本着高度负责的态度，从管理安排、勘察设计、方案论证、施工组织、经费管理、技术研究以至档案管理等，都体现出了严谨的工作作风，为新中国文物保护工作留下了极为宝贵的财富。

7.1.1 安济桥修缮工程是一项重要的国家级工程

安济桥修缮工程由文化部委托，当时的北京市文物整理委员会具体承担。由于涉及工程结构专业，其水泥砂浆灌注工程和钢筋混凝土肋板工程，由交通部公路总局牵头、河北省公路局承担设计，并负责安济桥修缮工程的施工任务。1955年5月成立了“安济桥修缮委员会”，成员包括赵县人民委员会、赵县文化科、赵县公安局、赵县一区区公所、太石桥乡人民委员会、河北省文化局、河北省公路局、交通部公路总局、文化部文整会等。安济桥修缮工程是由国家相关专业的最高主管部门牵头、以地方政府行政部门为主要执行单位的国家级工程,同时又是在新中国百废待兴、各项事业都需要有限资金支持的情况下开展的项目。这种跨省市、多学科的参与和管理体制,反映了我们国家在建国初期就对古建筑保护工作高度重视。

7.1.2　高水平的专业队伍是实施文物保护工程的重要保证

参与第一次勘察工作的10名专家,均是当时我国从事古建筑保护工程的骨干人员,其中的几位成为后来对我国古建筑研究与保护领域具有深远影响的泰斗,而这次的勘察报告便是由清华大学教授、我国著名的古建筑学家、教育家刘致平先生执笔完成的。1952年11月的那次对安济桥勘察的人员组成,代表了我国当时古建筑保护领域的最高水平,说明了当时组织工作之审慎。通过这次工作所得到的勘察报告和提出的初步修缮方案,为后来确定的修缮技术措施明确了基本方向。

7.1.3　详尽细致的勘察为修缮方案的制定奠定了基础

从1952年至1955年,北京市文物整理委员会对安济桥开展了多次调查和勘测,特别是考古在先的工作方法,成为确定古建筑早期结构形制、历史沿革、艺术风格的重要途径,同时也为修缮方案的制定提供重要的基础依据,这对当今的古建筑修缮工程同样具有指导意义。在勘测中,工程技术人员不仅对各个结构部分及大部构件进行了测绘,在主拱底边每隔一米测其垂距,绘出拱券的曲线并得出圆弧半径为27.7米。同时,技术人员还详细测量了每道拱券的尺寸及变形情况,为将来制定修缮方案提供了基础数据。在勘查过程中还对现存的其他敞肩圆弧石拱桥进行过调查,了解此类建筑的结构特征、发展沿革、分布情况、保存状况,不仅为维修方案的制定提供依据,同时也提高了工程的学术研究水平。

7.1.4　修缮技术措施的确定是集体决策、多方论证的结果

安济桥修缮工程的最初方案,是在1952年由10位专家到现场详细勘察后所共同制定的,并由刘致平先生执笔拟定。随后经向权威专家(如刘敦桢先生)征询意见,由公路局专家负责结构加固的设计,形成维修方案并提交审查。在由文化部社管局组织的保护修缮安济桥的座谈会上,来自第二机械工业部、铁道研究所、公路总局、河北省交通厅和文整会等各个国家级研究单位的9名专家参加讨论,并产生了"是保存现状还是恢复原状"的有关古建筑修缮原则问题的讨论,最后集中的初步意见"是以现状加固为主,予以适当的整理,尽可能地恢复原状,暂不全部重拆重砌"的基本方法,最终的方案也正是按照这个技术路线确定的。从这一过程中,我们看到赵州桥的维修方案的形成不乏众多部门和专家的参与,也说明在当时背景下,重要古建筑维修工程已将集体论证作为项目评审的重要环节。

7.1.5　丰富的档案资料为后人留下了宝贵的文献

在做本课题的过程中,我们发现在院档案中保存大量的安济桥修缮工程资料,包括技术文件、图纸、照片、内部文件等。这些档案资料丰富、内容全面,既反映了当时工程管理的严格,也体现出北京市文物整理委员会对档案资料管理的严谨和细致。

1.技术文件

技术文件包括安济桥勘察报告、基础勘探成果、水文地质报告、修缮计划、栏板设计、工程预算和材料报单等。其中,修缮计划前后两次易稿均存档,栏板工作计划包括初步设计、设计说明、试雕栏板计划、栏杆恢复方案等多个文件。这说明,对方案不断修改完善的过程即是深思熟虑的过程,更是对事物的认识不断加深的过程,这些过程记录都是应该保留并存档备案的。

2.图纸

图纸文件包括维修前测绘图、维修设计图、竣工图和1974年的实测图等。图纸的内容基本是古建筑修缮工程的三种图纸形式。其中,特别宝贵的是对挖掘出的各个栏板的测绘和制作设计效果图,线条细腻,比例准确,均是高水平的艺术作品。另外,1974年的实测图是对维修工程效果的追踪和评估,这种工程技术跟踪的方法应当为现今古建筑修缮工程所借鉴。

3.照片

安济桥修缮工程的照片资料,详细记录了安济桥维修前状况、考古发掘成果、修缮工程的每个阶段过

程、修缮后的效果，以及1974年的工程跟踪调查等。照片内容反映了修缮工程实施过程的全部细节，是极为珍贵的档案。

4.内部文件

资料档案中存放的内部文件包括上级文件、领导批示、工作信函、方案计划、请示汇报、规章制度、文件存档登记单等，内容丰富，记录翔实。这些内部文件均是重要的历史记录，它们有机地将技术文件串联在一起，成为后人解读工程全过程的重要途径。同时，老一代古建筑保护专家的手稿更是不可多得的书法艺术品，许多文档中的字体清秀、文卷工整，有些还盖有个人铭章，为这些珍贵的文档引入了独特的书卷气息。

7.2　保护与思考

赵州桥维修工程已过去近60年，从尘封的工程档案中，我们对工程的历史背景、影响方案的因素等有了基本的了解，对安济桥现状进行了测绘，还对加固后的桥体进行了初步的力学分析，今后如何更好地保护赵州桥仍有待深入研究。

7.2.1　拟整理出版安济桥保护工程报告

通过本次课题的研究工程，已整理出安济桥保护有关文字资料约6.6万字，老图纸62张，施工过程中的照片269张，余鸣谦先生已经完成了工程报告的手稿。同时，课题组还对安济桥现状进行了测绘，完成测绘图纸10张、影像图10张，为出版工作奠定了基础。

7.2.2　建议对现有的敞肩圆弧石拱桥进行专项普查

中国敞肩圆弧石拱桥在我国桥梁建筑史上具有重要的地位。从有关文献的统计，我国属敞肩圆弧石拱桥的古桥还有赵县永通桥、苍岩山的桥楼殿和山西晋城景德桥等（图7-1）。建议对此类桥梁进行全面普查，评估其现存状况、修缮效果，提出保护对策。这项工作对有效保护和研究我国传统敞肩圆弧石拱桥，具有重要的意义。

赵县永通桥

晋城景德桥

苍岩山的桥楼殿

图7-1　我国其他的敞肩圆弧石拱桥

7.2.3　继续对安济桥开展相关安全性评估工作

继续对安济桥进行材料试验和深入勘察等工作及稳定性监测工作，为更深入地开展桥体结构受力的精确化研究及安全评估，提供更科学准确的评估依据。

7.2.4　继续对安济桥保护工作开展深入的研究

在安全性评估的基础上，深入研究桥体结构的整体稳定性，开展石材风化破损机理的监测和分析，为将来修缮方案的制定提供基础依据；同时，开展环境质量监控，监测大气污染、风雨侵蚀和河水质量对石材的风化影响，以对区域的环境治理提供相关数据；进一步整治破坏桥梁景观的设施。在社会教育方面，以安济桥为核心建立国家级科普基地和青少年教育基地，使之成为普及科学常识、激发青少年科学热情和弘扬爱国主义的场所，从而推动当地特色文化事业的发展。

注：

[1]摘自茅以升主编的《中国古桥技术史》。

[2]唐人张彧在建中三年（公元782年）撰《石桥铭》，文中有"穷琛莫算，盈纪方就"语，1纪是12年。

[3]参见桥梁史话编写组所写《秦汉桥梁考》一文，刊载于《桥梁史话》上海科技出版社1979年版。

（此文刊登于中国文化遗产研究院《文物保护工程与规划专辑Ⅱ——技术与工程实例》）

赵州桥导游词

赵婷婷

游客朋友们：

大家好，欢迎你们来到历史文化名城赵县，在此能为大家做讲解服务倍感荣幸。

赵县古称赵州，在春秋战国时期，已经有了文献记载，距今已有2500多年了，可谓是历史悠久，文化底蕴深厚。几度的繁华兴衰，给赵州这座古城留下了众多的文物古迹。有中外遐迩的赵州桥，还有闻名全国的柏林禅寺和万顷梨园自然风光。希望赵州这座古城，能给大家留下美好的记忆。

下面就请大家跟随我，一起来参观一下闻名世界的赵州桥景区吧。大家请看正门匾额，"赵县赵州桥"这几个大字，是2001年11月5日时任国家主席江泽民视察赵州桥时题写的。两侧"安济欣看千年济，李春赢得万口春"是中国书法家协会主席沈鹏先生的佳作。大门里面的横匾"中国赵州桥"是由"当代隶书书法第一人"的刘炳森撰笔。竖联是河北省画院张文手书的"一孔胜迹壮山河，千古绝构历沧桑"。可以说，这些字不仅苍劲有力，笔法秀逸，而且这些佳句，亦将赵州桥的雄伟与壮观描述得淋漓尽致。

大家请看这座照壁，正面嵌刻我国著名桥梁专家茅以升的文章《中国石拱桥》。这篇文章最初发表在1962年3月4日出版的《人民日报》上，这里节选了一段有关赵州桥的内容。文章中说："我国的石拱桥几乎到处都有。这些桥大小不一，形式多样，有许多是惊人的杰作。其中最著名当推河北省赵县的赵州桥"。在这篇文章里，茅老以科学精准的语言概述了赵州桥的几个特点，并阐述了它的科学价值、历史价值、艺术价值以及它在世界桥梁建筑史上的杰出贡献和重要地位。该文入载全国通用教材初中语文课本第三册和小学语文课本第六册第十九课的课文。

大家来欣赏一下影壁背面的汉白玉浮雕群吧。赵州桥历经千年风雨依旧屹立洨河之上，是现存世界上最古老的割圆式敞肩石拱桥，世人称赞"天作之合，鬼斧神工"，唐代中书令张嘉贞也称赞赵州桥"制造奇特，人不知其所以为。"这许多解不开的谜团给这座古石桥笼罩了一层神秘的色彩。所以，在民间流传着许多有关赵州桥的神话传说。最广为流传的就是影壁上鲁班造桥的神话故事。传说鲁班仅在一夜之间就造好了这座赵州桥，这样的创举惊动了天下，也震惊了天上的神仙，八仙之一的张果老要来一睹石桥的风采。张果老骑着小毛驴，邀了手推独轮车的柴王爷，他们要来试一下赵州桥的承载能力。尤其张果老不服气，他打赌说，如果赵州桥能经受住考验，他从此以后便倒骑毛驴。既然放了这样的狠话，可想而知他们可不是简单人车的通过。等到了桥中央，只见张果老手中拂尘一摆，接来日月星辰，柴王爷运用法术，调来五岳名山。在一片蹄落锵然、车碾隆隆声中，桥身承受不了超常负荷摇摇欲坠。千钧一发之刻，鲁班纵身跃入桥下，单手向上稳稳地托住了大桥，使众神仙顺利地通过了石桥。张果老输得心服口服，从此就倒骑毛驴了。但由于超常重压，在桥面上清晰地留下了驴蹄子印、车辙印和膝盖印等几处仙迹。据说桥下还有鲁班托桥时留下的手掌印，大家一会儿可以去找找看。也因此留下了河北民歌《小放牛》的一段千古绝唱："赵州桥来鲁班爷修，玉石栏杆圣人留，张果老骑驴桥上走，柴王爷推车轧了一道沟。"

来吧，大家请随我边走边看吧。现在我们所走的这条路叫"八仙大道"，据历史记载古代就有这条路，老百姓称它为"皇道"。在隋朝时通过赵州桥的这条南北大道，南达东都洛阳，北穿涿郡，直达现在的北京。也就是说，这条道路就相当于现在的107国道。当年，乾隆皇帝三次下江南，所走的陆路都是从赵州桥上通过的。1900年，八国联军攻打北京时，慈禧太后和光绪皇帝逃到西安，在回北京时也是从赵州桥上通过。可以看出来，由赵州桥而过的这条"皇道"在古代是多么繁华又重要的一条大道呀！它不是一条普通的道路，在历史上还有着重要的政治意义，这个一会儿给大家做详细解说。

道路两侧八仙的塑像，是用青石雕刻再涂成黑色的，给八位神仙增添了许多神秘色彩。在这条"皇道"尽头的两尊像是柴王爷和小放牛的雕像。这些雕像就是由赵州桥著名的神话故事引申出来的，给了我们更多遐想的空间。

大家请看，在我左手边是赵州桥景区的又一个亮点"桥语展览馆"。它引进了国内先进的策划理念，把赵州桥1400多年的历史文化与博大精深的中国桥文化汇集一体，从桥梁的发展史到由桥所蕴含的哲理禅味一一展现，从桥记、桥史、桥典、桥趣等几大方面详细地展现了桥文化的内涵，也体现了"桥度万物，万物即桥"的禅机。一会儿参观完赵州桥，大家可以去桥语展览馆更深入地参悟桥文化和禅文化。

大家请看，马上就到举世闻名的赵州桥了。赵州桥在1984年建景区以前，一直作为正常的交通运输桥梁使用，可以说它不仅仅是在这里屹立了一千四百多年，而是使用了一千四百多年，这在世界桥梁史上是一个奇迹。大家看我右手边，那尊青铜塑像才是真正赵州桥的建造者——李春，该铜像由中央美术学院王少军教授与河北画院院长张国军共同设计督造。历史上有关李春的记载很少，但有一句话画龙点睛，唐玄宗开元年间中书令张嘉贞的《安济桥铭序》中曾写道："赵郡洨河石桥，隋匠李春之迹也。"明确指出了赵州桥的设计建造者是李春。李春的独具匠心给后人留下了一个千年不倒的石桥之谜，而他自己也当之无愧地成为世界建筑大师。

大家看，这就是闻名天下的赵州桥了。它犹如苍龙飞架般横跨于洨河之上，历经千年风雨依旧固若金汤。大家可以看一下这块铜牌，它是美国土木工程学会赠送的。在1991年10月24日，历经了一千多年风风雨雨的赵州桥经受住了极其苛刻的评选标准，与埃及金字塔、英国伦敦塔桥、法国埃菲尔铁塔一起，作为世界历史上最辉煌的土木工程范例，被美国土木工程学会评为世界国际土木工程历史古迹。当时，我国参评的还有都江堰、长城等几项工程，唯有赵州桥一处当选，可以说这是中国唯一的一块。

在赵州桥的西侧有一块碑，是国家作协主席铁凝题写的《赵州桥1400年华诞记》。铁凝祖籍河北省赵县，可以说对家乡的历史文化寄予了深厚的感情。她说："桥即成，则惊世人。望之，如苍龙飞架，初月出云；若长虹高悬，玉环半沉。"

我们大家沿阶而下，从下往上仰望一下这座世界名桥吧，看看它是怎样的雄伟壮观。朋友们，请小心脚下台阶。

展现在大家眼前的就是闻名世界的赵州桥了。它全长64.4米，高8.65米，主拱由28道拱券纵向并列砌筑而成，单孔跨度达到了37.02米。当时来说，在全世界是唯一的一座单孔跨度最大的割圆敞肩石拱桥，被世人公认为"天下第一桥"。这是李春首创的"敞肩圆弧拱"的造桥形式，是拱桥建筑史上新的里程碑。

那么大家要问了，为什么设计成"敞肩圆弧拱"呢？它起到一个什么样的作用？赵州桥又有着怎么高超的造桥理念，能使它千年不坠呢？

主要原因有两个，一是赵州桥独特的建造方法，二是赵州桥建在良好的天然地基上。赵州桥首创的拱肩敞开设计，既减轻了桥身自重，又节省了材料，还减轻桥基负担，比实肩拱节约石料15.3%，大约就是700吨的石料。桥身自重减轻后，大大减少了对桥台和地基的垂直压力和水平推力，桥台就可以造的更加轻巧，这也是为世人所惊叹的一点。赵州桥如此庞大，却建在如此小巧的台基上面，不能说不是一个奇迹。赵州桥在主拱肩上又设计了四个小拱，增大了洪水宣泄能力16.5%，从而减轻了水流对桥身的冲击力。敞肩拱设计体现了结构力学的科学原理，并加了16～30厘米的薄型护拱石，使拱券的中心线和恒载压力线甚为接近，把拱券各个横截面的压力降到了最低。赵州桥首创了敞肩拱，西方出现这种桥型是在1883年，当时法国在亚哥河上建造了安顿尼特铁路石拱桥，卢森堡也有类似的大石桥，但它们至少比赵州桥晚了一千二百多年。难怪英国的李约瑟博士总结说："李春以及他所创造的敞肩式拱桥比欧洲同种类型桥的出现，确实优先达千年以上"。我国著名桥梁专家茅以升先生曾指出："赵州桥是一座单孔石拱桥，中国石拱桥的出现虽早于隋代，但赵州桥却具有创新特点和重大技术成就。它以石块砌筑，弓形的拱圈拼法也有特殊，更为巧妙的是在主拱圈上加设小拱，开创了'敞肩'型式的结构设计。而一千多年来的使用实践证明，赵州桥传统不但为中外石拱桥普遍继承，也为现代的钢筋混凝土拱桥所广泛应用，并出现了各种新的发展"。敞肩拱的设计，不但节省材料、减轻自重、简化桥基，更重要的是能加大洪水的宣泄，桥形也更加优美。

大家再看桥的主拱券以及四个小拱采用的都是"纵向并列砌筑法"，这样可以使每一道拱券自成体系，如果其中一道损坏，不会对桥身造成影响，还可以单独进行修缮。为了使拱圈能加强横向间的联系，使用了九道铁拉杆横穿拱背（主拱背上五道，四小拱上各一道）的做法，还在相邻的拱石之间用双银锭形状的腰铁横向、纵向相卡的方法固定，又采用了护拱石、长条勾石的砌筑，使桥体形成牢固的横向联结。这些科学措施和技术，起到了现代建筑中使用的水泥、钢筋、黏合剂的效果，整座桥梁便浑然一体了。

这样一个庞大的桥身，应该有多大的一个地基才能支撑起它呀？有老辈人说，桥身可能是一个整圆的，只有深埋在地下的那一多半桥身才能支撑起这一千多吨的重量。清代有诗："谁掷瑶环不记年，半沉河底半高悬"。不仅仅是古代人如此猜测，现代工程界的一些人士也都猜测桥台必然是一个又深又大的后座型，基础结构也应该很复杂，有桩基那些必需的设计。带着这个谜团，1979年北京建筑工程学院与赵县文物保管所共同对赵州桥基础进行了科学勘察，结果发现赵州桥不仅地基很浅，桥台短，而且是建在天然地基之上，这样的建筑方法的确震惊了很多人。赵州桥能够千年不坠的另一个原因，就是赵州桥桥台下的土质，是由第四纪冲积层的亚黏土和轻亚黏土构成。这种土层稳定性较强，土质均匀，承载力为34吨/平方米，黏土压缩性小，地震时不会产生砂土地液化，是良好的天然地基。科学的设计与土壤性质的巧妙结合，使赵州桥能够屹立千年而不坠。1963年3月，邢台发生了7.2级大地震，当时震中距离赵州桥不到40公里，而赵州桥却安然无恙。1963年和1996年的特大冲水，赵州桥再次向世人证明了它先进的设计理念，以及敞肩拱溢洪作用设计的远见卓识。它是世界桥梁发展史上的一个杰作，也是一个奇迹，是当之无愧的桥梁之祖。

一千多年的风吹日晒，它依然如苍龙飞架般横跨在洨河之上，雄伟壮观，巨身空灵，也让历代的诗人为它写下了精美的诗篇，宋代文人赞曰："驾石飞梁尽一虹，苍龙惊蛰背磨空"；元代刘百熙也留下："水从碧玉环中过，人在苍龙背上行"的千古佳句，流传至今。

下面，就请大家跟随我，在这条苍龙背上走一走吧，大家可以在桥面上找找那些在《小放牛》里唱到的仙迹。赵州桥桥面宽9米，在当今也相当于国家二级公路的标准，古代人们称它为"皇道"也有一定的道理。赵县，古称赵州，这也是赵州桥名字的由来。一千多年前，赵州是一片水乡泽国，桥是行军必需的建筑。著名的秦驰道，也与赵州桥有着些许的联系。在古代建一座如此规模的大桥，没有朝廷的大力支持是办不到的。《水经注》成书于公元六世纪，是中国古代一部记载河道水系为主的综合性地理著作。它里面收录了一篇文章，涉及了修建一座单孔古桥的人力成本。"太康三年（公元282年）十一月初动工，日用七万五千人，至四月末止。"赵州桥要比它大得多，赵县本地也没有山石开采，建桥用的石块有两千多块，每块重达一吨，最近的太行山也有四十公里，这是一项耗资巨大的工程。当时赵州桥的修建是为隋炀帝东征的百万战车开路的，所以修建的平坦、坚固，在当时这是一项关乎帝国前途的国家工程。

赵州桥是世界上现存年代最久、单孔跨度最大的一座石拱桥,平稳的坦拱形和敞肩式布局结构,使它巨身空灵,雄伟壮观,如苍龙飞架,初月出云,它是建筑技术和建筑艺术巧妙结合的杰出典范。在主拱顶部有一个大的吸水兽,也称饕餮。大家知道饕餮是龙的九子之一,喜欢喝水,据说一口能喝干五湖四海的水,所以一般都把它雕刻在桥上,在发大水的时候可以保护这座石桥,这也是古人一种美好的愿望吧。大家看两侧的栏板和望柱上的各种龙兽和花卉图案,造型生动,雕工精美。尤其是浮雕的蛟龙形态各异,惟妙惟肖,刀法苍劲,是隋唐雕刻艺术的代表。所以说赵州桥不仅"制造奇特,人不知其所以为",它还有着极高的艺术价值。

桥对面的观帝阁,始建于明初,是以前通过赵州桥的必经之路。梁思成先生于1993年来考察时,还曾在这里住了数十天。原来的关帝阁是木结构的庙宇,建筑在砖台上面,建筑恢宏,造型别致,人车来往必须穿越中间的门洞才可以过桥,是南来北往的咽喉,可惜后来毁于战火。大家也许要问了,为什么在赵州桥畔修一座关公的庙宇呢?大家知道关羽是三国时期蜀汉著名将军,他重许诺,守信用,对刘备无限忠诚。他与刘备同甘共苦许多年,恪守信义,始终不弃。凝聚在关羽身上而为万世共仰的忠、义、信、智、仁、勇,蕴涵着中国传统文化的伦理、道德、理想,渗透着儒学的春秋精义,并为佛教、道教教义所趋同的人生价值观念,实质上就是大气浩然的华夏魂。所以关羽死后,受民间推崇,又经历代朝廷褒封,被人奉为关圣帝君,佛教称为伽蓝菩萨,尊称为"关公"。

曹操进攻刘备,关羽战败被生擒,不得已而投降。曹操待以厚礼,想要留住他。关羽一心想去追随刘备,于是便用朱墨画了"风雨竹诗图",以竹喻志,画中藏诗,诗文如下:"不谢东君意,丹青独立名。莫嫌孤叶淡,终久不凋零"。曹操闻听关羽夺关斩将而走,更加钦佩关羽的忠肝义胆,就命人把关羽这幅画刻在石碑上。现在,中华大地很多地方都存有关公画的风雨竹的碑刻。咱们关帝阁前也有这首诗的碑刻,大家一会儿可以去看看。

大家请看这块汉白玉的文物保护标志牌,"安济桥"是赵州桥的正名,也是官名。它是北宋时哲宗皇帝赵煦北巡时,途经赵州桥所赐的名字。老百姓俗称大石桥,把这座桥所处的村称为了"大石桥村"。可以说一座"神桥"护佑了一方百姓。大家可以在旁边合影留念。

我的讲解基本上已经结束了。依次走过去,还有陈列室和乾隆皇帝留下的碑刻。过了那座桥廊,就是桥语展览馆了。大家可以去参观欣赏,加深对桥文化的了解。

很荣幸为大家做讲解服务,有不足之处,希望大家批评指正。欢迎大家常来赵州桥参观游览,希望赵州之行给您留下美好的回忆。再见!

第十五章　赵州桥实测图

本章内容包括赵州桥不同时期的地形图、平面图、侧面图、剖面图及出土栏板、望柱、仰天石等实测图。

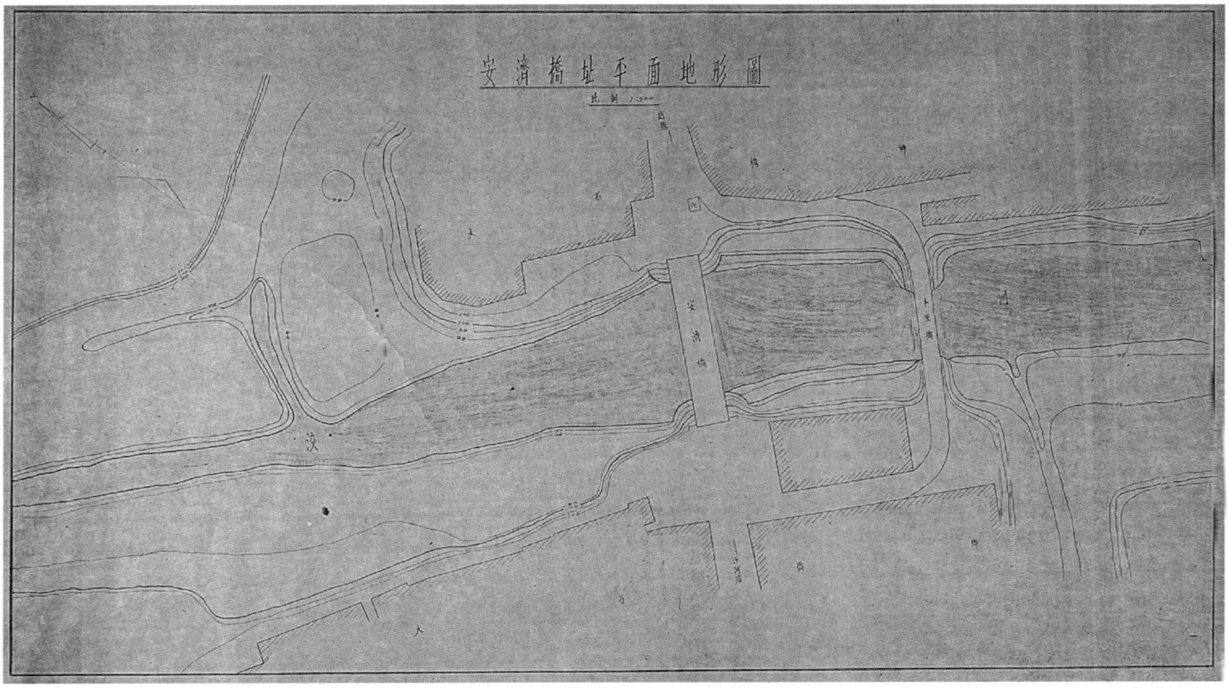

图 15-0-1　1952 年安济桥平面地形图

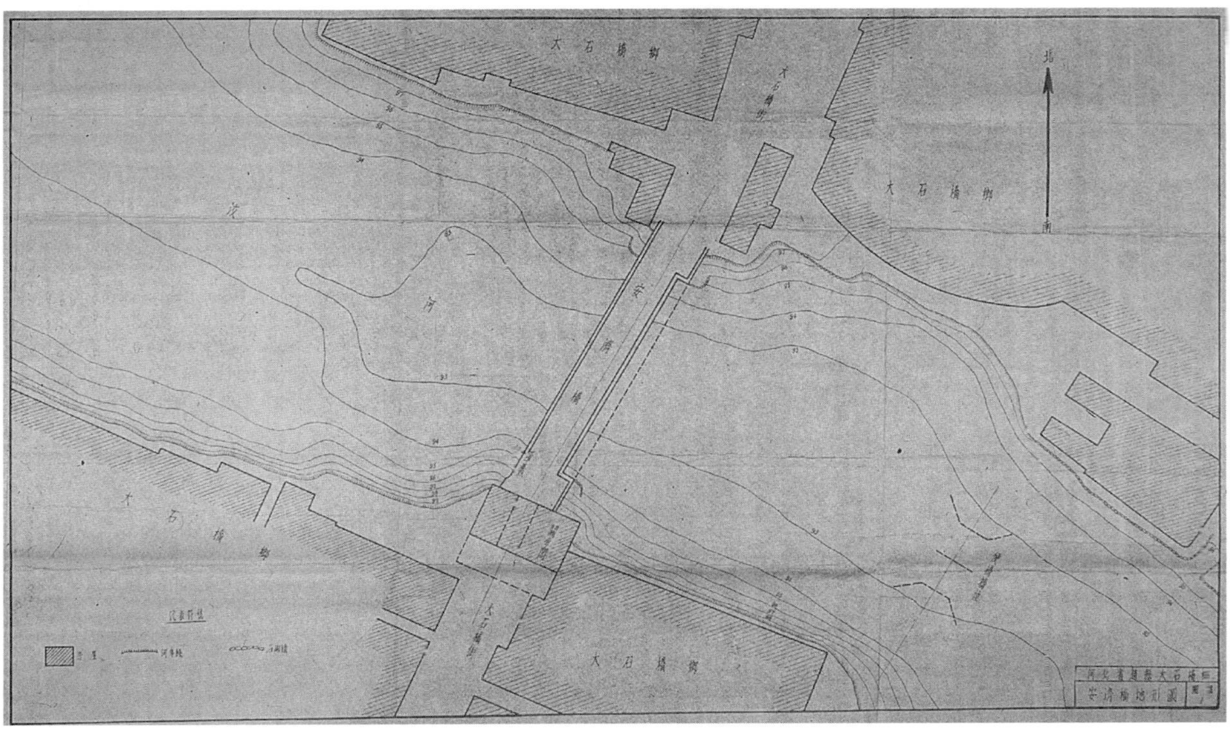

图 15-0-2　1952 年安济桥地形图

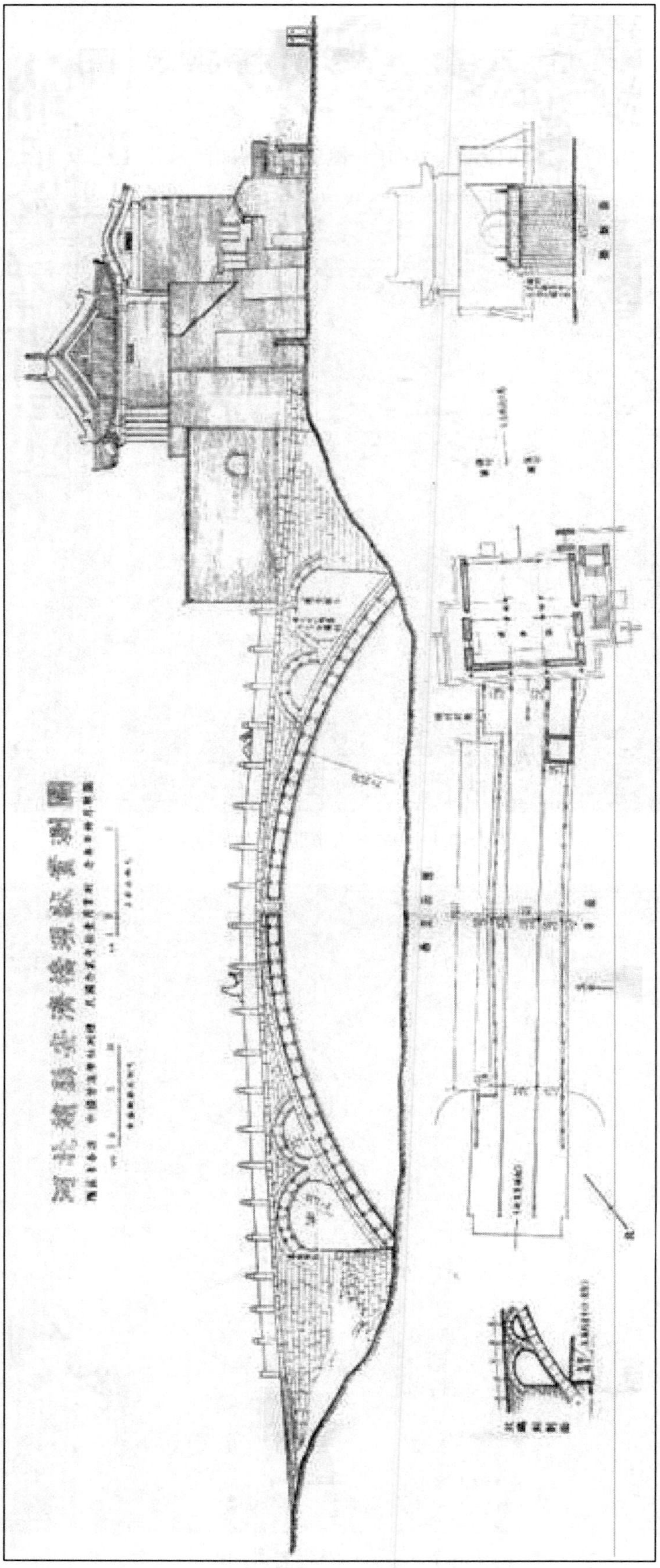

图15-0-3　1933年安济桥实测图

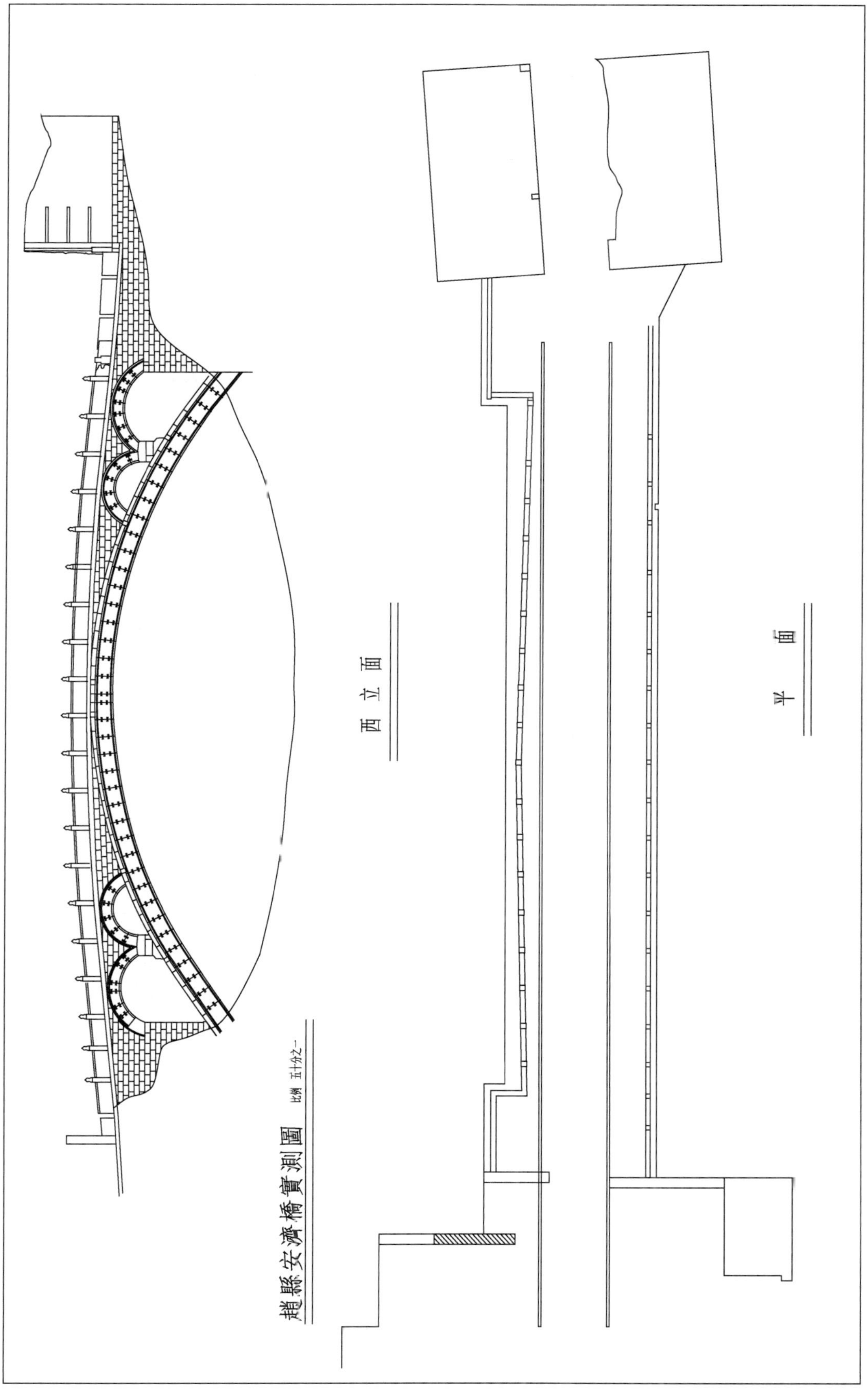

图15-0-4　1952年安济桥实测图1

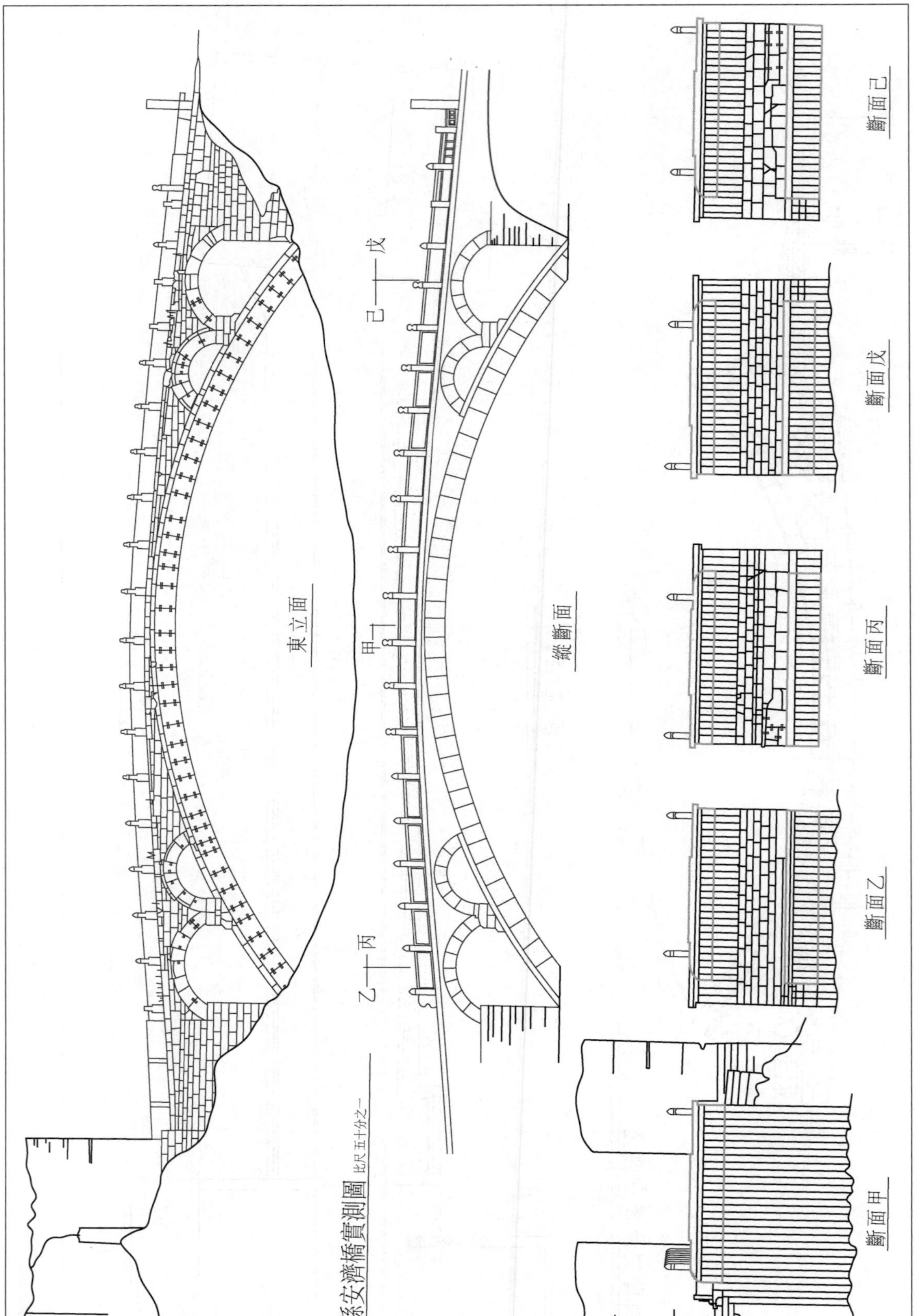

图15-0-5　1952年安济桥实测图2

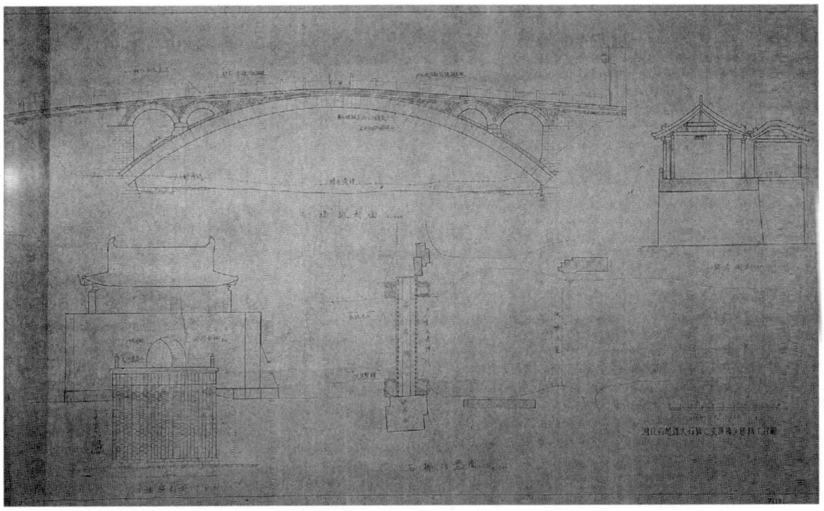

图 15-0-6　1952 年安济桥实测图 3

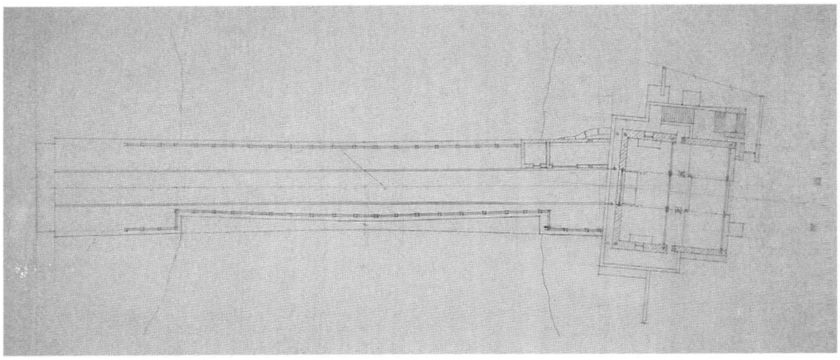

图 15-0-7　1952 年安济桥实测图 4

图 15-0-8　1952 年安济桥实测图 5

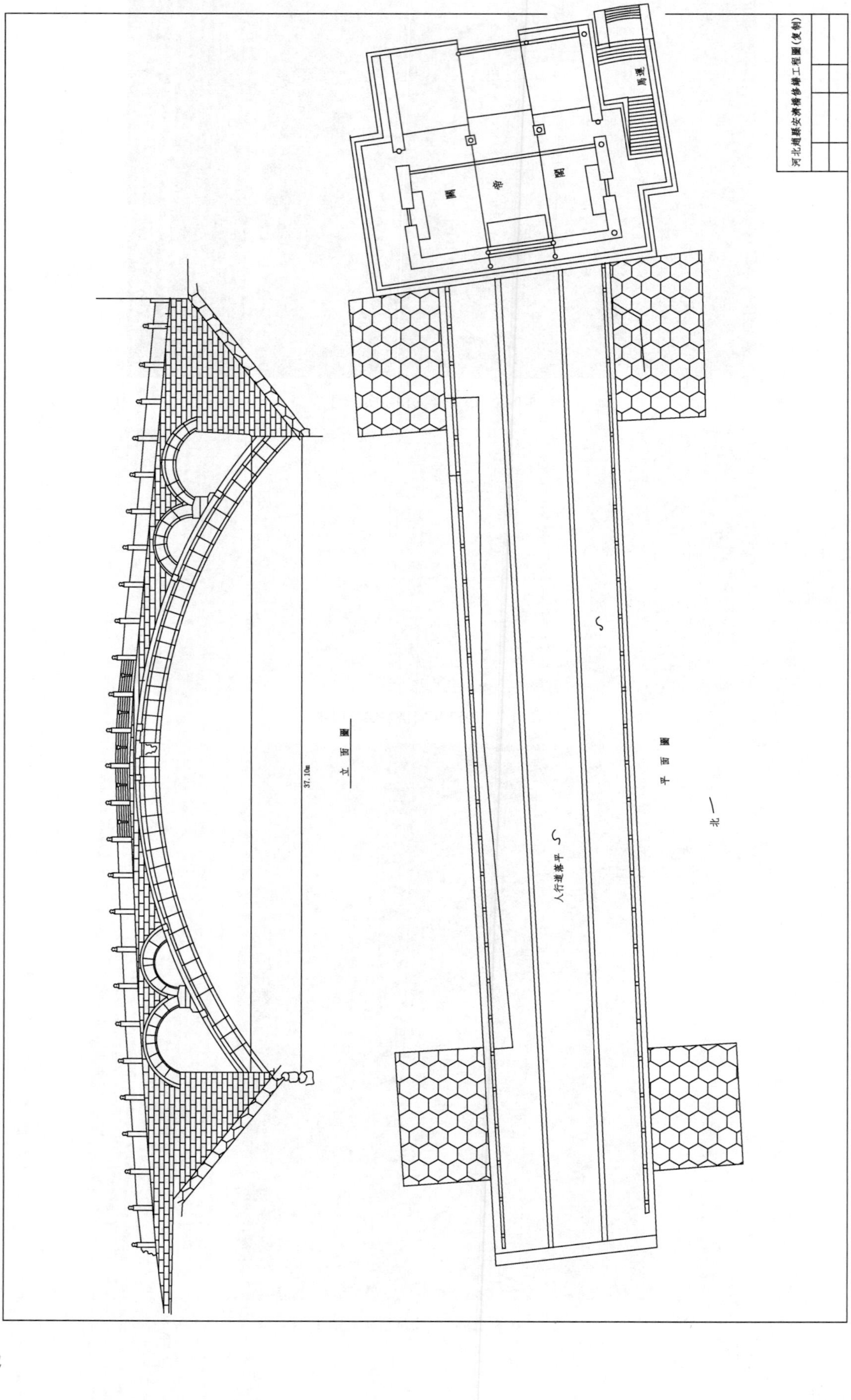

图15-0-9　1952年安济桥实测图6(复制)

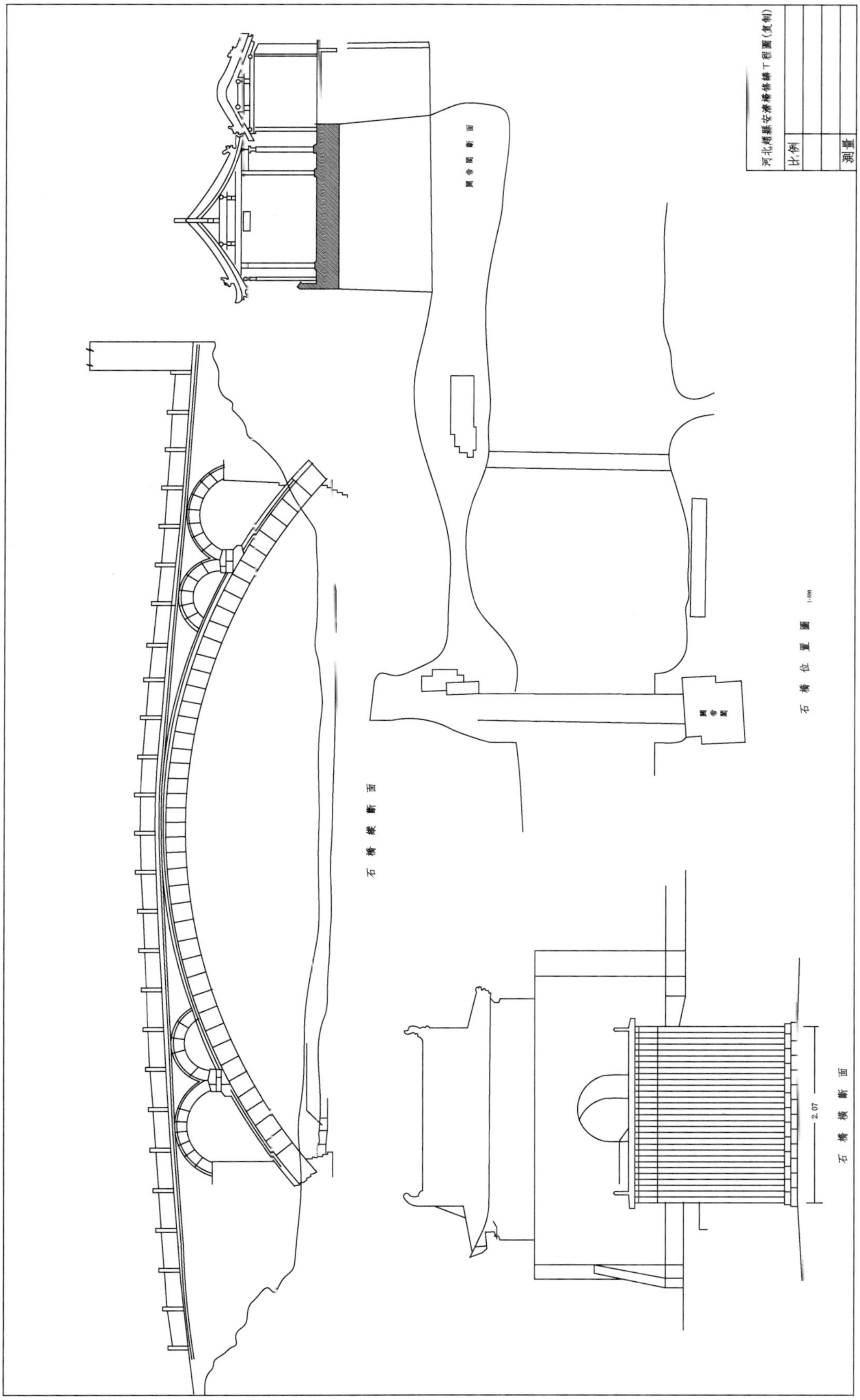

图15-0-10　1952年安济桥实测图7(复制)

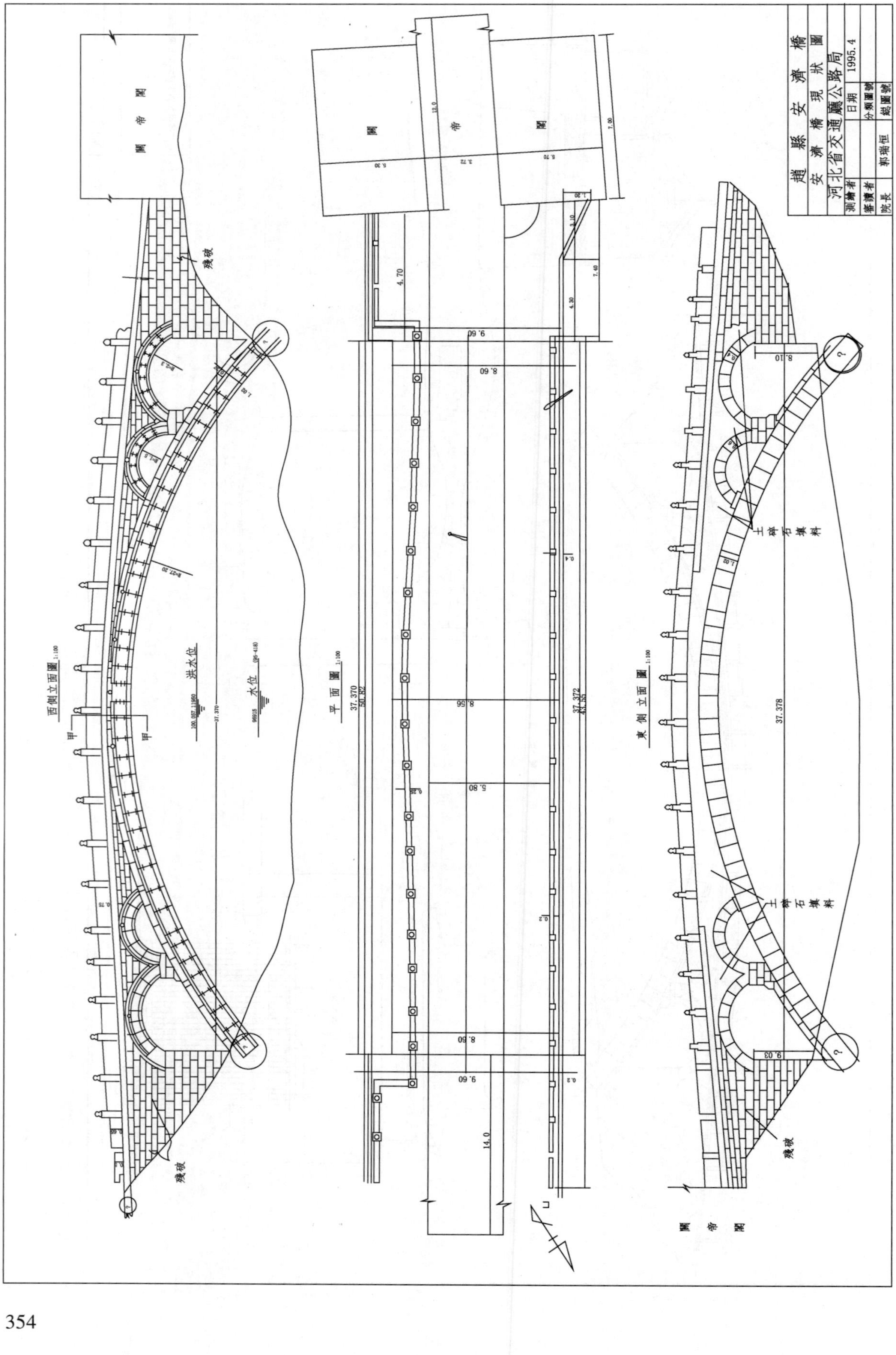

图15-0-11 1955年安济桥实测图8(复制)

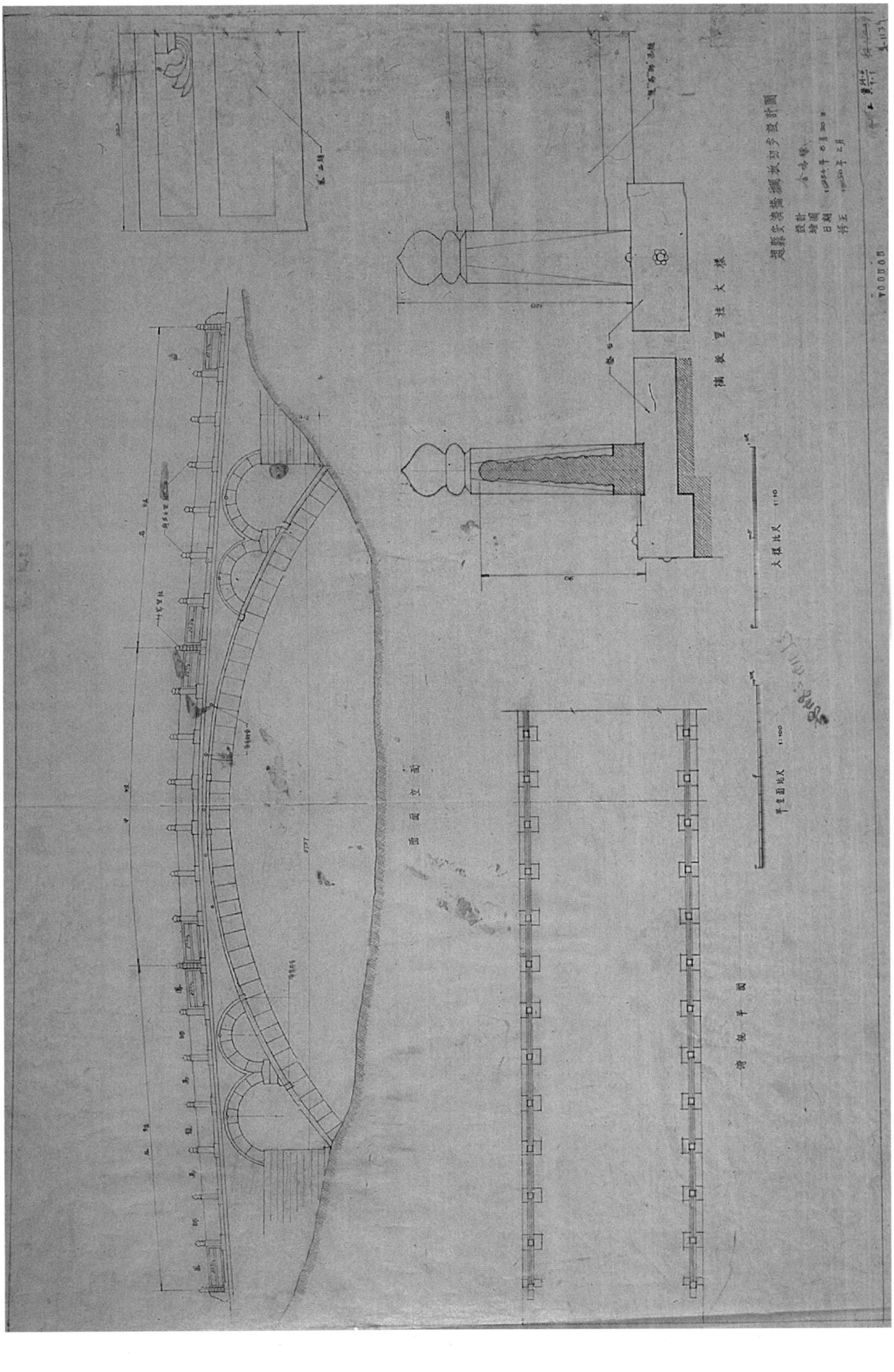

图15-0-12　1954年安济桥初步设计图

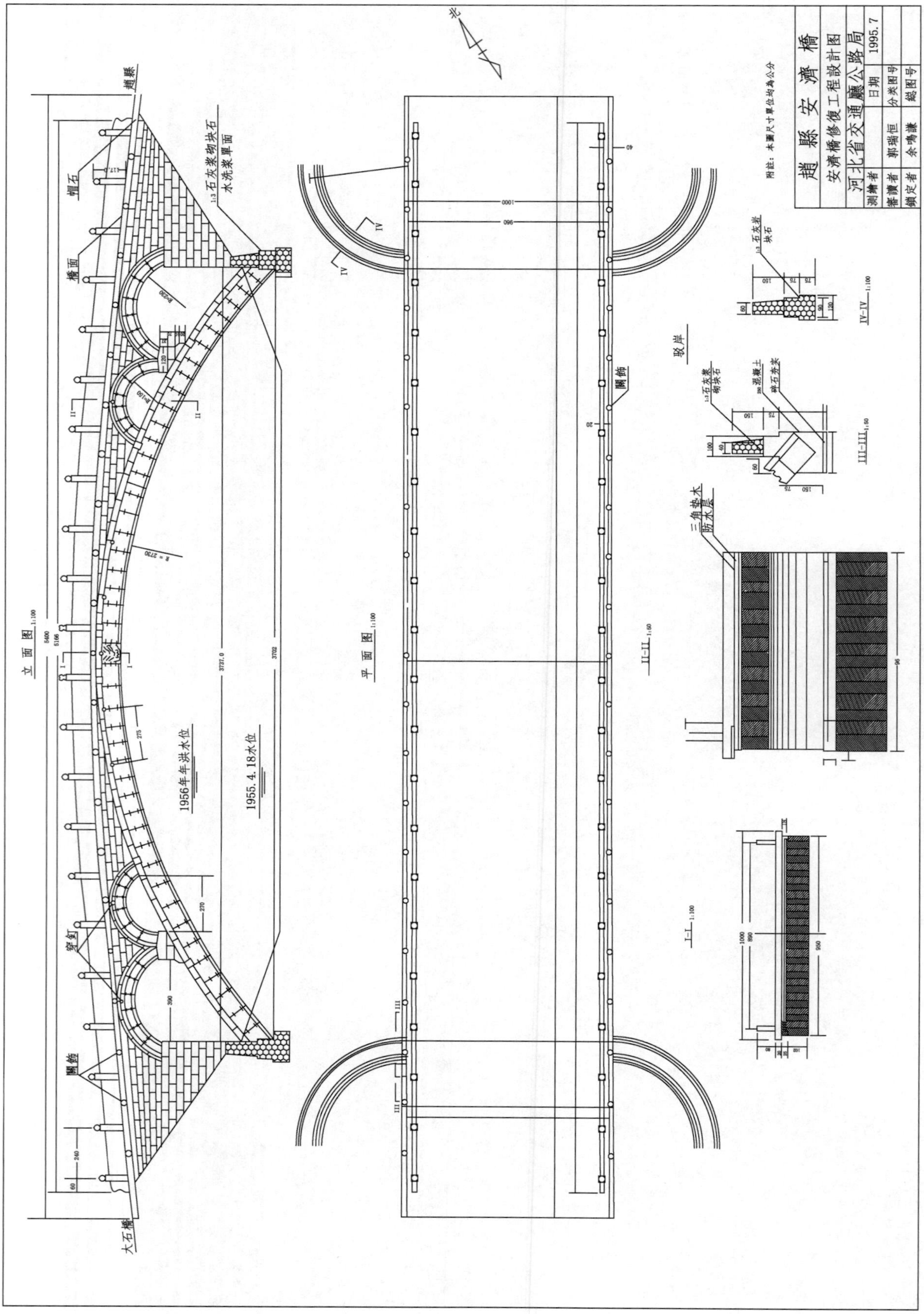

图15-0-13 1955年安济桥修缮工程设计图(复制)

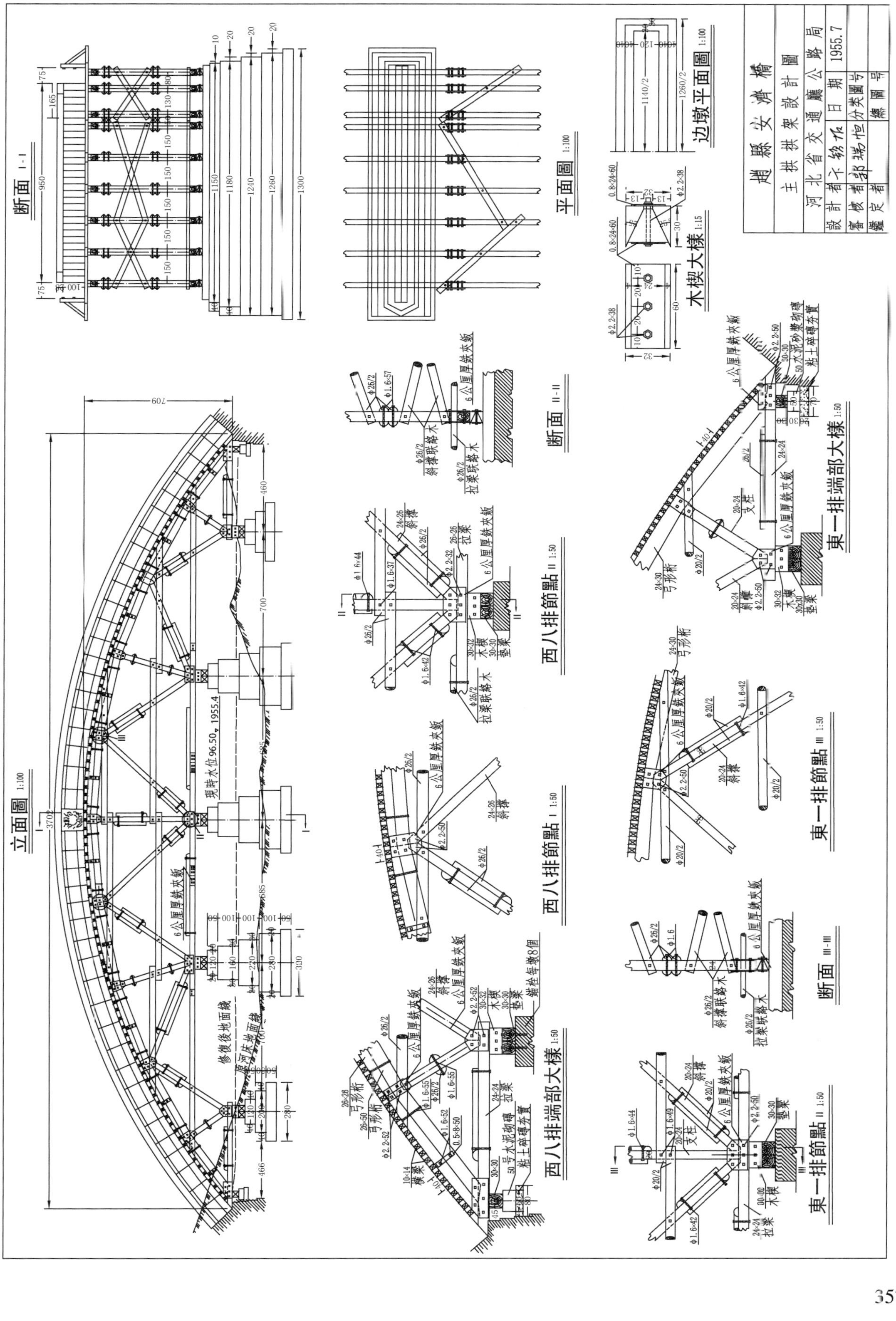

图15-4-14　1955年安济桥主拱拱架修缮工程设计图(复制)

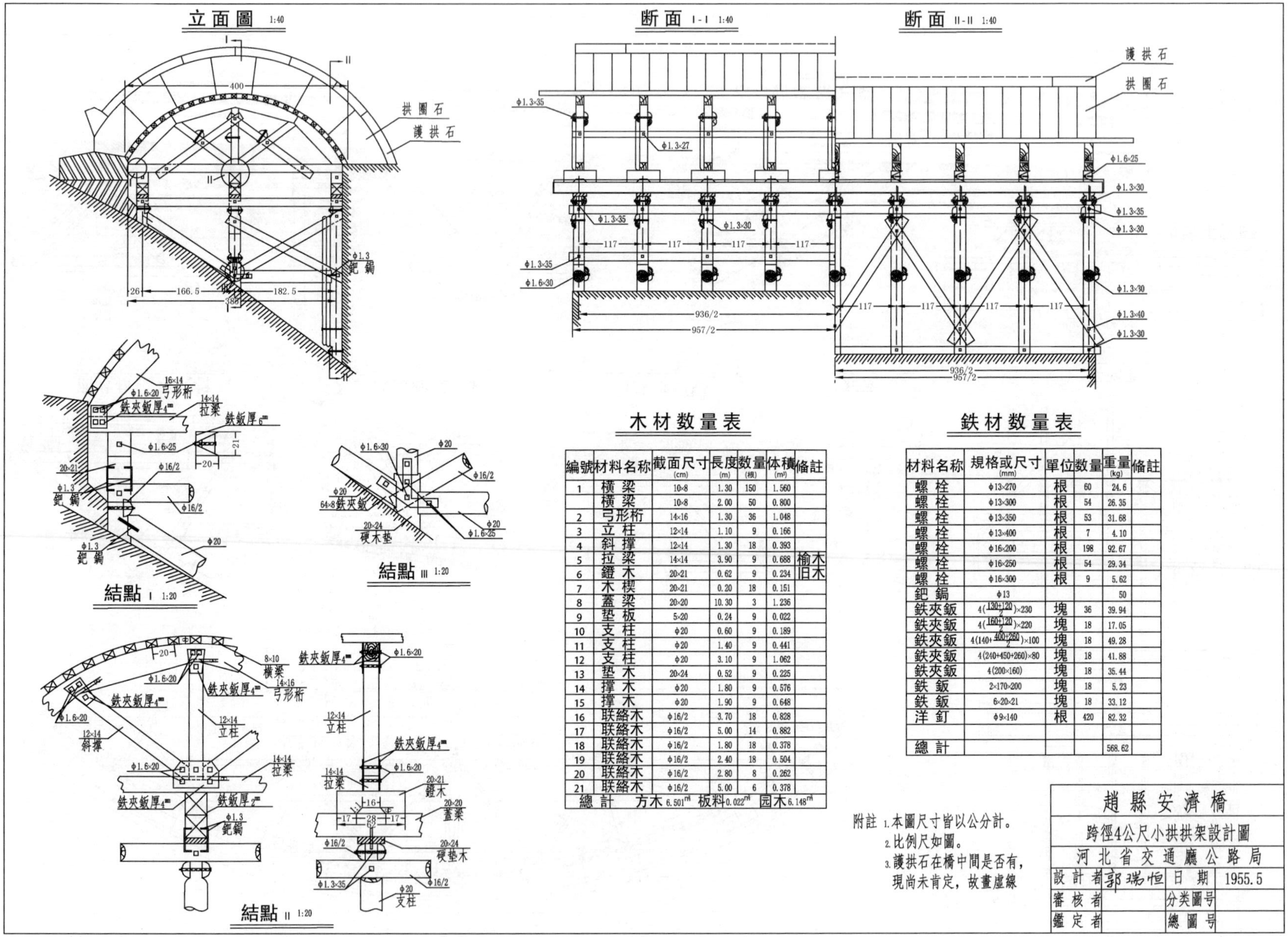

木材数量表

編號	材料名称	截面尺寸 (cm)	長度 (m)	数量 (根)	体積 (m³)	備註
1	横梁	10×8	1.30	150	1.560	
	横梁	10×8	2.00	50	0.800	
2	弓形桁	14×16	1.30	36	1.048	
3	立柱	12×14	1.10	9	0.166	
4	斜撑	12×14	1.30	18	0.393	
5	拉梁	14×14	3.90	9	0.688	榆木
6	鐙木	20×21	0.62	9	0.234	旧木
7	木楔	20×21	0.20	18	0.151	
8	蓋梁	20×20	10.30	3	1.236	
9	垫板	5×20	0.24	9	0.022	
10	支柱	φ20	0.60	9	0.189	
11	支柱	φ20	1.40	9	0.441	
12	支柱	φ20	3.10	9	1.062	
13	垫木	20×24	0.52	9	0.225	
14	撑木	φ20	1.80	9	0.576	
15	撑木	φ20	1.90	9	0.648	
16	联絡木	φ16/2	3.70	18	0.828	
17	联絡木	φ16/2	5.00	14	0.882	
18	联絡木	φ16/2	1.80	18	0.378	
19	联絡木	φ16/2	2.40	18	0.504	
20	联絡木	φ16/2	2.80	8	0.262	
21	联絡木	φ16/2	5.00	6	0.378	
總計	方木 6.501㎥ 板料 0.022㎥ 园木 6.148㎥					

鉄材数量表

材料名称	規格或尺寸 (mm)	單位	数量	重量 (kg)	備註
螺栓	φ13×270	根	60	24.6	
螺栓	φ13×300	根	54	26.35	
螺栓	φ13×350	根	53	31.68	
螺栓	φ13×400	根	7	4.10	
螺栓	φ16×200	根	198	92.67	
螺栓	φ16×250	根	54	29.34	
螺栓	φ16×300	根	9	5.62	
鈀鋦	φ13			50	
鉄夾鈑	$4(\frac{130+120}{2})\times230$	塊	36	39.94	
鉄夾鈑	$4(\frac{160+120}{2})\times220$	塊	18	17.05	
鉄夾鈑	$4(140+\frac{400+260}{2})\times100$	塊	18	49.28	
鉄夾鈑	4(240+450+260)×80	塊	18	41.88	
鉄夾鈑	4(200×160)	塊	18	35.44	
鉄鈑	2×170×200	塊	18	5.23	
鉄鈑	6×20×21	塊	18	33.12	
洋釘	φ9×140	根	420	82.32	
總計				568.62	

附註 1.本圖尺寸皆以公分計。
2.比例尺如圖。
3.護拱石在橋中間是否有，現尚未肯定，故畫虛線

趙縣安濟橋			
跨徑4公尺小拱拱架設計圖			
河北省交通廳公路局			
設計者	郭瑞恒	日期	1955.5
審核者		分类圖号	
鑑定者		總圖号	

图15-0-15　1955年安济桥小拱拱架修缮工程设计图I(复制)

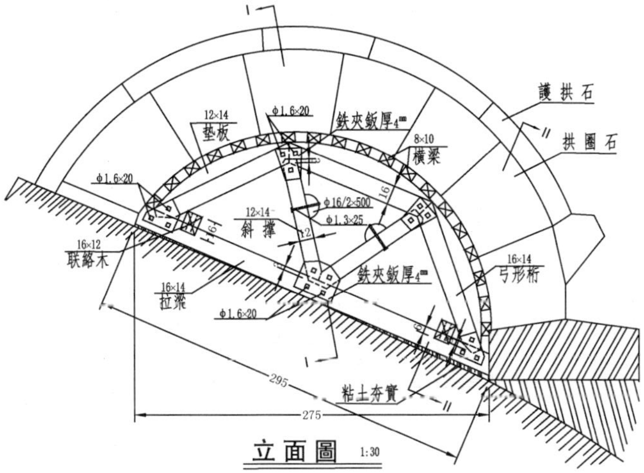

立面圖 1:30

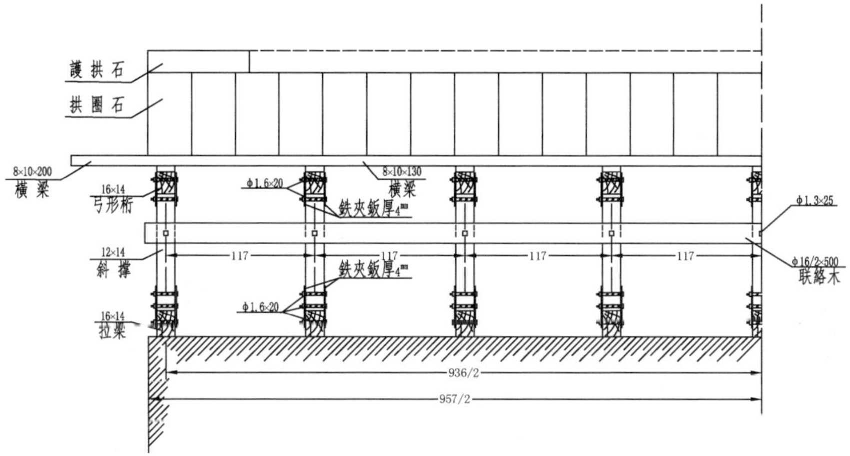

断面 I-I 1:30

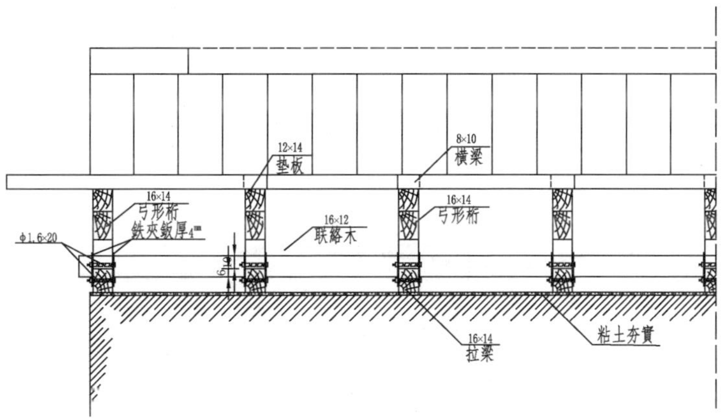

断面 II-II 1:30

木材数量表

編號	材料名称	截面尺寸 (cm)	長度 (m)	数量 (根)	体積 (m³)	備註
1	横梁	8×10	1.30	114	1.186	
2	横梁	8×10	2.00	38	0.608	
3	斜撑	12×14	1.00	18	0.302	
4	弓形桁	16×14	1.30	27	0.786	
5	弓形桁垫板	12×14	1.30	27	0.590	
6	拉梁	16×14	3.00	9	0.607	
7	联絡木	16×12	5.00	4	0.384	
8	联絡木	ϕ16/2	5.00	4	0.252	
總計		方木 4.463^{m^3}		园木 0.252^{m^3}		

鉄材数量表

材料名称	規格尺寸 (mm)	單位	数量	重量 (kg)	備註
螺栓	ϕ13×250	根	20	8.80	
螺栓	ϕ16×200	根	144	64.30	
鉄夾鈑	$4(\frac{220+120}{2}\times240)$	塊	36	45.20	
鉄夾鈑	$4(\frac{140\times240}{2}+\frac{60+160}{2}\times340)$	塊	36	55.20	
鉄夾鈑	$4(\frac{120+320}{2}\times60+320\times200)$	塊	18	42.70	
洋釘	6吋	只	340	13.00	
總計				229.20	

附註：本图單位均以公分計

趙縣安濟橋			
跨徑2.75公尺小拱拱架設計图			
河北省交通廳公路局			
設計者	郭瑞恒	日期	1955.5
審核者		分类圖号	
鑑定者		總圖号	

图15-0-16　1955年安济桥小拱拱架修缮工程设计图2(复制)

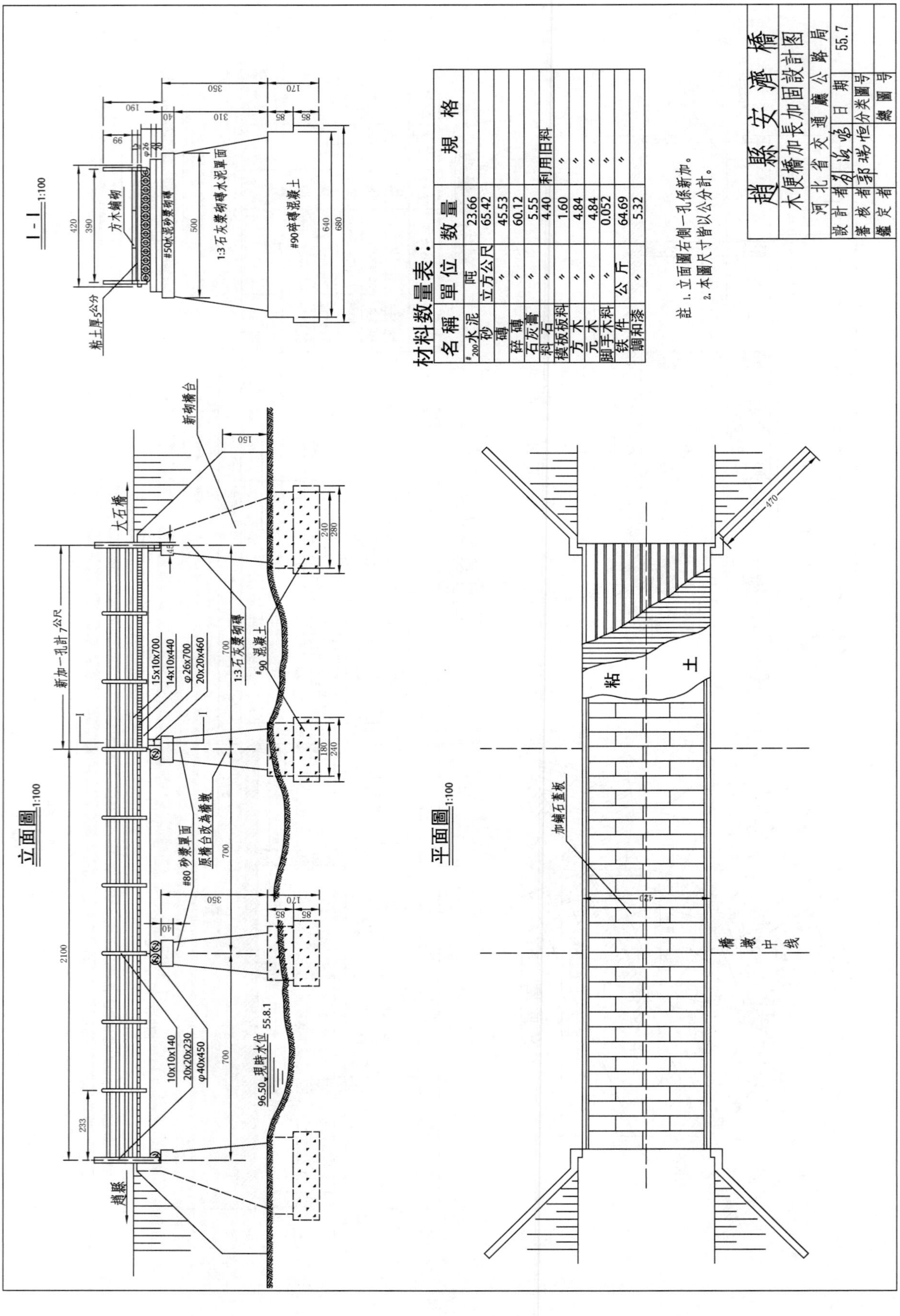

图15-0-17 1955年木便桥设计图(复制)

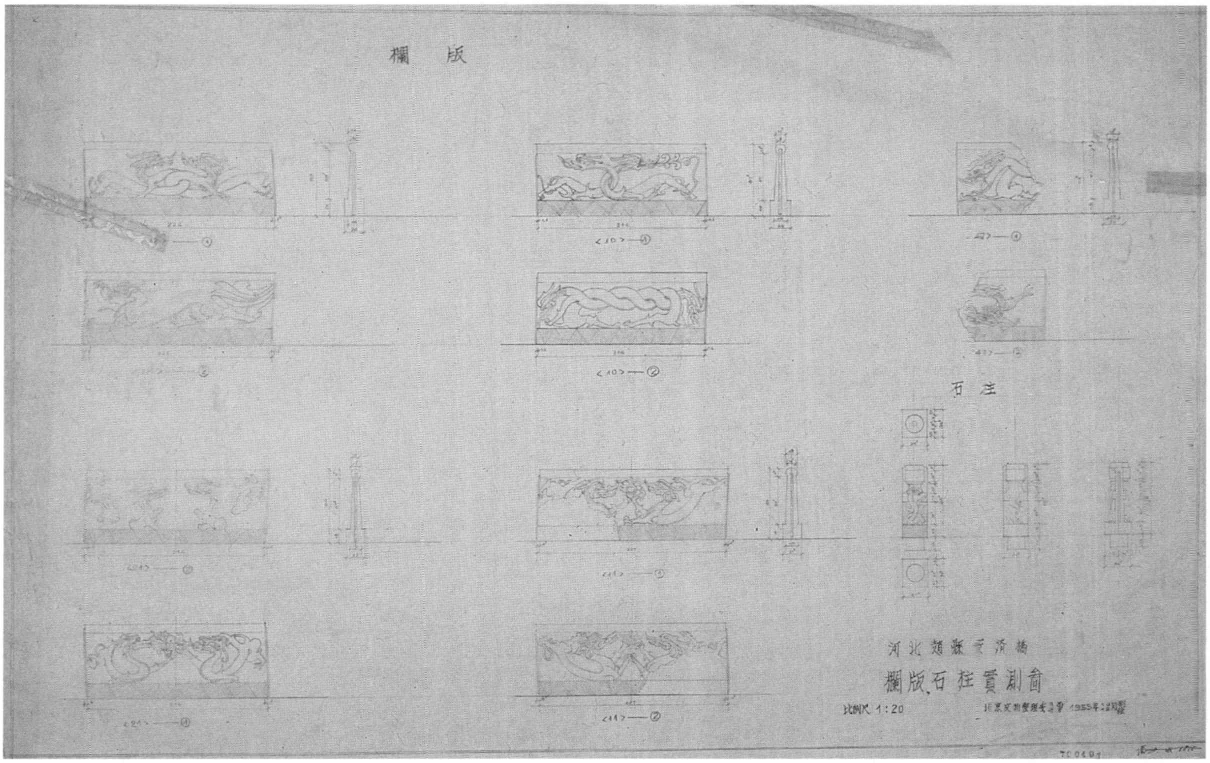

图 15-0-18　1955 年出土栏板、望柱实测图

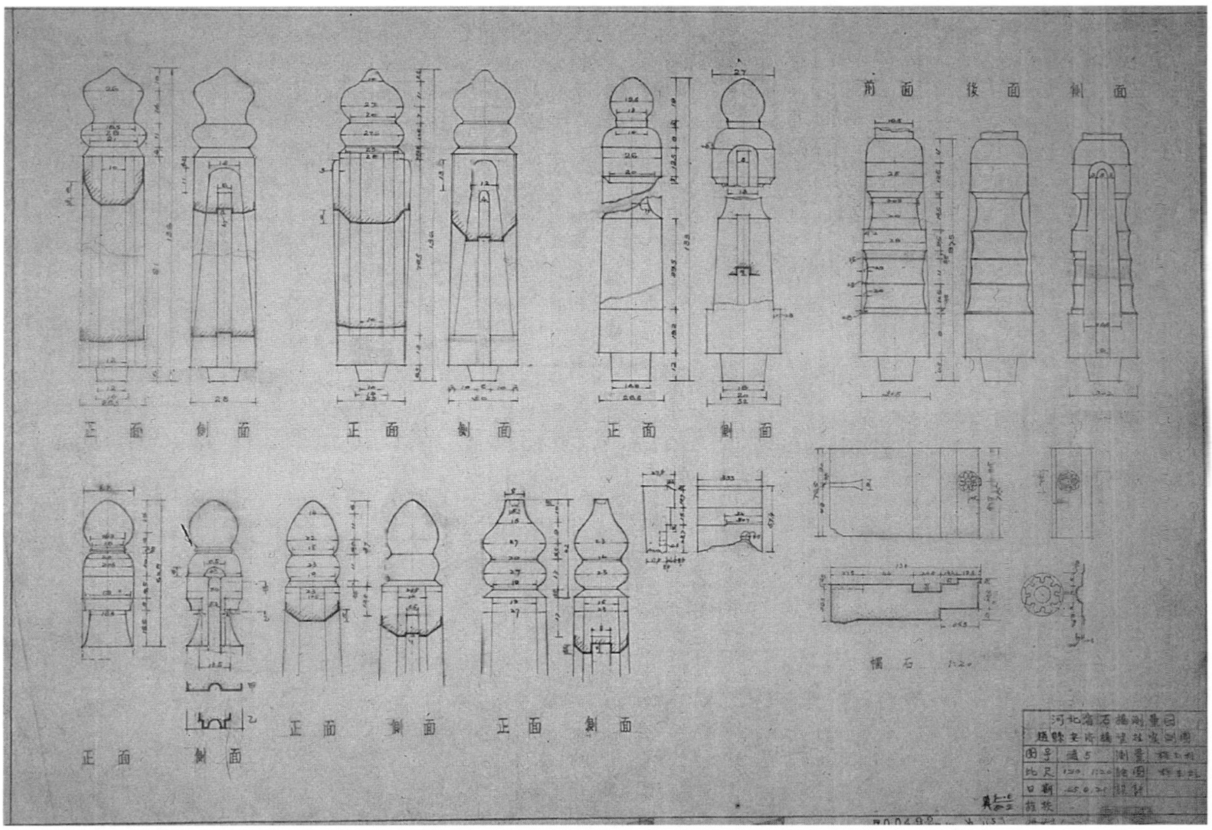

图 15-0-19　1955 年出土望柱、帽石实测图

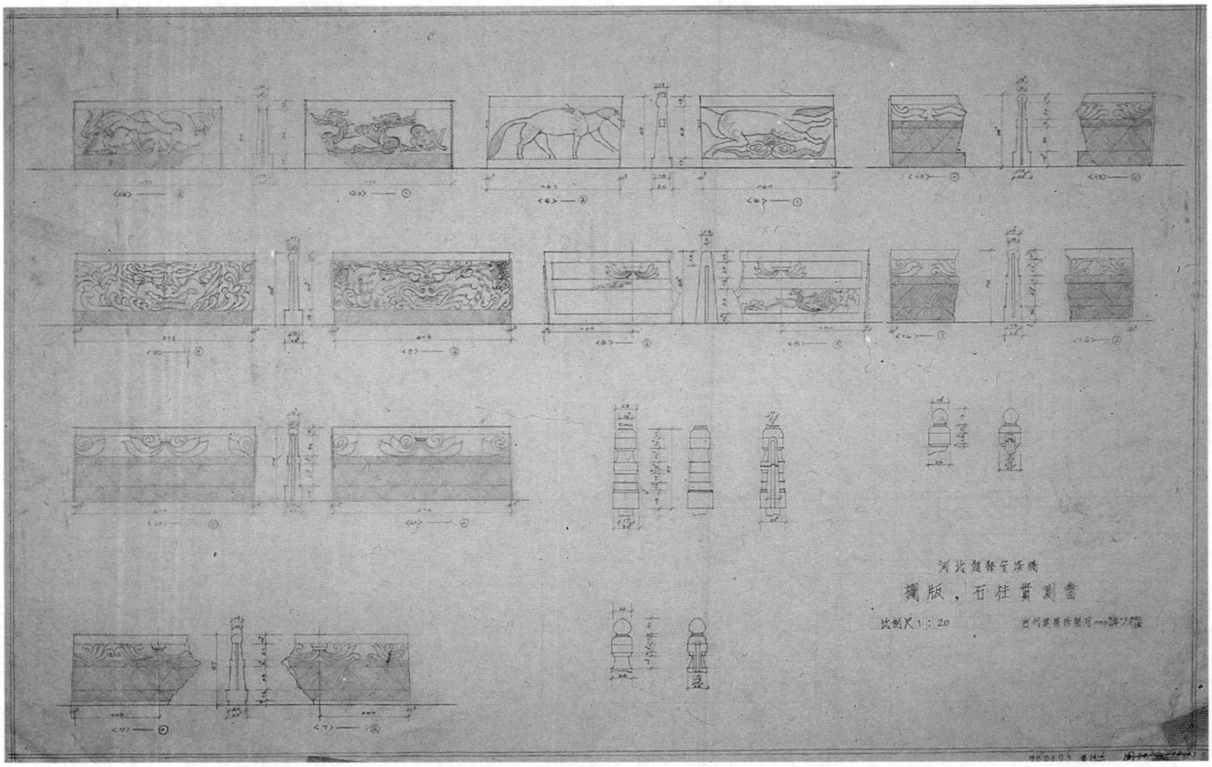

图 15-0-20　1955 年出土栏板、望柱实测图

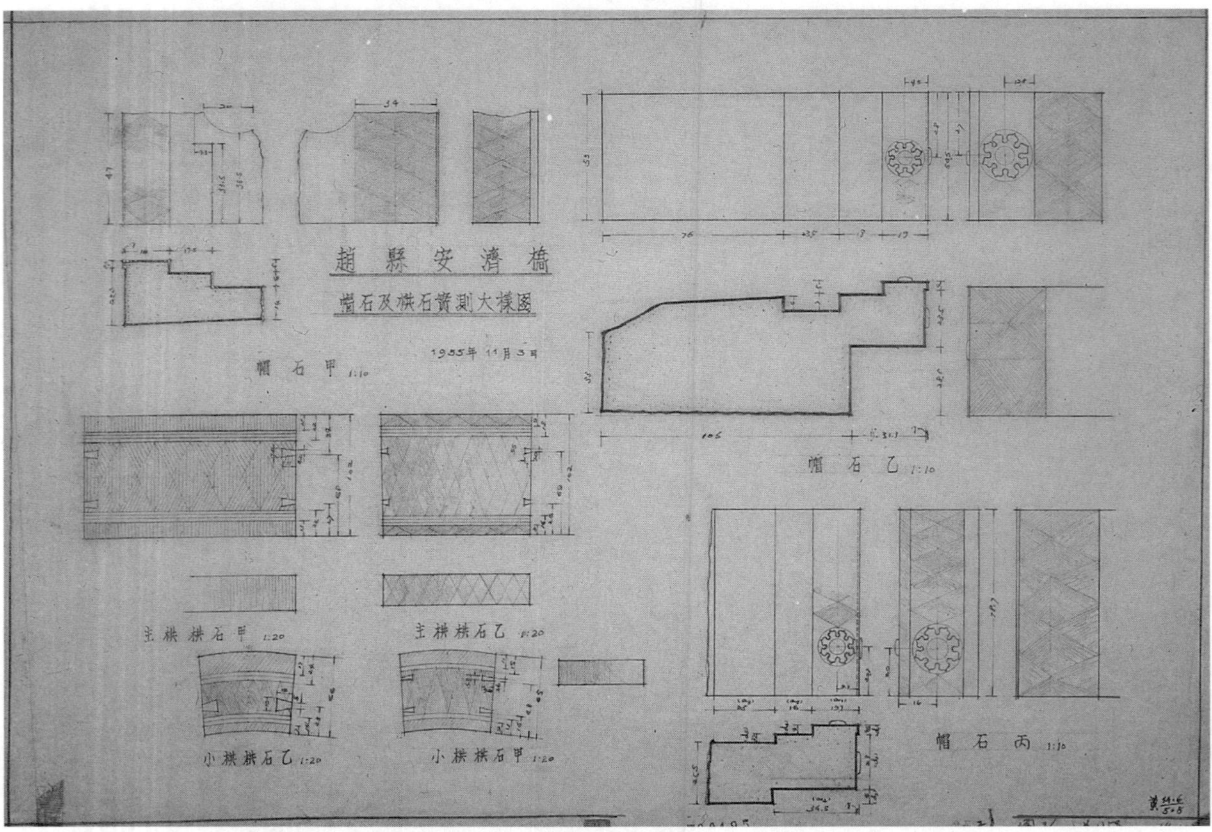

图 15-0-21　1955 年出土帽石、拱石实测图

图 15-0-22　1955 年安济桥主券螭首(西侧)实测图

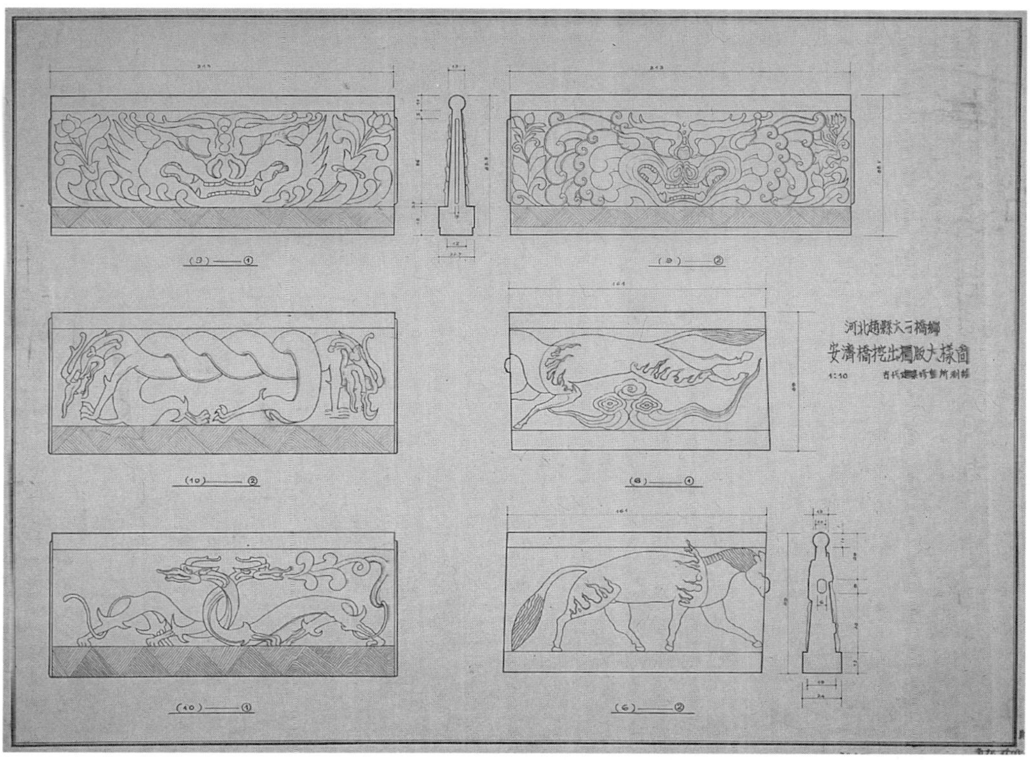

图 15-0-23　1955 年安济桥出土栏板大样图

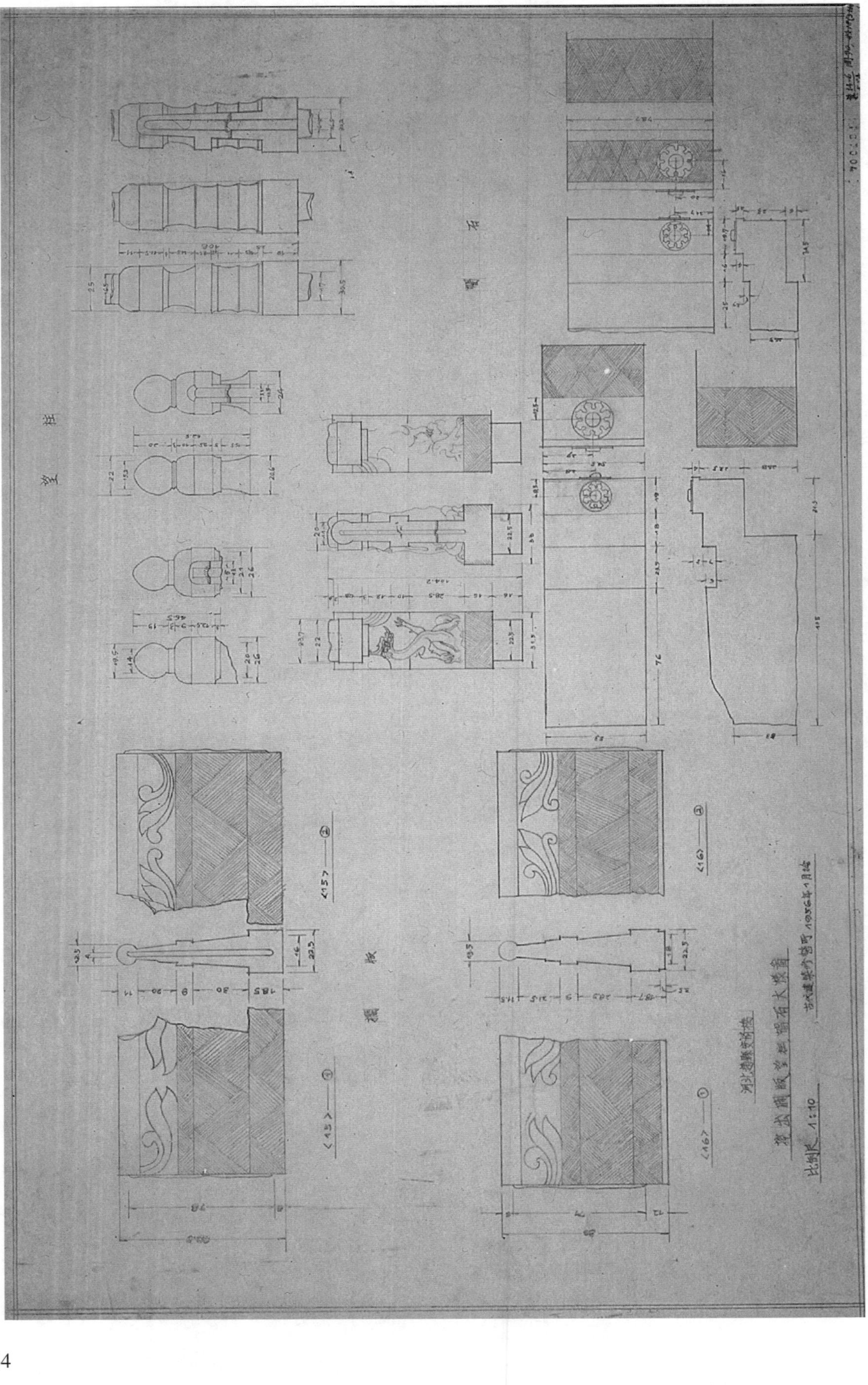

图15-0-24　1955年安济桥出土栏板、望柱、帽石大样图

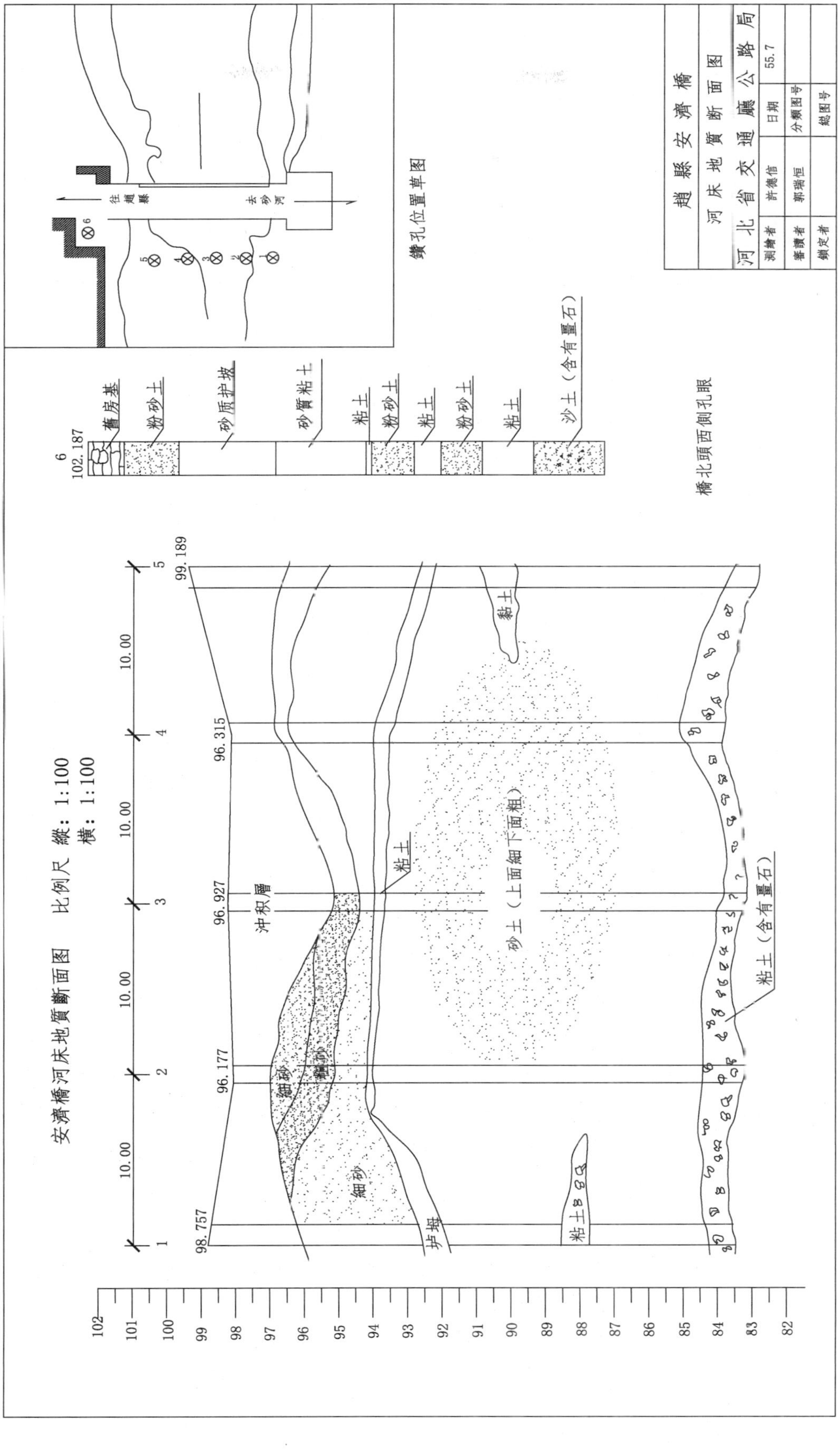

图15-0-25　1955年安济桥地质剖面图(复制)

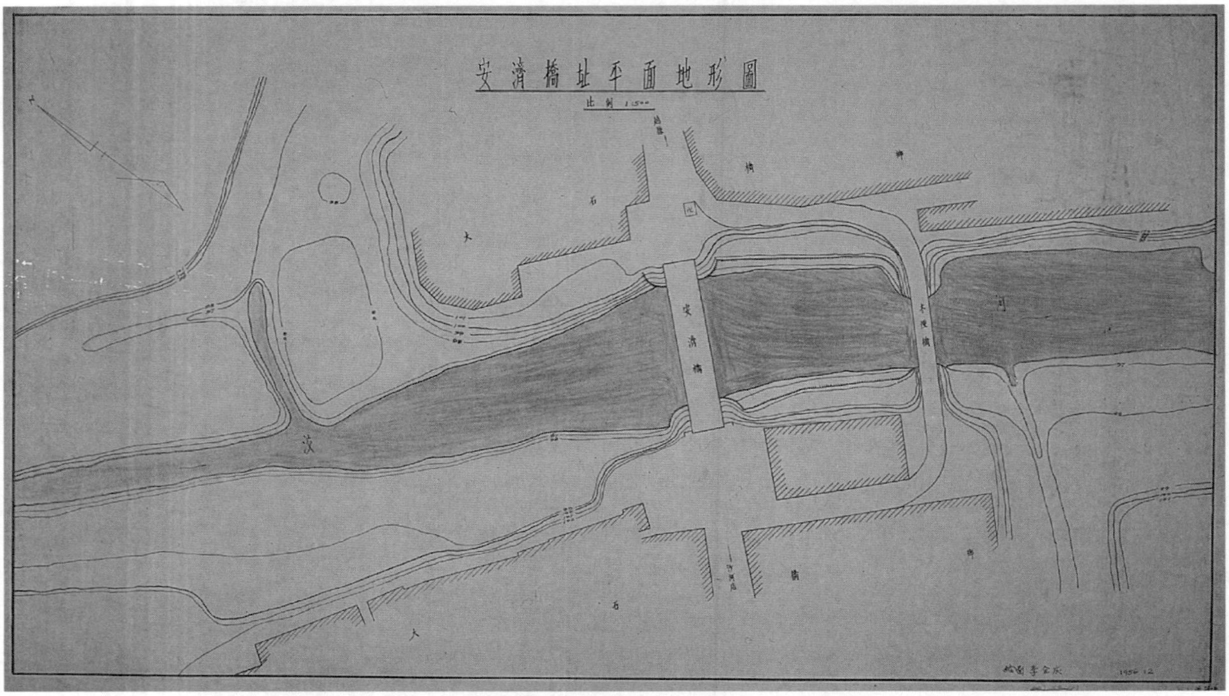

图 15-0-26　1956 年安济桥平面地形图

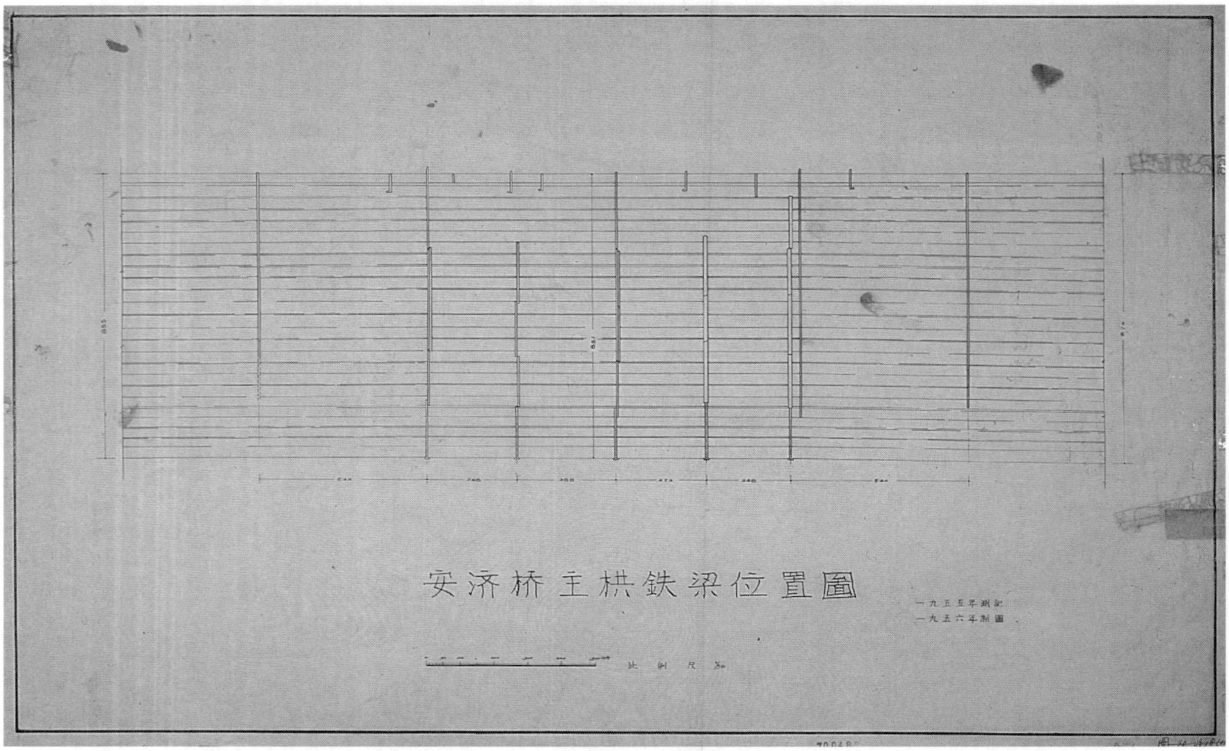

图 15-0-27　1956 年安济桥主拱铁梁位置图

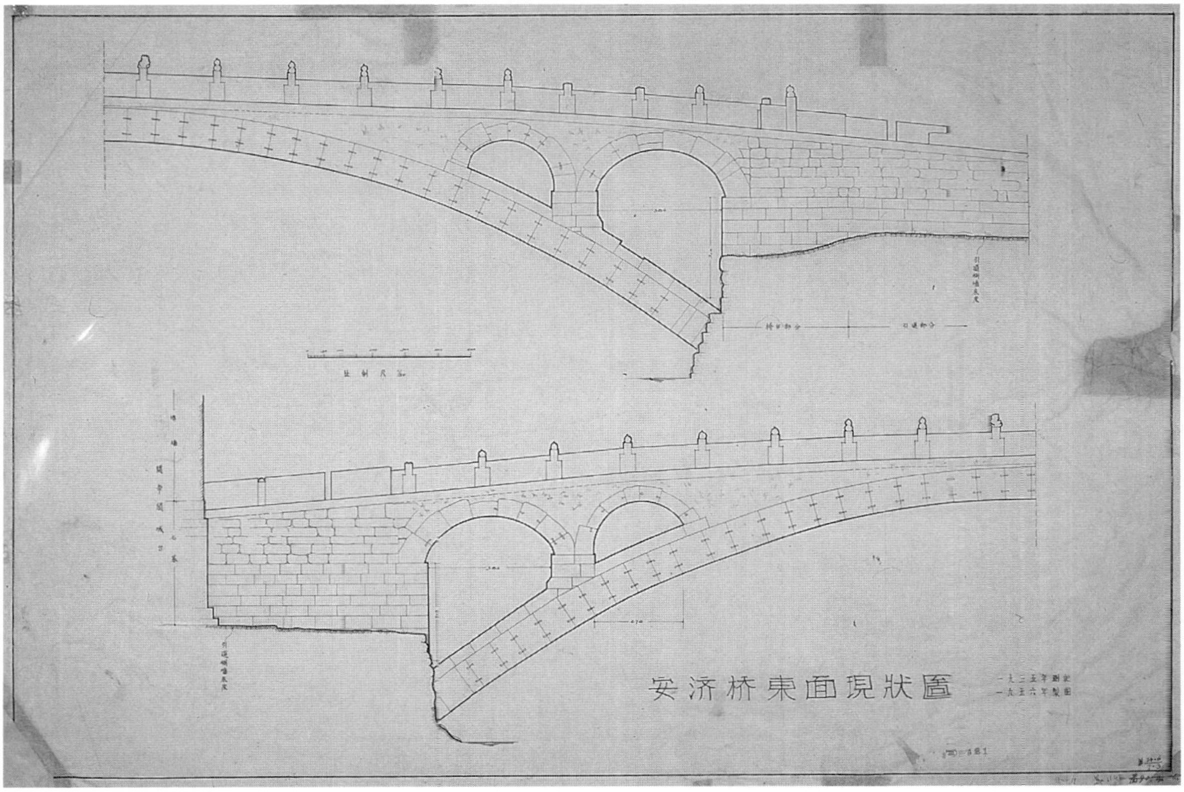

图 15-0-28　1956 年安济桥东侧状况图

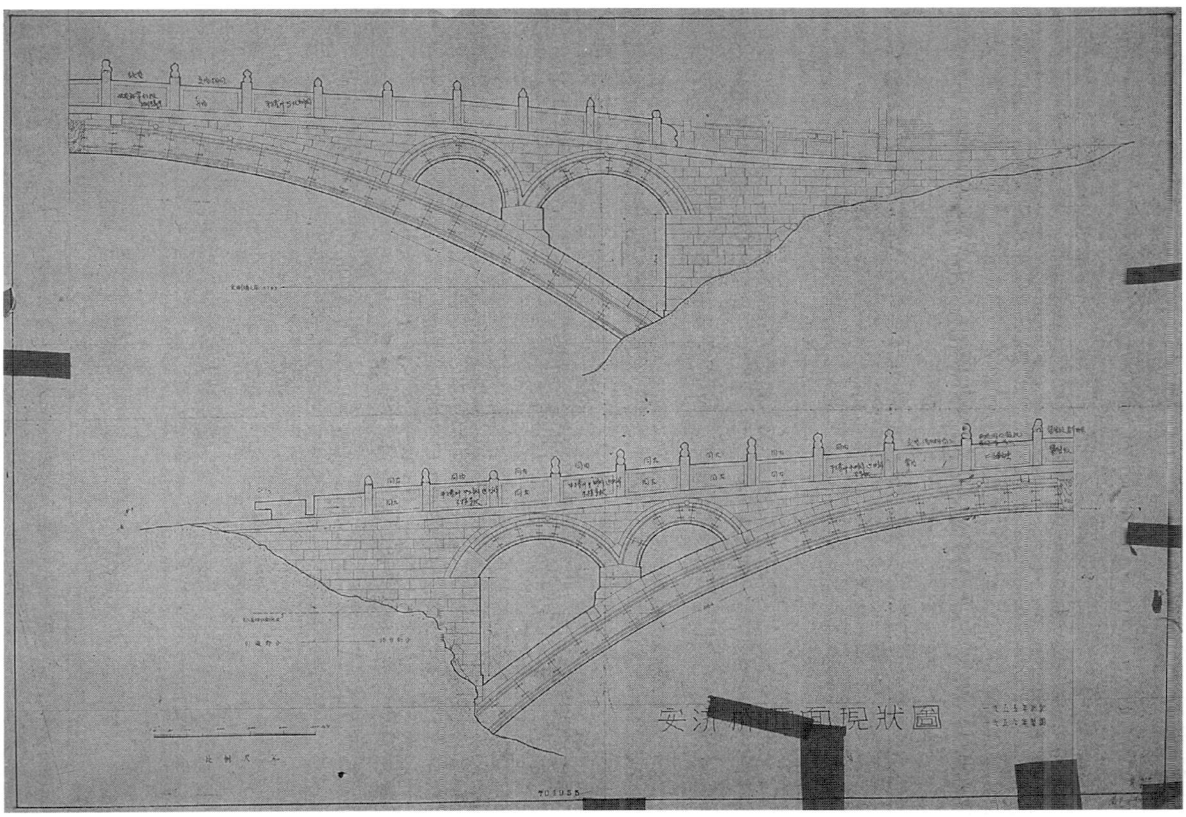

图 15-0-29　1956 年安济桥西侧状况图

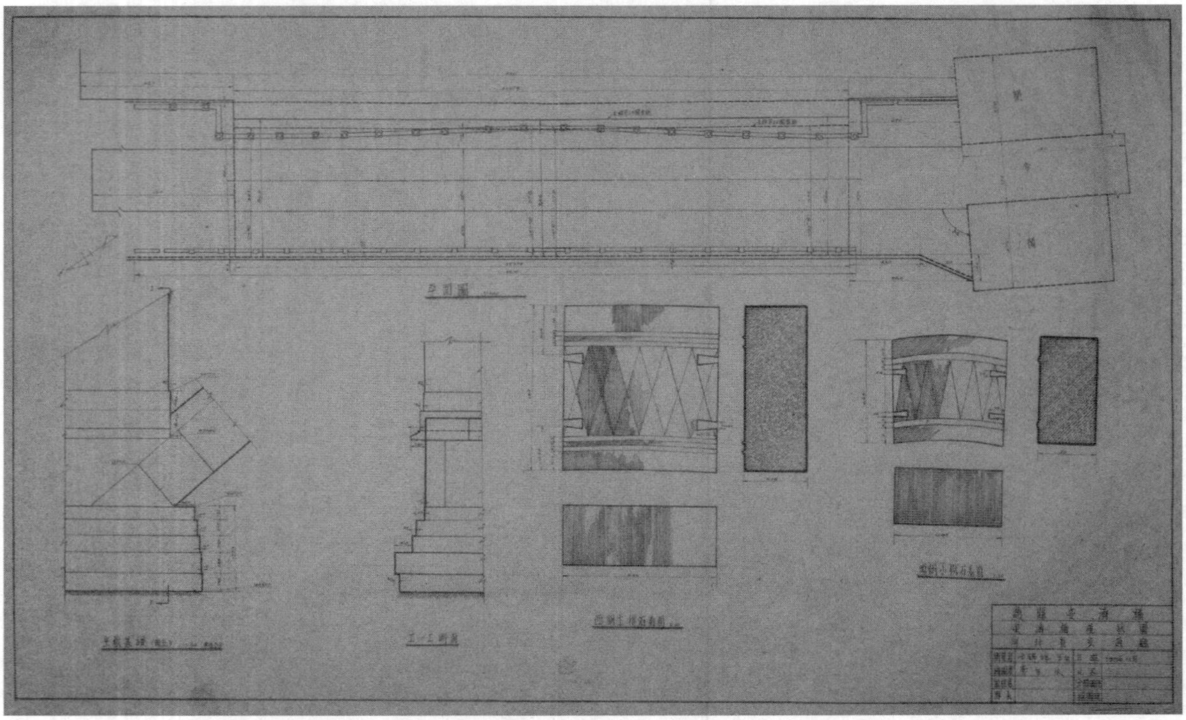

图 15-0-30　1956 年安济桥平面、基础、主拱外侧看面实测图

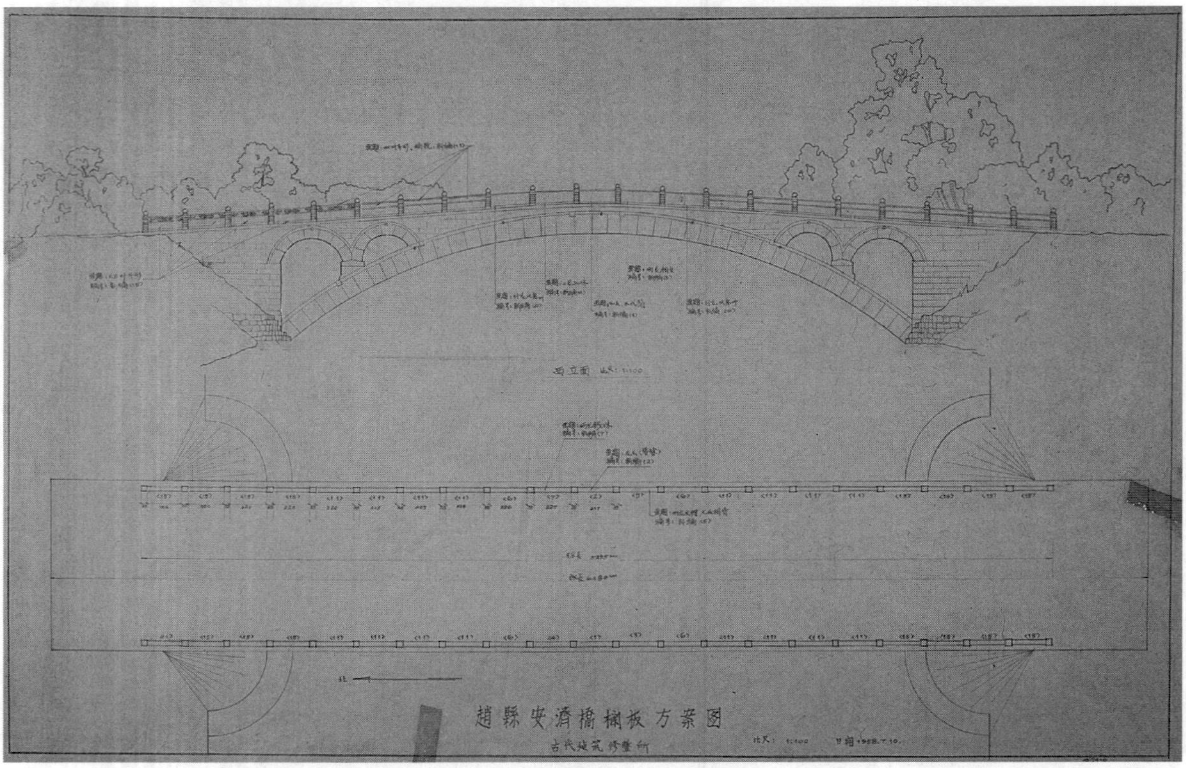

图 15-0-31　1958 年安济桥栏板修整方案图

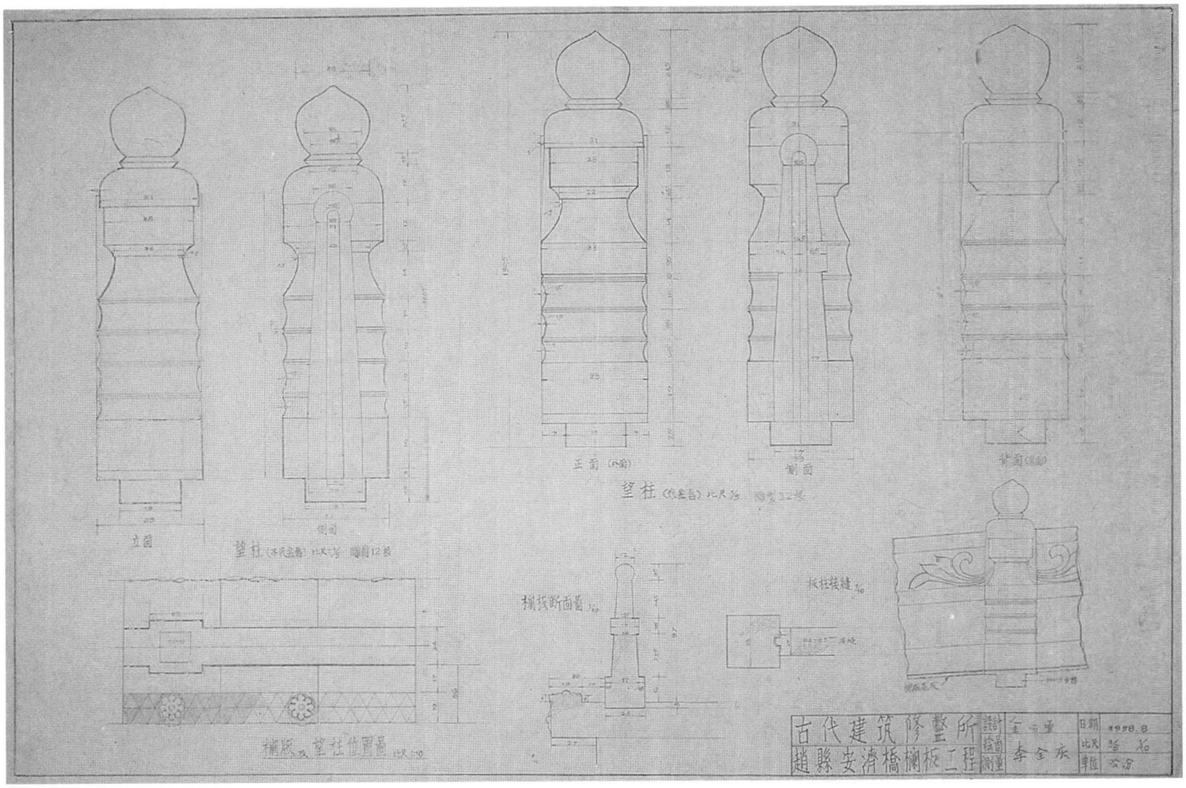

图 15-0-32　1958 年安济桥栏板、望柱修整方案图

图 15-0-33　1958 年安济桥栏板、望柱修整施工大样

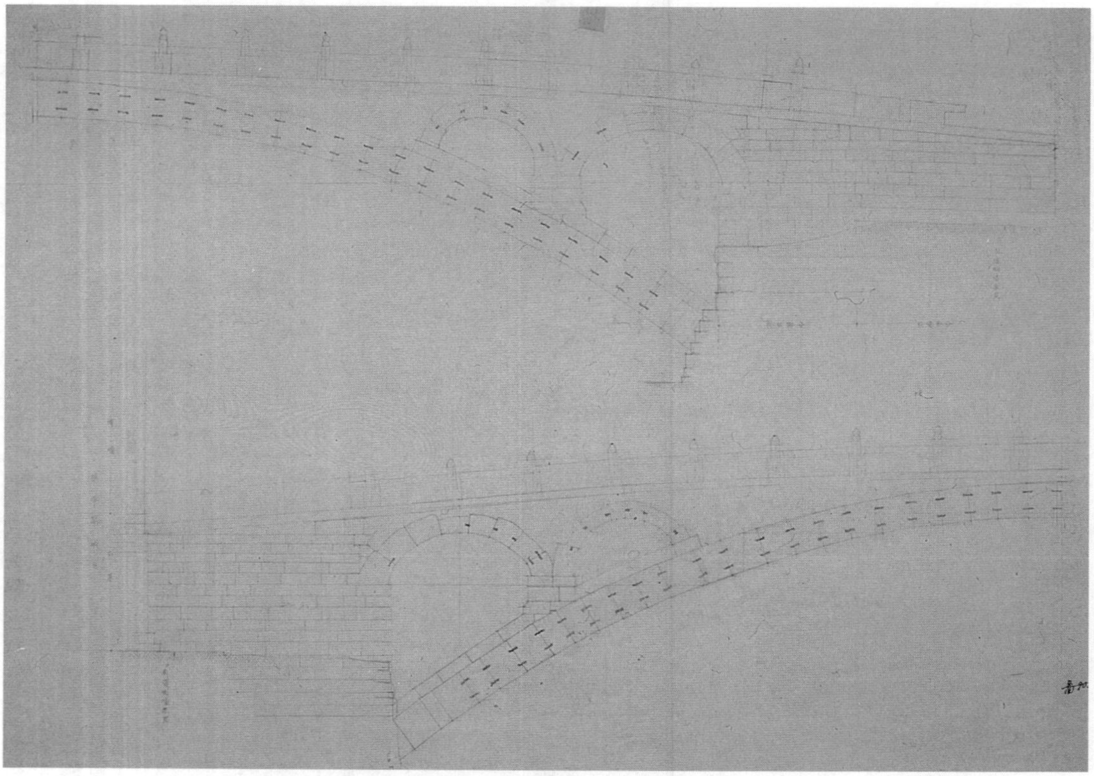

图 15-0-34　1958 年安济桥券洞修整大样

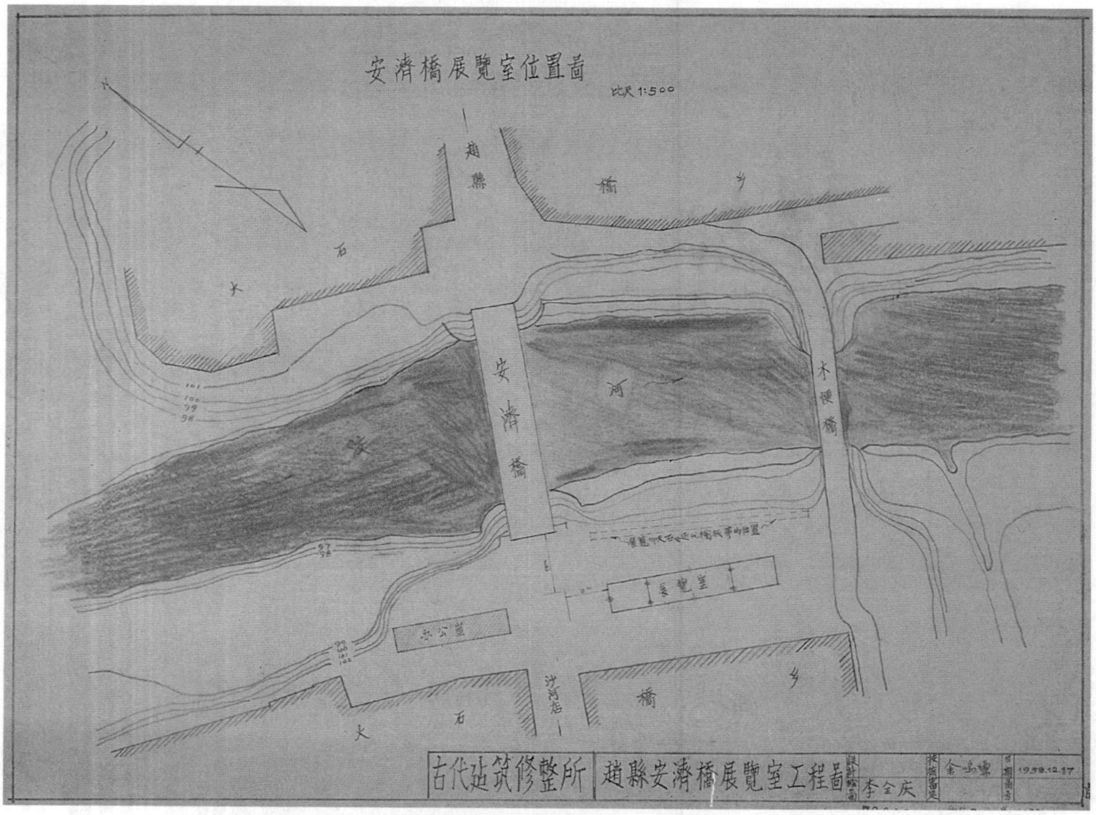

图 15-0-35　1958 年安济桥展览室位置图

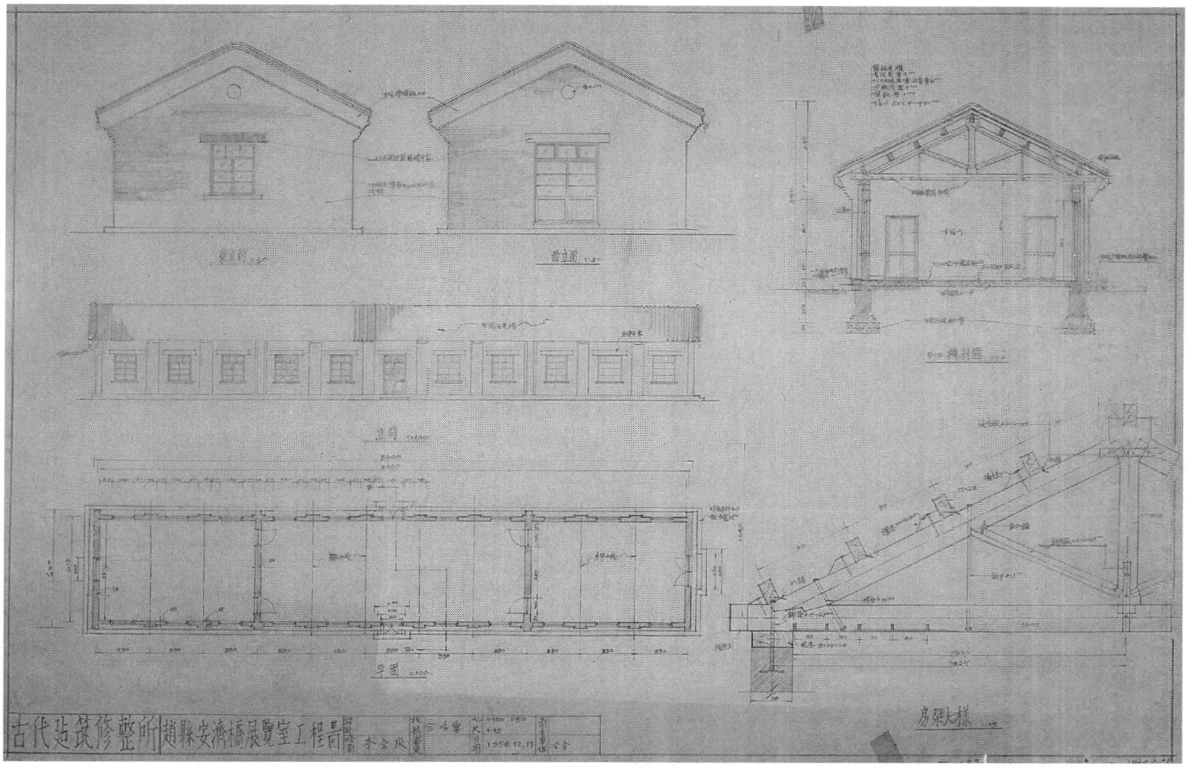

图 15-0-36　1958 年安济桥展览室设计图

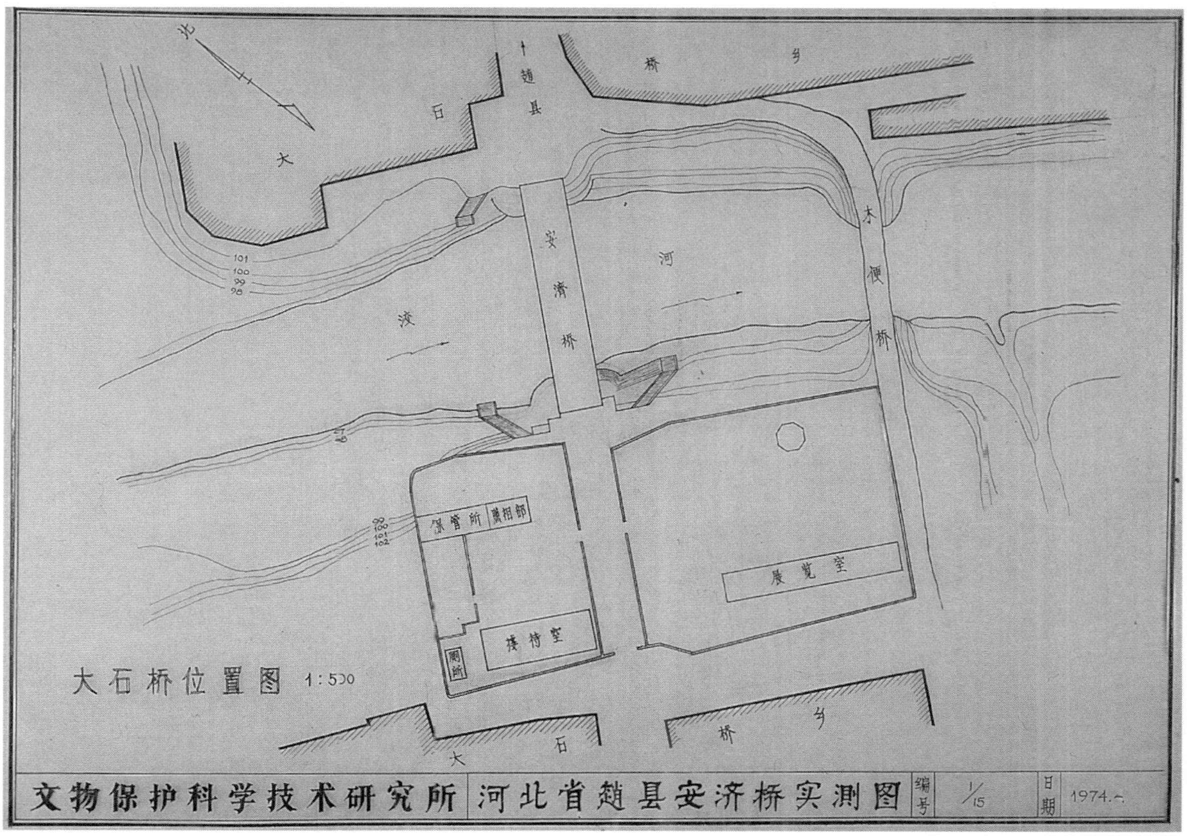

图 15-0-37　1974 年安济桥地形图

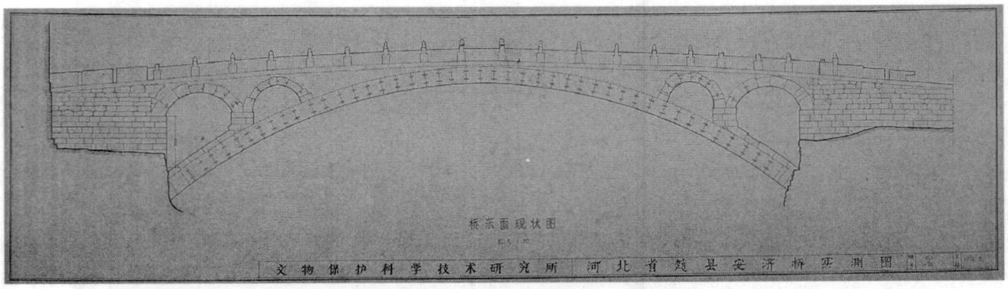

图 15-0-38　1974 年安济桥东侧状况图

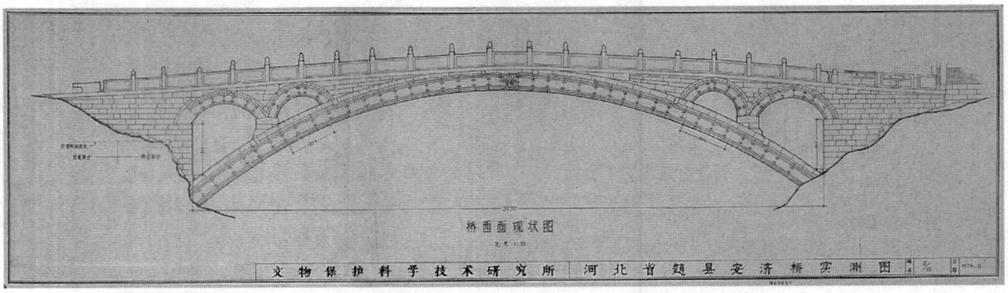

图 15-0-39　1974 年安济桥西侧状况图

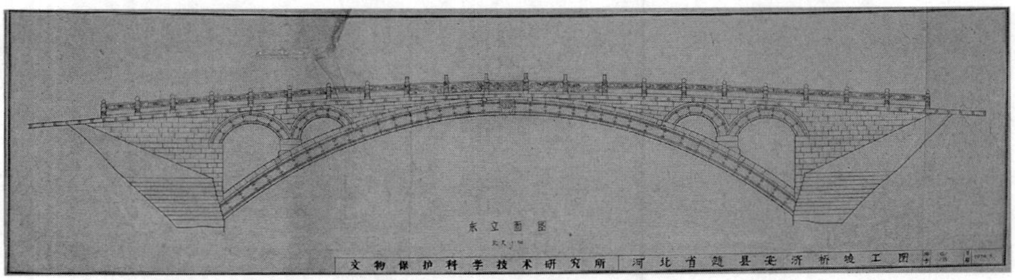

图 15-0-40　1974 年安济桥东立面图

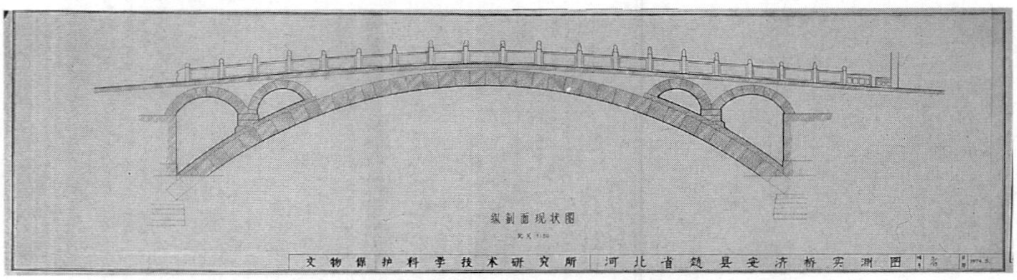

图 15-0-41　1974 年安济桥纵剖面图

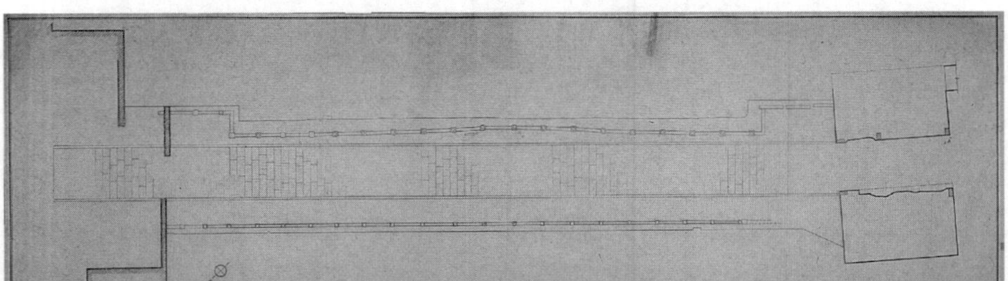

图 15-0-42　1974 年安济桥平面图

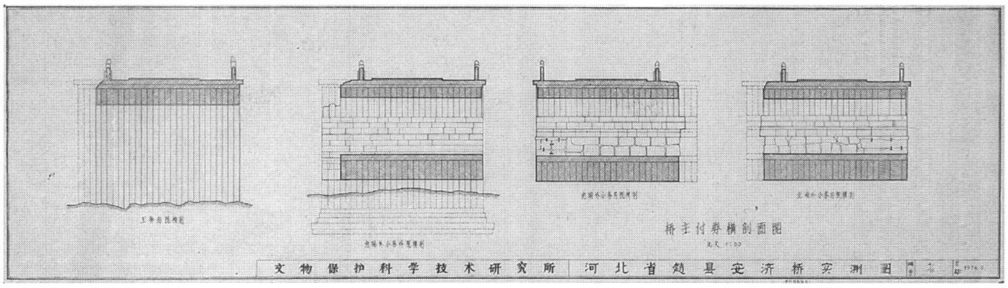

图 15-0-43　1974 年安济桥主、副券横剖面图

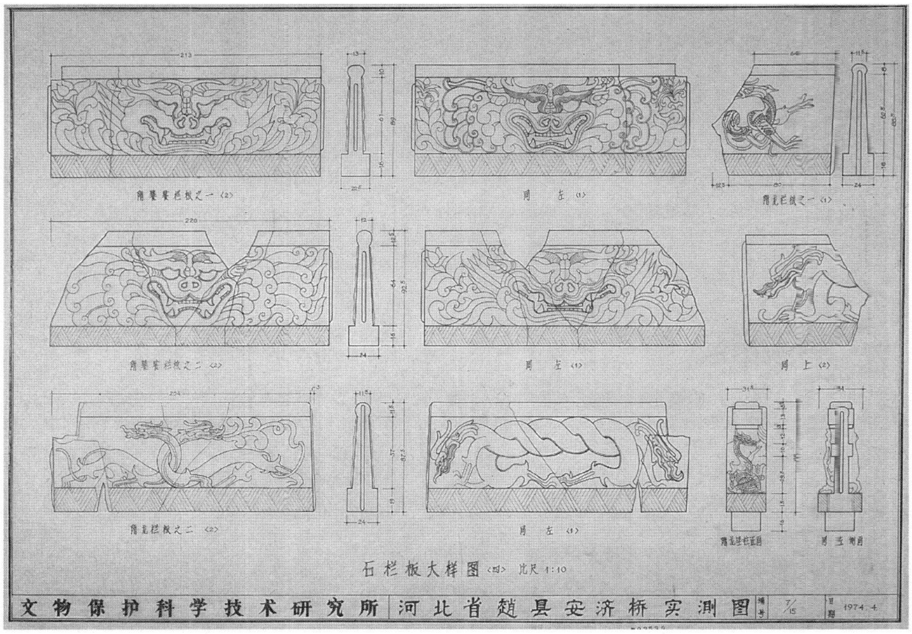

图 15-0-44　1974 年安济桥馆藏栏板大样图 1

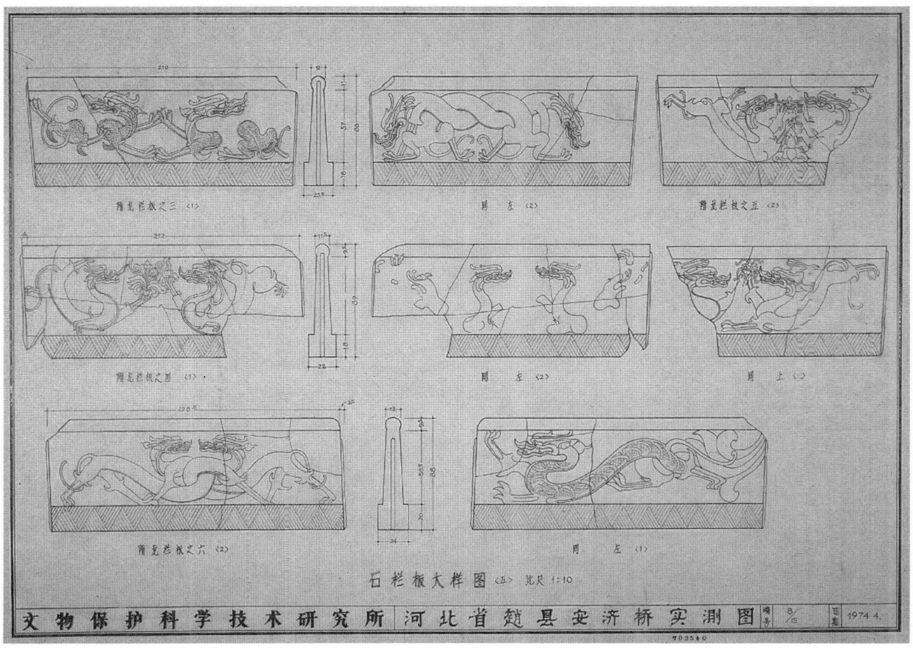

图 15-0-45　1974 年安济桥馆藏栏板大样图 2

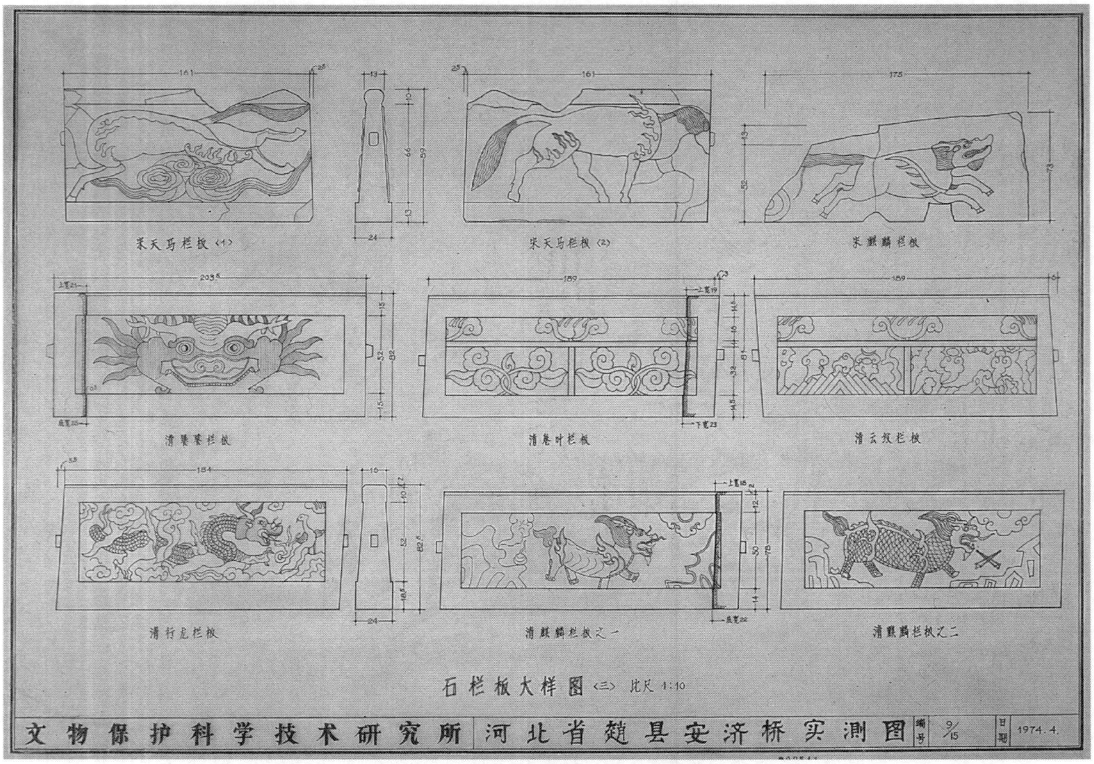

图 15-0-46　1974 年安济桥馆藏栏板大样图 3

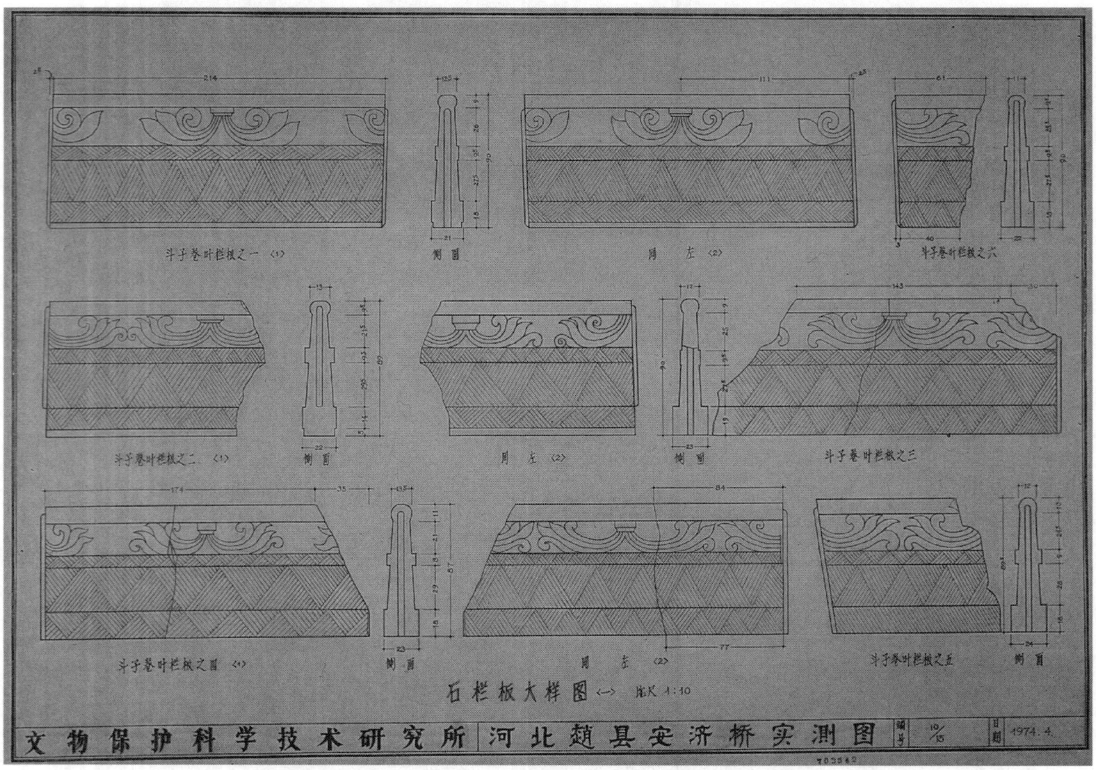

图 15-0-47　1974 年安济桥馆藏栏板大样图 4

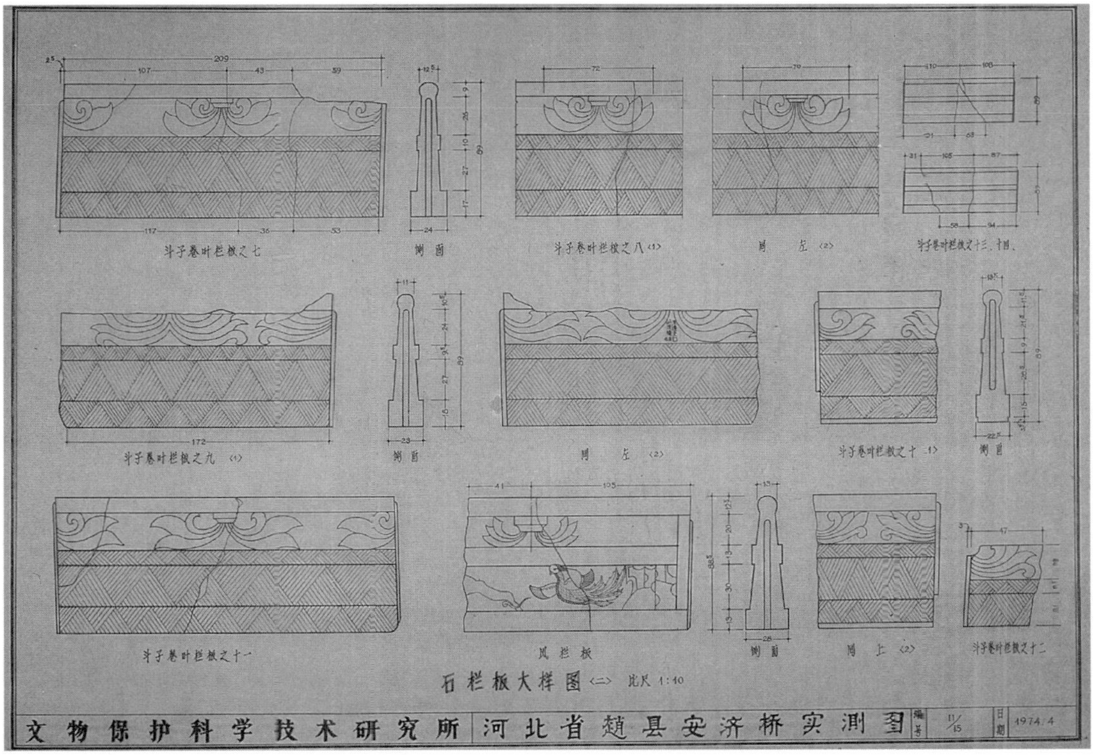

图 15-0-48　1974 年安济桥馆藏栏板大样图 5

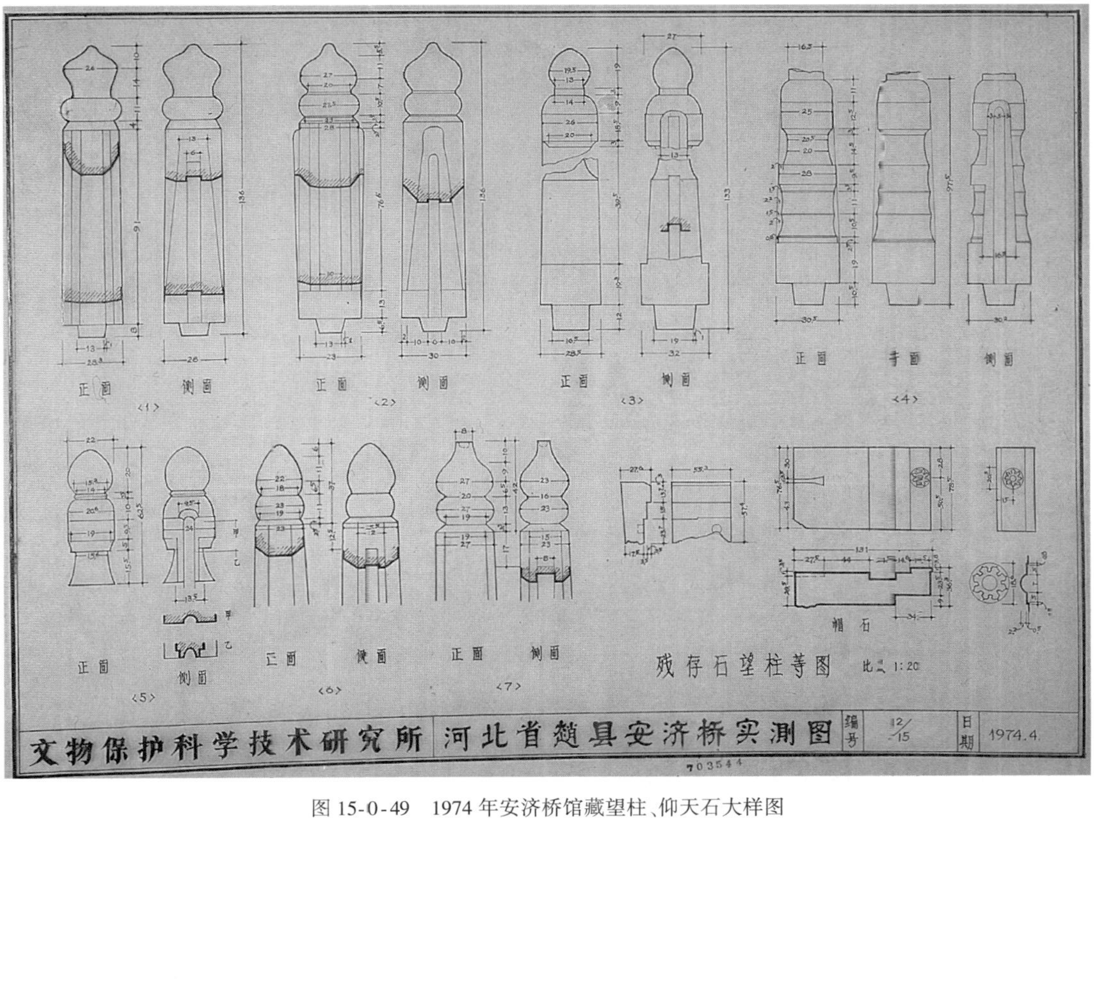

图 15-0-49　1974 年安济桥馆藏望柱、仰天石大样图

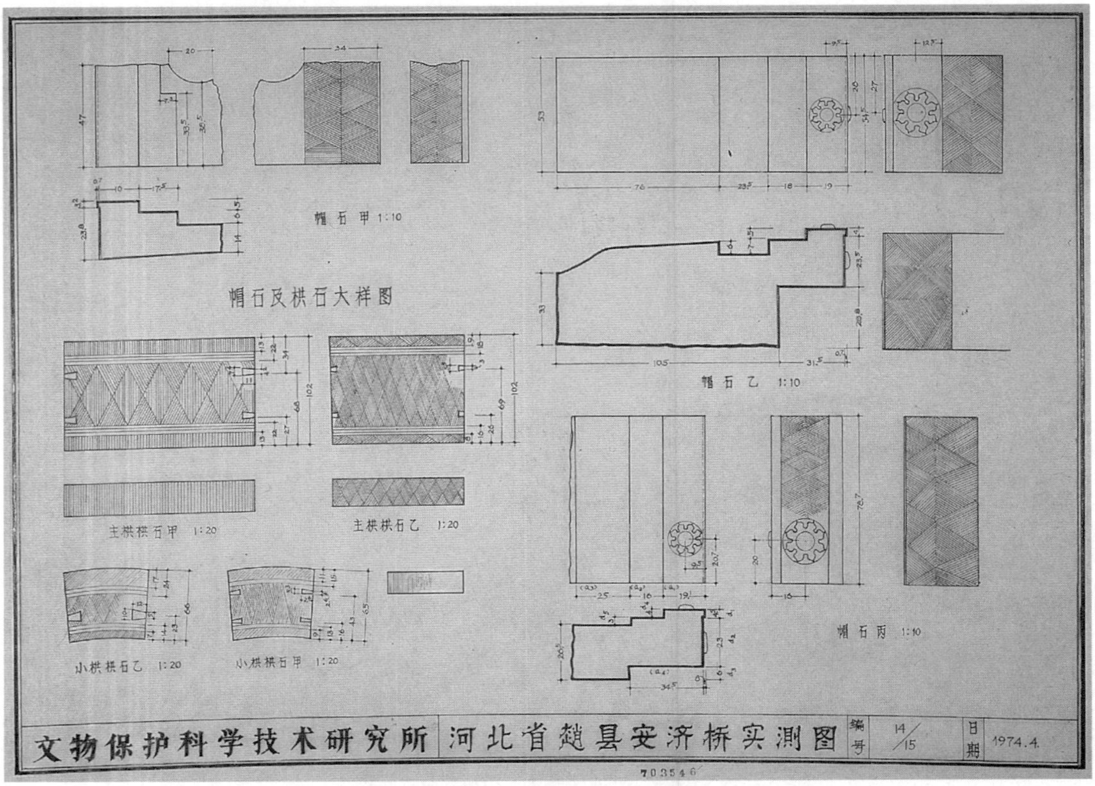

图 15-0-50　1974 年安济桥馆藏拱石、仰天石大样图

图 15-0-51　1974 年安济桥主券券脸石螭首实测图

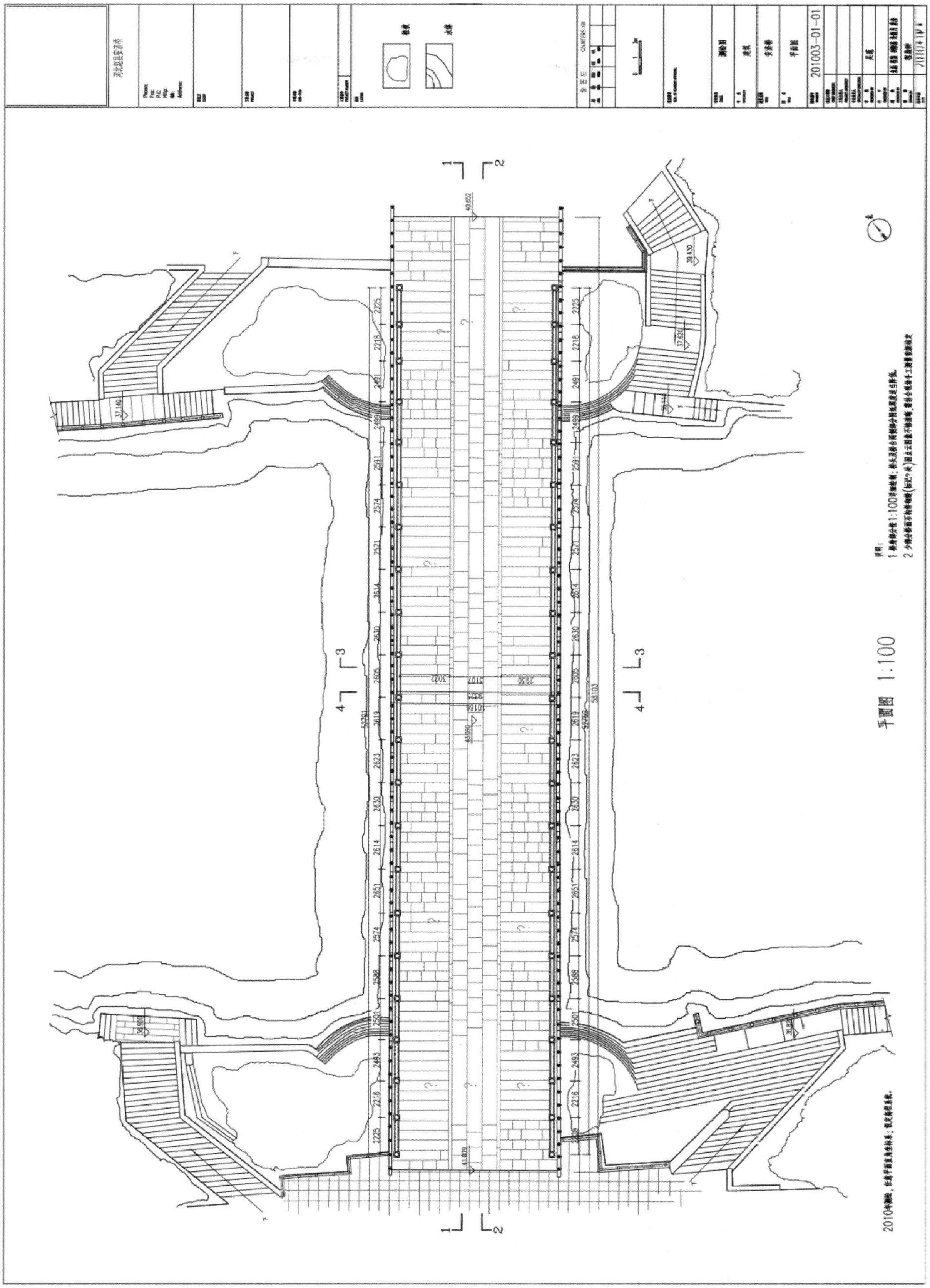

图15-0-52 2010年赵州桥平面图

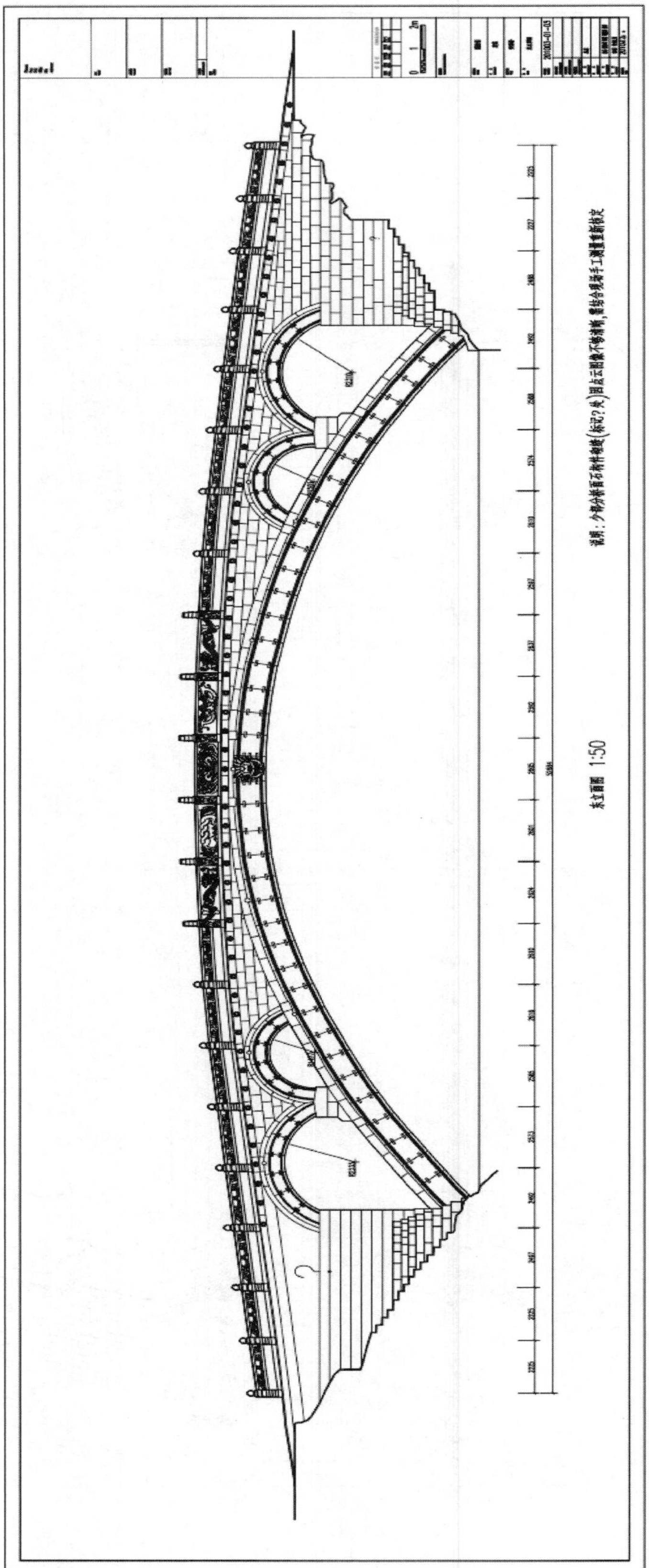

图15-0-53　2010年赵州桥东立面图

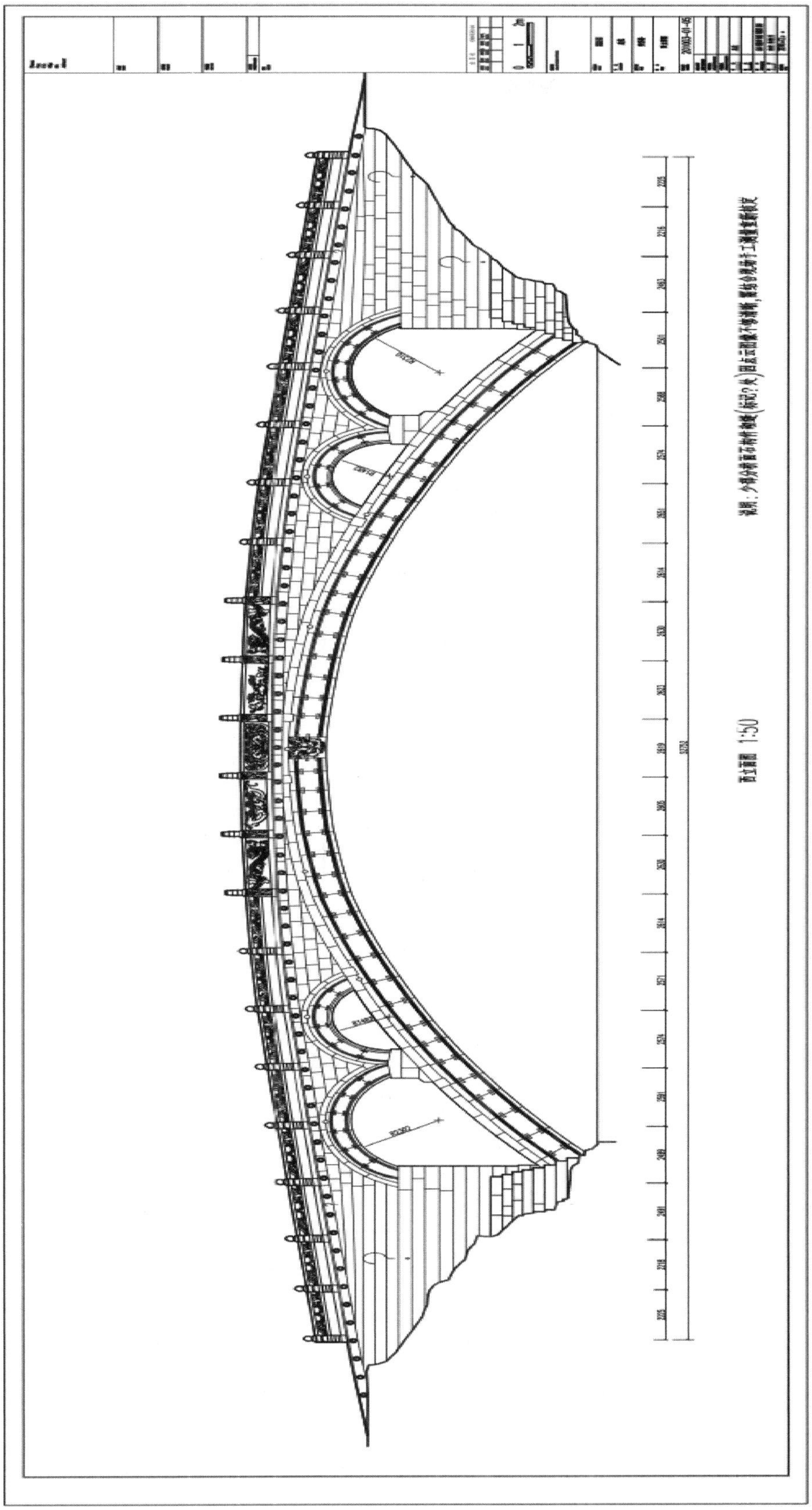

图15-0-54　2010年赵州桥西立面图

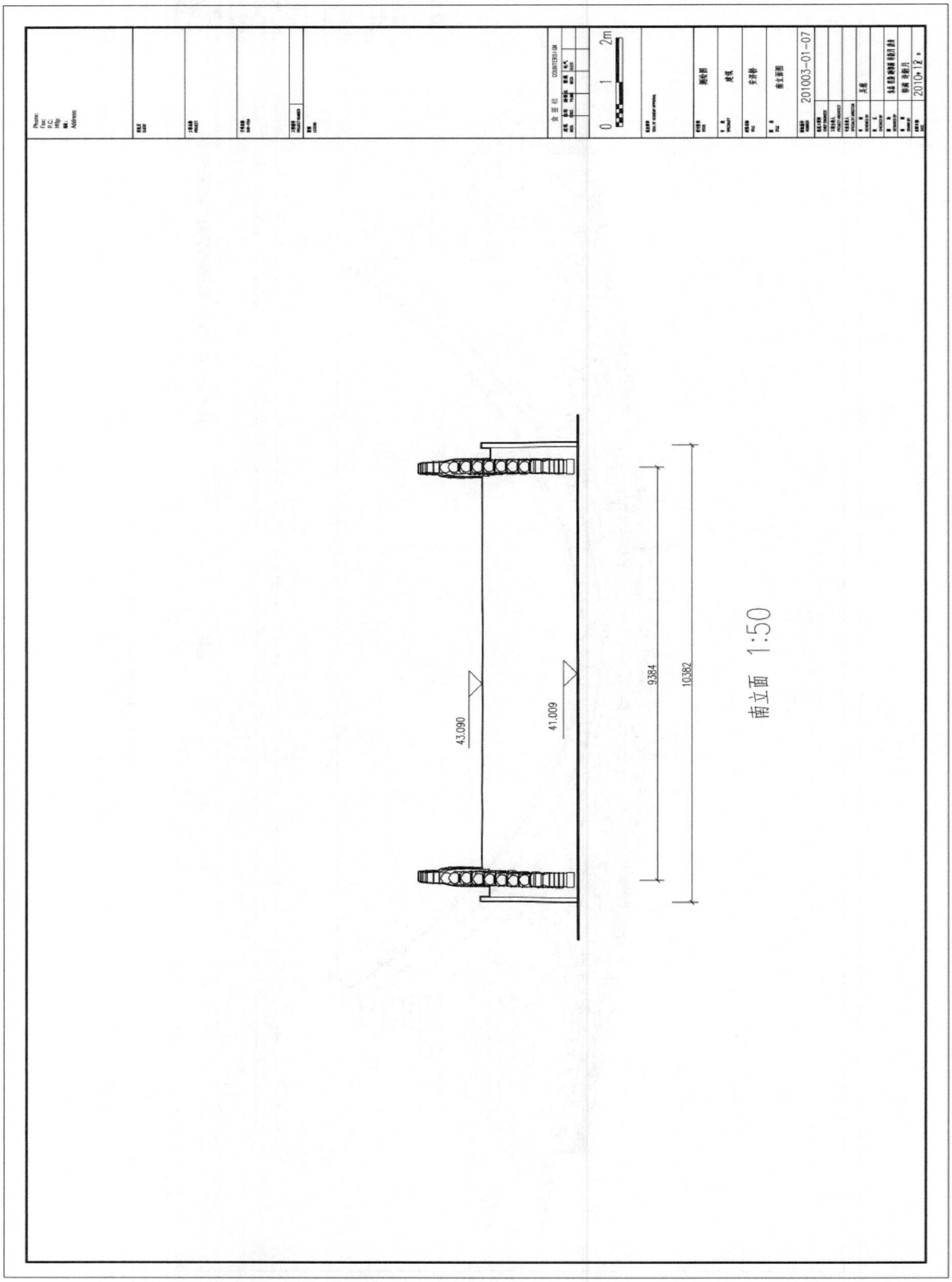

图15-0-55 2010年赵州桥南立面图

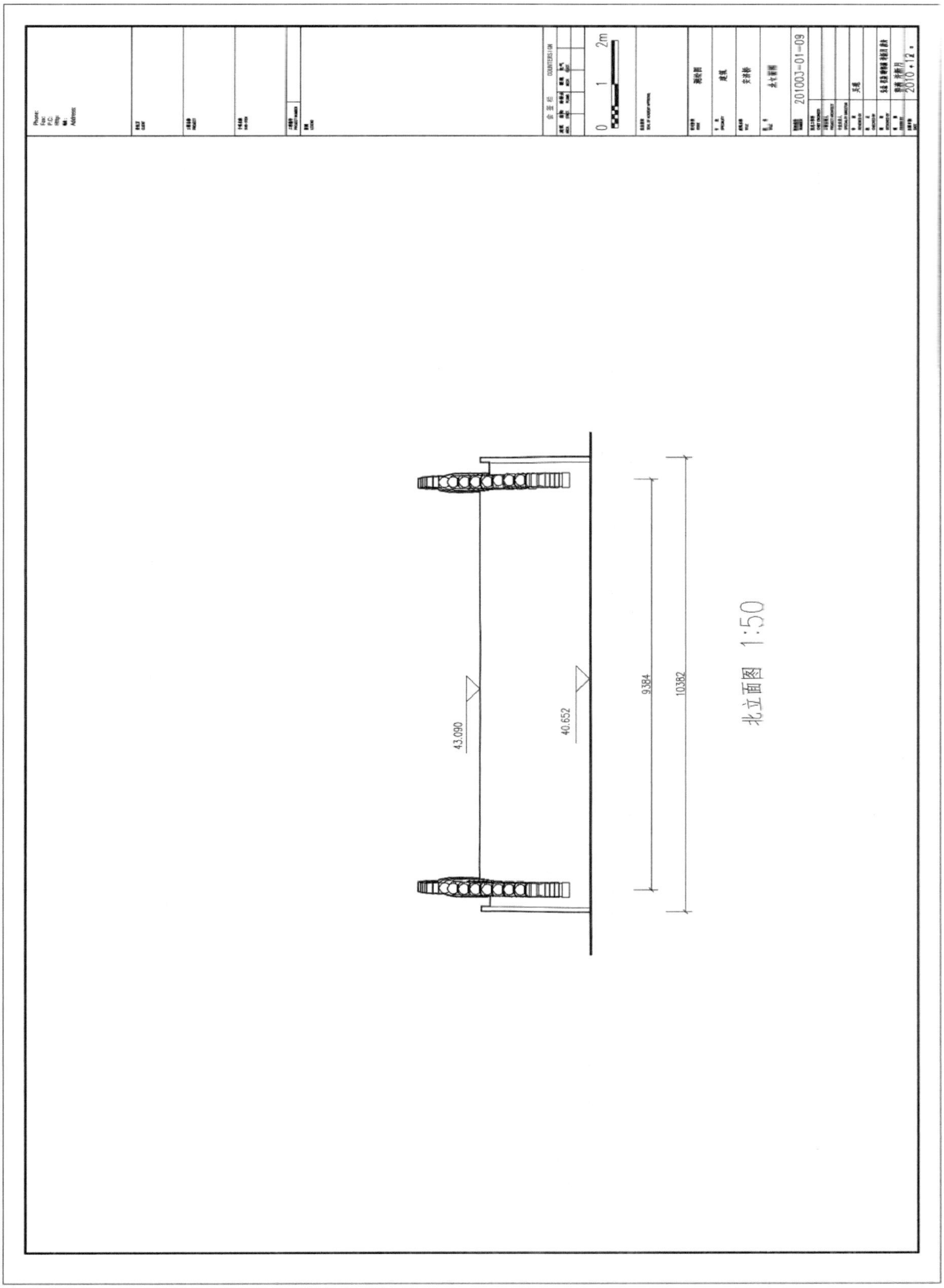

图15-0-56　2010年赵州桥北立面图

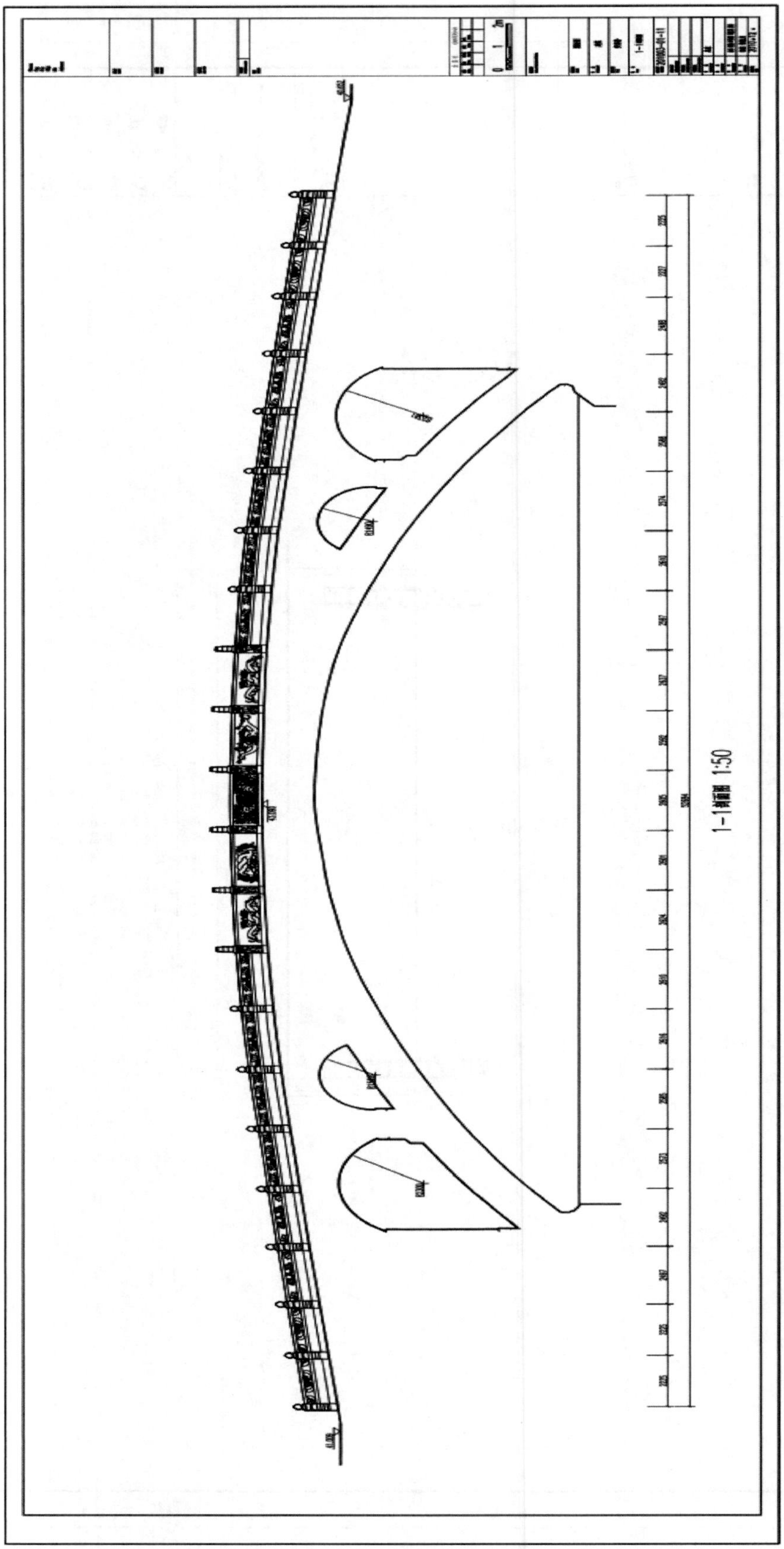

图15-0-57 2010年赵州桥东侧剖面图

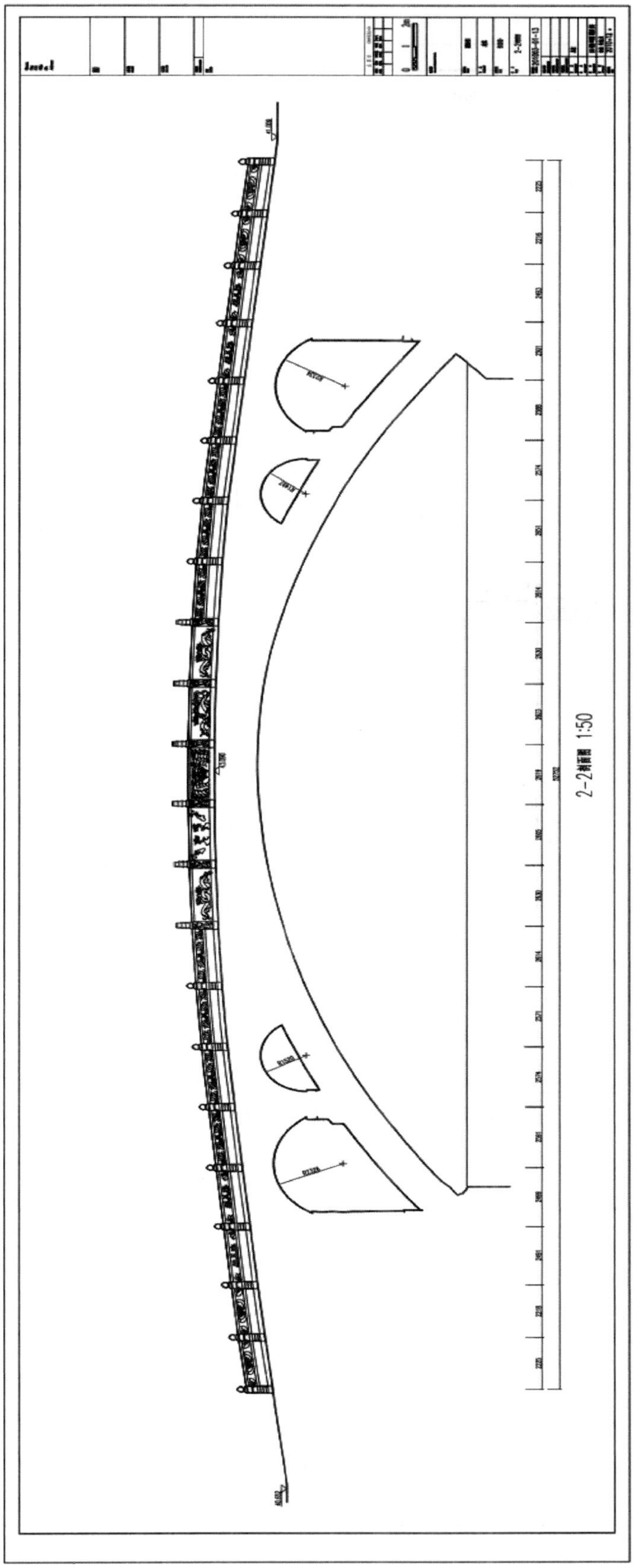

图15-0-58　2010年赵州桥西侧剖面图

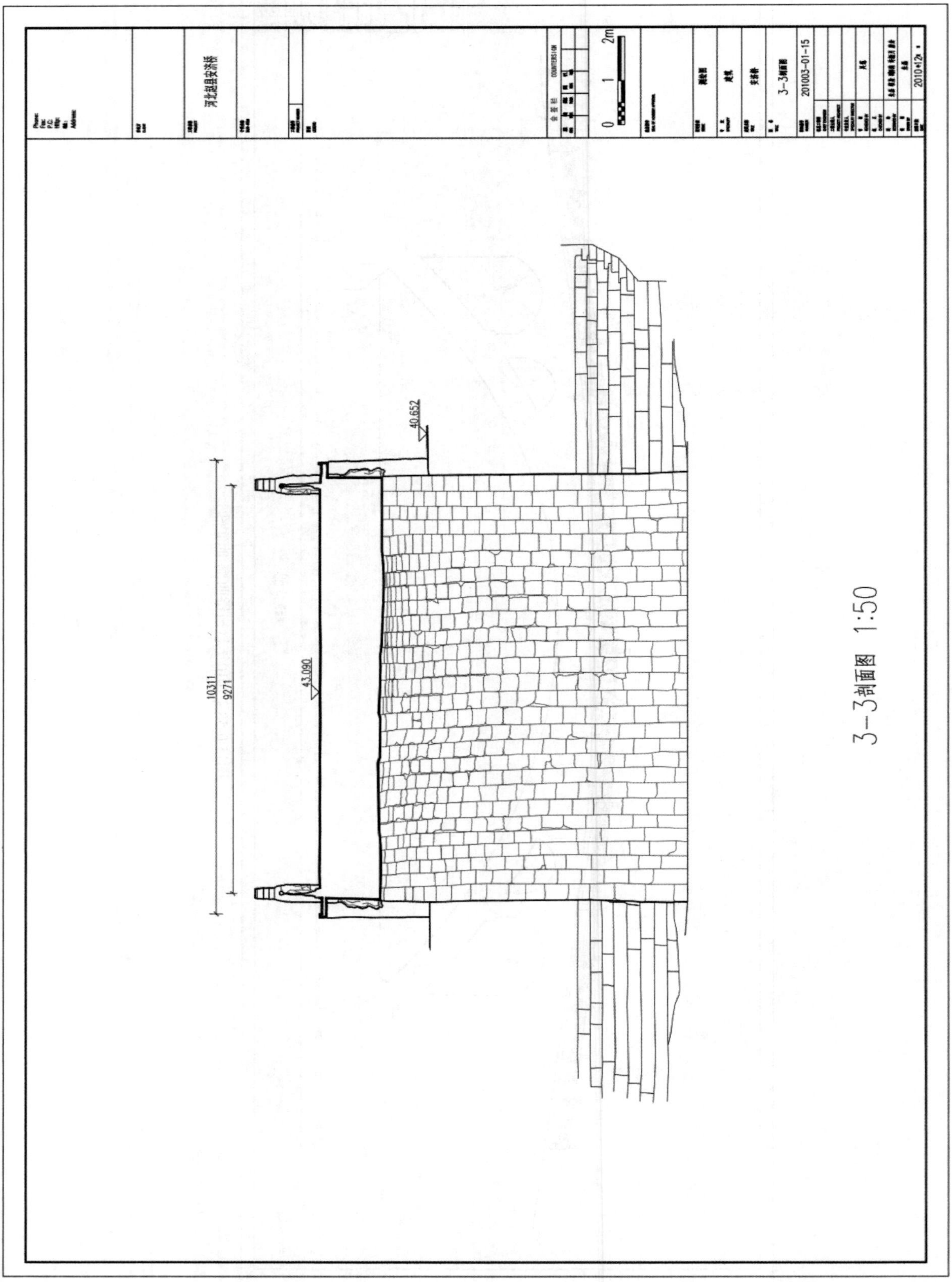

图15-0-59 2010年赵州桥南侧剖面图

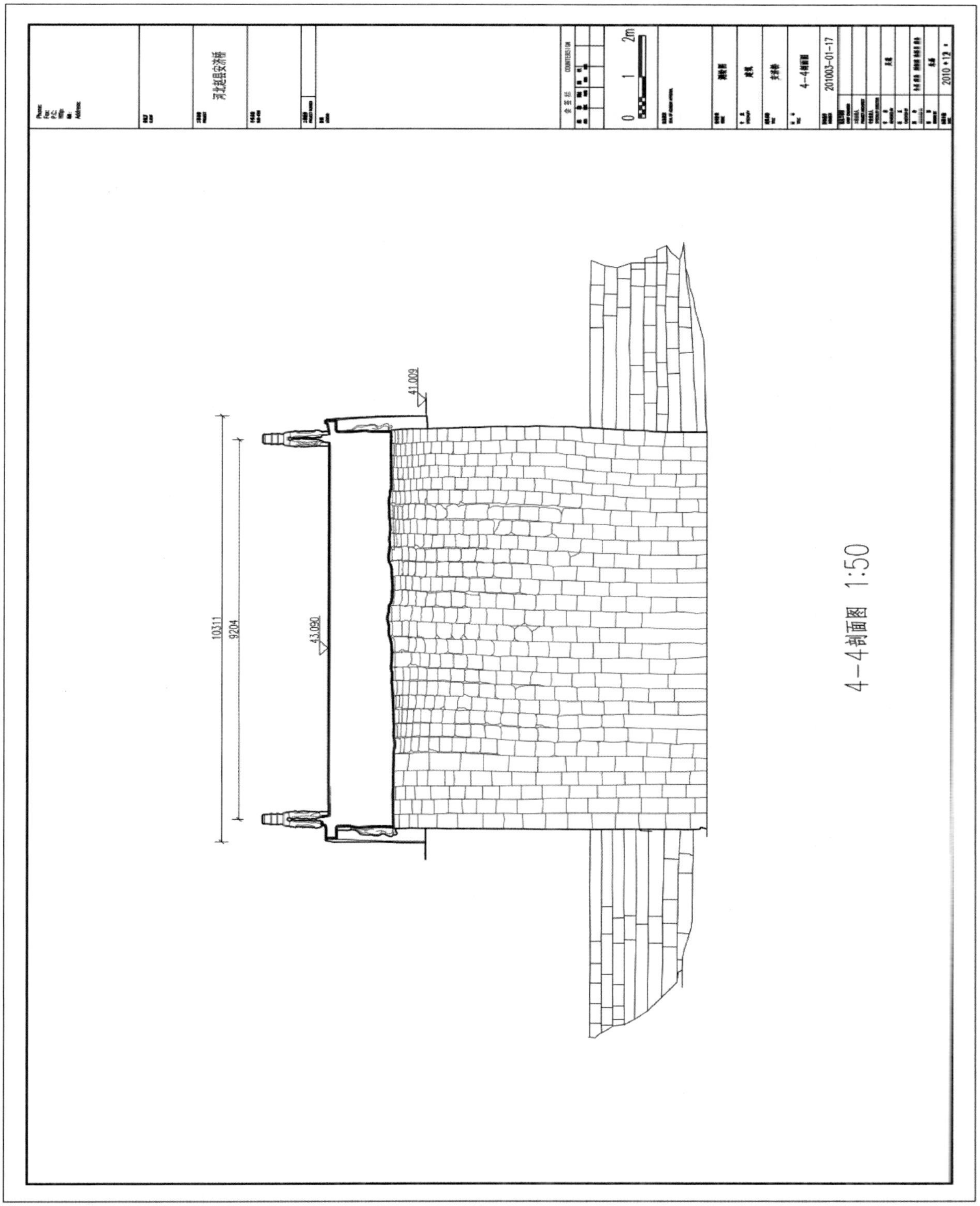

图15-0-60　2010年赵州桥北侧剖面图

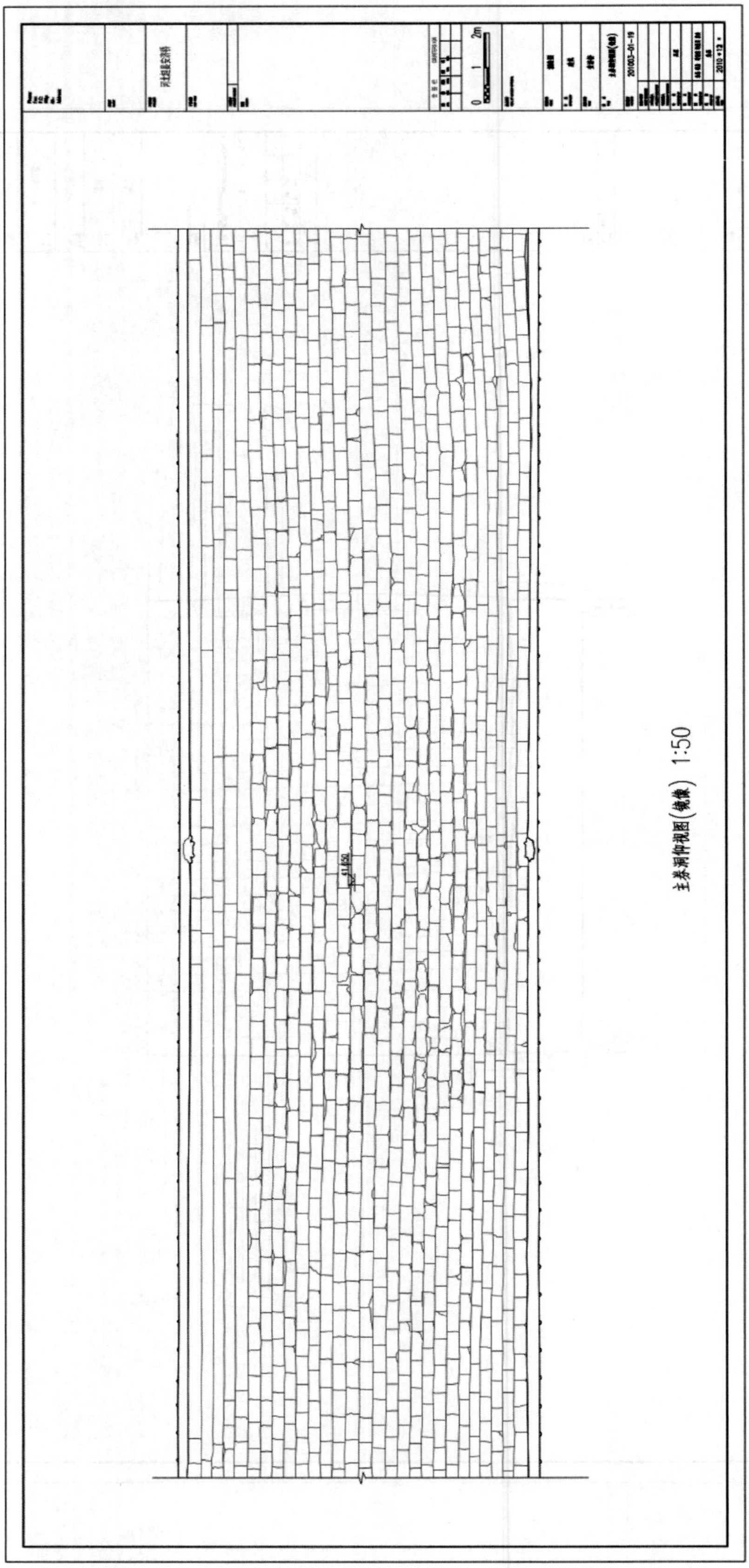

图15-0-61　2010年赵州桥北侧剖面图

大　事　记

隋代

隋代匠师李春在赵郡洨河上建造石桥(赵州桥)。

大业元年(公元605年),在桥北洞上有一游客刻石,文曰:"尧山镇李□乙丑记……"

唐代

武德七年冬至八年秋(公元624—625年),玄奘法师东游赵州桥,驻锡观音院拜道深法师学经《成实论》。

龙朔中(公元661—663年),高丽谍者盗二狮子去后,复募匠修之,莫能相类者。

天后时(公元674年),默啜(chuò)突厥攻赵州,大军兵马车辆践踏碾轧赵州桥。

开元十三年(公元725年),参军刘涣作《赵州大石桥铭》,唐中书令张嘉贞继刘涣著文《石桥铭序》。

李翱作《赵州大石桥铭》。

建中三年(公元782年),张彧(yù)撰文《赵州大石桥铭并序》。

贞元九年(公元793年),四月十九日,第一次修缮赵州桥。

开成三年(公元838年),日本高僧仁,号慈觉,随日本遣唐团到中国,游览赵州桥后住宿开元寺。

会昌六年(公元848年),从谂禅师游览赵州桥后驻锡赵州观音院。

宋代

治平三年(公元1066年),真定僧人怀丙,第二次修缮赵州桥。

元祐间(公元1086—1094年),宋哲宗赵煦(xù)皇帝,北巡途经赵州,赐赵郡洨河石桥正名为"安济桥",安济桥名始于此。

元代

大德六年(公元1303年),刘百熙赋诗《安济桥》,留下"水从碧玉环中过,人在苍龙背上行"千古名句。

明代

嘉靖四十一年夏至四十二年冬(公元1562—1563年),第三、四、五次修缮赵州桥。

嘉靖年间(公元1552—1567年),为保护安济桥,便利行人,避免车马拥挤,在桥西边洨河上修浮桥一座。

隆庆六年(公元1572年),在安济桥南端建成三义庙,清代改名关帝阁。

万历二十五年秋(公元1597年),第六次修缮赵州桥。

崇祯二年(公元1629年),增建关帝阁前殿。

清代

乾隆十五年(公元1750年)、四十五年(公元1780年)、四十九年(公元1784年),高宗弘历皇帝三次南巡游览安济桥。

根据民间传说,明末安济桥西侧外边五道拱券坍塌,于乾隆年间(公元1736—1795年)得到修缮。

嘉庆二十二年(公元1818年),赵州知州李景梅(河南上蔡人)书题"古桥仙迹"匾额大字,悬挂在关帝阁正殿上。

道光元年(公元1821年),第七次修缮赵州桥。

道光元年(公元1821年),在关帝阁北侧桥面东西两侧建柴王庙和鲁班庙。

光绪二十七年(公元1901年)十月,光绪皇帝、慈禧太后离西安回北京途径安济桥。

中华民国

民国六年(公元1917年),赵县连降暴雨七昼夜,洨河洪水迅猛,安济桥经受了考验。

民国九年(公元1920年),安济桥东券坍塌两拱。

民国二十三年(公元1934年),桥梁专家梁思成考察、测量安济桥。

民国二十六年(公元1937年)十月,侵华日军飞机炸毁安济桥头关帝阁。

民国三十一年(公元1942年),八路军一二九师政委邓小平在抗日战争间隙参观安济桥,了解抗日情况。

民国三十三年(公元1943年)十月,杨秀峰等一行9人到赵县视察抗日工作,曾驻足安济桥。

民国三十四年(公元1945年),苏联专家和中共中央首长参观安济桥。

民国三十八年(公元1949年)三月,刘(伯成)、邓(小平)大军南下,部分军队从安济桥上走过,目睹天下第一桥雄姿。

中华人民共和国

1951年,中华人民共和国文化部专家到赵县调查安济桥等文物保护情况,申报修缮安济桥。

1952年5月12日,文化部批准修缮安济桥。

1952年8月,中国桥梁专家罗哲文、祁英涛、里正等亲赴赵县调查安济桥等文物保护状况。

1952年11月5日,北京文物整理委员会派余鸣谦、罗哲文、祁英涛等五人并约请清华大学刘致平、天津大学卢绳去安济桥进行勘测、设计,制定出安济桥修缮方案。

1953年10月,为修缮安济桥做准备,在桥东六十米处新建木便桥一座,由河北省交通厅设计,石家庄专区建筑公司施工,于十一月底竣工。

1953年10月,发现一块一面刻飞马一面刻走马的栏板,当年桥东西两侧开始了发掘,掘出三块栏板还有几块八瓣花的帽石。

1954年4月19日,北京文物整理委员会报送文化部社会文化事业管理局关于安济桥的修缮初步方案。

1954年6月,继续发掘,掘出了两块斗子卷叶式栏板和斗子竹节式望柱,可惜因为遇到洪水仓卒中止。

1954年8月4日,文化部函告河北省文化事业管理局将安济桥东新修木桥移交省交通部门管理使用。

1954年8月26日,北京文物整理委员会将赵县《安济桥栏板设计说明书》及图样报文化部社会文化事业管理局。

1955年1月,文化部邀请有关单位讨论保护修缮安济桥问题。出席人:蔡方荫(第二轻工业部)、周家模(铁道研究所)、黄京群、庞大为(公路总局)、吕书元、王思武(河北省交通厅)、俞同奎、和良弼、祁英涛(北京文物整理委员会)、张珩、陈滋德、陈明达(文化部社会文化事业管理局)。讨论的初步意见是:加固现状,修整时尽可能地恢复原状。不重拆、重砌。

1955年5月,结合施工,在桥东西26.0m的范围内进行了比较全面的发掘,发掘结果得到八瓣花帽石27块(累计)、龙类栏板9块(累计),另望柱、题石多块。

1955年6月,赵县安济桥修缮委员会正式成立,由十个单位组成:赵县人民委员会、赵县文化科、赵县公安局、赵县一区区公所、大石桥乡人民委员会、河北省文化局、河北省公路局、北京文物整理委员会、交通部公路总局、文化部社会文化事业管理局。6月3日,安济桥修缮委员会召开第一次会议,选出曹拔萃为主任委员,郭瑞恒为副主任委员,张同昌为秘书,其余各单位为委员,并由赵县人民委员会、北京文物整理委员会、赵县文化科、河北省公路局、赵县大石桥乡人民委员会五单位代表组成驻会委员会,办理日常工作。会议讨论了《赵县安济桥修缮计划草案》。文化部核准该桥修缮经费266 652 059元(1955年前旧人民币币值)。

1955年8月,赵县安济桥修缮委员会,根据文化部专家调查意见,制定了详细的赵县安济桥修缮计划。

1955年10月4日,文化部文物局批复关于安济桥修缮设计的原则:(1)西面完全按照现存形状修缮设计。(2)东面按照挖出石块或现存残痕设计。(3)东面原状不能从挖出石块或现存残痕决定之部分,则按西面形状设计。

1955 年 10 月 18 日,文化部文物局关于主拱撞拱石设计问题的指示:(1)四个小拱的撞拱石,按西面现状及挖出石料均未见有雕饰,故此次修缮也不应加雕饰。(2)主拱撞拱石雕饰图案即速设计。

1955 年 10 月 19 日,安济桥修缮委员会第二次会议召开。曹拔萃报告委员会的工作情况。郭瑞恒报告工程进度、财务开支和劳力使用等情况。余鸣谦报告工程结构施工、式样和其他 21 项现存问题。根据工作需要,会议一致同意聘请赵县工商科(代表劳动科)为本会之委员。

1955 年 11 月,开始桥面拆除,在拆除过程中又拆出了故事类栏板 3 块、金代小栏板 3 块、十六瓣莲花帽石 2 块。

1955 年 11 月 17—26 日,拆除旧桥面,发现主拱和小拱背上共有 9 道矩形断面铁梁已锈蚀不堪;主拱拱背各道拱石间均有腰铁相连,以资横向联系;拱石中有治平三年(公元 1066 年)游人题石一块。

1955 年 11 月 30 日,由社会文化事业管理局张珩处长陪同公路总局两同志,以及中央设计院黄强,北京市建设局林是镇到安济桥勘查,认为桥的主拱拱石残破不是十分严重,可采用"压力灌浆"方法注入水泥砂浆加固。

1956 年 3 月 5 日,文化部文物局对安济桥栏板设计第五方案的批复意见:(1)可以肯定的如正中龙头栏板及望柱可以雕制安上,其余不能肯定部分待继续发掘研究,在较有充分根据时再定。(2)目前为了行人安全和外观完整,可制或素石栏板,其余尺寸可以大一些,以备将来仍可以雕刻使用。(3)为了保证雕刻复制的正确性,可进行一些翻模及点线机的试验工作。

1956 年 5 月 22 日,修缮三拱东侧原坍毁三券,同时将相邻的裂闪两券也拆落,五券全部重砌,自 3 月 30 日至 5 月 12 日全部砌完,共砌筑拱石 142 块,合 44.702 立方米。

1956 年 6 月,古代建筑修整所祁英涛和清华大学刘致平到安济桥对帽石的排列进行了调查研究。

1956 年 8 月 5 日,赵县连日大雨,洨河洪水上涨,下午安济桥上的两个小拱也开始过水,桥台上水深 0.17 米。此次水位比 1954 年水位高出 1.61 米。

1956 年 9 月上旬至 10 月 15 日,4 个小拱修缮完工。

1956 年 11 月 5 日,安济桥修缮委员会召开第四次会议,由郭瑞恒报告一年来安济桥修缮工程情况。实用工程费用约 23 万元左右。使用主要材料:水泥 200 吨、青砖 15 万块、石料 462 立方米(内有旧石加工 83 立方米)、木料 280 立方米、铁料 80 多吨。

1956 年 11 月 6 日,文化部文物局专家组对安济桥修缮工程(不包括栏板)验收,认为工程质量符合要求。

1956 年 11 月,河北省人民委员会公布赵县安济桥、永通桥、陀罗尼经幢等为省重点文物保护单位。

1956 年 12 月,赵县文物保管所成立,至 1991 年文物保管所先后对赵县所有文物进行了三次普查,并建立了文物档案。

1958 年 4 月 22 日至 7 月 22 日,北京市建筑艺术雕塑工厂试雕安济桥栏板。

1958 年 7 月 11 日,赵县文物修缮委员会向文化部文物局报送安济桥栏板恢复方案。

1958 年 7 月 12 日,文化部文物局电话通知:同意安济桥栏板恢复方案。

1958 年 8 月,在安济桥南新建办公室、接待室并栽树绿化。

1958 年 9 月 10 日,报请将间有雕龙栏板的 12 根竹节望柱改雕龙望柱。

1958 年 9 月 27 日,文化部文物局批复同意安济桥栏板望柱改雕 12 根盘龙望柱。

1958 年 10 月,在洨河北岸修建安济桥停车场,占地 3 亩。

1958 年 11 月 4 日,文化部文物局罗哲文、古代建筑修整所纪思等专家组验收安济桥栏板工程,工程通过专家验收。

1958 年 11 月 2 日,波兰外宾参观安济桥,这是修缮后第一次接待外宾参观。

1959 年,经河北省文化局同意,在安济桥东南侧修建了仿清式八角亭和文物陈列室。

1961年3月4日，国务院公布赵县安济桥、永通桥、赵州陀罗尼经幢为第一批全国重点文物保护单位。

1962年2月，古代建筑修整所会同河北省文化局往安济桥检查修缮后的情况并写了记录报告。检查人有祁英涛、杜仙洲、李全庆、李竹君、赵仲华、朱希元、孔祥珍、王汝蕙、梁超、何凤兰、尤熹、李方岚、孟浩、申天等14人。

1963年2月11日，文化部文物局王书庄、陈滋德、罗哲文和古代建筑修整所姜佩文、祁英涛、余鸣谦等人座谈安济桥修缮工程，并建议邀请有关专家去赵县安济桥参观检查。

1963年3月16—18日，文化部徐平羽、黄洛峰、王冶秋、王书庄及古建筑修整所祁英涛、李全庆陪同梁思成、茅以升、汪季琦、郭黛姮往赵县安济桥参观检查修缮工程。

1963年3月26日，文化部邀请梁思成、茅以升、汪季琦、郭黛姮座谈安济桥修缮工程。会上茅以升对安济桥从科学上进行了分析和讲解，对石桥的工程、结构给予了很高的评价。梁思成认为，安济桥修缮以后，从形象上看来“返老还童”了。他提出对古建筑的修缮应当“整旧如旧”。汪季琦则认为，新添材料和旧有材料在修缮中应有区别。

1963年，石家庄市生活、工业污水开始流入洨河，造成洨河严重污染，安济桥受到严重影响。

1965年，在安济桥头东南侧设置汉白玉文物保护标志(地名标志)。

1966年6月，“文化大革命”开始后，赵县中学等单位的“红卫兵”到赵州桥破“四旧”，要拆毁赵州桥，被文物保管所所长陶冶婉言说服，使古桥免遭一劫。

1967年2月，全国人大常委会副委员长廖汉生等考察赵州桥。

1970年，新西兰共产党总书记路易·艾黎等参观赵州桥。

1972年，赵县革命委员会在赵州桥南头西侧新建接待室一栋。

1972年3月，国务院公布赵州桥为旅游点，对外开放。

1973年5月，在赵州桥西南侧建成展览室，展出内容以赵州桥建桥史、结构特点为主。

1974年1月10—16日，国家文物保护科学技术研究所派李竹君、贾瑞广、姜怀英去赵州桥勘测，准备建立赵州桥的档案。

1974年5月，文保所将修缮赵州桥时挖掘出的隋至清代的栏板、望柱、建桥碑记、题名石等宝贵实物，经过整理，布置在陈列室内，供专家、学者研究及游人参观。

1979年5月8—14日，经国家文物局批准，中国社会科学院自然科学史研究所主持，北京建筑工程学院、北京市勘察处、赵县文物保管所等单位，对赵州桥桥台基础进行全面勘探，从此揭开传说赵州桥为圆形桥基之谜。

1980年至1993年8月，日中友好临黄协会访华团参拜赵州真际禅师塔的同时，到赵州桥参观。

1981年11月，上海科技出版社出版了黄梦平、李晋栓撰写的《中国赵州桥》一书，对国内外公开发行。

1982年，省文物局拨款1.6万元，在赵州桥附近建成赵县文物所库房，收藏新石器时代至清代的文物千余件(包括有关赵州桥的文物)。

1982年，茅以升《赵州桥》一文入选小学语文第五册；同时入选初中二年级语文课本，至今仍在沿用。

1983年6月11日，赵县教育局教研室、石塔实验小学绘制的《赵州桥》幻灯片，获河北省优秀电教、教科奖，并被中央电教馆选订。

1983年9月，冀鲁旅港同乡会一行百人参观赵州桥。

1984年4月10日，全国政协副主席，桥梁专家茅以升在赵县文化局局长赵长在、文物股长李晋栓陪同下参观赵州桥，并题词：“历尽沧桑一千三百余载李春的赵州桥为中华民族文化大放光芒”，高度评价赵州桥的不朽价值。

1984年5月至9月30日，赵州桥公园建成，建筑工程包括李春像、停车场、仿古阙式大门、围墙、售票室、服务部、照相部、保卫室、观月廊等，为接待游客服务。

1984 年 6 月，文化部顾问林默涵为赵州桥题词：“天下第一桥”。

1984 年 9 月 9 日，中共河北省委书记高扬亲赴赵州桥视察公园建设情况。

1984 年 9 月 30 日，赵州桥公园落成典礼举行，省、地、县领导和有关部门、新闻媒体的代表出席典礼仪式。

1984 年 11 月 5 日，公安部部长刘复之参观赵州桥时指示：“污水严重，如不解决，有失国体，危害人民健康，要抓紧解决。”

1985 年 4 月 23 日，中共中央书记处书记、全国人大常委会副委员长陈丕显考察赵州桥。

1986 年，公安部、外交部、国防部、文化部和国家旅游局公布赵县为全方位对外开放县，对赵州桥的开发建设提出更高要求。

1987 年，各国驻华大使馆武官参观团一行到赵县赵州桥观光旅游。

1989 年 12 月，李生田撰文《天下第一桥》，发表在《史志文丛》杂志上，全面介绍赵州桥的古今变化。

1990 年，河北电视台拍摄录制的电视剧《赵州桥传奇》向国内外播放，宣传赵州桥。

1991 年元月，中共中央政治局常委、全国政协主席李瑞环考察赵州桥。

1991 年 4 月 5 日，原《红旗》杂志主编、全国人大常委熊复在李怀珠陪同下参观赵州桥，题诗：“世称第一天下先，李春才学更无前。一桥飞虹架南北，不愧千载美名传。”

1991 年 5 月 11 日，全国政协副主席孙起孟在李国华、郑焕果、王振华陪同下参观赵州桥。

1991 年 6 月 7 日，农业部副部长王常柏在赵秀利陪同下参观赵州桥。

1991 年 6 月 8 日，中共中央顾问委员会委员、陶铸夫人曾志在邢崇智（时任中共河北省委书记）、赵秀利等陪同下视察赵州桥。

1991 年 6 月 14 日，中宣部常务副部长徐维城在韩立成、郑焕果等陪同下视察赵州桥。

1991 年 9 月 4 日，美国土木工程师学会名誉主席本·格威克在郝玉柱、赵秀利等陪同下，参加了在赵州桥举行的“国际土木工程历史古迹”铜牌纪念碑落成典礼。

1991 年 9 月 4 日，中国土木工程师学会在赵州桥树立石碑，碑文称：“世界著名古石桥赵州桥隋朝匠人李春建于隋开皇十五年至大业元年（公元 595—605 年），世界现存最早跨度最大的空腹式单孔圆弧石拱桥，一九九一年五月。”

1991 年 10 月 13 日，全国人大常委黄玉昆在陈停战、马绍忠等陪同下视察赵州桥。

1991 年 10 月 15 日，国务院新闻办主任朱穆之在韩立成、马绍忠、郑焕果、刘进堂的陪同下视察赵州桥。

1991 年 10 月 18 日，全国政协副主席马文瑞在郑焕果的陪同下参观赵州桥，题词：“奇特古桥世界之冠”。

1991 年 11 月，全国人大常委会常委黄玉昆在七届全国人大第十五次会议上作专题发言，呼吁重视赵州桥的保护工作，抓紧治理洨河污水。

1991 年 11 月 28 日，中共河北省委副书记吕传赞在马绍忠、赵秀利的陪同下参观赵州桥。

1992 年 1 月 8 日，物资部部长柳随年在李凤林的陪同下参观赵州桥。

1992 年 2 月至 9 月，李生田撰文《赵州桥何曰安济桥》，先后在《中国文物报》、《河北日报》、《河北文史资料》等报刊发表、转载，揭开了安济桥桥名之谜。

1992 年 4 月 11 日，河北省原副省长李峰在王联合陪同下参观赵州桥。

1992 年 4 月 14 日，河北省副省长陈立友在赵秀利、杜振海陪同下现场办公，研究污水治理方案。

1992 年 4 月 26 日，中共中央顾问委员会常委萧克在何英敏陪同下视察赵州桥，题词：“燕赵豪杰地，洨水灌东西，安济横南北，千载蒙其利。”

1992 年 6 月 3 日，中央民族文化司司长牟耕参观赵州桥。

1992 年 8 月，香港华达国际公司制版、河北日报社承印的《今日赵州》中英文对照大型画册出版发行，设专栏介绍赵州桥。

1992 年 8 月 29 日，日本、美国、新加坡、中国香港等地佛教界法师、居士参加赵州柏林寺普光明殿开光典礼后参观赵州桥。

1992 年 9 月，全国人大常委陶爱英在陈停战陪同下参观赵州桥。

1992 年 9 月 19 日，北京军区副司令员、北京卫戍区司令员阎同茂在周瑞刚陪同下视察赵州桥。

1992 年 11 月，中共西藏自治区原副书记任荣在赵秀利、张慎俭陪同下视察赵州桥。

1992 年，赵县人民政府提出“开挖新河，绕道排污”等几套局部治理洨河污水、保护古桥的方案。

1993 年 10 月，石家庄市政府会同环保、水利、交通、文物等部门，在赵县召开现场办公会，确定了赵州桥污水治理方案：“合理防渗，片石护坡，清淤浚河，污水绕行”。

1995 年 12 月 20 日，外交部副部长万永祥、国务院外办副主任吕聪敏参观赵州桥。

1996 年 1 月 1 日，全国人大民委副主任及贵州省人大常委会主任王朝文在郑焕果、李学中陪同下视察赵州桥。

1996 年 3 月 29 日，省政协副主席韩立星在周瑞刚、孟国忠陪同下参观赵州桥。

1996 年 6 月 5 日，全国人大常委会副委员长廖汉生参观赵州桥，题词：“安世济民赵州桥”。

1996 年 6 月 24 日，全国人大常委会副委员长彭冲在宋东发、郑焕果陪同下参观赵州桥。

1996 年 8 月 29 日，省长叶连松、市委书记陈来立陪同中央三讲巡视组组长阴法唐及其成员来赵州桥，李屏东、王俊林、张群生、黄宗直陪同视察。

1996 年 11 月 6 日，北京市政协副主席路松华在省政协副主席韩立星和周瑞刚陪同下视察赵州桥。

1996 年，赵州桥公园被确定为县级爱国主义教育基地。

1997 年 3 月 25 日，国务院特区办主任葛红尘在李屏东陪同下视察赵州桥。

1997 年 5 月 24 日，省委副书记卢展工视察赵州桥。

1997 年 8 月 26 日，省交通厅厅长路富裕在李屏东、宋东发陪同下参观赵州桥。

1997 年 10 月 12 日，美国中国文学院院长、美籍华人霍济光（冯玉祥之秘书）到赵州桥参观，题词：“赵州神桥千古神奇”。

1997 年 11 月 26 日，中纪委书记尉健行在宋东发、李屏东陪同下参观赵州桥。

1997 年，赵州桥被石家庄市委、市政府命名为石家庄市爱国主义教育基地。

1998 年 12 月，赵州桥景区扩建工程完成，拆迁大石桥村北头农户 96 户，增建仿唐大门、照壁、围墙、假山、雪玉亭、桥廊、碑林、八仙大道、停车场、游客服务中心等，并植树造林，进一步提高了赵州桥景区的品位和档次。

1999 年 4 月 11 日，全国政协主席李瑞环视察赵州桥。

1999 年 10 月，赵州桥被河北省委、省政府命名为河北省爱国主义教育基地。

1999 年 10 月 30 日，国务委员司马义·艾买提在省长钮茂生、副省长才利民、市委书记陈来立陪同下视察赵州桥。

1999 年 10 月 31 日，全国政协常委、民进中央副主席王立平在县长王俊林陪同下视察赵州桥。

1999 年 11 月 1 日，全国政协副主席杨汝岱在省政协副主席韩立成陪同下来赵州桥，县委书记李屏东、政协主席周瑞刚陪同视察。

1999 年 11 月 10 日，全国人大常委会副委员长布赫在市人大副主任诸明海陪同下视察赵州桥。

2000 年 4 月 1 日，中共中央政治局委员、国务院副总理钱其琛，在省委书记叶连松、省长钮茂生、市委书记陈来立陪同下来赵州桥考察河北旅游工作。

2000 年 7 月，赵州桥被评为石家庄十佳旅游景点。

2000 年 8 月 23 日，全国妇联副主席刘海荣在李屏东陪同下视察赵州桥。

2000 年 9 月 15 日，“创建中国优秀旅游城市”验收团到赵县赵州桥验收。

2000 年 10 月 20 日，台湾旅行家考察团一行 56 人到赵州桥考察。

2000 年 10 月 29 日上午，香港“健康快车之友”访问团一行 46 人到赵州桥参观。

2000 年 11 月 8 日，全国政协委员、中国书法家协会副主席刘炳森书写“中国赵州桥博物园”、“古今绝构”。

2001 年 2 月 23 日，首届河北龙文化学术研讨会在赵县召开，参加会议的专家学者（有全国民俗学会理事长刘魁元等）六十余人参观赵州桥并题词留念。

2001 年 4 月 6 日，市长藏胜业在市旅游局和县委、县政府主要领导陪同下到赵州桥参观考察赵县旅游业。

2001 年 3 月 8—9 日，赵州桥 1400 年纪念笔会在赵州宾馆举行。

2001 年 4 月 8 日，河北省副省长刘建生到赵州桥视察。

2001 年 4 月 13 日，北京党校县级党政干部培训班一行 150 人参观赵州桥。

2001 年 7 月 6 日，国家文物局文保司副司长晋宏逵在省文物局局长张立柱、省文物局副局长谢飞、市文物局副局长张献忠陪同下，到赵县考察赵州桥、柏林寺、陀罗尼经幢。

2001 年 10 月 23 日，省委书记王旭东在县委书记李屏东陪同下视察赵州桥。

2001 年 11 月 1 日，全国侨联副主席唐闻生在县委副书记崔云申陪同下视察赵州桥。

2001 年 11 月 5 日上午，中共中央总书记、国家主席江泽民视察赵州桥，并题词：“江泽民 2001 年 11 月 5 日于赵县赵州桥”。

2002 年 1 月 1 日，黑龙江省常务副省长、吉林省常务副省长一行 10 人在市长藏胜业陪同下视察赵州桥。

2002 年 4 月 6 日，中央计委副主任王春正在县长王俊林陪同下到赵州桥视察。

2002 年 4 月 14 日，前北京军区司令员李新良在市委书记吴振华陪同下视察赵州桥。

2002 年 5 月 2 日，原国家体委主任伍绍祖一行 4 人在市委书记吴振华陪同下视察赵州桥，题词：“桥连四方”。

2002 年 5 月 22 日，全国人大常委会副委员长何鲁丽一行 20 人在市委书记吴振华陪同下视察赵州桥。

2002 年 7 月 1 日，全国政协委员何竹康一行 4 人在县委书记李屏东陪同下视察赵州桥。

2002 年 7 月 9 日，中组部田炳辰等一行 7 人视察赵州桥。

2002 年 7 月 25 日，中共中央政治局常委，国务委员兼国防部长，中央军委副主席迟浩田，在中国人民解放军副总参谋长钱树根陪同下视察赵州桥。

2002 年 9 月 14 日，中国文联副主席冯骥才，省作协主席、省文联副主席铁凝一行参观赵州桥，题词：“最是有福赵州人”。

2002 年 9 月 19 日，国家旅游局规划资源处处长汪黎明、科长潘肖澎，在省旅游局质量规范与管理处处长马吕魁陪同下，对赵州桥公园进行了创建国家 3A 级景区检查验收。

2002 年 10 月 3 日，外交部副部长李肇星一行 20 人，在省委宣传部部长张群生、县委书记李屏东、县宣传部长李丰贵、旅游局长马东海等陪同下，视察赵州桥。李部长题词：“唯祖国永恒”。

2003 年 3 月 14 日，省作协主席、文联副主席铁凝及其父铁扬陪同一日本作家到赵州桥参观。

2003 年 6 月 20 日，赵州桥文化中心举行动工奠基仪式。

2003 年 8 月 20 日，香港旅游局局长周梁淑怡一行到赵州桥参观，题词：“赵州中华一桥”。

2003 年 11 月 16 日，省委书记白克明在市县主要领导的陪同下对赵州桥进行了视察。

2004 年 11 月 11 日，中共中央政治局常委李长春同志在省市县主要领导的陪同下到赵州桥爱国主义教育基地进行视察。

2005 年 4 月 9 日，国务院副总理宋平在赵祥军副县长陪同下视察赵州桥。

2005 年 4 月 16 日，全国政协副主席徐匡迪到赵州桥进行视察。

2005 年 5 月 3 日，全国人大常委会副委员长顾秀莲在县委书记罗二虎、人大常委会主任王振华陪同下视察赵州桥。

2005年6月1日,由国家文物局副局长黄景略、古建专家组组长罗哲文等组成的赵县申报历史文化名城专家评审组对赵州桥进行视察。

2005年6月23日,原北京市委书记李锡明在县委书记罗二虎陪同下视察赵州桥。

2005年11月1—3日,赵县县委、县政府在赵州桥公园举行中国赵州桥建成1400年庆典。

2010年4月,赵州桥景区被评为国家AAAA级旅游景区。

2011年3月,全国政协委员茅玉麟向全国政协十一届四次会议提出第0764号提案,建议对赵县文保所馆藏赵州桥石栏板、望柱及桥石等石刻文物加强科技保护。

2011年10月28日,赵县文物旅游局委托河北省文物保护中心编写《赵县文保所馆藏赵州桥石栏板及构件修复方案》。

2012年5—11月,经国家文物局批准,在赵州桥景区安装安防设备,昼夜对赵州桥景区进行监控。国家文物局补助专项经费100万元。

2012年5月14日,国家文物局批准《赵县文保所馆藏石栏板及构件抢救保护修复方案》。

2012年9月,赵州桥景区被确定为省级风景名胜区。

2013年1月7日,国家文物局批准赵州桥文物保护规划立项,补助专项经费100万元。

2013年10月20日,赵县文物旅游局与北京建筑大学建工建筑设计研究院签订合同,委托该单位编写《赵州桥文物保护规划》。

2013年11月,国家文物局批拨赵县文保所馆藏石栏板及构件抢救保护修复经费147万元。

2014年7月,北京建筑大学利用三维激光技术对赵州桥进行勘察、测绘。

2014年11月19日,赵县文物旅游局局长冯才钧局长、副局长郑永军、顾问李晋栓拜访赵州桥修缮委员会副主任、古建筑专家余鸣谦和桥梁专家夏树林。

2014年11月20日,《赵州桥志》编委在北京召开编撰工作会议,邀请北京建筑大学王健教授、胡达和教授、夏树林教授、龙佩恒教授、王锐英教授等参加。

参考文献

[1] 郑现居.赵县水利志[M],2003.

[2] 李生田,施维刚.中国赵州桥志[M].石家庄:河北科学技术出版社,1994,7.

[3] 黄梦平,李晋栓.中国赵州桥[M].上海:上海科学技术出版社,1981.

[4] 孙传栻.赵州志[M].清光绪丁酉刻本.

[5] 李晋栓.安济桥桥台基础勘探获新成果.中国文物报[N],1992-7-19.

[6] 罗英.中国石桥[M].北京:人民交通出版社,1959.

[7] 茅以升.中国石拱桥[N].人民日报,1962-3-4.

[8] 罗英,唐寰澄.中国石拱桥研究[M].北京:人民交通出版社,1993.

[9] 梁思成.赵县大石桥即安济桥[J].中国营造学社汇刊,1934.

[10] 俞同奎.安济桥的补充文献[J].文物参考资料,1957(3).

[11] 赵州石刻全录[M].清同治刻本.

[12] 畿辅通志·金石略[M].清光绪刊本.

后　记

欣逢盛世，受命编纂《赵州桥志》，为这一历史机遇倍感欣慰、快乐。

《赵州桥志》成书问世，实属不易。主编拟出编写大纲，开始搜集资料，经认真分析、考证、鉴别、整理，撰稿成册。编纂委员会成员审阅、讨论后，打印成《赵州桥志》征求意见稿，组织专家、学者、修志同行评议、修改。然后，根据评议意见分类、整理，讨论、斟酌，决定取舍，反复修改、重写，经编纂委员会终审定稿。诚可谓众手成志，集体智慧的结果。

《赵州桥志》的一些内容，参阅、引用了世界著名桥梁专家茅以升主编的《中国桥梁技术史》，梁思成的《梁思成全集》，李晋栓、黄梦平的《中国赵州桥》等著作。又得到中国文化遗产研究院顾军、北京茅以升科技教育基金会茅玉麟、北京建筑大学胡达和、倪越等同志鼎力相助，并提供有关文字、照片、图纸等珍贵资料。赵县文物保管所提供了赵州桥档案资料。

《赵州桥志》的编修、审核过程中，得到了众多同仁的支持和帮助。原赵州桥修缮委员会副主任92岁高龄的余鸣谦先生为本书题写书名，北京建筑大学胡达和教授、夏树林总工、王健教授、王锐英教授等在百忙之中抽暇通览、修改、审定志稿。

北京建筑大学建工建筑设计研究院积极支持、赞助出版工作。

谨向以上各位师长、前辈、领导以及朋友、同仁、部门和单位深表谢忱！

谨向在此未能提到而同样给予本书大力支持和帮助的所有朋友和同仁深表谢忱！

由于编者学识水平所限，谬误之处实所难免，祈恳方家和读者批评、赐教。

编　者

2015年10月26日